国家出版基金项目
NATIONAL PUBLICATION FOUNDATION
四川省巴蜀文化研究中心重點科研項目
巴蜀文化研究大家系列

總主編◎譚繼和
總策劃◎施維

十三經恒解

卷之一

箋解本

[清]劉沅◎著
箋解 譚繼和 祁和暉

《大學恒解》
《大學古本質言》
《中庸恒解》
《論語恒解》（上論）

巴蜀書社

圖書在版編目（CIP）數據

十三經恒解（箋解本）/（清）劉沅著；譚繼和、祁和暉箋解
—成都：巴蜀書社，2016.1
ISBN 978-7-5531-0569-7

Ⅰ.①十…　Ⅱ.①劉…　②譚…　Ⅲ.①經學②《十三經》－注釋　Ⅳ.①Z126.2

中國版本圖書館 CIP 數據核字（2015）第 175942 號

十三經恒解（箋解本）

（清）劉　沅　**著**
譚繼和　祁和暉　**箋解**

出品人	林　建　侯安國
策劃編輯	施　維
責任編輯	張照華　張亮亮　肖　靜　封　龍 張紅義　王群栗　趙邦媛　童際鵬
出　　版	巴蜀書社 地址：成都槐樹街 2 號　　郵編：610031 總編室電話：（028）86259397
網　　址	www.bsbook.com
發　　行	巴蜀書社 發行科電話：（028）86259422　86259423
經　　銷	新華書店
印　　刷	四川省南方印務有限公司
版　　次	2016 年 1 月第 1 版
印　　次	2016 年 1 月第 1 次印刷
成品尺寸	210mm×290mm
印　　張	218.5
書　　號	ISBN 978-7-5531-0569-7
定　　價	2000.00 元（全 10 卷）

十三經恆解 箋解本

總目

編委會

整理 以姓氏筆畫爲序

呂笑龍　朱兆虎　任利榮

李　昊　况正兵　康聰斌

張　卉　彭東焕　童際鵬

賈雯鶴　劉平中　謝正强

編輯　校对 以姓氏筆畫爲序

王群栗　肖　静　吴俊琰

封　龍　施　維　張亮亮

張紅義　張照華　趙邦媛

統稿

施　維

總　叙

譚繼和

劉沅（1768—1855），字止唐，一字訥如，號清陽居士，四川雙流縣人，後居成都純化街傳學授道，因居處有三槐樹，故號曰“槐軒”，其著作結集則稱爲《槐軒全書》。他是清代四川著名的思想家和教育家。從其曾祖劉嘉珍起，即世研易理之學，是四川著名的學術家族，至今代有傳人。《十三經恒解》是《槐軒全書》中的核心著作，是劉沅學術思想與教育思想的集中體現。該書是乾、嘉、道、咸之間清代儒學發展新階段——“新心學”的産物和結晶，也是以“今文經學”爲特徵的清代蜀學發展新階段的標誌性文獻。

《十三經恒解》提出了“從事於聖學”的最高目標[①]，通過“次第深造”，達到“止至善”“致中和”的最高主旨，主張重建“古聖人傳心之學”，使人人都懂得“知天地之常經，即吾心自然之公理”。這些主張，是《十三經恒解》的核心見解，它實質上構成了以中庸爲思辨的認知原則，以人倫道德爲中心、以天地人關係的終極價值爲判別標準的學術體系。“通天地人曰儒”（揚雄《法言·君子第十二》），劉沅是在宋人理學和陸王心學批判繼承的基礎上構建自己的新心學體系的“通儒”。認識、研究和瞭解《十三經恒解》的思想内涵、歷史底藴和文化影響，可以更深入地認識和還原劉沅及其槐軒學派在清代中國文化史上的特殊地位和在清代蜀學發展史上的特殊價值。

《槐軒全書》傳世稀少，巴蜀書社于2006年以西充鮮於氏特園藏本爲底本影印出版，但至今從無整理校點本問世，給讀者閱讀和理解帶來困惑。鑒

① 劉沅：《恒言》，《槐軒全書》，巴蜀書社2006年版，第3645頁。

於該書的特殊價值和學術意義，今選出該書的核心部分，加以點校箋題，名之曰《十三經恒解》（箋解本），以便嘉惠學林，促益當世，更深入地探索先儒劉沅對傳統古典儒學轉型和對民族精神家園堅守的貢獻。

一、關於《十三經恒解》的書名

乾隆五十年（1785），劉沅 17 歲，考中雙流縣庠生第一名。乾隆五十七年（1792）由拔貢中試舉人，授爲“國子監典簿”。但至乾隆五十四年（1789）始，他即在雙流開門興塾課徒，後遷至成都純化街，“著弟子籍者前後以千數，成進士、登賢書者百餘人，明經、貢士三百餘人，薰沐善良得爲孝子悌弟、賢名播鄉閭者，指不勝屈”[①]。他一生講學四十年，被譽爲“塾師之雄”，閩人稱其爲“川西夫子”，其衆多弟子形成“槐軒學派”。他的人生後期因崇尚内丹道，實踐内丹功夫，又以道養性援儒，他和他的弟子被人稱爲“劉門道”。實際上，劉門道並非宗教，與他的學術思想根本體系的關係也不大，儒道結合的學術思想倒是他的學問特點。中國傳統知識精英，幾乎没有不是進而儒與退而道、進而盡瘁與退而歸隱、用之則行與舍之則藏、汲汲于事功與淡泊于世情、達則兼濟天下與窮則獨善其身、入世與遁世、無爲與有爲，依違於儒道兩者之間的。正因爲這個原因，人們把劉沅誤會爲崇尚道教的道士了，這實在應該糾正。從劉沅一生的經歷看，他是一位成功的教育家，也是一位圓融儒釋道三教的通儒，還是一位將治國之術與立身之道結合起來，畢生從事以中庸、中和、中正爲標志的文化中國命運共同體研究的思想家。

《十三經恒解》這個書名，在他自己的著作裏没有出現過，他只説自己對“四子五經”“四書六經”或“五經四書”“四子五經三禮”[②] 作了“恒解”。他本人以《恒解》爲名的著作有《大學》《中庸》《論語》《孟子》《詩經》《書經》《周易》《禮記》《春秋》《周官》《儀禮》等十一部著作，實則只是“四書五經”的“恒解”。另有《孝經直解》《大學古本質言》二種。《孝經》最早是七經之一，“大學古本”是他糾宋儒文字及字義之偏，從而返漢儒之真的本義質言，這兩種是對前述十一種《恒解》的擴大和補充，體現劉沅“恒解”思想的進一步深化。實際上他“恒解”的儒經，包括

① （清）《國史館本傳》，《槐軒全書》，第 5 頁。
② 《恒解問》，《槐軒全書》，第 3363 頁。

"三禮"和"春秋三傳"，共對除《爾雅》外的十二經都作了恒解。現在，把這十三種冠以《十三經恒解》的書名，只不過是根據當代學者間約定俗成的稱呼而已，並非著者本人冠名，實際上傳統的十三經裏還有好幾種，他没直接逐經按次第加以恒解。

"十三經"的稱謂有個歷史衍變和逐步法典化的過程。西漢以《易》《詩》《書》《禮》《春秋》立於學官，名"五經"。唐析《禮》爲《周禮》《儀禮》《禮記》，析《春秋》爲《公羊》《穀梁》《左傳》，爲"九經"。開成石經把這九經加上《孝經》《論語》《爾雅》，合稱"十二經"。孟蜀石經始刻各經注釋，到宋代復增《孟子》，纔合稱"十三經"。用此"十三經"的視角來檢視，劉沅的《恒解》没有《爾雅》，這是因《爾雅》屬於"小學"，專講文字訓詁，是諸經的基礎，一般讀書人的"字典"，是儒者應有的功底，著者重在直解義理，不在文字考據，故没有爲此經作恒解。再則因爲清代道、咸年間開始對乾嘉漢學進行反省，視《爾雅》爲不入流的經書，正如龔自珍所説："以經之輿儓爲經，《爾雅》是也。"在這種學術風氣下，劉沅自然不會把《爾雅》列爲"正經"恒解的范圍。《春秋》經則是劉沅把《左傳》《公羊》《穀梁》三傳的精華採擷在一起加以恒解的，故實際上這是三傳合一的一個本子。以一經包含了三傳，著者應有深意，會通古文經學的《左傳》和今文經學的《公羊》《穀梁》二傳，是把古文經學與今文經學加以溝通會解，故不再把三傳分開來解讀，這正體現了劉沅作爲通儒而觀其會通的思辨特點，這也正是"恒解"一詞的真意所在。

會通作爲思辨方式言之，源於《易經》，它從古義到今義有個發展過程。《易·繫辭上》云："聖人有以見天下之動而觀其會通。"就天下事物陰陽變動不居的狀態，加以會合變通的觀察，這是"會通"一詞最早的古義。到漢唐時期，"會通"一詞内涵由唐代蜀人李鼎祚加以綜合解析，衍變爲陰陽合會、乾坤交通的"合會交通"之義，"觀日月而要其會通，觀文明而化成天下"①，注重和强調宇宙天地、日月星辰與人文化成的會通過程。到明代，王夫之更進一步發展爲析解其精、合會其妙的"擇精合妙"的方法②。清代陳布雷則認爲會通的"會"是"會物之所聚"，"通"是"通事之所宜"③，"會通"是指通觀其事、會意其物，運用道一以通貫的方法。劉沅的"恒解"

---

① 李鼎祚：《周易集解》卷五，巴蜀書社 1991 年版，第 101 頁。

② 王夫之：《周易外傳》卷五第七章，中華書局 1977 年版，第 188 頁。

③ 陳布雷：《周易淺述》卷一，上海古籍出版社 1983 年版，第 30 頁。

將“三禮”和“三傳”各自合併爲一經解讀，抽絲剥繭，經傳注疏會爲一體，通入本經，直切腠理，探求元典的原真性義理和古人的原生態語境，將後人注疏尋摘枝言、妄騰己説之弊加以駁正和揚棄，使之在自然因循之義上回歸元典，這正是劉沅對上述會聚通宜、擇精合妙的歷代會通法的新發展，也是劉沅“恒解”之真義，從中不難看出劉沅“恒解”之内在邏輯性和深層次的解經綜論性，今命名爲《十三經恒解》應是合理而深中肯綮的。

《大學古本質言》與《四書恒解》裏的《大學恒解》兩書的解讀有些重復，這大率是因爲《大學》講止至善、傳心學的本旨，多存於文本内，而文本與文字的異同，容易造成本旨的誤解和誤讀，故劉沅既對《大學》的本義通過《四書》文本作“恒解”，又對《大學》文本的古貌通過訓詁作“古本質言”，重點在探求古本文字的真僞，破宋儒加在《大學》義解上的狹隘與瑕疵。這兩種《大學》版本講解的重點不一樣，故一名“恒解”，一名“質言”。《四書》裏的《大學》和《中庸》本是《禮記》中的兩篇，因理學家認同這兩篇爲道學的基本人倫理論，故被獨立出來。劉沅也是倚重這兩篇來講他的“聖人傳心之學”的，故專替這二篇作《恒解》。尤其值得注意的是，《大學》“恒解”和“質言”這兩個本子的底本，均選擇的是《禮記》中的《大學篇》，而不是朱熹《四書》中的定本。因爲劉沅認爲《禮記》中的“大學”纔是經典原型古本，而朱熹的“大學”版本是經過朱熹竄改的本子。由此也可看出他對宋儒理學，特别是對朱子道學又繼承又批判的態度。

至於劉沅自己爲什麽會選擇“六經四書”的説法，這可從深層次的儒學文化淵源上來分析。“《王制》以詩書禮樂爲四教，《漢志》叙六藝，謂《易》爲之原，而其餘爲五學，即《詩》《書》《禮》《樂》《春秋》是也。”[①] 漢代士人通習上述五學，故又名之曰“五學之教”。《易》及三玄之冠、五經之首，是士人必讀經典，加上《易》正好是“六經”。劉沅選擇“四書六經”作爲恒解的對象，其深意就在以“六經”直通五學之教的元典，以“四書”直解理氣心性之學的根本。我們知道，儒學是講修齊治平之道的，但秦漢以來的儒學與宋明儒學在研究範式上經過了一個大的轉型，秦漢以來的儒學多“詳於人事，而略於宇宙之本原”，至宋儒“始明人性與宇宙之關係，立理氣心性之説”[②]。劉沅《恒解》講的正是天地人合一的性理之學，是更傾

① 謝無量：《中國哲學史》，《謝無量文集》第二卷，中國人民大學出版社 2011 年版，第 44 頁。
② 同上書，第 340 頁。

向於陸九淵、王陽明的心學，故他要選擇宋儒以來的心性研究範式，作爲自己恒解之學的發展思路。這應該是劉沅對“四書六經”作恒解的由來。

進一步説，“恒解”一詞，在劉沅的思維範式裏還有着很深的哲學含義，他幾乎在每經的“恒解”裏都要不厭其煩地解釋這個詞的意義。他自述命名“恒解”的由來，是因爲“四子五經”“經其理爲人人所有之理，其事爲人人所能之事，則言亦人人所知之言耳”①。他要通過對經典原本的恒解，闢開後儒、特别是宋儒的謬説，遥接直通前賢，探索人人所有、人人所能、人人所知的公理共識，即天理良心：“人有恒言曰天理良心。善夫天之理即心之良，心之良始爲天之理也。”②天理就是天道，良心就是人道。人是由天産生的，是天地自然的一部分。人對天地就應有彰顯自然規律的職責，自然規律的天道，就應該由人道來彰顯和闡釋，人與天是相互依存的。天道陰陽變遷的自然之序，把天道的精粹給了人，成爲人的心性，人就應該反饋于天，把日常倫理的良心與天理（即自然之理）對接。天理良心合一，就是天人合一。劉沅的“恒解”就是要直通圣賢元典，解讀人道與天道即人與自然合爲“大自然生命共同體”的奧秘。這就是劉沅“恒解”的本質意義。分解開來看，“恒解”大體上有下列六層含義：一是説“恒”者，常也，遍也，爲人心之公理：“名曰恒解，亦以人心之公理，而非有所穿鑿矯勉爲云。”③ 二是説“恒”指“天地之常經，聖人之軌則”，“以孔子爲宗”。他在《周易恒解》序裏説：“嘗深求其旨：極之於天地，準之於人倫，以孔子爲宗，而折衷前人之緒論，不敢雷同，不敢好異，要以平心酌理，無失乎天地之常經、聖人之軌則。”④ 三是説“恒”指恒心常態，以“恒”作解，就應該具有引領閲讀元典精要、直達堂奥正確方向的歷史責任感。他認爲“四子六經，人人誦習，而是非多淆，使學者莫由向方”，故自己要擔起直解經典、糾謬指錯的歷史責任。如果隱忍不言，則“負君親之恩，違上天仁民之意”⑤。四是“恒”者即堅也，所以他要以恒解告誡人們“堅其爲善之心，不徇世俗之好，日日知非，日日遷善”，“凡事無恒，斷斷不成”⑥。五是講“恒”字，就應回到孔子的文本上來，清理儒學正源，領會其精神實質，而不迷於空疏臆斷，

①② 劉沅：《恒言》，《槐軒全書》，第 3624 頁。
③ 劉沅：《詩經恒解》，《槐軒全書》，第 625 頁。
④ 劉沅：《周易恒解》，《槐軒全書》，第 1057 頁。
⑤ 劉沅：《子問》，《槐軒全書》，第 3883 頁。
⑥ 同上書，第 3904—3905 頁。

尋章摘句："讀古人之書，必深悉古人之情事而又以聖人中正之理衡之，然後不迷於趨向摘句尋章，以爲詬病。"① 六是講"恒"字重在實踐，力行大道，持之以恒。"先儒有云：大道不在多言，顧力行何如爾。"四書五經講的根本要義就在"力行之道"，"恒解"就是用對經典"白文細繹"的方法，使人人懂得"圣人之事"，是人人可以"力行"之事②。把這六方面歸納起來，"恒解"就是要求接受教育的對象要以恒定的心性、恒久的常態，以一定指向的恒常話語權，破道流欺世的迷妄，解門户之見的疑惑，身體實踐，力行其道，樹立"心性之學"的堅定長久的信仰，這就是以"恒解"作爲書名的本義。

二、《十三經恒解》的學術體系

劉沅的學術思想有體系，有内核，有鮮明的特徵，因而被稱爲"槐軒學"。所謂"槐軒學"，實際上就是《十三經恒解》構建起來的有劉氏特色的學術體系和學術話語。這個體系，簡要地説來，就是以"人爲天地之心"爲内核，以"窮理盡性"和"實踐人倫"爲兩翼，會通天、地、人對儒經加以恒解的體系。"人爲天地之心"，指的是宇宙自然法則與人心社會法則的統一，也指"天地之性人爲貴"，人是天地之本，是天地的中心，正如《易》之六爻：上、下各二爻代表天地，中二爻代表人，人的位置正居於天地之中。今天看來，强調人爲中心、人爲天地之心，這種思想重視人本是優點，但把人放在客觀自然生態之上也有局限。不過，對近二百年前的古人似應抱"理解的同情"，大可不必苛求，相反倒要看到劉沅對這種儒家傳統思想給予恒解新讀的創新性。劉沅把"天地"分爲三層："天地之心""天地之道""天地之理"。這三層皆指"大塊"自然界，但因其不同層次而與"人"和"聖人"的"心""性""道"三個層次發生對應的關係。

首先，"天地之心"指的是"生生"，即生生不息而又按"易者，易也，不易也，變易也"的規律發展的自然界。這個自然界同一代又一代繁衍發展的人生世界是一致的，叫做"天地之常經，古今之通義"③。這裏的"常經"指包括宇宙天地的生態，這裏的"通義"指錯綜古今人生的文態。天地生態與人生文態是互相依存互相變通的，是合一的，常通"合一"的橋樑就是

---

① 劉沅：《尚書恒解·序》，《槐軒全書》，第 859 頁。
② 劉沅：《拾余四種自叙》，《槐軒全書》，第 3623 頁。
③ 劉沅：《又問》，《槐軒全書》，第 3908 頁。

"以人文化成天下"，通過這座橋樑達到聖人之"心"與天地之"心"的認同和統一，故"人者，天地之心也"[①]。人心就是天地之心，尤其是"聖人者，其心即天地之心"[②]。因爲聖人是先知先覺者，以先知啓後知，以先覺覺後覺，他的心自然先人一步懂得天地之理，靈犀一點，與天地相通。劉沅非常强調"聖人"這個概念，其實這是個泛稱，除了孔孟之外，繼承道統的韓愈、程朱，甚至以夫子自況的劉沅自己等歷代知識精英也是包括在内的。這是第一個層面。

其次，第二個層面是講"天地之道"。這個"道"既是指的自然法則，也是指的天地大衍之數的途徑。自然界遵循一定的規律、法則和衍變發展的途徑，同時，它也就是指導人生社會發展衍變的規律、法則和途徑。自然與人生在發展之道上也是統一的，且是恒久不已的，故"恒，常也，久也"[③]。而人，特别是聖人"其道即天地之道"[④]。"道"這個概念，是最不確定的，儒與道、甚至佛都各有自己的解讀，儒、釋、道三家内部各派又各有自身的闡釋。劉沅講的"道"，既是儒家思孟學派的新發展，又是明代陽明心學對"道"的新推演，還融入了道家的"道法自然"。以人道法天道以正人心，以天道導人道以順自然，分途别徑，殊途同歸，則在人心，這就是劉沅把"天地之道"與"聖人之道"統一解讀的特色。進一步説，劉沅的特點是體現在把"道"落實在"心"字上，也就是心靈上，有似于"絶對精神"，故我們把劉沅之學名之曰"新心學"。

再次，第三個層面是"天地之理"。這個"理"，在天地一方叫做"理"，在人生一方叫做"性"。天地載物厚德之理同人類稟賦厚仁之性，是理與性、性與情"感應相與""日新其新"的衍變發展關係。這種關係是建立在先天性善論的基礎上的，是天地厚於德與人性厚於仁互相激蕩的産物，故"天地之理，在人爲性"[⑤]。劉沅這裏講的天地人之間的性理之論，實際上是既承認人性與天地之理的適豫，即先天的人與自然相善的關係具有同一性，而這種同一性又是先天守恒的；同時又承認人與天地萬物之間在相互制約發展進程中的差異，即後天的惡具有多樣性，而這種多樣性又是後天變易

① 劉沅：《大學恒解》，《槐軒全書》，第9頁。
② 同上。
③ 劉沅：《又問》，《槐軒全書》，第3883頁。
④ 劉沅：《大學恒解》，《槐軒全書》，第9頁。
⑤ 同上。

的。因爲上述這些特性，把天地之理用到人事上，也就會構成人性發展“後天”的多樣性和人情發展“性逐情移”的差異性。

劉沅正是這樣來論證天理與人性的，所以，他說：“性在先天，有善無惡。”人性在先天是順自然的，是無分别的，上善人，若水性，先天性善具有同一性，這是對孟子先天性善論的承襲。但是，“性在後天，性逐情移”，後天環境造成先天人性隨情轉移，境隨心轉，心又隨性轉，顯然，後天之性又具有差異性；境由心造，心又隨情造，因而後天之性又具有多樣性，人不僅因爲氣質不同，更因爲末俗習染不同而形成爲多樣性。聖人就要善於掌握自然與人生的先天同一性與後天多樣性和差異性，在上在大的治國平天下方面善於“化民於中和”，在下在小的修身齊家方面則要善於“模前範後”，不逾典則，轉移末俗，實踐人倫。

以上天地人關係的三個層面，劉沅是從宏觀的宇宙觀與人生觀的統一觀照角度來解讀的。現在，回過頭來再看劉沅《大學恒解序》就好理解了：

> 人者，天地之心也。天地之理，在人爲性。性在先天，有善無惡。性在後天，性逐情移，非特其氣質之不齊，亦以其習染之不慎也。聖人者，其心即天道[①]之心，而其道即天地之道，故達而在上則化民於中和，窮而在下亦轉移乎末俗，要無非使人窮理盡性以踐人倫而已。[②]

這段話是劉沅心性之學的總綱。“性命”與“心情”是兩個總概念，是先天生就的“有善無惡”的性命與後天習染俗成的“有善有惡”的心情之間的關係[③]。“性命心情四字，先儒多混而爲一”[④]。正如蘇軾評論説：“昔之爲性論者多矣，而不能定於一。始孟子以爲善，而荀子以爲惡，揚（雄）子以爲善惡混。”而韓子則綜合三子之説，“離性以爲三品”，皆未中的。[⑤] 而劉沅則是從宋儒混沌説教中把性命與心情二者區别開來，並把這種區别明確地同伏羲的“先天”説和文王的“後天”説聯繫起來：[⑥] “未生曰先天，既生曰後天。”“先天之心，即性。後天之心，雜情。”“人爲萬物之靈，靈於其心，

---

① 引者按：《槐軒雜著·大學恒解序》此字作“理”。

② 劉沅：《大學恒解序》，《槐軒全書》第 9 頁。

③ 劉沅《子問》（卷一）云：“性命有善無惡，心情有善有惡，其理自乾坤坎離而來，其義則大易已具。”《槐軒全書》第 3846 頁。

④ 同上。

⑤ 蘇軾：《揚雄論》，《蘇東坡集》“蘇東坡應詔集”，商務印書館 1958 年版，第 70 頁。

⑥ 同③。

實靈於其性。性即天理，無不善也。有不善者，心之爲情之雜也。”[①] 總之，在劉沅的思辨體系里，人爲萬物之靈，靈在心性上。未生的先天心，其性是天理，是無不善的。既生的後天心，其雜在人情，因氣質習染之故而有不善。換句話説，對于人類命運的終極思考，落實在“善”與“不善”兩個概念上。善是先天帶來的，因爲自然界産生了人，人與自然有先天的不可分離的内在互相適應的關係。這個關係促使人類必須與自然環境相調適，人必須像愛護自己生命一樣愛護自然界，這就是“善”的關係，是先天就有的關係。而“不善”是後天習染成的，是人心不古的私欲私情造成的，是後天環境與人情私欲不協調的矛盾帶來的。因此，人心教化即精神靈魂的教養是第一位的東西，是還淳返樸、回歸天理道心的根本：“萬事萬理具於心，而心有人心、道心。道心，天理。人心，私欲。自天而之人，七情賊性。自人而之天，節情復性。”[②] 這就是槐軒學的總綱。由這個總綱出發，引發出一系列言德、言聖、言神、言心、言道、言中、言和、言天、言性、言命、言誠、言善、言一之類的“諸性理之名”，也就迎刃而解了。由這個總綱出發，引發出在基礎理論方面“窮理盡性”和社會實踐方面“實踐人倫”兩翼爲輔的儒學恒解體系，“使人窮理盡性以踐人倫而已”[③]，也就是自然而然的事情了。

劉沅“天心即人心”的思想之所以可貴，是因爲它並未停止在“心”的外在層面上，而是深入到“心”的内在層面，即社會人倫日常實際生活的深處層面，主張“重民彝”“重民生”是根本，是天地之心與聖人之心感應相與的核心。他在《春秋恒解序》裏説：“竊謂以聖人之心，求聖人之事，則知聖言不能外民彝，而别有是非，其苦於難解者，非是非之難明，而以至理爲是非者寡也。”[④] 聖人之心重在民生民彝，民生民彝就是判斷是非的標準，就是至理。相反，舍去是否有利於民生民彝的標準，就無法判斷是非了。這個觀點在今天還有針砭時弊的作用，而今以民彝民生爲斷别是非之至理的人是太少了。

劉沅認爲孔子修《春秋》的目的是“定是非”，是非明就可“以天理正人心”。“正人心”是因“憂世道爲至深遠”，憂世道不能托之於空言，須見

① 劉沅：《恒言》，《槐軒全書》，第 3624 頁、第 3629 頁。
② 同上書，第 3629 頁。
③ 劉沅：《大學恒解》，《槐軒全書》，第 9 頁。
④ 劉沅：《槐軒雜著・春秋恒解序》，《槐軒全書》，第 3357 頁。

諸於實事，故通過筆削《春秋》使“列國史官紀載得失皆得而正之”①，而“正”的標準就是“民彝”“民用”“民生”，這個宗旨貫穿於劉沅對儒經恒解的全部著作中。

由此可見，重民彝，重民生，以民爲重，以人爲貴，是劉沅心性之學的核心。找到這個核心思想，就找到了“槐軒學”談天地之心、聖人之心和性命之學的謎底，這是他比前人有所前進、又是與他同時代的人相比有所發展的地方，這也是他所秉持的新心學的鮮明特徵。必須説明的是，從先秦的子學時代轉型到漢以後的經學時代起，儒學思想體系的本質特徵就是重人事、重人倫、重社會、重民生的，歷代儒家對此都有或多或少的貢獻和解讀。劉沅以其鮮明的重民生、重民彝、重民用、重人心、重人倫、重人性的新心學的解讀，爲儒學人生理論的大厦添磚加瓦，放出了近代啟蒙時代異樣的光彩。

性命之學以孔子“天地之性人爲貴”② 之言爲根本出發點，按唐玄宗《孝經》注的解釋：人爲貴的含義是“貴其異於萬物也”。這裏，孔子已經有了天地萬物之間以人爲貴就是“性”的思想，這是“性命之學”的奠基石。孟子進一步把“人”釋爲“民”，這就把人本改爲民本，出現了“民爲貴，君爲輕，社稷次之”的初步民本思想，但宋儒穿鑿拘泥，把這個思想給閹割了。宋代理學家的存天理去人欲之説，實際上把民、君、社稷三者的主次關係顛倒了，把“民爲貴”看輕了，民本思想反而被君本思想扼殺了。所以，劉沅在這裏是以復孔子之古來翻宋儒枉説之案，在《直解》中對孔子《孝經》裏這句話直接釋爲“人性”即“天理”，從而爲天理即人性、人性即民生民彝民用之新心學，重新奠立了新解讀的基石。他説：“性，天理也。在天爲太極，在人爲性。人爲萬物之靈，以其得此天性。”③ 在《恒言》一文裏，他明確地闡釋：“人者，天地之心也。非心，何以爲人？非人，何以爲天地？故曰人爲貴。人爲萬物之靈，靈於其心，實靈於其性，性即天理。”④ 人性和天性、人心和天心，在這裏是統一的，太極自然的天理和萬物之靈的人性在這裏是統一的，統一於人爲貴的天性，這就是劉沅的“性命之學”，也就是他的新心學不同於前人陸王心學的地方。這個結論是他鑿破宋儒悖離

① 劉沅：《春秋恒解》，《槐軒全書》，第 1627 頁。
② 《孝經·聖治章第九》。
③ 劉沅：《孝經直解》，《槐軒全書》，第 3337 頁。
④ 劉沅：《恒言》，《槐軒全書》，第 3623 頁。

孔孟思想本源的論調得出來的結果，所以他在《恒解》中直斥宋儒之説往往空疏穿鑿，他要立志把它一一破解出來，把本源話語找出來。因此在《十三經恒解》裏，特别在有關《四書》的《恒解》裏，他處處要破宋儒的空疏穿鑿附會經典的解讀，以恒解經書的方法，直達孔孟的話語文本的本源，也就是民本思想的本源。他認爲宋儒之説"有如畫餅，奚益民生"？宋儒嚴重地脱離實際，也就是嚴重地脱離孔孟的真實文本和原真面目，因爲"不能外民彝而别有是非"。由兹，他批判了朱熹的道學，而回歸到陸王心學。但又比陸王心學高出一籌，强調"人心之道"就是"天心天理"，其中心是"爲人之理"，是"人天本合一"之理，天道即人道，人道即天道，"不知天地，安知心性"[①]？心性是"人身心中自然之理而可施於事物者也"。由這種心學觀出發，他進一步闡釋了"人心之公理"就是"自然當然之理"。所謂"自然當然"就是民彝民生，就是老百姓的平常生活。這樣簡易自然的道理，却是"漢以來儒者莫得其指歸"的誤區。這個誤區是因爲脱離人倫實踐造成的，所以劉沅主張儒者要有"踐人倫""實踐倫常，道無餘矣"[②]的實踐功夫。通過人倫實踐，就可以回歸"窮理盡性"，認識民生之理，就是自然當然之理。劉沅這套認識論，把握本質來分析，是回歸"心學"，又是超越前輩"心學"的地方。他比陸王心學更重視人的本質、價值和尊嚴，並把人的價值和尊嚴放到了與天地同心的神聖地位。所以，他多次强調《孝經》的"天地之性人爲貴"，認爲"安民居、利民生而後可以立教"[③]，也就是説，只有以安民居利民生爲重的人性之教，才能真正體現人的價值之學。

《十三經恒解》正是從人類終極價值的角度，從中華民族價值觀的視角，把心學提升到人學即人的價值之學的高度，這就是"止至善"和"明明德"。這裏，必須説明的是，對於人類命運的終極思考，是古往今來世界各地區各民族的人們共同關注的問題。因地域文化的多樣性和民族性格特色的差異性，對這個問題的回答也就各不相同。特别是人類與自然、人類與社會、人類與自身生命之間的關係問題，就有着巨大的歷史空間、思考空間和文化空間供不同的人解讀。劉沅的獨特解讀便是人天合一："天之理即人之理，人天本非二也。"自然，單獨這些話算不得新道理，説不上獨特解讀，因爲儒教的根本就是"立大道，統人事"，但劉沅的着重點是把"天人合一之旨"

① 劉沅：《恒言》，《槐軒全書》，第3623頁。
② 同上書，第3651頁。
③ 劉沅：《周官恒解》，《槐軒全書》，第1924頁。

和“民生日用之倫”結合起來的，表明他“立大道統人事”的思考範式不同於一般儒者。“人”在歷史空間、思考空間和文化空間裏占有獨特的地位，這纔是他的特異之處。他在《周易恒解序》裏説：

> 一理也，而天地人物莫不由之，故曰道。其散爲萬殊者，其歸於一本者也。人爲萬物之靈，其氣得陰陽之正，而其性即天地之理。窮理盡性以至於命，則人一天地，而凡萬事萬物悉有以得其中和。顧其功非易致，徑有多岐，不有以標其極，則天人合一之旨不明，而民生日用之倫不著也。

這裏講的一理萬殊，是襲用宋儒理學舊説，這是理學吸收佛教思想後形成的理念。劉沅的貢獻不是在重述這一理念，而是在於依據這一理念强調人的重要性：“人爲萬物之靈。”“惟人，萬物之靈。”① 只要人“合於天地，則一名一象一動一静以暨於經世理物、微顯闡幽，無不有恰好道理”②。這個“恰好道理”就是指的人在天地之間的位置。我們知道，周易的“三才”在卦爻中的位置是：初與二兩爻爲地位，三與四爻爲人位，五與六爻爲天位。人在天與地之中，這一卦象正是古人對人天合一觀的認識。正因爲人居於天與地之中，故天地之間以人爲貴。正因爲人居於天與地之中，故人與天地自然的和諧須依靠中庸，人與社會的和諧須依靠中和，人與人、人與命運的和諧須依靠仁義。這些關係是因爲人與天地的位置决定的。儒家的信念與修養，首要就重在懂得天、地、人的關係。如果不懂得會通天、地、人的關係，就不能稱爲儒者，故漢代蜀人揚雄在《法言·君子第十二》中得出結論説：“通天地人之謂儒，通天地不通人之謂伎。”劉沅的貢獻正是進一步深刻闡釋這個“人”字，把“人”在天地之間的位置和作用作了更爲深入的闡發，是打通天地人的真正的通儒。劉沅講的“人天合一觀”是“天之道利而不害，人之道爲而不争”，是人類爲解决人與自然、人與社會的關係問題首先碰到的“歷史空間”。

其次，爲解决這些問題引出人在天地之間應該有什麼樣的位置的思考，人心、人性、人情與天道、天理、天心關係的思考，這是人類的第二個空間，即思考的空間。

再次是爲了解决天地人的位置問題，以“天理人心”引申出人的價值、

---

① 劉沅：《孟子恒解》，《槐軒全書》，第 397 頁。
② 《槐軒全書》，第 1054 頁。

民族的最高精神價值和人類的終極價值這樣的問題，上升到重統體、重宏觀、重整體的層面來加以思慮想象的空間，甚至仰望星空，馳騁精神家園，這就是人類遇到的第三個空間，即文化空間。

劉沅在這三大空間的游弋和轉换裏，提出了不少新見解，爲我們留下了深厚的思想遺産和文化遺産。透過《十三經恒解》的筆觸，可以幫助我們深入領會到劉沅的槐軒學是如何升華和轉换的。劉沅對這三大空間的探索，當然提不出現代概念，但却能提出“心源”的概念：“窮神知化必有心源。”① 心源，本是儒家哲學的古老命題。“外師造化，中得心源”，客觀世界以自然爲師，主觀世界以精神修養爲源。劉沅的新貢獻是對“心源”有了新的思考，主張在上述人類思想的三大空間里，要善於“窮神知化”“游弋轉化”，就是對人心的提升和净化，换句話説，也就是人倫道德、修身養性的升華。從人學到心源學，這就是劉沅對傳統心學加以升華的貢獻，應該稱之爲“新心學”，這個結論也許還不至有妄騰之虞。之所以要肯定劉沅之學是新心學，還有一層意思，這是把他本人與他同時代人的哲學思想加以比較的結果。乾隆時的彭尺木是個大哲學家，他提出：“《大學》一書，古聖人傳心之學也。傳心之學，明明德，一言盡之矣。”② 他雖然已接觸到明明德的人的德性，就是傳心之學的本旨，但他未能像劉沅那樣，進一步明確民生民彝觀才是明明德的内核支撑，才是傳心之學、修性之行的根本，這是劉沅的同時代人的局限性。劉沅提出民生爲本的心源説，顯然超越了他的同代人。所以，無論是從傳統儒學的縱向加以比較，還是用同時代傳心之學的横向加以比較，應該肯定劉沅的新心學確是歷史的進步。

更深層次地分析，劉沅的“新心學”也是一種主觀世界對於客觀世界實踐的精神占有的創造性活動。這種對於客觀實踐的精神占有性活動是富於創造性的，有它自身發展的規律，有思維活動質變和量變跳躍的方式。目前衆多研究者似乎還未注意到劉沅“槐軒學”對傳統儒學（特别是心學）的精神占有活動的研究，這裏試再加揭櫫。

馬克思説：“人的肉體生活和精神生活同自然界不可分離。”學術和藝術的産生，主要是以人的精神生活爲對象，通過理論思維和形象想象賦予自然界以文化意義，並依賴這種文化闡釋而同自然界相聯繫。劉沅的天地人會通

① 劉沅：《周易恒解序》，《槐軒全書》，第 1054 頁。

② 彭尺木：《讀古本大學》，轉引自謝無量：《中國哲學史》，中國人民大學出版社 2011 年版，第 490 頁。

之學，正是人類精神生活對於自然界的文化闡釋的學問。追求這個學問的過程，也正是思維創造性活動的過程。劉沅研討宇宙、天地、人性、生死等有關人類來程和去向的大問題，是努力在探索他那個時代對於天地與人的文化闡釋的解答方式。馬克思說："從理論方面來説，植物、動物、石頭、空氣、光等等，或者作爲自然科學的對象，或者作爲藝術的對象，都是人的意識的一部分，都是人的精神的無私自然界。……實際上，人的萬能正是表現在他把整個自然界變成人的無機的身體。"馬克思提出了一個令人深思的問題，在藝術世界或者學術研究的意識領域，整個自然界被看成人的意識和精神活動的一部分，人在把整個自然界變成"人的無機的身體"這一精神生活領域是"萬能"的，换句話説，也就是主觀世界對於客觀世界實踐的精神占有的創造性活動，其文化想象力和創造力是無窮的。我們對於劉沅的學術，應該作如是觀。他一再强調"人者，天地之心也"這一槐軒學的總綱，正是這種精神占有的創造性活動的體現。這一精神占有和文化想象力的思維活動，是通過兩個領域的修習來達到他認爲的"至高無尚"的境界的。

一個領域是"存養"，也就是"窮理盡性"，"存其心，養其性"；"存有覺之心，養虛明之性"[①]。重在存心養性，也就是提高道德修養和净化精神境界。而提升和净化的根本途徑，就是"養浩然之氣，漸臻於天理，渾然不動心而性定"[②]。以浩然之氣來"修真養性"，就可達到"萬物皆備於我"的功效。精神境界净化了，理論思維的創造力和文化的想象力才會活躍，才會在理論研究領域有思維的想象力，"上窮碧落下黄泉"，善於翻案，才能提出創新性的見解來，這正是蜀人的思維特徵。"文宗自古出西蜀"，歷代蜀學的文化巨匠，從司馬相如、陳子昂到蘇軾、楊升庵，皆具有浪漫想象、善于翻案創新、傾向於今文經學的百科通儒的思維特徵。劉沅是晚清蜀學大師長廊裏，生於廖平、劉咸炘之前的一個具有今文經學創新思維的文化巨匠。

另一個領域是"實踐"，他主張要"踐人倫"。在乾、嘉、道、咸時期能鮮明地提出"實踐"概念，這是他在傳統農業文明時代具有文化自覺的表現。盡管這個"實踐"還局限在人倫道德領域，但能在二百年前提出這些概念，不能不讚佩他的創造性精神占有活動的卓識。馬克思所説的"萬能"論，可以在劉沅之學裏體味出來。而這兩大領域，正是構成他的學術體系的

① 劉沅：《恒言》，《槐軒全書》，第3629頁。
② 同上。

兩翼。在他的《十三經恒解》體系裏，處處貫徹着他一主兩翼的學術體系、學術主旨和思維分析範式。

三、會通儒釋道三教之學

劉沅之學是會通儒釋道三教之學，其會通思想的來源是《周易》。《繫辭傳》曰："聖人有以見天下之賾，而擬諸其形容，象其物宜，是故謂之象。聖人有以見天下之動，而觀其會通，以行其典禮，繫辭焉以斷其吉凶，是故謂之爻。"

卦與蓍是兩個發展方向。先説卦，"卦之德方以智，智以藏往"，指《易》涵蓋萬象，保藏着過往的智慧和知識。次説蓍，"蓍之德圓而神，神以知來"，指《易》的來程，變通蕃衍而無方。兩者的行徑和交會，主要思維就靠"觀其會通"，善於綜合推導和提升。儒學會通諸子百家，正是運用了易學"觀其會通"的思想方法，而使儒學成爲兼容並蓄的開放性的學術體系。唐宋以來，會通儒、釋、道三教，是儒家知識分子必備的功課。劉沅會通儒、釋、道，是繼承傳統、發展儒學的必然之舉。《十三經恒解》就是一部會通型的著作，關鍵在於劉沅的會通之學不同於同時代的儒學精英，有他自身的特點。

首先，在研究方法上强調"神明"和"變通"。《周易恒解》説："《詩》道性情，《書》紀政事，《禮》經人倫，《樂》和天地，《春秋》存善惡，是非之公，以經理王道，而要皆不出《易》之範圍。故《易》者，聖德天功之全、天人萬物之理，約其歸則"時中"二字而已。象數理氣不可偏廢，要者學者神而明之，變而通之，不失聖人之意乃可也。"① 在劉沅看來，研究六經，首先要重《易》，因爲六經都以《易》爲哲學基礎，超不出《易》的範圍。劉沅是把《易經》作爲中華文化的源頭對待的。《易》包括夏之《連山》、殷之《歸藏》和周之《周易》，被視爲五經之首、三玄之冠。它的義理與象數，也就是人生哲學與思維模式，支配、影響中國乃至漢語文化圈幾千年，"易道廣大，無所不包"。對它的源頭，歷代學者有各種說法。劉沅認爲易學起源於伏羲時代，五聖（伏羲、神農、黄帝、堯、舜）對易學都有傑出的貢獻。"易學的特點是由伏羲將結繩而治變成以陰陽爲核心的符號文化"（楊超語），也就是説，易的陰陽二元論來源於"結繩而治"。"結繩而治"

① 劉沅：《周易恒解》，《槐軒全書》，第1058頁。

是原始畜牧時代人類文化思維的特徵，是中國文化起源和衍生的元點，是文明形成的前奏曲。把“結繩而治”作爲原始時代文化思維的靈魂，正是劉沅的特點。因此，他同傳統精英一樣，把《易經》作爲中華文化的源頭。中華文化是智慧的源泉，泉之源來自於《易經》，《易經》的核心是萬事萬物陰陽變易的二元論，只有學者以“神而明之，變而通之”的思維，抓住“時”“中”兩個字，纔可能真正懂得儒家《十三經》。

其次，對《十三經》的研究，首先要以易、道、儒的發展次第爲會通的基礎。如果説易學提出了“無極生太極，太極生兩儀，兩儀生四象”的二元論推衍模式，抓住事物既對立又統一的兩個方面，即一分爲二，那麽，道學則進一步歸之於“一”：“道生一，一生二，二生三，三生萬物。”這個一元論的推衍模式是把“一分爲二”提升爲“合二爲一”，發展了易學的辯證思維。到儒學階段，從孔子到揚雄，太玄學則以天地人三玄合一的模式，把易、道二元論與一元論推衍爲三元論，抓住了陰陽和合、矛盾雙方的和諧狀態，即一分爲三。看起來，易、道、儒三者對宇宙演化過程作了不同的推導，實則一方面是由一至二再至三的相生相衍的關係，另一方面又是各持一、二、三的立場相輔相成的關係。這兩方面的關係都認同易爲三玄之首、五經之冠，易、道、儒一起構成了中華民族的精神支柱。

第三，儒與佛學的會通，豐富了儒學的内涵和思維樣式。劉沅的特別之處在於强調會通吸收佛學有下列兩個基本點：

（一）必須以“實踐倫常”爲出發點。劉沅認爲“吾人之清談，禪家之棒喝，儒者之尋樂處，皆涉於虚鋒，而不知道在倫常。敦倫必由盡性，至常而至奇，即在於是，無聖師接受，則内外本末之功，知者罕矣”，因此，“實踐倫常，道無餘矣”①。

（二）以禪學解儒義。劉沅認爲“孔子曰性”，性就是禪學。劉沅説：“性相近，謂心即性即德，乃禪學耳。”的確，禪的明心見性，心即是佛，佛即是性，同儒家的心性之德是一致的，故禪能融入儒義，反過來儒又儒化了禪學，禪儒有一致的心性。對於儒、釋、道三教，他還認爲仙、佛菩薩、儒聖是一致的。仙、佛菩薩“名異而實不殊，皆聖賢耳。西方以聖爲佛，以賢爲菩薩”。劉沅在一些論文中，分别論述了儒與道的關係、僧與道的關係、文與道的關係以及三教並行的關係。

---

① 劉沅：《恒言》，《槐軒全書》，第3650—3651頁。

第四，儒學對釋、道要批判性地吸收。總原則是從厘清“性命心情”四個字入手，駁正被前人混淆了的關係。劉沅主張堅持儒家“人心惟危，道心惟微，惟精惟一，允執厥中”的原則，批判性地吸收佛、道。論者多謂劉沅以儒學爲本，融會道、佛，圓通三教，成百家之言。此固是槐軒學的基本特徵和主要貢獻，更重要的是，劉沅融會釋、道，也是有批判有吸收。劉沅指出了宋儒未遇明師，私心臆測，“專淪於禪學”，“大失聖人之真”，“舍心性倫常，不得爲圣人，又安得爲佛、老也”① 的弊病，主張以“吾心自然之公理”爲標準融匯儒、釋、道，統一到民生爲重的價值觀上，他甚至認爲“圣賢即神仙”②，道家的精氣神、佛家的明心見性與儒家的心性之學，在本質上是合一的，這都是劉沅超越前人的地方。

四、劉沅在近代文化轉型與近代蜀學發展史上的地位

劉沅生活在乾、嘉、道、咸之際。中國近代歷史以道光二十年（1840）爲轉折點，傳統文化形態由古典向近代的轉型，也始於這一年，這是中國歷史亘古未有的大變局開端的一年。劉沅生長的時代正是這個大變局開端前後的時期，他的思想和學術，恰好與中國歷史由古典向近代的轉型有着密切的關係，是學術向近代化現代化轉換初期啓蒙先聲的體現。他的學術思想，無疑還被禁囿於儒學傳統體系範式的圈子裏，但時代畢竟在變遷，他也不能不受到近代化啓蒙思想的感染。他的大半個身子還在舊學的營壘裏，不過，他的頭臚確實也向未來的西風吹來的新思潮伸出了觸角，觸摸到了啓蒙天地一片初曙的雲霓。

由於四川地理環境處於面向歐亞大陸的西半部，比起面向海洋的東半部來説，文化信息相對閉塞得多，影響到劉沅的學術思想必然比較封閉，基本上保存着傳統的舊的範式，但畢竟西風東來，時代潮流和世界潮流對他總還有或多或少的新的影響。

這個影響，主要表現爲，面對西方傳入的粗淺知識，再加上一知半解，引起他深深的文化危機感。他的本土民族文化的守護立場，迫使他自覺不自覺地作出對應的反應，面對西學提出了堅持“從事於聖學”的主張。他認爲只有堅持傳統文化的代表——“聖學”，才是抵禦西學、避免淪於異族的正

① 劉沅：《雜問》，《槐軒全書》，第3682頁。
② 同上書，第3680頁。

道，否則，跟不上時代，“聖學罕傳，人遂多淪落於異族也”。

他當時的世界史知識説來可憐：“地維可紀者四大洲：亞細亞也，歐邏巴也，利未亞也，亞墨利加也，無處無人，即必有人焉，以君長之，第不能如中夏之備耳。”[①] 從這段話可以看出，他那時所知道的世界“四大洲”，都是想象中相似于中華的君主制國家，由此可見他所獲取的世界知識量，真是粗陋而又殘缺。

他又説：“亞墨利加，其地居地維十分之七，而今始通，天地之大，人物之繁，可勝紀乎？聖人不務廣地，而惟自修，以爲仁義之化，必由近以及遠，俟諸後人，功不必己出也。”[②] 由這裏可以看出，他對美洲認識還很膚淺，朦朦朧朧的大洋彼岸，還未感到船堅炮利的侵略威脅，還做着以不切實際的聖人“仁義之化”來施加影響於西風的幻夢。

面對西學，他深感本土傳統文化將出現價值失落、聖學罕傳的又悲又耻的危機：“聖學罕傳，人遂多淪於異族也，悲夫！”“居中國，學聖學而無以成己成人，耻也。”[③]

他悲嘆中土雖然聖人不斷遞生，而人情世態僞情轉雜，反不如西土四裔之質直：“聖人遞生，中土之治功醇備矣，而情僞轉雜，不若四裔猶多質直，蓋嗜慾甚而天機淺也。”[④]

出於他對傳統文化的堅定信仰和傳統文化之根潤育出的思維定勢，他認爲面對開化開放仍“非聖學不可”：“中國居亞細亞之東南，彈丸而已，而聖人之化，則非此外可幾。氣化以漸而開，輿圖以漸而廣，修其身，善其化，非聖學不可，是以難其人也。”[⑤]面對西方風氣之化，他表現出强烈的堅守國粹、修身善化、非聖學不可的文化保守與對抗主義。

他提出的救時救弊藥方是：“聖人以天下爲一家，中國爲一人，豈曰兼愛乎？由愛親敬長以及於民物，功施有序而意無涯。孔子曰：果哉未之難矣，吾非斯之徒歟而誰歟？”這裏表現出濃烈的天下爲一家、中國爲一人的民族主義情結，以爲這是救世的法寶，體現出新時代風雨欲來、神州震蕩之際，社會知識精英普遍的憂患意識，而又對不了解的西方龐然大物抱着惶惑心態。

《十三經恒解》裏留下來的這些對於世界知識的麟光片羽，正是上述憂

① 劉沅：《恒言》，《槐軒全書》，第3645頁。

②—⑤ 同上。

患意識與危機心態的反映，充分展現了面對中國文化被衝擊的危機，士紳知識分子的思想動向和文化心理，有着重要的歷史價值和現實意義。傳統文化的古典形態向近代形態的轉型，引起各階層複雜多變的反響。作爲一個堅守鄉土文化的士紳知識分子，其心態和反映的記録是彌足珍貴的。

寫到這裏，我們可以把劉沅放在嘉道之際、傳統與近代的文化轉型時期這個座標上來加以考察，分析一下劉沅對蜀學的新貢獻，對破舊學、立新學，"解（漢學）糾結，破（宋學）迷誤"的啓蒙時代之學的新貢獻。

蜀學自司馬相如、揚雄以來，直至陳子昂、李白、蘇軾、張栻、虞集、楊升庵、張問陶、李調元，再到今天的郭沫若、巴金，均有重通儒、重今文經學、重文學、重百科的傳統，故宋張翥説："吾蜀擅宗匠，天地有大文。"劉沅亦具有通儒宗匠的特徵。他對孔子開一代"師儒新格局"的分析，是他對儒學時代特徵的新概括。在"師儒時代"的蜀學發展和衍變以及對傳統經學的揚與棄的過程中，劉沅作出了自己獨特的貢獻。他闡釋的"人爲天地之心，獨得天地之菁華"的思想，是對揚雄"太玄學"天、地、人爲三玄，人居天地之中心位置的中和思想的進一步發展，同時他又是近代重人權的啓蒙思想之門的開啓者。劉沅是對近代蜀學，特別是對近代今文經學大師廖平以及其後裔劉咸炘"推十學"發生重要影響的一位先驅人物。他强調人爲萬物之靈，回歸人的本位，這種思想已包含着傳統向近代轉型時期的特徵。如論劉沅在蜀學上的地位，就有如陳子昂作爲古文八大家的先驅對唐宋詩文革新運動的影響一樣，劉沅應是傳統文化形態在古代與近代轉换之交的時期，作爲啓蒙先驅，對近代蜀學發生重要影響和作用的一位重要人物。

五、重新認識劉沅對民族價值觀新質因素的貢獻

劉沅對以儒、釋、道爲主幹的中華傳統文化作出了一定的新貢獻，爲民族文化價值觀增添了一些新質因素。

例如，劉沅對"受天命"加以解析，認爲"受天命""只是受天眷顧"的含義，應該别無他意。他認爲宋儒對"受命"二字解錯，以致至今不敢學聖人，而"文王受命"又生出許多妄説。劉沅這些論證對破除傳統天命觀可謂别開生面，尤其是主張"天心"即"人人之心"，即"人人之志"，這無疑是體現他對國人文化精神提升的待望。他主張天心、人心的最高標的是"聖人之心"，主張"心聖人之心，行聖人之心"。人倫實踐當以聖人爲標誌，聖人的價值體現在凡人的生活中。這裏既有儒家的教化，又有佛家的生活

化、人間化，二者對劉沅的影響是使他重視了儒家思想的大衆化和實踐化相結合的問題，超越了宋明理學“格物致知”的狹隘性和封閉性，開啓了實事必求其是、實踐必求服務於大衆人倫的時代新風，在傳統民族精神内涵方面加進了民族價值觀和大衆價值觀的新質因素。

又如，劉沅以易經首卦《乾卦》對潛龍的分析，以《中庸》“曰聖人也”的思想，來解析《論語》“學而”首章。他認同潛龍爲君子之喻，從“潛龍勿用”，到“飛龍在天”，中經“君子終日乾乾”的學習過程，也就是《論語》所説君子“學而時習之”的過程。這個過程分爲三個階段：第一階段“潛龍勿用”，指的是陽氣潛藏，君子具有潛在德行和素質。第二階段“見龍在田，天下文明”，指的是陽氣上達於地，經過以人文化成天下的學習與毓秀的過程，就可達到百草萌芽孚甲、天下文明的精神境界；第三階段“飛龍在天，乃位乎天德”，則是指經過“學而時習之”的提升和文明境界的飛升過程，就可達到天功大成、萬物盛長的天德境界。經歷這三大階段，方可達到“聖人”的目標。劉沅的這一議論，明顯承襲了李鼎祚《周易集解》裏闡釋的有關龍由人文化成，其潛質萌芽至於毓秀鍾靈，到發展成爲飛龍在天、天下文明的龍形象變異的思想。劉沅以“學與習”來解讀君子乾乾、與時偕行、與日俱新，以此作爲中華龍的基本特徵，這是對作爲中華民族象徵的龍精神的一種新的解讀。

又如，劉沅關於《論語》“朝聞道，夕死可矣”的解析：《論語》此言是説明“生爲虚生，死亦徒死”，“勉人及時體道，無愧於生”。這個論斷體現了劉沅對於人的終極價值、民族的終極價值集中到人類生死問題上來的思考。特别是劉沅提出了當“爲乾坤之肖子”“宇宙之完人”的論斷，這樣的高境界是對民族精神家園守望的突出體現。從陸九淵“吾心即宇宙”的心學觀來看，劉沅此論更是新心學包括宇宙、總覽乾坤、錯綜古今、控引天地的主觀戰鬥精神的體現。劉沅作爲新心學的一個代表性人物，應該是當之無愧的。

六、劉沅對經典“貫解”與“附解”的體例設計，體現出解讀的創新性

劉沅對經書元典以《恒解》爲書名的編輯體例和别開生面的研究方法，也值得特别一提。劉沅對經典解析，除“恒解”外，還分爲“凡例”“貫解”和“附解”三部分。這三部分各有不同的作用，但合起來又構成對《恒

解》的完整解讀。

劉沅解經的一個重要特點是十分注意版本的校勘。他從各經版本人手，並不只是校勘文字異同，而是以文句異同爲突破點，析經傳元典之源流，破傳統注疏之迷惘。他不徒托空言，而是采用以堅實的史料、史實破空疏之論的方法，把經典原生點、原生態、原史意落到實處，成爲不刊之論，故其“凡例”和“附解”皆別富有一番不同於他書的特色。

前人對儒經的傳統解析方法分爲“著作、考據、訓詁”三種。就一般士林風習，認爲個人解經的著作是上等的，其次是章句考據之學，而根據經書文義加以訓詁的方法被認爲是“下”等之作，爲士林所不屑。而劉沅《恒解》的治學方法獨選“訓詁”一途，雖爲一般士林儒生所不屑，但却有他的深意。他認爲“著作”一途，已走入歧路，對“四子五經三禮”“接受非一，家自爲書，人自爲説”，造成經書義理的“大亂真”，使“修己治人之術”的道理被歪曲，而“考據”一途又被注疏者引入鑽牛角尖的境地[①]，只注意“梳櫛於字句，索瘢於片言”的尋章字句的考證，其弊端是引起元典文本的是非，甚至是“非（爲）是，是（爲）非，毫無坦途”[②]。他的“恒解”既不走尋章摘句的考據老路，也不以著作妄自尊大，妄論是非，而是以“訓詁”爲宗，從紛繁文本中找出元典原文爲依據，“離其章句，核其指歸”[③]，不管“百家”之説如何“騰躍”[④]，一心只“以聖人”之意爲“折衷”，在元典内尋找聖人的“吾心之天理人情，中正之秉彝”[⑤]，决不在元典之外求聖人之意。“訓詁”元典義理是蜀學的一個特點。早在漢代“（揚）雄少而好學，不爲章句，訓詁通而已”[⑥]。劉沅抓住這個特點加以弘傳發展，成爲《恒解》研究方法的精髓。

這套方法可稱爲“恒解三部曲”，即：以實用簡明的“恒解”爲核心，輔之以一以貫之的邏輯解析，稱之爲“貫解”；再殿之以“附解”，作爲需補充問題的講解。例如他不用“春秋三傳”作底本，而用“春秋經”作底本加以直解。但又不拋開“三傳”，而是充分利用“三傳”之文，從義理上加以探究，以文本爲解，以梳理前人的思路。這種研究方法，對破解乾嘉漢學考據的迷戀和道、咸以後興起的宋學義理的空疏，均有重要的作用。特別是以“訓詁”爲宗要，既堅持古文經學的實學之基，又補今文經學易墜玄虛之論

①—⑤ 《恒解問》,《槐軒全書》, 第 3363 頁、第 3364 頁。
⑥ 《漢書・揚雄傳上》。

的不足，這不僅有新意，還可明晰槐軒學的根本宗旨和教義。就是對我們今天的治學方法，也是有益的啓示。這就是努力探索前人學術的歷史淵源和歷史語境，對前人的原典原本原文加以探析，先用前人本身話語，直解前人語境，探求古人思想的真實，然後再以今人視角、今人話語加以檢視解析，這是今天的歷史唯物主義者應該效法的對待歷史文化精神遺産的態度。

2012 年 8 月作，2015 年 9 月改定

編輯緣起和整理説明

施　維

編輯緣起

這是歷時最長的“編輯緣起”，從《槐軒全書》（增補本）的影印出版，到《十三經恒解》的整理、箋解本付梓，前後整整10年。

2005年初夏，在老師劉伯穀先生家中第一次見到清末大儒劉止唐先生所著《槐軒全書》的綫裝本。劉伯穀先生是止唐公曾孫、20世紀著名天才學者鑒泉先生之子，家學淵源，淹貫經史子集，畢生以整理、研究、弘揚“槐軒”“推十”之學爲務，海内外問學者不計其數。我早年有幸受教於劉伯穀先生，但開始接觸“槐軒”“推十”之學却是從這個時候纔開始的。那時白天聽劉伯穀先生對“槐軒”之學的講解，晚上閱讀南懷瑾[①]、蕭天石[②]等學者研究“槐軒”學術的文獻，在故紙堆中看見了學術瑰寶，興奮莫名，產生了籌劃出版《槐軒全書》的强烈衝動。籌劃編輯出版的動力，來自于我學習所得的下列認識：

第一，《槐軒全書》是以儒家哲學、以心性爲最高范疇，融入道家哲學與佛教哲學而匯通解讀“十三經”並形成較爲完備學術體系的哲學巨著，在經學發展史上是具有獨特歷史地位的標志性文獻成果。劉止唐先生所具有的文化中國命運共同體認識的宏大胸襟與中華文化融會通貫的寬廣視野是難能

① 南懷瑾：《禪海蠡測・禪宗與丹道・唐宋元明清情形》，臺灣老古文化事業公司1992年版。

② 蕭天石：《劉止唐與四川劉門道》，蕭天石主編：《道藏精華外集之二・道海玄微》，臺灣自由出版社1983年版。

可貴的，對開拓當代學術文化研究視域具有重要啟示。

第二，劉止唐先生在前輩通儒見解的基礎上明確提出了“學者，學爲人也”①，“士農工商皆可爲賢聖人”② 的觀點，以畢生之學探索挖掘儒家經學原典的精義，以中庸爲中華思辨認知方式，以天理良心爲民族最高價值理念，以致中和爲社會和諧治理目標，以日常人倫、民生民用爲踐行“圣人之學”的行爲規范，在对宋人理學、陸王心學批判繼承的基礎上，構建起劉沅自身的學術體系。這樣的學問以百姓日用倫常爲中心，講習心性修煉，提倡社會和諧，體現了深切的人文關懷和通經致用的精神，大大超越了他的前輩。在今天，爲我們吸取傳統文化精華，提升精神境界，指引人生道路，建設精神家園，仍有指明方向的重要作用，因而具有跨越時空的文化價值。

第三，《槐軒全書》在清代已經影響廣泛，劉止唐先生被時人稱爲“川西夫子”③，成就卓著，堪稱清代蜀學集大成者，培養各層次學生弟子數以千計，所謂“著弟子籍者，前後以千數”。不但如此，他的弟子成材者猶衆：“成進士、登賢書者百餘人，明經、貢士三百餘人。”④ 劉止唐先生在教育上的巨大成就，説明他的學問是建立在對社會發展現狀的深刻而睿智的洞察上的，是與社會實踐、民生民彝緊密結合的與時俱進的活學問，這是他能夠培養如此衆多優秀人材的重要原因。

第四，著有被梁漱溟、陳寅恪、蒙文通等學術大家所激賞的《推十書》的作者——劉咸炘（鑒泉）先生，其學術來源有三，其一即來自《槐軒全書》，而鑒泉先生對“槐軒”學術的理解也是極爲透徹的：“所以出者，家學祖考槐軒先生，私淑章實齋先生也……故槐軒言同，吾言異；槐軒言一，吾言兩；槐軒言先天，吾言後天；槐軒言本，吾言末而已。”⑤ 由此可見“槐軒”學術對於近現代學術研究的重要影響，以劉止唐、劉鑒泉先生爲代表的劉氏家學亦成爲四川極具影響的蜀學學術門派，至今劉氏家學仍是十分有價值的思想養料。

第五，當時北京、成都、武漢、臺灣以及海外的一些學者，已開始重視對“槐軒”“推十”之學的研究，亟須有關文獻資料，但由于《槐軒全書》

① 劉沅：《下學梯航》，《槐軒全書》，巴蜀書社 2006 年版，第 3480 頁。

② 劉沅：《家言》，《槐軒全書》，第 2654 頁。

③ 《國史館本傳》，《槐軒全書》，第 1 頁。

④ 同上。

⑤ 劉咸炘：《三十自述》，《推十書・戊輯》（增補全本），上海圖書館、上海科學技術文獻出版社 2009 年版，第 519 頁。

館藏稀缺，全國圖書館完整收藏者不足 10 家，不能滿足學術文化界的需求，因此，《槐軒全書》具有較高的出版價值。

其時劉伯穀先生已經完成《槐軒全書》西充鮮於氏特園藏本的搜集整理工作並增補了劉止唐《性命微言》（守經堂本）、《醫理大概約説》（稿本）等文獻，爲編輯出版《槐軒全書》奠定了文獻基礎。我第一次在劉伯穀先生家見到的就是西充鮮於氏特園藏本。《槐軒全書》最早的版本爲光緒三十一年刻本，此外尚有中華民國十六年致福樓重刊本、中華民國三年至三十三年守經堂本等刊本，《續修四庫全書》亦收編了“四書”“五經”《恒解》等部分著作。在諸版本之中，西充鮮於氏特園藏本爲《槐軒全書》較爲完善、完整的版本，刊行於中華民國二十年至二十三年，凡 22 種、177 卷。此本由止唐公之孫、“天才學者”劉鑒泉先生親自校刊，字大體美、疏密有度，書品較佳。

但是，由於學術界、出版界對《槐軒全書》缺乏瞭解，幾乎没有出版社願意投資出版這部 600 餘萬字的大部頭。直到 2005 年 6 月，轉機出現：一是文獻出版家、成都珍希堂文化有限公司總經理陳建華先生決定投資解決出版經費，與巴蜀書社聯合出版《槐軒全書》（增補本）；一是四川師範大學文學院李誠院長、巴蜀文化研究中心段渝主任決定將《槐軒全書》作爲首部文獻，編入教育部人文社會科學重點研究基地重大項目《巴蜀文獻集成》。在陳建華、李誠、段渝等先生無私而全力的支持下，《槐軒全書》（影印本）于 2006 年 1 月出版面世。

《槐軒全書》初版後，受到學術界、圖書館界以及許多普通讀者的歡迎，兩年後基本售罄。2008 年，我開始策劃對《槐軒全書》核心著作《十三經恒解》進行校勘、標點，以滿足學者和愛好者的需求，推動“槐軒”學術的研究。2009 年 7 月，經汪啟明教授引見，與四川省社科院研究員、重點學科巴蜀文化學首席專家、四川省巴蜀文化研究中心學術委員會主任、四川省歷史學會會長譚繼和先生商談標點整理《十三經恒解》的策劃思路和具體事宜。譚繼和先生曾師從學術大家徐中舒先生，學養深厚，視域開闊，建樹頗豐，于是力邀譚繼和先生領銜《十三經恒解》整理本總主編並親自擔任全書的箋解工作。譚繼和先生幾經考慮允諾，並向四川省巴蜀文化研究中心報告，列入四川省巴蜀文化研究中心重點科研項目《巴蜀學術大家系列》叢書。不久，譚繼和先生主持召開了第一次《十三經恒解》（箋解本）的整理工作會議，制定了基本的整理體例。2009 年 11 月，《十三經恒解》（箋解本）録入、整理、箋解工作正式啟動。

整理説明

關於《十三經恒解》（箋解本）的整理體例和方式，在多次整理工作會議上，總主編譚繼和先生、總顧問劉伯穀先生、汪啟明先生和本書統籌陳建華先生提出了非常重要的指導性意見，與參與整理工作的學者、編輯共同確定了整理工作的基本原則和具體方法。

《十三經恒解》（箋解本）的整理工作，分爲兩個部分進行，一是以西充鮮於氏特園藏本爲底本，參校諸本加以標點；一是由譚繼和先生對《十三經恒解》加以系統深入的闡釋，完成對全書的“箋解”工作。

一、關於排序

《十三經恒解》（箋解本）各經的排序基本依據《槐軒全書》，按照劉止唐先生對於各經的排序原則，而不依據其弟子編輯的排列次序，以體現劉止唐先生的經學理路。需要説明的是，謹將《大學古本質言》從《史存》之後提出，因連類而及，置於《大學恒解》之後。《孝經直解》原排在《大學古本質言》之後，本次整理依據劉止唐先生的排序原則，置於《儀禮恒解》之後。另附《拾餘四種》《子問》《又問》《俗言》於後，因這些著作是劉止唐先生教育子弟的重要文獻，其主要内容爲對儒經的精要解析和對子弟質問的回答，其中不乏對儒經畫龍點睛的解讀，有益于啟迪後學。爲了幫助學者和愛好者進一步瞭解劉止唐先生對《十三經》核心問題的多角度闡釋，故將這部分著作作爲《十三經恒解》（箋解本）的“附録一”，置於《孝經直解》之後。原書《國史館本傳》和《錫良奏折》兩文原置于每經卷首，現均移置于“附録一”之後，重編爲“附録二”。

二、關於分卷

爲使閲讀和使用更爲方便，將《十三經恒解》（箋解本）分爲十卷本，以“卷之一”至“卷之十”的形式，按照排序原則分别編輯載録各經。

三、關於整理

（一）版式

本書采用繁體横排版式。用繁體，便于保存原文本的歷史信息，不易失去“恒解”本意，横排本則便于現代人、特别是青年人閲讀。

（二）校勘

1. 以西充鮮於氏特園藏本爲底本，参校致福樓重刊本、守經堂本、《續修四庫全書》本、阮元《十三經注疏》本等版本。

關於劉沅本人“恒解”所用的“十三經”文本，本書未采用“十三經”原本作校勘。這是因爲劉沅係對各經版本詳加勘校後依己意著“恒解”，字斟句酌皆有其深意。如脱離“恒解”本，貿然以它書版本校對，則可能喪失“恒解”原意，導致讀者迷誤。再加上劉沅對經書原文的校注和取捨，使用版本甚多，從石經本到各種刻本均有，故不便以意妄斷，本書校勘只取《槐軒全書》各種版本刊正。少數經文有疑誤者，或字句異同涉及文義者，用阮元《十三經注疏》等版本參校。阮元本具有從上下文義來校核異文訛字的優勢，故用該本作參校。

2. 西充鮮於氏特園藏本（以下簡稱底本）有明顯刊刻錯誤，則直接改正，不出校記，如己刻作已、巳之類；又如所引經文某字明顯誤刻，而據其下“恒解”或“附解”以及其他版本径改之，亦不出校記；如發現底本錯誤或有疑問，則保留原文，列出其他版本的異文，所寫校記以脚注形式置於頁下。《槐軒全書》各經“恒解序”，除在各經卷首刊載外，又集中刊刻于《槐軒雜著》卷一，兩者原文亦或有出入增減，係止唐先生不同時期修改的結果。今分别注明異同，以便研究。《槐軒雜著》刊刻之各經序後，還刊有受業弟子跋語與志語，爲各經卷首序言所未録，今則將其分别附于有關經序之後。校記本存真原則，簡明扼要，慎斷是非。先舉底本文字，再列舉各本校勘異同，並詳細注明所依版本或文獻來源。不確定處闕疑，皆一依底本。

3. 底本有誤而校本不誤者，據校本改正。改正處或用圓括號括原字，用方括號括正字；或保留原字，另加校记説明。底本校本字異處，如有含義差異，不改底本，但須出校記説明。如含義差别不大，或屬異體字，則不出校記。如底本、校本皆誤，參校其他文獻者，則出校記。

4. 避諱字的處理：帝王諱字和朝代諱字用他字稱謂者，不改。缺筆諱字，則直接補足筆畫，不出校記。

5. 引用經文注文爲删節或節略者，如不影響文意則不改動原文。如引文有文本錯誤，則出校記加以説明，不改原文。

6. 若文中出現俗字、異體字，則參照《第一批異體字整理表》加以規範。若該字删改會影響原文文意者，則不改。

（三）標點

1. 校點力求精煉準確，句義暢曉，便于閱讀，故標點節奏以適中爲原則，符合大多數人的閱讀習慣，不過長，亦不過短。

2. 經文句讀，自來多有歧異，劉沅引文亦有隨己意定詳略之處，本次整理標點，以《十三經恒解》作者之原意爲準，不全依現在通行的標點本。

3. 本次整理標點只使用頓號、逗號、句號、冒號、問號、分號、書名號、括號、間隔號（中圓點），不使用引號、省略號、破折號、着重號和連接號。

4. 關於引文，某某曰之後，依文意加冒號或逗號，引文結束則加句號或問號，不繼續使用逗號。

5. 書名號與書名號爲並列關係時，中間不再加頓號，如：宋元祐以《論語》《孟子》試士。書名内含書名，在“《》”内用“〈〉”。如爲古籍校注本，原書名不再加“〈〉”。

6. 《恒解》釋音釋義部分，在被釋字後加逗號，釋音釋義結束後加句號。如：某，音某。説，音悦。

7. 篇名前若加作者名的做特殊處理，如《昭明文選》陸機《文賦》。

四、關於箋解

箋解分爲“總叙”“分箋”兩部分。“總叙”部分全面闡釋劉止唐先生經學恒解思想的價值、特點以及在經學和蜀學發展史上的特殊貢獻；“分箋”則是對劉沅該經恒解的總解，與一般箋證不同，不作分篇截句箋解，只分經解析該經總的淵源、歷史背景、劉沅恒解該經的核心理念、價值述求、認知方式和邏輯理路，以及劉沅在該經上超越前人的精論卓見、具體貢獻、學術價值和歷史作用。總之，“分箋”是對劉沅該經恒解思想的總體文化解讀，爲該書的“總題箋”，以便於從統體觀和文化大宏觀視野上去把握劉沅，直解劉沅（“總叙”與大部分經書恒解的“分箋”由譚繼和先生撰。其中《論語》《孟子》《詩經》《周官》《儀禮》五經的“分箋”，由祁和暉先生所撰，譚繼和先生修定）。

對於《槐軒全書》的學術研究，由於種種原因，其成果寥若晨星，譚繼和先生在《十三經恒解》長達6年的整理過程中對“槐軒”學術作了系統全面的研究。其所撰寫的《總叙》《分箋》，在參閱比較經學史上重要流派及其思想大旨的廣闊視域中，在考量中外文明發展進程的宏大背景下，展現了

《十三經恒解》所獨具的不可多得的學術及人文價值，是《槐軒全書》面世以來鮮見的比較全面系統、立論嚴謹的力作，是闡釋《十三經恒解》學術價值和文化貢獻方面極爲重要的研究成果，有助于學習和研究該領域過往的來程和未來的路徑。

爲便讀者，兹將《總敘》《分箋》列于《十三經恒解》（箋解本）卷之一之首，可爲讀者起到閱讀《十三經恒解》導言的作用。

在《十三經恒解》（箋解本）即將面世的時刻，感慨萬千。當年結緣於《槐軒全書》，使我從此專注於學術文獻的策劃、編輯、出版工作，其間分别策劃組織了教育部人文社會科學重點研究基地重大項目《推十書（增補全本）》《大家論學》，國家社會科學基金重大項目《百年易學菁華集成》《百年道學精華集成》，國家出版基金重大項目《十三經恒解》（箋解本）以及《盧火神扶陽醫學文獻集成》《長江學術文獻大系》等重要文獻的搜集、編輯、出版工作，在劉大鈞、卿希泰、劉伯穀、譚繼和、詹石窗、盧崇漢、黎孟德、李誠、段渝等一批有歷史文化責任感的學者、專家和陳建華、張樹、汪啟明、湯澤來等出版界同仁的幫助、支持下，共同保存和傳播了一批具有傳承價值的重要學術文獻。在此謹對有關學者、專家和出版界同仁表示衷心的感謝。

同時對參與《十三經恒解》（箋解本）整理工作的吕笑龍、朱兆虎、任利榮、李昊、况正兵、康聰斌、張卉、彭東焕、童際鵬、賈雯鶴、劉平中、謝正强先生以及參與編輯校對工作的王群栗、肖静、封龍、張亮亮、張紅義、張照華、趙邦媛同志表示衷心的感謝。

由於《十三經恒解》（箋解本）整理編輯工作成於衆手，儘管稿件經過反復修改、檢查，但其中錯誤在所難免，敬請方家指正。

2015 年 8 月於成都乾元齋

分箋

譚繼和　祁和暉

《十三經恒解》是劉沅對儒家經學的系統性解讀。這些解讀以對經書章句的恒解（包括貫解、附解、附論等形式）而構成“劉沅經學恒解體系”。這個體系的總體思路、理論邏輯和貫解特色，已在總叙作了全面分析。本分箋則按劉沅自己編排的經書元典目録順序，分經加以釋解，重在對該經的文化闡釋，以作爲對劉沅經學恒解體系的簡明箋解。

這樣考慮是出於兩方面的原因：一方面，劉沅對各經是重在“解”，而不是重在“注”，即重視以訓詁通論義理，而不是把辭章考據作爲重點。雖然對經典的傳、注、疏，他一再强調這是讀懂元典原意的基礎，并對關鍵性的文句做了扎實的考證工作，但他是把它放在義理解讀中的，所以，他實際上是用訓詁法把注疏與義理融匯起來了。因此，我們今天的箋解工作，就不再采用傳統的章句箋解法，而是采取對劉沅的“恒解”做再解讀的方法，重在用文化學的視野，循著劉沅時代的歷史語境，探求其價值述求和認知方式以及超越前人的精論卓見，揭櫫其現代性意義。因爲劉沅的《十三經恒解》重點還是從儒家傳統文化的天地觀念、人心秩序、人格類型、人倫踐行、行爲模式、家國理念、社會結構和社會體制等等方面來立論的。换言之，他純是從觀念史和價值論的語境和視角來立論的。因此，我們也就把重點放在對劉沅觀念論體系的簡要文化解讀上，以便從宏觀的角度弄懂他的“恒解”語境背後的思想價值和邏輯體系，而不需要再逐章分句加以疏通和箋解。

另一方面，從語言風格來講，劉沅的語言明白暢曉、文字優美，有似老師對學生的講義（本來該書確實也是劉沅對弟子們教誨的講稿）。但也正因爲出於面誨弟子的性質，所以該書也有不可諱言的缺點，就是有深納周致、反覆叮嚀、剖析流於瑣細、義理過於深文的毛病。以講人心、圣人之心、天地之心爲例，劉沅即從各種角度反覆轉换叙述，今天的讀者是不易弄明白的，就需要有畫龍點睛的簡要解讀。

需要説明的是，本次整理《十三經恒解》分爲校點和箋解兩部分。其中“箋解”部分是以貫通解讀方式，對“恒解”中每一經的思路體系和理論邏輯加以簡明解析，這實際上也是仿照劉沅“離其章句，核其指歸”，訓詁元典，“洞澈本原”的“恒解”方法來解讀劉沅之思想指歸，而不“梳櫛於字句，索瘢於片言”，不對劉書作分章摘句的考據箋解，只作統體旨歸的訓詁箋解，故用了“箋解本”的書名。

一、劉沅經學“恒解”體系的文化精神

劉沅經學“恒解”體系，鮮明體現於他對儒家經書的目録編排上。《槐軒全書》有兩個經書目録：一是《全書》的經書目録，這是劉沅自己編過的。二是《槐軒雜著目録》，這是劉沅弟子編的。前一目録體現劉沅思路的特點，後一目録以《易》《書》《詩》《春秋》《禮》爲序，屬于一般經書目録的理路，没有特點，故這里只分析前一種目録的理路。

這個目録，首爲《四書恒解》，其次爲《詩》《書》《易》三經，再殿以《禮記》《春秋》《周官》和《儀禮》四經，最後是《大學古本質言》與《孝經直解》。《四書》里的《大學恒解》和單行的《大學古本質言》用的《大學》底本是一樣的，都是《禮記義疏》的本子，劉沅稱爲“古本”，以便與朱熹本相區别。劉沅《大學》的《恒解》與《質言》兩種的闡釋相互爲用，語境一樣，故作爲一種來解讀。

第一，劉沅以《四書恒解》爲首位，鮮明地體現出他以解析“心”字爲主，以解讀“天理良心”爲旨，以“窮理盡性”和“踐行人倫”爲兩輪，探求古圣賢經傳之源的“恒解”體系特色。

《四書》中的《大學》《中庸》《論語》和《孟子》，再加《孝經》被稱爲“小經”，《春秋》諸經則被稱爲“大經”。小經置於大經之前，是宋儒確定下來的。《大學》和《中庸》兩篇也是二程和朱子單獨發掘出來的。《四書》合稱是看中它的理論中心是解決人心的來源和去處的問題，也就是宋人

道學的根本問題，故把《四書》單獨列爲士人教科書。經過宋理宗和元代諸帝的重視，《四書》位置被越抬越高，成爲開科取士的模本，由小經竄到第一經的位置。劉沅的“恒解”體系，承襲了理學這一根本點，重在解讀“心”字。但劉沅又十分不滿宋儒的空疏、穿鑿與改竄，尤其不滿把二程與朱子稱爲創始者的説法，他考證説，四子書早在漢唐就已“專本單行”，《大學》一篇古時也未“分經别傳”①。劉沅通過訓詁達到“探求古圣賢經傳之本源”的目的，由此而建立起他對儒家經書的“恒解”體系，并一再申明，他這個體系，既是承襲古圣賢的，“以圣賢之理，求圣賢之言”，純從“鄭注孔疏”之説而來，“謹即歸本章句，順而釋之”，“非放妄爲附嚚”。同時，又表明他這個體系也别有自己的新裁新解，重在從“大學亦人人可實踐，明德爲秉彝之所同”的角度加以新解，而“不宜第求諸於文字之間也”②，重文字考據而不重人人實踐，是他所不屑的。

第二，劉沅以《四書恒解》爲首位，突出體現了他對儒學道統體系既承襲又創新的思想，是清代漢學向近代宋學、清代古文經學向近代今文經學轉型的時代潮流的反映。

唐韓愈提出儒學道統之説，由孔子直傳曾子、子思而至孟子，這是儒學道統的發端時期。道統説結束了“儒分爲八”分立紛紜的局面，建立了以思孟爲正宗的統一思想體系。與此同時，儒學文本也經歷了以道統爲核心的元典化過程。從五經到十三經體系的建立以及十三經體系的逐步法典化，十三經文本逐步取得社會認同，公認的文本即成爲元典。但對元典的認識，各家傳注多所不同。劉沅就批評“漢以來儒者”傳注多，但“莫得其指歸”。也就是説，多未得其道統本旨。至於宋儒二程、朱子等“或又淪於禪學”，以禪理來解心學，“未遇明師，私心臆測，妄爲改竄，大失聖人之真”，離道統原旨甚遠，故劉沅主張返樸皈真。他認爲“天人性命獨會其全，惟曾子一人而已”③。因此，他要從元典本源着手，撥開宋儒加在儒學道統上的迷霧，“竊欲發明聖意”，“以聖賢之禮，求聖賢之言”④，使人人安其學而親其師，樂其志而信其道，儒學思想正統得以弘傳。這既是劉沅對道統的承傳，又是駁亂反正的創新。

劉沅對儒學道統的態度，反映了清代嘉慶以後經學發展的時代要求。乾嘉時期，經學走上考據之途，被稱爲“漢學”，與專重義理的宋學是對立的。

① 劉沅：《大學恒解》，《槐軒全書》，第12頁。
② 同上書，第11頁。
③④ 同上書，第10頁。

但到嘉慶以後，漢學考據逐步出現了容納宋學解讀的趨勢，因爲時代對學術的要求，歸根結底是要通經致用的。阮元校刊《十三經注疏》時就特別分析了這個趨勢。阮元一方面站在漢學家的立場，主張讀“注疏”是弄懂經學的根本：“士人讀書當從經學始，經學當從注疏始。”① 他批評“空疏之士、高明之徒”的宋學家的“虚浮”②：“讀注疏不終卷而思卧者，是不能潛心研讀。”③其後果是“終身不知有圣賢諸儒經傳之學”④。另一方面，他也主張容納宋學博學篤行、敦勵義理的優點，反對漢學家的“孤陋”：因爲“注疏諸義亦有是有非”⑤，而“聖賢之經，如日月經天，江河行地”⑥，聖賢經書是溥施於大地、切切可應用的。既然如此，士子需要“潛心敦品，博學篤行，以求古聖賢經學之本源”⑦，方能“不爲虚浮、孤陋兩途所誤”⑧。阮元這段叙述，代表着清代乾嘉考據之學轉向和轉型的先聲。劉沅是這個時期轉向和轉型先聲浪潮的與時偕行的踐行者。他闡述自己的心曲：

> 今愚遵孔、曾原書梳櫛義理，衹是求孔子、曾子之意了然，不是定與朱子爲難。朱子發明孔、曾，必竄改其言以就己説。⑨
>
> 愚惟解原文，不敢外白文而别生枝節，較擅改經文、以己意武斷者，似無罪過。且發明聖人，剖析是非，原是後學之事，豈朱子可以發明聖賢，而我輩獨不可以發明乎？⑩

由這段話可以窺探劉沅“恒解”經書的文化心理：他既反對朱子竄改孔、曾以就己説的“憑虚而造”⑪，“擅改經文”而“别生枝節”。這是站在漢學家立場説話的。同時，他也反對離開經傳本源的煩瑣考據，離開元典“身心性命之理，日用倫常之道”⑫“成己成人，次第深造”⑬的精神，而形成“誤解，使人莫知鄉方”⑭，造成“聖人覺世苦心如畫餅”⑮的後果。他反對“泛論義理”⑯，但主張“梳櫛從理”⑰，從修身到齊、治、平都要一一實踐，懂得“學聖人亦止是全我爲人之理”⑱。這又是站在宋學家的立場説話的。他的這一看似矛盾的文化心理，正是乾嘉漢學考據向近代宋學義理轉型的反映，是乾嘉古文經學，向近代今文經學變遷趨向的反映。劉沅一生的經學恒解的實踐，是由漢學向宋學、由古學向今學轉换的反映。他是儒家經學與時俱進、與日俱新、不斷前進的一個典型，是新心學的一個典範。

---

① 阮元：《重刻宋版注疏總目録》，《十三經注疏》上册，中華書局 1979 年版，第 2 頁。
②—⑧ 同上。
⑨ 劉沅：《大學古本質言》，《槐軒全書》第九册，第 3334 頁。
⑩—⑮ 同上。
⑯ 同上書，第 3335 頁。
⑰⑱ 同上書，第 3334 頁。

第三，劉沅以《四書恒解》爲首位，方便於探求心學的核心和靈魂，表達民族的、國家的文化精神。

劉沅的經學“恒解”體系以民族文化精神爲内核，采用了觀念論的歷史文化叙述方式。馬克思在《經濟學手稿·導言》中曾特别指出：“歷來的歷史叙述的各種不同方式”[①]，以及“歷來的觀念論的歷史叙述同現實的歷史叙述的關係，特别是同所謂文化史的關係。”[②] 劉沅經學恒解體系，全書都是“觀念論的歷史叙述”，尤其偏重於“主觀的（倫理的等等）、哲學的”[③]文化史叙述。我們可以從他的觀念論的歷史叙述方式中發現現實的民族的文化精神。貫穿於《十三經恒解》的總的精神是解答“天理良心”“社會人心”八個字，也就是老百姓口語中的“天良”二字。劉沅致力於“吾心自然之公理”[④] 的探求，這個公理是“天地之心”“天地之理”“天地之道”[⑤] “天地之常經”[⑥]。歸納起來就是解答好這個“人”字，所以，劉沅總結説：“人者，天地之心也。”[⑦] 希臘哲學家亞里士多得曾經説過人是“社會動物”。世界軸心時代東西方的聖賢哲學的中心就是對“人”這個社會動物的解答。劉沅繼承的是從“社會”的宏觀視域解答“人”這個動物的來程和去向問題。“來程”是“性在先天，有善無惡”[⑧]，所以要引導人人學聖人“窮理盡性”[⑨]。“去向”是“性在後天，性逐情移”[⑩]，所以要教育人人學禮法，“莫非約束身心，涵養得性”[⑪]。先天的性和後天的情加起來，就是“人性”，故“天地之理在人爲性”[⑫]，就是“以踐人倫”[⑬]的人，故“人者，天地之心也”[⑭]。劉沅這套對“人”的恒解體系，完全可以看出他是把“人”作爲社會動物，從人心、人格、人性和社會秩序、社會倫理和社會管理之間的關係來作出他的理論判斷的，其中飽含着他對中華民族文化精神的價值判斷。

從上面的叙述，我們不難看出，劉沅是以思想家的眼光來判讀儒家經學的文化精神的。先天人性和後天習俗的結合，就是儒家傳統的對天地之心、天地之理和天地之道的判讀。拿這套判讀使人人服習於禮樂，形上可達到“化民於中和”的要求，形下可得到“轉移乎末俗”的效果。體現這套“修己治人之學”的根本宗旨和簡明讀本就是《大學》，而《中庸》則是對《大

① 《經濟學手稿（1857—1858年）導言》，《馬克思恩格斯全集》第46卷上册，人民出版社1979年版，第47頁。

②③ 同上。

④ 劉沅：《大學恒解》，《槐軒全書》，第11頁。

⑤ 同上書，第9頁。

⑥ 同上書，第11頁。

⑦—⑭ 同上書，第9頁。

學》心源的哲學闡述。所以，劉沅承襲了宋儒思想的精要，把《四書》放在儒經的首位，又把《大學》和《中庸》放在《四書》的篇首。

《大學》和《中庸》是理學的核心理念，擴而大之地來看，它應是儒家文化的核心理念，再擴而大之，它是中華傳統文化的核心理念。因爲儒家經學是傳統文化的内核，傳統文化的内核是傳統精神，傳統精神的内核蘊涵着以“心”爲表征的民族文化氣質和文化品格。它又是人倫化的、社會化的，浸潤於全社會日常生活和精神生活的方方面面，總名之曰“民族集體文化性格”。劉沅以思想家的眼光，以認識論的邏輯解析，把握歷代經學的文化發展大勢，高屋建瓴地抓住人心與自然、人性與社會的本質關係展開論述，實質觸及的是中華民族文化共同體的文化氣質和品格問題，是民族集體文化性格問題。他對“人與天地合一之理”[①] 的解答，也許有時代的局限性，不過他確是在中國傳統社會轉向近代社會的啓蒙時代前期，盡到了一個知識精英思考社會、國家、民族與人類命運的歷史責任，作出了符合歷史時代精神的價值判斷，他對民族文化和民族性格積累積澱的貢獻，仍然是值得尊敬和不可忽視的。中華民族文化的復興和發展是離不開五千年文明發展各個時期層累式積澱的思想和靈魂基礎的。正是在這個意義上，我們應該肯定劉沅經學恒解體系的文化精神價值。

二、《大學恒解》分箋

劉沅特別重視對《大學》的解讀。其解讀散見於他不少的序跋和雜著裏，集中在《大學恒解》和《大學古本質言》二書上。他對《大學》的恒解，是建立在對朱熹《大學章句》所體現的道學思想（包括對朱熹《大學》章句文本的改竄）又繼承又批判的基礎上的。只有先弄清朱熹《大學》思想體系，才能透徹瞭解劉沅恒解體系的繼承、批判和發展。

朱熹撰《四書章句集注》是儒學道統再構成的標誌。雖然先秦儒學發展到宋代，儒家十三經已經取得法典化的正統地位，但其蘊涵的精神和靈魂還需不斷的挖掘與内化，而不同的時代自然有不同的文化眼光，對儒學經典的精神觀念、精神境界和精神價值的解讀也就各有不同。儒學經典的法典化，實質上是在不斷的元典解析和儒學道統再構成的進程中發展和完善的。元典

① 劉沅：《中庸恒解》，《槐軒全書》，第 49 頁。

的再構成和再解析，始終是常解常新的工作。宋朝正是儒學道統和元典再構成再解析的一個閃亮時代，二程和朱子是這個時代的文化代表和精神象徵。

朱熹《四書》體系的創立，特別是把《大學》和《中庸》獨立出來構成《四書》體系之首，對《大學》文本有著三大積極性貢獻：

一是肯定《大學》是“古之大學所以教人之法”①，但其書雖存而知者鮮，是程氏兩夫子“實始尊信此篇而表章之”②，才使其書的精神價值“粲然復明於世”③。二程也是憑此篇而得“聖經賢傳之指”④，並得以在久已中斷的儒學道統進程中能由孔子、曾參、子思之傳，直接“接乎孟氏之傳”⑤。朱熹把《大學》作爲儒學道統精神標誌的提法，宋以後的儒者没有反對過，劉沅也是承認的，這是宋代至清代經學文化共同體共識的基礎。劉沅的“恒解”是在這個共識的基礎上提出問題加以討論的。他對《大學》的恒解，是與宋儒認同一宗而各有表述，由此顯現出宋儒與清儒、漢學與宋學又承續又矛盾的復雜關係。

二是肯定《大學》的中心内容是“窮理、正心、修己、治人之道”⑥。其中既包含“國家化民成俗之意”，又包含“學者修己治人之方”⑦。不僅“人君躬行心得”，而且“當世之人無不學”⑧。朱子針對五代以來“君子不幸而不得聞大道之要”“小人不幸而不得蒙聖治之澤”⑨的不良學風，肯定《大學》是孔子的遺書，是“初學入德之門”⑩，並特別對《大學》加以闡釋和解讀，引起從君子到小人的廣泛的社會關注，使《大學》“民生日用彝倫”的精神擴散開來，這對宋代儒學文化的復興是起了大作用的。劉沅對《大學》的恒解，承襲了朱熹的認識，並加以更大規模和更高層面的深度發揮。他不僅撰了《大學恒解》，還著了《大學古本質言》，可見他對《大學》作爲儒家道統和心法傳授首篇的重視程度。

劉沅把《大學》古本分爲一經五傳，分别加以貫解和附解。《大學》一經是孔子約言“大學”教人之法，五傳則是曾子獨得孔子旨意而作，一則“發明夫子未盡之意”⑪，二則“發夫子所未發”⑫。傳之第一章講解“誠意爲明德之要”⑬，傳之第二章“釋正心修身”⑭，傳之第三章“釋修身齊家”⑮，

---

① 朱熹：《四書章句集注·大學章句序》，中華書局2012年版，第4頁。
②—⑩ 同上。
⑪ 《大學恒解》，《槐軒全集》，第26頁。
⑫ 同上書，第17頁。
⑬ 同上書，第26頁。
⑭ 同上書，第34頁。
⑮ 同上書，第36頁。

傳之第四章“釋齊家治國”①，傳之第五章“釋治國平天下”②。把劉沅恒解“大學”的“一經五傳”的邏輯體系，與朱熹《大學章句》“一經十傳”的體例相比較，劉沅“恒解”本不僅完全尊從古本所分段落，没有朱熹改竄古本、隨便割裂甚至編造傳文的弊病，而且更加簡明，義理通暢，發掘出了古本的原生態價值。

三是朱熹《大學章句》本的優點：注意從整體宏觀謀篇布局，探求《大學》的思想體系，而不斤斤計較於字義、名物、制度孤立煩瑣的考據，重視思辨的深刻化和文字的洗練化。這是儒家今文經學的思辨優勢，它來源於戰國諸子之學（蒙文通先生語），朱子的宋學正有今文經學重統體、重大觀的思維特點。劉沅《大學恒解》繼承了朱熹宋學與今文經學的思辨優勢，善於反覆辯難，闡釋有深度，解讀有内涵，這在乾、嘉、道、咸時代是難能可貴的。

以上三條是朱熹對《大學》文本的積極貢獻，劉沅又都有所發展。但朱熹對《大學》的章句解讀也有空疏虚浮、向壁虚造的弊病，這是劉沅所堅決反對的。劉沅與朱熹的對立，焦點是回不回到《大學》的元典古本去的問題。

劉沅指出：“《大學》一書，二程弟兄首創倡竄改，朱子繼之，當時亦未行世。真西山作《大學衍義》，進呈全祖。”③ 這才使得脱離元典古本的《大學》謬本得以流傳於世。他認爲二程、朱子和真德秀四人是竄改古本的罪魁禍首，其嚴重後果是失去《大學》對正心誠意、明明德、止於至善的文本解讀的原意。

劉沅對朱熹《大學章句》穿鑿之弊，抓住要害加以批駁：一是朱熹藉口錯簡，把所謂曾子的“傳”的部分，以己意割裂段落先後，增減關鍵性詞語，將大學所引《詩經》《康誥》等古語作主觀性很强的調整。表面上看，理學體系是鮮明了，但這是宋學主觀邏輯體系的鮮明，不是漢代元典古本的原生態意味的原始邏輯體系。這是劉沅强烈主張回到《大學》古本的重要原因。二是朱熹將杜撰的《格物傳》加入到《大學》的古本中，藉口是闕佚之作。又隨意改字，如把“親民”改爲“新民”，一字之差，其意相差甚巨。實際上朱熹是爲了把自己關於“存天理，去人欲”的説法加進去，不僅使《大學》人人可以實踐的社會意義變得晦冥難解，而且導致天理與人欲的對

① 《大學恒解》，《槐軒全集》，第 38 頁。
② 同上書，第 42 頁。
③ 劉沅：《大學古本質言》，《槐軒全書》，第 3334 頁。

立、致知與實踐的對立，帶來社會無教、人倫不能實踐的嚴重後果。

劉沅通過對《大學》元典誤讀的矛盾清理，建立起了他自己的“大學”恒解體系：第一步是以小學考據功夫釋“學”“小學”“大學”三個詞①。説明古人入學的次第，七歲入小學，十五歲入大學，“大學”一篇字字皆有實處。第二步進一步證明“大學”就是修己治人之學，它的主旨是研究“人”作爲“天地之心”的價值。這又可分爲兩層：前一層是説明“天地之理，在人爲性”，人性就是天地自然發展的公理。人性又可分爲“先天人性”，是有善無惡的；“後天人性”是人的氣質習俗，是可以教育轉化的。後一層則是講人中的精英，即“聖人之心”，它是“天地之心”和“天地之道”的文化標誌和精神標誌，是衆人學習和仰望的對象。

我們由劉沅對天地人性的層層剖析，可以鮮明地看出他講的“身心性命之理與日月倫常之道”，實則指的是人的社會性；而他講的“成己成人全體大用之學”，實質指的是人的文化性。人的社會性與文化性重合，是塑造人性的有效途徑，也是塑造民族共同體的集體文化性格、塑造民族精神和民族靈魂的有效途徑。由這套理論邏輯推理，即形成劉沅新心學的核心。它的内核和根柢集中在《大學》古本裏。因此，劉沅曾説：“爲學不從此書實踐，又如何能修身？身不修又如何能齊、治、平？”② 在他看來，依據《大學》古本，次第踐行心學功夫，注意“正心”的静與“誠意”的動的結合，就是修身的有效途徑，是齊、治、平的根本。

劉沅這一恒解體系與朱熹的大學體系有着本質的區别，其根本不同體現在實踐的對象上。劉沅更强調實踐的對象是人倫、民生和社會，他是用重民生的思想境界和思維方式，提升了乾嘉漢學家的視野，是近代民生啓蒙思想的先聲。他的一只脚雖然還在舊學保守的傳統經學營壘中，但另一只脚已經踏入到新學啓蒙的近代經學的先河裏。

劉沅與朱熹在《大學》上都主張“發明聖賢”，在聖賢古意上有新的創意。但朱熹溺於“以己武斷”，劉沅則是耽於“復興古意”，堅持元典。這種堅持元典文本并在古本話語基礎上創意的精神，就是劉沅《大學》恒解體系的根本性文化意義，這對今天傳統文化的復興，仍然有着十分重要的啓示價值。

---

① 劉沅：《大學古本質言》，《槐軒全書》，第 3291 頁、第 3292 頁。

② 同上書，第 3334 頁。

三、《中庸恒解》分箋

《中庸》是二程、朱子從《禮記》中抽出，單獨作爲《四書》的第二篇。如果説《大學》是傳統社會成人道德價值的政治文化教科書，那麽，《中庸》就是傳統道德價值的哲學綱領。朱熹祖述二程觀點，這樣認定《中庸》的價值：

> 此篇乃孔門傳授心法，子思恐其久而差也，故筆之於書以授孟子。其書始言一理，中散爲萬事，末複合爲一理，放之則彌六合，卷之則退藏於密，其味無窮，皆實學也。[①]

在朱熹看來，《中庸》是子思繼承孔子道統所著，傳授於孟子。其性質是“孔門傳授心法”，即傳授儒學的哲學思考著作。《中庸》的思辨邏輯是發端於一理，中散融於萬事萬物，最後仍復歸於一理。這個思辨邏輯是“一理萬殊”的哲學主張的形成路徑。《中庸》作爲哲學，在人的體用、放卷、動静三方面皆可以“中庸”的思維方式加以應用，故它又具有其味無窮的“實學”價值。這是朱熹對《中庸》一書的總體定位，一直爲後世所遵從。劉沅對此有高度的認同，故他的《中庸恒解》完全采用了朱熹的定本作爲元典，而朱熹亦未對《中庸》原本加以改動。劉沅《中庸》的“恒解”也承襲了朱熹《中庸章句》的哲學思考與思辨方式。

朱熹對《中庸》的闡釋，有下列特點：

第一，認定《中庸》是儒學道統的思想核心，是子思承傳“夫子天道、人道之意”而立的“言”[②]，是“引孔子之言，以繼大舜、文、武、周公之緒，明其所傳之一致”[③]。由此可見，中庸思想是“仲尼祖述堯舜，憲章文武”[④] 的道統有關儒學終極價值的哲學思考。學習《中庸》，就能懂得“人之所以爲人，道之所以爲道，聖人之所以爲教，原其所自，無一不本於天而備於我”[⑤]。因爲“天地萬物本吾一體，吾之心正，則天地之心亦正矣；吾之氣順，則天地之氣亦順矣”[⑥]。明白了中庸之道，學者就找到了“於學之所用

① 朱熹：《中庸章句》第一章，《四書章句集注》，第 19 頁。
②③ 同上書，第 33 頁。
④ 同上書，第 38 頁。
⑤ 同上書，第 19 頁。
⑥ 同上書，第 20 頁。

力”的方向，“修道之教亦在其中”[1]。用現代術語來説，“中庸”是人對一切事物的思辨之道。既是對天地人統體的哲學思考，也是對一切事物觀察的思想方法。

第二，中庸是“從容中道”[2]，是觀察事物、實踐人倫的基本原則。“中”的含義是指“不偏不倚，無過不及之名”，是指不偏不倚、不過不及、不左不右，走正道的思考方法。“庸”的含義是指“平常”之義[3]。“庸”與“用”同義，指應用於平常事物與日常生活。因此，“中”是“天下之大本”，是對待萬事萬物的原則。思維法則上的中庸哲學與政治治理上的中和理念又是相通的。德行修養是中庸，治政之道是中和。進一步釋之：治國治政應以中正爲原則，不可帶入個人喜怒哀樂的情緒，故“喜怒哀樂未之發，謂之中”[4]。而把“中正”原則發抒表現爲政策、措施與實際舉措，則由“中正”變而爲“中和”，“中和”是有理有宜有節的，故“發而皆中節，謂之和”。總之，成己成人的哲學是中庸，用於社會和政治則是中和，故“中庸之中，實兼中和之義”[5]。“中”爲“天下之大本”，“和”爲“天下之達道”[6]。

早在漢代，揚雄的《太玄》即根據孔子闡釋《易經》之意，闡述儒學的哲學基礎是天地人和合的“三才”“三玄”，他著的《法言》則闡述儒家的政治理想是中和。從二程、朱子到劉沅，實際上承襲了揚雄一脈的中和思想，其實質是傳統和諧文化，因爲中庸、中和的社會運用即是和諧。和諧文化就是因中庸思想指導而産生，成爲傳統文化中一份十分有價值、光芒閃爍的思想資料。

第三，强調中庸是最高位的哲學思考。無論是朱熹，還是劉沅，都十分重視對“人心惟危，道心惟微，惟精惟一，允執厥中”的認識，並各自作了文化解讀。他們都認爲在“中”的心源上，儒釋道都是相通的。儒家講“一”，老子講“元”，佛家講“空”，三者都指向一個“誠”字。“誠”，在中庸哲學裏是最高位的哲學概念，故朱熹認爲“凡爲天下國家有九經，所以行之者‘一’也”。故“一者，誠也。‘一’有不誠，則是九者皆爲虚文矣，

① 朱熹：《中庸章句》第一章，《四書章句集注》，第20頁。
② 同上書，第32頁。
③ 同上書，第19頁。
④ 同上書，第20頁。
⑤ 同上書，第21頁。
⑥ 同上書，第20頁。

此九經之實也”[①]。治天下國家有九種經略，關鍵歸於“一”，“一”歸於“誠”[②]，“誠”居於中庸的“樞紐”地位[③]。由此，宋代理學家推斷出“誠”的本源：“誠者，天之道也。”[④]“誠”字加以實踐，則爲“誠之者，人之道也”[⑤]。實踐的五大行爲“博學之、審問之、慎思之、明辨之、篤行之”則爲“誠之目”[⑥]，即是“誠”實踐的五大步驟。從朱熹至劉沅對中庸的文化解讀，皆緊緊圍繞着“誠”字傳授心法，而這心法就是達到“天之道”“人之道”的修道之法，即提升修養和學養的方法，有利於人的道德人倫境界的提升。

第四、强調達到中庸理想的境界必須“無一毫人欲之私”[⑦]，這是朱熹特别强調的重點。從這裏出發，其必然去向是把天理和人欲對立起來，主張“存天理，去人欲”。故朱熹認爲要做到知、仁、勇三者雖然很難，但三者不必合於中庸，還是較容易的。最難的是實現中庸，看似易，實最難：“非義精仁熟，而一毫人欲之私者，不能及也。”[⑧]故“中庸易而難，此民之所以鮮能也”[⑨]。以上是朱熹通過中庸表達的天理與人欲對立的理念。劉沅在這一點上與朱熹是對立的，他是主張天理與人欲統一於人倫實踐和社會實踐。這在下面還要分析。

總之，儒家“中庸”思想經過理學家的解讀，注入了新的内涵，逐步形成爲傳統中華民族命運終極價值和核心價值體系的哲學依據。其中富涵着辯證法的思辨要素，成爲豐富中華民族精神家園的有益養料。正是在此種意義上，清代劉沅對朱熹“中庸學”作了補正、豐富與發展。

劉沅先從《中庸》成書經過及該書性質入手，分析漢以後、宋以前早有“中庸學”。漢儒雖把中庸編入《禮記》，但鄭注、孔疏和劉向别錄早已視中庸爲“通論”著作，而“非以其爲言禮之書”[⑩]。宋以前早“有人究心”研究[⑪]，《漢書·藝文志》即載有“中庸説”[⑫]，就是明證。可見中庸並非朱子首先從《禮記》中分離出來的，早有“專行之本”[⑬]。朱熹的功勞在於首爲

---

① 朱熹：《中庸章句》第一章，《四書章句集注》，第32頁。
② 同上。
③ 同上書，第33頁。
④ 同上書，第32頁。
⑤⑥ 同上。
⑦ 同上書，第23頁。
⑧⑨ 同上。
⑩ 劉沅：《中庸恒解》，《槐軒全書》，第50頁。
⑪ 同上書，第51頁。
⑫ 同上。
⑬ 同上書，第50頁。

《中庸》“分章詁句”。在南宋紹興時期[①]，《四書》的首次刊刻也是朱熹，最初稱爲《四子》，後來改稱《四書》。元朝延祐年間[②]始將《四書》列爲科舉取士科目。劉沅由此認定《中庸》乃古本，不似《大學》經過了朱熹的改竄。劉沅即據朱熹所定本作爲元典加以恒解。

但劉沅認爲朱熹在《中庸章句》問題上有兩大缺點：

一是“朱子分章詁句”，造成“其文義幽奥，辭意嶺斷雲連，讀者或拘牽舊説而不得其指歸”[③]。劉沅有幸從童年起即沈潛反復學而時習之，故能找出其“遺義”，提出己説。

二是“朝廷以之取士”[④]，雖“人人誦習”[⑤]，但脱離實際：“返諸身心，求其實踐者亦不易。”[⑥]中庸一書之義，“非可以空言曉，亦非可以文字求，必當窮理盡性，以至於命，然後知此書所言莫非吾身實理”[⑦]。故劉沅恒解訓釋，采用“明白易曉”的文字，而不敢用“艱深影響之辭”[⑧]，以助於學者克服畏難情緒，勇於人倫社會實踐。

拿劉沅“恒解”與朱熹《章句》相比較，劉沅“恒解”有下列兩大特點：

一是劉沅比朱熹更進一步分析了《中庸》的主旨——言天道與人道的辯證互動關係，歸結爲“理氣之原”——“太極”[⑨]。這個太極，就是“人身心中自然之理而可施於事物者也”[⑩]。以太極自然之理運用於人心之理，就是辯證施治。

劉沅認爲“天道”與“人道”的辯證關係是中庸説的核心：“天道即人道，盡人即可合天。”[⑪] “以人合天，只是自盡人道。”[⑫]同樣地，“人道即天道，能盡性即可合天”[⑬]。無論天道與人道也好，人道與天道也好，都是“首尾貫通”的辯證關係，只是主體位置不同而已。因此，《中庸》通篇，“首自天命説到人，末自人説到天，中間推及於庶事庶物”[⑭]，這就是中庸的邏輯體系。順着這個邏輯體系走下去，就是天地人只此一理的大路“大道”：“道猶路也。天地人止此一理，如大路然，皆必由之本。”[⑮]

劉沅在《中庸恒解》中進一步闡釋了人獨得天地之理，實質“即得太極

---

① 按：劉沅所記爲“淳熙”，實乃“紹興”之誤。
② 按：劉沅記爲“元祐”，實乃“元朝延祐”之誤。
③ 劉沅：《中庸恒解》，《槐軒全書》，第50頁。
④ 同上書，第51頁。
⑤—⑧ 同上。
⑨ 同上書，第48—49頁。
⑩ 同上書，第51頁。
⑪—⑮ 同上。

之理"[1]。劉沅認爲"太極"是"渾然粹然，至善而莫可名狀"的"理氣"[2]。在"天地未分"時，太極處於"天地之始"的位置[3]；在"天地既剖"時，太極則處"在天地之中"[4]。

劉沅還認爲"太極之理"與人性是統一的。人是自然的産物，"惟人獨得天地之秀靈"[5]。天地鐘靈毓秀的結果，就使得"太極之理"成爲人性。性有先天和後天的區别，劉沅多次分析過他的這一哲學主張。在《中庸》裏，他把這一主張貫徹在人性的"太極之理"中，認爲"性在有生之初"[6]是"渾然粹然"[7]的純净狀態，與天地自然相同，這是他主張的"性在先天有善無惡"的思想的反映。不過，這裏他更强調"先天"就是自然，以"先天"的自然性而把自己所主張的"性善論"與孟子的"性善論"在一定程度上區别開來。這個區别就在於"先天之性"不是純唯心的，而是物質的。人性是天地自然的"渾然"混沌狀態與"粹然"純潔狀態的産物，是自然原生態的産物。自然是善的，人性就是善的。劉沅把這個理論歸結爲"太極之理"，"太極"就是自然的原生狀態，是自然的"理氣之原"，這是他高出於前輩理學家的地方。

至於後天的性，劉沅在《中庸恒解》裏比《大學恒解》更多加了一層哲理解析，認爲後天的性"梏於有生之後，紛然雜然者，與禽獸類"[8]。性在後天因環境而污染若桎梏，故性逐情移失去先天之性就等同於禽獸。這裏的"紛然"是指後天"倫紀多紊"[9]的世道狀態，"雜然"是指後天"奇詭之行"[10]的欺詐狀態，二者都是指人在有生之後即面臨着復雜的社會關係，如無"理氣之原——太極之理"（也就是"天地自然之理"）的教養，人心就會變壞，等同於禽獸。很顯然，劉沅是用人的社會性的變異來解釋後天之性的，是用人的自然性的不易來解釋先天之性的。二者合起來，"不偏之謂中，不易之謂庸"[11]，就是指人的自然性與社會性的統一。對人的教育，從幼童到成人，應該以"至中至庸者以爲法"[12]。"中庸"爲法式，實質就是以"中庸"爲精神世界的準繩，故"中者，天下之正道。庸者，天下之定理"[13]。以"中庸"觀點看世界，則無論"聖賢"或是"愚賤"，"天下皆道中人，實天下皆

---

① 劉沅：《中庸恒解》，《槐軒全書》，第 48 頁。
②—⑦ 同上。
⑧ 同上書，第 48 頁、第 49 頁。
⑨⑩ 同上。
⑪ 同上書，第 49 頁。
⑫⑬ 同上。

盡性之人"[①]。換句話説，人人都可以爲堯舜，都可以盡性得道。不過，"聖人者"是天下人的精英，有先進於禮樂的示範作用，其實質與普通人一樣，能"全天地之理而無愧於人焉耳"。劉沅認爲要達到這樣的精神境界，當"首重六德：知、仁、聖、義、中、和"[②] 的教化作用。而這些在古三代已經庶民化的品格，在後世反而認爲是"萬難幾及之事"[③]。因此，子思作《中庸》是爲了承續三代道統以"救世"[④]。

由上述解析可以看出：劉沅在《中庸恒解》裏對天道、人道、先天人性、後天人性等社會倫理，對天理即人心、人心即民心、民心即民性、民性當首重民生等政治倫理，作了更深入的哲學思考，並用周敦頤的"太極圖説"對這些思考作了深度的價值判斷。劉沅有關《中庸恒解》的這些思考，有助於我們對中華民族精神世界，特别是民族終極價值理念的深入認識與探究。中華民族的傳統核心價值體系是經過了多少代人的哲理奉獻與思想積累才形成的。劉沅是近代轉型初期一位杰出的民族價值理論研究的思想家，他對民族價值體系建設的奉獻，我們不應該忘記。尤其是他對天地人中庸精神的辯證思考與倫理論辨，把握住了中庸辯證法的精髓，並進一步作了發掘，這是難能可貴的。

二是對"子曰：誠者天之道，誠之者人之道"的解讀，劉沅《恒解》比朱熹《章句》更明確提出"標誠字爲聖學"[⑤]，多層次多視角地分析《中庸》所講的"至誠""慎獨"概念，是中庸之道的核心，是理解"天之理而人得之以爲性"[⑥] 的核心觀念。同時還就儒釋道三家的"至誠觀"作了比較研究，認爲就"天之命，人之性，一而二，二而一"的論題而論，儒家分析得最好。劉沅此論，與朱熹相較，由宏觀籠統進入周致解析層面，理念更貼近時代，突出了中庸之用與時偕行的特點。

劉沅是這樣論證的：

他認爲"天之理、人之性、萬物之道"三者是"一以貫之"[⑦] 的。要弄懂這個一貫之道，就要追源溯流，揭示要旨[⑧]，"明其本體，究極功效"[⑨]，作全方位的貫解和通索。他認爲《中庸》第一章講至誠、慎獨與中和之道，就

---

① 劉沅：《中庸恒解》，《槐軒全書》，第 48 頁。
②—④ 同上。
⑤ 同上書，第 51 頁。
⑥ 同上書，第 52 頁。
⑦ 同上。
⑧ 同上書，第 53 頁："溯其原，揭其要。"
⑨ 同上書，第 53 頁："明其本體而究極乎功效之全。"

是通貫“全書之綱領”[1]。

首先，中庸的根本精神是“一誠”，“一誠”貫穿在“天心”中，“天心無非一誠之所貫注”[2]。貫穿在萬物上，“天下之物，莫非一誠之所貫注”[3]。“一誠”就是“道”：“凡天地間形形色色，莫非道之所在。”[4] 道的精氣神體現爲“一誠”。這個“一誠”，若是就“天地”而言，則“只是一氣，渾成流行不息”[5]；若是“就人而言，則志氣如神聖”[6]。由此可見，“一誠”不過是一種“志氣”和“精神”。它貫穿於“天之道”與“人之道”，“一誠”使“人天”二者“本合一，莫能載、莫能破者，豈外人倫日用哉”[7]！離開人倫日用和“日用行習”[8]，“一誠”就没有着落。所以，“誠”即使“基於一念之微”也會“究通乎天地家庭之際”[9]，“此道所以至中至庸”[10] 的根本原因所在。“中庸之道，人且以爲迂遠”[11]，其實就在每個人的身邊。劉沅這個看法比朱熹又進了一步，他把日常倫用的“社會倫理”用“誠”的精神貫穿起來，强調“誠”的實在性、社會性和普遍性。這是劉沅思想的進步性，已經廣泛接觸到社會實踐的層面，是近代社會觀念從傳統社會觀念中解脱並轉型出來的體現。就是在今天，對於社會倫理的教化與實踐，仍然有很高的借鑒和傳承價值。

其次，劉沅《恒解》與朱熹《章句》相比，朱熹爲適應“存天理、滅人欲、去私慾”的理念而將“至誠天理”神秘化，將“中庸之道”神秘化，劉沅的《恒解》則明確反對這個做法。不僅在儒家體系内，劉沅反對神秘化，他也批判道家的神仙化和佛家的虚空化。

就儒家體系而論，中庸之道是言“人道即天通，天心在我心”[12]。“中庸之道本平常而至神至奇，即在至平常中，緣此道本天之至理。天之不測奚以加焉，而其實一理而已。理宰乎氣，氣之變化，皆理之變化也”[13]。“天地本

① 劉沅：《中庸恒解》，《槐軒全書》，第 53 頁。
② 同上書，第 72 頁。
③ 同上書，第 71 頁。
④ 同上書，第 72 頁。
⑤⑥ 同上。
⑦ 同上書，第 70 頁。
⑧ 同上書，第 71 頁。
⑨ 同上書，第 70 頁。
⑩ 同上書，第 71 頁。
⑪ 同上書，第 74 頁。
⑫ 同上書，第 94 頁。
⑬ 同上書，第 93 頁。

萬古一理，而人實昧之"[①]。"昧天之理，拂天之心，不知慎獨，不畏天命"，必然要受到"天罰"[②]，也就是自然界對人的懲罰。劉沅的《恒解》，在這裏反復叮嚀周致的就是要人認識"中庸之道"這個既平常而又神奇的特性，而不要將其神秘化，不可知化。劉沅一再要人認識到子思作《中庸》，是要人懂得"中庸之道，所以不遠人而爲也"[③] 的苦心。

劉沅進一步闡明"一誠"並非神秘外在的東西，而是萬事萬物内在的協調自然與社會關係的自然運行的規律："天地，一誠所融結也。神明，一誠所默運也。萬世萬物，莫非一誠所周洽也。"[④] 只要"至誠，自盡其性，而誠則能明"[⑤]。"一誠"體現爲"氣"，"氣"是由"理"主宰的，"理"又是天地自然的規律。這樣的論述，是劉沅以"心學"爲主體的進入自然與社會層面的辯證分析，這是劉沅超越宋明主觀唯心主義心學前輩並有所發展的地方。同時，也可看作他對程顥至朱熹的客觀唯心主義理學有所超越而又加以一定批判的地方。

就道家體系而言，劉沅主張："神仙即聖賢。"[⑥] "聖而不可知之謂神，至誠如神，非即神仙乎?"[⑦] 可見他指稱的"神仙"是指聖賢的神聖境界，高山仰止，景行行止的敬畏境界，這就是敬畏信仰的"神仙"境界。把神仙加以聖賢化，也就是凡人的精英化，這是劉沅處於近代人性覺醒啟蒙時代所反射出來的近代人文情懷的光芒，也是他入世救世以拯救社會人倫道德精神滑失淪落的道德情懷的光芒。

他以儒家的人文情懷批判道教將神仙説神秘化，指責道家在聖賢之外别求神仙[⑧]，導致"數千年來求仙者"不息[⑨]，"流爲妄誕"[⑩]，"恍惚鬼神而外之，昧者從而矯焉"[⑪]，"邪妄之術繁興"[⑫]，這是起於兩千年前秦始皇帶頭"作俑"求仙，使"聖學不明"[⑬]的結果，是孔子"誠身之學罕傳"[⑭]的結果，致人"未識天命之原"，"離天人而二之"[⑮]。他主張破道家的神仙虚妄説，回到"神仙即聖賢"的人文精神上來。

就佛學體系而言，劉沅反對把佛家的"虚無清净"與儒家的"人倫實用"對立起來的觀點，主張在"皆言至誠之妙"[⑯] 上把儒釋道三家觀點都統

① 劉沅：《中庸恒解》，《槐軒全書》，第 93 頁。
② 同上。
③ 同上書，第 124 頁。
④ 同上書，第 93 頁。
⑤ 同上。
⑥ 同上書，第 94 頁。
⑦—⑮ 同上。
⑯ 同上書，第 130 頁。

一起來。

他認爲佛家主張的“虚無清净”，只是一種“存養之法”[①]，不是説“人倫日用皆虚無”[②]。佛家“虚無”的主張，是針對“人心難制”[③]而來的：“人心難制必虚無而後可以凝道。”[④]佛教“度盡衆生，方得成佛”的主張，指的就是儒家“修道以仁，苟不至德至道”，則“不凝之謂”[⑤]。虚無清净與人倫實用結合，是儒釋二家都相同的，是互相融入的結果。佛家的“清净”就是儒家的“人欲净盡”[⑥]，佛家的“真如，亦不過言（儒者的）道無不在。能全真如，則一以貫萬，無處非此理之發皇耳”[⑦]。他認爲“佛言真空不空、妙有不有”，均與儒的中庸“費隱之意”[⑧] 一致。也就是説，無論是佛家的空宗或有宗，都與中庸之道一致。特别是佛教的中觀和止觀，更與不偏不倚、至中至庸的儒家精神一致。這是佛教理念融入儒家精神的理論基礎。

由上述可知，劉沅對佛老理念融入儒家哲學是贊成的，前提是以儒爲主，爲體，爲道統，而佛老只是輔，是用，是融入儒之道統的。在這個前提條件下，劉沅不認爲“老之所謂元，釋之所謂空”是“異端”理論[⑨]。他認爲“老、佛之所謂元、空者”[⑩]，實質是言“以天命之性在於氣質之先，而非可以迹象求”[⑪]，是與儒的天命之性相通的。佛家講禪定清净，是指“存養之時，必屏除萬慮，一私不雜，乃可静其心、全其性，故曰虚無清净也”[⑫]。他還指出佛與老所言“真空不空，妙有不有，恍恍惚惚，其中有物；杳杳冥冥，其中有精，何嘗以無所有爲元、空”[⑬]？他進一步分析老子的“元”和如來的“空”，皆是“言至誠之妙耳”[⑭]。他説：“至真曰誠，誠之至極，而元妙存其中矣；元妙無可名言，而空在其中矣。”[⑮] 道家的“元妙”與佛家的“空妙”，同儒家的“至真至誠”是一致的，都是中庸之道的不同表述。

由上述劉沅的論述，可以看出，他對佛學能融入儒家理學的部分是贊賞的。他不贊成的是把佛學同儒學對立起來，把“真如”和“天理”對立起來的理論。他指責“陋劣禪宗”的“口頭禪”[⑯]，認爲這樣的人“不知佛之真

---

① 劉沅：《中庸恒解》，《槐軒全書》，第 66 頁。
②—⑥ 同上。
⑦ 同上書，第 65 頁。
⑧ 同上。
⑨ 同上書，第 129 頁。
⑩—⑫ 同上。
⑬ 同上書，第 129 頁。
⑭ 同上書，第 130 頁。
⑮ 同上。
⑯ 同上書，第 66 頁。

如，即使渾然天理，乃作棒喝語：‘者箇’‘作麼些子’，如是以虛詞煽誘，自謂妙明慧解”[①]，實則不過是口頭禪、野狐禪而已。

總起來看，劉沅站在儒家本體論的立場，對佛、老兩者作了二分法，有所取舍和揚棄。他的思想方法，代表着唐宋至清代的儒家思想的主流，采取對釋道兩種文明與儒家文明互鑒互融、互相改造和互相補足的態度。尤其在人倫實踐問題上，他認爲佛教傳入中國前，“外域無人倫，乃其舊俗”[②]。佛教傳入中國後，逐步與中國傳統忠孝思想相結合，在承認忠孝的前提下宣傳佛教的“空”，因此，劉沅認爲“非盡性不能敦倫，敦倫之至者，惟至誠克當，佛老未嘗廢人倫也”[③]。佛老與儒者的“至誠”“盡性”“敦倫”相結合，就可達到至真至誠、至中至庸、敦人倫、盡天性的新意境。

總之，從《中庸恒解》中，我們既看到了劉沅以中庸之道爲指導思想，堅守儒家精神文明的元氣道統的一面；又看到了佛教中國化過程中，儒家學者汲納佛學特别是禪學精華而豐富和改造儒家道統的復雜交錯的另一面。這就是對劉沅《中庸恒解》内涵精神的總的文化解讀。

四、《論語恒解》分箋

《論語恒解》一書乃爲劉沅學術所創“劉門教”之第一“聖書”。“劉門教”者，乃弟子、時人對師儒劉沅諄諄教化之尊稱與專稱，師儒劉沅平生學術及日常言行，可一言以概之曰“天理良心”四字。劉沅視孔子爲自己的“至聖先師”，視自己爲孔門二千多年後的“私淑弟子”。生遭亂世，孔子本想作君相聖人以佐養萬物，奈何求售其“補天”之“志”而不遇，退而作師儒聖人以教化樂育於弟子世人，終成其萬世師表的功業。劉沅視自己爲孔子的異代知己和師儒大業的傳人，劉沅生平自我定位的社會角色是師儒君子，其《論語恒解序》云：

> 天之所不能自養自教，無一時不殷其補救也。其得志而爲君相，則代天之功，萬物悉被其生成！其不得志而爲師儒，亦闡天之化，隨在皆深其樂育。自羲皇以來，此心此理，未有能易乎此者矣。孔子值周之衰，既不得位於時，幸文、武、

① 劉沅：《中庸恒解》，《槐軒全書》，第66頁。
② 同上書，第130頁。
③ 同上。

周公之澤猶存，禮樂法度猶然，一王之制於是，身體之以教其徒。[①]

劉沅認爲《論語》一書即是師儒孔子一生言行與教化的記録，孔子滅後，弟子中得孔子之“道”者不遇於時，乃取孔子遺言、遺行、雜記之以傳後。而《論語》一書，“尤其擇要而存之者也”[②]。《論語》“其書，於修己、治人及日用事爲之事，蓋皆已挈其精而舉其凡”[③]。劉沅感慨，後世雖有《論語》其書在，然而由於“上無聖人之君相，下無聖人之師儒，則能身體而力行者蓋鮮”[④]。

在劉沅看來，俗世許多講授《論語》的學究，並非“師儒”。一些學究只着重給學生講解一些章句疑難，而未將《論語》作爲引導學生作爲“修己、治人及日用事爲之事”的指導書，講《論語》而不能身體力行孔子之教者，不能稱其爲師儒。

自西漢以來，《論語》一書受到歷代朝廷重視，注家蜂起。尤其明清二朝“首以是書（《論語》）取士，而天子復以聖人之化陶淑斯民，《論語》一書自童孺皆能誦之”。有關《論語》的注本繁多，蔽病、歪曲之講亦多。其中有兩種講論最有害[⑤]：一爲聰明人好爲臆説，所謂“聰明穎悟者或爲臆説”[⑥]；又一爲投機分子以《論語》爲求取名利的工具，而隨時有意媚時曲解。針對學習《論語》的時弊，劉沅作“恒解”供弟子們學習，供弟子們讀聖人師儒之書而身體力行之。

《論語恒解》之“恒”其義有三：第一，恒者常也，在衆多《論語》講疏注釋中，尋求經得住時間檢驗的、符合孔子本心本性的注本而從之。第二，恒者，“純乎理也”。讀《論語》首先要將孔子還原爲一位活生生的、有血有肉的師儒來理解和對話，方能求孔子之學。因爲“聖人亦人耳，其得天之理與人同，其日用倫常、居處衣食之事亦與人無異……是以心純乎理，而理合於天”[⑦]。第三，恒者，“參以古今事”也。習學《論語》須“平心静氣，以聖人之言求聖人之心，而參以古今事爲之錯出，覺後世之變，無一不在聖言範圍之中，而拘而求之，虚而擬之，則去聖彌遠”[⑧]。

師儒劉沅堅持以平常心與人之常情常理去理解并講解《論語》中的孔子言行與日用風貌，故《論語恒解》解出了一位活生生的先聖師儒孔子。

---

① 劉沅：《大學恒解》，《槐軒全書》，第 131 頁。
② 同上書，第 132 頁。
③—⑥ 同上。
⑦ 劉沅：《論語恒解》，《槐軒全書》，第 131 頁。
⑧ 同上書，第 133 頁。

按教學需要，劉沅將《論語》二十篇，分成四個單元，所編《論語恒解》作爲教材也按四個單元付梓。其編排爲：《上論·上册》編入《學而》《爲政》《八佾》《里仁》《公冶長》五篇。《上論·下册》編入《雍也》《述而》《泰伯》《子罕》《鄉黨》五篇。《下論·上册》編入《先進》《顏淵》《子路》《憲問》四篇。《下論·下册》編入《衛靈公》《季氏》《陽貨》《微子》《子張》《堯曰》六篇。

《論語恒解》這一習學“四單元”分剖法，可供今人學習《論語》時參考。

在進入二十篇講解前，《論語恒解》有《凡例》五條，交待讀《論語恒解》的方法與注意事項，疏解了《論語》成書過程、《論語》學術史與歷代注本等重要學術背景，五條凡例後又特加《考辨》，交待劉沅自己對孔子生平行迹的考辨。

讀《論語恒解》不可不重視《凡例》所强調的今本《論語》成書史、注疏史與解讀《論語》中出現的偏差與弊端。劉沅《凡例》考論：今本《論語》文本是在西漢初成書並立於學官的，是由《齊論》《魯論》和孔壁《古論》三種推勘而來。《齊論》《魯論》各有師説，並立於學官爲“博士”。後發現孔壁中的《古論》，即以《魯論》爲底本，再推勘《齊論》和《古論》而成今本《論語》。但在西漢之時，孔子齊、魯門人各有抄本傳授。傳《魯論》者爲夏侯勝、蕭望之及韋賢、韋元成父子。傳《齊論》者有瑯邪王卿、膠東庸生、昌邑中尉王吉。“漢文帝時已立《論語》博士，蓋當時遺經始出，朝廷重之，各聽其自爲師説。通一經以上者皆拜官，故治《魯論》《齊論》諸人皆名於時。”[①] 或許正是由於這種功名利禄牽扯，孔壁中古文儒經遭到既得利益的“今文經學”者的抵制和反抗，硬説是“僞書”。劉沅此論從《論語》文本來源破解了所謂今文經學與古文經學爭鬥的真實起因。

孔壁發現的古文儒經是一大事實，本應引起治儒經者的驚喜，却因爲一些因治今文經本而得官位者，畏懼古文經本影響自己的利禄而排斥古文儒經。然而，古文儒經是排斥不了的。劉沅考辨，漢景帝之子魯王劉餘擬占據孔子舊宅，以擴展魯王宫殿，拆毁孔宅時發現了夾墻中秘藏的一批用先秦蝌蚪文（古文）抄寫的儒經。這批蝌蚪文儒經被通稱爲“古文經”。其中，就有古文《論語》，簡稱“古論”。西漢三種《論語》篇目是有差别的，比如“《齊論》有《問王》《知道》二篇，《魯論》及《古論》無之。《古論》篇

① 劉沅：《論語恒解》，《槐軒全書》，第134頁。

次亦不與《齊》《魯》同"[①]。當時，古文儒經尚待整理識讀，一時未立於學官，因而民間"惟孔安國（孔子裔孫）爲之訓解，而世不傳"[②]。直到東漢"順帝時，馬融始爲之訓説，漢末鄭康成就《魯論》篇章，考之《齊論》《古論》，稍爲訓詁，魏陳群、王肅、周生烈皆爲之義説"[③]——即東漢鄭玄（字康成）以《魯論》廿篇爲底本，參考《齊論》《古論》而訓詁，初步形成三本融一的一個善本《論語》。稍後，曹魏"正始中孫邕、鄭冲、曹羲、荀凱、何晏"五人將鄭玄本《論語》進一步完善，編成《論語集解》，由"五人同奏進"。劉沅考論説《論語集解》盛行於世，而流傳只名"何晏集解"，"意五人雖同奏進，而何晏實總其事，故不盡列四人之名也"[④]。何本《論語集解》成爲後世流傳的《論語》"主本"，甚至定本。《齊論》《魯論》《古論》之分只在學術史版本研究中有所分辨。劉沅指出何晏《論語集解》"梁皇侃爲之《疏》，至宋邢昺奉詔改定舊《疏》，頒列學宫，而皇侃之《疏》遂微。我朝，日本國進獻其書（皇侃舊《疏》），其文與邢昺《義疏》微有不同，然大旨無甚出入"[⑤]。根據以上考論，劉沅把《論語恒解》的母本定爲"仍從何晏《集解》、邢昺《義疏》本，爲之訓釋"[⑥]。劉沅《凡例》此條所顯示的學術意義非同小可，從"凡例"可窺見師儒劉沅在經學研究中的大師氣慨與高瞻遠矚眼光。

第一，劉沅顯然不贊成世俗儒流中的誇誇其談，反對今文經學與古文經學門户對立自製樊籬的立場，指出《論語》一經，早已是今文經與古文經融合而成的經典善本。《論語》善本證明偏執於今古文門户之見是幼稚的、偏狹的，超出今古文門户樊籬而研究儒經，這正是我們當前習學儒家經典所需要的態度。

第二，在《論語》版本史上，何晏《集解》本爲五人集體成果，何晏爲之總纂，治《論語》者應從著作權角度記住何晏的同時，也要記住其他四人，劉沅在著作權上的意識是超前的。

《凡例》第二條考論："《論語》一書，自漢文帝立博士，屢朝疏解者不一，而其書（指各種對《論語》的疏解之書）多不傳……至朱子《集解》出而諸家盡廢。"[⑦]朱熹又將《論語》《孟子》《中庸》《大學》四者輯編爲一本，稱爲《四書》，"則自朱子始"[⑧]，劉沅肯定"是朱子之功大矣"[⑨]。此後，

① 劉沅：《論語恒解》，《槐軒全書》，第 134 頁。按：《齊論》爲二十二篇，《魯論》爲二十篇，《古論》爲二十一篇。

②—⑨ 同上。

元明兩朝解《論語》“雖或駁異朱子，而大旨不能出其範圍”[①]。但由於科舉取士，研習《四書》漸入歧途。劉沅指出：“若（明）永樂所纂《四書大全》剽剟成書，專爲科舉而設。自是，時文取士，恪守朱注，雖有他書，人每視爲膺説矣。然（清）朝廷以聖人之書教人，固欲其即聖人之言，知聖人之心，體聖人之行，斯可以經世理物，豈專爲科名計乎?”[②] 劉沅認爲，讀《四書》只重朱子所注“義理”以博功名，是背離孔子教誨的，形成此種時弊，主要原因固由科舉時文功利所導，但朱子集解義理時，未能着重强調《四書》修身踐行之用，也要負“千慮一失”的責任，當“補朱子之所未及者”。

“以聖人（孔子）之書教人”，習孔門書，重在以聖言知聖心，由聖心體聖行——這便是劉沅《論語恒解》所示“恒常”精義之所在，不僅《論語恒解》之恒解如此，即孔門十三經之恒解亦如此。聖人之書，一言以概之曰：“教人以天理良心。”

《凡例》第三條指出朱熹《論語集注》之失在於“第釋章句義理，而聖人言語抑揚輕重間神氣所留，講章每至誤會，則第作行文之用，已失聖人之真。故愚於詞義稍有未達者，既解正文，復爲串解、附解，欲求詳明”[③]。《論語恒解》這一特點正是朱子《論語集注》所不及之處，也是《論語恒解》適合今日衆生閲讀之處。總之，《論語恒解》繼承朱子《論語集注》而高於《論語集注》。

《凡例》第四條提出人人皆可成爲聖人，指出“讀聖人書即當學聖人”，“聖人只是全得爲人之理而已……學至於聖人乃能曲盡人倫之道，洞悉天地名物之理”[④]。劉沅批評後世讀聖人書而不求學聖人之心之行：一緣於功名利禄追求，扭曲了良知，又則緣於“視聖人太高，以爲不可學，不必學”[⑤]。歸根結底，此弊緣之於“嗜慾累之，境遇困之，遂有學窮二酉而倫紀不修，高談性命而忠孝不全者”，名利嗜慾之心導致高頭講章盛行而不能踐行聖人教誨的忠孝人倫[⑥]。劉沅説“愚注釋此書，惟取簡明暢曉，誠使體聖人之言，存聖人之心，行聖人之事，則雖販夫牧豎亦可爲聖爲賢”[⑦]；“當知聖人之心理與我無二，第能存養以清其源，實踐以竟其事，即可希聖希天，毋爲高頭講章所誤也”[⑧]。劉沅倡導“人皆可成聖人”，“人皆可希聖希天”。這一卓見

① 劉沅：《論語恒解》，《槐軒全書》，第 135 頁。
②—⑥ 同上。
⑦ 劉沅：《論語恒解》，《槐軒全書》，第 135 – 136 頁。
⑧ 同上書，第 136 頁。

本有恢復《論語》本經教化啓發之意，也應是借鑒了漢傳佛教禪宗“人皆有佛性，人皆可成佛”的觀念，是儒家心學與佛教禪學互鑒互學的產物。

《凡例》第五條中劉沅進一步指出，將孔聖人推上神壇，使學人不敢學聖希聖，根源要追溯到兩千多年前漢儒的失誤，“先儒視孔子太高，阻人進步”[①]。針對這一弊端，劉沅特“略爲考辨孔子之事，以免學聖者望洋之嘆”[②]。

《論語恒解·考辨》即通過對十四項有關孔子生平大事、要事的“考辨”，證明孔子是可以學習的師儒，而不是神。此十四條於諸凡孔子先世、家族、出生、成長、問學、居所變動、求仕、入仕、退居教學等一一考列，在我們熟悉的《史記·孔子世家》《孔子家語》、清崔述《洙泗考信録》之外，又得一劉沅系統精闢的《考辨》，對瞭解和理解先聖先師孔子生平，大有助益。

不過劉沅《上論考辨》亦有所失，比如在辨析孔子出生所涉及的孔父、孔母關係上，劉沅力圖將孔父、孔母“野合而生孔子”之事，曲解納入婚姻禮儀的秩序之中。劉沅駁斥了種種關於孔子出生時“二龍繞室，五老降庭”，空中有鈞天之樂、神女擎香露沐浴等“傅會誣妄”，然而劉沅不能接受孔子實爲非婚生子之史實。爲此，他批評“太史公作《孔子世家》……其見甚卓，而載孔子年歲及事蹟多舛謬”。《史記·孔子世家》記孔子乃孔父、孔母參加拜高禖之俗時，年老的孔父，與年僅 20 歲的孔母同禱於尼山，偶遇野合而生孔子，劉沅强辨“野合”乃指“聖父年五十，而聖母及笄。婚時六禮不備，故云然耳”[③]。劉沅作如此“辨”時，不能回答如下幾個顯而易見的事實：（一）合禮婚姻從來無男女雙方年齡限制。（二）孔母與孔父野合時，孔母已 20 歲，并非年僅“及笄”（15 歲），此一年齡於文獻無據。（三）孔子青少年時代是在孔母娘家顔氏中成長，乃至成年後想祭掃孔父墳墓而不知其地，孔子若在孔族生長，何得不知其父墓地？其實先聖、先賢由婚姻而生或非婚而生並不影響其聖行偉大。顯然劉沅希望孔聖是一遵奉禮教的完人，希望孔父孔母的“野合”也是合符禮法的。其實，當時民俗憑拜高禖而野合生子雖不合禮制，却合符民俗，故拜高禖野合而生子並不受到歧視，師儒護聖之心切切，不勉也有此一點疏失。但這一“疏失”反而顯出了師儒劉沅的本真可愛。從劉沅的“恒解”《考辨》中我們仿佛得見一位慈祥的師長那强辯

① 劉沅：《論語恒解》，《槐軒全書》，第 136 頁。
② 同上。
③ 同上書，第 137 頁。

時天性真率的模樣。

《論語恒解》在恒解《論語》時，使孔聖人活生生地立在我們面前，同時，也使師儒劉沅活生生地站在我們面前。

五、《孟子恒解》分箋

劉沅《孟子恒解》在解讀《孟子》上，有他人所未及的新發明。劉沅認爲孟子生平有“兩至”爲戰國諸子所不及。一位“至遇”——際遇獨特；二爲“至心”——用力拯救人心。劉沅提出《孟子》一書主旨即在教化人心，拯救人性。孟子平生述行都朝向一個明確目標——企望在戰國亂世重振孔子所創的“師儒”之教。劉沅辨析“修己治人”之道理與道路，在夏、商、周三代以前“皆在君相”。三代以前，君相既是國家的頂層領導集體，也是全社會的禮樂道德教化的領路人。但夏、商、周三代末世君相擁權任性，出現夏桀、商紂式暴君，“君相”就在道德教化上喪失其導師意義。這以後，三代“君相教化”就逐步轉變爲“師儒教化”，故劉沅指出“至孔子而始創師儒之局”①。

孔子之時，雖然禮崩樂壞，但“文、武、周公之制猶存”，“孔子得以其法（周公禮樂）訓誨及門，而漸幾於性與天道”②。而到戰國孟子之世，不僅禮樂制度蕩然無存，且連記述“禮樂之典籍”亦殘缺湮佚。故孟子一改孔子“爲師儒之”“潛移默化”授徒方法，而改爲大聲疾呼，辨論是非利弊以警世人。

《孟子》一書反覆强調：“人之所以爲人，而其實則仁義而已矣。”③“仁即性，性即道。義者所以行仁。”④劉沅精闢析出人與仁、仁與性、性與道、仁與義之間的内在關係。人之所以爲人（而非獸），即因其天性中有仁愛基因（性善論），人性本仁愛，以天理天良而行即是處人處世之正道，“義”即是踐行天理良心的行爲。按劉沅的解讀，仁的本質即“天理良心”，而義的内容就是踐行天理良心。

劉沅指出，一部《孟子》都在呼喚、教化仁義回歸人之本性。人之本性即人之天良，人失天良即墮落爲獸。故仁義與天良，更不可離心離身。秉持仁義天良，“無内外精粗之别”。與此同時，劉沅又提醒踐行“仁義天良”的

① 劉沅：《孟子恒解》，《槐軒全書》，第397頁。
②—④ 同上。

時機把握上要“有随時處中之權”[1]，即要理智地踐行仁義，懂得踐行仁義時，在時機把握上要有所權變——學習《孟子》書中所教精微。

劉沅指出，修習《孟子》須得其全。一要懂得《孟子》全書皆在教誨仁義性理。二要掌行《孟子》教導踐行仁義乃每個人終身不貳之事。三要體會《孟子》所教踐行仁義須把握恰當時機才有好效果。四要注意預防踐行仁義過程中的偏執行爲。劉沅指出，踐行仁義中若不知“執中之權”則會適得其反。不僅“不得其義”，反會“生今而反古，或隨俗而毁行，雖欲存往聖之遺，不可得也”[2]。修習《孟子》秉持仁義而在踐行，與時俱進，此《孟子恒解》之所以稱“恒解”之所在。

劉沅辨明“孟子以時聖表孔子，而以仁義正歧趨。至於性善、養氣、立命、事天之學則反復以詳明”[3]。《孟子》一書“其文多姿肆，隨所問答，委曲誘人，精微之言出以淺近”。爲此，曾有人懷疑《孟子》只是戰國諸子舌辯之文的一種，不當擬於孔門儒經，劉沅認爲《孟子》由子書而升經書有其戰國諸子所無的品質。這品質就是孟子“其心固尤是孔子之心，其道則堯舜以來相承之道”[4]。只是由於孟子“所處之世不同，故隨時救弊之法亦異，而非有毫髮不合於中庸也”[5]。

《孟子》一書“自漢以來遞有傳注，至朱子而孟子之旨大明”[6]，劉沅《孟子恒解》則“取衆説而折衷之”[7]。

劉沅考辨《孟子》由子書升經書的歷程，始於西漢。他説：“孟子書，戰國時列於諸子……漢代最先出。漢文帝時，與《論語》《孝經》同置博士，無訾議者。至宋元祐中，從王安石議，以《論語》《孟子》試士。”劉沅所講，漢文帝時，《孟子》書列于學官云云，此説不見採于《漢書·藝文志》。在《漢書·藝文志》中，《論語》《孝經》已屬孔門經書；而《孟子》僅爲儒家諸子書之一。劉沅關於漢初《孟子》書是博士論或許另有所本，惜乎未揭出處。不過《史記·孟子列傳》中司馬遷評價孟子，確乎高於儒家諸子。史遷云：“余讀《孟子》書，至梁惠王問何以利吾國，未嘗不廢書而嘆也。”[8] 孟子生平言義而不言利，司馬遷深敬孟子持義棄利之心，太史公説：“嗟乎，利，誠亂之始也！夫子罕言利者，常防其原也。故曰：放於利而行，

---

① 劉沅：《孟子恒解》，《槐軒全書》，第 397 頁。
② 同上書，第 397－398 頁。
③ 同上書，第 398 頁。
④—⑦ 同上。
⑧ 《史記·孟子荀卿列傳第十四》，《史記》，中華書局，第 2343 頁。

多怨。自天子至於庶人，好利之弊，何以異哉。”[1] 劉沅《孟子恒解》着重講孟子重仁義而罕言利的思想，認爲此乃“孟子之旨”，當從“世俗之混淆”中“大明”“其微言大義”[2]。此論於今日有時代救弊警醒意義，一味追逐功利，遲早會出大事！

劉沅《孟子恒解》批評一些對《孟子》義利辨者對《孟子》的歪曲：一、司馬光因持排斥王安石新法立場，在《孟子》評價上故意與王安石唱反調而詆孟。劉沅斥其乃“門户之見，益毁先賢，殊非公論”。二、批評歷代《孟子》注家中多有不究孟子之奥妙者。特别是明清以來“孫鐘元、黄宗羲等則以私見强經就己，而不顧本文語義，尤不足論”。三、批評“先儒言孟子有英氣害道，亦非也。春温、秋肅、雨露、雷霆，各有功用，惟其宜而已。是非理欲之辨，世道人心所關，一味含糊巽吶，以爲渾含不露，是使模棱乡愿籍口也。孔子斥王孫賈舞佾，嘆諸夏矢天厭，何嘗無峻厲之詞，以此求聖賢之分，難免差繆”[3]。

所謂“英氣害道”是指孟子“文”（文章才氣）高於“道”（義理要道），有礙於“文以載道”，文章寫得太好了，文辭妨礙説理的透徹。劉沅批評這種論調，認爲：“孟子書文章最妙，只緣道理爛熟於心，信手拈來，自然精妙，又充實之光輝，見於文字者，浩浩落落。”“孟子之道德文章渾而爲一。”[4] 孟子的道德與文章是統一的，是“文以載道”不是“氣以害道”。

《孟子》一書中，除仁義、義利之辨的主旨外，還有另一主旨，即“養心”與“寡欲”的關係。孟子説：“養心莫善於寡欲。其爲人也寡欲，雖有不存焉者，寡矣；其爲人也多欲，雖有存焉者，寡矣。”對《孟子》這段話，朱熹《孟子集注》解爲：“欲，如口鼻耳目四支（肢）之欲，雖人之所不能無，然多而不節，未有不失其本心者，學者所當深戒也。程子曰：‘所欲不必沉溺，只有所向便是欲。’”[5]

孟子的“存心養性”，尤其是“養浩然之氣”是與“寡欲”“多欲”相關的。“多欲”的人是很難“養心”的，只有“寡欲”的人才多能行“養心”之道。朱子進一步闡釋這個“欲”是人的感官（口鼻耳目四肢）的享受，人不能無，但不可多，應有節制，方“不失其本心”。而二程則認爲“只有所向”，只要有願向就是“欲”。二程與朱子對孟子“寡欲”的解説，

① 《史記·孟子荀卿列傳第十四》，《史記》，中華書局，第2343頁。
② 劉沅：《孟子恒解》，《槐軒全書》，第398頁。
③ 同上書，第400頁。
④ 同上書，第619頁。
⑤ 同上。

尤其是程子“只有所向便是欲”的解説，其理論導向，即走向“存天理，去人欲”，導致背逆人性的極端化。

劉沅《孟子恒解》則在程朱之論的基礎上，既有所繼承，又有所翻案。其繼承性表現在他贊同朱熹關於“欲”是指人的感官功能：“耳目口體之欲是人之所以生，日用飲食非必却之。”[①]“此欲字只是飲食男女養生適性分内不可少之事”[②]，除了生存必需之“欲”外，當“節制嗜慾之心”[③]。這是劉沅與程朱相同的地方，但他又有所翻案。其翻案性表現在他並未完全同意程子“只有所向便是欲”，而是認爲“欲之與心相關最切，養之與寡不可稍離”[④]，這才是孟子的原意。心與欲既有關又不相同，養心與寡欲既有區别又不可稍離。這個“欲”“非外天理之嗜慾也，故曰寡而不曰無”[⑤]。這個欲只是指“口鼻耳目四支（肢）”的感官需求，而不是指“有覺之心”。而心則是指“精神、志慮、魂魄”，换言之，即人的精氣神的理性追求。“夫心者，身之主也”[⑥]，“義理之心”才是心的本體。這個心是“先天”的，是“天命之性”，“心者天理”[⑦]。對心的靈魂的追求，與物質嗜慾的節制並不矛盾，而是相得益彰，故“孟子生平得力在養浩然之氣，氣純乎先天，故能不動心”[⑧]。學者當學習孟子在物慾方面“未嘗累之”[⑨]即可，而當用心“静念”，想一想“此一日之内安置在何處？如何是存，如何是養；欲之來也，猶是此心，如何欲不是心之本體；又如何不可無存其義理之心；節制嗜慾之心如何，而後天理可存，不爲物累”[⑩]。總而言之，劉沅闡釋孟子的“養心寡欲”思想，認爲是一套追求心靈净化、吾日三省吾心的途徑和方法，是“安可不實踐而其效豈可外人知乎”的修養方法，不是“去人欲”的方法。劉沅這些闡釋大不同於程朱“存天理去人欲”的指向，而是指向於在“飲食男女養生適性分内不可少之事”的基礎上，當追求内心修養的净化，而不爲物慾所蔽。人的嗜慾不是與天理對立的，“非外天理之嗜慾也”。劉沅這些思想是對“心性之學”超越前人的新見解，也是對程朱理學思想的新翻案，是在承認民生民彝乃日常天理基礎上對先天心性説的實踐應用，這在嘉道時期是有相當的進步性的，也是超越前人的地方。

如果進一步追溯，還可看到融禪入儒對劉沅此説的影響。禪學唯識認爲“六根”即眼、耳、鼻、舌、身、意，導致“六識”“六境”：色、聲、香、味、觸、法。當去六根污染，而入於第七識（末那識），即我執；再入第八識（阿賴耶識），即無垢識的神識性靈境界。總之，萬法唯識，識是心的異

---

① 劉沅：《孟子恒解》，《槐軒全書》，第619頁。
②—⑩ 同上。

名，八識的本體是“心王”，是在追索人的内心世界與精神靈魂的安置處，這與儒的心性説有相通之理。從朱熹到劉沅，正是把禪宗“唯識心王”之説儒化而得出儒家心性見解的。

在《孟子恒解》全書結尾，劉沅用對《孟子》末章原文作“附解”的方式，直接批判程朱的“理學”和韓愈所創、程朱宗之的“道統”論，指斥其借立“宗”立“統”，“别立理學之名”，“以道統自任”，壟斷儒學，致使孟子“立言之意數千年塵封”[①]。劉沅駁正程朱“道統”之言，主張回歸“人人有理”“人人有道”[②] 的孔孟元典之義上來。這是劉沅近世啟蒙思想重現人生、重視民生的鮮明體現，也是劉沅思想最有價值的地方。

《孟子》一書結尾末章有一篇最有名的聖人“五百有餘歲”的議論。他認爲“由堯舜至於湯”，“由湯至於文王”，“由文王至於孔子”各“五百有餘歲”，對聖人有“見而知之”者和“聞而知之”者兩種現象。但“由孔子而來至於今（指孟子當時）”僅“百有餘歲”，離聖人近，反而無知者。孟子嘆息：“然而無有乎爾，則亦無有乎爾。”[③] 對孟子這段議論，後世學者有許多議論和理解，最權威的是朱熹理學根據韓愈所創的“五百年有聖人出”的“道統論”。

朱熹《孟子集注》對此章借用“集注”的方式將孟子之意歪曲爲“道統論”。他認爲“五百歲而聖人出”乃“天道之常”[④]，“故（孟子）於篇終，歷序群聖之統，而終之以此，所以明其傳之有在，而又以俟後聖於無窮也，其指深哉”[⑤]！在朱熹看來，不止孟子感嘆無知聖人孔子者，更嚴重的是“孟軻死，聖人之學不傳”，“學不傳，千載無真儒”，“無真儒，則天下貿貿焉莫知所之”[⑥]。孟子死後，天下人不知“道”的方向，造成“人欲肆而天理滅矣”[⑦]的嚴重後果。直到“千四百年之後”，明道先生程顥出生後，才“得不傳之學於遺經，以興起斯文爲己任”，“使聖人之道涣然復明於世”[⑧]。所以，從堯舜至湯，從湯至文王，從文王至孔子，從孔子到孟子，從孟子到程子，聖人道統方“復明於世”，而程子“蓋自孟子之後一人而已”[⑨]。自程子出，道統復明，方改變了“學者於道不知所向”“不知所至”[⑩]的迷茫狀況。

以上就是朱熹“道統論”的主張。這個主張最大的問題是認爲只有五百年一出或一千四百年一出的個别聖人才能懂得真儒絶學和天下道統。其他人

---

① 劉沅：《孟子恒解》，《槐軒全書》，第622頁。
② 同上書，第623頁。
③ 同上。
④ 朱熹《四書章句集注·孟子集注》卷十，第352頁、第353頁。
⑤—⑩ 同上。

"於道"是"不知所向""不知所至"的，要糾正"人欲肆而天理滅"的世道，就只有"存天理去人欲"的"理學"。朱熹的意圖很明顯，是企圖用"道統"的"理學"，由少數聖人或"真儒"壟斷儒學，而把其他人和群生排除在外。劉沅對朱熹這套道統論和理學論作了堅決的批駁，表明了同朱熹對立的立場。

劉沅認爲道學家歪曲了"孟子立言之意"，以"理學之名"誤天下後世。"後世儒者以道統自任，及門從而標榜之，史傳又別立理學之名"①，還標榜"道學""僅有數人能之，不許他人爲之，而曰統，曰宗，曰別有理學"②，"其誤天下後世不少，今（當）正明之"③。

劉沅從下列幾個方面批駁"理學"的要害問題：

一是"道"就是"天理"，就是"人道"："道者，天理，亦即人之所以爲人。人而至於聖人，亦只全得人道，非奇異事也。"④"夫理即道，道即人之所以爲人，人人有理即人人有道。"⑤ 二是"道"不是少數聖人壟斷的，是人人皆可爲堯舜爲聖人："道止是天理，人人有之，即人人皆可爲聖人。""雖愚必明，人皆可爲堯舜。"⑥ 孔孟寄望於人人的標準就是"皆以聖人望人"⑦，以"聖人"的要求對待俗人。三是"道"的實在處是在"日用倫常"，"非奇異事也"："聖人之實，不過日用倫常，俱從天理做出，無事不與天相似耳。"⑧ 四是俗人只要掌握"天理之正"，就可以成"聖人"："古今止此天理，人爲萬物之靈，只因獨得天理之正，事事恐傷天理，念念合乎天理，則聖人矣。"⑨ 五是"道學"二字的真實内涵是指"學聖人""全人道"："道猶路也。天地人神止此一理，俱當從此路行，故曰道學。"⑩ 道學的"學"，"衹是學爲聖人"，道學的"道"指"衹是全此人道"⑪。六是"世教不明"，致使道學家與俗人兩個階層脱節："一二有志之士，頗知道理，又高己自是，謂道非俗人所知，於是人人視道爲奇異，以聖人爲難學。"⑫"聖人言行，常人往往不知，緣聖人天理爛熟，世俗多任心違理，故如冰炭之不相入"⑬，

① 劉沅：《孟子恒解》，《槐軒全書》，第622頁。
② 同上書，第623頁。
③ 同上書，第622頁。
④ 同上。
⑤ 同上書，第623頁。
⑥⑦ 同上。
⑧ 同上書，第622頁。
⑨ 同上書，第623頁。
⑩⑪ 同上。
⑫ 同上書，第622頁。
⑬ 同上書，第623頁。

故當“一心學聖，由淺而深，久久貫通，則知聖人毫無奇異矣”①。七是基於上述分析，認定朱熹“道統説”歪曲了孟子原意。劉沅認爲孟子末章所言當時人對聖人的“見而知之”和五百年後的“聞而知之”，其“語意全是爲門人策勵，‘見之聞之’之字，指聖人而言，非謂道也。道止是天理，人人有之”②。劉沅此段含義是説孟子的話是指人們，無論是當時，還是五百年來，多不能身體力行，多不能“知聖人之實”，而不是指“道”或“道統”斷絶，更不是指“道統”五百年斷絶承續的發展規律。理學家造出“道統”説，係“解經，拘墟穿鑿，百弊叢生”，而“學者”“隨聲附和，自誤而因以誤人也”③。

由上述論斷可見，劉沅對程朱“理學”，尤其是對“道統”“道宗”絶不認同的態度，他甚至認爲“道統論”十分可笑：“自韓昌黎創爲異説，宋儒宗之，遂有道統之名，天下古今止有數人知道，止有數人纔算得人，已可笑矣。”④ 他堅信心性之學可以還原爲踐行日用倫常，主張天理乃人人所有，主張實踐當深入社會生活和人生日用層面，並以百姓能懂的道德修養、心靈净化即“心性之學”的淺易理論，取代神秘的脱離社會人生實踐的理學“天理絶對論”。破除宋以來對理學的迷信，把儒學還原爲“人”學，這是劉沅對近代早期啟蒙思潮的最大貢獻。

讀《孟子恒解》，“劉門教主”止唐先生暢批前賢，其師儒英氣勃勃然於紙間，仰之彌高，即之也温，彷佛一再生孟子也。

六、《詩經恒解》分箋

劉沅之世，《詩經》不僅有毛傳、鄭箋、孔疏、朱傳（朱熹《詩集傳》）等學術史上里程碑式的經注、經解，而且還有清代《四庫全書》經部《詩經》注解所收入的140餘家著述。劉沅《詩經恒解》放眼《詩經》學術史上下兩千年“不謬聖人者”的研究成果而用之，堅信“學者細玩本注（即《詩經恒解》），自得諸家是非”，《詩經恒解》“不辭冒昧，集衆説而折衷”，“凡所疑信，一以聖人爲依。非敢謂毫發無遺，聊以補前人所未備。名曰恒解，亦以人心之公理，而非有所穿鑿矯勉”⑤。《詩經恒解》“補前人所未備”

① 劉沅：《孟子恒解》，《槐軒全書》，第623頁。
② 同上。
③ 同上書，第624頁。
④ 劉沅：《正僞》，《槐軒全書》，第348頁。
⑤ 劉沅：《詩經恒解》，《槐軒全書》，第626頁。

之處甚多，如下數處《詩經》學術史上聚訟紛紜的大關節目，劉沅《恒解》“補功”尤卓。

劉沅《詩經恒解》的補功，劉沅自己歸納出十二端寫入“凡例”。兹摘其數端以作解讀。

其一，關於孔子删詩之説：《恒解》取宋代歐陽修之説而加以“補”正，即《詩經》非孔子創作。詩教源遠流長，“黄炎以來歌詠不乏，而世遠希傳”[①]。孔子確曾就文、武、周公以來爲禮樂教化所編之詩樂教本而整理重編。孔子删詩有四種“删”法，歐陽修已舉其三：“篇删其章，章删其句，句删其字。”劉沅補充：“亦有全篇不録者。”[②] 即删減前人輯成的篇目而棄其篇不取。

其二，《恒解》改變“《毛傳》出而諸家廢”的舊習，對《毛傳》前之齊、魯、韓三家詩合聖人教者“兼採之”，對傳言中的子貢《詩傳》、申培《詩説》亦視其合理處而採之。甚至對明代以來“豐坊僞作”，發現“亦有可採，間取用之，以不謬於聖人爲主，初無成心也”[③]。這是一種在堅持嚴格學術原則（不謬於聖人）下“兼采并蓄”的研究方法，具有啓示意義。

其三，對係於《關雎》篇下的《詩大序》《詩小序》問題，采用朱熹説而補之。指出詩大小序本爲一篇，其“詞義純雜不一，大抵源於子夏，而後儒增益之。即《大序》亦非盡子夏之言也。至《小序》則多失詩意，今取其合聖人之義者存之”[④]。

其四，關於“變風變雅”與“大雅小雅”之争。《恒解》取朱熹之説，認爲“變風變雅之説，聖人未嘗言”[⑤]，故後世種種猜論就不足採信。而劉沅《恒解》進一步判斷所謂“雅者正也，政有大小，故有小雅、大雅”之論，屬“不得其解，故今不從其説”[⑥]。

其五，關於“詩者，樂之章也”，《恒解》取朱熹解釋而“補”解得更明確。即詩篇與樂的關係是“樂乃爲詩而作，非詩爲樂而作。其説得矣”[⑦]。而能樂歌弦誦應皆爲孔子删詩時之標準，後世《詩經》文存樂失，“今但存聖人之意，以俟將來，而聲樂之所以與詩條貫者闕焉”[⑧]。樂失，乃因“非文字所能宣也”[⑨]。

---

① 劉沅：《詩經恒解》，《槐軒全書》，第 625 頁。
② 同上書，第 626 頁。
③ 同上。
④ 同上書，第 626－627 頁。
⑤ 同上書，第 627 頁。
⑥—⑨ 同上。

其六，《詩經》十五國風爲什麽從周、召二南開始？有人說："《周南》王者之風，故繫之周公；《召南》諸侯之風，故繫之召公。"《恒解》辨析後認爲孔子當日編詩，以二《南》開始，"亦無深意"①。二《南》篇章所成之時，尚屬商紂爲天子、文王爲諸侯之世。周、召之分也不在天子、諸侯，而在於"至文王而德政日新，諸侯益附，故命周、召二公巡行安輯以宣政治。暨後，周公制作，以當日之風謠，校諸地理"②。

其七，關於《詩經》何以從《關雎》開篇？《恒解》辨析認爲，《關雎》爲首篇，與孔子所守之禮樂倫理秩序相關。《關雎》的歌頌對象，應爲周文王妃姒氏。后宮宮人爲歌頌文王、姒妃夫婦合諧，周室得以興旺而作。《關雎》題旨乃在於教化"夫婦，人倫之本、萬化之原，聖帝明王修身齊家，此爲先務"③。詩中"姒氏擇有德而後字（嫁），文王擇有德以爲妃，此周家王業之基也"。詩中"先美其匹偶之宜，而追叙其未得之思，乃詳其已得之樂"④。周公以《關雎》爲"房中之樂，而用之鄉、國、天下"⑤。孔子曰："樂而不淫，哀而不傷，蓋中正和平莫逾於此也。"⑥《恒解》重新詮釋了"《關雎》乃后妃之德說"。前人强調后妃的賢淑，今人强調男女浪漫戀愛之情，皆失之浮淺偏頗。《恒解》從"修齊治平"及禮樂秩序詮釋《關雎》，其識見超越前賢，實爲難得。

其八，《詩經》的價值。前人解《詩經》或强調"以觀風俗"的政治作用，或强調"美風俗"的教育作用，或强調"多識鳥獸蟲魚之名"的啓蒙作用，或重在考證訓詁、探求義理之學術作用。《恒解》提出："鄙意竊欲人涵咏義理，得其性情，庶有益於身心，而不徒爲文字之助也。"⑦"涵咏義理，得其性情，有益於身心。"這十三個字可謂古今最正確、最好的修習《詩經》的方法；這十三個字的精神，最接近孔子删定《詩經》的本志與宿願。

孔子所言，《詩》有興觀群怨之力，正是須通過掌握詩的意藴，涵詠詩的性情，有益於人的身心之教化過程而自然體現。

《詩經恒解》之恒，也首先在涵藴義理，吟詠性情，有益身心之題旨上，然後才附帶産生其他作用。

① 劉沅：《詩經恒解》，《槐軒全書》，第 629 頁。

②—⑥ 同上。

⑦ 同上書，第 627 頁。

七、《書經恒解》分箋

《尚書》是前三代（堯舜禹）與後三代（夏商周）史官記錄國家治理經驗教訓，用於“垂世立教”的政書。《荀子·勸學篇》云：“《書》者，政事之紀也。”《史記·太史公自序》云：“《書》記先王之事，故長於政。”這是對《尚書》性質最準確的概括。先秦時代的著作中，多引用《尚書》典誥與名言。《論語》《孟子》《左傳》《國語》《墨子》《禮記》《荀子》《韓非子》《吕氏春秋》等九種書均引《尚書》文句，據陳夢家統計，共引書 168 條[①]。可見此書在先秦時代就已廣泛流傳。其引文廣泛，有見於今文的，也有見於古文的，也有今古文均不見的逸句。書名也没有固定，有泛稱《書》的，也有單稱“夏書”爲《尚書》的，也有稱《先王之書》的，還有稱《尚書傳》的[②]。而約定俗成的稱呼是《尚書》。先秦時代這些稱呼，説明《尚書》篇章早已傳世，但其書尚未定型，篇目也未固定，只是一種堯舜禹湯至周代國家帝王的誥典、告命、告册的總匯。這個總匯也是逐步積累起來的，不是一次完成的。所以，《孟子》説：“盡信《書》則不如無《書》，吾於《武成》（篇）取二三策（指簡策）而已矣。”（《孟子·盡心下》）孟子説的就是《尚書》在先秦尚未定型的情況，這與漢代因《尚書》簡册與文字的不同，而引起的今、古文之争有極大的關係。經的今、古文學之争就是從《尚書》流傳孔壁中所藏古本與今本文字不同而引起的争論開始的。先是今文與古文（即籀篆隸）的文字之争，後擴大爲兩種治學理念與思維之争。這個争論從兩千多年前一直影響到現在。《四庫全書總目提要》説：“自漢京以後，垂二千年……要其歸宿，則不過漢學、宋學兩家互爲勝負。”經學各派的争論很復雜，唯獨“四庫”這一看法最精要。漢學（古學）與宋學（今學）兩家兩種學術體系和思維體系的對立是問題的焦點。古文經學重名物訓詁，以考證爲特色，以孔子爲整理六經史料的“史學家”。今文經學重微言大義，以貴慕時勢爲特色，以孔子爲“聖之時者也”的“政治家”[③]。古學的思想方法來源是春秋孔子整理的原典，今學的思想方法來源是戰國諸子（參見蒙文通先生《古學甄微》），這是這兩種學術體系大略的區别。自西漢今文學與東

① 陳夢家：《尚書通論》，中華書局 1985 年新一版，第 11－35 頁。
② 同上書，第 33 頁。
③ 參見皮錫瑞：《經學歷史》周予同“序言”，中華書局 1959 年版，第 3 頁。

漢古文學之争後，宋代有宋學的勃興，清代有漢學與宋學的迭起，本質上都是今古學兩種學術與思維體系的論争。劉沅的《尚書恒解》，包括他的整個《十三經恒解》，就是清代中後期兩種學術思潮論争的産物。他對今古文學的看法與采取的立場，集中表現於《尚書恒解》一書中。所以，這裏的箋解，把他放在清代經學論争消長的歷史語境來加以分析。

皮錫瑞《經學歷史》分析清代經學有三變：一是清代初期，“漢學方萌芽，皆以宋學爲根柢，不分門户，各取所長，是爲漢宋兼採之學”[①]。二是乾隆以後，“專門漢學”[②] 興起，“説經皆主實證，不空談義理”[③]。考據學大興，治宋學者已尠。[④]三是嘉慶、道光以後，西漢今文經學復活，宋學復盛，“門徑大開，榛蕪盡辟”[⑤]。宋學與今文經學在哲學見解與研究方法上是一致的，都偏重於“存大體，玩經文”（《漢書·藝文志·文藝略》），以心性理氣爲論究對象。

以上清代經學三變：“漢宋兼採——漢學獨尊——宋學復盛”的發展規律，體現了清代今文經學家與古文經學家此消彼長、互圓互融的復雜情況。劉沅生活的乾、嘉、道、咸時期，正是經學第二變到第三變的轉型時期，必然影響到他的經學研究，出現思想的轉型。他既受惠棟“吴派”和戴震“皖派”爲代表的雍乾嘉古文學派餘風的影響，又受嘉道以後劉逢禄、宋翔鳳、魏源、龔自珍等講求今文微言大義的今文學派新風的鼓蕩，兩相激蕩，促使劉沅的經學研究，轉變到偏重心性理氣、天理人心的政治哲學和形而上學、踐行人倫的社會哲學和倫理學上來，也就是轉型到嘉道以後宗今文經學的立場上來。但同時乾嘉時期的考據、名物訓詁之學也必然成爲他的載道工具，换句話説，也就是以古文經學的考據功底，藉助經學元典的古文訓詁闡釋，作爲宏觀統體論的實學基礎。這就是劉沅哲學思想和經學思想的特點。這個特點必須放在清代中後期經學研究的轉型背景下，才能準確把握。

劉沅《尚書恒解》因對《尚書》文本的今古文之争的態度而顯出清代中後期今古文碰撞消長的學術潮流中一個時代弄潮兒的特點。

（一）劉沅主張弄清《尚書》今古文文本的源流，認清《尚書》的性質，恢復其元典原貌。

他在《尚書恒解·序》裏提出了研究《尚書》方法的基本原則：一是“讀古人之書，必深悉古人之情事，而又以聖人中正之理衡之”，“不迷於摘

---

① 皮錫瑞：《經學歷史》，中華書局 1959 年版，第 341 頁。
②—⑤ 同上。

句尋章”[①]之病。研究《尚書》，必須把握其史料産生背後的古人社會生活情事，用“中正之理”的價值判斷，才能説清楚《尚書》文本的真僞。他以這個原則衡量《尚書》産生的經過，認爲《尚書》的今文本和古文本都“原自分行”[②]，伏生的今文和孔安國的古文都各有來源。無論今文還是古文，在口授與壁藏中，經文都會有變異和殘闕；傳文在流傳過程中，也難免損壞或有“後人損益之筆”[③]，不能因此就否定誰真誰僞。今古文的“文本”價值都真，必須用“中正之理”加以判斷。二是認清該書的性質，也有助於文本真假的判斷。他認定《尚書》是“先王治天下之大法”[④]，也就是説是古聖先王留下來的國家治理和社會治理的根本大法，是“模前範後”的“典則”[⑤]。《尚書》又是“古史之遺”[⑥]，是三代歷史留下來的真實記録。如此莊重的性質，“其文存，斯其道存”，這樣的文化信仰也不容許造假。因此，劉沅以這兩條標準，既肯定伏生傳授的今文《尚書》，也肯定孔安國壁中古文《尚書》和梅頤的僞古文《尚書》的真實性。《尚書恒解》的文本裏，劉沅對他選擇的篇目都注明了文本的今古文的來源，或今文有，或古文有，或今古文兼有。劉沅選擇文本，除了上述客觀標準外，還加了一條主觀標準："梳櫛其文，務求意理之貫通”，既“不附會於舊説”，也不“相沿傳注”，“穿鑿構泥”[⑦]。從上述三條原則可以看出劉沅恒解經書是如何貫徹以訓詁爲宗要，以回歸元典爲本源的思想的。

（二）劉沅針對明清多證古文《尚書》之僞的學術主流，態度鮮明地爲《尚書》翻案，肯定古文《尚書》的真實性，體現了蜀士文人從揚雄到蘇軾、楊升庵翻案好異的傳統精神。

我們知道，自明代梅鷟《尚書考異》與清初閻若璩《尚書古文疏證》兩書出，力證古文《尚書》之僞，幾成鐵案。針對這個否定思潮，劉沅從多角度爲《古文尚書》翻案：首先是論證書寫文字因時代不同，古今文的標準也就不同。漢代古文是指“蝌蚪書”（即籀文），今文指隸書。到唐代，古文則指隸書，今文是唐代通用的“俗字”。其次，論證“今文列於學官而古文行於民間”[⑧]，兩種流傳途徑都具有真實性，不容造假。雖然“其間顯晦傳授不一”[⑨]，但均各有自己的傳授次第與方式，證明“今文古文，其在漢時並行”

① 劉沅：《書經恒解》，《槐軒全書》，第862頁。
②—⑥ 同上。
⑦ 同上書，第864頁。
⑧⑨ 同上。

是“灼然可據”[①] 的事實，可“以決古文之非僞”[②]，但可能“有後人增入”的成分。再次，論證後世諸儒多因古文錯簡而斥古文之僞，不知今文同樣有“錯簡不能辨”，“文義多不能譯”[③] 的毛病，不能説誰僞誰真。最後，劉沅考訂出漢代時，諸師争相傳授古文，“世傳古文不絶”，司徒丁鴻還“講學大澤中，弟子至千餘”[④]，可見漢代古文《尚書》之傳，不容造僞，證據確鑿。總之，所謂僞古文與僞《孔傳》既然並未公行於世，而朝廷中秘古文又未頒行，因私相傳授之故而造成篇數分合不一的情況也應是正常的[⑤]。因此，今之《尚書》古文與安國書傳，雖“未必盡安國原本”，但“可存可採”者仍應保存采納[⑥]。只要古文《尚書》“其義不謬於聖人”[⑦]，也“未嘗不可視爲真古文”[⑧]。

（三）對於如何讀古文《尚書》，劉沅主張當秉持“以聖人之心，求聖人之書，然後得其至是”[⑨] 的原則。

他説：“讀古人書當有聖人之心，乃能明聖人之言。可以折衷群書，今古文章句意義”[⑩] 自“能曉然”[⑪]。他認爲讀《尚書》的正確方法是“深維義理”[⑫]。劉沅主張用貫通義理的方法讀《尚書》，因《尚書》是政書性質，重要的是理解其意義和價值，“非徒以書教人，蓋欲人身體力行”[⑬]。

他説：“凡修己治人之道，一一實踐，而得其精，則本諸心性，推諸天下，平治無難。古今聖人一氣相孚，萬卷百家是非立辨，又何俟分門别户，摘句尋章，互相非駁也。凡聖人書，皆當以此求之。况此書爲唐虞三代治蹟所存，奚可淺見妄言，致誤將來也。”[⑭]

劉沅這一閲讀經驗，不僅有助於我們理解劉沅對待今古文的思想和態度，更有助於我們理解如何讀政書。他主張當以求“聖學之源”“維義理”爲重的心理讀書，獲取有益的國家與社會治理經驗，而不可陷入“徒摘章句

① 劉沅：《書經恒解》，《槐軒全書》，第 865 頁。
② 同上書，第 866 頁。
③ 同上書，第 867 頁。
④ 同上書，第 866 頁。
⑤⑥ 同上。
⑦ 同上書，第 867 頁。
⑧ 同上。
⑨ 同上書，第 869 – 870 頁。
⑩ 同上書，第 869 頁。
⑪ 同上。
⑫ 同上書，第 869 頁。
⑬ 同上書，第 870 頁。
⑭ 同上。

之末”[1] “啾啾争訟何益”[2] 的境地。

（四）劉沅《尚書恒解》，對經的正文，用“簡注”正其文句，通其章脈，講清楚本句語義，使讀者了然於胸。另用“附解”考鏡源流，明辨是非，重宏觀，觀統體，講規律，講趨勢，實事必求其是，持論必求其“至是”。這個簡注加附解、串解、貫解的體例，不僅用於本書中，整個《十三經恒解》多處運用這個體例，這是劉沅恒解的特色。

如本書對《禹貢》篇中“岷山導江，東别爲沱”的講解，其簡注中首次吸收了明人徐霞客的考察成果，以金沙江、雅礱江爲江源，以“潭”釋“沱”，以附城遠近釋内、外江等等，其注既簡明有新見，又是蜀水史上需要解决的聚訟紛紜、懸而未絶的問題。而其“附解”，則是發揮己見，“該全川之水”，“就全蜀之勢”[3]，發前人之所未發，言今人之所未言的見解。

最精彩的是他對《大禹謨》“人心惟危，道心惟微，惟精惟一，允執厥中”的簡注和附解。在簡注中，他講：“道心，性也。人心，情也。性爲體，情爲用，本不可分，但情動易入於妄，故危。性静難極於純，故微。”短短35個字講“道心”爲性，“人心”爲情，就説清楚了“人心惟危，道心惟微”8個字所包含的哲理。用這段話與《十三經注疏》的《尚書正義》相比較，高下自分[4]。而在《附解》中，他則用貫解會通的方法，講清楚了這“十六字，先儒以爲聖學之本”[5] 的道理，闡述了“心在先天，純乎天性；心在後天，紛於七情”[6]，“人心道心，一心而有二名；危者微者，一念而有公私”[7] 的道解。最值得注意的是，在當時經學界皆公認梅鷟、閻若璩破僞古文之僞已成定案的學術壓力下，劉沅批判梅閻二人“實乃無識妄言耳”[8]。這種獨立寒秋，振聾發聵，堅持學術正義的浩然之氣，是需要膽識的。

（五）在《尚書恒解》中，劉沅持今文經學家立場，既批評漢學家的支離章句而失理念之“正”，又批評宋學家的誕肆而未深達其理。既稱許漢學家的訓詁，又贊許宋學家存誠之功。不薄古學愛今學，轉益多師，以擴大今文經學宏觀思維的視野，這正是劉沅思維的特點。劉沅這一經學特色，對清代嘉道以後今文經學的復興，尤其蜀中今文經學廖平之輩的崛起是有重要影

① 劉沅：《書經恒解》，《槐軒全書》，第870頁。
② 同上書，第867頁。
③ 同上書，第915頁、第917－922頁。
④ 同上書，第897頁。
⑤ 同上書，第898頁。
⑥ 同上書，第899頁。
⑦ 同上書，第898頁。
⑧ 同上。

響和作用的。

這裏遇到一個問題：劉沅對被斥爲“僞”的古文《尚書》各種文本加以稱許和辯護，與其所持今文經學家立場有無矛盾？應該説，這個矛盾是時代由傳統社會向近代社會轉型矛盾的體現，是清代漢學與宋學、古文學與今文學互爲矛盾、互爲轉换的轉型過渡期的産物。

劉沅自身思想的變遷和清代今文學各派自身的流别，説明了這一點。

劉沅的經學思想植根於西漢今文經學，來源於宋儒心學，但又不同於西漢原始今文學和宋儒尊德行的道問學。他的思想言論以天心、人心、道心爲依皈，也就是説，重在人與自然和社會之間“天人合一”的終極價值的宏觀思考。以實踐民生人倫爲核心，以探尋孔子六經致治的微言大義爲己任，重在追求國家治理與社會治理的統體設計，這是重時勢功利的通經致用。在思維定勢上則重統體大觀，立大體大綱。在德行修身上則重視“復先天之性”而糾“其後天氣質之偏”①，“致中和養氣”而“不動心”②。

總之，從政治理想、哲理求索到德行修養諸方面所表現出來的特徵，活畫出劉沅活脱脱的今文經學家形象，這是就其理性的宏觀思考而言的。

如就其具體治學路徑而言，則表現爲今古文並重，尤其是重實踐以求至是，重實學以求教化，甚至偏向於古文經學的治學方法，這是劉沅具體治學的特點。之所以形成上述宏觀探索與治學具象的不同，是因爲如此方能適應當時思想啟蒙與社會改革的需要，是劉沅一只脚還在舊學的營壘，但另一只脚已欲邁向近代文化的啟蒙晨光裏的時代需要。由此就可以理解，他在《尚書恒解》裏，爲何有選擇性地今古文篇目皆收，爲何被斥爲僞的“百篇書小序”，他却將其置於端首並每篇都加以考證，論列其真僞。

不僅劉沅如此，與他同處於清代中後期轉型時代的今文經學家龔自珍、魏源也是如此。將魏源《書古微》與劉沅《尚書恒解》相比較，均可發現他們以今文家的眼光、古文家的功底來治經的特色。其他如陳喬樅《今文尚書經説考》、陳壽祺《尚書大傳輯校》等今文經學著作，都具有這樣的特點，可見這是轉型時代的一種文化現象。由於傳統文化向近代性、現代性的轉换時間漫長，這種文化現象直到今天都還有着影響。

我們還要注意到劉沅個人經歷對治學的影響。他雖做過官，但未找到實現政治理想的殿堂。他的大半生因而轉向治學與教化，在上千的求學弟子中找到聖賢夢想的寄託、學術文化的歸宿，他對孔子“素王”理想就有特殊的

① 劉沅：《書經恒解》，《槐軒全書》，第899頁。

② 同上。

感情，因此立志“求聖賢之書，必當知聖賢之理。知聖賢之理，必先能實踐聖賢之事”①。他殷望以“聖學始終本末之功”“充實而漸至化神”②。正因爲有這樣的志向和定力，因而能專心治學，既能全備古文經學家深厚的學術根柢，又能具有深達今文經學家洞察心性義理的深邃眼光；既能惟一誠以守其至正，應對物慾世界人心的危；又能惟精純以達中德，追求精神世界道心的微。這兩方面都體現了今文經學家、新心學家劉沅對中華民族精神家園的堅守與對歷代國家社會治理經驗實踐總匯的向往。這就是《尚書恒解》的主旨。

八、《周易恒解》分箋

《周易》是一部奇書。從《易大傳》對它的文化内涵的解讀開始，它就具有宇宙思維數字模型化、抽象概念圖形化的“智慧性”和運用卜筮占變知來、窮幽達顯的“神秘性”，這二者兼具的兩重性體現如下：

一方面，它是中華傳統文化古奥的文化元典，從漢武帝建元五年（前104）法定《易經》爲五經之首開始，它就具有首經的地位。從它所包孕的文化思維與宇宙思維的内涵來看，它是中華文化思維與智慧之根，是儒道與諸子百家思維之源，也居於首位。

從原史時代伏羲、神農到歷史時代文王、周公，“三易”（《連山》《歸藏》《周易》）就是從結繩而治到耒耜文明演進歷程中積累起來的政治、軍事和社會生活狀況的歷史記録。其中藴涵的文化亮點，是原始先民以數字圖像化思維對宇宙萬事萬物以及民生日用人倫的系統思考與綜合解讀。殷墟、張家坡和周原出土卜甲以及西周銘文皆發現表示單卦和重卦的數字卦《連山》就是證明。八卦和重卦是原始思維與智慧在這個解讀過程中，從象意巫術解析，發展到符號信息調控的產物。原始先民的《易經》智慧及其後興起的歷代《易經》解讀文化，成爲中華傳統文化發展史上精神生產的範式和模型。

劉沅《周易恒解》把《易經》視爲“天地之常經，聖人之軌則”③，就是把它作爲我們民族精神生產的範式來看待的。劉沅的恒解就是要對《周易》努力“深求其旨”④，發掘其中“聖人之教”⑤的思辨哲學體系。用劉沅

① 劉沅：《書經恒解》，《槐軒全書》，第898頁。
② 同上書，第899頁。
③ 劉沅：《周易恒解》，《槐軒全書》，第1057頁。
④⑤ 同上。

自己的話來説，這是因爲《易經》是“文字之祖，王功聖德之全”①，它的符號是中華文字的源頭，它的内涵是内聖外王功德的全方位體現。它既包含“伏羲以前”古人“設卦觀象”②，把眼前天地物質世界與自然現象提升轉换爲數字圖像概念的哲學思考，又包含“唐虞三代”制訂“禮樂教化之法”③，爲中華禮樂文明制度奠基的啟蒙經驗。

劉沅要努力從中找出“詩書名象”的制度源頭和“窮神知化”的思維源頭：“詩書名象悉由繼起，窮神知化必有心源。”④因此，《周易》是最合適的窮理盡性的心靈探索和制器尚象的物理觀察的經典。劉沅的恒解主要是繼承王弼義理派傳統，着重從“天人合一之旨”和“民生日用之倫”⑤方面對《周易》進行義理探索。

另一方面，《易經》從其成文起，就把自己從八卦生成到大衍之數的思維密碼掩蔽在時間之流的長河裏不斷變易，讓人們在事物生滅變異中去猜測它的神秘，在對天象人事占變知來的預測中去增加它的神秘。所以到後世，象數派的末流往往“拘而求之，鑿而益之”⑥，很容易地使它成爲神秘主義的天堂、煩瑣主義的神殿，甚至實用主義的樂園。

劉沅的《恒解》明確地反對把《周易》神秘化。他認爲解《易》的最大毛病，是“歷代諸儒或僅貌玄虚，或徒求術數，即言理之家亦每舍經而從傳，顧此而失彼”⑦。這裏，他明確地批判象數家故弄玄虚，徒求術數，不是采取以經解經的“直解”方式，而是采取以傳注解經，顧此失彼，舍經文而從傳注的“曲解”方式，增加了《易經》的神秘性、隱晦性。因此，他的“恒解”直接“以孔子爲宗”，“極之於天地，準之於人倫”⑧，以這樣的原則折衷評判前人論説，既“不敢雷同”⑨，又“不敢好異”⑩，而是“以平心酌理”⑪，“欲人人皆曉而不使視爲畏途”⑫。由此可見，劉沅是明確反對將《易經》神秘化，反對一些術數家對《周易》原文的神秘引申。

劉沅關於《易經》恒解的體系構築就奉行上述原則。他吸收了朱熹《周易本義》的優點，在體例上采用程朱本的首列掛圖、圖目，次列卦辭、彖傳、爻辭，最後殿以《易大傳》（即《十翼》）的編排方式。每卦爻辭之後，則加劉沅自己的“附解”和“串解”，各卦皆“各就本文語意詳解”⑬，以便於“讀者瞭然”該書：“語意必相承而後明，餘義必詳辨而始盡。”⑭ 他認爲

---

① 劉沅：《周易恒解序》，《槐軒全書》，第1057頁。
②—⑫ 同上。
⑬ 同上書，第1060頁。
⑭ 同上。

"孔子《十翼》發明易道已盡"[①]，而後世儒者"或不盡通其意"[②]，穿鑿己意，"别爲他説"[③]，所以他不具引歷代儒者的傳注解讀，而是"將孔子本文意義一一得其指歸"[④]，而不致"别生枝節"[⑤]。而朱熹的《周易本義》的主體部分確實與漢代熹平石經《周易》的内容相同，表明劉沅采用這個體例是有古本依據的。雖然這個本子與楚竹簡《易》和帛書《易》有差别，但這是劉沅那個時代不可能看到的。

從上述兩方面看，智慧性與神秘性構成的兩重性是理解《易經》所包含的初民傳下來的思維定勢及其走向的鎖鑰。智慧性與神秘性的結合及其矛盾運動，形成八卦符號崇拜的巫術標誌，是《易經》所深涵的底蘊。早在伏羲結繩而治的時代就包含着原始時期先民以數爲特徵的智慧性思維和以占爲特徵的預測性神秘思維的矛盾。在後來八卦的發展期，劉沅稱爲"四聖"（伏羲、文王、周公、孔子）時代，智慧性與神秘性兩種思維傾向始終處於互爭互補的狀態。在漢代以後，義理派與象數派長期互争雄長，形成兩派在解經問題上的長期争鬥，這是易學八卦文化所固有的二重性矛盾的深刻體現。劉沅的《周易恒解》就是在這個文化背景和歷史語境中寫出來的。他抓住這一關鍵性的矛盾，高屋建瓴，宏觀統體，以易解易，以經解經，直入堂奥，達其閫閒，以孔子之直意爲宗旨，通過直接復原《易經》元典的理論框架和經文的原始結構，糾"歷代言易者大半皆偏於術數"[⑥]之偏，堅持"即聖人之言，究其精微"[⑦]，而不"旁牽别緒，别生枝節"的原則，闡述自己關於天人合一的自然道義和究極五倫的人文道義以及民生爲重的價值觀的見解。這是劉沅《易經恒解》一書的第一個特點。

第二個特點是《周易恒解》鮮明地突出中華文明以人爲本，以民生人倫爲重，天人合一的正道價值觀體系。《周易》的特點是卜筮書，雖然它采用占卜吉凶、預測來程去向的形式，這與殷商甲骨卜筮是相同的。但將兩者加以比較，甲骨卜辭甚苟簡不成體系，而《周易》不僅自成體系，同時還包含着豐富復雜的人文價值内容，舉凡吉凶對錯、道義臧否、導向取舍、歷史評判、正反判斷，皆以仁義理念與情感爲依皈，體現了中華傳統文明的正道價值觀。所以歷代解《易》者，特别是義理派學者就特别注意《周易》的仁道義理價值觀的深度發掘和體系構建。劉沅是清代後期這一體系研究和構建的

① 劉沅：《周易恒解》，《槐軒全書》，第1060頁。
②—⑤ 同上。
⑥ 同上書，1059頁。
⑦ 同上。

杰出貢獻者之一。

劉沅有關《易經》的正道價值觀體系的闡述，是從下列思維邏輯步驟去挖掘的：

首先是承認《周易》内涵豐富，包羅萬象："萬象咸包，萬理咸具。"① 特别是"天下後世性命倫常之事，幽明始終之情，莫不畢範於斯"②。舉凡《易經》的"一名、一象、一動、一静，以暨於經世理物，微顯闡幽，無不有恰好道理"③。

其次，六十四卦分言之，每卦每爻，陰陽動静，各有其宜，各有各的道："分之則事事各有其宜"④，"以一爻通於千萬爻，以一卦通於無窮卦"⑤，"大之極乎天地之高明，小之盡乎物情之纖細。"⑥ 他贊成朱熹講的："人須是經歷天下許多事變，讀《易》方知各有一理。"⑦

再次，分析《易經》雖然包含無窮盡的事理，但歸納起來，無非就是一兩個字、一個道理。他稱贊朱熹所論："易不比《詩》《書》，他是説盡天下後世無窮盡底事理，只一兩個字，便是一個道理"，"此言極妙。"⑧ 他發揮朱子"理一萬殊"之説，認爲《易》的各種道理，最後是"萬變歸於一"⑨。後世解《易》者的任務就是"辨其異，求其同"⑩，"得其同中之異，異中之同"⑪。在辨異同的過程中，進一步認識聖人的思想，既"各有其意"，又"實無二意"⑫。能用這種辯證思維，就能"返諸吾身，合於天地"⑬，找出"萬變歸於一"的"一理"的精髓。這裹明顯地可以看出由禪入儒的辯證思維養料對劉沅恒解的影響。

最後，提升出表現中華民族終極生命價值觀的"正道"理念，便是"天地人物莫不由之"的"一理"⑭，"萬理之原"的"一誠"⑮。

劉沅從《易經》中歸納出的理念，通過他思路的會通，概括爲下列總的

① 劉沅：《周易恒解》，《槐軒全書》，第 1057 頁。
② 同上。
③ 同上書，第 1059 頁。
④⑤ 同上。
⑥ 同上書，第 1057 頁。
⑦ 同上書，第 1060 頁。
⑧ 同上。
⑨ 同上書，第 1057 頁。
⑩ 同上書，第 1059 頁。
⑪ 同上。
⑫ 同上書，第 1057 頁。
⑬⑭ 同上。
⑮ 同上書，第 1061 頁。

看法：

一理也而天地人物莫不由之，故曰道。其散爲萬殊者，其歸於一本者也。人爲萬物之靈，其氣得陰陽之正，而其性即天地之理，窮理盡性以至於命，則人一天地，而凡萬事萬物，悉有以得其中和。①

學易者法天地之渾然者以致其中，法天地之流行者以致其和，則六十四卦統於太極，而成位乎其中矣。②

人爲天地之主，天地亦賴於人，故天道人事一以貫之，無二理也③。天地與人，本一氣相通，天地之理在人，人爲萬物之主④。易道即天地之道，無所不該⑤。

劉沅通過上述理論邏輯的推理，絲絲入扣地使人不能不信服地跟着他的思路去認識《易經》作爲民族文化核心價值體系的哲學基礎和思維核心的歷史價值。他對《易經》有關一理、一道、一誠、一本、一氣，歸納於"中和"與"中庸"的總體價值觀的論述，是與他在《四書恒解》中闡述的價值觀完全一致的，體現了中華民族文化關於天地自然觀與社會歷史觀的正道理念與真善美價值。

尤其難能可貴的是，劉沅在《周易恒解》中表現出的美學觀："天地氣化以和暢爲美，人心亦然。"⑥ 這是傳統和諧文化的體現。他以"同人"卦爲例，論到和暢和諧的美文化情懷，對凝聚人心的作用："人同此心，心同此理，五倫以正，相與共成有情之世界。"⑦ 天下人都能有"至公、至明、至誠、至虛"的肚量和情懷⑧，就會共同組成"有情之世界"，產生文化凝聚力和向心力。這種力量能"合四海爲一人"，"天下爲一家，中國爲一人"⑨。由這裏我們可以看出歷代"文化中國"意識的傳統對劉沅思想的影響和作用。文化是中國之根，中國是以文化爲魂，以民族精神爲向心，凝心聚力而形成起來的。劉沅能從《易經》中挖掘出"文化中國"這一核心思想，説明他在清代後期即近代轉型社會時期，確是屬於當時思想界具有新的文化啟蒙和文化自信的先進人物，應該在文化中國歷史人物長廊中占有其一席應有的

---

① 劉沅：《周易恒解》，《槐軒全書》，第 1057 頁。
② 同上書，第 1060 頁。
③ 同上書，第 1103 頁。
④ 同上書，第 1222 頁。
⑤ 同上書，第 1224 頁。
⑥ 同上書，第 1112 頁。
⑦ 同上書，第 1107 頁。
⑧⑨ 同上。

地位。

馬克思說：“真理是在矛盾的堆集中清理出來的。”劉沅的《周易恒解》並未簡單地排斥象數派，也未簡單地盲從義理派，而是注重在二者的歷史矛盾中梳理取舍，有揚有棄，整理出自己的研究之路，使他自己的認識達到了新的高度。這是他《周易恒解》的第三個特點。

對於象數派諸儒，劉沅在否定中也有肯定。他認爲“象數、理氣，不可偏廢”①，“象不可廢”但“亦不可泥”，“數不可無，亦不可拘”。“理散於萬象，象統於一理。”② 象數是易理“制器尚象”體系解釋的基礎，易理本體符號語境是由象數確立起來的，象意性質的漢字也是因之而發展起來的，故劉沅認爲“《易》爲文字之祖”。對象數的功用，劉沅是有清醒認識的。他反對迷信於象數，但也要善於掌握“定象”。他說：“象不可執”③，“靠定象去看，便滋味長”④，“須見得道理活潑潑的無處非是，始佳。”⑤他認爲術數家“若無窮理盡性之功”⑥，無義理闡釋工夫，只是“求諸文字”⑦，必然會走向“穿鑿矯勉而失真”⑧之路。他還批評“歷代習術數者，多神異。然其（旨）歸，不本於忠孝節義，反罹殃咎，皆舍理求象之過，此最不可不察也”⑨。

對於義理派，劉沅仍然是兩分法，其基本態度是肯定中也有否定。他在批判“歷代言《易》者，大半皆偏於術數”⑩的傾向時，一再稱贊義理派王弼“始專以（義）理言”，“程朱皆衍其說”，“厥功甚偉”⑪。他主張對《易》的“天人萬物之理”⑫，學者當報會通的態度，“神而明之，變而通之，不失聖人之意，乃可也”⑬。他批評揚雄作《太玄》，關子明擬《玄洞極經》，司馬光著《潛虚》，雖“精心結構，各有義理”⑭，“然皆域（同囿）於象數”⑮，是不好的傾向。他對朱熹易學，也是采取分析批判的態度。尤其是朱熹對《四書》和《易經》等元典所使用的改經删經方法，他是持批評態度的。

總之，他對象數派和義理派兩者都采取了分析的態度。從兩者的矛盾清

---

① 劉沅：《周易恒解》，《槐軒全書》，第1058頁。
② 同上書，第1059頁。
③ 同上書，第1060頁。
④⑤ 同上。
⑥ 同上書，第1059頁。
⑦—⑪ 同上。
⑫ 同上書，第1058頁。
⑬ 同上。
⑭ 同上書，第1060頁。
⑮ 同上書，第1061頁。

理中建立起自己對《易經》的闡釋體系和釋義模式，從中提升其人文精神，發掘其歷史價值，體現了劉沅力排衆歧、解紛去繁的思辨功力和象數功底。

劉沅的文本對每卦均作了直解，其中有不少能發前人之所未發的創見。如果用現代解釋學的觀點來看，“文本”就是本體，本體的語境經由解釋而確立。對文本和語境解釋的深度，取决於其釋義的模式是否具有最佳的解釋力與最大的涵容兼攝能力。解釋學大家索緒爾説過，漢字是“觀念的符號”，萊布尼兹説漢字是“聾子的發明”。借用他們的話來説，易的象數構成的文本，也是“觀念的符號”和“聾子的發明”。對於作爲“觀念符號”和“聾子發明”的《易經》的歷史語境和文本探索，其争論點，兩派長達兩千多年，也没能科學地解决文本語境和《易經》本體認識論問題，這是不能苛求於古人的。劉沅作爲近代啟蒙前期的思想家，能够聚焦在《易經》義理本體認識論的焦點上，擺脱象數派的拘泥與義理派的空疏，打破傳注解經的繁瑣體系，用以經解經，自相圓融，以經文聯結經文的直解方法，充分表達自己的獨立思考，建立起一個超越他前輩的新的《易經》解釋學的框架體系，這是難能可貴的。這個體系既對《易》的觀念符號用自然主義解讀，作了新的語境探索；又對易的理念義理，用人文主義的解讀，作了貼合他的人倫民生觀的本體闡釋，這對他之後的學者是有重要啟迪作用的。特别是對他的後輩劉咸炘《推十書》的影響，可以看到劉沅解釋學框架的復原和復興。

第四個特點是劉沅《周易恒解》對“易學在蜀”特色傳統的繼承與弘揚。

“易學在蜀”是宋人程頤的總結。易學在蜀，不是説易學在蜀獨盛，也不是説唯蜀才是易學之源。而是説易學在蜀中有獨特的不同於古法的傳承方式和獨到的蜀學特色。《漢書·儒林傳》説：蜀人趙賓學習孟喜易學，“持論巧慧，諸家不能難，皆曰非古法也”。學古法而不師古法，另創新學，這就是蜀易學的特點所在。嚴君平、揚雄師徒學易，不師從象數派，也不師從義理派，而是開闢以黄老解易的新派。揚雄《太玄》模仿《周易》，却獨出新裁，以“三玄”“三方”爲宇宙本體，不同於老子道的一元論，也不同於《易》的陰陽二元論，而是獨創出以和合精神爲内核的三元論，作爲萬物的始基。嚴、揚所傳太玄學，“蜀人蓋多學”“固自不絶”（宋李燾語）。傳到唐代即出現李榮等在蜀中創“玄之又玄”的重玄學。蘇軾《東坡易傳》援禪入易，均表現出蜀易學好異不法古的思維特點。到了清代，蜀中劉沅是蜀易學“以標其極”、好異不法古的思維傳統的最佳傳承者，因此，他的《周易恒解》也就有獨到的價值。

九、《禮記恒解》分箋

孔門儒經中，《春秋》一經，因疏注特點之不同，而有左氏、公羊氏、穀梁氏三家注疏影響最大，流傳後世。於是《春秋》一經，别分爲三家各具其長的三部經書。《禮經》，從漢儒始已是由三書組成。《禮》三書亦稱《禮》三經，依次爲《周禮》（亦稱《周官》）《儀禮》（亦稱《士禮》）《禮記》。《周禮》是周朝立國的政府系統職官組織規定，内分天官、地官、春官、夏官、秋官、冬官六大職官系列。至西漢後期，冬官系統殘佚不存，劉向取先秦遺存文獻《考工記》填補冬官系統文獻的空缺。《儀禮》是專爲讀書君子制定的日常進退禮讓應遵守的行爲規則。至西漢，《儀禮》文獻僅存17篇。劉沅《禮記恒解》認爲"《儀禮》一書可信者僅數篇，其餘皆周末文勝支離穿鑿之言，先儒誤信，反以《禮記》爲《儀禮》注疏。"①

《禮》三書中，何書爲《禮經》？從漢至唐，鑒識有别，《周禮》《儀禮》《禮記》都曾被認爲是《禮經》代表。初唐貞觀時，唐太宗敕顔師古、孔穎達二人領導纂修《五經正義》。顔、孔二氏取《禮記》爲《禮經》代表，由顔師古正定其經文，由孔穎達作章句義理疏注。有唐一代，《禮記》已被欽定爲《禮》三書中之《禮經》。但經學界中對《禮》三書的經書地位仍存疑慮。

劉沅《恒解》首先對《禮》三書的來源與地位作出評判。劉沅認爲先儒在疏注《禮》三書上有兩大沿襲性失誤：其一，"先儒以《周官》《儀禮》爲經，此書（《禮記》）爲注"②。劉沅認爲這個看法輕《禮記》而重《儀禮》乃一大失誤。其二，先儒相沿成習，認爲《禮記》49篇乃雜湊之先秦遺文，尤其49篇中之《月令》《明堂位》《樂記》三篇，到東漢末才由馬融補入《禮記》，故《禮記》爲注，不爲經。劉沅認爲先儒此論失於考察。

劉沅認爲《儀禮》一書篇章"可信者僅數篇，其餘皆周末文勝支離穿鑿之學"③，先儒誤信不疑其爲經的地位，反而疑《禮記》位列經書地位，此論爲失考。劉沅辨析："嘗考其（《禮記》）所言，無非採葺賢聖，雜書見聞。意其精者出於七十子之徒，而其淺者亦秦漢篤學之士，非於道概未有聞而能

① 劉沅：《禮記恒解》，《槐軒全書》，第1266頁。

② 同上書，第1264頁。

③ 同上書，第1266頁。

剽襲爲之者也。書中如《月令》《王制》作者顯有姓名。其他前人所疑，多由未達文義而相詬疵。”[①]

劉沅認爲三禮皆爲先秦禮樂經書，應無疑問：“《周禮》《儀禮》《禮記》，三代上禮制，賴以考證。”《禮》三書中，尤其《周禮》與《禮記》經貫百代而可參。劉沅説：“《周禮》雖晚出，實周之史官所紀，其宏綱大旨，非聖人不能作。即時勢遞降，治法無能出其範圍。《禮記》雖有殘缺，然亦孔孟餘裔傳授之言居多。”[②]

劉沅辨析：“秦漢而降，禮制漸湮，並記禮之書亦紊。三禮賴漢儒綴輯而存。雖不盡合，然先王之政猶賴以知。”[③] 由此可見劉沅珍惜三禮文獻之用心，這對逞能疑古、任性踐踏先人經典的粗暴學風是一種永不過時的批判與教誨。

劉沅認爲宋儒中已出現有一種以疑相尚之風。可惜，該疑古時不疑，不該疑古時偏疑。關於《月令》《明堂位》《樂記》三篇編入《禮記》的時間，唐初編纂《隋書・經籍志》，匯輯前朝梁陳齊周隋《五代史志》時，對其所述經籍沿革失誤失於辨證，形成如下叙記：劉向時朝廷已先後搜集到先秦有關記禮之文共 214 篇。戴德將 214 篇删其繁重，選出 85 篇，輯成《大戴禮記》。其姪（亦説其弟）戴勝又從 85 篇中精選 46 篇輯成《禮記》，稱《小戴禮記》。東漢末馬融傳小戴之學，增補《月令》《明堂位》《樂記》三篇入《小戴禮記》，形成傳之後世的 49 篇本《禮記》。《隋書・經籍志》學術影響深遠，乃至馬融增補三篇入《小戴禮記》之説成爲經學史研究的主流觀點，代代沿襲。而宋儒善疑古者對《隋書・經籍志》在《禮記》小戴傳本上的失誤深信不疑，不予辨察[④]。

劉沅《禮記恒解》則提出有力證據，辨明《月令》等三篇本爲大戴、小戴《禮記》本早已選入，不存在馬融於東漢末才增補三篇之事。《禮記恒解》提出的三條證據爲：證一，《後漢書・橋玄傳》記橋玄七世祖橋仁“著《禮記章句四十九篇》”。橋仁乃西漢小戴門人，成帝時官大鴻臚令。然則西漢成帝時《小戴禮記》已是 49 篇[⑤]。證二，東漢末鄭玄爲馬融弟子，而“鄭玄《六藝論》云：戴德傳記八十五篇，則《大戴禮》是也。戴聖傳記四十九篇，則此《禮記》是也。玄爲馬融弟子，使三篇果馬融所增，豈容不知？何仍以

① 劉沅：《禮記恒解》，《槐軒全書》，第 1264 頁。
② 同上書，第 1265 頁。
③ 同上書，第 1266 頁。
④ 同上書，第 1265 頁。
⑤ 同上。

四十九篇屬於戴聖"[①]？證三，唐初《五經正義》之《禮記正義孔疏》與《隋書·經籍志》同時成書，而孔疏對《月令》等三篇出處有明確辨析：按孔疏："於《月令目録》云：此於（劉向）《别録》屬《明堂陰陽記》；《明堂位目録》云：此於《别録》屬《明堂陰陽記》；於《樂記目録》云：此於《别録》屬《樂記》。則三篇皆劉向《别録》所有，非馬融所增。"[②]

按《恒解》辨析指引，我們重讀《隋書·經籍志》，果然發現了問題所在。《隋書》爲初唐魏徵負責的集體編撰之書。其紀傳部分由魏徵、顔師古、孔穎達等撰，成稿於貞觀十年。其十《志》（包括《經籍志》）三十卷爲于志寧、李淳風等撰，成於高宗顯慶元年，晚於紀傳成稿 20 年。十《志》原爲梁陳齊周隋五代史而作，稱《五代史志》，後五代史書單行，其"志"部分並入《隋書》。其中《經籍志》首創經史子集四部分類法。十《志》中，《地理志》《食貨志》《天文志》《經籍志》四種，綜合五代之志而成。關於《經籍志》中所記《禮記》源流，綜合時失察而誤記。若追究失察責任，應屬負責《經籍志》主撰者國舅長孫無忌失察，長孫爲何如此大意？原來顯慶元年正是唐高宗苦風疾，朝政實由武后掌握，高宗、武后並稱二聖之時。武后對長孫無忌心懷憤恨，《隋書·經籍志》終稿的顯慶元年（656 年），原由長孫無忌保護的唐高宗所立太子被廢，太宗子孫及貞觀館閣大臣紛紛罹禍。顯慶四年，長孫無忌流放，于志寧罷官。《隋書·經籍志》稿本無權威性審定，失誤無人指出。幸好有早已成稿的《禮記正義·孔疏》，可以讓後世劉沅看出問題。

劉沅《禮記恒解》辨證《月令》等三篇本爲大小戴《禮記》原有，並非遲至東漢才由馬融增補，這是《禮經》學術史上一大發明，一大成就。

《禮記恒解》揭示修習《禮記》須得遵四大原則：

第一，修習《禮記》切忌"書生空談、曲學"。戒"空談"是指"解經非徒爲誦記，固當通其義而力行之。窮以修身，達以治世"[③]。戒"曲學"，指讀《禮記》須懂得"此書不尚煩文，期於明白易曉而已"[④]。"前人論説一字一句間，動輒千言，誠以毫釐千里，不可不慎也"[⑤]。

第二，修習《禮記》須遵聖人心，理而化之："禮者，理也，本天理而布之。自天時、人事，以暨萬有不齊，莫不有自然當然之理。"[⑥]前人疏解

① 劉沅：《禮記恒解》，《槐軒全書》，第 1265 頁。
② 同上。
③ 同上書，第 1266 頁。
④—⑥ 同上。

《禮記》之弊正在於“多不本聖人之心理以折衷，而牽合彼此議論，淆亂是非，故禮書幾如畫餅。”①《恒解》説：“今悉就本文，以自然當然之禮衷之。不敢盡廢諸儒之説，亦未嘗盡取其説。”② 《恒解》疏理自漢迄清各家《禮記》注疏源流，“可考者數十家，大都各有見解，然多零星解説，或一二篇，或數十篇。惟鄭孔之説依文立義，字櫛句疏，實費苦心”③。《恒解》亦傚法鄭注孔疏“依文立義”之法，“今只各就本文章句訓詁，不暇反復詳辨，以本文自明，無庸别生支節”。

第三，修習《禮記》必須與時俱進。“凡禮樂法度必因時制宜，不泥古，而亦不失中。”“於古禮古樂，考其制，得其意而變通之，始可以善世宜民，切不可拘泥，以致誤己誤人。”④

第四，切忌“强解此書”。對“前人章句，必須細究其義之安否，未嘗盡反前人，亦不敢曲循前人”⑤。

此四原則，可謂讀《禮記》之不貳法門，稱之爲“恒解”，無虞也。循此四原則，試讀《禮記》首篇《曲禮》。《恒解》首先指出，《禮記》篇目次序與標題，無須過度解讀：“此書，小戴當時，匯集序次，以其本屬雜舉禮意，標題篇章，初無深意，後儒患其龐雜，多以意更其篇次，疑其錯簡，……别立名義，强爲割裂。”⑥《恒解》尊重《禮記》原本篇次標題而略作疏解。劉沅釋“曲禮”篇題含義説：“經禮三百，曲禮三千，蓋言項細之禮，約其大數有三千耳，無容泥也。”⑦ “曲禮”之曲有“偏曲”與“細微曲折”二義。又指出漢儒因此篇首句有“毋不敬”三字，“可以該禮之全”⑧，即可以總括禮的全部主旨，故將此篇放於全書首篇。“毋不敬”用今日話講，即“無不敬”，禮儀之設，其宗旨即人倫相處，無時不貫徹“無不敬”態度——敬即尊嚴。無不敬，即没有對人對己不守尊嚴的位分。《曲禮》篇中關於禮儀的哲理性原則，其精神永遠有效，不容廢弛，如：“傲不可長，欲不可從(縱)，志不可滿，樂不可極。賢者狎而敬之，畏而愛之。愛而知其惡，憎而知其善。”“君子恭敬樽節，退讓以明禮。”⑨ 禮乃人倫秩序之本，禮乃人之所

① 劉沅：《禮記恒解》，《槐軒全書》，第 1266 頁。
② 同上。
③ 同上書，第 1267 頁。
④ 同上書，第 1266 頁。
⑤ 同上。
⑥ 同上書，第 1267 頁。
⑦ 同上書，第 1268 頁。
⑧ 同上。
⑨ 同上書，第 1269 頁。

以爲人。“鸚鵡能言，不離飛鳥；猩猩能言，不離禽獸。今人而無禮，雖能言，不亦禽獸之心乎。”①

《曲禮》中有些規定，雖屬合理。但時移世易，其定規當時的精神内核可取，而具體内容則當隨時代而調整變化。如《曲禮》中，對人一生各階段的劃分與階段特點的劃分，就不能拘泥死守。《曲禮》規定：“人生，十年曰幼，學；二十曰弱，冠；三十曰壯，有室；四十曰强，而仕；五十曰艾，服官正；六十曰耆，指使；七十曰老，而傳；八十九十曰耄；七年曰悼。悼與耄雖有罪不加刑焉，百年曰期頤。大夫七十而致事。若不得謝，則必賜之幾杖。行役以婦人適四方乘安車，自稱曰老夫。”② 扣之今日，“幼而學”已從幼兒園開始，10 歲已是小學五年級學生，30 歲到 40 歲尚屬青年階段。50 歲則不能稱爲“少艾”。60 歲退休，不能等到 70 歲才“致事”。

又比如《曲禮》中，規定人的孝道起點爲“凡爲人子之禮，冬温而夏凊，昏定而晨省”③。現代生活條件下，父子别居，昏定晨省做不到，即使父子同居一個屋檐下，因兩代人忙閑不同，作息時間不同，也無法行晨昏定省之禮——但，爲人子者真切關心父母的生活狀態與健康狀態，仍是 21 世紀華夏孝道應行之禮與理。

十、《春秋恒解》分箋

《春秋恒解》是作者劉沅“以聖人之心求聖人之事”④ 作爲標準，以《春秋經》爲文本，以“三傳”爲比義，從中探索其微言大義的解經著作。歷代治《春秋》學者，從孟子以來，到唐陸淳，宋孫復、葉夢得、吕祖謙、家鉉翁，元俞皋、趙汸，明汪克寬、郝敬，清毛奇齡、萬斯大、惠士奇、趙坦、張應昌等經學家⑤，皆重在探求史例書法及其中的微言大義。據清代經學家皮錫瑞的解讀：“所謂大義者，誅討亂賊以戒後世。所謂微言者，改立

① 劉沅：《禮記恒解》，《槐軒全書》，第 1268 頁。

② 同上書，第 1270 頁。

③ 同上。

④ 劉沅：《春秋恒解》，《槐軒全書》，第 1630 頁。

⑤ 陸淳《春秋集傳纂例》、孫復《春秋尊王發微》、葉夢得《春秋傳》、吕祖謙《春秋集解》、家鉉翁《春秋集傳詳説》、俞皋《春秋經傳釋義大成》、趙汸《春秋屬辭》、汪克寬《春秋胡傳附錄纂疏》、郝敬《春秋集解》、毛奇齡《春秋毛氏傳》、萬斯大《學春秋隨筆》、惠士奇《春秋傳》、趙坦《春秋異文箋》、張應昌《春秋屬辭辨例編》。

法制以致太平。"[1] 用現代話語解讀這句話，就是説，治《春秋》重在探求國家治理與社會治理的經驗以及禮樂人文法制變遷的得失。以史爲鑒，探索《春秋》的義理原則，表達作者自己的歷史哲學與社會治理觀。歷代治《春秋》學者皆遵循這個主旨和方法。故皮錫瑞引孟子"孔子懼，作《春秋》"的説法，篤信"《春秋》有大義微言，足以治萬世之天下"[2]。换句話説，就是努力以春秋史爲"金鏡"，尋求適應千秋萬代需用的社會層面的家國制度與心理層面的聖人義理。劉沅也不例外，他治《春秋》的目的也在尋求其"微言大義"。拿他與歷代治《春秋》學者相比較，這是他承襲守舊的一面。同時，他也有通過義理闡釋來表達自己的創意見解的另一面，即"以傳解經，抒發己見"，這是他更爲重要的一面。欲弄清楚這一面，就首先需要弄清楚《春秋經》及其《三傳》的性質及其流傳過程中義理解讀的變遷。

《春秋》最早是當時各諸侯邦國史書的通名，故墨子有"吾見百國春秋"之説[3]。其名來源於編年史體裁，因各國史官按年、時、月、日記載史事，包含春夏秋冬四時，故錯舉"春秋"二字作爲編年史書的通稱（杜預《春秋左傳集解序》）。其實，甲骨文中紀年只有"春秋"，故古人習慣上以"春秋"代表年歲，編年體史書也就用了"春秋"這個名字作史書名稱。後來，魯國史記《魯春秋》得以完整保存並流傳下來，《春秋》就成爲魯國史記的專稱。經過孔門弟子的傳授，就逐步取得了"經書"的地位。

《春秋》的性質及其作者，衆説紛紜，以吾師徐中舒先生的考證最爲精當。他認爲《春秋》"是中國編年史的鼻祖"，"原是朝報、邸抄一類的原始記録"，"是魯太史世代相續，按年、月、日秉筆登記的檔册"[4]。作者非一，是當時的兩種史官——太史與瞽矇"傳述的歷史"，"以瞽矇傳誦爲主，而以太史的記録幫助記誦，因而就稱爲瞽史"[5]。史的職責是書寫記録，矇的職責是口頭傳誦，故云"史不失書，矇不失誦"（《國語·楚語上》）。這兩種歷史傳習的方式是從人類歷史"以口語傳誦爲主，而以結繩刻木幫助記憶"的原始方法流傳下來形成的傳統，《春秋》便是這個古老的歷史傳習制度的産物。

中舒先生的這些看法，揭示了人類史書由口述史到文獻史形成的奥秘。人類歷史最早産生於口述史。原始部落的記述史是在結繩而治、刻木記事的

---

① 皮錫瑞：《經學通論·四·春秋》，中華書局 1957 年版，第 1 頁。

② 同上。

③ 今本墨子無此語，僅見於《隋書·李德林傳》所載《答魏收書》中，孫詒讓《墨子閒詁》輯入佚文。

④ 徐中舒：《左傳的作者及其成書年代》，《徐中舒歷史論文選輯》（下），中華書局 1998 年版，第 1140－1142 頁。

⑤ 同上書，第 1147 頁。

原始時代出現的。一個部族爲了傳述一代一代祖先的歷史活動，必須有專門的人才或結繩或刻木來記事。繩的大小結或木刻的深淺長短印記，就代表着事件或人物的輕重大小，由具有記憶天才或德高望重的老人根據結繩符號或刻木印記來講述。一個部族的歷史就靠這種口耳相傳的方式延續下去。到了歷史時代的春秋時期，瞽矇口述史仍然是歷史傳習的主要方式，並且由“瞽矇”專司其責，專門將記憶内容口傳口誦，而由史官協助記録下來。由於書寫條件的限制，史官記言記事都非常簡短，猶如繩結和木刻印痕一樣，故稱“書契”，非傳人是看不懂的，如：《春秋經》“郭公”“送五”之類的經文，如没有《左傳》，則根本不知所云，故《春秋經》被“戲目爲斷爛朝報”（《宋史・王安石傳》）。只有當時的瞽史之流才讀得懂。但有些經文無傳，其歷史故事失傳，就引起後世治《春秋》史者的疑竇，各恣己意，争鳴不休。其實每句經文背後都會有長長的復雜的歷史故事。這些斷爛經文，猶如刻木記事符號一樣，只有瞽史才能掌握每句經文背後的故事。爲便於記憶，每句經文的文字就會有一定的表述，就會有一定的原則、規矩和記述體例，稱爲章法和書法，在其他人看來就具有神秘性，這就是《春秋》書法和義例的起源。佧佤族至今還有木刻記事傳誦的專門人才，而彝族的畢摩、羌族的釋比、納西族的東巴，就是古時矇誦史録文化的傳襲。殷周瞽矇傳誦的口述史，經過史官的記録，“右史記事爲文”，“左史記言爲獻”，合稱“文獻”，《春秋》就是這樣一部史料文獻。到春秋戰國禮崩樂壞、典籍散亡的時代，負擔歷史傳承之責的史官、瞽矇、樂官之流也多失散去國，歷史傳承人也多無復爲繼。於是，口述史的傳誦與文獻史的記録兩項職責，就逐步由孔子及其門徒承擔傳習下來。舊説《春秋》傳於子夏，就是《春秋》在孔門流傳出於孔子既没之後的證明。至於相傳説孔子修《春秋》、作《春秋》，這是不確定的。《春秋》並未經過孔子筆削，但孔門弟子把《詩經》和《春秋》作爲孔門傳授的經典是確實的。

《春秋》是經，“三傳”都是解經的著作。但“三傳”的性質不一樣。朱熹在《朱子語類》説：“《左傳》是史家，《公》《穀》是經學，史學者記得事却詳，於道理上便差，經學者於義理上有功，然記事多誤。”這是“史”與“經”的區别。《左傳》是編年史，它的特點是詳於史實的記録，“傳事不傳經”（葉夢得《春秋傳序》）。它的作者是“瞽史之流，編寫於春秋以後六國稱王以前”[①]。雖然對《左傳》作者争論甚多，但大體可以斷定是與孔子

① 《徐中舒歷史論文選輯》（下），第 1158 頁。

同年輩的左丘明，“他是當時最有修養的瞽史”[1]。《左傳》和《國語》内容大部分出於他的傳誦[2]。它是用先秦古文寫作的，被稱爲“春秋古經”（《漢書・藝文志》），有孔子壁中書和民間私相傳授兩個版本，後來合而爲一[3]。至於《公羊》和《穀梁》兩傳，其性質與《左傳》不同，屬於哲理書，其特點是“傳義不傳事”（葉夢得《春秋傳序》），專門從事於《春秋》的義理解讀，而不傳述歷史事件。《公羊傳》的作者是西漢人公羊高，《穀梁傳》的作者是穀梁赤，其時代稍晚於公羊。兩書均屬漢代作品，又是用漢代通行文字所寫，故稱今文。

一《經》三傳，性質不同，時代不同，其用途和作用也就不同。《春秋》是魯國瞽史的口述史的記錄，經文簡短，只是歷史事件的梗概。甚至連梗概都不如，只是爲便於瞽史記憶而留下的關鍵性詞語。如“郭公”[4] 條，甚至“三傳”作者也無法解釋，標爲“闕疑”，以爲是史之闕文。其實，這不過是當時瞽史爲了保存歷史記憶而留下的特殊符號。看着“郭公”這兩個字就可以傳誦這兩字背後長長的故事，甚至是宏大敘事。這就相當於結繩而治時代刻木留下的記號，只有瞽史能懂能記憶，它自然也就成爲只有瞽史能掌握的特殊專利，而後之學者也就把它視爲簡潔細小的“微言”，它背後有“事實（即歷史）”和“大義（即哲理）”。傳述歷史事實的是史書，如《左傳》。追尋大義哲理的是哲學，如《公羊》《穀梁》。這兩類書從歷史與哲學兩大方向解讀瞽史《春秋》經文，這就叫“以傳解經”。歷代治《春秋》學者説得玄之又玄的“微言大義”，實質就是把《春秋》經文作爲符號，探求它後面隱藏的只有瞽史能懂而後來又失傳了的宏大敘事與深遠寓言。所謂“《春秋》書法”和“義例”，無非就是探討經文特殊用詞所表達的當時瞽史記事記言的規矩和法則，其中有些規矩和法則已經失傳了，或者已經不知道有些用詞的原義和原例了，這就引起了喋喋不休的争論。解決不了這些争論，自然就會出現“夫子筆削《春秋》”甚至“孔子修《春秋》”“孔子作《春秋》”的種種猜測。其實，很多學者已經辨正，無孔子筆削或作《春秋》之事。《春秋》只是孔門子夏之徒傳誦傳授的經書。這份“斷爛朝報”能够代代流傳並成爲歷代珍視的歷史文化遺産，這是儒家孔門學派的功勞。其中包含着先秦古人治史和存史的智慧與靈性，飽含着祖先的歷史記憶與歷史信息，永遠都

① 《徐中舒歷史論文選輯》（下），第1158頁。
② 同上。
③ 楊伯峻：《春秋左傳注》，中華書局1990年版，第29頁。
④ 《春秋》“莊公二十有四年”：“郭公”這兩字從來衆説紛紜。劉沅《春秋恒解》斷爲“的係闕疑”。見劉沅：《春秋恒解》，《槐軒全書》，第1685頁、第1686頁。

值得探索。

如果說《春秋》經是瞽史口述史的文字提綱記錄，那麽，《左傳》就是瞽史傳誦的文獻史的詳盡記錄。經與傳，一個略，一個詳，互爲表裏。桓譚《新論》説："左氏經之與傳，猶衣之表裏，相持而成。經而無傳，使聖人閉目思之，十年不能知也。"《左傳》專記歷史來程和去程，有首有尾，有始有終，有解經、補經、證經和述經的作用。經不能離傳，設若無《左傳》，僅有《公》《穀》，那麽春秋經文會無法理解，書法義例脱離歷史事實也將如隔靴搔癢。但《左傳》可以離經，因爲它並非"主爲經發"。它與《春秋》比較，還有較多有傳無經、經傳相異、經傳相違的情況。這一方面是因爲《春秋》與《左傳》，經自經，傳自傳，在流傳過程中，二書各自"别本單行"，因而經與傳相分離。另一方面，《左傳》叙述歷史事實完整有序，又確實可與經相合。不過，秦漢時代，二書並未合起來，直到晋代，杜預才把《春秋》與《左傳》按年比附合起來。無法按年比附或經文無年月的傳文，則被杜預留存下來，編入書中。完整保存《左傳》，並把壁中書與張蒼所獻民間書合璧，是杜預的功勞。

《公羊》與《穀梁》兩傳則是純粹的解經著作。二書對《春秋》而言，采用的是疏箋爲傳的體裁。"附經立傳""以傳解經""傳不違經"是《公羊》《穀梁》祖述《春秋》的原則。二傳若離經，則無法單行，缺乏獨立性，這是二傳的特點。從這二傳的質量看，訾議甚多。其缺點是牽强立例，强加義理，書法解釋無定，多不能達其義，故"儒者多不措懷"（《北史・儒林傳》）。劉沅對《公羊》《穀梁》亦持非議態度，認爲他們"鑿空妄語甚多"[①]。此外，對《左傳》亦持有保留的非議態度，這在後面還要評説。

以上所叙"一經三傳"的歷史語境，是認識劉沅《春秋恒解》思想的前提，是理解劉沅對《春秋》持"以聖人之心求聖人之事"態度的深層歷史文化原因。

劉沅《春秋恒解》的體例，與他的其他《恒解》著作不同。他未按《十三經》慣例，將《春秋》"三傳"作爲經書解讀的對象。他的恒解，只取《春秋》經文作爲正文，鮮明地表現出他的價值取向。在他看來，《春秋經》才是"春秋"的元典，"三傳"都不是《春秋經》的元典，而是劉沅評議的對象。劉沅把《春秋》經文放在如此重要的位置，是爲了便於他貫徹對

① 劉沅：《春秋恒解》，《槐軒全書》，第1631頁。

元典作直解的原則。

至於“三傳”的内容，他也並非排斥不用，而是把他按己意截取或略寫、改寫的“三傳”内容，放在低正文一格的小字位置，形似“注疏”，但又不標明是“注疏”。其中奥妙，與他認爲“三傳”不能正確解經，因而不能列爲經文義疏的思想有關。他又在好幾處“附解”中聲稱引用“三傳”的這個位置乃“正解”，但又不標明，表明他的思想還處於矛盾狀態。

再就選取“三傳”的内容而論，也有輕重多少之分。采用最多的是《左傳》，而且總放在其他二傳的前面，這當然是因爲只有《左傳》在講史。《左傳》實，《公》《穀》虚，多引《左傳》文，便於以史解經，以實證經，糾“傳實經虚”之偏。

此外，還有更重要的一個思想因素，是他認爲“三傳”不能正確地解經，未弄懂孔子筆削《春秋》的原意。

他批評“三傳”：“一知半解釋《春秋》，此‘三傳’所以多謬，而諸儒是非淆亂日甚也。”[①] 他還批評“‘三傳’釋經義例多支離穿鑿”[②]，“動言某例如此，是以多晦經旨，學者不可不知”[③]。總之，“三傳”一知半解，是造成是非淆亂的根本原因。他對“三傳”的評價是：《左傳》“其義頗舛，記事亦有疏謬”，“左氏荒漏亦多”[④]。至於《公羊》《穀梁》二傳“更不待言”，“不知何人剽竊傳聞，遂爲作傳，乖謬甚多”[⑤]，如此狀況，就不能把“三傳”列爲正文，更不用説把“三傳”作爲經書來分别恒解了。

劉沅認爲，“三傳”不同的是，《左傳》作者爲魯國史官，雖從孔子學，“其所得不深”，不過，畢竟不是一般人，是孔子“許以同志”的朋友，總有所得，孔子“筆削原意，原不可知”[⑥]。《左傳》作者能保存一點也不錯，故選用《左傳》之文也就多於《公》《穀》。“要知‘三傳’皆多荒謬，而《左氏》較《公》《穀》爲優，經義賴之以考，因宜後人重之也。”[⑦]

還有一層原因，是劉沅認爲“孔子筆削《春秋》”後用以教學的師生問答記錄早已毁於秦火焚書。這部記錄才是真正寄託孔子理想的所在，是表達孔子“因空言不如實事，筆削《春秋》以示門人時中之道”[⑧] 的宗旨的著

---

① 劉沅：《春秋恒解》，《槐軒全書》，第1632頁。
② 同上書，第1737頁。
③ 同上。
④ 同上書，第1631頁。
⑤⑥ 同上。
⑦ 同上書，第1923頁。
⑧ 同上書，第1631頁。

作。該書已毀，“惟左氏以國史尚在”①，又是紀實之作，故選用了《左傳》以明歷史事件的原委，幫助理解有關經文。這也是劉沅在該書中選用《左傳》材料多於《公》《穀》的一個重要原因。

本書的主體，也就是本書的思想主題所在的部分是“附解”，份量很重，用以闡述作者思想和見解的菁華。其曰“附”，是附着於聖經的自我解讀，是相比於聖人附翼其後的自謙之詞，故曰“附解”。

“附解”位於《春秋》每年經文之後，也有時是放在幾年經文之後，合併爲一個單元加以附解。

“附解”或綜核名實，或考證史實，或申訴書法，或闡明義理，或探尋史源，或引申經文，或評論是非，或長短議論，或指摘句讀，或解讀内涵，方式多種多樣，内涵甚爲豐富。

劉沅這樣做是有針對性的。因爲孔門弟子後學多“不知‘三傳’之謬”②，又不懂孔子筆削《春秋》以明經義，還不敢輕易議論，致使“沿‘三傳’之説者且横流無已”③，難明孔子以史爲鑒、發明義理的用心，故劉沅要在“附解”裏“一一辨正，務使聖人之心明白共知”④，撥亂反正。劉沅希望通過《春秋恒解》表達儒家的民生民彝爲重的社會治理觀和通經致用、直達義理的歷史哲學觀，這就是《春秋恒解》的宗旨。

《春秋恒解》反映的中心思想是闡釋作者心中的春秋史，并向人們昭示“天下之公理與生民之常經”⑤。“天下之公理”是指“是非者，天下之公理也”⑥；“生民之常經”是指“天下之事其實猶是民彝正直之理”⑦。這兩個概念結合在一起，就是“以聖人之心，求聖人之事，則知聖言不能外民彝而别有是非”⑧。處理日常五倫，民生民彝之道，就是天下人公認的是非標準，也是聖人之事——聖人之道——聖人之心（三個遞進層次）。天下人公認的“民之秉彝懿德”，是“天性之自然”⑨的産物；聖人行事言論、舉措損益“以歸中和”⑩之道，是聖人之心，也是“天地生成之心”⑪。天下百姓與聖人之心兩者結合，就是“聖人之行事，又人人天理所咸有”⑫的“至理”⑬。這個“至理”就是判斷是非的最高標準。“春秋變亂”⑭，“周室既衰，列國之淩亂”，“大義之淩夷”⑮，“無復知有聖王之道”⑯，“以至理爲是非者，寡也”⑰，懂得是非至理的人越來越少了。因此，解决問題的最後歸結點，劉沅

---

① 劉沅：《春秋恒解》，《槐軒全書》，第1631頁。
②—④ 同上。
⑤ 同上書，1630頁。
⑥—⑰ 同上。

認爲是“明禮樂，興教化，修身飭紀，無貴賤皆同”①。换句話説，復興禮樂教化，個人修身，社會飭紀，“直道而行”②，是社會治理和個人立德的根本治策。

以上綜述，是用劉沅時代的文本語境來清理的《春秋恒解》的總思想、總思路和總概念。用今天的時代眼光和語境來看，劉沅研究春秋歷史，是想挖掘春秋時代祖先留下來的、特别是以文、武、周公、孔子爲代表的聖人留下來的歷史遺訓、歷史智慧、歷史經驗與歷史信息，把這些經驗和智慧重新闡釋並加以激活，把他們所講的傳統至理公德的核心價值概念，從聖人殿堂的象牙之塔裏帶出來，與普通百姓的民生民彝的語境通約，植入百姓日常生活與社會日常五倫的框架裏，形成全社會的新價值共識，並把它引入生活，用以指導日常倫理，使之獲得與時俱進的内在生命力，彌補“無復知有聖王之道”③的社會知識盲點，重新“發明聖人之意”④，復興和昌明中華傳統文化精神，爲全民族、全社會命運共同體提供新内功和新能量。

以上的總結是我們對劉沅以古老傳統的儒家話語權所闡釋的新心學的現代轉譯，可以看出他的學説重在以順天道之自然，應民心之待望的民彝觀爲指導，以民生日用爲中心，解决文化靈魂的塑造和文明精神的教化問題，目的是使天理良心的傳統思想與人情物理的生活實踐結合起來，走出封閉的傳統聖學自在自爲體系裏的誤區，創造出從生活經驗裏激活出來的生機勃勃的新思想，重新進入我們的生活和思考，形成聖人心學的新範式。

劉沅在《春秋恒解》裏表述的這個聖人心學的新範式及其民生民彝觀，最先是在道光十八年刊印發表的。兩年後的道光二十年（1840），中國歷史進入近代新時期。劉沅是在歷史的轉折關頭，在傳統社會轉型爲近代社會的開端時刻，將傳統聖人學術向近代民生經驗學術轉型並融合的先驅者。盡管這種轉型多麽朦朧（這與近代化思潮對内陸省份的影響較弱相關），多麽被傳統經學術語所掩蓋，以致其思想“發明之意”拘泥經文，“過爲艱深，以晦本文”⑤，但他代表着渴望社會變革和傳統學術變革的先聲，具有重要的啟蒙意義。

爲了讀懂《春秋恒解》，需要剖析一下全書圍繞聖人心學的新範式及其民生民彝觀演進的理路和邏輯，因爲全書是按春秋編年闡述其思想見解的，

① 劉沅：《春秋恒解》，《槐軒全書》，第1630頁。

②—④ 同上。

⑤ 按：此處劉沅的話是用來批評拘泥“三傳”的傳注諸家的，正好用來説他自己的學術之弊。見劉沅：《春秋恒解》，《槐軒全書》，第1630頁。

分散而瑣細，需要系統的梳理。大體説來，是按如下邏輯理路展開的。

首先，讀《春秋》當重實事，“就當時之事明其是非”①。劉沅在多處闡述了這一觀點：“夫子曰，我欲托諸空言，不如見諸實事，乃作《春秋》。”②“筆削《春秋》，以示門人時中之道”③，“故《春秋》所書，即夫子行事規模所在，不可以臆見妄爲之説也。”④ 孔子是否作《春秋》、筆削《春秋》，一直是有争論的，但古人多相信孔子筆削《春秋》之説，認爲《春秋》是孔子美惡是非寓意的所在，故劉沅也堅持孔子作《春秋》、筆削《春秋》的觀點，相信《春秋》經過孔子筆削，表達了聖人之意。“聖人不外於人情物理，但皆以天理權衡之，非如常人私心偏見耳。”⑤ 聖人於人情物理的褒貶是非標準，體現在“實事”上，不必“拘説義例”書法，動輒“謀例如此”，結果“多晦經旨”⑥。“學者不可不知”，“春秋之事，經夫子筆削，即爲夫子之事”，“其一言一行，一動一静，惟其至是而已”⑦。“要知聖人隨時處中”⑧“至時中”“至中和”的“至是”原則，都須從春秋一史一事中才能體味得出來，因此，讀《春秋》當首重實事。用現代術語來講，當首重歷史事實，恢復歷史的本來面目，才能正確地總結歷史的經驗教訓，以史爲鑒。

其次，當“會通”⑨ 事實與義理，體味三綱五倫之正⑩，“使人知之而踐行之”⑪“力行其事，身體其理”⑫。

劉沅認爲，“古人遺留詩書”，“皆所以紀其事實，存其義理，使人知之而踐行之，非徒文字”⑬。“春秋士大夫，説詩説理，明是非，定吉凶”，“令詩詞無一虚設”，目的即在於“體察義理，求其力行”⑭。

第三，“三綱五倫”是對君臣父子雙方均當走正道的要求，“人君奉天理，民當體天心”⑮。孟子説：“《春秋》成而亂臣賊子懼。”這是就其國家治理大策而言的。其實對于日常五倫，孔子處處都“著其勸戒”。兩相比較，“孔子作《春秋》，即事明理，未嘗自言可以懼亂賊正人心”，反而“尤責重

---

① 劉沅：《春秋恒解》，《槐軒全書》，第 1637 頁。
② 同上書，第 1687 頁。
③ 同上書，第 1631 頁。
④ 同上書，第 1687 頁。
⑤ 同上。
⑥ 同上書，第 1737 頁。
⑦⑧ 同上。
⑨ 同上書，第 1807 頁。
⑩ 同上書，第 1827 頁。
⑪ 同上書，第 1807 頁。
⑫—⑭ 同上。
⑮ 同上書，第 1827 頁。

三綱”，“要不外五倫”[1]。總之，孔子對《春秋》的態度是更重視其以史作爲人倫教化的價值和作用的。

劉沅就魯襄公二十一年“晋欒盈出奔楚”事件評論其中體現的“三綱五倫”，指出：“夫君臣父子夫婦必相需而後成治化，非偏任（指偏袒一方）可以齊、治、平也。”[2] “君父不正，徒責臣下，聖人弗許。”[3] “君使臣以禮，臣事君以忠。”[4] “人君奉天理，民當體天心。”“一毫不合天理，一事不合天心，即爲負天。故皇皇焉，惕惕焉，斯爲君道之正。”[5]總之，“三綱五倫”是對君臣父子夫婦雙方的正道踐行的標準和要求。這些標準和要求就體現在春秋史事中。

第四，進一步指出往往“‘三傳’各爲一説”[6]，“凡書籍記前代事不盡確，當以孔孟爲主，始無差謬，説經者不可不慎”[7]。《春秋》經史實記載多歧異，比義屬辭亦多分歧，劉沅認爲，“此書不可淺求，亦不可太深求”[8]。因此，當以孔孟聖人所言是非爲判斷歷史的標準。

第五，歷史事實所述人情物理，當以“中正天理”爲主宰。劉沅評論説：“聖人明是非，定褒貶，不外天理人情，天理一而已，人情物理隨時異態，隨時變通，聖無定有有定。有定者理，無定者事也。以一定之理，衡無定之事，而適得其中。”[9] “故當以天理爲是非之主宰，盈世間事，不過人情、物理二端，而天理爲之宰。聖人制禮節文”，當避“其太過不及，而適合乎中正。於理安，於情順，則五倫浹洽，萬物和暢，即在其中矣。常人縱其情，逐於物，不準天理，但圖逞一時私心，以爲娱悦，而事後追思，移時悔悟，每每銜恨終身，故曰不學禮，無以立。立者，於理無失，即於心無愧，而凡事皆可成可久也”[10]。劉沅在這裏闡述中正、中和是觀察歷史、考察歷史的人情物態的標準，主張歷史具有“於理無失”“於心無愧”的教化作用，它體現在一切“制禮節文”的活動中。這些論斷是劉沅以“天理人情”爲核心價值的歷史觀的體現和反映。

第六，最終自然歸結到聖人所述的天理良心上來，此爲《春秋恒解》全書之主旨。

---

① 劉沅：《春秋恒解》，《槐軒全書》，第1632頁。
② 同上書，第1827頁。
③—⑤ 同上。
⑥ 同上書，第1708頁。
⑦ 同上書，第1709頁。
⑧ 同上書，第1659頁。
⑨ 同上書，第1637頁。
⑩ 同上書，第1685－1686頁。

在劉沅看來，天理良心在春秋則體現爲“以聖人之心，求聖人之事，則知聖言不能外民彝而別有是非”①。“春秋皆當時實事”②，若“以天理正人心”爲憲，則“列國史官記載得失，皆得而正之”③。天理人心“實乃萬世之公理”，由此可知《春秋》的用意“其正人心而憂世道爲至深遠也”④。

這就是劉沅《春秋恒解》全書的理念宗旨和行進的邏輯。

十一、《周官恒解》分箋

《禮》三書，“《周官》最爲晚出，疑之者頗多”⑤。清阮元校刻之《十三經注疏·校勘記》稱“《周禮》出山岩屋壁間，劉歆始知爲周公之書而讀之。其徒杜子春乃能略識其字。建武（東漢光武帝年號）以後，大中大夫鄭興、大司農鄭衆皆以《周禮解詁》著，而鄭康成乃集諸儒之成，爲《周禮注》，蓋經文古文不可讀，故四家之學，皆主於正字”。《周禮》即《周官》，後世稱爲“周公政書”。兩漢之世，《周官》有“故書”與“今書”兩種版本。“故書”指西漢皇家秘府藏本，“今書”指民間授學傳本。到鄭玄的《周禮注》，兩種傳本才對校勘正合一。至唐时，賈公彦又爲之作疏。清阮元刻本即采用賈疏本《周官》。

劉沅《周官恒解》即以阮元刻本爲準而又有所發明，獨創《周官》經解新體例。大體上按《周官》原書所列天、地、春、夏、秋、冬六大職官系列而分成六大部分。每個職官系列，由“序官”“官列經文”“劉沅總論”三部分組成。如《天官冢宰》系列，《恒解》將阮元刻本在“天官冢宰”職官序列前的介紹性文字，直接只稱爲《天官冢宰序官》，然後爲“天官冢宰”。“天官冢宰”職官經文後，劉沅加以“總論”。春官、夏官、秋官三系列就按“序官、本官序列、總論”編排。冬官系列文獻缺佚，劉向、劉歆父子以《考工記》代替，阮元《周官·考工記》刻本，無前言類文字，《恒解》亦無“考工記序官”，僅由“考工記”和“總論”組成。

《周官恒解》首先明確肯定《周官》的經書性質，認爲此書内容出自周公，乃三代立國教養之法在周朝立國時的遺存文獻。《恒解》説《周官》乃

---

① 劉沅：《春秋恒解》，《槐軒全書》，第 1630 頁。
② 同上書，第 1633 頁。
③④ 同上。
⑤ 劉沅：《周官恒解》，《槐軒全書》，第 1924 頁。

周公親自主持編撰。“周公成文、武之德，制禮作樂，折衷前代，適合乎中。因恐聖王之法久而漸敝，後人無所折衷，故命史臣輯爲此書。其名曰《周官》，明其爲周之官制也”。[①]

《恒解》提出修習《周官》，必須謹守三法：其一，《周官》所言乃官場修身齊家治國平天下大事，故“欲行此書之政者，其必從事《大學》之道而後可”[②]，若非堅持修齊治平之本，則《周官》一書“僅爲故紙而已”[③]。其二，《周官》精神在治國安民諸事上，官員須起帶頭作用。“至修身、齊家、禮節、樂和，一切之事皆倡之，自上率之，自下君相師儒同歸此道，亦各盡其道。”[④]其三，《周官》宗旨，“凡一切制度，必準天心天理，以安人、物”[⑤]。古今疏注《周官》者多，持恒之解則在此。

劉止唐《恒解》也免不了歷史局限性。從這一角度看，《恒解》亦須濾去劉沅“恒解”中一些個人局限之見。比如《周官恒解》對“夏官司馬”中所言“九服邦國”的理解，就值得商榷。“夏官司馬”職官性質大體與秦漢之後，歷朝所設六部之“兵部”相當。《周官・夏官司馬》中明確定制：周朝武裝力量要分層級地負責周朝直轄區與代轄區的安全秩序，拱衛周朝邦國。其制置按地域近遠，分兩大類，十種層級。即王畿與“九服邦國”，具體爲：“乃辨九服之邦國，方千里曰王畿，其外方五百里曰侯服；又其外方五百里曰甸服；又其外方五百里曰男服，又其外方五百里曰采服；又其外方五百里曰衛服；又其外方五百里曰蠻服；又其外方五百里曰夷服；又其外方五百里曰鎮服；又其外方五百里曰藩服。”王畿之外既稱“九服”，即是不同遠近層級的下屬方國、屬地都要服務、服從於周朝。只是因各方國與周朝王畿之地遠近交通不同，表示服務、服從於周室的力度與内容有所不同。“九服”中，侯服、甸服、男服、采服、衛服爲直轄、半直轄區，而蠻服、夷服、鎮服、藩服爲自治區。九服之内皆爲王土，以王畿方千里爲核心，以王畿至藩服距離5500里爲半徑，方圓萬里之内皆王土。故《詩》云：“普天之下，莫非王土，率土之賓，莫非王臣。”顯然中華民族共同體在周朝以前早已成形，周朝九服制度又加强了這一偉大共同體的鞏固。《尚書・禹貢》所反映的“五服”轄區，到周朝擴大爲“九服”轄區，並將原五服轄區升爲直轄、半直轄區。將“九州貢道”所經正式制度化爲“九服邦國”。經春秋戰國之亂後，人們認識到“九服”制度有缺憾，容易引發群雄割據，於是從秦朝開始，經漢唐沿用鞏固，中華共同體的郡縣制形成傳統政體，郡縣制意味

① 劉沅：《周官恒解》，《槐軒全書》，第1925頁。
②—⑤ 同上。

着中央轄權的提升，一個疆域廣闊，人口龐大的政治、文化共同體必須要有强大的中央集權，方能凝聚。秦漢郡縣制是中華共同體政體上的一大進步。

劉沅《周官恒解》在詮釋“辨九服”之“辨與服”上，有精彩見解。《恒解》釋“辨”説：“辨者，辨其地域、人民、險夷、豐瘠之異而掌其籍以便稽考也。”“九服”制劃分爲九類，正是據地域、人民、險夷、豐瘠之不同而區别對待。又釋九服職貢記王畿之内，天子自治；侯、甸、男、採、衛，亦其君之自爲治，而秉禮樂征伐於天子；蠻、夷、鎮、藩則但貢服於王，而不必皆周禮樂制度者也。服，服事天子；“侯，爲王斥候；甸之言田，爲王治田；男之爲任，爲王任職；採，事也，爲王勤事；衛，介中外之間，衛禦王也”。然而，《恒解》在肯定周官辨九服而治後，却將“九服”制與後世郡縣制對立起來，斥責説：“蓋聖人公天下，但使其君長能安其民人，和其種類，即不必豫其政教。非如後世盡所有而强理之。”斥郡縣制爲“盡所有而强理之”，此真乃俗語所云“書生之見”。若非郡縣制，中華共同體早已如破碎的歐洲歷史一樣，看歐共體建立之艱難，即可見夏九州五服制、周九服邦國制、秦漢唐郡縣統一帝國制之歷史作用。惜乎，止唐老人之歷史局限。

十二、《儀禮恒解》分箋

《儀禮恒解》在《十三經恒解》中，或許是疏解與篇目處理上最大膽、亦最具特色的著作。

清四庫館臣在參加編輯《欽定四庫全書·經部·儀禮》中，對《儀禮》的版本沿革與學術史進行過認真疏理。就《儀禮》一經，清四庫館臣取得了如下成果與共識：

（一）“《儀禮》出殘缺之餘。”（二）“漢代所傳凡有三本”——這三種漢傳本分别爲大戴（戴德）《儀禮》十七篇、小戴（戴聖）《儀禮》十七篇、劉向《别録》本。二戴本所選十七篇篇目内容相同，只是編訂的篇目先後順序不一樣。比如大戴本之《鄉飲酒禮第七》，小戴本編爲《鄉飲酒禮第四》。（三）二戴本、劉向本之後，又出現高堂生今文《儀禮》與孔壁古文藏本《儀禮》“五十六篇”，劉沅引《史記正義》等認爲當爲“六十六篇”。東漢末，鄭玄以劉向《别録》本爲底本，經文章句兼採今文《儀禮》與古文《儀禮》爲十七篇，作《注》，後世簡稱《儀禮》鄭注。（四）《儀禮》鄭玄之前無注本，稍後，魏王肅曾注《儀禮》十七卷。王肅注本，《隋書·經籍志》有記載。唐賈公彦等作《儀禮疏》十七卷。（五）賈公彦《儀禮疏》本“自明以來，刻本舛僞殊甚……萬曆北監本《十三經》中，《儀禮》脱誤尤多”。

清四庫館臣領袖阮元在《儀禮注疏·校勘記序》中說：“《儀禮》最爲難讀。昔顧炎武以唐石刻九經校明監本，惟《儀禮》僞脱尤甚。經文且然，况注疏乎。”“賈疏（賈公彦《儀禮疏》）文筆冗蔓，詞意鬱轖……傳寫者不得其意，脱文誤句往往有之。宋世《注》《疏》各爲一書。《疏》自咸平（北宋真宗年號）校勘之後，更無別本。誤謬相沿，迄今已無止一一釐正。朱子作《通解》，於《疏》之文義未安者，多爲删潤。在朱子，自成一家之書未爲不可。而明之刻注、疏者，一切惟《通解》之從，遂盡失賈氏之舊。”阮元奉旨校勘《儀禮》各種注疏本，理出一個合理的《儀禮注疏本》。阮元自信“此本雖未克盡得鄭、賈面目，亦庶還唐宋之舊觀”。

劉沅生年距阮元不遠，“三禮”疏解大體遵阮元等四庫館臣整理成果，尤尊鄭疏。但在疏解、編目上，盡出己意。將《儀禮》十七篇編爲十六篇。劉沅本着“天理人情之安”，時移世異之變，因時制宜之適，而以批判精神吸納先儒成果，其破除迷信盲從，從孔孟門人始，下迄二戴等“漢儒”、賈公彦等唐儒、朱熹等宋儒、明世之“監本”。《儀禮恒解序》及《凡例》指出：（一）《周官》體大思精，治世規模略備，而其法已不可盡行，故孔孟授受，門人多以己意爲折衷。（二）“戴記之書，其言往往不符周制。讀者不知其爲孔孟之徒雜記遺言也，而反以爲漢儒所葺，疑竇叢生。唯《儀禮》則奉爲楷模，委曲傅會。然世代遞降，凡宫室、衣服、飲食及諸事爲，皆非昔比矣。有如畫餅，奚益民生，况復篇中所載半多不情，其爲後儒所輯昭然可見，而或信以爲聖人所言。”（三）“《儀禮》晚出，《史記正義》《七錄》云有六十六篇，今僅得十七篇。《既夕禮》《有司徹》，特《特喪禮》《祭禮》之下篇，實止得十五篇而已。鄭康成注之而其書大行，歷代諸儒咸有發明。朱子尤服膺此書，人遂奉爲聖經。然其繁文縟節，均屬周末文勝之習。”（四）《儀禮恒解》清醒地提醒《儀禮》讀者，不可拘泥迷信：“學者但通其大義，可取者行之，不可取者置之，勿斤斤襲陳記以滋惑可也。”

《儀禮》一經，從漢儒二戴本始，皆爲十七篇。經劉向整理的《別錄》本成爲鄭玄疏本的底本，也是清四庫館臣本底本。其十七篇篇目依次爲：“《士冠禮第一》《士昏禮第二》《士相見禮第三》《鄉飲酒禮第四》《鄉射禮第五》《燕禮第六》《大射第七》《聘禮第八》《公食大夫禮第九》《覲禮第十》《喪服第十一》《士喪禮第十二》《既夕禮第十三》《士虞禮第十四》

《特牲饋食禮第十五》《少牢饋食禮第十六》《有司第十七》。”

《儀禮恒解》篇目編爲十六篇。篇名、篇數都自成一家，每篇都有劉氏批判性點評。原十七篇之《既夕禮》被拼合入《士喪禮》中成一篇。《儀禮恒解》之精要者頗多，今舉數例，望讀者留意焉：

（一）《恒解》從《士相見之禮》開始，點評改稱“總論”，而不以“附解”稱。在本篇總論中，劉氏唯一肯定其文未過時，而讀者當借古鑒今以修身。劉氏“總論”説：“此經所言，僅古衣冠而已。然讀者克知古人相見不苟之義，則上不凌下，下不援上，重廉耻而厲風節，品詣端方，然後可以爲忠正之臣。有國者不可不彷此而爲之制也。不然，勢位爲榮，貧賤爲辱，擬古人貴貴之義，而不知其已入於下流。蓋古者非賢不貴，非貴不富，今則富貴、貧賤争榮辱，而富貴未必皆名賢，貧賤未必無修士。讀《周官》與此書，見士大夫之禮懸絶如此。因矜己傲物，屈抑賢才，其爲世道人心之害非鮮，識者詳諸。”以上所論顯係針對當時中國文教廢弛、世風墮落、逐利忘義充斥朝野城鄉的現實而發。在劉沅看來，只有末世，才會出現富貴與賢德分離現象，如果士林之間，視賢德如草芥，視富貴如圭臬，則世亂而國危。此篇“總論”在三《禮》恒解中占有獨特的地位。

（二）《公食大夫禮》：劉沅解題指出：“食禮有飯有殽。雖設酒，只以漱口。以飯爲主，故曰食饗。”“總論”指出：“主君於聘者（受聘人）既饗之，又食之、燕之，皆所以致其愛敬。”先儒有云“饗主敬，食主愛”者，《恒解》認爲“敬愛豈可析爲二”。《恒解》提出新解云：“蓋酒主於盡歡，食主於饜飫。”“總論”提醒讀者，酒食燕饗“要無非以洽情誼而諄相好也，又豈可以此書所記刻舟求劍哉”！

（三）《士喪禮》：《儀禮恒解》對本篇的處理最爲大膽，在《儀禮恒解·凡例》中雖有交待：“《既夕禮》《有司徹》，特《喪禮》《祭禮》之下篇。”但劉氏只將《儀禮·既夕禮第十三》拼接到《士喪禮》經文後，成爲一篇。於是形成漢世迄清最長篇幅的《士喪禮》。而《有司徹》却並未拼合到《祭禮》篇後，而是保留獨立成篇的傳統。在這一拼合、一不拼合中體現出《恒解》在學術處理上“謹慎的大膽”。《恒解》之成，晚於阮元《十三經注疏本》。顯然《恒解》參考過阮本。阮本《儀禮·既夕禮》篇目下《注疏》説：“鄭目録云：（《既夕禮》）《士喪禮》之下篇也。”阮本在《儀禮·有司徹》篇目下疏注：“（《有司徹》）鄭目録云：《少牢》之下篇也。”《恒解》對阮本所引“鄭目録”之説，一取用、一不取用。顯然《恒解》認爲《既夕禮》確爲《士喪禮》下篇，故可拼合爲一篇。而《有司徹》到底應是祭禮諸篇中的哪一篇的下篇，尚待細究，故《儀禮恒解》唯獨對《少牢饋食禮》一篇不作“總論”。

《儀禮恒解》“總論”提醒：“古今俗尚不同，此篇所載多有窒礙難行者，亦有可見先王之遺制者，當分別觀之，若斤斤以爲定法則竟如畫餅，愚故隨文詁之而不盡取諸家之説也。”

今日衡之，《儀禮恒解》將《既夕禮》拼入《士喪禮》，而使《儀禮》十七篇失去《既夕禮》篇目，仍值得商榷。二戴、鄭玄、賈公彦、朱熹、阮元、甚至顧炎武等人，何嘗不聞《既夕禮》似爲《士喪禮》下篇之説，但諸人都未取消《既夕禮》單獨存篇格局，是有更深的思慮。因爲古人在“喪禮”中，特别重視“既夕”禮數。至今中國人辦喪事都很重視“坐夜”“守夜”環節。“既夕禮”正是將“坐夜”“守夜”環節單獨列篇，以示重視，《儀禮恒解》取消《既夕禮》篇是失之妥當還是别有深意，尚須後人研究。

（四）《有司徹》：《儀禮恒解》解題説：“此乃《少牢禮》下篇，而别爲册，亦如《既夕禮》篇也。”但《儀禮恒解》並未將此篇併入《少牢饋食禮》。“總論”點評説：“此書所記繁文縟節甚詳，而於樂不言。蓋戰國以後，先王之禮樂亦已淩遲。行禮者襲春秋繁文之失，鋪張揚厲作爲此書。今試即其文而行之，勢必煩勞，不得安息……俟高明擇焉。”

《儀禮恒解》一書，劉氏用心良多、良苦，閱盡先儒及時人注疏而獨辟蹊徑成一家之言，後人研讀《儀禮》一經，勢須必讀此書，方稱備覽。

十三、《孝經直解》分箋

《孝經》是儒家第一部以孝道文化爲專題論述的倫理道德著作。

“孝”的觀念是從何時開始産生的，至今學者研究没有定論。現代學者有人論證“孝”起源於原始社會時期，但也仍是推理而無實據。

從古文字看，殷商甲骨文尚無“孝”字出現，西周金文中則有較多“孝”字出現，如㚸且丁卣、杜伯盨、姬鼎、昌鼎、卓林父簋、師麻簠、陻仲孝簋、散盤等銘文中均有“孝”字[1]。該“孝”字均爲子頂負着長髮老人之形，體現了孝敬老人的含義。該“孝”字同殷周出現的“老”“耋”“考”諸字對應相通，皆從“老”字孳生而出。而“老”“耋”“考”諸字最早都

① 徐中舒主編：《漢語古文字字形表》（中），四川人民出版社 1980 年版，第 338 頁。

出現於甲骨文中，比“孝”字産生早，可見“孝”字是周人的觀念，這個觀念是從殷人的“老”“耋”“考”等字孳孕出來的。與“孝”字同時出現的還有“壽”“耆”“耇”等字。“壽”字最早見於西周金文，作老人冶金鑄器之形。因青銅時代冶金鑄器技術經驗和文化知識是種專門技能，年輕人是掌握不了的，故多爲有經驗的老者所掌握，因此創出“壽”字代表社會對老人經驗的尊敬和長壽信息的祝福，此字即衍變爲長壽的“壽”字。總之，從字源發生次第看，金文中的“孝”“壽”“耆”“耇”等字，應是從甲骨文中的“老”“耋”“考”諸字孳生發展出來的。從觀念發生次第來看，周部族“孝”的觀念是從殷部族“老”的觀念衍生發展出來的。殷代卜人集團“貞人”是專門掌握文字的人，他們是殷部族尊老敬祖祭祀習俗的創制者和守護人。他們發明“老”字用以表達殷人部族集團性的尊祖敬宗的精神信仰。西周卜者集團又在殷人這種精神信仰基礎上，創制出“孝”字觀念和“用孝養厥父母”的禮俗，西周“父慈子孝”的信仰和行爲準則就是這樣建立起來的。

還需要説明的是，殷周由老到孝的觀念和文字的創制，都是由當時一個特殊的知識分子集團——儒者掌握的。據吾師徐中舒先生研究，“儒”字最早見於甲骨文，作“需”，本義爲“濡”，是沐浴澡身、齋戒浴德、戴着大冠、穿着大袍的形象。最早的儒家是“主持賓祭典禮、祭祖、事神、辦喪事，當司儀的人”①，在殷商時代已是一個特殊階層，甲骨文中已有“子儒”“丘儒”“師儒”“儒人”等稱呼。“子儒”是殷王室子姓的儒師，其職責是爲王室主持賓祭典禮。“丘儒”是以“丘”命名的一個村社共同體掌管祭禮的人。“師儒”是指儒官之長。“儒人”是指一般的儒②。它應是淵源於夏代大禹治水時的一套禮儀行爲規範。貌、言、視、聽、思都要中規中矩，睿智聰明，這就是儒者的形象。只有這樣姣好的形象，才能從事神聖的祭祀活動（《尚書·洪範》）。所以，儒是從夏代這個特殊階層開始的，到商周更發展成爲一個特殊集團。儒在殷周時已經普遍存在，“孔子絶不是儒家的開山祖師”③，儒的開山祖師應該是大禹，大禹是儒者儒行的創立者，孔子則是儒家學派的創始人，是夏商周儒學理論的集大成者④。商代儒者集團創立了“老”的信仰和理論，西周儒者集團在“老”的信仰基礎上創立了“孝”的信仰和理論。春秋時期的孔子則集儒者集團“孝”信仰與理論之大成，由曾參及其

① 徐中舒：《論甲骨文中所見的儒》，《徐中舒歷史論文選輯》（下），中華書局1998年版，第1216頁－1232頁。

②③ 同上。

④ 謝無量：《蜀學原始論》，載中央文史研究館編：《崇文集》，1999年版，第230頁。

門弟子記録下來，即成爲《孝經》。以上是從古文字學的視野分析的。

再從古文獻學的視野觀察，也可證實上面對《孝經》的判斷。文獻中對“孝”的論述，最早也主要見於西周至春秋戰國時期。如《尚書·康誥》《尚書·酒誥》《國語》《左傳》《論語》《孟子》《大戴禮記》《禮記》《荀子》等書多講“孝”和“孝道”，但還未見《孝經》一名。《孝經》名稱最早使用並見諸文獻的是在東漢蔡邕《明堂論》引用戰國時期魏文侯所著《孝經傳》中，説明《孝經》成書應在戰國時期或其以前。比較可信的、取得廣識的説法，認爲孝經作者是孔子授業曾參講述孝道，由曾參門弟子分類而成《孝經》。劉沅《孝經直解》即采用這一傳統看法。《孝經》在漢文帝時列爲學官，成爲經學元典，受到格外重視。漢代以孝立國，皇帝名稱之前均冠有“孝”字，可見“孝”的至高無上的精神標誌地位。自漢以後，歷代注疏和解詁《孝經》的數不勝數，圍繞“孝道文化”的先哲道德關懷與治理體系的研究不絶如縷，形成爲一個新的學科——孝經學。

《孝經》文本有今古文之争。古文有孔安國注本，今文有鄭玄注本。兩種文本篇章分法略有不同，文字内容則差異不大，故劉沅對今古文本《孝經》采取兼收並蓄態度，由他自己綜合今古文整理了一個文本，去掉章名，以便直解。這在後面還要細加論述。

《孝經》是中華傳統文化元典的精華，是先哲道德關懷與社會治理的一部精義。歷代儒家對《孝經》的解讀，基本含義集中於下列三方面：一是把孝道作爲個人修身立德和家庭倫常的基本道德行爲準則；二是把孝道作爲社會治理，包括鄉黨鄰里、氏族家族等社會組織實現廣敬博愛、安定祥和的最高原則；三是把孝道作爲國家治理，以忠孝合一爲標志，凝聚國家認同、凝聚民族向心力等價值共識的精神基礎。以上三方面合起來，歷代儒家就把孝道提升到最高的“常道”“道統”的地位，看成是“天之經，地之義，民之行”的真理標準、道德準繩和行爲規範，具有代代持續性和永恒性。儘管歷代儒家對《孝經》教義往往會給以新的詮釋，在新詮釋中注入個人見解的内涵，但總的詮釋和解讀，均離不開上述“一常道三方面”的思維體系。劉沅對《孝經》的直解，便是在這樣的歷史語境中展開的。

劉沅認爲對《孝經》的直解，需要從今古文之争的文本考據之中跳出來，恢復文本真實面貌，擺脱瑣細文字之争，訓詁經文原義，回歸元典的根本精神，爲真正的直解闡釋創造條件。

第一，他認爲需要認準《孝經》元典的根本精神是孝的實踐，而不是文句的索垢求瘢和口耳的拘於空談。

他一再肯定《孝經》元典的根本精神是講述"孝之一字廣大精微"[①] 的大義要旨。學習孝經當重在"綜其要義，明其大凡"[②]。更當在明義的基礎上"欲人味而踐之"[③]，"知之而即力行之"[④]，進一步更應舉一反三，"亦必隅反而可爲實踐"[⑤]。總之，實踐人倫是孝經的根本，而不能采取"分章摘句，索垢求瘢"[⑥] 的態度，"徒索解於文字"[⑦]，"斤斤於句讀之間"[⑧]，"使天性之實，誤於文字之傳"[⑨]，而"失聖人之真"[⑩]。對於今古問題，他的主張很開明："若夫字句之僞、古文今文之辨，按諸詞義無大乖離，尤可無庸争論。"[⑪]"亦不區區拘古文今文之異同，但取其詞義曉然，人覽之而易知。"[⑫] 總之，超出今古文本之争，用訓詁之法解釋字句，直達元典閫奥，這是劉沅對《孝經》的態度，也是他對其他經書的態度。

第二，他進一步考鏡《孝經》源流，認定作者不是孔子，而是曾子門徒。"曾子以誠身之學，得一貫之傳，其請業於孝思者，亦不僅此。此經蓋曾子之門人所記，以其力行之無忝，故特尊信其師傳。"[⑬]"此書爲後人記夫子與曾子之言，尊以爲經。"[⑭] 他分析《孝經》成書之源在孔子，其流傳則在漢儒："夫子言孝至多，不止此書，如《論語》《禮經》所載，亦見一斑。此書與曾子問答數條，蓋曾子没而其門人匯記之，尊以爲經，漢儒寶之，遂流傳於後世。"[⑮] 儘管對《孝經》作者有多種説法，劉沅的看法是合理的，符合經書由口傳到文字、經衆人之手的流傳規律。

他還特别駁斥"緯書"斷定《孝經》是孔子所作的説法，辨析"緯書"引以爲據的"吾志在春秋，行在《孝經》"一語不可能是孔子的原話，乃"緯書誤認，反誣聖人"[⑯]，"其説非也"[⑰]。

---

① 劉沅：《孝經直解》，《槐軒全書》，第3341頁。
② 同上書，第3337頁。
③ 同上書，第3341頁。
④ 同上書，第3342頁。
⑤ 同上書，第3341頁。
⑥ 同上書，第3337頁。
⑦ 同上書，第3342頁。
⑧ 同上書，第3341頁。
⑨ 同上書，第3337頁。
⑩⑪ 同上。
⑫ 同上書，第3342頁。
⑬ 同上書，第3337頁。
⑭ 同上書，第3341頁。
⑮ 同上書，第3338頁。
⑯ 同上書，第3337頁。
⑰ 同上。

第三，他進一步考證《孝經》古文和今文的來源及後儒劃分章句的各種情況，其目的是破後儒陷於今古文分章摘句之争的迷誤，指出其實“乃尋其流而昧其源”[①] 的弊病。

他引蔡邕《明堂論》提到魏文侯有《孝經傳》和《吕氏春秋》引用《孝經諸侯章》爲證，説明“此經由來久矣”[②]，早在戰國時代即已產生。發生今古文之争是漢代以後的事情，“孝經古文今文之分”是漢儒造成的，後代諸儒“紛紛聚訟，遂增許多辯説”[③]。

劉沅考證非常細密，先據《漢書·藝文志》考訂古文《孝經》與今文《孝經》並行於漢代，自有淵源，並非僞書：“《孝經》有古文今文之分，鄭衆所傳爲今文，孔安國所傳爲古文，原同行於世。自唐玄宗注《孝經》，宋邢昺爲之疏而今文盛行，古文遂廢，後儒遂以古文爲僞。”[④] 又説：“漢代古今文原並行，其分章不同，乃經師各以意分之，便於教授，其字句微有不同，亦傳寫偶有出入，非南轅北轍者也。”[⑤] 再分析以古文《孝經》爲僞書的説法是朱熹《孝經刊誤》和吴澄《孝經定本》提出來的。他們對古文“摘其字句不同者以疑之”[⑥]，又憑己意删改古文，自分章節，造成混亂，“於是訾古文者，紛紛然矣”[⑦]。其實他們的删改也是不對的：“然其所删，實未爲是。”[⑧] 最後分析“古今文相較，特分章不同”[⑨] 而已，古文只“多閨門章二十二字，其餘字句出入無大關礙”[⑩]。“考之二書，其字句微有不同，特傳授誤寫之故，大致並不相遠。”[⑪] 不能因分章節句小異即指爲僞。他進一步説明篇、章、節、句的劃分是古人讀書“無今紙”而使用竹簡策帶來的習慣，便於初學，“不必向篇章求義”[⑫]。他認爲朱熹强分《孝經》，以前六章爲經，後十二章爲傳的作法，“按之本文不合”[⑬]，不是《孝經》文本的本來面目，割裂了元典，是不可取的。

第四，在上述考證訓詁基礎上，劉沅選取、整理和恢復了《孝經》元典

---

① 劉沅：《孝經直解》，《槐軒全書》，第 3337 頁。
② 同上書，第 3340 頁。
③ 同上。
④ 同上書，第 3349 頁。
⑤ 同上書，第 3340 頁。
⑥ 同上書，第 3349 頁。
⑦ 同上。
⑧ 同上書，第 3341 頁。
⑨⑩ 同上。
⑪ 同上書，第 3349 頁。
⑫ 同上書，第 3341 頁。
⑬ 同上。

文本，並據元典文本加以訓解直詁，故名曰“直解”。

他以清順治皇帝《御注孝經》和雍正皇帝《御纂孝經集注》爲底本。這兩個本子都來源於唐玄宗《御注孝經》，該書於天寶四年刻石於太學，又稱《石臺孝經》，爲唐開成石壁十二經之一，後納入清阮元《十三經注疏》。但劉沅的文本有下列不同：一是“今但分章詁解而不用章名”[①]，認爲章名是後加的。如第一章“開宗明義章”，顯係唐玄宗作注時所加，“以便誦覽”[②]，“六經（應）無是語也”[③]。二是最後一章“閨門章”，素有今古文的争議，又有闕文，但因補充了閨門具體内容[④]，故仍予保留並作直解。三是去除繁瑣注疏，“分章詁解”[⑤]，“直詁本文”[⑥]並以“附論”形式闡述有所“發明”的個人的“鄙見”[⑦]。

分析到這裏，我們可以看出，劉沅對《孝經》文本棄繁瑣考據而用訓詁解釋方法恢復元典原貌確有新的貢獻。他通過細密訓詁，層層剥繭抽絲，掃除加在文本上的各種岐見，破除對前賢的迷信，尤其是對程朱理學的迷信，不分今古文，不分經和傳，不分章和節，去掉後人加的章名，從而恢復了經典原貌，整理出一個直解經文的文本。這個文本既不同於今文又不同於古文，是今古文合併考校、擇善而從、以實踐之義作爲最高取舍標準的一個嶄新面貌的稿本。但我們也可有理由充分相信，這是一個最接近於元典的文本。

劉沅利用這個文本，從基礎層面、社會層面和國家層面三個方面直解直詁《孝經》内涵，明白易曉，層層遞進，尋其本源，求其本真，以人倫實踐精神解讀《孝經》民族精神信仰的核心價值。這是劉沅《孝經直解》一書最重要的價值所在。

第一，從家庭倫理和個人心性解讀“孝道”的基礎層面。

《孝經》經文首要强調的也是從這個層面開始，即以“事親”爲前提，解“孝之始”和“孝之終”。從自然人的出生，“身體髮膚受之父母”始，人當感恩事親，不可毁傷，此爲“孝之始”。立身行道，報恩父母，此爲“孝之終”。中則爲“事君”，是公忠體國的績效過程。然後分别對各個階層，從天子、諸侯、卿大夫、士到庶人，提出了不同的事親盡孝的要求以及推廣孝道的方法和步驟，並把它上升到哲理價值的高度，認爲“孝”是“德之

---

① 劉沅：《孝經直解》，《槐軒全書》，第 3342 頁。

②③ 同上書，第 3349 頁。

④ 同上書，第 3348 頁。

⑤—⑦ 同上。

本”“教之所由生”，是道德的根柢和教化的源泉。

劉沅《直解》則對《孝經》經文的這些叙述作了明白暢曉的哲理解讀。例如，他解讀“道德”的本義：“理得於身曰德，人人所共有，人人所必由，如大路然，故曰道。”① 他講解“先王有至德要道”的“至”和“要”二字：“道德不可以言盡，孝爲之本，故曰至、要”②。道德的要求是多方面的，“孝”是站在最高的至要的原則要求的位置。對於個人來説，“天下無無父母之人，即無不當孝親之人”③，故每個人當“誠孝”。但這是不够的，當推而及於整個家庭的“父慈子孝”，更要推及於從天子至庶人各個階層，“推以及人，爲之禮樂刑賞，使人人各盡子道，則天下之親心皆安，子心亦快”，這就叫做“以順天下”④。由此他進一步闡發“尊親養親之志”爲仁的道理：“仁者人也，親親爲大，仁孝之至，以義裁制則教化乃行也。”⑤

由此不僅可以看出他把《孝經》對每個人及每個家庭的“孝”倫理要求，闡釋得邏輯嚴密、暢曉易懂，更重要的是他在“直解”中把儒家“仁”和“孝”兩個不同範疇的哲學概念連起來講，使二者在儒家價值觀上得到了統一，並且還給予了大衆化的闡釋，這是劉沅對儒家孝道觀的一個貢獻。

“仁孝先後之辨”始於東漢，是儒家哲學兩千年來争論不休、各執己見的一個老問題。争論的焦點是孝爲先還是仁爲先，是孝爲本還是仁爲本。一派主張崇有若，一派主張崇曾參，還有一派主張仁孝不分先後，“同質而生”。從宋代到清代，仁孝先後關係又衍變爲宋學與漢學關於“孝弟爲仁之本”，還是“孝弟爲人之本”的争論。宋學程朱派和陸王派均不承認“孝悌爲仁之本”，謂“孝悌非仁”，“性中有仁，曷嘗有孝悌來”？清儒則多不贊同宋明理學關於孝與仁相排斥的主張，多主張“孝”“仁”“德”是三個不同的但又是互相聯繫的哲學範疇，這三個範疇在心性之學的最高層次上得到了統一。

分析他們的説法和認識，大抵是從範疇論的視角來立論的：“孝爲百行之本”。孝是百行模本，是各種倫理行爲的規範，屬於道德倫理的行爲論亦即實踐論的範疇。“仁”的本義是“相人偶”，“仁者愛人”，是指人與人之間關係的準則，屬於道德倫理的本體論範疇，是以“孝”的行爲論爲基礎的本體論認識觀，故也可以説“孝以仁爲先”。德者，得也，“孝道”有得於心，則成爲一種由人的内心認定的道德倫理的原則，故也可以説“德以孝爲本”，德應是合於道德倫理的認識論範疇。孝、仁、德三者分屬於道德學説

① 劉沅：《孝經直解》，《槐軒全書》，第 3339 頁。

②—⑤ 同上。

中的不同範疇，各有其地位和作用。但三者又是統一的，互相緊密關聯的。三者“統一”爲“孝道”概念，形成以“孝道”爲核心的道德共同體。“孝道共同體”是我們民族對人類相互之間關係約束和制衡的一種價值觀認識，是從古及今人們從實踐經驗中對行爲規範的一種理論性總結，是一種可以承襲的傳統[①]。

劉沅對孝、仁、德的關係的論述，正是立足於中華孝道價值共同體的基礎上來展開文化解讀的，這是他《孝經直解》的一大特色。他主張“仁者，人也，親親爲大，仁孝之至”[②]，可見仁和孝是同質同體的。他把孟子的“親親爲仁”之説進一步衍生出來。孟子説：“親親，仁也。敬長，義也。無他，達之天下也。”（《孟子·盡心上》）“仁之實，事親是也；義之實，從兄是也。”（《孟子·離婁上》）對孟子尊親與仁義相聯繫的思想，劉沅進一步衍生爲“仁即愛親敬親”的思想：“愛，仁也。敬，義也。”“故言愛敬其親，自然仁義。”[③]“愛敬者，人心之良，皆自然而易爲。”[④]“仁”解爲“人”，劉沅這個解讀來源於《開成石經》“孝弟爲人之本”一語，不同於文獻相傳的“孝弟爲仁之本”。因“人”與“仁”的不同，又引起宋儒的人與仁之辨。劉沅則把“仁”與“人”二字通貫，這就把孔子“仁者，二人也”的思想進一步用活了。“仁者，二人”是指仁乃二人之間的關係。“仁者人也”，則是指“仁”是天性，是“人爲貴”的“天地之性”。二者是不同的，這都是劉沅直解出色的地方。對於“德”字，他分析《孝經》本文雖有“德莫加於孝”，孝是在德之先，但“其實孝必有德而後能嚴其親”[⑤]。所謂“嚴親，只是愛敬其親”[⑥]之意，由“愛敬其親而愛敬他人”，正是“順乎天性之自然”[⑦]。在本書裏，劉沅發揮孔子“泛愛衆而親仁”的思想，把仁、德、孝這些概念統一到“敬愛”二字，“敬愛”二字又“順乎天性之自然”。這樣，“孝”和“孝道”這些概念就自然由現實與實踐的事功層面提升到了内在修爲的心性之學的哲理層面上來了。

第二，在社會治埋的層面，劉沅對《孝經》博愛廣敬的思想作了深入的發掘闡釋。

《孝經》認爲廣敬博愛是社會和諧、治理和順的教化基礎。“先王見教之可以化民也，是故先之以博愛，而民莫遺其親。”“先之以敬讓，而民不爭。”

---

① 譚繼和：《論“仁孝先後之辨”》，載《中華孝道文化》，巴蜀書社 2001 年出版，第 114 頁－125 頁。

② 劉沅：《孝經直解》，《槐軒全書》，第 3339 頁。

③ 同上。

④ 同上書，第 3343 頁。

⑤—⑦ 同上。

"導之禮樂，而民和睦。"社會博愛廣敬的風習，是由個人家庭的事親敬愛的倫理發展而來的。由家庭倫理的親之愛，擴而大爲社會風習的廣博之愛，這是個自然教化的過程，這是一方面。另一方面，由事親之愛擴大而爲社會博愛，又是個有等差的禮樂教化培養過程，是從最親的父慈子孝發展到有等差的親仁睦鄰過程。儒家的"博愛"包含上述兩方面的含義，這同墨家"兼愛"思想主張"愛無差等"是不同的，同道家的菲薄仁義也不相同。但墨子承認"愛親"是兼愛的始基，"爲人父必慈，爲人子必孝"（《墨子·兼愛下》）。老子也主張"民復孝慈"。由此可見，諸子百家雖對"孝"有不同的解讀，但由事親到博愛的理路是一致的，博愛廣敬思想是中華傳統文化的精髓。尤其是"博愛"思想，則是治理基層社會秩序、促進鄉黨鄰里和睦與社會和諧的價值共識。中華博愛思想是中國傳統社會長期社會實踐的歷史産物，屬於中國特色，與西方啟蒙時代的博愛思想是根本不同的，各有其不同文化性質和價值觀，《孝經》對此有鮮明的闡釋。博愛爲中華價值觀的孝道文化，是幾千年思想史發展的寶貴歷史遺産，不可輕言棄之。

劉沅的《直解》以濃墨重彩對孝道的"博愛"内涵做了解讀。他認爲《孝經》提出"先之以博愛"的教化命題，是因爲"博愛存於心，心先自盡德義行於事，言行陳列，民之莫遺"[①]。在他看來，"博愛"能够指導禮樂教化，使教化變爲民之言行，皆是因爲心存"博愛之旨"的緣故。他分析儒家的"博愛"與墨子的兼愛内涵不一樣。《孝經》文本一再"申明上文博愛之旨，恐人以博愛爲兼愛，而不知其由愛親而推也，不敢遺，不敢悔，不敢失，皆愛之，故敬之也"[②]。從天子到庶人各個階層皆懷博愛廣敬之心，則"愛其親而愛他人"，"敬其親而敬他人"[③]，依此法則可"得人之懽心"，"得百姓之懽心"，"得萬國之懽心"[④]。可見百姓博愛共識，對於社會和諧的重要性，是社會治理秩序得以保證的根本思想基礎。

儒家素有"義利之辨"。君子愛財，取之有道，義在利之先，利中含義之宜。劉沅上述言論是從義在利先的視角來看待社會治理的，因而闡發出個人視角的"博愛"獨特語境。

第三，劉沅從國家治理層面，對《孝經》關於"移孝於忠"、家國倫理統一於忠孝的思想做了深入解讀。

《孝經》主張忠孝相融爲一體，實現君主統治的最高原則是忠，實現家庭和睦、鄉黨鄰里和諧、社會祥和的最高原則是孝，而孝比忠更根本。這是

---

① 劉沅：《孝經直解》，《槐軒全書》，第3342頁。
②—④ 同上。

《孝經》文本的本來原始意義。但隨着國家的發展，社會的進步，“忠孝”理念的原始意義也隨之發生了向抽象意義的轉化，在文化共識上不斷包含和擴展了新的内涵。“忠君”即是愛國，“孝治”即是“治國”，故《孝經》主張“以孝治天下”，漢代諸君主皆以“孝”字命名，“忠孝”在歷史的發展中成爲傳統文化治國的根本理念，這是有由來的。

中國國家起源和發展的模式是從夏代家族公社發展和創制出來的。國家是以家庭爲經濟單位的一家一户小農生産組織爲基礎與高度集中的國家組織形式爲上層的相互結合。家庭是國家的基層細胞，國家是家庭的組合與擴大。家就是國，國就是家。治家須孝，治國須忠。忠是孝的擴大，孝是忠的根本。孝可保證家庭的穩定和國家的和諧，忠可保證家庭的安居樂業與國家的有效治理。因此，建立在農耕社會自然經濟基礎上的家國同構的命運共同體組織以及維繫與凝聚這個命運共同體的精神紐帶——“忠孝”觀念，就被高度抽象概括爲哲學本體論意義的中華民族價值共識，它對增强國家治理、凝聚民族向心力、增進中華民族團結與發展，有着重要的意義和作用。《孝經》把忠孝視爲天性，看作“天之經，地之義”，正是從它對國家治理行爲準則的永恒意義上來説的，是指忠孝觀對於農業社會家國同構命運共同體的文化靈魂作用，具有永恒性。

劉沅的《直解》正是從“忠孝”這個歷史語境與文本體系來立論的。他認爲“移孝作忠”的理念“人人皆能言之”，但“不知其所以然”[①]。他要人懂得忠孝的來源和根本，在于“敬愛”二字的觀念：“不知只是敬愛二字，造乎其極，天良純篤，一毫不忍悖，一毫不敢肆，則事親事君皆然。”“終身匹夫純孝者，即君之忠臣。”“鞠躬盡瘁純忠者，即親之孝子。”[②] 忠孝“此心此理”“充塞乾坤”，“通於神明，光於四海”[③]，這些話正是從民族價值觀的永恒意義上立論的。這是劉沅對《孝經》裏的國家治理理念的頗具高度的認識和解讀。

第四，劉沅《孝經直解》抓住“敬愛”二字，對中華傳統感恩文化和報恩文化，作了闡釋和解讀。

孝道的核心是敬愛。以敬愛爲主旨，孝道可分爲兩個層次：一是“孝者，畜也”。“畜”是指對老“能養”，這是低級層次，孔子認爲“能養老”並未達到孝的要求，甚至與犬馬畜幼没有區别。養老，子女贍養父母，父母撫養子女，這只是人類道德需求的低級層次，是人類生存延續的最低道德義

① 劉沅：《孝經直解》，《槐軒全書》，第 3345 頁。
②③ 同上。

務。只有“敬老尊親”，進入觀念論層次，成爲人的心靈本性要求，這才是人類道德需求的高級層次。

劉沅認爲“敬愛”是孝的根本，知恩報恩是孝的源泉。報恩感恩思想給予敬愛之心的養老層次一種神聖性和崇敬性，加入了“文化靈魂”的意味在裏面，提升了“養老”的精神境界，把養老提升到敬老層次，把生敬死祭的祖先崇拜與以廣敬博愛爲核心的感恩文化結合起來，就能使孝道文化從“能養”“能畜”的低級層次提升到“敬愛”“尊親”的最高層次，這是人類道德生活由物質層面進入精神層面的高級層次的需求。感恩思想從人倫社會層面，擴大爲人對天地自然的敬畏敬愛關係，就會指導人類與自然的關係進入和諧發展、共生共贏狀態。這是忠孝感恩思想的現代意義。因此，劉沅對孝道的感恩文化解讀，是對孔孟孝道論的發展和提升，是適應古典傳統社會向近代新型社會轉型的要求的。從這層意義上講，劉沅的《孝經直解》也就具有時代精神解讀的意義。

2013 年 9 月作，2015 年 10 月改定

目　録

大學恒解

大學古本質言

中庸恒解

論語恒解

十三經恒解

箋解本

卷之一

大學恒解

康聰斌◎整理

序

人者，天地之心也。天地之理，在人爲性。性在先天，有善無惡；性在後天，性逐情移。非特其氣質之不齊，亦以其習染之不慎也。聖人者，其心即天地[1]之心，而其道即天地之道。故達而在上則化民於中和，窮而在下亦轉移乎末俗，要無非使人窮理盡性以踐人倫而已。文武周公，折衷前代，制爲禮法，無貴無賤，皆從事乎聖人。故自辟雝鐘鼓以及黨塾弦歌，莫非約束身心、涵養德性之具。童蒙而學小學，已服習於雍容禮樂之文；十五而學《大學》，更講明乎修己治人之術。上以此取士，下以此成風，蓋無一非學中人，即無一非道中人矣。去聖久遠，世教陵夷，先王之法具在，而實踐無人，則道僅賴文字以傳，學不能不分道而騖。夫子值周之季，幸周公之禮樂猶存，乃修明而授受之。三千七十之徒所學者，夫子之道；而所行者，仍文武周公之遺也。夫子以身爲範，故親炙者化，然禮文度數、倫紀規模，體效者猶多，而天人性命，獨會其全，惟曾子一人而已。夫盡人即以合天，盡性期於至命，形上形下，詎有殊途？然苟未極乎體用之微，即莫得其時中之妙。故《大學》一篇，曾子獨述而繹之，以永聖人之傳。自漢以來，儒者傳注亦已夥矣，然或莫得其指歸，或又專淪於禪學。宋儒知尊此書，而未遇明師，私心臆測，妄爲改竄，遂大失聖人之真。我朝《欽定禮記義疏》仍載古本及鄭、孔之説，沅幸得循習其間，竊欲發明聖意，無忝生成。而所見未廣，謹即舊本章句順而釋之，蓋以聖賢之理求聖賢之言，而非敢妄爲附益。

① 地，《槐軒雜著》卷一本序作理。

學者必由止至善之功次第深造，則知天地之常經，即吾心自然之公理。古本原非舛譌，故名曰《恒解》，以見明德爲秉彝之所同，《大學》亦人人可實踐，不宜第求諸於文字間也。①

咸豐五年，歲在乙卯　雙流劉沅更定書　時年八十有八

大學古文，自宋人改竄多罕知。先生謹遵御纂《禮記》中古本繹之，以存其舊。雖異時説，實本身心之理而言。此序謙遜，亦以驟然復古，不敢謂指摘之無人也。

受業劉芬志②

① 或又專淪於禪學以下，《槐軒雜著》卷一本序作：朱子《章句》較諸儒為優，而疑其闕漏必事補綴，似亦未得聖人之全。今天子稽古同文，沅幸得沐浴其間，竊欲以發明聖意，無忝生成。而所見未廣，聊即舊本章句順而釋之。蓋以聖賢之理求聖賢之言，而不可妄為附益。學者誠而體焉，則知天地之常經，即吾心自然之公理，名曰《恒解》，亦以明德為秉彝之正，學乃人倫之所共由云爾。

② 按：劉芬題記原載《槐軒雜著》卷一本序末。

凡例

一、《大學》本《禮記》中四十二篇，自宋以前，已有專行之本，故仁宗八年以《大學》賜新第王拱辰等。惟有專本，故可取爲賜。且自漢以來，有以《春秋》諸經爲大經、《孟子》《論語》《大學》《中庸》《孝經》爲小經者，則漢唐已有專本單行。可見非宋儒始標爲四子書也，特自宋理宗始定爲四子書取士耳。

一、漢代立學，原分古今。古學校文，今學取士；古學無異同，今學可出入。《大學》則無古文、今文之殊，其所傳文亦無石經本、注疏本之異。自宋二程子始改竄舊文，然亦未嘗分經别傳、指爲何人之作。朱子始以爲曾子所作，蓋以經義閎深，非曾子莫能作也。所謂誠意章先釋誠意，次言誠意止是慎獨，自謙即君子、自欺即小人，乃用曾子曰三字，如太史公《游俠傳》先言大義，後以太史公曰接下，乃行文之常。朱子不知其故，既以爲曾子所作，又改竄原文而曰曾子之意門人記之，遂使後人有疑非曾子所作者。夫意耳，而可據以立説乎？此門人爲誰？亦鑿空之至矣。

一、《大學》自漢以來既有專行之本，故鄭、孔乃爲之疏義。自二程始各以意改竄古文，朱子又别爲之説。自是而後，王氏柏、蔡氏清、高氏攀龍、葛氏寅亮、季氏彭山、明豐氏政和石經本、本朝李氏光地、王站柱，皆紛紛各爲之説。夫學重闕疑，夫子言之；史之闕文，夫子思之，於《春秋》則郭公、夏五明示之。凡古人之實，若非真知卓見，則甯闕之，誠恐誣古人而惑後世也。况《大學》之道，所以修己治人，其功效次第必一一深造自得，馴至乎全體大用無不瞭如，則無論窮達皆爲完人，即於世教不無所補，非同名物、象數紛賾不齊，各就所見所聞皆可爲之一説。宋儒得壽涯禪學，遂以告子不動心之法爲聖人之傳，不知存心養性、立命俟天有許多功夫次第，豈可臆揣乎？乾隆年間，彭芸楣據古本《大學》作義疏上呈，蒙高宗嘉許，即欲頒行天下。會有議者言朱本相沿已久，遂不果行。故愚不敢隨聲附和者，非妄也。

一、二程改本不分章節，合全篇而竄易之。朱子定爲聖經一篇，其見卓矣。而删去此謂知本二句，以己意割裂誠意章，原文分爲十傳，截取此謂知本句入聽訟章，而此謂知之至也句無位置，則以爲衍文，不幾武斷耶？

一、朱子竄改誠意章原文，增出明德、新民、止至善，聽訟章又補格物章明德章四明字、新民章數新字、止至善章數止字。但觀其文，亦甚覺天然之位置，然明德之功由止至善而入，夫子知止節已言其義，第德不易明，須從誠意入手，曾子故特以所謂誠意章爲首，誠意必由致知，故引淇澳之詩詳釋其義，誠意即是誠其所知，所知之事無非所以明德，故能誠意則德可以明，克明、顧諟、峻德引三書而結以皆自明明，夫子言明德二字原本古聖，但須自密其功耳。然何以言明明？蓋德峻必明而又明始可造其極，故引《盤銘》《康誥》無所不用其極，言無事不本明德，而修齊治平悉該矣。上文民不能忘、没世不忘之故益明極，即明德，非謂明德、新民皆止至善。邦畿以下，又申明止至善之義。蓋誠意，動察也；止至善，静存也。惟静而有主，乃動而能察。止至善如文王，則動静一原，内外一致，是所以引爲止至善者勸也。緝熙敬止，明德之本；仁敬孝慈，明德之著。静而止、動而宜，所以聖人無思無爲，而有以應天下之變也。宋儒以心爲性，出於禪家。心未嘗可不存，而存其心所以養其性，但以後天之心爲性，則雖守心之久至於妙明洞徹，而修齊治平亦不能踐其功。朱子因而補格致一章，以爲如此而後可修齊治平也。然聖人明明德即是盡其性，即是身修矣。性盡則盡人物之性而參贊化育，修己安人、安百姓。修身天下即平，非明德矣，而又待講求新民之事。耕稼陶漁之舜，即恭己垂裳之舜，無兩副本領也。故心性之實不明，即明德之全功不知。程朱之品學，何可訾也？而明德之學，止是僧流守心之功，故解止至善爲凡事知止於善。然凡人於一事之來，知其至善所在，何以便能定静安耶？定静安亦止是知止一半之功，此後尚有美大神聖境界，夫子不過言明德之功以知止爲要耳。下文故言物有本末，事有終始，知所先後，然後入道有方。古之明明德於天下，又從明德究竟功夫從後説來，歸本修身。此等義理，身體力行，俱有實際，豈可臆斷哉？

一、朱子分十傳詁聖經，然曾子實止有五傳。因恐人不知《大學》入手切要之功，故特標誠意爲首而反復言之。意即心也，何以意誠而心猶不正？故又言正心修身，身修則齊治平可矣。第家國天下設施不同，故又釋之。凡此皆義理之不可無者，得曾子而夫子之意始明，此《大學》書所以孔子之書實曾子之書也。曾子五章皆以所謂起，朱子增明新數章無所謂字，於文法亦不類，但世人習而弗察，喜其文字間架分明易曉耳。

一、《大學》衹言心不言性，儒者遂謂心即性矣，不知心有先天後天之分。未生以前，先天也；既生以後，後天也。先天，心即是性，故孟子曰人性皆善；後天，心梏於氣質，性中含陰，是爲七情，遂有人心、道心之分，故孔子曰性相近。以心爲性，後世禪宗陋劣之説，而其原出於告子。《大學》言正心、誠意，俱就後天指復性之功。其不言性者，心正即性也。示其功，故不暇述其原。惟《中庸》特從源頭説來，便言天命之謂性，而繼之曰惟天下至誠能盡其性。孟子曰：盡其心者，知其性也，即大學誠意正心之謂也；存其心，養其性，所以事天，即誠意正心之極功也。聖賢語言不一，要就其時風俗人心之所昧而示之，不得其貫通則矛盾矣。然非實踐其功，徒求諸文字，亦安得不齟齬弗通也？

一、聖經一章，孔子已將全體大用、功夫效驗説盡。曾子恐人不得其用功入手之要，故特標誠意爲首。然誠意只是一念之萌不自欺，動而省察也，其静而致中以養其本，功夫在止至善内，故曾子言誠意而並明德、止至善皆歸并言之。前人罕實踐其功，疑其言不倫，故竄改之。今不能悉辨，細玩各章注釋可也。

一、聖人之言，非徒口耳，原宜字字體諸身心，子言壹是皆以修身爲本，修身衹是明德耳。明德者，得於天之理。天理即性，性盡即明德。知止是静養，誠意是動察，其致知、格物等義，皆不外動静交養之功。道理無多，用功則有次第。因前人改竄原文，尊而信之者曲爲傅會，疑而辨之亦早，多人論説甚繁，不能一一而詳正之，特明其要義，以定指歸。蓋此書不明，高者入於禪學、告子之不動心，必不能修齊治平；卑者騖於廣博，即博極群書，倫常不能實踐。故不得避嫌以晦大道，非必與古人相反，亦非欲留名後世。孟子曰：予豈好辯哉？予不得已也。愚不佞，亦竊取其意云爾。

大學恒解晚年定本

《大學》古本一卷，《小戴記》存之。自漢以來，更有單行之本。自二程子兄弟倡爲竄易，朱子以後，改竄者益多。今遵《欽定禮記義疏》中《大學》古本釋之，以存聖人之舊。

大學之道，在明明德，在親民，在止於至善。

大學，成人之學。明明，明而又明，不息其功也。德，天之理而人得之，故曰德，本至虚。明者，大學教人明之以復其初，親愛而體之也。民無異性，學者親而體之，乃有以周知乎人情。止，止其所而不動也。至善，人身太極之所，即宥密也。大學之道，教人日明明其德而體察人情，以博其理。其用功之始，則在於止至善。

知止而后有定，定而后能静，静而后能安，安而后能慮，慮而后能得。

申言止至善之故。心易動而性本虚明，知所止之地而止之，則心存而理聚，性定而不摇。定久而后至静不紛，静久而后形神安泰。安則道心漸明，可以籌度事理，故能慮。慮則審慎之意得，得其理，凡理皆統于明德者也。

物有本末，事有終始，知所先後，則近道矣。

承上而言。凡物皆有本末，爲事必有終始。知止者，非寂守而遺事物也。先知止，心則静，可生明，事物易明其理，可以近道。

古之欲明明德於天下者，先治其國；欲治其國者，先齊其家；欲其齊家者，先修其身；欲修其身者，先正其心；欲正其心者，先誠其意；欲誠其意者，先致其知，致知在格物。

治，平聲。

承上先後而推論之，由天下之遠遞反溯之而及於致知，蓋學必先知而後能行。然致知必先格物，格物即知止時之實功，以此足上文知所先之義也。意，心之動幾。誠，不欺也。致知，推致其好善惡惡之明。物，物欲。孟子曰：物，交物者也。格，扞禦意。《書》曰：格其非心。司馬温公曰：扞也。張子曰：去也。

物格而后知至，知至而后意誠，意誠而后心正，心正而后身修，身修而后家齊，家齊而后國治，國治而后天下平。

即上文而正言其義。私凈而后理明，故知至。知至而后不肯爲惡，故意誠。誠於爲善，而后漸化其氣質之偏，故心正。心者，身之主；身者家之主也。家之教通於國，國通於天下，理一而功用不同耳。

自天子以至於庶人，壹是皆以修身爲本。

承上言。明明德以及於天下，其序不一，要皆統於修身，身修則德明矣。貴賤一理，故學亦無二。

其本亂而末治者否矣，其所厚者薄，而其所薄者厚，未之有也。此謂知本，此謂知之至也。

身，本也，身外之理爲末。身不修無以端本，而末何以治焉？蓋天下事物之理，皆本身而推。不知修身，則五性、五倫身内天理之事反不知行。其所厚者薄矣，而欲凡事物之來能以天理行之，不失於薄，未之有也。此謂知修身即爲知本，即爲知之至。前言知所先後者如此。

右經一章。蓋孔子之言，而曾子述之，以存古聖教人之法也。其下五章，則曾子發明孔子未盡之意，而以誠意爲要功，又析心與意之别、誠與正之所以不同，及乎家國天下措施之實。

貫　解

夫子曰，古人七歲而從事小學，既有以養其莊敬和平之本，十五而從事大學，乃從事乎成己成物之大。顧大學之教，必自君相持其綱，然後教化大行，而人心易正。今者世教衰微，大學之道久不講矣，然古制猶可言焉。古者，大學之道其要在明明德。蓋人受天地之中以生五常之性，粹然者一太極之體，我固有之，故稱爲德，本虛明者也。第有生之初，所稟氣質有厚薄、清濁之殊；有生以後，習俗變化有善惡、是非之異，而德因以不明。聖人示人以學，惟欲人内外兼修，明而又明，以化其氣質之偏，去其物欲之蔽，全虛明本體而已，然非寂守此心，便以爲明理。理散見於天下，天下人之性猶己之性也。而天下人之境遇情狀不同，學者高談性命，博究典墳，而或不能施之實用，則以民情未克周知，經濟無由盡善，而學遂爲偏寂之學矣。大學之道，己德既明，推以及物，與民相親相近，久之乃有以盡乎人情之變，而得其同然之理。一旦得所藉手，本成己者以成人，而無不協宜，故又在親民也。夫明德之量固無所不包，而更親民以盡物理，人情表裏，自然洞徹。然德非易明，功必有所由始。人爲萬物之靈，爲其獨得理氣之粹。未生以前，理氣之渾然者一如太極也。迨形體具，而理爲質囿，氣亦駁雜。明明德者，必當於先天受中之地，收已放之心入虛靈之舍，止而不遷。其止維何？人秉天地之中氣以生，百骸皆爲後起。有至善之地焉，乃天命之性所含，非一切血氣之倫可比，名曰至善。有生以後，知識開而七情擾。明明德者，先求放心，常止於其所，則心存而性乃可養，故大學之道又在止於至善也。苟不知止於至善，則氣質之私牽引外來之欲而憧憧往來，心日以蔽，德何以明？入大學者，果能知止，則人心退聽，道心虛含，而后志有定向。持守之久，心常定而天性日生、天君常泰，而后靜而不擾。靜久而后，内無情欲之紛，外無形骸之役，安舒自得。天下之事、身世之緣，雖無窮也，然果至於安，則凝然有主，湛然虛明。凡事理之來，必能審擇，揆其是非，而后能慮矣。慮則酬應萬事不至乖違，而后能得。然則止至善之功、大學之道，不當以知之爲先哉？夫天下事物無窮，何以知止即能慮、能得？蓋凡物必有本末，凡事必有終始，皆必自此心而窮究。心止其所，而至於安，則靜自生明。知本始而先務，則易近道矣。古之欲明明德於天下者，不自天下求之也。知天下之本在國，先治其國；欲治其國者，知國之本在家，先齊其家；欲齊其家者，知家之本在身，先修其身；欲修其身者，知心爲身之主，先止其心；意則本心而歧者，先誠其意；欲誠其意者，知意之不誠由於善惡未晰，先致其知。知何以致？人心之明蔽於物欲則昏，致知者先存養此心。凡物欲之來，扞禦之，而不以累心，則志氣清明。考古證今，隨事察理，可以漸致其知。故止於至善，所以清其源而爲致知之本也。誠能止於至善，有定靜安之意象，則心常虛明，凡物欲之來，必能克治而聰明不蔽，是非了然，物格而后知至也。天理之良不昧，而后爲善之意可真，知至而后意誠也。爲善去惡之意既真，而后天理本然之良可復，意誠而后心正也。義理之心爲宰，而后此身内外動靜不失其正，心正而后身修也。身範既端，家人有所取法，身修而后家齊。一家祥和，國人有所觀瞻，家齊而后國治。國人被化，天下來王，國治而后天下平。夫至於天下平，則明明德之功溥矣。然其始，乃由知止、物格，馴至乎意誠、心正，而后德以明、身以修也。其理由近及遠，以簡馭煩，措之天下無不宜。故大學之道，自天子以至於庶人，壹是皆以修身爲本也。要而言之，天下國家，由身而推；格致誠正，爲身而設。若不能修身，則德已不明，其本亂而末治者，否矣。蓋天下事物之理，皆自此身而推行。不修其身，則義理是非不明，所厚者薄，而事物猶不薄，待求其能治，未之有也。知厚薄之分，則必以修身爲本，身修則天下國家之理皆可自身而推，言知亦孰有過於此者。此謂知本，此謂知之至也。不然，外身而求知，則已自薄其身，外修身而言學，則已不知其本，德何以明？而天下國家何以能治哉？

附 解

右經一章。蓋孔子約言《大學》教人之法，以訓門人，而曾子獨得其旨趣，遂爲傳五章，以發夫子所未發。傳文均以所謂字開端，別於經文，本易明白，自二程倡爲改竄，後人因之，各以意竄易，而經傳混雜矣。今依古本釋之，存其舊，非創爲新也。而或猶以爲非，甚矣。世人之信聖人，不如其信妄作也。大學二字，對國學、鄉學言，則指天子大學，對幼儀等小學言，則指修己、治人等成人之大學，其實一而已。人性皆善，而後天則不無駁雜。聖人體天之道於己，全己之性，即爲有德。以己之德教化天下之人，各全其德，此學之所由來也。聖王在上，禮教昌明，爲君師者，皆有德之大人。建學明倫，其始少年。先從事小子之學，《曲禮·内則》所記及《學記》離經辨志、博習親師之事，以束身於規矩。十五而使學大人之學，始教之以全人之道。其教遍於天下，而倡於天子，故二説仍是一理。毛西河謂小學、大學是學宫之名。《白虎通》云八歲入小學，乃太子之禮。學分大小，經無明文，其説甚辨。然朱子以幼學爲小學，成人之學爲大學，雖古無是言，於理亦自無礙，從之可也。

德即天命之性，明明德即盡性之事。後人因《大學》言心不言性，《中庸》言性不言心，遂生出許多枝節，不知德即天理，惟人得之，在未生以前渾然粹然，本至虚明。劉子曰，民受天地之中以生，其語至粹。中者何？天之太極而人得之，以爲德者也。未生以前爲先天，先天德本純全，故孟子曰人性皆善；有生以後，有此形質，即有嗜好，日與物接，即有牽引之緣，而所得於天之德，日以梏亡矣。聖人教人許多禮法，惟欲人全其所得之理，所謂復性之功也。因不明而明之，故曰明明德，謂明而又明，内外交修，動静交養，有許多功夫次第。周制以六德、六行、六藝教人，由鄉學而升於太學，其德已是規模大就，以保氏爲師，化其偏而歸於中和。夫子第約言之曰在明明德，以功夫及門，所知且詳悉，非師不授，故但總括言之耳。舊注因其所發而遂明之，特擴充之一義，不足盡其本末之功。以有覺之心，爲天命之性，故解爲明德。止曰虛靈不昧，不知性無爲而心有覺。虛明不貳者，乃德也，即性也；虛靈不昧者，心也，不可以爲德也。

親民改親字爲新，蓋因空談性命者不能實踐倫常，故云。然其意亦美，然後世高言清静、空談性命及一切刑名法術之爲，皆由不知明德之實，又不能次第深造，故爲偏枯之學。若知道德即天理，明明德是盡人合天，則果能明明德，措諸萬事，一以貫之，尚何不克新民之有？子曰：爲政以德，譬如北辰。又曰：修己以安百姓。《中庸》曰：盡其性，則能盡人物之性，而參贊。聖人無兩副本領，天以一理運化萬物，聖人以一理貫串古今。後人以心爲性，見僧流守心，即或靈通亦不能修齊治平，故謂既明明德，尚有新民之學。不知明德函天下之理，聖人治天下如運掌，非能盡天下而見聞之也。其德既明，則其心至明，凡天下事物，接乎其前，皆灼知其得失，所謂坐照如神也。且其心至虛，凡天下一材一藝，隨其所長，舍己從人，執兩用中，所以垂拱無爲也。故明明德則全體大用已該，無俟另求經濟。試以聖人經籍及常人參考，並證以日用言行，求其至當，則必知之，不得徒苟同於先儒也。然則言親民者何？大學之教，所以儲大人之材。無論元子、適子，習於貴胄，未涉民間之甘苦，必難圖治。即凡爲學者，講明義理易，實踐經濟難。聖賢之義理雖在書籍，而必措諸實事、驗諸物理人情，恰合乎中。天下之大，民生風俗、嗜好得失棼如，安能盡爲涉歷？祇是心理皆同，宫室、衣服、飲食、人倫、日用亦無不同。明明德者，自明其德，必於日用周旋，與人晋接。有一人有一人之情狀，親近焉而體察其是非，擇其善者而從，其不善者而改，久久存諸中者益純，得於聞見者日博。以三隅反，本物理人情而推之，由近及遠，由粗入細，人情物理洞察其由，然後可以精義入神。其不曰取友而曰親民者，爲大學之地，貴胄及俊秀皆與民相遠者也。慮其封己自是否，或徒矜博識，無當於人生日用之恒，故云。然民字該貴賤一切人，不是單指黎民。從古聖王立教，元子、胄子與齊民同學於大學，正爲其生長深宫，不知民間疾苦。其在高宗，舊勞于外，爰暨小人，亦越文王，康功田功，不遑暇食，可見一斑。惟周知物理，愚夫愚婦有一能勝予之懼，故其明德之功，聖不自聖，而明明德於天下，益宏且遠。後世有志之君、守道之儒，少親民一段功夫，故主術不洽於輿情，而儒術貽誚於迂疎，不知天理爛熟，必從民情閱歷而來，隨時處中，皆由萬理周知之故。此明德又在親民也。

德即至善也，而又曰止至善者何？天人止此一理，理具於心，而心有人心、道心。欲去人心而純道心，必有動静交養之功。静者，動之本也。《中庸》言中和，非中無以爲和，不和亦不可謂中。人秉天地之正，其在先天，理氣所函粹然至善者與天地同受中者在此；後天，養未發之中者亦在此。夫子故特爲之名目，示人從此入手，三句蟬聯而下，非平列三項也。後人因三在字文法似平，謂明明德一事、親民一事二者俱當止於至善，不知所明之德即是天理。天理純熟，必由集義生氣。有至德以凝至道，故知行並進，内外交修，一時並到，不過由淺而深，功夫須漸次行來。若德已明而不能新民，是其德非全體之德，即非《大學》之明明德。蓋修己即可以安人、安百姓，明德、新民是一貫事。德造其極，則堯舜、文武是矣。其新民亦至善，德有毫髮未明，則新民亦不臻醇備。《大學》之教，非等後世詞章法術之學，誦習之時是一學問，臨民之時又一學問。其童而習之，即禮樂之事；長而居業，志聖賢之猷。日用倫常，必踐其理；天地民物，研究其精。所以壹是皆以修身爲本，非如禪和子終日静坐，屏棄人事，止求養得此心空空，然而倫常物理仍昏昏然也。故一言一行之善，亦可謂德。而此章言明德，則以全體而言，在明明德一句已了。又丁甯之曰在親民、在止於至善，乃一定義理，必如是始盡其説。而文法順遞而下，實非平列。《中庸》天命之謂性三句文法正與此同，其語亦似蟬聯而下，然下單承道字説，此單承止至善説，相例即明，何乃以爲三平乎？

知止作知至善之理而止之亦無大謬，但身外至善之理皆本身内，心未虚明，身未修德，惟恃耳目見聞，物物求理，譬如磨磚作鏡，欲别妍媸，安能得其至善？况天下事物，非可一一盡知者乎。夫子詰子貢曰：女以予爲多學而識之者與？非也。予一以貫之，正爲徒求諸多識，必紛賾而無所折衷耳。如朱子説，知所當止之處，即可以定静安。試思如知子當孝，知臣當忠，而何以不能實盡忠孝？此豈知之難乎？《中庸》言學問思辨篤行而曰有弗學問思辨，蓋有不當學、不必學者。惟當學，則弗能弗措，五者皆然，非物物而求止至善。且身心之内無存養之功，則好惡亂其中，利害奪其外，定静安從何處説起？果如此知止即如此能定静安，如何又説能慮，又説能得？總覺模糊不清。聖人不教人逐外求知，孔子亦不能讀盡天下之書、閲盡天下之事，以此言知止與言格物一般，徒使天下聰明人終身務博，不從修身養性實踐，則明德不可明矣。至善者，存心養性之地。天地之理，渾然無名，目爲太極。太極，天地之中也。人身亦然。夫子曰：成性存存，道義之門。人身血氣心知多與物同，而其靈於物者，則惟中氣。中氣者，理之元而天命之粹也。人感父母而生，實受天地之正理而生。無天地，尚無父母，何有我？雖有天地，若無父母，又何有我？故父母、天地一也。當未生以前，受天地之中，有其地焉，理氣之渾然者在此。既生以後，氣散而理亦分寄，非復受中之本然矣。其虚明之竅仍在，血氣不能累，私欲不能到，空洞無塵，故名之曰至善。明明德者，收視返聽，止於至善之地，性命合一，天地同和，久久純一，則致中矣。知止言其功，定静安言其效，然尚是第一層功夫。若由是而有諸己、而充實、而大化聖神，猶有許多功夫在。第能知止，則明明德之學便得肯要，即後面功夫亦易矣。《書》曰：允執厥中，安汝止。《易》曰：洗心，退藏於密。文王之緝熙，成王之基命宥密。孔子曰志仁無惡，孟子曰養氣不動心，皆是此義。乾坤若非静專静翕，則不能動直動闢，此止之説也。欲明明德者，若不收放心而止於其所，憧憧者何所既極哉？故曰知止而后有定，定而后能静。静矣，而形神猶有擾攘者乎。安矣，而志慮有不清明者乎。惟心静而理明，故揆務而皆得。此明之始事也。定、静、安、慮、得，各字有實在義理功效，故著而后字以見其難。明德者，必由知止而入。時解專向外説，並而后字神理皆晦。定静安實際不分明，原前人之意，恐類於僧流空空之説耳。然佛言真空不空，何曾説人倫日用皆空？後世僧徒不得佛全體之功，止以養虚靈之心爲禪，即通神通慧，亦不能修齊治平。先儒知其誤，而實不能出其範圍。故静心矣，又當格物。而此書之義，俱不分明。夫禪家之守心，誤在於以心爲性，養其空空洞洞之識神，而不知知覺運動之心，非復先天之本體，故即强制其心而不動，天地民物之事業，實有所不能知。豈知僧流守空，乃告子不動心之學，非孟子之不動心也。精一危微，堯舜德全於身，猶不忘敬慎。而後儒未知明明德全功，第以慎於危微爲務，防守雖勤，陰私不净，故文王之德之純、孔子從心不踰矩，罕有能及者，由知止之功不得其正耳。禪以空寂爲性，道以呼吸爲氣，而儒者又逐逐於事物，大學之道安得不日益支離乎？大學之功，敬静以執其中，窮究事物以博其理，一時並到，知止而後浩然之氣可生，純一之性可復。次第功效，必一一身體，乃知孔子十五志學、七十而後從心不踰，孟子有諸己、以至化神，言之已詳。定静安是知止初功，尚未説到物來坐照之境也。

慮而后能得緊黏定静安説，蓋必知止至善之地，久久到定静安境界，則私欲漸少，義理日明，凡事物之來，是非易知，乃可以得其理矣。慮衹是審察辨别之意，《書》曰慮善以動即此。夫子曰：苟志於仁矣，無惡也。緣求仁之功，先要收放心而静養，至定静安時，功夫已得大半。孟子所謂有諸己時，孔子之三十而立，顔子之如有所立卓爾，皆是。但由是而充實美大聖神，尚有許多功夫次第。特止至善是明德始功，知止宜先。夫子恐人淺視此功，故言凡事物有本末始終。知止至善宜先，則雖未與道一，亦近乎道，以結上文之意。時解説慮而能得太深，似一慮即得，不知德造其極，物來順應，夫子所謂天下何思何慮者也。物有本末，事有終始。本在所先，末在所後。何爲本？止至善是也。知止然後涵養有方，明德之明漸闢，故能慮、能得。雖未必事事皆當，而已近道。下文因即先後意推廣言之，仍歸到致知在格物。格物即是止至善時，常常虚静，不使物欲入來。物欲少則心漸虚明，智慧日生。前人但養有覺之心，亦云源頭活水，况得存心養性之全功者乎？

古之節承上先後字推開説，言平治修齊極大功能，一一溯原，歸到致知在格物，仍收轉必知止之意，非謂大學之道欲如此，必先如此也。故下文即承之以自天子至庶人，皆以修身爲本。試思聖人治天下，何嘗説我想治天下，且先治國；想治國，且先齊家；想齊家，且先修身？衹是己德已明，則推之家國天下，自然身範端，分誼明，綱紀肅，人心洽。夫子因言大學之道，入手在知止至善，欲人先從此立本。結之曰知所先後則近道，謂功由此始，其後知命不惑、從心不踰，皆從此肇也。然止至善之功至爲平常，恐人疑天下許多事業非只此圖功便可近道，故又推言天下國家、平治修齊皆歸本於誠正。誠正必先致知，知何可盡？但能知止，則可格物而養天性之明。語意似泛説先後，實仍收轉知止能得之義耳。前人不知德即天命之性，以空明妙了爲性，覺明明德矣，猶不免難以修齊治平，又不知止至善即是存心養性實際，故於夫子之言不明，而遂以爲此節乃爲學先後之序。不知夫子下文緊接壹是皆以修身爲本，身修即德已明，而功在止至善，豈必事事而營之、在在而學之乎？格物，司馬温公、張横渠俱解作去物欲。二人，朱子所服膺也，而不用其説。然按諸身心，驗諸日用倫常，物物而格，實有難行。象山格庭前竹子，十日格不出道理來，亦天下人之公言，不得病其異於朱子也。且格，至也，窮至事物之理，作二三轉折以訓格字，其實仍是致字之義。天下之事物，何可勝窮？聖人何爲一以貫之？明明德之功，静而致中，動而致和，則天地位、萬物育矣。止至善即致中之本。《易》曰艮其止，止其所也。

天地之道，乾以君之，坤以藏之，成性存存，寂然不動。及其感而遂通，安人安百姓，以成己者推之而已。知止非入於枯寂，祇是常常守中。《書》曰允執厥中，《中庸》言中也者，天下之大本。果致其中，自然發而皆中節。周家以六德教人，知、仁、聖、義、中、和，人人爲之，不離止至善二字。非夫子特地爲之名目，蓋當時人人皆知。夫子述之，後人未踐其功，故不知其名而妄説矣。孟子言萬物皆備，子思言天地之道可一言而盡，皆由知止至善之地積久而知。天地人止此一理，因儒者不得師傳，佛老之明者多爲寓言，遂生出無窮怪妄，如虛無寂滅四字，爲世大詬。然寂然不動，滅盡己私，乃静存之極致，佛老固非滅人倫、守枯寂也。寂滅爲純一之極致，儒曰私欲凈盡，渾然天理也。老子之子爲中山將，文佛妻曰耶輸陀，子曰摩睺羅，十八歲生子，入檀特山，養静十二年而歸，妻子完聚，壽八十二而終，曷嘗廢人倫乎？僧羽之流不知其實，創言神異；儒者不實踐止至善之功，益增貶斥。夫西番之棄人倫也，乃其舊俗，惜佛後無佛正之。中華之僧流棄人倫，爲其養窮民，勢不得不然耳。道士不許取妻，始於宋太祖，前此固皆有家室。此皆載在書籍、考之實事確有可憑者，何乃不知而妄爲之説？此非書義之要，而實格物之論所由生，故附言之。或曰解經何必參入佛老，啓人訕笑？曰盈天地間皆人，人人皆有德性。謂中華始有聖人，不可也；謂中華之外不許爲聖人，可乎哉？天止一理，人止一道，明明德外無全人，特方言不同，書籍或異，而其理同也。譬如中華方言亦不一，即父母兄弟稱謂各别，不得以其語異謂所言非父母兄弟也。六合何窮？惟此心理皆同，故聖人一以貫之。老子，孔子所師。佛爲西方至人，載籍明徵。若以是者爲非，將並其非者而亦是。今之輿圖日闢，言道日雜矣，不明其是者，必有以非爲是者。且僧羽學佛老而謬，文人學孔孟而非，前人已多有言之者，豈愚一人之私見乎？毛西河謂扞格之格，與今讀音義不同，然字書訓義多欠安者。王氏曰經文出孔曾，而音訓非出孔曾。後儒更正前人者多矣，何獨疑此知言哉。《書》曰格其非心，前人訓正也，然文義本兼扞字義。或疑如此訓格物似與誠意正心相混，不知誠意是一念之動，必謹其幾，正心是充實之候，化其氣質，此格物是方止至善時，掃除物欲，清其神明，各有實功，須身體乃知，非可求諸文字，亦非空言所能争也。孟子曰求放心，心本浮動，何以求之？止至善而虛静，則一念或非，旋即屏除，久而志氣清明，知日致矣。孟子云養平旦之氣，孔子勉人爲仁，其功始此視聽言動，戒其非禮。又言集義乃能生氣，内外一原，動静交養，修德乃可凝道，皆由止至善以爲基也。聖賢言語各異，理實無他。知止是静存，其動而省察，善則擴充，惡則克治，學問思辨篤行皆在其中。故致知、格物不分兩途，静存、動察原屬一事，奈何歧而視之？

物格節衹就上文折轉説，欲人知入手功夫，且見古人必先之。故知本所在，則知明德之要，故下文緊接修身爲本，不必如時解云此節知所後，蓋知後即在知先之中也。

上文言家國天下相因之理，次第推及於身心意知。恐人誤認向天下國家索解，又或於心意知上著迹，流於空虛，故承上而約言之曰：自天子以至於庶人，壹是皆以修身爲本。心意知皆身中之事，家國天下必本身而推。以身爲本，則修身而家國天下在是矣；不務修身，而欲家國天下之治，得乎？其義前文已悉，不贅。

其本亂節緊承修身爲本説，言身爲萬事萬物之本，能知修身，則凡事物本末終始無不瞭如。本所當重，末所當輕。重者宜先，修身是也；末者宜輕，凡事物是也。知其本而修之即是厚，知其末而緩之即是薄。知身修而盡其事、滿其量，所謂修其身而天下平矣，故爲知本，亦即爲知之至。語意與物有本末節神迴氣合。是聖人言大學之知，衹是知身内之理。身内之理，明德是也。德本於天，天止一理，理宰乎氣，而乾道變化，各正性命。人能修身，則其德已明，凡天下之事物，以一理貫之，故曰此謂知本、此謂知之至。是夫子已將知字反復言明，無俟另爲索解矣。道莫大於五倫，凡禮樂制度，皆所以維持五倫。而五倫本於身心，非明明德，身何由修？知修身則本原之地必純乎天理。天理既純，則齊治均平無不悉當。言知止，所以示人入德之要；言知至，示人以反約之功，知身爲本即爲知之至。豈若後儒之學，先廣博以求知，次静心而防檢，分知行爲兩時，析内外爲兩事哉？夫子已將知字言明，故曾子不再釋致知，而特言誠意。誠意是動察之功，知止是静存之要。若不能静存，又安能動察？静存、動察，先儒亦知之矣。但其所謂静存者，不得至善之所而存之，故不解止至善之實。正如孟子言養氣，不知養氣之實，謂必有事焉數句止是集義，而勿忘、勿助俱道來不熨貼。此千載理學分途異端、百家所以紛紜之故，若再不明言，後來何從問津也？

所謂誠其意者，毋自欺也，如惡惡臭，如好好色，此之謂自謙。故君子必慎其獨也。

惡、好，上字皆去聲。謙，讀爲慊，苦劫反。

曾子因夫子之言而標誠意以爲的，恐人騖於知而忽於實也。毋自欺，不自欺其善惡之明。惡惡二句，真心力行也。必如此而後爲誠，快然自足。故君子必慎，其一念之發，獨己所獨知也。

小人閒居爲不善，無所不至；見君子而后厭然，揜其不善，而著其善。人之視己，如見其肺肝然，則何益矣？此謂誠於中，形於外，故君子必慎其獨也。

閒，音閑。厭，鄭氏讀爲黶。

意動即形於外，不慎即入於小人，故即以反形再言必慎其獨。朱子曰：厭然，消沮、閉藏之貌。誠於中，自欺之實如見肺肝，則不惟難以自欺，亦不能欺人。

曾子曰：十目所視，十手所指，其嚴乎。

承上文而嘆其嚴，欲人畏天命而致其慎。十目十手，指視森嚴，即《詩》亦臨亦保之意。天地人神，本一氣相通，君子畏天命，則必慎獨。曾子曰，猶《左傳》君子曰之例也。

富潤屋，德潤身，心廣體胖，故君子必誠其意。

胖，徒丹反。

潤身，充實而有光輝之意。廣，無愧怍。體胖，其一端即易見者以曉人也。胖，謂豐美冲和。意，心之動。心，身之主。故意誠則形於身，而有此君子必誠其意。

《詩》云：瞻彼淇澳，菉竹猗猗。有斐君子，如切如磋，如琢如磨。瑟兮僩兮，赫兮喧兮。有斐君子，終不可諠兮。如切如磋者，道學也。如琢如磨者，自修也。瑟兮僩兮者，恂慄也。赫兮喧兮者，威儀也。有斐君子終不可諠兮者，道盛德至善，民之不能忘也。

澳，於六反。菉，《詩》作緑。猗，叶音阿。僩，下版反。喧，《詩》作咺。諠，《詩》作諼，况晚反。

朱子曰：《詩·衛風》。淇，水名。澳，隈也。猗猗，美盛貌。斐，文貌。切以刀鋸，琢以椎鑿，皆裁物使成形質也；磋以鑢鍚，磨以沙石，皆治物使其滑澤也。治骨角者既切而復磋之，治玉石者既琢而復磨之，益致其精也。瑟，嚴密貌。僩，武毅貌。赫，光明。喧，宣著也。諠，忘也。道，言也。上文反復言意之必誠，此乃詳誠意之功。曾子以誠意爲明明德之要，故詳言明明德事即誠意事，而致知、格物等義皆在其中矣。引武公之德極其盛，由明明德之功極其密。學則致知也，自修則格物也。恂慄則誠意，威儀廣胖之意。盛德至善，民不能忘。結言德者，人之所同。德盛者，其明德時已能親民，故民親之。盛德至善，德極。其明言德之盛，而即以夫子至善名之，以明德之極功由止至善而馴致也。

《詩》云：於戲前王不忘。君子賢其賢而親其親，小人樂其樂而利其利，此以没世不忘也。

樂，音洛。

上文言明明德之功而及民不能忘，恐人疑其闊遠，故引《詩》申言民不能忘，止是德極其明，自然見諸事功，洽於民心。知《詩》言不忘前王之故，則知齊治均平皆由明德。而下文乃言明明之義，以古證也。朱子曰，前王，謂文、武。君子，後賢後王。小人，謂後民也。於戲、嗚呼同，嘆美詞。親民者民亦親之，至於没世不忘，則由明明德時便已親民。凡賢親樂利之事無不周知，故能然，即《詩》美武公可以知其義矣。

《康誥》曰：克明德。《大甲》曰：顧諟天之明命。《帝典》曰：克明峻德。皆自明也。湯之《盤銘》曰：苟日新，日日新，又日新。《康誥》曰：作新民。《詩》曰：周雖舊邦，其命維新。是故君子無所不用其極。

大，讀作泰。諟，古是字。峻，《書》作俊。

朱子曰，《康誥》，《周書》。克，能也。《大甲》，《商書》。顧，常目在之也。天之明命，天理，天之主宰，故曰明命，而人獨得之。《帝典》，《堯典》。峻，大也。盤，沐器。銘，名其器以自警之詞。苟，誠也。鼓之舞之之謂作。上文言明明德之功，引《詩》將夫子格致誠、親民等義皆包括其中，已極詳備矣。此乃言夫子言明德，又言明明以功，必自盡而且必明之又明，然後合天命而德極其至也。克，能也，精進不息之意。顧，内視。諟，是也。心目内顧即自明，人不能貸，畏天命也。峻，高大也。《盤銘》即明而又明之義，《康誥》言作亦此意。德與天合，故命亦新。極明之至，言必明而又明也。天命亦通，則明德自然之效，而上文所以言民不能忘也。極即明德，皆自明也，言皆自誠。其明明之功，無所不用其極，成己成人，皆本德明也。德者，人人所同具，故明明德之外，無學業。

《詩》云：邦畿千里，惟民所止。《詩》云：緡蠻黄鳥，止于邱隅。子曰：於止，知其所止，可以人而不如鳥乎？《詩》云：穆穆文王，於緝熙敬止。爲人君，止於仁；爲人臣，止於敬；爲人子，止於孝；爲人父，止於慈；與國人交，止於信。

上文言明德之義已詳，此乃言止於至善之義。邦畿爲萬民所止，至善爲萬理所歸。鳥尚知止，人安可不知止？止兼内外而言，非徒空寂也。但外本乎内，文王緝熙敬止於内，故仁敬孝慈信，能得其道於外，所以《大學》必止至善而後明德。有基即意發而誠之，亦易易也。朱子曰：邦畿，王者之都。止，居也。緡蠻，鳥聲。穆穆，深遠意。於，嘆美詞。緝，繼續也。熙，光明也。邱隅，山曲之處。

子曰：聽訟，吾猶人也，必也使無訟乎？無情者不得盡其辭，大畏民志，此謂知本。

引子言以明己標誠意爲本，仍是夫子知本意也。格致誠一切功能皆必以誠，誠而後可臻於修身齊治平，本身而推實本一誠耳。即如訟生於不誠，善聽不如使無訟。無誠之人不敢欺，心畏敬天命，是人皆革心而誠，齊治平胥可矣。修身所以無不可以此，此謂知本。情，誠也。

右傳之一章。言誠意爲明德之要，而並詳明德之功，凡所以發明夫子未盡之意。蓋《大學》之理盡於明明德，德在於身，子故言修身爲本。而主身者心，心之動爲意，意不誠則心無由正，身亦不修。故曾子特標誠意爲要，而並詳明德、止至善等義，無不該於誠焉。

貫 解

曾子言經言大學之道，歸本於修身。能修身則能明明德，而天下國家之理無不明，其義約矣。顧身非易修，爲身之主者心也，而心之正與不正，實自意基之。吾竊以爲大學之始功，莫先於誠意。所謂誠其意者，豈有他哉？人心，天理之良本，未嘗息一念之動，誠能省察辨别，則善惡之分固不難明矣。第私妄未除，往往知善而不爲，知惡而不去，是自欺矣。入大學者，毋然必也。知惡而不爲，如惡惡臭；知善而必爲，如好好色。誠心實踐而無虚僞，如是久之，而善者皆真，惡者不存，則愧怍不生，有暢然快足之趣，學如此，此之謂自謙。故君子知一念之欺與不欺，惟己獨喻之，則自謙與否，亦惟己獨爲之，必慎其獨，毋稍不誠，以爲明明德基也。若以意無人知，任其發而不禁，則必爲小人。小人閒居之時，以爲不妨自欺，任意而不任理，其爲不善，無所不至；及見君子，而後厭然揜其不善而著其善，以爲可以欺人矣。不知人之視己，如見其肺肝然，則何益矣？此謂中之所誠，外必形之。至形爲小人，則已難挽，故君子必慎於一念之萌，不使流爲小人之歸也。曾子曰，意之發至隱微矣，而慎則自謙，不慎則自欺，亦不能欺人。所以然者何哉？人在天地之中，鬼神止是陰陽之靈，冥漠之中，已爲十目十手所指視，其嚴乎。知其嚴而慎獨，則必能誠意，不但畏人，而畏天命，此君子之所以正心修身必先誠意也。夫果慎而誠之，豈無其效哉？彼富於財者，非有表暴之念，而入其庭户，自覺豐盈修飭之不同，蓋潤屋矣。富於德者，豈有炫耀之心？而挹其儀容，自覺光華充溢之可愛，必潤身矣。所以然者，既無私僞之雜晦鬱其神明，自無陰濁之蒙流露於四體。心之廣者體必胖，自然之理也。故君子知一念不誠即隘其心而污其體，必誠其意以爲明明德之始功也。夫大學之事無窮，功亦非一，何以一誠意而功效若此？蓋誠意是慎於其發。然夫子言知止、致知等義，倘能誠意，則必皆能致其功。淇澳之詩，美武公者，可證也。曰：瞻彼淇澳，菉竹則猗猗而美盛，蓋地氣之菁華，物以昭其色澤，况我有斐之君子乎？君子之爲君子也，其剖别理欲之界，則如切骨角而兩分之；其研求義理之瑕，則如磋骨角而精潤之；其沈心以求義藴之旁通，則如琢玉石而破其堅；其精微以企神明之奥妙，則如磨玉石而發其華。蓋瑟兮而不授人，欲以投入之隙；僩兮而不予人，欲以撓奪之權，故其積中而發外者。赫兮，容色之光明。喧兮，精華之盛著。此有斐之君子，誠令人不可諠兮也。《詩》言如此，吾嘗尋繹，知有合於誠意之旨焉。蓋意固不可不誠，而善惡必先自知。如切如磋者，言研究是非，必使理之在吾身者，學焉而有以明其理，不徒博雜以爲富也；如琢如磨者，窮極義藴，自除其心中之慝，而務全乎精純，不徒泛騖以爲工也；瑟兮僩兮者，理有得而猶慮其疎，秉心誠篤，常形戒懼也；赫兮喧兮者，誠中發外，威可畏而儀可象也；有斐君子終不可諠兮者，言君子德極其盛而臻於至善，民之不能忘也。此《詩》於君子始終本末之功，至爲詳盡。然明德而及於民之不忘，豈自修其身以求知於人哉？蓋德者，民所同具，明明德之人，何嘗求知於人？而德既明矣，凡言行動静隨處協宜，民自親而愛敬，不能遽忘。豈特一時不忘，即没世亦不能忘也。《詩》云於戲前王不忘，蓋美文武之德，然文武何以不可忘？以其德盛，而所以親民者至也。凡天下之賢士，爲文武所拔擢者，列於有位，爲民師表，雖至後世，君子尚賢其賢，而知貴德；爲文武之宗親者，推恩錫類，廣建屏藩，雖歷年久遠，君子尚親其親，而篤宗盟。至於小人，身被文武之化，皆知復性，可謂樂矣。而教澤遺留，後世猶樂其樂，身享文武之治，咸能遂生，可謂利矣。而子孫世業，歷久猶利其利，此以没世不忘也。夫賢親樂利，非親民而得其精，必不能洽輿情而及於久遠。民之賢親樂利，豈待臨民而後講求哉？學大學時，與民相親，凡賢親樂利之事，皆已得其情狀，故民不能忘。淇澳之詩，又何疑焉？雖然意之誠也，於其動而慎之也。而明明德之本，必先於意之未發，而亦誠之。但其功非一致，當實踐而深造其域。《康誥》之美文王曰克明德，言他人不能明而文王獨能明之。克之云者，即誠之説也，而其功不稍懈矣。《大甲》之美湯曰顧諟天之明命，言德本天命，惟湯能顧諟之，心目常在明德，知天命一息不可違，亦惟誠乃敬。《帝典》之美堯曰克明峻德，言德至峻，而堯能盡其量，窮極乎德，與天命通，非至誠何以能峻？是三書者，其言不同，皆言古人爲學，誠能自明其德，不肯一毫自欺，是故明德不外於誠也。而夫子又言明而又明者，何也？德本天理，人所獨得。於天若毫髮未明，則無以合天，而天之明命，又何以通？且明而又明，非夫子之創言也，湯之《盤銘》曰：苟日新，日日新，又日新。言湯明德極其誠，故日新不已，而顧諟天命，極於至峻。日新又新，即明而又明之義。《康誥》言作新民，作亦明明也。勞來、匡直、輔翼，使民不懈，即明而又明之意。故必如此，德始可以明。德既明矣，則天命自合。故《詩》美文王曰：周雖舊邦，其命維新。言文王明而又明，故德極其明，天亦應之。明德爲萬理之總滙，天下之物無以加之，是故君子毫髮之念皆必純一，明而又明，無所不用其極也。然德何以能至於極？誠意者，動而慎之耳。其静存之功，則夫子止至善之説爲要。天人一理，理宰乎氣。理氣之元，於何統宗？維天之命，於穆不已，名曰天地之中。人得天理，名曰受中以生。原無二致。故人身天地之中，如天於穆，萬物根源，萬事萬理，必由乎此，正如人世萬民雜出，必有王者統一之。《詩》云：邦畿千里，惟民所止。言邦畿爲天下之極，民必止之，猶止至善爲衆理所含，必由此止之，始得其要。然而人每忽視，蓋不知至善之所，人與天合德之地，不知止則德必難明，欲求凡事合理，必有不能。《詩》云：緡蠻黄鳥，止于邱隅。夫子讀而贊之曰：一鳥耳，於止知其所止，可以人而不如鳥乎？蓋嘆人不知止至善也。果能止至善，則静存天命，涵養本原，久而至誠不息，表裏皆通，時措咸宜。《詩》云：穆穆文王，於緝熙敬止。言文王德之深遠，無跡可求，而其心體純一，則可約言其狀。緝而不息，熙而光明，本體之明已如是，故著於外者，不期敬而自敬，爲人君則止於仁，爲人臣則止於敬，爲人子則止於孝，爲人父則止於慈，與國人交止於信也。夫仁、敬、孝、慈、信，皆德也，而各得其道，則由緝熙敬止。蓋在中者渾然，而外見者乃當，即外之所止可知其内之所止，故止至善爲明德之要功。知止而定静安，則物可格、知可致。定静安矣，而後意動而知善惡，可以誠意。文王亦由知止而深造，至於緝熙，則德明之至矣。敬止則所謂純一不已矣，如此而身有不修者乎？夫子言壹是皆以修身爲本，謂德明則成己成人，可一以貫之。天下至大，民物至繁，如何修身便可一貫？蓋身修則德無不明。德明者，天理全備於身，謂之誠身。天下雖大，人事雖繁，以實心實理行之，未有不感化者。夫子嘗言：聽訟，吾猶人也，必也使無訟乎？人心欺僞而後有訟，無情而巧詞亂理，爲甘於自欺。使無訟者，使民無情不敢盡其辭，心中敬畏，不昧天良也。吾言誠意必毋自欺，即是此義。其始一念不敢自欺，及行之既久，念念皆不自欺，則内之存養者已熟，而凡人倫日用，何念不誠？何德不明？又何身不修？知此則知萬理統於德，明德之功統於誠意。吾所謂明德以誠爲本，仍是夫子修身爲本之義，非有二也。若不知立誠，則一切皆僞，内而格致誠正，外而修齊治平，尚何從問津也哉？

附解

聖人以大學之道示人，蓋欲人身體力行，非徒口耳記誦，作文字觀已也。前聖經一章，已是委曲詳盡。曾子恐人未知用力之要，且夫子曰修身爲本，而主身者心，心生於意，意不誠則修身之功無從托始。又心與意之分甚微，誠與正功效迥别，必當分析言之。家國天下雖本身而推施爲各别，不爲剖析亦難知其要義，故特舉誠意、正心、修身、齊家、治國、平天下重爲繹之，以其義理功能，誠有不可概同者。此傳之所以有五章也。前人不知止至善是入手要義，故於致知格物、本末始終先後之説一切皆謬，而私心臆測，竄易原文，爲之補傳。學者不身體力行，乃以爲時文之用，喜其枝枝相對、葉葉相當。有從事大學者，不知清其源，而但以博識爲致知，持守虛靈爲明明德。今若不辨正，求無罪於前人，不有罪於孔子、曾子乎？且何以得所致力修身而齊治均平也？夫人身亦藐然一物耳，聖人何以配天？蓋得天之正理、正氣而後成人。正理正氣者何？在天曰太極。太極之靈，其名曰神。大哉乾元，氣也，理也，宰之者神也。人得其正而爲性，即謂之德。但得天地之渾然者，在未生以前，故孟子曰性善。及其生也，九竅開而七情擾，是以有道心、人心之分，故孔子曰性相近。謂心即性即德，乃禪學耳。天理本純粹無疵，何以要明德？具於心而有道心、人心。人心者，後天氣質之靈，非先天純一之性也。明明德者，先須得宅心之所。天地之生物也，非物物而生化之。氣聚而理凝，所謂上天之載、無聲無臭者，所在即天地之中也。萬物皆天地所生，而人爲最靈，正以其獨得天地之中氣。此氣渾然粹然，是氣即是理，非有生以後一切凡氣可同。先天受中之時，性命於以生，百骸於以肇。明明德而宅心於此，然後可以主敬存誠、克己復禮。此竅空明不滓，一切氣血之累，俱不能入，在人身爲太極之所，故曰至善。知止則收放心、養浩然，静久而先天之氣來復，故曰有諸已也。但人生氣質之私，物欲即因之而入。静時不免紛紜，動時安能省察？故須格物。物不特外物，凡念慮不正、象由心生者皆是。故孟子曰：物交物，則引之而已矣。夫子言知止即是静存之功。誠意者，動察之道也。明明德之學，不外静存、動察。夫子於知止已詳，於動察未詳，曾子故特釋此義。但誠意衹是於已發慎其獨，知必先有静存之功，然後知其動而誠之。曾子先言必求自謙，不可自欺，重言慎獨，並言誠意之效，下文乃就夫子所言一一詳繹之。雖意重誠意，而實並致知、明親、止至善皆發明之。前人不得其肯要，所以疑其繁複而改竄之也。今且就各節申論之。

所謂誠其意四節，首節正説不自欺方能自謙，次節反面言自欺情狀。先一正一反説明當慎獨之意，而後以嚴字惕之勉之。曾子曰三字，如舜有臣五人章，先案，後斷入孔子曰；又如《游俠傳》，先言大意，後入太史公曰。此文法之常也。前人改竄原文，致曾子曰三字横梗其中，文理難通，遂謂曾子之意而門人記之，但引曾子此數言耳。然他人之意，如何便可據以立説？十目十手，諱言天地明神，謂己所獨知，即不啻人知。如此説嚴字，既不懍切，且畏人知而不敢爲惡，仍是小人之心也，弊由不知天地人神本一氣相通。夫子曰：言行，君子之所以動天地也。一言如何便可動天地？某之禱久矣，夫子豈常常禱祀乎？亦不過言行心術，處處天理，久而天亦鑒之，故曰知我其天。帝謂文王予懷明德，帝從何而謂文王？亦衹是德極其明，則心之理即天之理。無曰不顯，莫予云覯。神之格思，不可度思。夫子引以言鬼神矣，而後人反之，不過恐人求諸渺冥，不修實德。然修慝者必畏天命。鬼神止是陰陽之靈，隱微所思，人不知而天地知之，天地即陰陽也，敬鬼神即是畏天命。不顯亦臨，無射亦保，以此修慝，以此慎獨，非世俗媚禱之説。不明天人一理、人神一氣之義，此等書何以明耶？即潤屋以喻潤身，身如何潤？孟子所謂充實之光輝。夫子曰：君子黄中通理，正位居體，美在其中而暢於四支，發於事業，美之至也。睟面盎背亦此意，但此身中景象，非外人所能知。曾子即人所易曉以言，故曰潤屋體胖。胖，大也，《詩》之所謂碩人。心廣之人，形神俱泰。《記》曰四體既正，膚革充盈，人之肥也，故胖字作豐碩解亦可，然不可執形體以盡之，讀者當善會。

瞻彼淇澳二節，誠意之義，上四節已明，曾子恐人誤認，謂誠意便了明德之事，則夫子許多言語又作何解，故引《詩》詳悉繹之，致知、格物、誠意等義，皆即《詩》言該括。因《詩》説到民不能忘，恐人疑求民之信不是聖學，且或民未能知而德已盛者又作何説，故又引《詩》言文武以證實之。賢親樂利，衹是己德已明自然之功效，文武然，凡明明德者何獨不然？如孔孟無文武之遇矣，而後世莫不尊親，即不忘之事也。明明德者，方爲學時，即並親民，無衆寡、無小大、無敢慢，不特謙能自益，而凡物理人情皆積久周知矣。達而在上，萬姓歸懷；窮而在下，教思無疆。而在上尤易見，故民不能忘，非明明德外之事。盛德至善言明德，而即以夫子至善二字代明字，以明之之功在止至善也，明德之極亦不外止至善而深造。堯舜禹，明德之至者也，而相戒以允執其中。夫子繫艮止曰：思不出其位。曾子德幾於聖，故言之精密如此，切勿誤認。

《康誥》曰至無所不用其極一節，特解夫子言德須明與又明之意。明字本於前聖，《書》言聖人皆能自明，克明顧諟天命、克明峻德，非具一番至誠不息之功，安能如此？曾子以誠身之學承孔子之道，覺聖學無處不當以誠，故其言明字亦如此解，不但釋誠意已也。其必引三書者，克字、顧諟字、峻字該括明德始終本末功夫在內。愚正解已明，學者身歷而次第深造乃能知之。不然，止作文字觀，則曾子苦心隱矣。《湯盤》以下，止是解明而又明之義，新即明字替身，苟日新三句中便有誠字在。日新不已，明乃益至，明而又明便是自强不息之義，故又引作新民。作，振興奮發也。此即至誠無息之功，如此而後德明。德即天理。文王德與天同，故命亦新。極德，極其明，無所不用，萬事統於此也。後人不知德即天理，明德者猶未必能治民，改親民爲新民，未踐大學實功，而妄改聖賢，可怪矣。

邦畿千里至止於信節，夫子言明明德在止至善，且申言知止之功效。而曾子標誠意、釋明德，並不及止至善，將使人但知誠意而不知止至善。其源不清，其流不潔。意之紛紜者既多，念念而克治，愈治而愈棼，終身無定静安時，不特人畏其勞，亦且學無其本矣，故申言知止至善之義。先喻以邦畿，萬國統於一尊，猶萬理歸於至善。次言人不知止，則鳥之不如。後乃以文王之敬止證實之。敬兼内外，而外本乎内，非天理純熟，此身血氣之私全無，不能敬止也。静而致中，漸至於大化聖神；動而致和，自覺其耳順不踰矩。緝，不息；熙，光明。以此二字形容穆穆之德有實境非虚幻也。惟至誠，故無息。而天性洋溢，有莫知其所以然者，此時已毫不待於勉强，而猶必以敬爲止者，何哉？德已造於穆穆，心即通乎帝載，不必强持，而自然安止。身與道一，氣與天合，不言敬而自敬矣。堯舜日惟精惟一、允執厥中，夫子欲無大過，不知老至，不敢一毫自恃，即敬之意。至於動而泛應，從心不踰，其謙謙翼翼，亦未嘗一息忘敬，豈猶夫人之敬哉？故仁敬孝慈在文王則不思不勉而中，在學者則小心體察而行。舉五者以該百爲，明止至善功純之候乃能内而緝熙、外而敬止。前人將止至善盡説向身外，令學者逐物而求，不返諸身心，放心不收，天理從何而養？愈廣博，愈紛亂，安得所謂至善而止之？此明德體用之學所以鮮能也。後世三教分門，互相菲薄，其實真知至善之所者，百無一二。佛道之高明者，雖知而不敢明言，廣爲譬喻，儒生以爲異端。而入手既錯，終身困於境物，寂守雖專，防閑雖密，無奈此心浮動，總不能渾然無欲，粹然至善，前賢以爲認賊作主。蓋既以後天之心爲性，則本原已非，又所以宅心而養性者不得其所，故不能希聖希天，而仲尼之上律下襲、四時錯行、日月代明等語俱不得其實際矣。安可不反復而明辨之？

子曰聽訟一節，上文言誠意而並及於明德、止至善，並親民、格致等義皆兼及之，已無餘藴矣。但夫子言大學之道，本末始終功效悉具，而總結之壹是皆以修身爲本。曾子又標誠意爲要，恐人疑爲夫子修身爲本外添設，故引子言聽訟之義，見修身者德明。德明者，至誠之至。誠至而成己，即可成人，不誠者皆化而爲誠。蓋修身衹是誠身而已，人能知誠而實踐之，身乃能修。知誠仍是知修身，即夫子使無訟意可以曉然。故結之曰：此謂知本。後儒未行大學實功，將夫子此謂知本、此謂知之至也二句删去，另補格物一章，致學聖無從致功。豈知孔子、曾子止是教人動静交養、内外兼修，久之而立、而不惑，以至從心不踰矩，此爲身修之實。自天子以至庶人，壹是皆以修身爲本。誤解而使人必物物窮理，故不特誤己，亦將誤人。慎之。思之。前人所言不悉辨，辨其一二。愚非力反前人，特發明聖人之實，庶將來有所致力耳。

所謂修身在正其心者，身有所忿懥，則不得其正；有所恐懼，則不得其正；有所好樂，則不得其正；有所憂患，則不得其正。

忿，弗粉反。懥，敕值反。好、樂，並去聲。

朱子曰：忿懥，怒也。饒氏曰：忿者，怒之甚；懥者，怒之留。愚按：身謂氣質，七情亦性之用，而氣質所困，易失其正。誠意之後，心專於善矣。而氣質之心感物而偏，則足以累清明之體，而道心不得其正，有所情爲物役也。此言身之有欲，足以累心如此。

心不在焉，視而不見，聽而不聞，食而不知其味。

此乃正言正心之功。心本易動，惟止至善之久而性定，則心亦不動，凡非禮之來，見如不見，聞如未聞，不必却之，自不能入，與誠意之待克治者不同。曾子即易見者以言心正之狀，非屏聰黜明强制其心也。

此謂修身在正其心。

此謂修身在復性之後，又加涵養。至於不動心，乃自然而正，不爲氣質所累矣。

右傳之二章。釋正心、修身乃知止、誠意，動静交養而不動心也。

貫　解

曾子謂吾言誠意爲明德之要，而並及於明德一切功效。然則能誠意者，應無患身不修矣。而經言又言修身必先正心，豈意非心乎？誠與正又何以不同？蓋誠意之久，而私僞日去，善心日增，心之所發已不患不正矣。然而心在有生以後，陽中含陰，此身秉父母而生，感天地氣化又不同，則先天純粹之性困於氣質，已非未生以前本體。若習染再偏，則氣質日深，義理日少，尚何以修身？故誠意者，慎其發者雖嚴，而養其中者未至，斯義理之心不離氣質之累，即如不合於心而爲忿懥。苟平情自反，惟求無愧於心，何難視如無有而不能？然則不得其正矣。有如恐懼，亦理不勝欲，自反而不縮，内省多疚，乃有所恐懼。有如好樂，苟不以禮節情，則遂爲所惑，沈溺其中。有如憂患，亦平生多咎，又析理未精，世情得失之見不能渾忘，故生憂患。四者，人之常情也。以爲心之用不可無，而不知氣質之累所生，未至於純一，則此身之陰私必不能化，而四者之心，即執滯偏任，不得其正矣。故《大學》之教，必由知止之久，内養已純，誠意之久，發皆中節，則此身純乎一元之理氣，一念之私、百骸之垢皆蕩滌無存，而心正矣。由是忿懥四者，不必强制而自當乎天理。蓋强制其心者，明德之本體未全，即身中之陰滓不净，性逐情移，心爲物役矣，安得爲正心？正心者，其德已明，身無私垢，心自然而不動於欲，一有所見所聞，如水投石，自不能入。試觀常人，非有正心之學也，而心不在其物則視亦不見、聽亦不聞、食亦不知其味，况正心者天定理純，人心悉爲道心，凡非禮之來自然視如無物，如此而身有不修者乎？此謂修身在正其有覺之心，然後意之所誠皆本於心之所含，此身動静語默，莫非天理之流行矣。

愚嘗示兒輩此章，松文、椐文、椅文作而曰：柳下惠坐懷不亂，虞舜敝蹝天下，所謂心正者乎？應之曰然。

附　解

心之發動處爲意，意誠則心宜正矣。而經又云修身在正其心，豈心外别有意哉？蓋《大學》之始，教人窮理以致其知，知其善矣，即於念之動處實好其善、實惡其惡。然止是於心之動處，慎所獨知，至心之本體，內含虛靈之用。虛靈之用，非可無也。但既生以後，氣質之欲太多，苟未能知止以養其源、誠意以慎其動，則此身血氣之私牽引外至之緣，而心不得其正矣。心在先天，渾然者即是性，是心之本體也。既生以後，有此血氣之身，即有七情之擾，而知覺運動之心非復先天渾然之心。爲其緣氣質而生，故以爲身有所忿懥，非心字譌爲身字也。人身得天之理，本無駁雜，而身之氣以成形者，厚薄清濁迥異，所以有生、安、學、利、困、勉之分。明明德者，明其先天之性而已。性，心之體；心，性之用。用不離體，故惻隱、羞惡、辭讓、是非，人皆有之。體不離用，故静存動察，必心爲之。但性本無爲，而心有覺。覺則動，動則妄，妄則偽而雜，平旦之氣，因而梏亡矣。誠意者，能制於動而無以養其清明之體，則氣質之心牽擾虛明之性，而心不正矣。心不正，身何以修？故曾子特標明身字，見七情之偏，身所以不修。而正心之功，非徒省察克治可了，必由致中致和，久而能不動心，然後有覺之心悉聽命於無爲之性，自然非禮之來，視如無見、聽如無聞。聖人所以清明在躬、志氣如神者，以此。此謂心正而身修也。知止、誠意，孟子集義養氣之説在其中。先儒知十六字爲聖學，力持其心，久久亦能不動，然實告子之學而已。故符離喪師，安睡不動，謂爲不動心，而范淳夫女亦能不動心，朱子覺其不安，故補格致傳，謂必窮究事物之理，乃可齊治均平。然明明德之功，動静交養，本末交修，博學於文，約之以禮，内外一時並到。夫子告顔子爲仁，仁即明德，爲仁即明明德。知止之功具焉，其目在視聽言動，制外所以養中，養中方能制外，戒其非禮，即誠意也。致知不是事物之理，盡知衹是日用倫常，一言一行、一動一静，必審其是非，其功則學問思辨是也。知之即誠而行之，是爲篤行。行亦不但行事，由一念以及於念念，由一事以及於事事，惡則克治，善則擴充，誠其所知而已。故致知、誠意不分兩事。意即心也，而分言之則心是本體，意是發動處。誠意者，能治其動矣。至心之本體，欲求渾然天理，則非慎動可了，故曾子又明正心之義。道心，理也；人心，欲也。欲此心純乎道心，無有人心，非知止、誠意漸造其極，安能復還天命之性？夫子三十而立，七十而後從心不踰，則人心莫非道心矣。心純乎理，則一念可以通於天命，而此身之美大聖神、上律下襲因之。聖人之身不同凡人之身，豈非由其心皆天命之理哉？前人第知心爲身主，不知心有後天先天之分。孟子言耳目之官不同於心之官，人心氣質之靈，道心即是德性，故心正者身然後修。知告子之不動心何以異於孟子，則知心之所以正、身之所以修，而天下平亦不外此。孟子曰：形色，天性也。惟聖人然後可以踐形。即此章心正身修之義。而曾子謂夫子江漢濯之、秋陽暴之，發明聖人心象，亦該此章。特實踐者少，故人心、道心所由分與其所以合千古不明，而孔、曾、思、孟之言亦難以得其會通矣。識者詳之。

所謂齊其家在修其身者，人之其所親愛而辟焉，之其所賤惡而辟焉，之其所畏敬而辟焉，之其所哀矜而辟焉，之其所敖惰而辟焉。故好而知其惡、惡而知其美者，天下鮮矣。

辟，讀爲僻。惡而之惡、敖、好，並去聲。

朱子曰：人，謂衆人。之，猶於也。辟，猶偏也。身修則自反無惡矣，而施之於人，自恃無過，好惡已陷於偏，故歷言五者之情，以見知好、知惡之難如此。

故諺有之曰：人莫知其子之惡，莫知其苗之碩。

苗，穀之始生者。引諺以明辟之爲害。不察其惡，故偏好；竟忘其美，故偏惡。類此則身不修，故下文直指之。

此謂身不修不可以齊其家。

承上莫知而言。好惡一偏，身即不修，不可以誠正自恃也。

右傳之三章。釋修身齊家。

貫解

上文言修身在正其心，則正心之後，身可以修矣。而經言齊家必先修身，似正心之外猶有修身之功，不可以不釋也。所謂齊家在修其身者，非正心之後身猶不修，特心雖正矣，而心之見於好惡者，或自恃其正而不加察，則必有偏，而身因以不修。夫正心者，當好而好，當惡而惡，一家宜其勸善而懲惡矣。而未必然者，自以爲好惡之當，而實已偏於好惡，故身即不修，家即不能齊。如一家之中宜親愛者多矣，然親之愛之，並其言行之失皆姑息優容，則辟矣。亦有素行不端、勸懲無術、爲所賤惡者，然苟率德改行，固當不念舊惡，即或一端可嘉，亦應略短取長；而或不然，則於其所賤惡而辟焉。若夫父母兄長之屬，所宜畏敬也，然事之以道，非義不爲，有過則幾諫多方，關弓則垂涕而道；若一於畏敬阿順，反爲不孝不弟，而或又多辟焉。至於貧病孤寡，一家之當哀矜者常有，然體恤雖周，功過宜明；苟因其可哀可矜而優容長惡，則又辟矣。奴婢妻子之屬，不必定將以禮貌，若敖惰之者然，分雖卑而情許自陳，人雖微而言有可采，不可一概敖惰置之也。而或又敖惰而辟焉，夫然則雖好所當好，家人不服其善善之公；惡所當惡，家人不以爲罰惡之明。非好惡之難，好而知其惡、惡而知其美者，天下誠鮮矣。故諺有之曰：人莫知其子之惡，莫知其苗之碩。知子莫若父，而偏於所好則但知其美，不知其惡。凡好不知惡者，類如此。苗之碩亦易知也。而責備之過則不知其美，非惡而似惡，凡惡不知美者亦如斯。好惡之辟，是非顛倒如是，家何以齊？此謂身不修不可以齊其家也。知家不齊之故，則修身者可弗於好惡加慎歟？

附　解

正心後身已修矣，但聖人之學一節密似一節，一年深似一年，未嘗以自身已修稍疎於一息也。況天理人欲，介在毫芒，而情之動而爲好惡者，尤當精義入神，乃爲全德，故即人情之易偏，以明其概，承上文正心修身説來，則已修身矣，其於親愛五者好惡自必當理，而毫髮之偏便成人欲，故曾子特釋之。一家之中不能皆賢，亦不能皆不肖，若非好知其惡、惡知其美，非失之太嚴，即失之太寬，非失之太包荒，即失之太分明，故此章辟字較前章不得其正更深一層。身已修而不自滿足，一念必謹，無時不敬，以仁以義，感化一家，誼美恩明，久久乃成一室太和之象。古今不少明人，而家不易齊，然後知曾子之言密也。要識得身與家交關處，全在好惡二字，刻刻省察，刻刻審量，施無不當，情得其平，則至公至明。修身即是齊家之理，此豈不知大學之道者所能哉？舊解多混入正心章，今正明之。

所謂治國必先齊其家者，其家不可教而能教人者，無之。故君子不出家，而成教於國。孝者，所以事君也；弟者，所以事長也；慈者，所以使衆也。

家非不可教，身不修則欲教而不可。不出家而成教於國，即一家而教，國之理已裕。人，國人也。孝弟慈三句，正言其實。

《康誥》曰：如保赤子。心誠求之，雖不中，不遠矣。未有學養子而后嫁者也。

申言孝弟慈三者，必盡其誠而后可以教家。引《書》而釋之，即慈可以知孝弟矣。

一家仁，一國興仁；一家讓，一國興讓；一人貪戾，一國作亂。其機如此。此謂一言僨事，一人定國。

僨，音奮。

朱子曰：一人謂君也。機，發動所由也。僨，敗也。承上言誠孝弟慈，則仁、讓矣，國即化之；否則貪戾，而國亦作亂。蓋家國相應之機如此。故古人謂一言可以僨事，一人可以定國。而成教於家者，其身不可不端，如下文所云也。

堯舜帥天下以仁，而民從之；桀紂帥天下以暴，而民從之；其所令反其所好，而民不從。是故君子有諸己，而后求諸人；無諸己，而后非諸人。所藏乎身不恕，而能喻諸人者，未之有也。

好，去聲。

承上文機字言。帥天下之仁暴異，而民之從亦異，是以君子反求其身，不敢徒以責人。藏身者恕，謂孝弟慈實踐於身，恕以待人也。喻，曉也。

故治國在齊其家。

本身以齊家，而喻於一家即可喻於一國，故經文云然。

《詩》云：桃之夭夭，其葉蓁蓁。之子于歸，宜其家人。宜其家人，而后可以教國人。

夭，平聲。蓁，音臻。

上文言修身而本誠恕以行，故教家即可治國。第家之難齊，首在婦人，次惟兄弟，故又引《詩》而咏嘆之，使人自領。

《詩》云：宜兄宜弟。宜兄宜弟，而后可以教國人。

宜兄弟之道，恩義兩盡而已。然能宜者有幾？

《詩》云：其儀不忒，正是四國。其爲父子兄弟足法，而后民法之也。

忒，差也。儀不忒，純乎禮度也。父子兄弟足法所該者廣，蓋三詩之意各有所主，而曾子引之則欲人慎於夫婦、兄弟之間而自盡其可法，咏嘆無窮之旨，其亦以詞有難盡者歟？

此謂治國在齊其家。

承上三詩言無所不宜，可以爲法，斯家齊而國亦治。此謂治國在齊其家，非空言家國相通而已。

右傳之四章。釋齊家治國。

貫解

經文所謂治國在齊其家者何哉？家者，一國之準也。苟其人身範不端，其家尚不可教，而能教一國之人者，無之。是故君子不出家庭而所以教國之理，已自一家成之，非强也。家之中有親孝，所以事親而推之於國，即所以事君而忠者也。家之中有兄弟，所以事兄而推之於國，即所以事長而順者也。家之中有幼慈，所以撫幼而推之於國，即所以使衆而惠者也。是三者皆一家之事，而一國之事即在是。欲成教於國者，豈外家而求哉？但孝弟慈之事無窮，貴實心行之，懇惻周至，而後可以教家。試即慈幼一事言之。《康誥》曰：保民如保赤子。夫民與赤子相遠矣，且民情可見，而赤子無知。以無知之赤子，欲得其情，固已非易，乃保赤子者，心誠求之以慈愛之衷，盡撫摩之道，雖未必悉中，然於赤子所懷不遠矣。所以者何？慈愛出於至誠，雖無知之人，亦可洽其懷抱。天下之人，固未有學養子而后嫁者也。其愛真則其術悉是，故《書》言保民如之，則國自可治。慈者所以使衆，不即此而可知乎？而孝弟亦可類推矣。齊家者，果於孝弟慈之道，心誠求之，則愛無不周，而一家可仁矣，將見一國即興於仁；敬無不至，而一家可以讓矣，將見一國即興於讓。如其不然，則不誠於仁必貪，不誠於敬必戾。一家如此，一國化之，亦必作亂。蓋事著於此而應捷於彼，其機如此。此古人所以謂一言可以僨事，一人可以定國，正爲其感應之速不容毫髮苟也。不然而何至一言即僨乎事，一人遽定乎國哉？觀之往昔，堯舜帥天下，有國者也，其帥之以仁而民從之；桀紂帥天下，亦有國者也，其帥之以暴而民從之。夫桀紂即不仁，其帥天下豈不以仁令之哉？因其所令反其所好，而民不從。是故君子之動民以實不以文，雖己有求人，非人之責。然必孝弟慈之道，實有諸己而后令國人以善；不孝不弟不慈之事，實無諸己而后責國人以不善。於己則惟恐有失，於人則不遽相繩，所謂恕也。若所藏乎身者不恕，而能使國人喻其意，自古無之。故治國者，在本身以齊家，不當遽求諸國，不觀之《詩》乎？《詩》云：桃之夭夭，其葉蓁蓁。之子于歸，宜其家人。夫家之最難化者，婦人也。古之王者，莫不正身修德，資於賢配。故女子能宜其家人，而后正位乎内，正位乎外，可以教國人也。不特此也，夫婦爲人倫之始，而手足實父母之遺。《詩》云：宜兄宜弟。夫兄弟不必皆賢，好惡安能一致？能宜者，則必恩義兼盡，誠悃素孚。宜兄宜弟，而后可以教國人也。然婦人兄弟俱宜，而有家者修身之學未至，言行動静稍有瑕疵，父子兄弟即得而指摘之。《詩》云：其儀不忒，正是四國。夫儀之不忒，非爲欲人取法而然也。即父子兄弟，亦未必皆賢，然而我之儀可以爲法；即父子兄弟不盡法我，而我自足爲法。一國之人，近者信從，遠者向慕，其爲父子兄弟足法，而后民法之也。《詩》言之義如此，此謂治國在能齊其家。觀於三詩所云，則非但自謂身修，即可齊家而治國也。

附解

大學之道，以修身爲本，身修則家可齊矣。雖然，齊家之難，非但吾身不修之難。即自身無愧，而一家之中長幼内外賢否不一、嗜好各異，齊其不齊者以歸於齊，必本誠以行恕、仁、讓，交孚而後可治。國之道多端，然其要不過以誠相孚、以恕相體而已。孝弟慈者，人心之公理，而齊家之大端。一家如是，一國如是，則齊矣、治矣。三者本家國共有之理，但當以誠行之，乃能各盡其道。故首節懸空指出家國相通之理，次節引《書》指出誠字。蓋能心誠求之，則無不可事之父兄，亦無不可教之子弟，而仁讓自然相孚。仁也，讓也，雖至疏逖之人，無不可感化，而一國之興仁興讓又何疑焉？其機如此，言相應之速。一言僨事二句，古語正謂機之所動，不可稍忽也。家庭骨肉之際，素志相契，而一言啓釁隙之媒，未必其人之非賢者。睢麟，官禮之治端。自宫闈而天下，仰神明之德，何待賞罰之密而後能然？此節承誠求説來，極言其感應之速，舊説欠明。保民如保赤子，是慈者所以使衆之明徵，而孝弟可知。獨以慈言誠求者，人情慈幼之誠每倍於父母，故即此形容之。虞舜之孝也，惟知有父母，故棄天下如敝蹤；亦惟知愛弟，雖象日欲殺兄而渾忘。如此之誠孝弟，始爲克盡，而天下有不聞風感嘆者乎？其機如此，直應轉首節其家不可教二句。惟其理本無二，是以機爲甚速。恕字已藏在此節内，下文始點出耳。治國者，本有求人，非人之責。但道宜自修，不誠於孝弟慈不可也，謂已能誠而遂責人之從，亦不可也。故必以恕行之。結之曰故治國在齊其家，大義已明。但家之不齊，每由於婦人與兄弟，必皆有以宜之。欲其皆宜，而己言行心術不足爲父子兄弟法，則家亦難齊。引《詩》而反復咏嘆之，蓋以婦人兄弟之宜爲甚難，父子兄弟足法爲非易。修身而從事於此者，乃能深知其情事。古今來，家庭之間不修身者，不足道矣；而能修其身、家人婦子純乎仁讓者，亦不多得。曾子三言而后可以云云，咏嘆流連，所望於天下後世者深矣。足法，足字最當玩。自古聖人，如堯兄舜弟盗蹠之類，其兄弟何嘗法之？而聖人自足爲法，故天下亦法之。但自返必誠必恕，不可謂我已足法耳。抑愚嘗言，古人禮樂，不可斯須去身，心性之學，無人不講，故知天倫之重者多。雖賢否未必一致，然涵濡變化，君親師之教化有以裁成之，則不肖之徒亦多革面。後世禮樂衰微，天良日薄，如蘇季多金、漢高伯仲，不復知此章爲何説矣。有志治國者，若不從大學之道，又烏知家人婦子間有禮樂教化之事哉？講章多以曲説晦本義，今特疏之，始不負曾子苦口婆心耳。

所謂平天下在治其國者，上老老而民興孝，上長長而民興弟，上恤孤而民不倍，是以君子有絜矩之道也。

長，讀上聲。弟，去聲。倍，與背同。絜，胡結反。

老老、長長，自愛敬其親長。興，感動、奮發。幼而無父曰孤。不倍，親愛之。絜，度也。矩，匠人爲方之器。承上章治國而言。一國之人心即天下之人心，但天下較國廣遠，風土人情不一，必以同然之理揆不一之情狀，如以矩度木而成器也。

所惡於上，毋以使下；所惡於下，毋以事上；所惡於前，毋以先後；所惡於後，毋以從前；所惡於右，毋以交於左；所惡於左，毋以交於右：此之謂絜矩之道。

惡、先，並去聲。

天下之人情風俗不一，必絜其好惡，以理斷之，適得其平。絜矩不外好惡，而惡尤易見其真。矩無定而絜有定，故即上下、前後、左右以形其狀。此之謂者，言必如是而後爲盡善也。

《詩》云：樂只君子，民之父母。民之所好好之，民之所惡惡之，此之謂民之父母。《詩》云：節彼南山，維石巖巖。赫赫師尹，民具爾瞻。有國者不可以不慎，辟則爲天下僇矣。

樂，音洛。只，音紙。好、惡，並去聲，下並同。節，讀爲截。辟，讀爲僻。僇，與戮同。

只，語助辭。節，喻其高。巖巖，喻其危。師尹，周大師尹氏。具，俱也。辟，偏也。申言絜矩之道，在於以民之好惡爲好惡。天下之大，風氣異齊，民生異俗，而好安全、惡危亂同也。如父母之愛子，必同其好惡而又不失乎中正，則民亦父母之。否則徒以威民，不公好惡，如尹氏所爲，則必爲天下大僇。甚言不絜矩之不可也。

《詩》云：殷之未喪師，克配上帝；儀監于殷，峻命不易。道得衆則得國，失衆則失國。

喪，去聲。儀，《詩》作宜。峻，《詩》作駿。易，去聲。

朱子曰：師，衆也。配，對也。監，視也。峻，大也。不易，言難也。引《詩》以明上文之意。配帝之德，由於公好惡；喪師之故，由於辟好惡。是故民心即帝命所憑，得失之分、天下之平否視之矣。儀、宜同。道，言也。

是故君子先慎乎德。有德此有人，有人此有土，有土此有財，有財此有用。

承上言絜矩必本於明德，是以君子必先慎德。德慎而民歸之，版圖式廓，財用充盈，言平天下之實如此也。

德者，本也；財者，末也。外本内末，争民施奪。是故財聚則民散，財散則民聚。

慎德以絜矩，而民歸財足，乃自然之效也。然君子則惟知有德，非先有求財用之想也。恐人不察，故特申明本末，而深著其争奪之害，戒人不可聚財。

是故言悖而出者，亦悖而入；貨悖而入者，亦悖而出。

悖，布内反。

引古語以證之。悖，逆也。言且不可悖，而况財貨乎？故財聚即争民施奪也。

《康誥》曰：惟命不于常。道善則得之，不善則失之矣。

道，言也。内本外末爲善，否爲不善。善不善，而天命得失分焉。君子所以必先慎德，而不以財爲務。

《楚書》曰：楚國無以爲寶，惟善以爲寶。舅犯曰：亡人無以爲寶，仁親以爲寶。

朱子曰：《楚書》，《楚語》。舅犯，晋文公之舅狐偃，字子犯。亡人，文公時爲公子，出亡在外，事見《檀弓》。《楚書》言寶玉不如寶善，舅犯言寶國不如寶仁親，引以明不寶財用而寶善與仁。二節承上引起下文用人也。

《秦誓》曰：若有一个臣，斷斷兮無他技，其心休休焉，其如有容焉。人之有技，若己有之，人之彦聖，其心好之，不啻若自其口出，寔能容之，以能保我子孫黎民，尚亦有利哉。人之有技，媢嫉以惡之，人之彦聖，而違之俾不通，寔不能容，以不能保我子孫黎民，亦曰殆哉。

朱子曰：《秦誓》，《周書》。斷斷，誠一之貌。彦，美士也。聖，通明也。尚，庶幾也。媢，忌。違，拂戾也。殆，危也。君子自慎其德，尤必用有德之人，天下非一人所能平也。故引《秦誓》以言有德、無德者之情狀，起下文好惡。

唯仁人放流之，迸諸四夷，不與同中國。此謂唯仁人，爲能愛人，能惡人。

好善惡惡，民之公心也。絜矩之而去小人以安君子，民心乃悦。迸，猶逐也。放，安置之。流，則逐而不反。仁人，即慎德之君子。末三句，古語也。

見賢而不能舉，舉而不能先，命也；見不善而不能退，退而不能遠，過也。

遠，去聲。命，當作慢。

承上而反言之。好善不能用，惡惡不能去，是不能絜矩，由不能慎德，仁人則至明且至斷也。

好人之所惡，惡人之所好，是謂拂人之性，菑必逮夫身。

菑，古灾字。夫，音扶。

拂，逆也。又言好惡反乎民心者必害身，以見仁人之好惡當法。

是故君子有大道，必忠信以得之，驕泰以失之。

大道，好善惡惡之道也。忠，盡心愛敬。信，至誠倚任。驕泰者反此。得，得賢人也。

生財有大道，生之者衆，食之者寡，爲之者疾，用之者舒，則財恒足矣。

上文言好德不好財、好賢惡不肖，平天下之事已詳。然財者，生人之命，平天下者，不爲一己聚財，豈可不與天下生財？但生財自有大道，而非聚財比耳，故特詳之。衆、寡、疾、舒，要在隨時立制，民生永賴，不失聖人之意，而得中正之宜，惟有德者能之。

仁者以財發身，不仁者以身發財。

申言生財大道，惟仁者能之，不仁者反是。財發身，財散而身安。身發財，財聚而身亡。即上文而甚言其害也。

未有上好仁而下不好義者也，未有好義其事不終者也，未有府庫財非其財者也。

又言藏富於民未嘗無財，而仁洽於民，民皆勇義，故内本外末者非不必用財而空言平天下也，一理也。上愛下則爲仁，下愛上則爲義。

孟獻子曰：畜馬乘不察於鷄豚，伐冰之家不畜牛羊，百乘之家不畜聚斂之臣，與其有聚斂之臣，甯有盗臣。此謂國不以利爲利，以義爲利也。

畜，計六反。乘、斂，並去聲。

朱子曰：孟獻子，魯大夫仲孫蔑。畜馬乘，士初試爲大夫者也。伐冰之家，卿大夫以上，喪祭用冰者。百乘之家，有采地者也。引此以明好義有財之意。有國者以天下爲家，能好仁以惠下，則民皆忠義。百姓足而君自足，何事任用匪人營利爲也？盗臣損己，聚斂剥民，故甯有此無彼。

長國家而務財用者，必自小人矣。彼爲善之，小人之使爲國家，菑害並至。雖有善者，亦無如之何矣。此謂國不以利爲利，以義爲利也。

長，上聲。

申言聚斂臣之害，見好賢、惡不肖，同民好惡，而國亦安。懲小人之害，則必以義爲利。而忠信好賢，斯絜矩之道，乃盡善也。

右傳之五章。釋治國、平天下。

凡傳五章，推明孔子之意，而始於誠意，蓋誠意而後可以進德。誠其所知之善，而體之於身，則德明，而人亦應之。正心以下，又自其謹於已誠之後者言之，功益密而設施益宏，其道所以大也。

貫解

經文所謂平天下在治其國者，何哉？天下雖大，一國人之所積而推也。民猶是民，則心無二心。特患治國者，一國之人且無以得其情，則天下又何論也？誠能以孝弟慈之道治國，以誠以恕，則上方老老而民已興孝，上方長長而民已興弟，上方恤孤而民已不倍。感應之機，不爽毫髮。如此天下之大，其人倫日用，道不外此。而風土民情異宜異俗，必審慎周至，不必盡革其舊，無不咸協於中，是以君子以人心同然之理爲矩絜度天下，務使之各得其平，而道斯起也。何謂絜矩？人情是非之良，惟見於惡者爲最真，試即惡以言之。不合乎理者，人心所同忿也。所慮者，施諸於己則明，施諸於人則昧。絜矩者，以己度人，無處不得其平。如所惡於上我者，非禮凌虐之類，則毋以使下；所惡於下我者，欺僞不恭之類，則毋以事上；所惡於前我者，壞法貽害之類，則毋以先後；所惡於後我者，侵越不恭之類，則毋以從前；所惡於右之礙左，則毋以交於左；所惡於左之妨右，則毋以交於右。要使身之所處，上下四旁，各得其平，此之謂絜矩之道。即所惡而所好可知矣。天下雖大，民情豈能外好惡哉？《詩》云：樂只君子，民之父母。夫君子也，而何以父母之？蓋以其能絜民之好惡，民之所好好之，民之所惡惡之，此之謂民之父母也。平天下者，以己之好惡絜民之好惡，則雖殊方異俗，皆有以安全養教之，民志洽而民風亦漸轉移，天下平矣。否則，不特難平天下，亦無以保其身。《節南山》之詩曰：節彼南山，維石巖巖。赫赫師尹，民具爾瞻。詩人刺尹氏之不平，而謂其必危。有國者知具瞻之義，則知臨民不可不慎。苟不能絜矩而辟於好惡，則必爲天下僇矣。天下者，積衆而成，至於爲僇，則國於何有？故《文王》之詩云，殷之未喪師，其德克配上帝，而其後遂至爲僇。有國者，儀監于殷，峻命不易。蓋言殷未喪師之時，能絜矩而得衆，其後不能絜矩而失衆。凡有天下者之得國、失國，胥視諸此矣。是故君子知絜矩之大端，無過好惡。好惡之能同民，必由明德。先慎乎德，以爲平天下之本。蓋德者，民心之公理。故有德者民皆好之而有人，有人則四海爲家此有土，有土則正供無盡此有財，有財則府庫不匱此有用。一有則無不有，絜矩之道豈不原於慎德哉？乃或以爲財用，民生所利賴，有天下者必有財而後可聚人；不知君子之慎德，初未嘗有得財之想也，特有德而效自如斯。若以財用爲重，則非所以慎德，蓋德者本也，財者末也。平天下者非無財之患，而無德之難。苟外本内末，以財爲重，則民亦務財，不知向道，是争鬭其民，而施以刼奪之事，是故財聚則民必散，財散則民必聚。此盛彼衰，自然之理也。古人有言：言之悖而出者，亦悖而入；貨之悖而入者，亦悖而出。誠以天下之所争在財，人主不可更以争導之。《康誥》曰：惟命不于常。蓋言内本外末而善，則得天命，否則不善而失天命。天命之得失，視乎重德與重財。有天下者，其可不慎哉？此意也，不特慎德者知之，即常人亦有能言之。《楚書》曰：楚國無以爲寶，惟善以爲寶。蓋言有財用不如寶善人也。舅犯有言：亡人無以爲寶，仁親以爲寶。蓋言得國而有土，不如仁親也。平天下者，不寶財用而寶賢臣，賢者有德，仁即德也。此二節承上起下。蓋内本外末，固必由慎德，而有德之君，尤需有德之臣。臣之有德無德，不易辨也，惟《秦誓》言之甚明。《秦誓》曰：若有一个臣，斷斷兮若無他技者，然其心則休休焉，其如有容焉。有容之狀若何？人之有技也，若己有之，惟恐用之不盡其才。於人之彦聖也，其心好之，不啻若自其口出。蓋其心實有見善如不及之誠，故休休容善。若此以能保我子孫黎民，人主用之，尚亦有利哉。若夫人之有技，而媢嫉以惡之，人之彦聖而違之俾不通，此其人蓋私意充塞，與善爲讐，實不能容他人之善也。若或用之，以不能保我子孫黎民，亦曰殆哉。此書於賢、不肖，曲盡其情狀。夫好賢、惡不肖，固天下之公心也。而小人尤易敗德，非慎德者不能辨别。惟仁人知媢嫉之人專利誤國，迸諸四夷，不與同中國。古人有言，能愛賢人，必能惡惡人，此之謂也。好民之所好，惡民之所惡，安得不於賢、不肖慎之？彼世之人，或見賢矣而不能舉，即或舉矣而不能先，則爲好善不勇而命也；見不善矣而不能退，即或退矣而不能遠，則爲惡惡不嚴而過也。民所好者賢，所惡者不肖，不以仁人爲法，而任情用舍。甚至好人之所惡，惡人之所好，則賢、不肖顛倒，是謂拂人之性，菑必逮夫身，以其不同民之欲也。是故慎德之君子，有用人之大道，必盡其忠信而篤其信任，任賢勿貳，去邪勿疑，則得人以共平天下；反此而驕泰自恣，則賢人解體，宵小干進，失用人之道而召亂。然則内本外末，豈不貴能好賢惡惡哉？君有德，臣有德，而有人有土、有財用，更復何疑？雖然，財不自生也，慎德之君子雖不重財用，而未嘗不爲天下生財。特其生財自有大道，非如無德者之聚財耳。其道維何？天地之生財無盡，然不能不賴於人功，必也生之者衆。自三農生九穀，以及園圃、虞衡、藪牧之屬，皆爲之經制，而各使之盡其力，由是爲之節度；自官府膳修以及百官廩禄、民間饔飧，悉無得侈靡以恣口腹，食之者又寡；財出於天地，時不可違，工亦不可緩，在爲上者有以導之，必也爲之者疾；自耕耨種植，以迄百工造作，毋得失天之時、違地之利，而財乃可以日生，用之者又舒。君上清心寡欲、檢薄自持，而由是制爲禮度，自朝廟以及於里巷，各有其分，各有其節，無或糜費奢蕩，以違禁令。如是本末交修，源流備飭，則財恒足矣。是故仁者非不用財，第其以一人養天下，不以天下奉一人。生財有道，天下豐美，而身安於泰山，是爲以財發身，不仁者不知内本，竭天下以自奉，不復計萬民之身家；生財無道，貪婪聚怨，而身危於纍卵，是爲以身發財。然則生財之大道，君固仁愛天下而後然，非爲己也。然君民一體，未有上好仁以惠其下，而下不好義以敬其上者也。民既好義，則愛君如己，視君事如己事，未有好義其事不終者也。終君之事，則必報君之仁，而惟正之，供媚兹之誠，凡可以謀君之安者，無所不至，未有府庫財非其財者也。平天下者，誠有仁天下之心，何患無財哉？昔孟獻子有言，財者，天下之所同欲，不宜專私於己。如畜馬乘矣，則不察於鷄豚；至伐冰之家，則不畜牛羊。蓋受禄愈厚，則視利益宜輕。况百乘之家，豈可畜聚斂之臣乎？蓋聚斂之臣，剥民以自肥，罔顧民瘼。與其有聚斂之臣，甯有盗臣。盗臣不過攫己之財而已，聚斂之臣則朘民脂膏，爲害非淺。獻子之言如此。此謂國不以專利爲利，以民皆好義爲利也。慎德之君所以必用有德之臣，正爲其同此仁民之心。若盗臣，一不加察而誤用，則必致亂。從來長國家而務財用者，必自聚斂之小人導之矣。彼有天下者，不知其爲惡而善之，使佐國家，不知小人之使爲國家，惟知重財，不恤民生，必至上干天怒，下結人怨。迨天菑人害並至，雖有善者，亦無如之何矣。聚斂之臣爲禍如此。此謂國不以好利爲利，以好義爲利也。平天下者，慎德以爲好惡之原，好民所好，惡民所惡，而又得賢臣助之，則小人不得售其欺，天下皆得享其利，絜矩之道全，而平天下之化洽矣。

附　解

自古至周，諸侯皆各君其國、各子其民，特禮樂征伐統於天子，天子所治特畿内耳，故曾子言治國而又言平天下。且治國之理，固即平天下之理。然國近而天下遠，國隘而天下廣，風土人情，美惡異狀，非仁至義盡具有時中之德不能咸協其宜，故有絜矩之道。絜矩只是一個平字。平之云者，非但以有德便可施化，必審其物宜與其民俗，可因可革，變化多方，使民服教畏神而無驟革强致之跡。所謂以善養人，日遷善而不知，此中妙用，難以言盡，故以上下四旁繪之。所以絜矩，不過同民疑[1]惡。但民之好惡，亦未必皆當。惟人情是非之天良見於惡者恒真，故以所惡言矩。孔子不欲勿施之義如斯，而以上下四旁喻天下事勢之不同。下乃承出好惡同民，得則爲父母，失則爲僇辱，三引《詩》而釋之，以致其丁甯。然大學之道，本明德爲推，能治國者已是能明德者，何至平天下而又不公？其好惡特恐不慎耳。堯舜禹相戒以危微，孔子自言無大過，即此慎字意。能明德矣，而一息不慎，則德亦昏，好惡之本已失，故承之曰君子先慎乎德。此一句中該括前數章在内，因已言，故不復贅。有德此有人，民皆父母之之謂。有人此有土，得衆則得國之謂。又推其效於財用。蓋財用者，天下之所恃以生聚也。但本慎德而有之，則爲自然之財，而民心所歸，天地亦呈其美利；不慎德而務之，則爲横征之財，而民心所怨，國家亦危如壘卵。此最理欲關頭，興亡圭臬，故下文緊接德者，本也；財者，末也，外本内末，争民施奪之義，以著其大戒。財聚節與争民句連爲一節，詞義較明。貨悖一節引成語，以實争民施奪之義，兩是故語氣相承各别，舊解多混。引《康誥》而惕以天命，與上文引峻命意神迴氣合。引《楚書》舅犯，言二人且知内本之意，况慎德之君子？祇是足上文之意耳。《秦誓》以下，乃以好賢、惡不肖言用人之道。蓋好惡同民，事非一端，而好善惡惡，尤民心所同。夫子言舉直錯枉則民服，人主以任賢爲第一要。好惡之得失，而民命國脉安危分焉，故特引《秦誓》之言顯著美惡情狀，而言惟仁人始能用賢去不肖，仁人即慎德之君子也。自其修己言則曰慎德，自其愛人言則曰仁人。用賢不勇、去不肖不嚴即不得爲仁人，好民所惡、惡民所好則爲拂人之性，身必受灾。而以忠信驕泰結，明用人之道如此，則好惡同民，而君臣同德，天下平矣。是故二字緊承用人説。舊解支離忠信非慎德，不能驕泰即慎德之反，用人之大道亦由慎德而出，語雖不同，義實無二。道理至此已明，因上文言内本外末，恐人疑平天下者不須財，則於理不合，故特補出生財之大道，而言仁者爲民生財，曲盡其道，特不私財於己耳。生衆食寡四句，該括《周禮》全部。朱注引吕氏言，已得其大要。但時勢不同，要在隨時處中，不拘一格。吕氏微有罣漏，故弗述之。言生財而以仁者，言明生財乃仁民之意。而上仁下即義，亦不患無財。然則内本外末非置財用於不計，乃公財於天下，即以德仁民之實事。上不好利，下必好義；好義則民財皆君之財。從其有財之後而溯其原，由君子以義感民，利即

① 疑，據下文，恐當作好。

在其中。似以義爲利非，君子果以義爲利也。引獻子言以明有國不可用聚斂之臣，以有國本不必憂貧，而但當好義。長國家節乃言聚斂臣之害，以見以利爲利之斷不可。其言聚財之弊而戒用小人，與上文用人意本一串，且繳歸慎德節，非剖理財、用人爲兩事也。《大學》一書，次第相銜，齊家治國矣，何患不能平天下？天下非可以一隅之見概諸六合，故特言有絜矩之道。絜矩二字，是曾子特創此名。緣聖人經世理物，隨時處中，有許多妙用，不可一概而論，故特爲此名義。夫子不踰矩即此也。絜矩在同民好惡，本于慎德，尤必用慎德之臣。慎德必不重財，聚斂則非慎德，義一貫而語須次及耳。畜馬乘、伐冰之家四句引起不畜聚斂二句，彼爲善之即外本内末之人，前後仍是一意。全章文字雖多，衹是絜矩同民，朱子曰：務在與民同好惡，而不專其利是也。同民好惡所該者廣，不專利其大者，用賢、去不肖亦衹是同民好惡，舊解不分明，甚以理財、用人硬分兩段，尤非。前人之嘗辨論者多，兹不具贅，第就正文語義釋之如此。

十三經恒解

箋解本

卷之一

大學古本質言

康聰斌◎整理

叙

大學之道，聖人所以陶成天下，使咸爲聖賢，無愧於天親者也。天地父母，混合而有此身，異於禽獸者，以其有德。德者何？天理而已。天之理，而人得之以爲性。實有曰誠，共由曰道，以其爲生生之本曰仁。全之則爲聖人，失之則爲禽獸。人人所有，亦人人所能，第非師不授，非恒久不能竟其功。唐虞三代，所以道一風同者，大學之教。上以此育才，下以此修身，無智愚皆知也。周衰俗弊，道乃不在君相，而在師儒。孔子不遇於時，僅得私以誨其弟子，而又慮不能永傳，遂爲此篇以授曾子。秦火以後，文獻無徵，而此書尚存，蓋諸儒抱殘守缺，其功苦矣。流傳至宋，程子昆季倡爲改竄，而朱子繼之，此書遂非其舊。然聖人之書，非等尋常文字可有可無，固將使人實體於身，爲成己成人之本。此書綜前聖之法，爲後學之津梁，字字皆有實功，次第不容稍紊，豈可未踐其功，遽以私心竄易？且闕疑者，考古之要也。郭公、夏五、夫子且然，而况吾徒？孔曾憂世牖民，乃爲是書，身心性命之理、日用倫常之道，全備於兹。即嘗從事其間，而一簣未成，亦難臆揣；矧以一得之偏，廢聖人之精言乎？濂溪之學，本由禪宗，程朱相沿，以養後天之心爲明明德，又不知存心養性必止於至善之地。其養心之學，至高不過如告子，其次不過如原思。夫子志學而至從心，孟子有諸己至化神，其功夫次第尚未一一實踐，何乃輕議聖人之學，擅爲改竄遺經？愚《大學恒解》恪遵欽定義疏古本解釋，以全孔曾之舊。非必反先儒，誠慮學聖人者無從循序深造耳。第文字簡略，未能暢所欲言；且千年廢棄之書，一旦復舊，學者狃於常説，不能遽通其義，必滋聚訟。因復爲此册，名曰《質言》，樸實説理，期於人人可知。欲發明聖人，自不得曲從朱子。學者誠得明師，如此書所言，知止至善而格致而誠正，以至心正身修，履其功，見其效，而於此心尚不能閑存道義，尚不能實體，則愚將爲天地明神所譴罰，豈徒有妄言之失哉？

咸豐二年，歲次壬子仲春　止唐劉沅書　時年八十有五

大學古本質言

學

自羲農至夏商，皆明明德而在位者也。學之一字，傅説始言，豈前此聖人無所學哉？古人重實行，有所師法，不求人知，無處非學，亦無念非道。窮達一致，不必以爲奇事，亦何必定傳爲美談也？後世標理學之名，而道統以立。聖人不能盡人而爲，夫子若預知之而先防之，《大學》一書所爲作歟？人何所學？曰聖人。聖何以聖？曰全乎天理，理全則爲人。學、問、思、辨、篤行，擇善而固執，以此學聖人耳。然天下古今不能盡知盡行，亦不必盡知盡行，故子申之曰有弗學、問、思、辨與行。誤解而以窮盡物理爲知，古禮古樂爲行，大學之道所爲次第而幾、積久而全者茫然貿然，所以論説彌多而理彌晦，中庸易爲險途矣。故學之一字，必先知之最真，然後行之不謬。而行之不篤，其知仍不能真。譬如登山不陟其巔，掘井未至於泉，何以知高深之實哉？前人力闢異端，云佛老甚於楊墨，而不知大學之道明，則反身而求，欲仁即至，未見力不足者。有一分天理，即有一分快心，君相以此取之，父師以此教之，何患其入異端也？

小學

小學之法，聖人未有成書。小戴記載《少儀》一篇，亦非聖制。蒙養最要，先儒因編葺《小學》《幼儀》等書。其意固佳，然考古人七歲入小學，不過學樂、誦詩、舞勺、舞象。蓋小兒喜動，養之者亦欲其血氣和平、心志歡悦，但恐所習不正，反致入於邪僻，故以詩樂和其志，舞蹈習其儀。雖遊戲之時，已陰使漸漸入於禮樂。而見聞及所師法，則必父母師長正身率之。故孔子亦第言孝弟、謹信諸大端，未嘗斤斤云幼儀也。《記》曰：十年曰幼學。幼學指十歲及十五上下者。十五曰成童，二十曰弱冠，故二十歲以下皆可云幼童。幼之時，常依父母、家庭，有以作則，而出入居遊，又遠乎比匪，則漸摩義理，久久而自習爲固然，豈如成人必備責苛求哉？子夏之門人小子，即十五以下者，故洒埽應對進退，先習禮儀。亦以當時尚沿周制，言行動静皆有法度，不得不自幼學之。若後世，一切皆非古矣，而尚執古禮以教童蒙，可乎？闕黨童子將命，謂夫子使之將命，豈知當時小學並無將命之文，《禮記·少儀》不足據歟。夫道惟時中，不拘於古，亦不戾古，惟正心修身以清其源，善養善教以盡其道。父師得人，何憂不肖？又奚必矩步規行，斤斤於古制，瑣瑣而苛求哉？

大學

大學對七歲小學言，則十五以後學爲人之事；對庠序校等鄉學言，則天子之國學。詳味經文，則夫子所言天子之大學也何者？周家以六德、六行、六藝造士，其時父兄師友皆大學中人。自家庭之間，胎教、諭教已端其本，而州閭族黨，悉各有師。上以之興賢，下以之立身，民蓋無不由之者。生養遂而道化周，人無不學。鄉大夫以時飲射、讀法，與父老子弟相習講求督課之，必其德行道藝實有所得，乃漸次而升於國學。國學與天子近，備朝廷選建之所也。故夫子曰：三年學，不至於穀，不易得。謂其入大學而已升於司徒耳，時解亦誤。此書首言在明明德，因大學中人由鄉學而入，已非不知明德者，但德無窮，明之之功亦無窮，必益加明之。曾子釋之曰日新、日日新、又日新，即此意也。次言在親民者，天子之元子、諸侯之適子、國之俊選，皆在大學學。人誦習詩書而不達人情物理，則有文無行，必不能成己成人，曲盡其道；况王世子、公卿之子，生長貴冑，草野之事茫然，若不虚心下交，熟悉情理，安能有用？故明明德者，身已修矣，而更必與民相親，體察人情物理，明於庶物，察於人倫，聖人亦由此而臻。周公制作，合朝野巨細而咸宜。若使深宫宴處，未與民親，安能兼三王以施四事？故即此二句可知，夫子言大學者，乃國學。其言止於至善者，人得天地之中以生，百骸所本，此身亦有中焉。存心養性，必在於此。明明德者，宅心宥密，由初學而神化，皆不可離，故名之曰至善。而言爲學始終在是，使人知其要而行之，乃不致誤，故下文緊承此句而言其效。此句錯解，則無一不錯，而德何以明、學何以至邪？

大學之道，

道，大路也。止此一理，天地人神所共由，故曰道。人人有天理，即人人有道。人必學道，亦謂其全天理而後爲人，非有奇異也。但學之有法，自古聖人爲君相、爲父師，皆以天理爲務。自幼學以至壯行，自一念以暨百爲，無在非天理，即無一非道。其修己治人之法留傳後世，後人則之，此之謂學。學聖人以明理，所以求不愧爲人。周衰，禮教多失，夫子恐其失傳，乃綜其大要以授曾子，而實止周初大學教人之法耳。所言格致、誠正、明德之功，各有實際，不特序不可紊，且功不可闕。如各句義理有一毫未能踐行，即不克洞然於心。因三代下罕有明師，此書遂同畫餅。而儒者又以一隅之見妄測，大學之道其晦久矣。

在明明德，

明明二字相連，謂明而又明也。德字單出，謂爲明德亦無害。但天理無爲，德即天理，心在後天，不盡天理。其最靈動者，人心也。天地父母合而有此身，得天理者無不全。氣質之厚薄、清濁則紛雜不一，並天理亦牿者多，所以未從事大學，德不盡明也。朱子以知覺運動之心爲德，故曰虚靈不昧。不知心雖虚靈，而非聖人純一之德，則不昧天理者少，所以言明德。而錯認心即是性，則本原已錯也。詩書中亦有明德語，然皆就德之已成者言。此書教人聖功，則一字不可有錯。德一認錯，則一切皆謬。性即天理，何以有不善？則先天、後天之分也。未生以前爲先天，乾性坤命，人獨得其理氣之正，故性善；既生以後爲後天，離情坎性，氣質形色爲累，故性相近。因坎、離、乾、坤，羽流誤解，生許多妖異，故儒者避忌不言，而不知通神明之德、類萬物之情，《周易》無理不該，而况心性乎？子曰聖人之作《易》也，將以順性命之理及各正性命。伏羲八卦，乾南坤北，純陰純陽，定子午之位，而日月東西生焉。先天八卦乾南坤北，後天八卦何以離南坎北？天地既分，功用全在坎、離，日往月來，生化以溥；而東木、西金、中土，皆自然相濟。人獨得其菁華者，得乾坤之性命，所以異於禽獸。然先天性乃盡善，因陰陽之互宅，乃以成其形質；而後天性累於情，遂有不善。性一也，情則有七，可以爲善。孟子因性難明，即情之可爲善者示其端耳。而其實情非性不正，《大學》所以云忿懥。四者皆正，而後爲心正。性，情也；性命，心性也。非實能窮理盡性，以至於命，何能知之？德即性也，俗言曰天理良心。天之理即心之良，心不盡良，良心始爲天理。人所獨得於天，故曰德。實有於身曰誠。天地生生之理如果有仁，曰仁。天地人所共由曰道。明其明德者，以後天之性雜於情、紛於欲，不盡先天之本然，必有學以明之也。明之之道，不外静存、動察兩途。静而致中，此書所謂止於至善，孔子曰克己，孟子曰存心養性、養浩然之氣，皆是此理；動而致和，此書所云誠意，孔子言視、聽、言、動戒其非禮及凡敬慎、忠信等語，凡聖賢教人一切規爲，皆是慎動之道。而以一念爲基，故曾子特以誠意爲重，而該夫子所言於此句之中。先儒以後天之心爲性，故曰虚靈不昧即是明德，不知虚靈者、心純一者，性迥不相同。試看天下有許多智巧絶人者，而忠孝仁義全不知行，可見虚靈不昧出於七情，必以性爲主。盡性則德明矣，故即可盡人性、物性，修己以敬，而安人、安百姓。止謂性即天理，天理純熟則萬事萬理皆宜也。專恃虚靈智巧，任心妄爲，奸惡欺僞以爲才德，可乎？故明德二字一錯，萬事皆非。即十分敬慎檢點日用倫常，而私妄總不能無，功業可觀，品行亦好，而隱微幽獨不愧不怍，無入不自得，則斷斷不能至修齊治平，各得其道更難之矣。朱子沿周、程之學，以禪家養空寂之心爲明明德，而覺其不能有爲，故添出格物之説，使人物物而窮理，不知聖人之明德者，從心不踰矩，而治天下如視掌。三代以後，明智絶世之士甚多，而在上伊皋、在下孔孟寥寥無有，以爲今不如古，豈知未解明德之實、未踐大學之道所致乎？然孔孟已早慮之，而明示其得失。原思之克伐怨欲不可爲仁，告子之不動心非由養氣，此書特詳言知止至善之初效，孟子言集義生氣、行不慊於心則餒，《中庸》亦言苟不至德至道不凝。豈可未知其義，而以僧流静心之法遂爲聖學之全乎？静心亦何嘗不可，而特非止於至善，則宅心之所已非，即非天人合一之理，而形著變動、美大聖神俱茫然淆然，不得不專就事爲聞見言之矣。僧流專求諸心，羽流專求諸氣，均非佛老之本然。儒者見其如是而欲遠之，於是言存心便是明德，而不知存其心、養其性分言心性、存養，功至密也。養氣之義則不但不知先天後天之殊，且不知氣與心相關之故。本原既昧，安得不穿鑿支離？今逢盛世，幸有所聞，若不一一明白言之，則德本人人所有，明明德亦人人所能，而莫知嚮方，無以成己，何以成人？孔曾此書將如畫餅，豈讀書稽古、不負君親之道乎？

在親民，

古貴賤無異學，故天子元子、諸侯卿大夫之子皆同一。大學之道，其力行、德行、道藝亦由上庠、下庠漸次而升大學。《記》曰：小學在公宫南之左，大學在郊。小學即上庠、下庠等也。大學所以在郊，一者示天下招致四方賢士之意，二者與民相親，以便體察人情物理，爲出身加民之本。蓋萬理統於明德，明德雖止在一心，而其理散著於萬事萬物，事物不可勝窮，以五倫爲大，民生日用之事爲切。明明德者，性已盡、身已修，自可以措諸天下無不宜矣。然而五方風氣異齊，民生其間異俗，非可以一概而施，必與民相親，人情物理細心體察，即一隅以反三隅，久之然後隨時隨地隨人隨事斟酌，而合乎時中。大舜好問好察、執兩用中，由斯道也。故明德必須親民。親非但親近親愛，此中有許多功夫。在愚夫愚婦，一能勝予，無衆寡、無小大、無敢慢，察言觀色，慮以下人，一切取善之法皆在其中。聖人明於庶物、察於人倫，亦由乎此。高宗舊勞於外，文王卑服即康功田功，爰暨小人，則知小人之依，能保惠於庶民。周公特以告成王，惟恐其不知民依。後世理學與事功殊途，高言義理而鮮經綸，即有勳名，未臻純粹。至著書立説，尤多偏駁，降而愈下詞章記問之學，至老不能盡工。人倫日用之理，或反視爲尋常矣。六合之遥、民生之衆、古今時勢不同，弗觀其會通而衷於至是，曰未大行也，無知己也。然而聖人陶漁、版築，即終身匹夫，亦有可法可傳，一官一邑，亦能安人濟物，又何以故？夫人固未有孑然一身與世相違者也。一室之中，父子兄弟夫婦，一日之内，凡言行、交際、往來，其人其事固已不齊，觀我觀人，明辨義理，求其無愧於心，已非易易；而况大學之地，貴賤賢愚無限，天下人材群集，相習相親，增廣智識者何窮？豈必盡天下之事而知，盡天下之民而求之哉？明明德之人，即誠身之人。誠者，非自成己而已也，所以成物也。成己仁也，成物知也，合外内之道也，故時措之宜也。能明其德，已可以修齊治平；而更親民，以廣其識耳。修其身而天下平，聖人無兩副本領。蓋其爲學時即講明人情物理，非徒誦讀，况大學中天子元子、卿大夫子皆在，尤不可不親民。古者天子諸侯外朝，詢萬民，詢衆庶，與民相見，所以下情上通。後世不然，故言大學者亦不知何以當親民矣。

在止於至善。

至善猶言極美。夫子恐人忽視其地，特地爲此名，使知學道、修身始終不外乎此。至善者何？堯舜以來所謂中也。《虞書》：允執厥中。先儒止言凡事合中，而不知中者天下之大本，内而致中，外始能時中。《左傳》劉子曰：民受天地之中以生，所謂命也。其語至精。蓋周制以六德、六行、六藝教人，大學之道人人行之，中之爲義，人人知之。至周衰，而劉子猶能言之。世人皆言人一小天地，而不知其所以然。天地一太極耳。太極渾然，無聲無臭，而其主一之所曰命、曰極、曰帝，是萬理之統宗也。人受中以生，故異於禽獸。欲全天之理，無愧於人，則存心養性，豈可不得其圖功之要？但天地奥竅，聖人亦不敢明言。子思言天地之道可一言而盡，即渾其詞曰其爲物不貳。不貳，一也。一者中之理，中者一之宅，可分言亦可合言。人爲天地之心，身有太極之所，與天地無二，特在人身者稍狹耳。乾性坤命，人得以生。性命統於一元，一元即是太極。明明德者，復性而全太極之本然，故必知天地之中始可圖功。虞廷言中，《詩》云宥密，夫子曰道義之門，此又名之曰至善。蓋五官百骸，不外血氣，惟此天地之中虚明空洞，血氣不能到、私欲不能入，知之而宅心於此，自有諸己以至化神，乃可節次而幾名爲至善，以非此無以致中也。三代下異學紛紛，皆由不知此竅。聖人未嘗筆之於書者，以非書可傳，必明師指授也。孔子從老子問禮，原不是第問禮制，蓋叩以身心性命之學。夫子服膺之，故嘆爲猶龍。若禮制則王府所藏，魯備六代，夫子亦嘗考究之，即有所發明，亦何遽稱美爲龍？《莊子》所載至陰肅肅，至陽赫赫，肅肅出乎天，赫赫出乎地。明陰陽互宅之義，爲人心道心之分。所由來人亦罕知，因其實功乃面授而不著於文，故人忽之。《老子》嘗云多言數窮，不如守中。恐人不知所謂中，則直言之曰玄牝之門、天地之根；至有欲觀竅、無欲觀妙，則並止至善之法而亦言之。儒者不知其所謂，反斥爲異端，於是致中之功第養知覺運動之心而不得中之所在，則允執厥中及此書止至善皆曰凡事合乎中而已。然《中庸》言君子而時中，朱子亦曰以其有君子之德，而又能時中。德非内而致中乎外，而時中衹是本未發之中，極至和之量，豈有專求諸外，無致中之學即能時中者？他書所言名目尤多，但不得明師，皆流爲邪僻。儒者未踐其功，則於其説之謬者闢之固是，於其理之正者亦概斥之，則至善之所不知，而又何知止至善也？

知止

至善爲太極之所止，至善爲明明德要功。第非師不授，即得師示明知其地、圖其功矣，而非有至德不能凝至道，故孔子曰修身以道、修道以仁，孟子曰行有不慊於心則餒。夫子特大聲疾呼，揭明知字。蓋知止至善然後可收放心，其内外交修以養其明德者必悉知得失，故即緊承上句提明知字。知非但如俗言知道，故有下文定静安等效。知止至善雖夫子創言，而實天地精義，《圖》《書》已明示其機，《周易》亦顯呈其象。今若不詳言，則人將以爲不經而無人從事，既大負聖人，且終身不能明德矣。伏羲則《圖》《書》以畫卦，文王、周、孔衍之。《圖》《書》固大道之原也，先儒僅以爲瑞象，又安知止至善之義哉？《河圖》水、火、金、木各居其方，是文王後天八卦所本也；而中土居中，運化五、十，皆全是天地渾然合一之象。而由是而左旋相生金、水、木、火，仍歸中土，以明五行分布一太極之理象。土運化四象而凝然寂然，位乎其中天地，止至善也。《洛書》錯綜變化，是天地之所以無窮。然乾、坤本老父母，何坎、離、震、兑仍居四方，而父母亦與艮、巽同鎮四隅？土則有生數無成數，仍主中宫，不似《河圖》五、十皆全。蓋土在天地開闢之始爲乾元統天所由肇，故《河圖》五、十皆全；土在天地定位之後爲坤元生化所以神，故《洛書》以生數明變化。天地變化，其象《洛書》尤明，而其主宰流行全在中土。辰、戌、丑、未分寄四時而成始，成終艮土爲功，所以夏易首《連山》、商易首《歸藏》，明示止之功與止之地焉。文王易其序而首《乾》《坤》矣，然得朋喪朋、艮背行庭又顯言《坤》《艮》二卦之妙。夫子曰：至哉坤元，萬物資生；君子黄中通理，正位居體，美在其中，暢於四支，發於事業。明言止至善而充實之美，時止則止，時行則行，動静不失其時。其道光明，皆不外止至善，非偏於主静，故此書言止至善似乎駭聽，而實則《周易》已言之。《鼎》之《大象》曰：君子以正位凝命。《艮》之《大象》曰：兼山，艮。君子思不出其位。位即至善，思不出位即止於至善也。當時門人學於夫子，無不知之。曾子亦特述其詞，而記者載入《論語》，誠以其為學之要耳。不知而以為凡事止於至善，然不知内止至善則憧憧往來，朋從爾思，物欲交感，何從而定静安？故夫子慨之而曰：天下何思何慮。有欲止其心而不知至善之所者，艮其限，厲薰心，夫子以為至危。凡此皆與此書之言互相發者，惜罕從事其學，故不能會通其義耳。夫子言知止，即孟子所云養浩然。止，安止也。志，氣之主；氣，志之用。持其志，無暴其氣，久而定静安。下文必有事焉而勿正，心勿忘，勿助長，言養氣之法，即止至善之功。集義生氣則以義理之心生浩然之氣，非但空空静坐即曰明德。其功次第甚多，非明師不示，非有恒不成。夫子亦難盡言，故下文示人以知止初效，蓋必知之真而后能然。故知字十分吃緊，愚亦另提明二字詳之。至止至善何以即為養氣，亦久鮮人知矣，詳見下文。

而后有定，定而后能静，静而后能安。

學所以明明德，其功不外静存動察、知行並進。凡身心内之存養，人倫中之言行，知其是非即力行其是、屏除其非。學問思辨以致知，篤行所以力行，義盡於斯矣。而皆以止至善為基，故必先知止。知止者，致知之原也。天下古今事物不可盡知，亦不必盡知盡行，故子言有弗學問思辨行，惟當行者則弗能弗措，知行必本於心。而人心多私妄，安能不欺、不怠、不肆？惟知止則能收已放之心，入虚靈之舍，持其志，無暴其氣，至虚至静，一念不生，則為知止矣。心本浮動，强制之而愈紛亂。知止非用力强持也；存神養氣，守中不動，使心凝然渾然，虚無清净之至，則為有定。不曰能定而曰有定者，心善動，如子午定盤鍼，即至静亦有動意，惟聖人性定而心不動，乃能常定。初學方知止時，只好一息神凝有一息之定，兩息神凝有兩息之定。譬如静坐，一時共八刻，十二分有一二分定時即為妙境。志，氣之帥；氣，體之充。神為氣主，神凝即持志，非用力持之。志，心之動，即神也，存神養氣便是存心養氣。不言心而言神，以其靈妙言耳。神凝氣聚，入於虚静，曰虚無。清净寂滅者則寂然心不動，滅盡私欲，非廢倫常去物則也。儒者因僧流静心、羽流養氣，諱言静心養氣，從何入手而明明德邪？以知覺運動之心為性、口鼻呼吸之氣為氣者，後世之僧道。聖學之養心養性也，則先天之神氣凝聚者為精，先天之精氣神合之則為太極，故曰太極含三。養氣不動心，心則氣之靈。氣以心為帥，心定則神凝，神凝則氣聚而至虚至静矣。所謂神氣，非後天神氣。渾然寂然瑩然則為致中，此知止之實而定静安所由來，浩然之氣生焉。浩然之氣，《易》所謂乾元統天之氣，非有形象可求。氣即是理也。上天之載，無聲無臭，故名為虚無。元氣，孟子曰浩然，浩然以其功用言，虚無以其本體而言，豈有二哉？於穆不已，天之所以為天；純亦不已，文之所以為文。穆與純有何名象？故虛無清净寂滅皆定静安時景象。造其極則曰穆，穆而誤解則入於邪矣。定静安三字内便有格物事在内，蓋物欲不除則心隨物遷，即兀坐幽居亦憧擾無窮，安得而定？既不能定，又何由静安？定字甚難，非立心制行有集義之功，則私妄叢生，必不能一息鎮定。能有定矣，則涵養久之，自有静境。静久矣，積功累仁，更涵養之久，而後可以言安。此中實義，非可以憑虛而揣。惜乎知止之學不傳，遂罕知其功效矣。

安而后能慮，慮而后能得。

慮，思慮也。《書》曰：慮善以動，動惟厥時。夫子亦言君子九思，斥《唐棣》之詩不思。孟子曰：心之官則思，思則得之。思慮何可少哉？而夫子繫《易》曰天下何思何慮，似思慮又不貴者，今又言安而后能慮，不明其旨，聖言豈不矛盾哉？蓋慮非憂慮疑慮等義，乃審慎之意也。聖人明明德之至，天理渾然，隨感而應，無不協宜，似可不慮；然周公思兼三王，以施四事，不合者仰而思之，夜以繼日。蓋坐照如神，固本體之明，而事物無窮，經權常變，期於至中，可大可久，則聖人亦不廢思慮。若凡人之心，多思多妄，心無定時，又何問静安？其心昏昧，慮而得者十之三，不得者十之六七矣。静安而能慮，慮非多思，只是斟酌可否，求其得宜耳。此中便有學問思辨致知之功。無事存養而求其静安，有事則審慎而求其合宜，静存動察，交致其功，克己復禮，内外周密，知止之實如斯。初學甫能知止，未必念念皆定安，而内清其源，外謹於禮，慮而能得，乃其自然之效。安字甚不易，非定静之久不能遽安。此安字即《書》言安汝止，造乎其極便是帝堯之安。安方知止時，不過時有安之之象耳。先儒不知致知之本在於知止而言格物，然物理有當窮究者，有不必窮究者。當窮究者若不知止，則嗜欲甚而志氣昏，縱竭其心思，不得是非之準。自古聖人，成己成物，時措之宜，豈物物而求不盡性立命遽一以貫之哉？慮而能得，則致知之原，在乎知止矣。先儒不知明明德之學知行並進，而以静心為一事、致知又一事，幾於仁内而義外，知行不相須，其去聖人遠矣。

物有本末，事有終始。知所先後，則近道矣。

上文言得，謂知得義理是非，非遂道得於身也。知非徒知，必力行之。力行所知，不外静存動察二義。止至善為静存，慮為動察。静而養其虛明，動而辨其善惡，善則行之，惡則克治，如此而知不有致者乎？是故慮而能得，即致知之義。但事物甚多，不能物物而窮究。所謂致知，亦不過日用倫常、言行動静，必辨明是非，始可力行耳。夫子言止至善而静安能慮，已説明致知之原矣，而又恐人疑安止養心、不窮究事物不能致用，故即提明事物二字，言慮而能得，非萬事萬物一見皆知，乃知止而安其本，已得則學問思辨易於致力，而得其是非不難也。天下事物雖無窮，然物必有本末，事必有始終，一一循序實踐，自然易企於成大學之道 ，豈必凡物凡事皆盡為之？

但以本末始終詳察之，本始在所當先，末終在所當後。知所先後次第程功，則近道矣。至善為本，止至善為始，能知止則本始已得。凡事物之理，慮而得之不難。此節緊承上節，教人勿泛泛求知，但力行知止之功，充其定靜安之量，則清明在躬，志氣如神，聖人亦不過如此。下文特就大學功效次第而言，從天下説到致知格物。格去物欲非有他法，祗是知止。時持志養氣，到了定靜安景象，則物欲去矣。是夫子之言仍歸根在知止上。以此為致知之本，其動而窮究事物不外博學、審問、慎思、明辨，慮而能得句已包得此等功夫在內。先儒不知夫子立言之密，沿僧流静心之學，不知至善之地與知止之法，疑事物之理甚多，必一一窮究，故此二節書旨不明，而又另補格物之傳，所謂一錯都錯矣。

古之欲明明德於天下者，

大學之道以明明德爲主，明明德以止至善爲要，故特詳言其效，而並言事物雖多，要必以知止爲本始。但大學之教必主之自上，然後可以一道同風，故慨然想到古明德於天下者，明明德於天下者，天子也。惟天子兼君親師之任，奉天出治，以道修身，始能以道覺民。古天子該凡聖王在內。大學之道本無貴賤，皆同就天子説，則天子而下統此矣。古之爲天子者，自羲軒至文武，皆以德爲人所歸往，不似後世權力智術争攘而得其有德也，亦非待爲天子而始自明之。夫子言欲如此先如彼，不過明其義理次第，從治天下説起引到修身，又言修身之功從正而誠而致，與格語雖承上文先後二字説來，其意實藉天下國家引到修身，指出誠正格致等功也。天子以下雖皆以明明德爲學，而成己成人全量必天子始全，故即此可以該其餘。治天下先治國、治國先治家、治家先治身，此數先字止是言次第而及，非臨時欲爲彼先爲此。至修身必先正心、正必先誠、誠必先致、致必先格，則一一各有實功，必精造之而後可以馴致修身。修身即是明德滴滴歸源，其功似多，其實止是静存動察、内外交修。静者動之本，知止而慮而得志氣清明，所以爲致知之源。慮字中該人倫日用、成已成人許多事業在内，事物之理即此已是慮之而得，乃可力行，是爲動而致知之事。夫子示人知止以清其源，又恐人略於事物，特提明物與事有本末先後，欲人知之。此節緊承出天下國家及修身功夫，則知之所以爲行之地，非專教人止知養心、不踐人倫，有何致知之待補而本末偏廢、須後人改竄者哉？不曰欲平天下者，而曰欲明明德於天下者，古聖王本無作元后之心，因有明德，天下自然宗之。既爲天下所宗，人心所歸即天心所屬了，故體天作君作師之意，以己之德公諸天下，使人人皆明其德。此爲天地父母之心，所以與天同德，在上則有天下而不與，在下則廣教化於無窮。大學之事如此，即古人以言其概，不是教人妄想明明德於天下。

先治其國；

國，王畿也。古聖王分封諸侯，各君其國，各子其民，刑賞予奪，聽其自爲，且俾世守。何率畧如此哉？蓋選建皆賢，賢者必能修身齊家、善教子孫，故使之作述相承，或可久而不替；如其不肖，則慶賞興廢固由天子主之，不虞其縱恣也。久而世德不繼，乃至陵夷。若大學之道長存，亦奚由至是？夫子言古人固謂春秋以前，先治其國，先字只由近及遠之意，非已能明德猶患不能治國而更講求之。下文先齊其家至修身皆然，切勿誤認等明德於後世。禪學但養虛靈之心，不能治世，猶待物物而窮理也。國與天下分大小遠近，而天理人情不分。特天下分之諸侯，使各爲治。王畿千里，屬於天子，一切制度文爲自天子立，而且近天子之光，凡言行、動静隨時民皆知之，所以天子治國無毫髮可以無德行之而能治其國者。由近及遠，天下自無不感被也。況夫禮樂教化一切法制皆頒自天子，五等諸侯廢賞亦由天子，安有明明德而能治其國，不可明明德於天下者哉？然明明德之功非爲欲治天下而始然，此衹以其相及之理言之耳。

欲治其國者，先齊其家；

國與天下廣狹不同，其平治之道一也。齊家則非權勢可行，男女少長情狀百出，心情嗜好安得而齊？而曰齊者，各盡其道而已。五倫除君、友以義合，其父母、兄弟、夫婦人皆有家，則人人皆有此三倫。夫子繫《易》，於《家人》曰：父父、子子、兄兄、弟弟、夫夫、婦婦而家道正，正家而天下定。正一家耳，何以言天下定哉？家之中以尊親言，則莫大於父母；以仰事俯畜言，則莫要於夫婦。《家人》：利女貞。男正位乎外，女正位乎内。男女正，天地之大義，文王與孔子未嘗言齊家不必在夫婦也。夫正其綱，妻與夫齊德，而上以孝親，中和兄弟，下教子孫。王化起於閨門，豈有他哉？齊家之義，曾子已詳。好惡不辟，以誠以恕，行孝弟慈，大義舉矣；而又引《詩》言之子兄弟，其儀不忒，反復嘆之。蓋齊家之道，誠有難以言盡者，而夫子則未遑及也。五倫以三綱爲重。君綱之外，父綱、夫綱家有其二。然所謂綱者，以道修身。爲妻子則非但以其分之尊也，身不行道，使人不以道而侈然囂然，督責妻、子，家何以齊？而世俗不知也，則有妻子賢而被罪、不賢而益長亂者。姑撮其大要於左：

一、父母也

父母，一家之君，齊家之主也。而母統於父，人遂妄爲之説。不知父，天也；母，地也。天地生成，五行各有其功；資始資生，共成其化。有天無地，可乎？婦人不能應外事，妻賢亦必夫德始成功業，妻不賢尤須夫之善教，所以爲綱。先儒泥地道無成之言，以抑陰扶陽爲《易》義，不知陰陽不可偏廢，《乾》《坤》二卦爲上九、上六太過不吉，亢龍有悔與龍戰于野同。凡六十四卦，凡陰陽相濟者皆吉，偏勝者乃凶。臣道、妻道、子道與君、父、夫共成大業，何可或少？此義不明，千古屈殺多人，齊家治國，又何以善？此且就父母言之。周家世有賢妃，孔子删《詩》，開端即列后妃之詩五篇，何不以《文王》爲先？二南爲修齊之本，婦女詩多於男子，豈偏重婦人乎？夫賢而妻不肖，安有承先啓後？婦如不賢，非聖人之夫豈易變化？故曰夫婦，人倫之本，萬化之原。今日之父母，前日之夫妻。男正乎外，女正乎内，夫妻之道得，何患父母之道不修？故夫子於《易》言正内正外，而即接言家人有嚴君，以父母之道定於夫妻。時也父在，爲母期年，恐父見衰麻而心傷，不敢久以凶服侍養耳，而哀禮仍終三年。故父亦以子故，必三年後始再娶焉。前人不達《禮》意及《易》義，遂薄視母道，然已大悖正内正外、陽教陰教之義。試觀古聖賢之母，有不肖者乎？思齊之詩特明周家世有賢妃，無非無儀頌禱之語，誤解而以爲母輕於父，其爲人倫之害豈淺？故齊家必由父母，父母始於夫婦，切勿相沿俗語誤天下後世也。

一、兄弟也

五倫惟兄弟不能强化。事君以道，不可則止；朋友之交，不可則止。二者以義合，不待言矣。家庭三倫，父母爲大，竭誠盡孝，諭親於道，死生以之，無可解者。妻子則夫綱、父綱，由我而立，故修身作則、善爲教化即可偕臧。若兄弟則不然矣。大舜、周公、柳下皆聖人，而兄弟間抱憾。舜，兄也，以至德化之，卒歸於善；管蔡、盜蹠，兄也，周公、柳下無如之何。蓋兄友弟恭，惟力行仁讓積誠感動如此，而宜君子之心慰矣。如此而不變，亦必恩誼諄篤，至死不移。古今言孝友、孝弟，友弟與孝字相連，未有孝而不友弟，亦未有不友弟而猶爲孝者。父母愛子，何等周至？念及父母而不友不弟，尚得爲人乎？嘗見兄弟相瘉者，大半起於財氣二字，重貨財，私妻子。否則一言一行稍有不合，必辨明是非，不肯相讓，而嫌隙成矣。夫外人相與，横逆之來，三自反之，後唾面自甘；親友周旋，遇急難事，量力而行，亦傾囊相助；何况骨肉手足，而乃重財使氣不相上下邪？父母而存，其痛恨可知；父母而没，其切齒尤甚。豈知孝弟之人，神天必佑；貪忿之子，後嗣不昌。古今朗朗，不勝屈指。古人云弟兄之間，只重恩情，不講道理。蓋一講道理，必有是有非，彼此不自屈，必起争競也。人情大抵私其身與妻子，恐至窮困，不知或貧或富主之於天。試看世間貪戾忿争刻薄兄弟者，求富貴而反貧賤；仁讓謙恭篤於友弟者，本貧賤而反富貴。自古及今，不爽毫髮，奈何昧天良而争錐刀自取敗亡乎？且兄弟本相等也，而兄獨尊，事兄必恭，人遂以兄爲尊，卑辱其弟，世俗竟妄言曰長兄當父、長嫂當母。其不通已甚，大爲人倫風俗之害，最當辨之。《禮》曰：謂弟之妻婦者，是嫂亦可爲之母乎。名者，人道之大者也，可無慎乎？兄如何可擬於親？當父當母云者，父母而存，誠身事親，以爲之倡；父母而没，養教其弟，一切尤宜周至，代父母而全其美，以是爲當父母耳。世俗往往恃兄之尊，欺陵其弟。弟而賢，多受鬱抑；弟而不賢，釀成巨禍。惡習切宜戒之。象之不肖至矣，而舜祇知親愛之，至於殺己亦視如無有。人能若此，何患不能感化乎？故弟兄以親愛爲主，不重財、不争氣則易睦矣。昔人云不聽婦人言，然婦人有賢否，則言亦有得失。但能不重財、不争氣，則婦人離間之言自不入耳，亦不可偏廢。此外婦人、女子、奴僕、長幼所以整齊變化之者，其道猶多，要之能明明德，自然仁義浹洽、養教多方。其功用及弊端難以一一盡言，善學者隅反之可也。

一、夫婦也

夫婦之道，已見上文，猶有當知者。《經》曰：夫婦有别。夫男女有别，所以遠嫌也，至親者莫如夫婦，而何以當有别？蓋易狎昵者，無過於夫婦，然情欲之私，易牿其義理之正，故《詩》咏求淑女之道曰：琴瑟友之。琴瑟齊鳴至和而實有别，故爲和而得正，夫妻相友如之。以是求淑女，而淑女始可求。匡衡演其義曰，情欲之感，無介乎儀容；燕私之意，不形於動静，至爲明切。俗云上牀夫妻下牀君子，《傳》曰相敬如賓，皆别之義也。世俗和則情欲相徇，惟婦言是聽，不辨其是非；不和則乖戾百出，不正其綱常，枉辱其賢配。故齊家者必明明德，而身修始可刑於寡妻、至於兄弟。且夫人心之幽隱，非外人所可度也，而夫妻之間則易察之。相聚相習，無一息之離，隱微心曲之事，無意而流露，妻必知之。非德修於身，口無擇言，身無擇行，動静起居皆當乎理，豈能刑於其妻？堯知舜賢矣，而必以二女嬪之，曰我其試哉。何試乎爾？察之於幽居暗室果否無毫髮之疵，乃可任以大政耳。君子之道，造端乎夫婦，及其至也，察乎天地。前人抑陰扶陽，薄視婦人，愚故屢屢辨之，烏有夫綱不正而可以齊家者乎？子之賢否，由於父母。奴僕下人，聽命所尊。一切齊之之道，不外於德。德亦無多，仁義而已矣。恩誼周洽，一室太和自生，是在有家者自勉之而力行之。

欲齊其家者，先修其身；

此節從天下次第逆説，歸到修身。下文説出修身功夫。自首句至此句，先字只是言其次第。修身以下五者則各有實功，次第深造，不可一毫闕略舛錯。夫子之意重在修身，修身即明明德也。明明德之功，下文格致誠正已該括無餘，而人鮮能之。今將使人易知易行，惟有就世俗近事言其大概，不必述古禮古樂違王章而太迂苦，亦不必多學多識矜泛騖而忽倫常。愚輯《下學梯航》已言之矣，今又撮其大要曰：存心不欺，不苟不怠，不肆言行，不忍爲不仁，不敢爲不義，以忠恕心行仁義事，至死不渝。勿嫌勉强，久自習慣。先儒言道太高、尊聖人太過，使人不敢爲，亦不知所以爲。至謂顔子仁人、聖人，不免短命，學道爲無益。然飲食男女，人之大欲存焉，死亡貧苦，人之大惡存焉，夫子嘗言之。氣數不齊，則貧困短折固所常有。學道者内而存養，清其神明，外而檢攝，踐乎倫理，夭者壽、愚者智、貧困者安全，此聖人所以補造化之窮，安有盡人合天之學而尚不能延年且餓殍者乎？孔孟不如此云也，曰學也禄在其中，仁者壽，大德必壽。大德則禄位，名壽，必得修其天爵，而人爵從之。至積善餘慶、積惡餘殃及吉凶悔吝，大《易》尤多言之。若仰事俯畜俱無所資，一家飢寒而置之不顧，曰吾樂道也，有此不近人情之聖學乎？夫道止是身心性命，日用倫常，内外交修，本末交養，全其天理，人人可爲，原不必求諸高遠。學者但擇一正業而爲，粗足衣食，果其念念天理而天不眷顧，則非天道矣。從古聖賢，陶漁、版築皆可謀生，非暫且棲身預期後來顯達。顔子年二十八，頭髮盡白。其短命也，由秉質太弱。且其學有諸己而未充實，箪瓢陋巷不改其樂，夫子表其食無求飽、居無求安之意以勵門人，其實顔子有郭内外之田，何嘗極貧？因其敏而好學，故夫子屢爲嘉賞。使天假之年，聖人固自易易。夫子止言其三月不違仁、見其進未見其止，未曾言已仁已聖。誤解而致阻人學道，故不得不反復而辨論之，豈妄薄顔子哉？修身必先守身，身修即誠身盡性至命與天合德，而何不能挽迴氣數？故聖人之學，去病延齡、免於飢寒乃其小效，惜乎人罕行之耳。

欲修其身者，先正其心；

身謂氣質，人必先有氣而後有此質。然質具而陰陽之氣清濁不齊，則後天之爲非先天之本然矣。先德之所培，受氣成形之所際，可言而不可言，聖人亦不言之，今亦安敢盡洩之哉？夫金生於沙，而沙實非金；玉生於石，而石豈爲玉？然非沙石何以有金玉，金玉成則不復貴沙石。物則且然矣，人則有異，姑喻其相附麗之意。人之靈者心，而非身何以有心？心爲身主知覺運動之心，以役身而應萬事也，而爲心累者亦身。心宅於身，如金玉之在沙石。沙石生金玉，金玉成質而沙石可棄。心宰乎身不然，養大體者必使身之渣滓全無，與心合而爲一，如水晶燈籠，表裏皆徹。字書訓聖曰通明，孟子曰踐形，皆此義也。然欲官骸之垢悉除、天命之性瑩徹，非養浩然之氣、形著動變化之功一一實得於身，安能使身心合一而正乎？故明明德即是養氣之學，不動心即是正其心。先儒不知心與意、誠與正之分，故曾子釋誠意又釋正心之義不明。而符離喪師不動心、范淳夫女亦不動心，告子之不動心而已，安可弗辨其心？何以正，則曾子已明，玩《恒解》自知。

欲正其心者，先誠其意；

誠意者，心之發動處也。以其全體而言，全體正則發動有何不正？然而心乃虚靈之用，其靈者氣爲之，而氣牿於形則清濁純雜不同。天爲之乎？人爲之也。人有此質，即有此氣。氣不清不純，心安能正？夫氣者質之所以成，質者氣之所由生，氣與質不可兩分，純與雜安能一致？故正心之詣非聖人不可當，下學則必先從誠意入手。意之動也，其始多緣物感而起。繼而外物與知覺相習，則遇事物而妄動，無事物而亦憧憧矣。初學知止至善，養心之久而有定静安氣象，則静存有基矣。能静，然後能知意之發動。一念之動，善則擴充，惡則克治，久久物欲漸少，静存者愈固。然後志與氣一，浩然之氣自生而有諸己，充實漸次以至神化。因平日先有格物致知一段功夫，乃能知其意之是否而誠之，非不知止至善專求誠意便可誠也。此處功夫，先儒未知，故似是而非，反疑曾子之言錯簡。今若再不贅言，後人何從致力也？蓋人心浮動，非有以養之不能沈静。心之靈，靈以氣，而氣囿於質，心運於虚，虚故靈妙，質故滯濁。志爲氣之帥以此矣。持其志，無暴其氣，非俗所謂凝神静氣乎？神於何凝？則止於至善也。宅心宥密，常凝常静，一念妄動，隨即斬除。前人云：不怕念起，只怕覺遲。隨起隨收，即求放心之法，即所謂格物也。心至動而欲寡，則志氣清明，一有物欲之萌，即真心斬除之。故知止以養其源，誠意以謹其幾，不可偏廢。若無知止之功，則心浮動無已時，欲屏去物欲而欲愈生，欲誠其意而意不能定，雖竭力瘁神一生，亦何由盡性？故誠意而意不誠者多也。其致知、格物，功夫兼内外而言。致知該博學、審問、慎思、明辨等功，格物該非禮勿親、非禮勿聽等功，非空空强持其心，亦非逐逐遍求事物。非有明師一一指授，非有恒心死而後已，安能細細體貼、層層實踐，使意無稍雜哉？意不誠則循生迭起、憧擾不寧，又何以漸求正心？此大學之序，所以先教人誠意。若正心之後，則念念天理、無事有心，操持而意自誠。聖人之不思不勉而從容中道，由此其選焉。

欲誠其意者，先致其知。

大學之道，知行不可偏廢。人知之而其用功，知行一時並到，人或不知也。先儒重在先知，聖人則曰：知之匪艱，行之維艱。蓋天下事物不能盡知，亦不必盡知。蓋不必行者則不必知，夫子所以言有弗學、問、思、辨、行也。知之無益於行，或反有害於德，安可不慎之？惟其有弗知弗行者，所以爲擇善，而何乃以物物窮理爲知哉？道雖無窮，五倫爲大，天下皆五倫中人，聖人言行制作止是經緯五倫。雖時勢異宜、民生異俗，而隨時處中，其要不外乎此。致知者，知日用人倫言行動静之理耳。實踐人倫，必本於心。心多私妄，必先誠意。意之善惡，非先知又安能誠？何由而知之？則知止以清其源，學問思辨行以博其理也。行如何亦入知字内？蓋知非徒知，必即行之，行之力則知之益真。且人倫日用之事，不可須臾離，隨在而行，即隨在求知，非如詞章記問等但求其知，不必盡行。譬如家庭之間，父母、兄弟、夫婦、飲食、起居、動静，事事有理，日日皆然，毫髮不明，便失其道。致知者亦致此而已，知得一分便行一分，知得十分行到十分，無不合理，只是不失良心天理。所以貴於知乃可利於行耳，而豈矜博洽、騖新奇哉？自周衰，而大道僅在師儒。自秦楚暴亂，而師儒亦罕真學。談天雕龍之徒作而處士放恣，不知遏流，不特焚書坑儒，禍及賢聖，而且大學之道由此中絶。六經雖出，實踐無人；傳注益多，支離亦甚。又有神怪荒唐等術淆紊聖言，詞華功利之輩托於孔孟。物物而致知，君君、臣臣、父父、子子不知也；孜孜以求誠，盡忠盡孝、不忍不敢弗誠也。豈其皆無天良歟？大學之道，無人授受，故知非所知、誠非所誠耳。讀此書而不明其實義，貽誤伊於胡底？

致知在格物，

格，胡客反。張子曰扞也，取扞格之義。温公曰去也，亦謂扞而去之，《書》曰格其非心，子曰有耻且格，皆除去之意。物，物欲也。人心多欲，觸物而動，即逐物而逝。孟子曰心之官則思，不思而蔽於物，物交物則引之而已矣。德止是天理良心、人之所以爲人，亦人人皆有。德本明也，因後天氣質之累，心分七情，七情浮動，非復先天渾然之性。始焉見物而動，動而不收，愈動愈昏矣；繼焉無物而亦思，思之不已，愈思愈妄矣。平旦之氣，晝而牿亡；清明之體，久而蒙昧。致知者，内外交養而已。知止以清其源，定静安則私妄可以漸少，神智自生。格物止是定静之時，一念不生，覺此心虚無清淨，自然外物不擾於中。但心至浮動，即定静安亦不能長久有此景象，故必先格物。一呼一吸，氣之所以流行，即神之所以出入。惟正心之後，始能寂然不動。若方知止時，不過凝静之久偶然有定静。時而念之循生迭起者忽然而生，不即斬除，則物交物引之而去即在此時。故必隨起隨收，毋使念起接續而去，此静而格物之法也。至非静養時，則凡一切非禮，皆以堅定之心慎言行之道。孟子所謂集義，孔子告顔子爲仁條目，此動而格物之法。内外交致其功，志氣清明，義理自然昭著，所以致知在格物也。先儒改爲物物而窮其理，格讀各額反，釋曰至也。物猶事也，至物至事豈成文理邪？增一字解之曰窮至事物之理，已覺牽强，况事物之理既不勝窮，窮之亦多無用。子曰：女以予爲多學而識之者與，非也；君子多乎哉；博文亦必約之以禮。何嘗教人物物而窮究？且訓格爲窮至，仍是致字之義。致者，由此至彼之意。由近及遠、由淺而深，亦是致。如何而後爲致？不外静存、動察。前已屢言之，不贅。其所必知者，原是爲行之之地，一念之動即有是非，不知何以能行？故知者，知身心性命之理、日用倫常之道而已。以忠恕之心行仁義之事，一言一行皆講明此理，是知也。由一念以暨於念念，由一事以暨於事事，皆必辨明是非，是致知也。知之而即行之。已知者實實力行則得諸身心，愈覺義趣日生。未深知者而能行，有所得心亦義藴日闢，此中便有誠意功夫。致知與力行豈爲二事？致知在格物，豈外身心而格哉？若必物物而窮究，逐逐於事爲，忽忽於方寸，日用倫常當知者不知，名物技術不必知者求知，道在邇而求諸遠，事在易而求諸難，大學之道不將至如畫餅乎？或疑不物物而窮理，家國天下許多經濟安能爲之。然而愚已嘗言之矣，聖人之所以爲聖，非能盡知天下之事且盡能之也，由其心至明至虚。耳目所不及，心思所不周，一觸於聞見，而即知其是非。舍己從人，不自矜其獨見，合天下之才德以爲己用，如舜恭己而群聖效能，周公多才多藝而猶勤吐握。然其至明至虚也，非格致誠正身修，安能一私不雜、萬理咸歸？先儒不知此理，則不知一貫之義，擅改古本，添格物之説，孔曾實義將何由而明邪？故愚不得不反復辨之也。

格物而后知至，

上文言致知，而此言知至，先儒誤以至爲極至，遂謂必物物而窮究知始造乎其極，不知此至字訓達也，由此至彼之意。格物矣則私欲少，而内之定静安有以清其源，外之能慮能得有以察其義，清明日啓，義理日通，由淺而深，由粗而精，漸漸擴充，知之乃真，誠意方纔不錯。所知者不過心性倫常與凡成己成人之理，其他不必知者不在其内。且心性倫常之理無窮，知之原不易盡，惟聖人非禮之禮、非義之義不爲，始得爲知之至，豈有初學窮究物理便可一旦豁然表裏精粗無不到者乎？先儒疑事物之理必一一窮究，又泥有物有則之義，故以格物爲物物窮理。然有物有則非謂凡事物也。以人倫言，如有君臣、父子即有當爲之道；以身心言，耳目口鼻四支有此形色即有天性。凡成己成人一切事物，自天子至庶人，自一念至百爲，有一事即有一理，然大抵不離身心性命、日用倫常之道，豈萬物萬事皆一一窮究邪？夫子言擇善，必云有弗學問思辨，正恐人誤認耳，奈何反失夫子之志？

知至而后意誠，

是非之辨明，然後去惡從善，不至有誤。誠意衹是不自欺，勿昧其天理良心，不欺人，亦不欺己。欺人詐僞，欺己者明知其非義而尚爲之也。然人情往往不誠者，由於怠肆。怠則志餒而氣衰，肆則心放而行悖，其原由不畏天命。曾子指出十目十手指視，使人慎獨。後人不知天地人神本一理，故一氣而以天道爲高遠、神明爲恍惚，任其意之所爲，小人所以閑居無所不至也。愚者諂瀆鬼神，不知天地、鬼神所宰者理。從理而安，則人道盡天道自合；從欲而危，則人事失天心乃棄。鬼神之正者，司造化賞罰之權；其不正者，多邪魅之物，必人心先邪而後入之。不可一概而視，惑於鬼神，亦不可藐視天命，斥遠鬼神。夫子言，敬鬼神而遠之。敬者，凜相在而修慝；遠者，禁妄想而媚禱。不敬何以糾心？不遠何以无妄？近人或敬而入於邪誕，或遠而流爲狂肆，皆非也。

意誠而后心正，

誠意者，一念之動，惡即克治，善即擴充，不一毫自欺也。一念不苟，然後著爲言行，不敢不敬。然意之妄也，固由物誘相牽，亦由氣質之欲與生俱來，不能强爲銷化。如耳目口鼻四支之欲，人所以生，然一切嗜欲即緣之而入，甘食悦色，不計是非，則飢渴之害爲心害。雖知誠意，此心亦不能自持。故必内外交修，清其源，踐其禮，至於形著動變而化，心然後可以正。先儒止知意爲心之發動，能動察則久久心正，不知心浮雜而難制，非存養之久，馴至於一私不雜、表裏通明，安能寂然渾然、仁極熟而義極精？曾子恐人誤認誠意便可正心，故釋誠意而又釋正心。惜乎其功非可臆測，深造尤非一朝，人遂罕能矣。

心正而后身修，

心爲一身之主，而心之所以紛雜者，亦身累之。老子曰人身百節有神靈，其語至精，然引而不發。後世演爲《黄庭内外景》諸書，第言攝養之法，流爲邪妄，遂失老子之本意。或且據以爲老子所作，誤矣。夫人之所以異於禽獸，以其有天理。後天心雜於情，情不可少也，而必以性正之。如衣食男女宫室，人所以生，然有禮以節之。禮者，天理之節文，天理即性也。性無形而心有覺，有覺之心從性而發者可以爲善，惻隱、羞惡等四端是；從氣質而發者可以爲惡，甘食、悦色等情欲是。此理至微，非語言文字可傳，必踐形盡性之後始知，故老子亦難盡言。發於性與發於氣質者，即其人亦不能知也，所以誠意正心，必實踐其功。蓋性本虚無，心乃浮動。性原於天命、無聲無臭者，安得不虚無？心雜於形質、嗜欲牽引者，安得不浮動？儒者以心爲性，斥虚無爲異端，不知理之本體即虚無，著於事爲而後有象。正心者，復性而已。性盡而天下之理無不函，形神精氣無不净，故曰大而化焉。而其所以然，則以止於至善，得天地之中而存養天理，静以致中，動以致和，知行並進，内外交養，由有諸己而充實、而大化，所以德明身修，無所不宜。先儒分内外動静爲二，又不知心之正也即至誠能化，而盡性盡人物性之義晦矣。

身修而后家齊，

格致誠正皆所以修身，身修則無所不可矣。因上文從天下起倒説到物格，此節不得不從物格起順説到天下平。其實格致誠正之功須一一實踐其功，不可有錯。其天下國家之先後不過言其次序，其實身修者自優爲之，不須臨境始求其理也，故此句以下三而后字與上文而后字不可一例看。齊治平事，曾子之傳已詳，愚於上文亦言其大概，不再贅。

家齊而后國治，國治而后天下平。

齊治平惟齊家較難，前已言之。其治國平天下雖廣狹不同，可一以貫之，亦不再贅。

自天子以至於庶人，壹是皆以修身爲本。

開端言大學首在明明德，次在親民，其用功之要在止至善。恐人不知止至善何以爲要，故單承止至善言定静安之初效。然不過撮其大要，未詳悉其功能，以其必由師授，非言語文字所能傳也。又恐人疑事物甚多、知之甚難，但知止如何便能慮能得，故凡事物皆有本末，本在所先，末在所後。明德之本何在？則修身是。身如何修？則格致誠正是。格致誠從何入手？知止至善也。知止至善則初功之效，即能慮能得。慮之得之，非謂知而行之乎？但止至善如何即能慮事物之理而知之？以止至善便有去私從理功夫在也。大學之教，豈但獨善其身？固欲納一世於祥和。夫子慨然想古之明明德於天下者，從天下一一説到修身，又將修身功夫一一説明。致知在格物，仍繳歸知止、能慮能得也。欲人知所先後，實欲人知本末，故急承之曰：壹是皆以修身爲本。身修而天下國家可治，則所以修身之功格致誠正豈可或疏？語意滴滴歸源，以大學之道其本實無多也。聖人之言，不已約而盡哉？無如後人未踐其功，故不明其義，而以心爲明德，既昧乎天命之原，以窮盡事物爲致知。又苦於繁蕪之甚，雖畢生勤學，而德究不明，勳業言行純雜互見，非其志之不篤，乃師授之無人也。修身爲本，孟子直言之曰修其身而天下平。所以然之理，人亦罕知。愚嘗與兒輩言渠等，編爲《子問》一册，已詳言之，兹不贅。

其本亂而末治者否矣，其所厚者薄，而其所薄者厚，未之有也。此謂知本，此謂知之至也。

本謂身也。厚薄猶言重輕。人所以異於禽獸，止因有此明德。以其獨得於天，故曰德。但得天之全，在未生以前；既生以後，嗜欲開而七情擾，則非德之本然矣。聖人教人明其德以全天理，故曰復性。若使後天之心仍如先天，何言復哉？後天之所以異於先天，愚屢言之，不更贅。復性即明明德也。德明而後身修，其義已見上文。但天下事物甚多，止是修己一身，如何能了天下之事？而夫子曰以是爲本，人安得曉然？故夫子緊承本字申明之：身修爲治，否則爲亂。治亂二字，所包至廣。身一不治則凡天下事物無不輕重倒置，故曰所厚者薄、所薄必不厚。周濂溪曰：至難得者人。人而至難得者，道德有於其身。夫子曰：朝聞道，夕死可矣。曾子曰：而今而後，吾知免夫。孟子曰：放其心而不知求，哀哉。存幾希養大體，聖賢之重視此身爲何如哉？人即不思爲聖賢，豈不愛其身命？死亡貧苦，人之大惡存焉。欲免於此，必由修身。人身所以貴者天理，能全天理之人，必受天眷。蓋天地者，人之父母也，肖子父母必愛。天地予以人身，即並所以爲天之理而予。能敬守此身，實踐此理，父母有不喜之者乎？喜之而尚慮死亡貧苦不能自全乎？奈言理者專教人修身，而不知天人合一。愚者可明，柔者可强，不齊之數可挽回，則聖道幾爲無用矣。孟子曰：盡其道而死者，正命；知命者不立乎巖牆之下。古今忠孝節義，或殞其軀，固可爲盡道而死，然亦不可一概而視。如殷有三仁，比干死而微、箕即佯狂遠遁，夫子不以二人爲遜於比干也。三人皆宗臣，理宜匡救，然非必以死徇之始爲盡道。比干先諫，不幸遇難，則微子自不得不遯，箕子亦不得不狂。準此以求，非貴戚之卿得行藏之正，豈有輕身仕進、苟圖榮禄可爲臣道者哉？故人臣非必徒死，以道事君，不可則止。孔孟燔肉即去，不見諸侯，豈爲忘君？無致君澤民之略，固不苟禄，有其道而亦不輕身，義之正也。爲貧而仕，抱關擊柝免於飢寒；若爲禄而仕，不盡職致身則爲犬馬之臣。故人臣死忠，不可一概而論也。至子之事父，則舜之欲殺不得，欲使在側，不陷親非義，亦不徒苟且全身。夔夔齊慄，底豫克諧，可以爲萬古之法。婦人節烈，危迫者多，以皭然卓然爲妙，是故人身宜貴。不得已而身殉者必審其由，不可以之藉口。修身之道，該得守身、誠身二義，故不但可以希聖希天，且却病延年、免於飢寒困苦。此聖人補造化缺憾之事，若再不言，則身何以當厚？而本亂末不治亦未易明，姑略言之。人所以生者神氣，而心即人之神明。心之所之曰志，神之用耳。神氣不可兩分，志，氣之帥；氣，體之充。持其志，無暴其氣，只是神凝氣聚虛静之至耳。後人因羽流言精氣神，遂諱言之。然神即是心，存神養氣即存心養氣，何可强分？但神氣精有先天、後天之别，愚屢言之。先天神氣精本於天地，後天本於父母。一元之理氣分言之曰精氣神，合言之曰太極，太極函三。文王之純如天之穆，只是神氣與天相合，豈有奇異之事外身而求哉？故養後天之氣者亦可以壽，養先天之神氣則可達天。舍神氣精而言身，身何物邪？聖人以道教人，只是使全天理。欲全天理，必先愛惜身命，無忝所生。愛惜身命，第一無過於戒色。非夫婦即爲邪淫，即夫婦亦必有别。專心於義理，愛重其身命，自然必戒淫欲。自十五成童，父師切切戒訓，此關緊守終身，福禄皆可由此而必；否則敗類，不勝枚舉。故孟子曰：失其身而能事其親者，未之聞也。天理良心，念念不違，飲食起居，無一不慎，而猶患夭折窮餓，無此天理。夫子言其本亂與薄者厚，謂自輕其身，則凡戕生伐性之事必不知戒，而守身誠身所以無負天親者更何能知？承先啓後，一切成己成人事業又何能爲乎？能知修身爲本，則事有本末、物有始終，皆可自身而推。以一身之理括之，故爲知之至。子曰行己有耻，修己以敬。古之學者爲己己非即身乎？修身爲齊治平之本，能修其身，一切經綸皆裕厚其身，正所以清其源厚待其身，即所以爲成己成物之量。故知此即爲知本、即爲知之至也，聖人豈教人求道於身外、泛泛而求物理哉？

右聖經一章。夫子綜聖王教人之法，以授曾子，如璞玉渾金，已無遺義矣。因周衰俗弊，上無以作則，下無以率循，惟孔門師弟私相傳習。曾子恐人不知下學用功之要，又補足其義，不料後人竟改竄原文，遂使大學次第功效等於煙霧。愚亦何知？第生逢盛世，幸得明師，誦習有年，若不詳述存之，則上負君親師恩，下誤來學，故既爲《恒解》，又以《質言》演説之。識者其恕愚妄焉。

所謂誠其意者，毋自欺也，如惡惡臭，如好好色，此之謂自謙。故君子必慎其獨也。

誠意必先致知，而經文言知但以止至善爲要者，定静安而能慮，則志氣日以清明。其源清矣，事物之來又能慮能得，則博學、審問、慎思、明辨之功皆在其中。下文又教人知所先後、知本，是夫子已將致知之義言明，故曾子亦不更爲發明，而第從誠意釋之。蓋知之匪艱，行之維艱。行其所知必從意之發動時起，善事力行，妄念斬斷，一言一動實實行去，非但心中真知其善惡也。人情多怠肆二字，遂往往知善不爲、知惡而爲之，曾子特大聲疾呼，揭言毋自欺也。蓋德止是天理良心，致知止是天良不昧，四字非教人泛騖。自欺者一時苟且、昧天良而爲之，事後未有不内慚抱歉者。蓋已能致知之人，非比愚狂之人，其天良不昧，必不快於心耳，能不自欺，自然理得心安。其欺其慊，人豈能知？惟自心了然，故曰獨。慎之而實實力行爲慎獨。何以能慎？不忍不敢二義：不忍不昧天良，不敢凛畏天命。不忍者，本心之明，不自欺即是；不敢則必知天人一氣相通而後能之，故下文指出目手指視之嚴。此節就好處説，見當誠意能慎始能誠。此曾子特地補出此字，爲下嚴字張本。如好好色、如惡惡臭，借色臭以喻人心自然之明，勿黏滯言之，似明明德人不禁好色也。切切戒之。

小人閑居爲不善，無所不至；見君子而后厭然，揜其不善而著其善。人之視己，如見其肺肝然，則何益矣？此謂誠於中，形於外，故君子必慎其獨也。

上文喻誠字已明，又指出自欺、自慊兩途，及誠必須慎己，爲簡盡矣，而何以又言此節耶？蓋能致知者，其天理良心之明已與常人不同，如何又不能誠意？只是徇於嗜欲、囿於俗染，以爲偶爾無妨。不知一念誤而念念皆誤，從惡如墜，其勢最易，最難挽回。夫子曰小人以小善爲無益而弗爲，小惡爲無傷而弗去，是以惡積而不可掩，曾子正發明此義以釋慎字。蓋不慎則不誠，不慎即入於小人，故又結之曰君子必慎其獨也。此節就不好處説當慎獨。小人不憚自欺，並欲欺人，而不知皆不能欺。夫欺人者不過自汚其品，不齒人群而已；自欺則昧其天良，賤其人身，得罪於天地父母，可無悚惕歟？故下文直接出嚴字來。

曾子曰：十目所視，十手所指，其嚴乎。

上文一正一反，言自謙之美、自欺之弊，以見必當慎獨。慎獨之功，不外不忍、不敢二義，上文已言之。易欺、易怠肆者，人心也。氣質之欲與物誘之交紛至沓來，非德至於聖，安能意誠？故必先畏天命。天命即天理，以主宰言之則曰命耳。先儒恐人務荒渺而瀆鬼神，空言義理，諱言神天，使智者流於狂肆、愚者陷於惡業，更何由知獨之當慎？夫天，固無言無爲者也，然而一元之氣彌綸布濩，凡氣之所至莫非理之所至，而况人爲天地之心、五行之秀。天地如鷄卵，凡在天地軀殼中者，固無不與天地相屬矣。夫子以人爲天地之心，無心何以爲人？無人又何以爲天地？鬼神者，陰陽之靈，即天地之靈。天地無爲，而二氣流行、生化消長，即鬼神爲之。《易》曰：知變化之道者，其知神之所爲乎？聖人純一配天，至誠如神。夫子言誠字，以鬼神明之。鬼神，理氣之靈，特邪魅多僞托之，儒者遂並天地之正義而亦以爲誣。子曰知我其天，《詩》曰帝謂文王，豈怪妄之詞乎？聖人事親如事天、事天如事親，幽獨之中，必嚴指視，如人子不敢一毫欺其親耳。明明在上，赫赫在下，曰明曰旦，無敢戲豫馳驅，自古聖賢皆然，豈諂黷鬼神、妄測天道、廢民義而求諸幽渺哉？未解天人一氣之實，欲防閑邪誕，而不知爲慎獨本原，則不但不知天命而不畏，且物怪人妖乘人心之邪妄而作，小人傾家喪命，君子荒誕矯誣。如漢武始而求仙，繼而求神，又既而信鬼，反召巫蠱之禍；白蓮、聞香等教惑世無窮。若知鬼神不外天理，則敬鬼神以糾心，遠鬼神以杜妄，念念事事依於天理，又何至爲邪妄所愚乎？《周易》一書，多言吉凶悔吝，吉凶非禍福乎？孔子曰餘慶餘殃、積善成名、積惡滅身，教人避禍求福，實教人誠意正心。福善禍淫者天道，司天地之功化者鬼神，天地人神一氣相通，由其本一理相貫，歧而視之、誕而置之更何能慎獨？曾子先言誠意必慎獨，而乃承明所以當慎之由；曰十目十手指視，即如在其上、如在其左右之義耳。曾子曰三字承上文一正一反之義，而以己意斷之，指出嚴字，見天人一氣。誠意者不自欺，即所以不欺天。常解謂意之所生，己知人即知之，故必慎獨。然畏人知而不敢爲惡，猶是閑居爲不善之小人，曾子之言不自相矛盾歟？至曾子誠意五章，首句皆有所謂字，割裂原文，增出明新、止至善、本末四章，又補一、五章，移此章於第六，而曾子曰三字横梗難通，則曰曾子之意門人記之，夫意耳，而可據以立説乎？且竄易此章，分爲四章，突然而起，俱無所謂字。末章以此謂、知本句作結，删聖經此謂、知本二句以爲衍文。凡若此類，以文理言亦屬不合。愚何敢得罪先儒，但不敢得罪孔子耳。得罪與否，亦何足計？而令此書舛錯，後人無從問津，則大學之道不能盡，人而爲品學何以精純？修齊治平何由不負孔子之訓邪？

富潤屋，德潤身，心廣體胖，故君子必誠其意。

人心易放難收，易動難静，故自欺者多。收心而凜畏神天，則人苦其難矣。曾子故特言其效，以歆動之。提出身心二字，見意即心之動者，心爲身之主者。果能誠意，雖未必即可正心，而自慊者心亦安。心安則形神自暢，即有廣胖之美。人無不愛其身，而每多疾厄困苦，雖氣化不齊，亦由積咎之多。明明德者，止至善而常覺静安，誠其意而無敢欺肆，則志氣清明，愧怍漸少。《禮》曰四體既正，膚革充盈，小則却病延年，大則精明强固，孔子言愚者明，柔者强，孟子曰盎於背、施於四體，四體不言而喻，乃下文引《詩》言赫喧，皆是此義。夫人無論賢愚貴賤，未有不願身安境順者。大學之道，初知止誠意便有此效。以此開示後人，煞是苦心，亦是實理實事。先儒未踐聖人之學，遂覺人生夭折窮困無可如何，則道亦似乎無用，心廣體胖之義何以明焉？然誤解而謂世間癡肥之人皆誠意中人，又大不可。惟意爲心之發動，誠爲正之要功，故特先言意誠之效以歆動人。下乃詳言其功，以潤屋喻潤身，就淺近指點人也。富者無心潤屋，而多財自不居於茅茨；有德豈必張皇，而氣象自不覺其光昌。德潤身中，便有養浩然之功在。浩然之氣，乾元之氣，天之所以爲天也。由善養而充實，即可以立命。明明德者，心與天通，氣與天合，浩然者塞乎兩大，而何慮短折飢寒乎？誠意之心廣體胖，非遂充實而有光輝，乃神安氣静、欲寡心清，已覺與尋常不同耳。然有此效驗，不懈其功，則美在其中而暢於四支、發於事業，亦不俟他求。以上三節言誠意之故及功夫初效，義已無餘。因恐人不知誠意足該明明德之事，故又將夫子所言歸并發明、一一梳析之。而前人不得其義，竄易添設，於是曾子之意隱矣。

《詩》云：瞻彼淇澳，菉竹猗猗。有斐君子，如切如磋，如琢如磨。瑟兮僩兮，赫兮喧兮。有斐君子，終不可喧兮。

上文言自慊好處、自欺不好處，教人嚴指視而慎獨，並及其效，大義舉矣。但誠意必先致知，致知必内外交飭，非專恃守心日擴清明，亦非泛騖見聞求諸身外。且致知、格物、誠意功夫雖有次第，而莫非所以修身。修身即明明德，明明德在止至善，不可太歧視。曾子獨標誠意爲首，恐人疑其罣漏，故引《詩》之美武公者，將格致誠及明德親民等義一一歸并在誠意中而分析之。後儒不知，妄爲竄改，實學何以明耶？詩人摹擬武公之德，表裏兼到，曾子引來自爲之解，所以發明夫子格致等義，不可以詩人之意爲即曾子意也。

如切如磋者，道學也。

此句言致知之功也。善惡是非，百出其途，淺深大小，經權常變，尤非一致，安能一一而知之？惟日用倫常、言行動静，自一念以暨念念，一事以暨事事，必審察精細，得其是非之正。始焉美惡雜陳，剖厥是非，如切骨角，分爲兩下，使再不能相混；再加詳審，如切而又磋，去其渣滓，使是中之非、非中之是不得參雜。此二字中便該得博學、審問、愼思、明辨功夫在内，故釋之曰此言學以致知也。

如琢如磨者，自修也。

此句言格物也。是非之心，人皆有之，何以多昏昏而少明明？私欲爲之也。耳目口鼻四支之欲，由七情而紛，不審天理，任意而行，則氣質之累生物欲，物欲之心梏平旦。致知者，非内有養、外有學不能漸銷其私欲而漸擴其聰明。惟止於至善，常使静安，則志氣日清，又能愼動，不敢一毫怠肆，然後知日以致。如治玉石者，琢石而得玉矣，又加磨礪使成美器。動静交養，久久此心定静，不爲外物所誘。雖未必純乎天理，而言行動静覺合理者多、不合理者少，則德日崇、慝日脩，故曰自脩也。脩、修二字古通。脩，治也，美也。致知所以爲誠意之地，而必去物誘之私知始能致，一念之非必格。知日以致，動而行其所知即是誠意。修，除去物欲也，即格字意。蓋曾子已如此解格字。

瑟兮僩兮者，恂慄也。

此句言誠意也。瑟，縝密意。僩，閑制意。恂，誠也。慄，敬也。誠意者必先知止，有定静安之象矣，然後一念之動即知，知之即去其非者、行其是者，此爲誠意。動而審幾，不遺罅隙，由静而鎮定，少有疏虞。故誠意者，内外交修，一時並到，故嚴密之意。瑟兮僩兮，而曾子釋以誠敬之意。恂，信也，即誠也。慄，敬懼也。

赫兮喧兮者，威儀也。

此句言德潤身也。上文言誠意之效，以心廣體胖言，謂神安形適，非遂至於充實光輝也。詩人美武公威儀，則以其盛德在躬、誠中形外，與曾子言廣胖不同。雖由誠而正而身修、廣胖者即威儀，然此章釋誠意，則威儀止可跟德潤意説。蓋此書言大學功夫，句句皆有實義，不可混也。

有斐君子終不可諠兮者，道盛德至善，民之不能忘也。

詩人美武公，述其表裏之德。曾子引來，則止借以明格致誠功一串耳。然既引其一章，全文不能割去此二句。且誠意雖非即明明德全功，而由此而幾德亦不難明，故並引述之。既引述之，安得不釋之？盛德，德極明也。盛字釋有斐意，不能忘釋不諠意。盛德而曰至善者，因德本至善，故存養德性之地亦曰至善，即用夫子至善二字以言，明德亦以至善二字。夫子特爲此名，恐人忽之，故以德明爲至善耳。此二句是詩人作詩美武公本意，曾子引來證大學之道，則此二句却是餘意。但明明德之學原非徒成己，固將成人成物，故下文又申明之。大學之教，爲天下儲材，爲世宙人心存天理。賢親、樂利、名世，以此匡君，非必天子諸侯始可爲之。曾子申言民不忘之故，固是不虚引述二句之意，亦以明明德之量本如斯也。

《詩》云：於戲前王不忘。君子賢其賢而親其親，小人樂其樂而利其利，此以没世不忘也。

此節只是解上文民不能忘意。盛德至善，民不能忘，誠意者不能遽及此也。然由誠意而日進不已，則德自明。大學之道，固天子至庶人所同。武公有國，文、武有國、天下，夫子固言明明德於天下矣。文、武亦止是有明德，故賢親樂利德及於民，民不忘之，非外大學而别有奇術。賢親樂利，所該至廣，曾子約舉言之。没世不忘，則明德入人者深矣。大學之教方明，明德時即要親民。人情物理既熟，而以天理權衡之。達而在上如伊周，窮而在下如孔孟，皆能曲成天下。蓋曾子雖止覆解上文不能忘意，而已將明德親民並納入其中矣。賢親樂利正解已明，不贅。

《康誥》曰：克明德。《太甲》曰：顧諟天之明命。《帝典》曰：克明峻德。皆自明也。

上文《淇澳》一節，已將格致誠意合并言明。此又引《書》言明德二字所本，並明字次第實功皆即《書》言一一指出。夫子前已有明德二字，然止就德之已成者言。夫子言大學而曰明德，又曰明明，曾子恐人忽視夫子之意，故引三書言文與湯、堯皆是明明德。克，能也，自强不息之意。顧諟，心目常常内照，畏天命也。峻，則極其至矣。此明字功夫次第。結之曰皆自明也，言一毫不能旁貸，必誠心自明之。顧諟何爲畏天命哉？德乃天付之理，全此理而始爲人，不愧於天。且一念之動，善惡人不及知，而天知之，必敬畏天命，如上文所云嚴字意，始可收其放心，免於非類。此引顧諟之意，克明顧諟，誠敬二字即在其中。德本於天，故峻必造乎其極。此引堯之意，結之曰皆自明。明與不明己自知之，則求明而恐不明亦己爲之。此三層中便有誠意功夫在，所以爲文義相承，惜乎，讀者之粗率也。

湯之《盤銘》曰：苟日新，日日新，又日新。《康誥》曰：作新民。《詩》曰：周雖舊邦，其命維新。是故君子無所不用其極。

上文言德必自明，解夫子明字之義。而夫子不但言明，且曰明明。如何明明，不可不釋也。德明而極其峻，則與天通，豈一朝一夕之故？必格致誠正，次第程功，至死不變，若毫髮之念一疎，則德即有損。但此乾乾惕惕、健行不息之意難以形容，故引《盤銘》《康誥》言湯之日新又新，即明而又明也。《康誥》言作，振興奮發無已時，亦明而又明也。如此而後德極其明，天命在我。《詩》言文王新命，便是德明之至。結之曰君子無所不用其極，言自古聖人無時無念無事不如此，所以明而又明，德極其明。無所不用，猶言無一息不用此功能，故德造其極也。朱子不知明德實功與新字之意，故親民爲新民，言可以新民，似峻德之人必如堯，故解大德必受命之，受命爲天子。然謂明德之外又有新民功夫，分修己安人爲兩途，聖人必免於貧賤。其乖大義而惑人心非小，安可不辨之？

《詩》云：邦畿千里，惟民所止。《詩》云：緡蠻黄鳥，止于邱隅。子曰：於止，知其所止，可以人而不如鳥乎？《詩》云：穆穆文王，於緝熙敬止。爲

人君，止於仁；爲人臣，止於敬；爲人子，止於孝；爲人父，止於慈；與國人交，止於信。

上文言明之不已，德所以極於至明，而引《盤銘》《康誥》證其義，結之曰無所不用其極。萬理不外於德，故大學以此爲首。而德所以至明，則由静存動察之功内外交致，久而不息也。曾子言動察必誠意，然若非止於至善，則心不能静安，又何能知動之幾？故又即夫子知止至善意一一發明之。萬國統於一人，萬理統於一性，性即明德，宰制五官百骸，貫徹天人萬物。喻以邦畿，言天子之地不言天子之人，何也？人不盡可歸，而地則凡君長所居即其民所嚮往，以此喻至善之地，凡理皆歸於此耳。而又以鳥之知止喻者，人心浮動，無一息之停，私妄日乘，形神俱敝，不特失性，亦且損身。知止至善則宅心宥密，静而定安，始能動而誠意。否則出入無時，莫知其鄉，心何以存？性何以養？鳥以動爲生者也，猶必有止之時，且擇止之地；人恃此心應酬萬變，而不知止，又或不知所止之地，擾擾者無已時，小則戕生，大則失性，實爲可悲。但知止有實功，必由師授，非文字可傳，不得已就文王以明之。文王亦人耳，何以穆穆？以其止至善而功極於至純，與天合德，深遠莫測。緝，純而不已；熙，純而晶瑩，皆釋穆穆二字。敬者，心與天通，事天益恭，所謂小心翼翼，厥德不回也。敬止，内之安。止德極於至純，衹是止至善極於至一。以止仁、止孝等言其外之德無不明，由其内之敬止無稍雜。蓋内則穆穆不可窺，而外則明明有可證，借外以形内，非略内而言外。此處誤解，故以止至善爲外事，而寂然不動、感而遂通之義不明矣。夫子衹説知止，未説如何爲知止，曾子此乃詳言之。

子曰：聽訟，吾猶人也，必也使無訟乎？無情者不得盡其辭，大畏民志，此謂知本。

曾子發明孔子，標誠意爲首，開端即言毋自欺、當自慊。引《詩》美武公，證格致誠等義。因《詩》言不諼，並申明所以不忘，由明德時即有親民一段功夫，所以盛德自然及民，民自不能忘。古聖人皆然，非孔子創爲此説以證實之也。次解明德明字，又解明明二字之義，見德必如此而後造乎其極。以鳥喻知止之宜先，次引《詩》言文王止至善意以爲法，即文王外之止善以明其原本於内之敬止，義已周矣。但曾子本因人多不誠故不能修身，特標誠意爲首，戒人毋自欺。引《淇澳》詩以下雜舉意義，將格致誠正等功夫盡消納在内，莫非明明德事即莫非修身事也。其夫子言修身爲本，修身許多功夫如何能一一造乎其極？非誠字不可。誠者，實心行實理。天理實有於身，即爲誠身，即修身也。夫子常言誠身，誠者，天之道。曾子恐人不知修身是誠身，又所謂誠者如何，恐人未解，故仍引夫子之言發明誠字，見已言誠字爲重仍是夫子之意。人心萬變難齊，惟一誠可了如。訟生於不誠，使無訟者，德明至誠，而凡無誠之人皆化於誠，可見身修則誠無不格。知誠爲修身之要，則知誠身之外更無功業，乃爲知修身之本也，故結之曰此謂知本。此章開端大聲特呼，言誠意者毋自欺。曾子因人多自欺，却又想修身，不知一自欺則入於小人，大學格致誠正等功尚安能一一力行？末節引子言聽訟，仍發明毋自欺之義。其意曰毋自欺則誠，誠則其身已修，天下無情之人皆可感化而修，齊治平統於此矣。誠字原於孔子，而曾子得誠身之傳，特標誠意一章爲首，細細發明，使千秋後世力行其學，必以一誠爲主，又釋正心下四章，此《大學》一書爲曾子之書，而孔子聖經乃益明也。不料後人妄爲竄改，今若不詳辨，聖學功夫塵封何時開乎？曾子言大學以誠爲本，依然夫子修身爲本。不知而删去夫子此謂知本、此謂知之至二句，抑妄矣。

右第一章。曾子標誠意爲學之本，而並舉孔子所言，錯雜釋之。因意與心有别，誠與正功效尤不同，故下章又釋正心，心正身修則可以齊治平矣。而家國天下施爲不同，故又釋齊治平三章，通計五章。蓋惟恐學者有誤而然，故雖先述聖經，自爲曾子之書。原文本無右傳等字，今將存孔曾之舊，於每章後僭增右第某章等字，明曾子補孔子之意。本止五章，並非十章。惟《恒解》則云又傳幾章，以此書自程、朱竄改後效尤者衆，以傳字别之於聖經，杜人又妄改者。

所謂修身在正其心者，身有所忿懥，則不得其正；有所恐懼，則不得其正；有所好樂，則不得其正；有所憂患，則不得其正。

學者常云身心性命之理、日用倫常之道，二語足該《大學》《中庸》矣。第日用倫常之事，本於身心性命，若非静存動察，久而純化，豈能實踐倫理，時措咸宜？正心也，修身也，盡性至命也。此其功非旦夕，必明師指授，久而不渝方可。性命之理，《詩》《書》及孔孟所言，愚爲《恒解》，已各就本文釋之，兹不贅。身心二字，此章至爲分明，惜前人妄改身有身字爲心字，遂使後學惘然，今不得不詳論也。萬物皆天地所生，而人爲最靈者，以其獨得天理。理具於心，而心有先天、後天之分。先天之心即性，後天之心爲情。情有七而心始紛，物交物而情滅性矣。孟子言惻隱等四端之情可以爲善，非謂凡情皆善、情即是性也。先儒誤認，於是即心即性，而正心之功亦不明焉。不知氣質之靈與天命之性一濁一清、一先一後。當受氣之初，父母之神氣與天地神氣不期而值，無爲而成，得天地之中氣以生，乾性坤命統於一元先天之性，故無有不善。得父母之陰陽以成，天施地生互爲其宅。後天之心斯不盡善，如耳目口鼻四肢，身也，甘食悦色安佚則身之情。身即質，質不同則其氣之清濁多寡亦異。人之性善同，故天理良心人人有之；人之氣質不同，故甘食悦色嗜好各别。此足見得於天者無弗同，成於人者則不同。然不同者其後天成質之後，同者在先天未生之前。身與心之交關，情與性之不一，非知天人之故，何以辨之？是故忿懥、恐懼四者似心之用，而實非心之用，曾子特以爲身有所忿懥云云。試思人靜坐無爲時，何有忿懥、恐懼等情？一有人物事爲來前，可忿、可懼、可憂、可樂，而心遂爲之移。所以然者，心之官則思，耳目之官不思，耳目之官與心之官是二。是一人無養心之學，則心逐物而遷，與耳目之官合一，離其宅、忘其主，既失其官，則心亦止是身中一物，故孟子曰：物交物，則引之而已矣。故情生於質，氣質最不易化。能誠意之人，則非若凡人之心感物而動、動即多妄矣。特忿懥四者，由身而生，非此身無以宅心，而身之欲即足以累心。人不能外氣質而生，則欲心不爲身所累甚難。惟養浩然之氣，由有諸己而化，使先天一元之氣充周於身，表裏精瑩，飲食起居無異於人，而心與天通、氣與天合，始爲心正。此言常人心不正之由，而正心者不然，可知聖人清明在躬，志氣如神。曰知我其天，子思曰惟天下至誠爲能化，孟子曰塞於天地之間不動心，皆是此義。《大學》一書，無存養、爲仁等字，且無性字，而其實格致、誠正等功，即養浩然之氣在內。儒者未踐其功，故不能會通其意。似孔、曾、思、孟，各爲一説，大學之道將從何而入手乎？身爲氣質，有氣而後成質，質以氣成，心爲身主，獨非氣之靈乎？諱言氣而專言養心，後世禪學祖告子之不動心。不得於心，勿求於氣，奈何儒者效之而欲知大學之道乎？存心養性，即是存神養氣。持其志，無暴其氣，止是俗云神凝氣聚耳。因神字雜於鬼神，神字故以志言。然志，心之動也，神之縱也，持之亦非强持，以虚靜養之。聖人至誠而化，止是表裏晶瑩，故聖之爲字訓爲通明。曾子以江漢、秋陽喻孔子之德，而曰皜皜乎不可尚，非即正心之極致歟？養氣不動心，自古聖人皆然。周衰禮廢，孟子始明言之。身心性命等字，亦往往轇轕不清，孟子俱發明之，而學者罕知，今姑即盡心章言之。孟子曰：盡其心，知其性也。盡心者，全乎心之本量，復先天之本然，即心即性，即此章所謂正心矣。性即天理，惟心純乎天理，故成己成物，無不得宜。而建天地、質鬼神、俟百世亦皆由是，故曰知其性則知天。首節虚論其理，就現成説。次節乃示人以功。夫心之靈，原以得天之理而靈；心之用，恒以失天之理而昏。存有覺之心，養無爲之性，使靜則渾然，動亦粹然，秩然行之，久而心不動，化也，神也。與天合德，故曰所以事天。若夫人身，乃氣質之物，非如性善，爲人人所同，是以或夭或壽，往往懸殊；其他拂逆，更不待言。事天者不以夭壽爲命，而自修身以立命。積義理之心，生浩然之氣，以直養而無害，且塞于天地之間，何難延年？夭壽不貳者，不以氣數二其心。此章言盡性立命知天，括自古聖人許多義理言語，而顯易出之。其他言平旦之氣、求放心、養大體、愛心不如養指養心，不及桐梓及性也有命、命也有性等，皆反復詳盡。人未踐其功，而臆揣其事，故大學之道日益支離，不可浩嘆哉。或曰顏子言高、堅、前、後、仰、鑽至難，先儒謂發明孔子之道教萬世無窮者顏子，今謂聖人可學，身心性命等義近求諸身即是，然則顏子之説非乎？曰顏子不錯，被後人解錯了。顏子天資粹美，於孔子亦步亦趨，孔子喜之，故多獎許，亦足以發，無所不説，語之不惰。簞瓢、陋巷，語各有所指，大都即顏子以勵門人者多，愚已於《論語》各就本文釋之矣。其稱顏子之學曰三月不違仁、見其進未見其止，未嘗謂其已是聖人。高、堅、前、後，顏子因步步體行夫子，而夫子往往出人意表，故嘆慕言之，言夫子神明變化即在日用倫常之間，己步趨而不能。《家語》載顏子之言曰，夫子絶塵而奔，則回瞠乎其後，即此章義耳。豈謂中庸之道如精靈物怪不可方物哉？至發明孔子，更不止一人。凡孔孟門中問古今人物事理，令後世得有楷模，俱有功於民。若曾子以忠恕解一貫，子思作《中庸》，孟子性善、養氣、仁義等語，其發明孔子之道，教萬世無窮，何遽不及顏子？先儒學本禪宗，於《大學》一書次第功夫未一一實踐，但静坐養心，力戒非禮，久久品端心善，亦卓然成一代人物。而大學之功未能一一而幾，則效其言行、議論難望、體用皆全、天人合一，今何得曲徇先儒，使聖人之學竟同影響邪？愚嘗語門人，顏子之不可及者，不在聞一知十，而在亦步亦趨。先儒知顏子爲聖門第一人，而不知其所以屢蒙嗟賞者，非以其天資絶人，而以其好學不倦，使天假之年，希聖希天，斷當稱首。而惜少遐年，夫子所以慟之。若止推尊顏子以爲聖人、仁人，不特仁者壽、大德必壽夫子之言不信，且令天下後世皆諉於資遜顏子，畏阻前修。其爲世教害非淺鮮也。

心不在焉，視而不見，聽而不聞，食而不知其味。此謂修身在正其心。

上文言身之欲，以忿懥四者言，是觸於外而動者也。然若非氣質之靈本有此欲，外來境物又安能觸之即動？但氣質之欲無窮，有觸於物而生，亦有不必觸於物而亦生者，難以枚舉，故此節即視、聽、食言之。氣質之欲，惟心正而後可化，蓋心正則純乎性。性，天理也。理宰乎氣，氣載乎理。理氣之靈俗曰元神，元神即性，《虞書》曰道心。知覺運動之靈爲人心，人心不可無，必聽命於道心。常人道心少而人心多，不知復性之道，即爲不知大學之道也。正心之人養浩然之氣，動静交養，内外交修，久久而後積於中者純一，著於外者咸宜，一元之理氣充周布濩，與天相契而未嘗與世相違。凡事物來前，因應自然，悉協時中。其養身之具不異乎人，實不同乎人。如視聽與食皆養身不可少者，然苟一毫非禮，即心不正。心正者自然不爲物役，蓋其正氣彌綸，非義當前，如水投石。其狀難以名言，故即常人心不在物、視聽食俱如無有以言其狀，蓋功效非實踐不能知矣。自漢而下，正心者百無一二。諸葛孔明曰，我心如秤，不能爲人作輕重，略爲近之。然特謂平心酌理，非謂心正之實功。許白雲曰：世亂無主，我心詎無主？亦天資高明，偶合乎正，非果即正心之人。蓋心本靈動，非性復必不能瑩然、屹然。世儒強治此心，久久亦覺虚明，遂以爲是，不知其爲告子不動心之學也。大學之功至心正時，如太虚無象，而乾元之本體渾堅如金城，入乎世中，出乎世外。《中庸》引《詩》言文王之德之純，即天之穆而先作嘆想之詞，曰於穆、曰於乎不顯之德，蓋於無可形容中形容。正心之人，其純其穆，豈憑虚可以意揣者乎？性爲乾元，統天變化，而各正性命。夫子繫之曰：剛健中正，純粹精也。於物取象於金玉，道流因而有金液還丹、玉液還丹之名，佛曰金剛身、鐵羅漢，皆喻已正之心純乎乾元，如金玉堅剛精瑩耳。正心之人盡性踐形，理氣充滿，一如乎天，有何氣質之欲可以塵滓太虛？故心正而身修。爲學之成，由化而神，祇是涵養益熟，安得人人而學之？亦安得人人而語之？

右第二章。釋修身在正其心。

所謂齊其家在修其身者，人之其所親愛而辟焉，之其所賤惡而辟焉，之其所畏敬而辟焉，之其所哀矜而辟焉，之其所敖惰而辟焉。故好而知其惡、惡而知其美者，天下鮮矣。故諺有之曰：人莫知其子之惡，莫知其苗之碩。此謂身不修不可以齊其家。

夫子言大學功效，自天下説到格物，意在發明修身實學，故結之曰壹是皆以修身爲本。是修身即無所不可矣。而曾子又言家之不齊由好惡有偏，好惡有偏又何得爲身修？夫子言心正則身修矣，何以猶有此弊？此意不明，殊增無限疑滯。要知曾子言此，非謂夫子心正而後身修之語尚有罅漏，而謂齊家全在情誼，必好惡合中乃爲身修也。虞廷授受，道惟執中。子思述夫子作《中庸》曰：中也者，天下之大本；君子而時中。内致其中，乃時中之本也。前人但知時中爲貴，不知中之本尤要。《大學》一書未嘗言中字，且不言性字，然至善即天地之中，止於至善即養性之學，所以致中，孔曾所言無句不有中字。此章特就齊家指出辟字來。辟，偏也，不中也。身修之人，化盡偏私，何尚有偏？故曰人之其所親愛云云，謂尋常用情之人大抵如此，家不齊亦由此，非謂身修之人猶如此也。辟則不中，中則不辟。身修之至，固無所偏，何難好而知惡、惡而知美？曾子爲天下後世言，指出辟字，又引諺語明好惡一辟皆昏憒，即有不可勝言者。結之曰此謂身不修不可以齊其家，而身修者之所以齊家可知矣。故此章全是就反面説，而正面竟未一言，以其義了然，不必定轉正也。然身修可以齊家，理固有然；而有齊家之分、可盡齊家之道，惟天子諸侯耳。《周易·家人》一卦言齊家之道，正内、正外、言有物而行有恒，其義詳盡。然六爻取象各有得失，惟九五一爻王假有家爲正家之人。蓋人情好惡不齊，賢否尤異，父子、兄弟、夫婦皆同德同心者有幾？即身修如聖人，亦往往抱憾於骨肉之間。舜之底豫，固由至孝，亦由天下悦而歸己，猶齋慄夔夔，不改孺慕，頑、嚚、傲弟享富貴之榮，感至誠之德，所以克全大孝。王者權位既尊，親親彌篤，以至誠愛其家人，故家人感其意而化其德，一室太和，家人胥化。夫子繫之曰：王假有家，交相愛也。言王者不恃其尊，親愛一家，家人亦愛敬之。自堯舜至孔孟，無憂者惟文王，夫子嘆慕之而自言。子臣弟友，未能父母俱存、兄弟無故，孟子亦以爲樂境遇難。平道惟自責，學者慎勿因其事之難而致等此書所言於畫餅可也。

右第三章。釋齊家在修其身。

所謂治國必先齊其家者，其家不可教而能教人者，無之。故君子不出家，而成教於國。孝者，所以事君也；弟者，所以事長也；慈者，所以使衆也。《康誥》曰：如保赤子。心誠求之，雖不中，不遠矣。未有學養子而后嫁者也。

上章言身不修不可以齊家，身修而家之難齊者亦齊，况治國有權位者哉？然而家人至親邇也，情誼本屬相通，不可以權力行之，則必抑然藹然，委曲相就。若一國之人，分仄聲别尊卑，人亦疏遠，非若家人朝夕居處，漸摩頗易。况智愚不一，養教多方，若因有權位而自恃，驟然求效，則反生亂。且修身之事，必不能合愚賤而一時並遵。是故治國較齊家若易者，爲其有權；而較齊家爲難者，正恐其恃權。故曾子特提明教家二字，惟有國者而後可云教家，士庶則不能盡然也。然教非徒誥命之密、賞罰之明，必本修身以及民；亦不敢自謂可以教人，只是修身寡過、循循於家庭之間。仁義二字極其周摯，父母安之，兄弟信之，妻孥僕婢亦化之。孝也、弟也、慈也，一家皆然，則一家齊矣。在其人本非謂可以教家，而家人成化，不啻有以教之。或如是而家亦不齊者，父兄之尊不能相强，然其可以教者固在，故推之於國即可以教。孝弟慈三者，仁義二字可以括之。義以行仁義又統於仁字，仁只是天理良心四字。不忍一毫昧良悖理即是誠。以至誠行孝弟慈到了極處，人人各有天理，良心安得不感動？况治國者有權以行道乎？引《書》言保民如保赤子，即慈幼一端明三者必心誠求之，事君、事長、使衆亦以誠求力行仁字而已，故下文直接仁字。時解欠明。

一家仁，一國興仁；一家讓，一國興讓；一人貪戾，一國作亂，其機如此。此謂一言僨事，一人定國。

此節始言家國相通之機。孝弟慈三字，仁字可以括之，而此增一讓字，是曾子立言細密處。本仁而施，恐有太過不及。以禮節文之，恰合乎宜，即爲義，義所以行仁也。然義主於裁制，裁制不及與過固是美事，但教家教國不是一概可以裁制者。事父事兄，竭誠盡敬，不阿意曲從，是仁義兼全矣。然有不可不暫爲曲全徐圖匡救者，裁制二字便行不去，則惟仁讓而已。教國人亦然。孟子曰：以善服人，未有能服人者也；以善養人，然後能服天下。仁讓之意，如斯薰陶漸染，不强人以所難，不迫人以速效，先全其生，後全其性，一家仁讓，一國亦然，豈旦夕之功哉？其機如此。機喻其速，而機之所以速者，實非一時，勿誤認之。古者國僅百里，王畿亦只千里，民皆聚族而居，與君上時相親近，故一家仁讓，其見聞最速，其感應亦易。後世堂廉，萬里一邑，一郡上下或不相通，何論九重之高遠乎？故此等事不恒見，此等書亦幾爲空談。又引一言僨事、一人定國二句者，因仁讓二字少人行，則一家仁讓通於國人亦少知，而一言往往僨事、一人轉敗爲勝則人習見之，故引以證己言耳。

堯舜帥天下以仁，而民從之；桀紂帥天下以暴，而民從之；其所令反其所好，而民不從。是故君子有諸己，而后求諸人；無諸己，而后非諸人。所藏乎身不恕而能喻諸人者，未之有也。

上文言家國一理，以誠行之，自然感應，其機甚速，義已盡矣。誠求二字，便有恕字在内。人各有心，境遇、情事千態萬狀，如何可以一家概之？只因心誠求之，設身處地，委曲周全，自無不詳盡。故恕字已在誠字内，此節乃點明之。堯舜仁而以恕行之，不强人以仁，第以仁自責，而民從之；桀紂不仁而又以不恕行之，欲令人以仁，然身爲不仁，民不肯從。即古人以證明之。誠乃能恕，不恕不可爲誠，而其原則以孝弟慈先盡於家也。孝弟慈成教於家，必誠恕二字到了十分始然，治國豈能外此？抑誠也，恕也，即忠恕也，夫子以爲仁，誨人而曰能近取譬，爲仁之方，又曰恕字終身可行。恕以行仁，必先能忠。曾子以忠恕明一貫，而此章又言誠求恕喻，可見道本無多，語雖多而理甚約。孟子曰：反身而誠，樂莫大焉；强恕而行，求仁莫近焉。皆一脉相傳修己治人切要語，入大學者其知之。

故治國在齊其家。

總承上四節之義而結之。

《詩》云：桃之夭夭，其葉蓁蓁。之子于歸，宜其家人。宜其家人，而后可以教國人。《詩》云：宜兄宜弟。宜兄宜弟，而后可以教國人。《詩》云：其儀不忒，正是四國。其爲父子兄弟足法，而后民法之也。此謂治國在齊其家。

正意上文已完，此特引《詩》咏嘆，見婦女、弟兄之至難，惟自修自盡求其足法。抑此言也，爲有國者責其備，亦爲無國而有家者示之準也。何言之？無國而但有家，正其夫綱，不忒其儀，可以自盡。若兄弟則必不能强齊矣，况又有父母之至尊者乎？然而爲父子兄弟足法之道，固無可自寬，必如此而后可以教家。有國之人，權位所在，惟事父母齋慄夔夔，誠敬周摯，同於凡人。若兄弟妻子，則分已卑，果其儀不忒，足以爲法，又奚慮其不法哉？雖然家人情親誼厚，究非國人可比。若謂兄弟婦女可以惟吾所令，即將乖正義而賊恩。故曾子雖望人如是，而又引《詩》咏嘆，深以爲難。結曰此謂治國在齊其家，鄭重之詞也。學者其知立言之苦心乎？

右第四章。釋治國在齊其家。

所謂平天下在治其國者，上老老而民興孝，上長長而民興弟，上恤孤而民不倍，是以君子有絜矩之道也。

國與天下分遠近廣狹，不分心理，其禮樂制度及民亦同。然則，能治國即能平天下矣，而曾子又必釋之者，何哉？治國不外孝弟慈，平天下豈復外之？但孝弟慈三字，非祇自盡其道便可使國人皆盡道也，必先養其生，然後復其性，有許多經制在。第一興養爲難。人皆有養矣，勞來匡直輔翼。虞廷之法，有一毫偏缺，即不能成化。老老、長長、恤孤，非謂自身然也，謂治國而一國之老均飽暖、安全、壽考、康甯。上之委曲成全、民之孝敬周至在其中矣。長長而一國之長不失其尊，無侮無拂，上之教民禮讓，民之率教克恭，亦經制胥全矣。恤孤則必父母兄弟無飢寒杌陧，而後得將其慈育。其或幼孤失所，則上有法以曲成之。所以興孝興弟不倍，乃成教於國。故此數句雖仍是言孝弟慈，而實乃言治國者。實政及民如此，始爲能治其國。况天下廣大，民情至繁，異齊異俗，境遇順逆，資秉智愚，千態萬狀，何可言盡，安能使一道而同風？故君子知天下難平甚於國，而有絜矩之道。絜矩二字，是曾子創爲此名。因道理無窮，難以枚舉，故以矩喻而括之。修己治人，事亦無窮，以絜矩該之。其如何絜之之實，亦不能殫述也，故下文又設言以明之。時解以老老、長長、恤孤爲自盡孝弟慈而已，曾子立言之義遂晦。

所惡於上，毋以使下；所惡於下，毋以事上；所惡於前，毋以先後；所惡於後，毋以從前；所惡於右，毋以交於左；所惡於左，毋以交於右：此之謂絜矩之道。

絜矩二字只是一恕字，上章已言之矣。如何不仍言恕而又創爲絜矩之名，此節又設譬之。蓋恕字士庶行之易，有天下者行之難。自父母而外，皆其臣僕，分誼相懸，則情狀不能周知也。普天之下，仰一人之生成，養教稍缺，則海隅必多愁怨也。風氣異齊，民生異俗，有不可不革之者，有不可驟革之者。合賢愚貴賤殊方異域而一例整齊之，非仁同覆載、精義入神豈能奏效？故設爲上下四旁以喻其狀。平天下之絜矩，非但推己及人、問心無愧已也，有無限政教在焉，姑言其一二。如教民孝弟慈，理之正也，而頑、嚚、管、蔡世亦恒有，能如舜、禹、周公者幾人？有君上以正其趨，則必先正三綱。堯妻舜而不告，且與以天下；周公以成王命東征，亦感風雷。絜矩之義，即隨時處中之義，即父兄之至尊親者以思其義。則當絜矩者何窮？能絜矩而盡善者豈易？孔子曰：知爲人子，然後可以爲人父；知爲人臣，然後可以爲人君；知爲人弟，然後可以爲人兄；知事人，然後能使人。聖人以忠恕望人，未嘗謂君父可以自恕，此之謂絜矩之道鄭重而難之之詞。曾子學已至於聖人，故如斯發明明德於天下之意，豈徒敷衍成文謂能知孔子之意哉？時解云上下四旁均齊方正，不知此喻時中二字無一定而有一定之意，不是甚麼物件，須令方方正正始得。果然，則子莫執中之見耳。先儒執古禮古樂學聖人，其意如此，所以人畏而苦之，欲明道而道愈難行矣。

《詩》云：樂只君子，民之父母。民之所好好之，民之所惡惡之，此之謂民之父母。《詩》云：節彼南山，維石巖巖。赫赫師尹，民具爾瞻。有國者不可以不慎，辟則爲天下僇矣。《詩》云：殷之未喪師，克配上帝；儀監于殷，峻命不易。道得衆則得國，失衆則失國。

絜矩之道無窮，難以言盡。此三節引《詩》，言好惡同民則父母，否則爲僇，以見不可不絜矩。得衆，得其心也。好惡與同，所包甚廣。若時解言使民飽暖安全即爲好惡絜矩，亦是，而非曾子胸中懷抱、言中經濟也。民皆有天良，只因無人使之安全，教以天理良心之美。平天下者，養其身家均安全矣，又密其教化，使各發天良而趨於善。此中有許多經制，非絜矩之至精，豈能使一道同風？天理良心，人人皆有，爲上者使之，遂生復性。斯爲民心所在，天心即應之。得民即得天眷，失民即天棄之。以吉凶儆人，亦不得已之意耳。若古之明明德於天下者，豈因邀天眷長享國而始然哉？

是故君子先慎乎德。有德此有人，有人此有土，有土此有財，有財此有用。

絜矩不外於好惡。好惡不辟，故好而知惡、惡而知美。齊家以之，治國平天下又何待言？而其原則非德之至明不能。德已明矣，猶必加慎，自古聖人皆然。危微精一，寡過未能，皆是此意。承上言絜矩由能慎德，所以天下平而得衆。有人有土，承上得國説來。君子則非慮失國而然也，但君子已履天位而代天工，安得不爲天養教生民？有財有用，養足而後可以施教。非但喜其上下豐樂，而百姓足君亦足，美利自在其中。曾子已言及此，恐後之平天下者因而但知重財，則大悖於義，故下文緊接德者本也云云，以申勸戒。

德者本也，財者末也。外本内末，争民施奪。是故財聚則民散，財散則民聚。

有財有用，慎德自然之效，而君子則無是心。若以德爲末，以財爲本，則上行下效，民必相争相奪，人與土亦不能有。極言務財用之害如此。因有德者少，貪財者多，不得不痛切戒之也。

是故言悖而出者，亦悖而入；貨悖而入者，亦悖而出。

言悖則違天理而拂人心，故悖出者必悖入；貪財則利己而必損人，故悖入即悖出。上言民散，無人無土，此言悖出，財用亦無，以見德之必慎。有人有土有財用，雖有其效，不可以之爲重也。

《康誥》曰：惟命不于常。道善則得之，不善則失之矣。

引《書》言天命不常，惟慎德則得天命而無所不有，否則失天命而一無所有，深戒人慎德以承天。引《書》言一無所有、畏天命，是慎字根源天命，得失視乎善不善，慎德即善也。天人同此理，故善必受天之眷。不畏天命，從何慎德？

《楚書》曰：楚國無以爲寶，惟善以爲寶。舅犯曰：亡人無以爲寶，仁親以爲寶。

此二節承上内本外末而言。慎德者不重財，所重者何邪？善也，仁也。仁善即德。已有德，尤必用有德之臣乃可以共平天下。引《楚書》、舅犯言寶玉、寶國不如寶善與仁，借寶字從財用意引入寶賢。《楚書》本因論白珩而言楚國寶賢不寶玉，舅犯以仁親導重耳，曾子引來衹重在仁字。仁人善人，必能慎德，寶之重之，天下有何難乎？但人最難知，故下文又引《秦誓》以明其狀。

《秦誓》曰：若有一个臣，斷斷兮無他技，其心休休焉，其如有容焉。人之有技，若己有之，人之彦聖，其心好之，不啻若自其口出，實能容之，以能保我子孫黎民，尚亦有利哉。人之有技，娼嫉以惡之，人之彦聖，而違之俾不通，實不能容，以不能保我子孫黎民，亦曰殆哉。

君子小人，美惡情狀難以殫述，然大抵虚懷好善便是君子，妒才忌能便是小人。古今議論雖多，惟《秦誓》言一个臣及小人情狀最悉，故特引之。

唯仁人放流之，迸諸四夷，不與同中國。此謂唯仁人爲能愛人，能惡人。

單承小人説。言有如此之臣，唯仁人乃能深惡而痛絶之。引成語惟仁人能愛能惡，見仁人不是專於慈愛，用賢去不肖至明至斷，故能全其所愛。仁即是善，善即是仁，語意承上寶善、寶仁一片而下，此曾子立言之密也。

見賢而不能舉，舉而不能先，命也；見不善而不能退，退而不能遠，過也。

承上反言以明之。賢、仁、善字雜出，其實止是一理，止是慎德。之人善善而不能用、惡惡而不能退者，有似於寬仁，其實已入於不仁。故特舉之爲戒，見愛惡不辟方是仁人。

好人之所惡，惡人之所好，是謂拂人之性，菑必逮夫身。

好惡反乎是非之正，則不特不能用人圖治，且必罹灾。極言好惡必正，始爲仁人，如爲能絜矩。

是故君子有大道，必忠信以得之，驕泰以失之。

此節總結上文六節，明用人之要，見非徒好仁惡不仁而已。忠信者至誠，信任如腹心手足之相依，龍虎、魚水是其榜様。反是則爲驕泰，仁賢解體，安能免於覆亡？慎德之君子，所以必忠信而無驕泰也。舊解謂三言得失語益加切天理存亡之幾决矣云云，支離不可從。

生財有大道，生之者衆，食之者寡，爲之者疾，用之者舒，則財恒足矣。

上文言慎德之君子不寶財用而寶仁賢，因詳言用人之道。然財用者，生人之命、平天下者，非是無以養人，人非是又何能生養？故特補言生財之大道。生衆食寡四句，該括自古帝王許多生財經制。後世因時制宜，其道雖多，然大致不出此四語範圍。但非慎德而能絜矩之人不能得其道也。

仁者以財發身，不仁者以身發財。未有上好仁而下不好義者也，未有好義其事不終者也，未有府庫財非其財者也。

申言生財有道，所以仁民非以贖貨爲民生理財。財足民安，而愛敬其君者益切，上好仁而下好義也。以財用自私、財聚民畔而國亂身危者，指顧上不好仁而下不好義，府庫財非其財也。二節只是一意，反正言之，極言仁人方能生財耳。

孟獻子曰：畜馬乘不察於鷄豚，伐冰之家不畜牛羊，百乘之家不畜聚斂之臣，與其有聚斂之臣，寧有盜臣。此謂國不以利爲利，以義爲利也。

引孟獻子之言，指出以義爲利。義與仁一也，心仁而著於言行，恰合其宜，即爲義。上文言上好仁則下好義，此承上好義終事言之，以義字該仁字。言有國者原不必求利，下人好義，府庫財自足，何必貪財？如孟孫所言，禄益豐則用益儉。士大夫且然，何況有國者？若誤用聚斂之臣，厲民自養，即爲不義，不義便是不仁。以義爲利者，惟知仁民，仁至而義自精矣。

長國家而務財用者，必自小人矣。彼爲善之，小人之使爲國家，菑害並至。雖有善者，亦無如之何矣。此謂國不以利爲利，以義爲利也。

申明聚斂臣之害，將理財用人歸并一處。蓋有德者必不重財，小人無不貪財。以小人爲善而用之，安得不剥民自肥？慎德之君子，所以惟用仁賢不求財用，而自有財用，用賢義也。得賢臣共理，而上下皆有財用，以義爲利也。結句與上節意微不同，時解紛紛誤解，何可勝辨。

右第五章。釋平天下在治其國。

贅　論

兒輩以此書付梓，有來問者曰：朱注專行近千年矣，一旦易之，不幾創而駭聽，且干咎乎？曰：然。然愚非得已也。聖人已遠，全憑讀聖人書，如見聖人。學聖人亦止是全我爲人之理，但身心性命之理、日用倫常之道從何入手，圖功如何次第深造，此非可以憑虛而造也。此書成己成人、全體大用之學，功夫次第咸畢，誤解而使人莫知嚮方。聖人覺世苦心竟如畫餅，聖人有知，其不怨恫乎？爲學不從此書實踐，又如何能修身？身不修，又如何能齊治平？程朱表章聖人，爲之注釋，原是欲人學聖人，其心豈不甚美？無如未遇明師，將此書功夫一一踐行，但知養知覺之心，窮事物之理，終身不能正心，安能明德？德既不明，成己成人又何能盡善？今愚遵孔曾原書梳櫛義理，祇是求孔子曾子之意了然，不是定與朱子爲難。朱子發明孔曾，必竄改其言以就己説。愚惟解原文，不敢外白文而别生枝節，較擅改經文、以己意武斷者，似無罪過。且發明聖人，剖析是非，原是後學之事，豈朱子可以發明聖賢，而我輩獨不可以發明乎？恭逢盛世，敬誦御纂諸書，多發前人所未及，幸有所見，安可不以私訓其徒？《大學》一書，二程弟兄首倡竄改，朱子繼之，當時亦未行世。真西山作《大學衍義》進呈，全祖朱子立論，時王賞録，民間遂相遵從；既而門生故吏多得志者，益用廣播，暨今遂爲不刊之籍。然大學之道，本自古聖人修己治人之道，孔子恐其失傳，乃撮其大要，爲聖經一章，以授門人，曾子又補足之。後世欲學聖人，舍此無從問津。其書備詳爲學之功，字字俱有實義，非比他書泛論義理，不必一一次第而行。西山未得明師，全不明大學始終之事，只以朱子爲是，故其議論雖多，實未嘗切《大學》本文一一剖析，大學之道本人人可能者晦矣。夫道止天理，天理散於萬事萬物而起於心，心不正不誠則萬事皆非。欲心之正且誠，必静存天理、動克人欲。除却止至善，無從入手。誠得明師指示，知至善之地及止至善之功，誠恒深造，由是静安而造乎其極，誠意、正心、修身自漸次而幾矣。身修只是明明德，明明德只是全天理，人人有天理則人人可以從事。先儒亦言静存動察，而所存者知覺運動之心，非先天渾然之性；所察者物物窮理，不近求人倫日用之理，而以一偏之學，將聖人原書竄改，揆以闕疑與不知爲不知之義，何以通邪？其書名爲《大學衍義》，而不就《大學》本文一字一句發揮，已爲名實不符；且未從羲農以來凡聖人力行大學之事一一印證，而又雜舉帝王甚至本無君德者亦攙列其中，衡以大學之道，舛謬尤多，豈非所學不真、歧路之中又生歧路乎？原西山本意，欲引君當道，意非不佳，而未得《大學》的傳，遂生枝葉。後人徒以其人品端正、議論亦無大疵，相與傳習，而不知已亂大學之道矣。孟子曰：人不足適，政不足閑，惟大人爲能格君心之非。人臣欲格君心，豈徒口舌？亦告之以力行《大學》而已。《大學》所以明明德，德即天理。人心多妄，故須静養天理以清其原，動誠好惡以踐其事，善則擴充，惡則克治。誠意之事，所謂致和也，至虚、至静、渾然、寂然。止至善之事，所謂致中也，其功至簡至易。夫子曰：仁遠乎哉？我欲仁，斯仁至矣。苟志於仁矣，無惡也，格君豈復外此？太公授武王以丹書，要言曰：敬勝怠者吉，怠勝敬者凶。武王體之，至於刀劍盤盂皆有箴銘。敬於動者如此，則其敬於静者可知。周公告成王以無逸，而成王不敢康，夙夜基命宥密，於緝熙，單厥心，直接文王之傳。此古大臣格君心之道。得其用功之要，則循序深造，漸至於欲盡理純，又何待用人行政間紛紛匡救哉？此孟子之意，學者本罕知，西山亦何從知之？其不知也，由無聖師傳授，本不足爲先儒咎，第妄改聖人之書，使至平至常之道鮮有力行，而分動静爲兩途、成己成人爲兩事，其爲人心風俗之蔽可勝嘆乎？愚故不避訶譴而正解之。然一家私言，聊以告門人小子，非敢問世也。幸無外泄，以重愚罪焉。

十三經恒解

箋解本

卷之一

中庸恒解

康聰斌◎整理

序

天地未分，太極在天地之始；天地既剖，太極在天地之中。太極者，理氣之原，渾然粹然至善而莫可名狀者也。惟人獨得天地之秀靈，蓋即得太極之理以爲性。性在於有生之初，渾然粹然者與天地同；性梏[①]於有生之後，紛然雜然者與禽獸類。聖人者，全天地之理而無愧於人焉耳。周之盛時，以三物賓興萬民，而首重六德。知、仁、聖、義、中、和，皆後世所謂萬難幾及之事，而當時以爲取士之科條。蓋禮樂足以陶淑乎民心，聖賢不必下遺於愚賤。天下皆道中人，實天下皆盡性之人而已。自周之衰，禮教凌夷，孔子不獲行道於時，而第與其徒修明先王之法，得其傳者，厥惟顔、曾。顔子没而曾氏存，子思繼之，作《中庸》以救世。蓋當時奇詭之行漸興，倫紀之常多紊，故薈萃遺言，表至中至庸者以爲法。程子曰：不偏之謂中，不易之謂庸。中者，天下之正道；庸者，天下之定理。夫正道正理者，本乎天而備於人，無俟外求者也。《傳》曰：民受天地之中以生，所謂命也。天地爲萬物之原，而其主宰運行極乎罔外者，太極之爲，即中之實。人受太極之理而生，其渾然粹然者與天地未嘗異，而紛然雜然者乃與天地遠。上無聖人之君相，下無聖人之師儒，故賊性而不覺，違天而可悲也。子思憂天下之自失其性而將以亂人物之性，故詳言人與天地合一之理，而特命之曰《中庸》。至中，而後人道悉準乎天；至庸，而後天道即在於人。以空寂爲性者廢倫常，以虚靈爲性者逐外誘，儒與禪宗異名而不異實，則以天命之原盡其功而通其

① 梏，《槐軒雜著》卷一本序作牿。

變者，寡也。《漢藝文志》有《中庸説》，蓋自宋以前亦有人究心焉，而其文已不可考。朱子分章詁句，淳熙間，與《論》《孟》《大學》編爲《四書》，以之試士，而此書益昌。然其文義幽奥，辭意嶺斷雲連，讀者或拘牽舊説而不得其指歸。沅不佞，沐浴聖朝之化，幸得童而習之，沈潛反復者有年，覺其不無遺義。因鈔存私説，以待高明，非敢與朱子抗衡，亦以爲敝帚之享而無負君父之教云爾。

至中，故人道悉準乎天；至庸，故天道即在於人。自來無此透切，即一序而全書大旨可見矣。①

蔡毓林

① 按：蔡毓林題記原載《槐軒雜著》卷一本序末。

凡例

一、劉向校書，輯《中庸》入《禮記》中，而馬融、鄭康成編之爲四十九篇之第三十一。唐陸德明《釋文》謂孔子之孫子思作，其言不誣。而世猶有疑非子思作者，由未知聖學，故輕視此書，不足辨也。

一、漢儒雖編《中庸》入《禮記》中，然孔穎達引鄭氏《目録》云，此於《別録》屬通論。蓋漢儒不過附入《禮記》，非以其爲言禮之書也。且此書自宋以前已有專行之本，若《漢［書］·藝文志》有《中庸》二篇，《隋書·經籍志》有《中庸講疏》，司馬温公有《中庸廣義》。但編爲《四書》，則自宋淳熙始；其懸爲令甲，則自元祐後科舉始。今中庸已與《論》《孟》《大學》列爲《四書》，朝廷以之取士，人人誦習，聖學之盛極矣。第返諸身心求其實踐者，亦不易。蓋其義非可以空言曉，亦非可以文字求，必當窮理盡性以至於命，然後知此書所言，莫非吾身實理。故今訓釋，惟取明白易曉，而不敢以艱深影響之辭，致生學者之畏難焉。

一、《中庸》一篇，首尾文義銜接，本一章，不可强分也。鄭康成注始離其章句，以便讀者。朱子又尋其脉絡，次第分爲三十三章，較康成爲精密。而學者罕究其微，講章拘守章句，反大失夫子之意。今仍遵朱子作三十三章，以便初學；而其首尾貫通之旨，則仍就子思本意，不敢曲從朱子。知不免僭踰，然乃人身心中自然之理而可施於事物者也。學者詳之。

一、是書大旨言天道即人道，盡人即可合天。而其言汗漫，讀者不免易生枝節。且道在吾身，非有奇邪；以人合天，衹是自盡人道，亦非有奇異也。故亦名曰《恒解》，以其初非深遠難踐云。

一、道，猶路也，天地人止此一理，如大路然，皆必由之。本無奇異，子思之時，事雜言龐，談天雕龍之輩，創爲影響離奇之語，使人視道爲高遠。故子思述孔子中庸二字，衍爲此篇。首自天命説到人，末自人説到天，中間推及於庶事庶物。要無非言人道即天道，能盡性即可合天，而其要在慎獨，其歸在誠身。性本虛無，不可名狀，而其實在天，成形成象在人，萬事百爲皆各有實際。故聖人因物付物，一如天之無爲而成也。誠者，言其理之至，實上天之載，即在人心。後世儒者，知標誠字爲聖學矣。但其所謂真實无妄者，末俗或藉口而務紛華。忠孝仁義、至誠不二者，百無一二；聲色嗜欲、誠心陷溺者不可勝言，則誠之一字，又爲末流歧路矣。伏羲名天雷无妄，而文王曰元亨，即戒之以其匪正有眚，不利有攸往。夫子繫之曰：大亨，以正天之命也。其匪正有眚，无妄之往，何之也？天命不佑行矣哉。可見單説一個誠字，須先有一正字。子曰：誠者，天之道；誠之者，人之道。是欲人實體天理於身，不是説上天之載止此形形色色便可了却天理也。形色莫不由於中，但此形色中有邪正兩途。任心而行，未必皆理；依理而行，即莫非道。學者最當辨之。

一、子思雜引孔子之言，以己意串合，文法嶺斷雲連，道理四通八達，煞是宇宙間有數文字。朱子恐人難以驟通，析爲三十餘章，其意良苦。但聖賢之言，皆身心所得之實學，因覺世而衍爲文字。學者必先將其所言之理，一一體貼身心，漸次深造，至於卓然有得，然後知聖賢之言，皆天地吾身自然之理，而字句精微，直如意所欲言矣。故愚於前人講説，多不敢曲從。非必反前人，誠以天地人之實理，有一定不可移易者也。高明其或鑒之。

雙江劉沅識

中庸恒解卷上晚年定本

道者，天之理，而人得之以爲性。萬物咸該，非是無以爲人。世衰教微，或過或不及，而理之顯者晦矣。子思本夫子以爲此書，命之曰《中庸》，蓋以至中至常之理，即天地萬物所由通，性外無道、道外無人也。其書以慎獨爲要，明善誠身爲功，而馴致乎無聲臭，要無非人道之常通乎天命之粹，而非有奇邪也。學者詳之。

天命之謂性，率性之謂道，修道之謂教。

道，上聲，下同。

命，天之理，賦於人則爲性。人能循其天理之正而無私則爲道。道理之統名，即性之發於萬物者也。人性本善，氣質有偏，私欲難免。聖人本人性而爲之制，使人變化其偏私則爲教。性道教之説，戰國言者紛矣，子思故切指之，而其義實非有二也。天之理、人之性、萬物之道，一以貫之。

道也者，不可須臾離也，可離非道也。是故君子戒慎乎其所不睹，恐懼乎其所不聞。

離，去聲。

道，即性也。以其順天地之性，而該萬物之情，各有條理，若大路然，故曰道。道散於萬物而全具於人，非是則失其性而非人，故不可須臾離，可離非道。悼乎外性，言道之謬也。戒慎恐懼，不離道之實功；不睹不聞，則極幽暗之地；戒懼慎獨，則懍畏天命之嚴。

莫見乎隱，莫顯乎微，故君子慎其獨也。

見，音現。

申上文戒慎二句之意。不睹、不聞，即獨也。其地至隱，其幾至微，然人不及知，己已知之，則見、顯莫逾乎是。故君子知一念之善否，即天命之去留，慎乎其幾，乃可以須臾弗離也。

喜怒哀樂之未發，謂之中；發而皆中節，謂之和。中也者，天下之大本也；和也者，天下之達道也。

樂，音洛。中節之中，去聲。

喜怒哀樂，性之發爲情而可見者。即所見以例所不見而言。理之渾含在中者，爲性之本體；理之流形於外者，爲性之大用。中則萬理咸備，故爲天下之大本；和則各得其宜，故爲天下之達道。上文言體道之要，而此乃專言性善之本體，以見其無所不該也。不失其中，即爲和。

致中和，天地位焉，萬物育焉。

承上言中和爲萬理所滙。體道者盡其量而極其功。性涵於中，天地之主宰者在是；性極其和，萬物之生成者在是。天地萬物，一理之充周，而人受天地之中以生，理亦猶是。靜而養其誠一爲致中，動而慎其發用爲致和，致漸而至也。極於中而天心合，極於和而物情順。然乃自有之性而自充其量，此其所以爲中庸歟。

右第一章。爲全書之綱領，溯其原，揭其要，明其本體而究極乎功效之全，以明道不外性、天人所以合而萬化所由生也。

附　解

蓋自堯舜三代以來，聖人之君相，皆能有以維持乎民心，而悉協於大道。自周之衰，聖化凌夷，孔子明道以濟世，而世莫能尊，群言淆亂，靡所折衷。子思述祖德以爲此書，大要本乎天理之正，而極乎人生日用之常，以明道本無奇，要在率性而踐其實。此章則其提綱挈領之詞也。其言曰今之言道者紛然矣，愚者卑，高者誕，而不究乎天理人心之本然，則道愈晦。豈知人爲萬物之靈，爲其得天獨粹而已。天道至神，然其陰陽五行之本，渾然粹然，萬古不貳不息者，爲天之主宰。如人之命然，是理氣之原，人咸得之以生，則謂之性。天之命，人之性，一而二，二而一也。萬物莫不統於天，萬物莫不賴乎人。人獨得天之粹，果能率天理而行，措諸萬事無不宜，即謂之道。但人之生也，氣質厚薄不同，形氣雜而嗜欲滋，遂遠於道。聖人得天之道、體天之心以化斯民，在上則爲禮樂兵刑，在下則爲表章師率，斟酌時宜，上協天道，修而明之，則謂之教。性也者，道之所從生。教也者，道之所由明。其名雖三，其理則止一。道也者，率性而該萬物。人之所以爲人，無論表裏、精粗，非是不立，不可須臾離也。若猶有毫髮之間人可須臾而離，則是身外之物、後起之緣，必非道也。聖人教人修道，内外兼盡，微特可睹可聞之地必慎其功，即所不睹亦必戒而慎之，恐其失性而不足爲人，即所不聞亦必恐而懼之，恐其獲罪於天。所以然者何？不睹不聞，無迹象無聲響，此亦至隱矣，而一念之動，天地知之，實莫見乎此。且一念之動，未見於言行，亦至微矣，而忽不及防，即著於外，實莫顯乎此。故君子不以爲至隱微其幾，甫動即慎而察之，善則擴充，惡則克治，乃能不離道也。夫天下之事物至繁，則道之散見於天下者，何可勝窮？而君子修道，但先慎獨者，以天下之理皆本於性，性即道，道即性，修道所以率性，性不待於外索，修道豈外吾身而修？如人心有喜怒哀樂，固應事接物不可無也，然發於外而後有此名。若其未發，渾然在抱，不參毫髮之私，則謂之中。中在身中，人不可得而見，然果存乎中之本體，則萬理咸備，是天下之大本也。本此中而率性以行，凡喜怒哀樂之發皆中其節，則萬事咸理，謂之和，是天下之達道也。性體如斯，故君子由慎獨而精之，極之於無聲無臭，而有以全天命之本然，則致其中矣；本慎獨而發之，極之於萬事萬理，而有以協人心之至順，則致其和矣。中者，天地之定理，萬殊所以歸於一本；和者，萬物之至情，一本所以散爲萬殊。誠致中和，則静極而得天命之自然，天地位焉；動極而得率性之至當，萬物育焉。天地至神，萬物至賾，而位育皆在一性，此所以修道者祇自全其天性，而非求諸難能，不可知也。

人爲三才之主，無人則天地之功用亦窮。然人之所以貴者，以其得天地之性也。《傳》曰：民受天地之中以生，所謂命也。此語至精。命字先儒作猶命令解，是天自爲天，人自爲人，下文致中而天地位説不去。且性本無聲臭，如何命法？語義亦窮。張子云在天爲命，在人爲性，得之矣。子思因當時言道者流入高渺，特以中庸立説。人性即是天性，此何等平常，然至神至奇即在至平至常之中，所以爲中庸。《詩》曰：維天之命，於穆不已。命字如秉質意，天之廣大高明，無所不統，然其生化於無窮，流行而不息，有個主宰之理在。易有太極，是乾坤之真精，即天之命也。惟此太極之粹，天以之清，地以之甯，人以之聖。本無二理，故名曰道。特分而言之，不得不異其名以析其解。子思言天有所以爲天之理，是爲天命。人爲天地之心，獨得天命之全，此之謂性。性既爲天之理，則人果能率其性善之本體，而所存所發莫非天理，此之謂道。第人性雖即天性，而受氣受形，其間清濁厚薄氣化之雜，不盡純乎天命，則氣拘物誘，遂失其本然。聖人全己之性，則心一天心，道一天道，或爲君相、爲師儒，因人之性而制爲禮樂刑賞，裁其太過，輔其不及，修明大道，使人各全乎天命，此之謂教。語意直截了當，本無難解，後儒紛紛議論，不本諸天理實踐，而求諸語言文字，愈辨愈惑，轉令本文塵封。今愚但就白文口氣繹之，其諸家論説，難以遍摘。老子曰：有物渾成，先天地生。儒者斥之。不知老子之意，言天地成形之後，道在天地；而天地未形之始，道本無名。道之一字，固自後人名之，而太極之初，天地非有，又將何以名道？夫子曰：易有太極，是生兩儀。又曰：大哉乾元，萬物資始，乃統天。夫天也，而有以統之乎？統天之理非即太極乎？老子所謂渾成先天地生者，非即此意乎？第天地即太極，太極即天地。自其未分未形言之，則衹可言太極，不可言天地；自其已奠已形言之，則可以言天地，亦可以言太極。前聖言之，而未畢宣其旨，後人遂拘泥而不得其會通。盡性至命之功，其可緩乎？蓋天之命即天之性，命所以生生之意，性所以存主之意，其實一也。此章爲人性溯原，故曰天命，言天所以生之理，即人之性。衹此一句，其義無不該，而全部《中庸》在是矣。性字舊兼人物言，蓋爲下文育萬物張本，及後文盡人性物性云云。覺物皆有性，故兼人物言。然天之性至粹，所謂乾元統天之氣。氣也，即理也，非凡理氣之成形成色者可比。天命之謂性，蓋指其粹然者言之，而物之分其一端者，亦包括於此粹然之中。萬物之性，理之偏者也；人之性，理之全者也。先儒言理多不敢以氣言，不知形形色色之氣則有粗有精，而太極之真即氣即理。專以理言，理本無名無象，著於形色而始有名象。從其原言之，則不得以其散著爲本體也。故仁義禮智信爲五性，然五性衹是一性。性之澄然在中者，無貳無雜；性之自然順應者，悉得其宜。是皆天命之本體，而非强以相赴，益其本無，故曰率性之謂道也。前人謂在天爲元亨利貞，在人爲仁義禮智，其誤愚已於《周易·乾卦·文言》明之。又云元亨誠之通，利貞誠之復，通復者陰陽循環消長之機。一誠所貫，義無大失，而以元亨利貞分貼則難通。蓋道理聖人已是説盡，必另立名目，以己意參之；而按諸天理身心不合，則爲臆説。故愚嘗言，凡言道必如王天下章所言本諸身六句，均一一符合，方是大道；稍有不合，即爲偏駁也。董仲舒《春秋繁露》以五行配五性，蓋不知五性衹一性，猶五行衹一太極。鄭康成以木神爲仁、金神爲義、火神爲禮、水神爲信、土神爲智，宋儒以水屬智、土屬信，於理未爲大謬，然以解此章性字則爲支離。大文明言天命之謂性，一句已了。其他曲説尚多，兹不悉贅。

道也者四句，一反一正，總以明性外無道、道外無人。戒慎二句，特舉所不覩聞以該覩聞。是故二字，從不可離，生來既須臾不可離。則雖不覩不聞，皆道之充周布濩，安得不戒慎恐懼？

莫見節又申明不覩不聞必戒懼之故。不覩不聞即隱微，即是獨。隱言其地，微言其幾。己所獨知，常人以爲隱微，故子思特地醒之曰莫見莫顯，而以爲君子必慎於所獨，以其非隱非微也。故字從莫見莫顯生來，語意相銜，次第不爽。若曰既常戒懼，於此尤加謹焉，則不覩不聞又何地也？不覩不聞尚不足爲隱微，則必其猶有可覩可聞之跡乎？

喜怒哀樂節就性之本體而言，以爲下文張本，非謂人人皆有此中和。蓋性不可見，即情可見，故就四者未發以明受中之始，其理如是。性無不該，故致中和則位天地而育萬物。以文法言之，則脱接者也；以義理言之，是復從天命之始推原其體段也。人性之中，即如太極之渾含，故曰大本。發而爲和，如天生成萬物，無心成化，故曰達道。惟人身之理，本與天同，故中和如此。此虚説性即天命之意，以起下致中和，就現成性體説，非謂人人皆能作是觀。下文致字方是學者修道以致中和，凡人一念敬静、一端合宜亦是中和。然不可語乎性之全體也，且本節尚未説致中和功夫。

上文言中和之體用如此，故學道者戒慎恐懼，静存動察，祇欲全中和之性量。一致字中該括許多功夫在。存理之極而渾然者，天地同其廣大高明，覆載非遠，六合非遥，天地位焉矣；忘私之極而當然者，萬物安其血氣心知，並生並養，仁至義盡，萬物育焉矣。位育不必説到得志乘時，聖人盡性而合天，無處不中和。夫子不惑知命，中也；耳順從心不踰矩，和也。推而言之，孟子曰：存心養性，所以事天；文王之德之純，亦如於穆不已。其中如是，故止仁止敬等，和即如是。中，和之體；和，中之用。中和祇全得一性字，自事物言之則曰道。前人兢兢辨動静體用，恐人誤認；究之動静一原，體用相資，純一之至。而静固静，動亦静，則中也、和也，異其名不異其致也。静則萬善俱含，動則一以貫萬，非實能致者，烏足知之？

仲尼曰：君子中庸，小人反中庸。

上文言道，而欲人致中和，是總冒文字。此乃引夫子之言中庸，以爲己所以作此書之意。蓋道一中而已，夫子恐人騖於高遠，以庸明之。子思據以立説，爲異端曲學正其趨。此章則其發端也。

君子之中庸也，君子而時中；小人之中庸也，小人而無忌憚也。

承上言中庸惟君子體之，小人似中庸而非中庸，是當時之弊，子思所以不得已而作此書也。君子内有君子之德，而又能隨時處中；小人素有小人之心，而乃無所忌憚。敬、肆之分，品遂相遠。下文不明不行，又申言其意。

右第二章。子思引夫子以明道本中庸，救時人之失，並挈言君子小人迥殊，起下文也。

附　解

道本精微，第精微即在身心之内、日用之間，故夫子不僅曰中，而曰庸。中字自堯舜以來，已早言之。夫子著一庸字，使高者俯而就，卑者仰而企，正所以使人就乎中。至子思時，妄誕益多矣，子思述祖德以立言。此章如時文之開講，點出中庸二字，爲作書大旨；分出君子、小人，起下文九章之意。其稱仲尼，則固天下人之公稱，而以爲此理發於仲尼，亦天下人之公論也。後文祖述章擬孔子於天地，亦稱仲尼，意亦如此。兩論書法，於門人記述則稱子，於君大夫問答及他邦則稱孔子。兹獨稱仲尼，固非漫然。君子中庸，小人反中庸，言君子小人相去甚遠，由中庸與不中庸之故耳。下乃摹君子小人之情狀。道原於性，天下無無性之人，則宜無道外之人，何以有反中庸者哉？不知中庸之事，不過五性五倫，君子小人皆不外此而立。第君子之中庸也，其平日盡性踐倫，已有君子之德，而臨事又能戒懼，隨時處中，故中庸獨歸君子；小人之中庸也，彼非能外五倫五性而生，特其平日無養性明倫之學，素有小人之心，而臨事又復自是，無所忌憚，故雖有似中庸，而實反中庸。或疑小人句少一反字，不知夫子正妙於言小人也。試思中庸之事，不過日用倫常，其人則父子、君臣五倫之人，其理則仁義禮智五性之理，其爲用則自動静語默以迄於天下國家之大，何人可以外此爲生？故小人亦中庸人也。第其所謂中庸者，任私徇情，未本乎天理之正而合乎至當之則，方嘐嘐然自以爲中庸也而已，無所忌憚矣。盈天地間，大率多類此，此聖人所以特揭言之也。朱子從王肅、程子本加反字，而疑諸説之非，蓋未即上下文立言之意細參之。小人之中庸，若鄉愿胡廣之流，尚不在内。世有日言詩書道德，而内無敬静之原，外無精義之學，自謂忠而非忠，自謂孝而非孝，方鄙夫仁義道德之士，舉世樂其便己，而不以爲非。中庸之道，遂至日以淆亂。夫子、子思已早慮之，故於反中庸之小人而曰小人之中庸也。若曰彼亦自以爲中庸也，而適成爲小人之無忌憚而已。

子曰：中庸其至矣乎。民鮮能久矣。

中庸之道，至精至微，而實至平常，故嘆其至。民之鮮能，則以上無教化之故。子思又引子言，以起下文也。能字領下數能字。

右第三章。承上而嘆中庸之鮮能，以起下文。其曰民者，責在上也。蓋聖賢以道誘民，而又嘆化導之無原也，其仁至矣。

子曰：道之不行也，我知之矣，知者過之，愚者不及也；道之不明也，我知之矣，賢者過之，不肖者不及也。

知者之知，去聲。

道必真知而後力行，亦必能行而後能知。質之偏者，則或過或不及。故夫子互言之，欲人知行交盡其功也。朱子曰：知者知之過，既以道爲不足行；愚者不及知，又不知所以行。賢者行之過，既以道爲不足知；不肖者不及行，又不求所以知。於互說之意最明也。

人莫不飲食也，鮮能知味也。

承上文而嘆之，道不可離，如飲食然。知味，喻深知而饜飫之也，言道非難知。

右第四章。申鮮能之故，過不及者。日在道中而不知其道，猶日在飲食中而不知其味。然知味非難，則知道亦易，特無如過不及之不自化耳。慨之正所以勉之。

附　解

上章言民鮮能，此章指出兩種人。賢知是資質較優之人，非真賢知也。若果賢知，便真知力行矣。知行二者不可相離，夫子特表二等人而爲之名，交互言之。知者少行的功夫，故虛誕而過；愚者終不肯行，故終於愚；賢者忽於卑近，則以其庸而不屑於知；不肖者不能行，故不求其知。兩面說來，總見知行相需。作時文必條分縷析，不可侵越，言理則初無二也。人莫不飲食二句，警醒斯人，誘以行道之易。世安有飲食而不知味之人？乃日在道中而不知道，是如日飲食而不知味。以飲食之味喻中庸之理，知味非難，知道亦易。前人誤解，令夫子語意不明，至有粘煞不知味解者，奚啻捫燭扣槃之見耶？

子曰：道其不行矣夫。

夫，音扶。

承上文而嘆之。不行，道不明於世也。

右第五章。承上而嘆過不及者之爲害。

附　解

以上三章語意一串，此章收足上文語氣耳。下文言舜之知、顔子之能，守君子之自强，皆無過不及之弊，道必如是而後行。講家因朱子由不明故不行一語，紛紛聚訟，何其迂窒。此章行字與上章行字微别，上言人不行道，此言道不行於當時，蓋承上兩等人總嘆之。子思節取聖言，以己意貫串之，嶺斷雲連，文法亦入妙矣。

子曰：舜其大知也與。舜好問而好察邇言，隱惡而揚善，執其兩端，用其中於民，其斯以爲舜乎。

知，去聲。與，平聲。好，去聲。

舉舜之知，以爲行道之則。凡知之過、不及者，自是自愚耳。好問好察，則無遺善，隱惡揚善，則有以來告。善之心執兩端，而用中於民。行道之實，由知之真也。嘆舜之所以爲舜，以勵人。朱子曰：兩端，猶言兩頭。

右第六章。言知如舜而後道可行，以其無過無不及也。

附　解

引孔子之言舜，以明知之無過、不及，道所以行。舊注不自用而取諸人，於夫子本意得矣，於子思引述之意則第道得一面。蓋過者自是而不求人，不及者自昧而不知人，故子思引子之言大舜，以明知之即行，所以異於上文所云。好問則至虚，好察邇言則無遺善，隱其惡而揚其善，則凡來告者自幸無失。在舜本行所無事，而在人則樂而就之矣。執兩用中，朱子曰：非在我之權度精切不差，何以與此？極是。此二句是能行實際，然非知之至不能，故爲知行並言，非專言知。其斯以爲舜乎，嘆想不盡，子思則以激勵人也。人心莫不有知過不及之弊，半是天資，半是學力。《中庸》第一大段，祗反復明行中庸之難，由知仁勇難全。此章未及推到大知之故，祗以舜作個榜樣，學者欲實踐躬行，則不可不知其原。好問好察，孟子所謂若决江河，好善之本量如斯。邇言亦有精義，程子之説得之。惡祗是不善，非爲惡之惡。在告者固以爲善，舜則知其不可用而隱之。隱，不斥言其不善；揚，白其美於衆人，朱子所謂光明也。執兩端二句，言行之之事。得善而精義以行，民咸就範。此惟窮理盡性之極乃然，若平日無功，即彷彿大舜，亦無是處。蘇東坡發策，詢晋武平吴，獨斷而興，符堅伐晋，獨斷而亡；韓魏公政典問東廳、文章問西廳，而不從范文正公，用任福而敗；司馬温公力反新法而不聽蘇子瞻，激成紹聖之禍；故至虚、至明、至公，非有大人之學者不能也。諸葛孔明才智卓矣，而自許則惟謹慎，至於成敗利鈍則曰非所逆覩，集思廣益則曰諸君勤攻吾之短，其亦得聖人之意歟。三代下少全材，非天資不如古，學造於大成者少耳。苟非深造自得，疇不河漢斯言？

子曰：人皆曰予知，驅而納諸罟獲陷阱之中，而莫之知辟也。人皆曰予知，擇乎中庸而不能期月守也。

予知之知，去聲。罟，音古。獲，胡北反。阱，才性反。辟，與避同。期，居之反。

朱子曰：罟，網也；獲，機檻也；陷阱，坑坎也。皆所以掩取禽獸者也。凡人世非禮之事，皆罟獲陷阱也，徇欲而入其中，若納之者然。擇中庸而守之則無是，承上章而反言。是知之所以有過不及，故行之難也。

右第七章。引孔子之言不知，以起下文。

附　解

世人孰甘自居不知？第徇其私見，不顧義理之安，甚至亡身殞命而不惜。豈知君子順理而行，理之所安，即顛沛猶吉也；理之所否，即榮適亦凶也。中庸之道，祗是盡性盡倫，全乎心理之安。凡不合乎天理者，世人以爲得意，君子以爲罟獲陷阱。夫子此章正是此意。子思引之，以明人之不知，祗爲不擇中庸而守之。守即是行。兩人皆曰予知，相承説言舜之大知如此。蓋其知之也至精，行之也至當，而世鮮能者。人皆曰予知矣，而乃惟徇私欲、逐嗜好，即患害當前，亦不知避。凡非理之事，如罟獲陷阱然，乃驅而納諸其中，而莫之知避也。所以然者，禍因惡積，福緣善慶，誠於中庸之理力行無怠，必求心理之安，而無僥倖苟且之意，罟獲陷阱何因而至？乃人皆曰予知，擇乎中庸而不能期月守也，夫子之言如此。故欲行中庸之道，貴乎知而即守之。時解以料事之知、謀理之知分貼二句，其説非也。理即在事之中，事必以理爲主，不可强分。夫子教人免於罟獲陷阱，衹是中庸之道，非欲人背理而趨利。《周易》一書，爲君子謀不爲小人謀，即此理也。小人素無德行，有獲咎之理。聖賢以仁義爲安、道德爲樂，即蒿目時艱，而不肯枉道徇人。至於人倫之變，積誠以感動之，多方以調全之，忠孝之念甚真，而柔順之道亦至。如文之於紂、舜之於瞽瞍，以至仁至敬之心行之，卒之，暴主頑父皆爲感孚，則知中庸之道即辟罟獲陷阱之方。他如身世周旋，以道自守，仁熟義精，無人不得，更無處非守中庸之效。若夫忠臣孝子、義夫節婦，至性激發，不顧利害而爲之，即不幸罹於凶害，亦不得以爲非中庸。若必求遠禍患，而妄生私智，則喪其天良，豈特不合中庸，且不得爲人矣。惟聖人之時中，如龍德而不可方物，則罟獲陷阱如網羅之於威鳳。其次素未能得中庸，忠孝節義亦堪不朽。不然則罟獲陷阱，欲免之而無可免。若李斯之憶上蔡東門、陸機之嘆華亭鶴唳，不可鑒哉？故一言一行、一動一静，昧於中庸，皆禍機也。若五丈原之星、顔常山之舌、塡東海之禽、夏門亭之幘，非不避罟獲陷阱，千里毫釐，最當辨之。

子曰：回之爲人也，擇乎中庸，得一善則拳拳服膺而弗失之矣。

守之固由於知之真，如回，乃可以行中庸。鄭康成曰：拳拳，奉持之貌。孔氏曰：膺，胸也。朱子曰：奉持而著之心胸之間，言能守也。

右第八章。引子之言，以明能守而後爲真知也。

附　解

子思雜引子言作個榜樣。此章承上作轉，言如顔子之能守，乃爲真知，不必與舜較量低昂。拳拳服膺而弗失，有得輒守。然其隨得隨守者，既富有而日新；一得永得者，自積久而高明。此真體道之要，非真知之必不能篤嗜勤求如此。如此力行，則亦無患知之不盡矣。此子思相承之意也。

子曰：天下國家可均也，爵禄可辭也，白刃可蹈也，中庸不可能也。

承上五章而嘆中庸之至，欲人自勉也。均，平分，與人不吝也。辭爵禄，不貪也。廉讓輕生，皆可勉强而爲，若必求其天理之極，則不可僥倖而致。蓋必自强不息，始漸造其精。不可能，非難其詞以阻人，猶是前章至字之意。

右第九章。承上起下，欲人久於其德。

附　解

子思以中庸二字誘人於道，先言不明不行之故，而教人以知行兼盡，説已詳矣。第能擇能守，功非旦夕，世不少志道之士，因無恒二字，一事無成。其無恒也，大抵喜新異、求近功，故子思又引子言，以明道固當知行兼修，而尤在持之以久，若作輟，必難圖功。世人不爲中庸，總因好奇喜新，而遂日遠中庸。如天下國家之富，人所戀也，然苟不審乎義，遜讓爲高，則亦可均分以與人；爵禄之榮，人所豔羨也，然苟不問公私，但以恬退爲高，則亦可辭。白刃，人所畏避也，然苟不察是非，第以犯難爲勇，則亦可蹈。若夫中庸之德，無新奇矯異，惟凡事當於天理，必知行並進，終身不離，非若三者之可以矯於一時，誠不可能也。欲能中庸者，可欲速而無恒耶？前人以平治釋均字，然刑名法術之治天下，不得以爲平治也。平治天下國家，必如《大學》所言方可。聖人之言，必不輕言平治之易。故均字淺看，止作均分與人解。此句言不吝，次句言不貪，意自各别也。又謂三者亦知仁勇之事，亦誤。三者皆私意一偏之事，如何可以知仁勇名之三者？合中庸則爲知仁勇，徇私意則不得爲知仁勇，出此入彼，界限毫不可混。聖人立言精當，不似常人一偏也。不可能，不必説得太難，第言中庸之德無甚奇異，却至精微，所以爲至，而行之者當循序漸進，自强不息，以起下文也。

子路問强。

强，兼人之意。蓋子路初學而問此。

子曰：南方之强與？北方之强與？抑而强與？

與，平聲。

朱子曰：抑，語辭。而，汝也。而强謂子路所宜有之强，别白而誘之言。

寬柔以教，不報無道，南方之强也，君子居之。衽金革，死而不厭，北方之强也，而强者居之。

寬柔善誨，容人讓人，南人之風氣。衽，席也。金，戈兵之屬。革，甲冑之屬。氣質本於風土，學所以化其氣質也。南方北方，以其概言之：一則以寬厚存心，質之近君子者，故君子居之；一則以剛勇爲務，質之戾中和者，而强者乃居焉，則非矣。抑揚其辭，以起下文，非平列語也。

故君子和而不流，强哉矯。中立而不倚，强哉矯。國有道，不變塞焉，强哉矯。國無道，至死不變，强哉矯。

故字承上轉下。君子之强，不自域於風氣也。和，情誼洽浹。流，阿附也。謂人倫交際之事。中立則該凡言行而言。倚，過不及也。塞，充實意。理所得於己者，堅固充塞，《詩》曰秉心塞淵是也。四者皆任理以勝人，矯不猶人也。

右第十章。又引子言，以明中庸貴自强也。

附　解

知仁果能盡其功，此中便有勇字在。特語言一時不能盡，且渾説人亦不易解，故子思於中庸不可能句下，又引夫子之言强，以見君子有如是之志力，故獨能任中庸之道。蓋天下有等委靡之質，知道行道不勝其世俗之惑者，子思特爲此等人鍼砭。故引子言，先分出南北氣質之强，轉到君子自强之學，衹是不隨世俗爲轉移，其强也，即知之真、仁之至，久而不二耳。南方之强，得君子一端，故君子居之，若北方之强，則大不可也。而字是言其不當居而居。即二者以言强，明二種皆風氣所染，君子不爲風氣所拘，故獨有自强之道。和而中立二句，講家多含混，張甄陶較爲分明。和，以人倫晋接周旋言。如五倫之内，不盡賢人，豈有不相往來之理？以和處之，與物無忤，此心未嘗鄙夷人也。第非道非義之事，强以相從，則必不可。故藹然可親者，實毅然難犯。中立，以立身行事言。見理甚精，稍有偏倚，必不肯隨人俯仰。因彼此均有所偏，己獨見得恰好，故曰中立。不倚二字，有毫無私徇、屹然不屈之象。大而君父之際，精忠大節，獨立千秋；微而一言一動，光於日月。此中有全副天德在。塞字訓未達，不甚明白。《詩》曰秉心塞淵，蓋德性充實堅固之意。言平日所學，充實浩然，故得志與窮困均不能摇奪。塞字正對變字。凡可變之物，必輕薄淺脆。塞乃樸實渾成，安得有變？以塞字明强字之意。有道無道，即此以概安危之事。矯，矯然獨出。不但曰强，而曰强哉矯，言其迥不同於流俗，所以爲理義之强也。

子曰：素隱行怪，後世有述焉，吾弗爲之矣。

素，如素位之素。素隱，夙多曖昧。行怪，反中庸也。後世有述，好異者祖尚之。夫子言過中之行，世雖常有，不可爲也。

君子遵道而行，半途而廢，吾弗能已矣。

不及乎中者，亦知隱怪之非，而遵道中輟，其弊亦與太過等，夫子則弗能已也。

君子依乎中庸，遁世不見知而不悔，唯聖者能之。

依乎中庸，須臾不離道。遁世，德至而俗莫能知。不悔，有以自樂而無求也。唯聖者能之，勉人必如是而後可。

右第十一章。收結上文之意。言以中庸爲依，而無過不及之弊，則不至鮮能。前人以至此爲一小結，是也。

附　解

自第二章至此，反復明中庸之當能，而結以依乎中庸、遁世不見知而不悔。蓋中庸即天命之性，無性非人，必依乎中庸而後全其爲人。遁世不見知而不悔，本非因人，而有何憂？世莫予知，德之至、道之全也。隱怪之流，索諸身外而無實。半途而廢，自棄其性而不知。聖人豈然哉？末句歆動人之詞。聖人不過中庸，能如聖人，亦祇全其天命之性而已。第一支反復勉人之意如此。素隱二字，鄭康成作傃字解，班固作索字，引以證神仙者流。其所言九流已多，不當引述，亦失本旨。顔師古始作索字解，後人遂因之，然實非也。《易》曰：探賾索隱，鉤深致遠。本係好字面，與此章文義不類，不可假借。夫子稱闕文，凡義所難解，輒改竄本文以就己説，豈闕文之道？且所改之義亦不精切，何不直就本文訓詁也？素字作平素解者甚多。如此篇言素位，《易》言素履，《左傳》言不愆於素，皆平素之意也。道本中庸，此人平素曖昧不明，行事怪僻，是自逞其聰明，不就禮法之輩。以其新奇悦俗，世或述之。賢智太過，半多如此。朱子以漢儒讖緯、尾生、陳仲子當之，自是。但讖緯之説亦卜筮之緒餘，陳仲之輩乃矯枉之過正，尚不足盡情狀。下文言道費而隱，後推極於無聲臭，中庸平易而亦神奇。夫子以探賾索隱贊《易》之德，不應以索隱爲求道者罪。惟作幽隱曖昧解，此人城府深峻，素不光明，是其用智巧於不必用之地，而行復怪誕，方鰓鰓焉以賢智自詡。後人從而傚之，皆放棄禮法，自作聰明，中庸掃地矣。神仙之説，秦漢而下，流俗尚之，闢之者亦第以爲妄而已。其説始見於遷、固之書，上世無聞。歷代崇奉之者，則以爲可長生變化，不知自古大聖，未聞久而不死，惟其德造乎極，心即天心，氣與天合，形骸有盡而神明無盡，故曰長生。世人貪戀富貴，妄思久於嗜欲，於是雜術紛然，爲世病矣。至於變化之説，聖人以道德仁義變化愚頑，是爲點石成金、超凡入聖。後世以幻化之術爲妙法，不知其爲戲玩之具，毫無益於成己成人之功。二者皆不得以神仙稱也。神仙者，至誠如神聖而不可知之謂神，非僧道妄庸之徒所及知，亦非流傳方技之士所可當也。班固、史遷未知其義，首爲之文，後遂沿之，不可不辨。又有以老佛爲索隱行怪者。老子爲夫子所稱，與夫子言皆中正之義。後人雜術妄托老子，遂因之而誣老子，可乎？佛居西域，以心性教化夷人，未嘗廢人倫也。後世出家去親，謂佛之所傳，亦誣其本始。佛經道經雜妄，多爲僞造。愚以老子與夫子言，信其爲聖，而以慈悲廣大見佛之真，不外聖人。司馬温公亦早言之矣。别有撰述，兹不贅。

君子之道費而隱。

費，廣博意。隱，精微意。説在下文。

夫婦之愚，可以與知焉，及其至也，雖聖人亦有所不知焉；夫婦之不肖，可以能行焉，及其至也，雖聖人亦有所不能焉。天地之大也，人猶有所憾。故君子語大，天下莫能載焉；語小，天下莫能破焉。

申言費隱之意。身心性命之理、日用倫常之道，愚不肖之夫婦可以知而行之。及其精微繁賾，聖人亦有不能盡。天地即道也，然功用亦有所窮，則人亦不能無憾。蓋道者彌綸於六合之外，貫徹乎萬事之中，大無能載，小無能破。費者即其隱者之發皇，隱者即其費者之主宰。極形其妙如斯，而又歸之君子，則欲人實體之也。

《詩》云：鳶飛戾天，魚躍于淵。言其上下察也。

朱子曰：鳶，鴟類。察，著也。承上而又言道之易求。鳶之飛、魚之躍，化機使然。道之昭著如斯，知其上下察，則體道者求諸吾身，未嘗不與造化通也。

君子之道，造端乎夫婦；及其至也，察乎天地。

承上文而示人體道之實，即夫婦以概倫常日用。夫婦易見，天地難測，然夫婦人倫之始、萬化之原，盡其道而天地可通，故言造端於此，而天地之理著也。

右第十二章。子思言道之費隱，而欲人實體之，以起下文八章之意。蓋道本中庸，中庸費隱。此章以下乃言其實。

附　解

自君子中庸章至唯聖者能之，第反復言中庸之道必真知力行、無過不及始可能之，而道之實如何尚未言也。此章乃點出費隱二字，爲正面入手文字。道祇是一理，人性即天理，君子體道則人天合矣，故以君子爲道之實。費無乎不在，隱精微莫測，費無不隱，隱即在費，二字分析不得。子思即道之全體大用渾括而言，是於難言者想像言之。下文語語作形容指點之詞：夫婦之愚不肖，即至淺近者；而言聖人天地，即至高明者；而言可以與知與能，以其各有天理之良也。有所不知，耳目聞見之所窮，如書籍之繁、萬物之賾，可以知、可以不必盡知者也；若夫天命人心之原、經紀倫物之大者，則聖人固早知之。有所不能，百工技藝之末，無關忠孝人紀之事，可以能、可以不必盡能者也。若夫盡性盡倫之事，隱顯出處之宜，聖人固無不能之。聖人所不知能，可以不必知能者也。然一名一物，莫非道之所在，則道之費自非聖人所能窮。天地即道也。天地之大，人猶有所憾者，天地能生之而不能養之，能養之而不能教之，必待人功輔相裁成。若非聖人爲之君師，天地有許多留憾處。人猶有所憾，非憾天地之偏，以道之難盡洽也。侯氏以問官問禮等語解知能已誤，以覆載生成之偏、寒暑灾祥不正解有憾亦誤。覆載無偏，生成有偏。其偏也，氣化爲之，人事失其正而後然也。人不反求諸己，而咎於天，則以爲天地有偏。不知道在天地，本渾成無少渣滓，特人物自駁雜耳。故邵子以爲天地有盡時者，不爲知道。舊以體用分貼費隱，亦誤。體固隱，用亦有隱。如聖人精義入神，義在顯處，其精當出人意表，便是隱，此隱字不作幽深隱闇解，作精微解。緣就道之全體大用、渾括處言，指出費字實際無所不在，實精微難測也。及其至，至字非極至之至，猶言充類之盡意。鳶飛戾天節，承上節作轉，乃指出上下察，以明道雖費隱，然却昭著在耳目之前，隨時隨事有當盡之理。鳶飛魚躍，鳶魚之性，得於天之自然。鳶魚自適，其飛躍即可戾天于淵。且鳶不知有天，而飛則戾之，魚不知有淵，而躍則于淵。鳶在天而魚在淵，各得其所，各安其天。凡天地間流行品物，皆可作是觀。凡自天子至於庶人，各盡其道，各踐其形，亦皆如是觀。上下察是欲人實體諸身心，不可遠求，故下緊接造端於夫婦。蓋道之費隱，上文已詳，此節原非複説作含吐不盡之詞，仍言費隱則爲重複，且拈花微笑，棒頭一喝，竟作禪語虛鋒矣。然佛言真空不空、妙有不有，即費隱之意；一切佛田，不離方寸，即上下察之意。儒者必非之，亦爲故相貶斥。如青青緑竹，莫匪真如，粲粲黄花，無非般若，羅整庵辨云：佛氏於翠竹黄花之外，別有真如般若；吾道於鳶魚飛躍之中，便見天命率性。然彼云莫匪真如，亦不過言道無不在。能全真如，則一以貫萬，無處非此理之發皇耳。究之物理，止道之緒餘，惟性爲道之全體。佛言真如般若，即是性，但語不同耳。僧流以知覺之心爲性，則將謂心之所在即道之所在，其失非小。羅氏所見，亦止如此。而又闢其言，不知己之所學亦與同也。夫佛以虚無清净爲存養之法，蓋人心難制，必虚無而後可以凝道。又曰度盡衆生方得成佛，即修道以仁，苟不至德，至道不凝之謂，非言人倫日用皆虚無也。廢人倫者，西方夷俗。中國僧流廢人倫，爲其本鰥寡孤獨，藉以養身。佛有妻有子，奈何誣之？清净即人欲净盡。陋劣禪宗不知佛之真如即是渾然天理，乃作棒喝語者個作麽些子，如是以虚詞煽誘，自謂妙明慧解，所謂口頭禪也。歷代文人師之，於聖人天性倫理亦作影響參悟，語又儒家之口頭禪，而《中庸》一書尤甚。今予一一就本文解之，一切當辨甚多，兹不悉贅。末節總結上文，言道之費隱如是，而實昭著於日用之間，是故君子之道從日用切近行之。即如夫婦至親至近，狎而易玩，然天命之性、人倫之本，即起於牀第之間。君子慎獨修身，正己齊家，造端乎夫婦。而果盡其道，則正内正外，陽教陰教，各得其宜。天地之陰陽和而風雨時、品物章而萬民育，皆是理也。語氣是從上兩節總括指明，尤爲親切有味。造端夫婦，義理包孕無窮。《易》之爲書也，乾坤父母，而生六子，三男三女，斡造化之綱維，而坎離實括其樞，分之爲五行，散之爲萬物，蓋不可以言語窮。而人身受天秉地以成性命，則尤其精焉者也。夫子曰一陰一陽之謂道，道本天地。天地爲人父母，此性命之根，極於陰陽者其理精；父母爲受生之天地，盡道則誠其身，以及父母，此性命之胎，育於父母者其氣全。賢愚之所以分，人物之所以異，天地也，夫婦也。如何造端？如何及其至？非實致其功，亦安能知致功之法奈何？亦曰：戒懼慎獨，存養其天命之良，推極乎泛應之當，久之而中和在抱，形神精氣無弗與天地相通，則人身亦具太極二氣，流行無間，而萬化一元相孚。人也，即天也。《中庸》一部，皆言此理，此第略而言之。

子曰：道不遠人。人之爲道而遠人，不可以爲道。

此下乃言求道之方。不遠人，道即天理，人之所以爲人、爲道，止自全其爲人之理耳。

《詩》云：伐柯伐柯，其則不遠。執柯以伐柯，睨而視之，猶以爲遠。故君子以人治人，改而止。

睨，研計反。

朱子曰：柯，斧柄。則，法也。車人爲車，柯長三尺，博三寸，厚一寸有半。睨，邪視。視，正視。睨其手内之柯，而視其所伐之柯也。引《詩》而言所伐之柯，其則即在此柯，然其則猶遠。惟道即人之所以爲人，去非人之理以全乎爲人，非强以身外之事，所謂不遠人以爲道也。

忠恕違道不遠。施諸己而不願，亦勿施於人。

盡其天理之心而無妄曰忠，推心度人而各得其情曰恕。以是爲道，則去道不遠。下二句解忠恕之義，言爲道必本於忠恕也。

君子之道四，丘未能一焉：所求乎子，以事父未能也；所求乎臣，以事君未能也；所求乎弟，以事兄未能也；所求乎朋友，先施之未能也。庸德之行，庸言之謹，有所不足，不敢不勉，有餘不敢盡；言顧行，行顧言，君子胡不慥慥爾。

子、臣、弟、友絶句。行，平聲。下二行，去聲。

忠恕必本慥慥以行，夫子自謙之詞，子思引以爲法。子、臣、弟、友，即四端以例其餘。未能忠恕，有歉也。庸德以下乃推開言君子體道之實，一氣趕住末句。率於性，故曰庸行。全其德也，言以明德謹慎其幾也。凡庸德、庸言皆如此，而常見爲不足，弗逞其有餘。要使言行相顧無少懈，縱君子亦何處不慥慥也，勉人務爲慥慥。慥慥，樸誠意。

右第十三章。承上而言道不遠人，欲人以忠恕體道，慥慥而幾之。

附　解

上文言道雖費隱，實上下昭著，造端夫婦，其至察乎天地，發其端未竟其説也。此乃引孔子之言，明道不遠人，力行忠恕，將以慥慥之心，即可全道。語意直截了當。舊注誤引張子，而講章傅會之，遂令上文承接之意不明。若道不遠人者，夫婦所能，丘未能一者，聖人所不能，皆費也，而其所以然者，則至隱存焉，尤為支離。此章示人以體道之功，非覆解費隱。其謂下章放此者，亦不可從也。曾子之言曰：夫子之道，忠恕而已矣。此章云忠恕違道不遠，或以滋疑，不知子與曾子之言本無二理。曾子恐人向一貫索解，而不力行忠恕，故曰而已矣，明下學即可以上達也。夫子承以人治人説，言人道雖精微，忠恕行之，亦可漸企於神化，故曰違道不遠。今試有人於此，言行忠恕，無適不然，則爲子必孝、爲臣必忠，推之人倫，無處不宜。以此思曾子之言，尚有不可一以貫之者乎？然置一人於此，忠恕自盡，力行無忝，而與天地合其德，日月合其明，未必遂逮。以此思夫子此章之言，非所謂違道不遠者乎？夫言豈一端而已，夫各有所當也。要之，此章道字承上文費隱來，當如此説，曾子誘門人學夫子，當如彼説，理豈有二哉？庸德、庸言，講家以子、臣、弟、友説亦是，而語反罣漏，不如推開説，義尤周匝，而四者自在其中。蓋夫子之意，亦就四者明道之難盡，非謂庸德庸言盡於四者。德言曰庸，以其爲率性之理。德，實有諸身意；言，宣露於外意；行字作平聲讀；對謹字，言一一實踐，非徒言也。下二行字乃讀仄聲，蓋在在慎其言行，不敢以爲能也。二句已有顧字意，下二句始承明之，通節神理趕住末句。夫子擬君子慥慥之心，言己不能然，子思引之，則欲人如君子之慥慥以爲道也。

君子素其位而行，不願乎其外。

承上而言君子之慥慥不外反求，而先言素位，無外願也。人各有位，盡其所當爲而無暇外慕，所以爲慥慥。素，所常爲也。

素富貴，行乎富貴；素貧賤，行乎貧賤；素夷狄，行乎夷狄；素患難，行乎患難；君子無入而不自得焉。

難，去聲。

申明素位之意，即富貴四者以該安危順逆之遇。隨其所值，皆能行其道而無愧，非全德不能也。

在上位不陵下，在下位不援上，正己而不求於人則無怨。上不怨天，下不尤人。

援，平聲。

又明不願乎外之意。陵下、援上，皆由己不正而求人者也。君子不然，故無怨。無怨人敬服，不怨益畏慎。尤，猶責也。

故君子居易以俟命，小人行險以徼幸。

易，去聲。

承上而結言之。以理爲安，所居皆順易，而成敗不計；徇欲爲樂，所行皆險阻，而徼幸成功。君子之心非小人所可擬也。

子曰：射有似乎君子，失諸正鵠，反求諸其身。

正，音征。鵠，工毒反。

正、鵠，皆鳥名。畫布皮爲侯，侯中畫正、鵠以爲的。大射張皮侯而設鵠，賓射張布侯而設正。上文詳言君子，而此引子言以明之，欲人反求諸身，則可以體中庸矣。

右第十四章。承上章而言慥慥之實，凡事反求諸己，無愧於其位，中之道而已。

附解

上文慥慥二字，是夫子狀君子樸誠之意。自庸德之行以下，便句句是反求之功。子思故引申其説，言君子何以慥慥。凡人皆有位而不盡其道，如爲臣即當忠，爲子即當孝，推之於百爲，有一事便有一事之道。君子即其位，中所當爲之理，而行不計其他也。次節申明外字，富貴不淫，貧賤不移，夷狄亦正己化衆，患難則守義不渝。無入不自得，其天定矣，理至純矣。下又申言不願乎外之概。人惟不盡位中之道，故有願外之心。若陵下援上，皆不正己而求人，則陵與援不惟無益，而且府怨。君子惟盡其位，不求效於天，不求知於人，故安居義理之常，順易自得，以俟天命。小人則不盡天理，凡事行於危險之途，以僥倖有成，悖理便險，即成亦爲僥倖。所以然者，君子惟知反求而已，故引孔子之言明之。命即天理，順理即是順天，常人誤認，則分理與天爲二，而一切趨避之術興，五倫之道裂矣，最當細辨。忠孝節義，不朽於天；機械變詐，不得爲人。遇之亨否何常，全此天命，與天地參可矣。

君子之道，辟如行遠必自邇，辟如登高必自卑。《詩》曰：妻子好合，如鼓瑟琴。兄弟既翕，和樂且耽。宜爾室家，樂爾妻帑。子曰：父母其順矣乎。

辟、譬同。好，去聲。耽，《詩》作湛，亦音耽。樂，音洛。

此乃正言爲道不遠人之故，以起下文誠字。卑、邇，道不遠也。登自卑，行自邇，不遠人以爲道也。莫卑於妻子，莫邇於兄弟，而能盡其道，父母即順。順，心安而親愛之也。瑟琴和而得其正，既翕相親而同志和樂，且耽久而彌篤也。

右第十五章。即卑邇以喻不遠，而實指其事以示人。

附解

上文言道雖費隱，實不遠於人，但爲道者當以慥慥之心，行忠恕之道。引子言庸德庸言，君子不敢自足，所以爲慥慥，而以己意申明之，素位不願外即慥慥也。慥慥之至，自然無入不得，居易俟命。人生身世遭逢，安得事事如意？君子何以無入不得，只因凡事反躬自責，則身世一切坎軻皆平矣。然則道雖費隱，爲道不遠人，祇在反求諸身。身非可言遠也，而身外之事，安得不以爲遠？恐人疑反求諸身，己道雖盡，人世一切遭逢、情志各别，順逆不同，未必可以一身平之，故又言爲道不遠此身，正如行遠登高，必自卑邇。卑邇者，遠與高之始也。五倫惟君臣、朋友以義合者也。其三倫父母、兄弟、夫妻，則人人不可離，亦至邇至卑。此三倫中惟父母爲尊，在一家爲至高至遠者。欲得父母安己之養、樂己之賢，夫豈易易？然不知父母所愛者，子姓而已。兄弟與我同此父母，妻子與我同事父母，且朝夕在父母之前，而承歡二字罕能之。豈父母必不順子之意哉？我不能仁讓篤至、恩誼諧和，即左右就養備極殷勤，父母亦必不樂。《詩》云：妻子好合，如鼓瑟琴。則正内正外，宜家之道盡矣。兄弟既翕，和樂且耽，則相敬相愛，形神之孚久矣。故夫子讀此詩而言曰：一家之中，果如此所云，斯時之父母其順矣乎。蓋深嘆其美，而以爲兄弟、妻子最不易如斯也。此非即卑邇通乎高遠之證乎？凡天地間無限經綸，萬態千狀，以言高遠，詎可枚舉？而君子從容治之而有餘，不外此身之道以通之。即一家如此，而天下之事業可知矣。其所以然者，則以道得於身，誠自無所不到。下文乃詳言之。

子曰：鬼神之爲德，其盛矣乎。

鬼神，造化氣機之靈，而陰陽之用所恃以行。朱子曰：德謂性情功效。是也。盛，言其充周莫測。

視之而弗見，聽之而弗聞，體物而不可遺。

申言其盛之實。萬物皆理氣之迹，而鬼神實司其功用，故視聽雖弗見聞，然物必以之爲體而不可遺也。朱子曰：其言體物，猶《易》所謂幹事。

使天下之人齊明盛服，以承祭祀。洋洋乎，如在其上，如在其左右。

齊，側皆反。

朱子曰：洋洋，流動充滿之意。愚按：齊明，齊其思慮之不齊，而致其清明也。此即祭祀之鬼神以狀其盛。人心之靈，本乎造化。其敬畏鬼神，天之良也。祭祀之禮，所以達其本心之誠。齊明盛服，以承祭祀。人心之良不能自肆其原，則鬼神實使之。洋洋如在，神之靈與人心本一氣也。

《詩》曰：神之格思，不可度思。矧可射思。

度，待洛反。射，音亦，《詩》作斁。

鄭康成曰：格，來也。矧，况也。射，厭也。思，聲之助。承上言鬼神之盛如此，人當敬畏而不可忽。蓋夫子教人正心以承天心，於鬼神謹其幾也。

夫微之顯，誠之不可揜如此夫。

夫，音扶。

不見不聞，微矣，體物不遺則至顯。誠謂一氣充實流行於六合，無稍虛漏。而人爲最靈，天地之靈亦聚之，即鬼神可以知矣。此謂鬼神。

右第十六章。申卑邇通於高遠之故，而即子言鬼神以明在一誠。誠者天之道，誠之者人之道，人天本合一，莫能載、莫能破者，豈外人倫日用哉？

附　解

子思本因異端言道多涉荒渺，故特述夫子中庸二字，作此書。乃此章忽引子言鬼神，講章遂用迷誤而談道，講學者紛紛糾結矣。不知道止是天理，天理無聲無臭，成形成象，而始有可指名。人爲天地之心，獨得天地之菁華。菁華者何？即陰陽之靈也。一陰一陽之爲道，而鬼神者陰陽之靈。人無不秉此陰陽，即莫不秉其靈，而謂鬼神與人相遠乎？夫此陰陽之靈，固一氣耳。而宰氣者理，理之妙者神，神氣相須如環，不可以兩分，故氣之所在即神之所在，神之所在而氣以變化不測。鬼即神收斂之名，神即鬼發舒之處，鬼神之在天地者如斯。此鬼神之正，所以在天爲星辰，在地爲河嶽，萬古而不朽也。若夫散而爲萬物，皆分陰陽之精氣，即皆有鬼神。然梏於質，習於污，駁雜之氣多，清明之氣少，鬼遂與神分途矣。此章言德之盛，專就鬼神之正者而言。子思曰：中庸之道，至卑至邇，却通乎高遠。如《詩》言和妻子、宜兄弟、父母其順，此中感通之故，豈有他哉？誠而已矣。誠基於一念之微，而其究通乎天地。家庭之際，至性感孚，其一端也。夫子不嘗云乎，天地間形形色色，莫非道之所寓。而其主宰之變化之令人莫可端倪，則鬼神之爲也。鬼神之爲德其盛矣乎。何以明其盛也？凡物有形皆可見，有聲皆可聞，而鬼神視之弗見、聽之弗聞，則宜其荒渺矣。然物莫不秉氣而生，理實爲之宰，理之精妙不可方物者，則鬼神也。鬼神在理氣數之先，物必賴之以成形，鬼神存於天地人之間，物必得之以爲用，是其爲物之體而不可遺者也。試即祭祀而觀之，鬼神非邀人以媚享也，然而人心之良不能自昧，感發於天命之性，自動其悽愴怵惕之心，莫或使之，而若或使之，天下之人皆齊明盛服以承祭祀，洋洋乎如在其上，如在其左右，則夫鬼神之體物不遺可概知矣。故《大雅·抑》之詩曰：天人本無二理，人心動繫天心。天不可見也，而神則可見。神者秉天之理，而鑒乎人心，神之格思不可度思，時時戒慎，猶恐有咎，矧可厭射而不敬乎？夫鬼神無形與聲，則至微矣，而體物不遺，則又至顯。夫微之顯，鬼神之爲，皆實理充塞之爲也。誠之不可揜如此。夫夫子之言鬼神如此，此以見天下之物莫非一誠之所貫注。淺之不過日用，行習精之，即以通幽格冥，此道所以至中至庸而又未嘗不至費至隱也。微者即其顯者之本，顯者即其微者之徵，豈有二哉？子思引夫子之言，承上起下如此。講家誤會，令上下文不貫，而影響聚訟之談，由是多矣。夫道本中庸，而民鮮能之者，何哉？太過與不及，兩途耳。高者求道於日用之外，而人倫不修；卑者視道爲難能之行，而甘自暴棄。不知天地人神止此一理，如大路然，必共由之，故曰道。行道必以誠。誠之一字，小而言之，不過不欺不惑而已；充其義，則必天理渾然，毫髮無私，如下文盡性所云，方是誠字分量。此書全部以誠字爲骨。子思先從源頭説起，反復言能中庸者必歸聖人。次點明中庸之道至費至隱，恐人阻於嚮方，即引子言不遠人以爲道，教人以慥慥行忠恕，事事反求，即可無入不得。道固極平易矣，然平易之中即有神奇。至神至奇，却至平易，所以名爲中庸。下接言卑邇即高遠之階，而即家庭和豫以見其概。聖人事親如事天，亦事天如事親，天地一父母也。父母順，而天地有不可合者哉？此中便有誠字在，下文可以直接矣。何乃引子言鬼神？蓋誠者，真實之名。凡實有者則物而不化，不可以言誠也。若不實而虚，又幻而無着，亦不可以言誠也。惟鬼神至虚而實至實，至實而實至虚，超乎形色之表，寓乎形色之中，不可以迹覯，不可以智求，誠之流行布濩於六合間者，即此顯然可窺，故特以此明誠之義，而天地人一氣貫通之理俱該括焉。世俗不知人身本可以參天地，人道盡而天道即通，於是賢智淺視倫常，入於誕妄，愚不肖高視天命，流於卑污。若鬼神之説，尤高明所屏斥，庸俗所争趨，其原皆由未識天人之故耳。誠能即《中庸》一書身體而力行，則必知天地本與吾身相通而忠孝，所以乾坤並壽。今已詳注本文，不更爲贅説，識者鑒之。兒子松文進而問曰：中庸祇在人倫日用，非誠不可，而鬼神不覩不聞，又何必以爲言？子思此章，不似啓後世神怪之説歟？曰：常人求鬼神於倫常之外，故日見其惑；君子敬鬼神於衾影之間，則日精其修。子曰：敬鬼神而遠之。敬非媚以求福，所以糾心也，故言務民之義而並言此。子又曰：言行所以動天地也，可不慎乎？行動天地可也，一言何以能動天？人在天地殼子裏，如物在人腹中，豈有腹中之物而謂我不關心者乎？緣天地衹是一氣渾成，流行不息，其主宰之者曰帝，變化不測者曰神。神之一字就天地言，則夫子妙萬物而爲言，及此章體物不遺盡之矣。就人而言，則志氣如神、聖而不可知之謂神盡之矣。若鬼之一字，在天地則止是陰陽之靈，在人物則半由氣質清濁之偏，兼山川、草木、飛走之儔。感受氣化不齊，是以變態雜出。君子體天之道，合天之氣，以天之心裁成一切。帝謂可以潛通中和，敷於萬彙，此書已詳言之。而降龍伏虎、役鬼驅神，自來爲民捍患禦灾，所以爲不朽之人者，亦往往有之矣。若巫覡邪術等，不知中庸之道，而專就鬼神求吉凶者，豈足語於此哉？夫子不語怪神，而又曰某之禱久、祭神如神在，繫《易》於大人固曰與鬼神合其吉凶矣。不爲道，何以知鬼神爲道而遠人？又何以知鬼神止中庸耶？

子曰：舜其大孝也與。德爲聖人，尊爲天子，富有四海之内。宗廟饗之，子孫保之。

與，平聲。

承上言誠不可揜，故惟德動天。而引子言聖人之孝，蓋無愧於父母，即無愧於天地者也。德爲聖人，則已全其大孝。尊、富、饗、保，又以其遇言之。

故大德必得其位，必得其禄，必得其名，必得其壽。

承上而推言大德必得其應，勖人以修德。

故天之生物，必因其材而篤焉。故栽者培之，傾者覆之。

鄭康成曰：材，質也。篤，厚也。栽，植也。覆，敗也。承上言必得其效之故。德爲聖人，是能栽者也，故天必培之。

《詩》曰：嘉樂君子，憲憲令德。宜民宜人，受禄於天；保佑命之，自天申之。

鄭康成曰：憲憲，興盛之貌。保，安也。佑，助也。嘉，《詩》作假，大也。憲，《詩》作顯。人，臣工也。又引《詩》言成王之事，以證凡有德者，天皆保佑申命。

故大德者必受命。

結言大德無不受命，而體中庸之德者，其誠所以通乎天也。受命，受天保佑之命。

右第十七章。承上文誠不可揜而言。庸德可以享天心，無非一誠之所貫注，而凡有中庸之德者可知矣。

附　解

子思言鬼神之德之盛，一誠之不可揜。凡天地間形形色色，莫非道之所在，即莫非鬼神所在。鬼神陰陽之靈，天地即陰陽之體。中庸之德，庸德也，而即天之所以爲天。故聖人全天之道，德一天德，而天亦應之，卑邇固通乎高遠。夫子嘗言舜矣，曰：舜其大孝也與。人子事親，承歡竭力，皆孝而必德造其極，使吾親之身通乎天地，乃爲大孝。惟舜也德爲聖人，凡事天如事親、事親如事天者，皆一以貫之，而遇合之隆，又益遂其尊養之志。尊爲天子，則以天子榮親矣；富有四海之内，則以天下養親矣；宗廟饗之，則上及於親之所生；子孫保之，則下逮乎親之所遺。其大孝若此，而非有聖人之德，則亦何能倖致也？故凡大德之人，必有大德之報。即如位也、禄也、名也、壽也，皆人世所希倖而難必者，大德則必得之，其故何哉？位、禄、名、壽，皆非可以人爲也，天實主之。天亦何私？惟其人之自爲。故天之生物，必因其材而篤焉。物各有材，即可以自奮其材，天不過因而篤之，非有加於其材之上。故有自篤其材而栽者，是能承天以自貴者也，天則培之；有自枉其材而傾者，是不能體天而自賊者也，天則覆之。大德之人，能自栽矣，天安得而不篤之？此非獨舜一人然也。《詩》之美成王曰：嘉樂君子，憲憲令德。以此宜民宜人，受禄於天，天保佑而命之，且申之於無已。蓋言成王有令德以承天，故天保佑之於無已。故人特患無德耳，果爲大德，則必受命於天而爲天所眷顧。此德誠於己，所以天人合一，而中庸之卑邇，非果卑邇也。

此下三章，舊説謂由庸行之常推之，以極其至，見道之費隱。講家因而附會，不顧本文語氣，於是上下文承接之旨不明矣。今依子思本意詁之。夫子即舜以例凡爲聖人，而子思引之，又以明庸德之行即享天心，為行中庸者勸。舜其大孝也與一句，領下德爲聖人，正解大孝之實德本天理，德至則不愧於天，更何愧於子？尊、富、饗、保，又言其遭遇之隆，益廣其孝思，嘆羡之詞也。然凡爲孝子，必尊富饗保，而後爲大孝，豈理也哉？夫子因其德而嘆其遇，重在德爲聖人句，時解多誤。次節推開説，言凡大德必享天心。禄、位、名、壽，就世俗所喜言，以歆動人懋德耳。君相師儒，一官一邑，無愧其職，人尊奉之，即得位也；衣食飽暖，不徒豢養，即得禄也；令聞廣譽，人推典型，即得名也；康强逢吉，全受全歸，即得壽也。不必説到大富貴去。三節又申言其故，四節引成王證之，見不獨舜一人爲然。結之以故大德者必受命，見德即是孝，孝即庸德，庸德至卑邇也，而受天之命即高遠。前後一氣貫注，講家不顧義理，曲從舊注，以大孝爲主，謂德字是孝字替身，則凡大孝必全諸福，孔子不可爲孝矣。且本文數故字，承接語義全不分明，今就本文自然語氣解之，誠不敢舍康莊而就荊棘也。至受命爲天子，其謬尤甚。中庸以道教人，惟欲人全其天命之性。全性即全道，道即是德，不愧於天，更何忝於父母？其爲天眷顧，亦理本相通，氣原一貫也。上而爲君爲相，如堯舜禹湯文周，固爲受命；下而爲師儒，如孔孟，亦是受命。受命衹是受天眷顧。帝謂文王予懷明德，天生德於予，知我其天。子思豈教人修道受命爲天子乎？受命二字錯解，致人不敢學聖人，而文王受命，亦生出許多妄説。解經何可不慎？

子曰：無憂者其惟文王乎。以王季爲父，以武王爲子，父作之，子述之。

上文言天人感孚以德，義已無餘。此復引子言文王，以明中庸之教，尤必世德相承爲貴。父作子述，子特以之望人。子思引之，亦同此仁壽斯民之意。

武王纘大王、王季、文王之緒，壹戎衣而有天下，身不失天下之顯名。尊爲天子，富有四海之内。宗廟饗之，子孫保之。

父作者，文王承之，則即文可見武與文異迹矣，故略父作而言子述。鄭氏曰：纘，繼也。緒，業也。纘大王、王季、文王之緒，德足以承之也。壹戎衣，一著戎衣而已。武王得天下，無損於其父之顯名，所以爲貴。尊富饗保，亦以德能述父言，而非誇耀其榮也。

武王末受命，周公成文武之德，追王大王、王季，上祀先公以天子之禮。斯禮也，達乎諸侯大夫，及士庶人。父爲大夫，子爲士；葬以大夫，祭以士。父爲士，子爲大夫，葬以士，祭以大夫。期之喪達乎大夫，三年之喪達乎天子，父母之喪無貴賤一也。

鄭氏曰：末，猶老也。先公，組紺以上至后稷。周公輔武王，以成子述之事。成德統言，追王上祀，其一端也。追王之事，武王已行之，周公更詳備其禮。三王王業所由隆，先公組紺以上不追王者，王之不勝王，且無以别於三王也。推此禮以及人，葬從死者之爵，祭用生者之禄，即此以見其述文之善。

右第十八章。引文王無憂，以明德必世世相承，然後天心久享。蓋承先啓後者，人人之志也，而不知惟德可久，故子思引子言以實之。不然，中庸之道人且以爲迂遠矣。聖賢以德望人，實無非欲其久存天理，故不得不以是歆動之。

附解

上章言庸德克享天心，意重在欲人修德，不重在受命。但人情無不欲保世滋大，若行中庸之道，依然困若流離，不久澌滅，人亦何樂爲之？然德乃天理，順天而行，天不祐之，亦無此天理。但德非一時所倖成，自古聖人，其淵源俱非偶然。而及其身，又承以翼翼之小心，乾乾之至德，是以久而光大。無論窮達，悉樹範於人倫，故作述之事，乃修德者第一要事。子思以中庸之德望人，固欲人人咸歸於聖賢，而聖賢之受天眷顧者，人不盡知。特就子言文王以明作述，一家以德傳世，即以德及於天下，此現成一好榜樣，不重在武王有天下、周公追王等事，重在纘緒，不失顯名，成文武之德。蓋聖人道得於身，原止修其在己。然身以之修，家以之齊，子孫以之賢智。一或得志，如舜與文王武周，以己之德及人，而遂功在乾坤；即或不得志，如孔孟，亦以己之德垂教，而澤亦及於無窮。人人皆有此道，即人人皆可以德作述，全其德矣，即匹夫而亦可法。此子思引述一片深心，切勿誤認要人妄想。作無憂之文王也章，意重在教人以德爲作述，首節詞義已完。特武王克商與文事殷不同，恐人疑其非述，故申言纘緒，不失顯名。尊富四句，與言舜同，是德述實際，不是誇耀榮遇。武王述文之事未終，周公成之。公之所成，皆武之所欲成而未及者。必舉公事武王，子述之義始全。周公成文武事甚多，特舉追王及喪祭，就一家之事言，仍是完作述之義。以父子作述者推之天下，使人人遂其天良，而文之道遂及於天下矣。此章受命作受命爲天子解，與上章受命事殊而理一，明者自知之。武王纘緒句另説，言武王聖德足以纘緒。下又就其取天下之易及不失顯名，見聖德之美。講章黏上説下，似以有天下爲能纘緒者，大謬。愚已於《論語》子謂韶等章言之，事係名教之大，不可不辨。尊爲天子四句，亦見武王，益慰其承先之心，非必須此四者始爲能纘緒也。緣章首是美文無憂，故周公成武即言成文，然道理亦本如此。此句亦是另説，一切大德皆在其中。下文乃就制禮之大者言之，以概其餘。武王伐商，《泰誓》稱文考，至庚戌柴望，乃稱文王，以明奉天除暴本於文王，非文王在日已稱王也。而後世謂文王受命自稱王，其誤可勝言哉？武王有追王之志，周公成之而備其禮制。張甄陶謂：改木主，稱尊號，冢祟三仞之封，尸用九章之服。是也。至先公則但祭用九獻，舞用八佾，主不易號，尸不易服。武成稱太王、王季、文王，張氏以爲史臣追述之詞，但武王伐商後，數年而終，必無第追王文考不及太王、王季之理，且周公時已爲相，本章言追王即謂武王在時，亦無不可追。王三王是一時，本章未言及文王者，因此節是承文德事，而省其辭也。武王末受命，年老而精神不繼，凡有志未逮之事，皆周公成之，正不必武王没後始成之。追王者，以明王業自三聖而始大。其必祀先公以王禮者，亦以爲功德所起。不追王者，親益遠則禮宜殺。此周公仁至義盡處。喪服之制，三年與期爲重，然期爲較輕，故達乎大夫而止，諸侯而上則不以親故降尊。至三年之喪，則達乎天子。蓋天子雖貴，猶是人子，故父母之喪，無貴賤一也。推文之意以及於無窮，子述之事乃毫髮無憾，然止是一子述之常耳。舊解不得子思立言本意，令語氣不清，且下章亦複，明者當必辨之。期之喪，有正期有旁期。祖父母、兄弟、伯叔、父母之屬正期，雖天子亦服。但古天子、諸侯無有父在，居其位者其旁期之屬皆臣列也，故諸侯便絶不爲服。後世禮制不同，期喪不可以古爲例。又如祖母，天子亦服，或父没則承重三年矣。晋代欲仿古制，摯[①]虞駁之，是也。

子曰：武王、周公，其達孝矣乎。

達，通也。變通合宜，當於天下之人心。説見下文。

夫孝者，善繼人之志，善述人之事者也。

申上文達字之意。志事不必盡同，而繼述極善，所以爲達孝。下文特其一二端。

春秋修其祖廟，陳其宗器，設其裳衣，薦其時食。

此下舉廟禮以明達孝之大端。祖廟已定爲七，而春秋修之，敬謹至矣。陳設薦又隨時以展孝思。先世所愛玩寶，而藏之重曰宗器。裳衣，凡衣皆珍藏，祭則設之，或以授尸。時食，隨時之食物也。

宗廟之禮，所以序昭穆也；序爵，所以辨貴賤也；序事，所以辨賢也；旅酬下爲上，所以逮賤也；燕毛，所以序齒也。

上文言孝思隨時致敬，此復括其宗廟之大凡，而釋其用意之周密。禮，晋接威儀之禮。序昭穆，各以其班而不相紊。序爵，異姓助祭者，以位爲班。皆指未祭時言也。序事，當祭之時，各以其能效職。主酌賓曰獻，賓酌主曰酢，互飲曰酬，言旅酬

---

① 摯，似當作摯。

以該獻酢。蓋尸飲以普神惠，則有旅酬之禮。主賓子弟同序，立於東西階者，皆得舉觶於長，故曰逮賤。燕毛，祭畢而留燕於寢，以兄弟之齒序。毛，猶老也。朱子曰：旅，衆也。旅酬，宗廟之中以有事爲榮，故逮及賤者，使亦得以申其敬也。齒，年數也。

踐其位，行其禮，奏其樂，敬其所尊，愛其所親，事死如事生，事亡如事存，孝之至也。

承上文而贊之，其謂文王也。謂禮樂皆享天子之榮，非文昔日所有，武周繼述文王而光大之，使其踐位，行禮奏樂，以敬愛其先，是事死亡如生存而爲孝之至也。死以形言，亡以神言。朱子曰：所尊所親，先王之祖考、子孫、臣庶也。

郊社之禮，所以事上帝也。宗廟之禮，所以祀乎其先也。明乎郊社之禮、禘嘗之義，治國其如示諸掌乎。

上文舉祀事之大略，此復推廣而約言之，以見其孝無不達。郊，祭天。社，祭地。地統於天，故專言上帝。禘，夏祭。嘗，秋祭。舉以該凡祭。有聖德而後與天通，享帝享親，一氣相孚，故治國如示諸掌也。鄭康成曰：示，讀如寘，置也。掌中易爲力也。

右第十九章。引子言武周達孝，以明道貴時中。如武周之達，所以成作述之美，而中庸之道始盡善也。

附解

上文言德爲聖人必享天心，而尤必世德相承。但世德不易言也，聖人之後，未必聖人；聖人之先，亦難一致。舜禹，幹蠱者也；武周，象賢者也。象賢之事且不必定襲前人，而幹蠱可知。子思故引夫子言武王周公之達孝，以見凡事隨時處中乃爲聖人，所以教天下後世當勉爲聖人，然後爲行中庸之道。述子言曰孝，庸德也，而行之極其至則可以推之天下無不宜。若武王、周公，其達孝矣乎，何言之？夫孝者，非必拘拘前人之迹已也。天下之事隨時異宜，聖人之道因時處中。孝子以德爲孝，凡前人之志有未及、事有未能者，苟協於義，不必蹈襲前人，皆可以變通行之。君子考其設施，以爲宜民盡制，述人之志，繼人之事，莫善於此也。武周之所為者，多文所未爲，而以德成其纘緒之功，無不咸宜，所以爲達孝。且即其宗廟一端言之，五廟更爲七廟，典制備極崇閎矣。而武周孝思之誠，非僅以宗廟妥侑、爲奉祀之儀文而已。每歲春秋，則修其祖廟，恐有不慎，致先人之所居漂揺。至於先人愛好之物，寶而藏之，以時陳列，如先人之撫玩也。先人之裳，皆什襲珍藏，以時設之，如先人之常御也。時物各有不同，己不敢嘗，必先薦之，如先人之親飲膳也。蓋其惓惓之思，不以親没而稍間其誠。如此而其制爲典禮，補前代之所未詳，有不可枚舉者，姑就其數端言之。宗廟之中，其人甚雜，其職甚繁。而同姓之親，班次之禮與異姓殊，蓋所以序昭穆也。誼主親親而不狎禮，所以獨隆於本支。異姓之助祭者，則以爵爲序，蓋所以辨貴賤也。義主尊尊而不紊禮，所以致其優别。若夫駿奔之事，各以其人之能而授，蓋所以辨賢也。賢不必一致，而皆得效其誠。子孫、臣庶，莫不自達於先王矣。迄乎尸飲之後，以神惠及人，於是乎有旅酬之禮。其始也，主賓、兄弟之子各序立於東西階，至是皆得遞舉觶於其長，而衆相勸酬，下爲上効其勞，至卑賤者皆有職焉，所以逮賤也。至於祭畢，而同姓尚留，並燕於寢，則於睦族之中，存長幼之制，以毛髮爲坐次，蓋所以序齒也。其廟制大概如斯，此豈文王所嘗計及者哉？然武周因時立制，以爲世法，不啻文王行之者，所謂達也。是故今日之位，龍衮而居，非文王之位也，而武周以文踐之，天人翕應之休，不以爲僭也。今日之禮，萬國之歡，非文之禮也，而武周爲文行之，世德作求之報，不以爲侈也。今日之樂，九成八佾，非文之樂也，而武周爲文奏之，崇德殷薦之宜，不以爲靡也。要以文之德，可以承天命而膺九有，則今日之制作，莫非當日之留遺。而且推文之心，以及於先王、先公，敬其所尊而文無不展之孝思；及於子孫、臣庶，愛其所親而文無不周之慈惠。雖文已死，形不可覩矣，而如見之形；雖文已往，神不可追矣，而如見其神。事之倍親，其禮無所不備，寔其念無所不周，所以爲孝之至而無加也。夫孝，庸德耳。而推極其用，王者父天母地、敬祖承先，必爲天之肖子，乃能爲祖之象賢。武周本孝以爲禮，其大者在郊社。圜邱、方澤異其制，夏至、冬至異其時，將其寅畏以求無愧於凝承，所以事上帝而受天命者在是也，亦在於宗廟。宗有大宗小宗之分，祖有祧與不祧之異，以及合食、分薦、特享、配享，其禮甚繁，要無非致其敬慎，以求無忝，所以祀乎其先而報本原者在此也。後之有天下者，能如武周之德，明乎郊社之所以格天，禘嘗之所以法祖，則誠意孚於幽顯，恩義洽乎天人，治其國如示諸掌乎。夫子之言如此。夫一孝耳，而武周達之，治國亦莫能易，此可知中庸之道至常而實至奇。凡有能如武周者，即爲君子之時中，可以爲法於天下矣。

此章承上作述而言，以武周達孝，明道在時中之意。達孝是夫子特地立此名目。天下無印板文字，無論常變，要在因時制宜、恰合道理，不特一家作述爲然也。而一家已無不然，即達孝可以類推，此子思立言之意也。若謂通天下之人皆謂之孝，孝子豈必人人皆知其孝？舜之大孝，天下人皆以爲孝，亦可曰達孝矣。次節正申明達字之義。下文舉宗廟禮制以見其概，是達孝中一端。春秋節言其孝思隨時不懈，宗廟之禮節括言其禮之詳，到踐其位節，緊承而贊嘆之。孝之至也，至字即達字意，言其精微周備，所以爲達。末節承孝字作轉，言本孝以爲禮，天祖可格，治國何難？又帶起下章意，子思言義理則廣大精微，言文法則細鍼密縷，宜乎解人之不易乎。時解分春秋二節，一時祭、一祫祭，言其理亦通，而上下文相承之意不明。宗廟之禮句專指同姓在廟裏事晋接之禮，下句緊承此句言。講家謂冒下通節所以序昭穆，句如何通耶？雖一節皆是宗廟之禮，然夫子此句第指班序之禮，故申之曰所以序昭穆。末節宗廟之禮乃該括言之，若如時講，豈不複耶？昭穆之説不同，多以朱子爲主，然朱子廟皆東向之説，未免誤認，而諸儒益滋之惑。不知廟制，太祖居中南向，其兩旁分列，則左昭右穆。左陽故曰昭，右陰故曰穆，而非向南向北之謂也。左右之廟，皆各爲一宫，以次坐北向南，主無東向之理。朱子謂室西南隅爲奥，乃常人所居之室，而豈廟制乎？惟合祭於太廟，則群廟之主皆同遷於太廟室堂中，仍以左昭右穆分序兩旁，如侍太祖者然。禘則始祖所自出之帝居北，而太祖退出，南面以配之。周公制禮，不曰左右，而曰昭穆，以文王有穆穆之德，武王有昭明之功，因爲是名。而子孫因以爲序，其各爲廟室，皆坐北向南，如明堂之義。若如諸儒之説，廟南向而主東向，其爲堂室門階皆不順矣。因孔孟未有明文，而雜見於禮經者不一，漢儒以意爲解，遂不合自然之理勢。《記》曰：尸飲五，君洗玉爵獻卿；尸飲七，以瑶爵獻大夫；尸飲九，以散爵獻士及群有司。此章旅酬即指此時而言。蓋古者祭必立尸，尸既飲矣，君即分神惠以飲群臣。其無執事之子弟等不得與焉，故各代其長舉觶，又各舉觶於其長，以相酬酢。人衆，故曰旅。而申之曰所以逮賤，非謂尸已醉飽，乃賓主相酬爲無算爵，而置尸於不顧也。其禮則天子不爲主長，兄弟代之。燕毛，祭畢而徹俎，於後寢惟留同姓燕，仍分昭穆，而於昭穆之中又擇其長者居上位，爵與賢皆不論。以異姓之賢者爲賓，天子自主人，故《行葦》之詩曰序賓以賢。曾孫爲主也。次日繹祭，乃行賓尸之禮。踐其位節，其字皆指文王位。禮樂非文之舊，而莫非志事之當然，且推文王所尊親而皆愛敬之，武周孝思周詳精密，故爲達孝。末節又以其享帝享親之至意，推言以爲致治所本，而子思引以明中庸之旨亦自然神迴意合，所以爲至文也。餘各句典據，諸書所有，故不贅。

子思此書，是特地發明道本中庸。然中庸至平至常，實天地萬物無不該。特行之必自近始，故以卑邇言之。又以誠字申之，誠即上文慥慥也。誠於體道得之則爲德，德必爲聖人，而後可以合天人爲一致，故即舜與武周之德以明不過庸行之孝。作述一家、享天心、治天下，皆不外此。道理説得極闊大，實極平常，柰人莫識覺。此三章與前後文義不甚融洽，安得不詳辨之也？

中庸恒解卷下 晚年定本

中庸全卷本一章，其文次第相循，意氣相續，本不可以妄分章句。第文繁義密，今依朱子仍析爲三十三章，以便尋繹。因帙繁復，訂爲二卷，學者幸勿歧視之。

哀公問政。子曰：文武之政，布在方策。其人存，則其政舉；其人亡，則其政息。

上文即孝以明庸德。此乃引夫子告哀公，推言道在人，宏本於誠身，起下半部。哀公，魯君，名蔣。方，版也。策，編竹爲之。息，猶滅也。言政在文武，當先備文武之德而後可。

人道敏政，地道敏樹。夫政也者，蒲盧也。

夫，音扶。

朱子曰：敏，速也。沈括曰：蒲盧，蒲葦也。人，文武之人。上言人存而政乃舉，恐公畏沮，故又言政不難行，如地道之敏樹。

故爲政在人，取人以身，修身以道，修道以仁。

承言人存之義，非必待文武而後行，但貴得人耳。然身修而後知人。道者，天理而已。仁則其本心之良。

仁者，人也，親親爲大。義者，宜也，尊賢爲大。親親之殺，尊賢之等，禮所生也。

殺，去聲。

人未必皆知道，而不忍人之心則皆有之，故特提仁字，申言修道之所以必仁。本仁而行之，合宜爲義，義莫大於尊賢，賢以輔仁者也，仁義之等殺即禮，要皆統於仁耳。

在下位不獲乎上，民不可得而治矣。

重出。

故君子不可以不修身；思修身，不可以不事親；思事親，不可以不知人；思知人，不可以不知天。

承上文而約言行政不外修身。思修身以下，又推言其義。能事親而後可以爲仁，能知人而後可以輔德。人於何知？知天命之理，則知賢之貴矣。層遞言之，皆所以全修身之義。

天下之達道五，所以行之者三。曰君臣也、父子也、夫婦也、昆弟也、朋友之交也，五者天下之達道也。知、仁、勇三者，天下之達德也，所以行之者一也。

此下明所修之道與修之之實天下古今所共由，如路然，故曰達道。人不能外道，必以三德行之。知，知之真；仁，守之固；勇，持之久。一，專壹也。

或生而知之，或學而知之，或困而知之，及其知之一也；或安而行之，或利而行之，或勉强而行之，及其成功一也。

强，上聲。

又言資質不同，其修道則可以同歸，故爲達道。

子曰：好學近乎知，力行近乎仁，知耻近乎勇。

好、近乎知之知，並去聲。

道既爲達，則修亦同，然何以又分生、安、困、勉等耶？蓋三達德有難齊，故又以近智、仁、勇者明其用功之要。加子曰字，更端之詞也。

知斯三者，則知所以修身；知所以修身，則知所以治人；知所以治人，則知所以治天下國家矣。

治，平聲。

承上言以三者修道，即所以修身而致治。即自修身而推，以起下文。

凡爲天下國家有九經，曰：修身也，尊賢也，親親也，敬大臣也，體群臣也，子庶民也，來百工也，柔遠人也，懷諸侯也。

承上治天下國家而詳言文武之政，以己意約言之，大端有九。經，常也，至常而不可易。修身，已修之身而加謹也。親，一本九族之親。賢，師保之屬。遠人，賓旅四裔之屬。柔，不徒威服。懷，已懷之人，亦懷之也。

修身則道立，尊賢則不惑，親親則諸父昆弟不怨，敬大臣則不眩，體群臣則士之報禮重，子庶民則百姓勸，來百工則財用足，柔遠人則四方歸之，懷諸侯則天下畏之。

先言九經之效，以勸哀公。修身則身即道，而可爲民極。不惑，以賢爲則，而俗好不能移。不眩，大臣得人，而衆論不能亂。恩義交盡故無怨，非曲徇也。報禮，盡職傾誠，非諂媚也。勸，相勉於忠善。財，資財。用，器用。足，不匱於正供。歸，兼身心而言。畏，兼德威而言。

齊明盛服，非禮不動，所以修身也；去讒遠色，賤貨而貴德，所以勸賢也；尊其位，重其禄，同其好惡，所以勸親親也；官盛任使，所以勸大臣也；忠信重禄，所以勸士也；時使薄斂，所以勸百姓也；日省月試，既禀稱事，所以勸百工也；送往迎來，嘉善而矜不能，所以柔遠人也；繼絶世，舉廢國，治亂持危，朝聘以時，厚往而薄來，所以懷諸侯也。

齊，側皆反。去，上聲。好、惡、斂，並去聲。既，許氣反。禀，彼錦、力錦二反。稱，去聲。朝，音潮。

此乃正言九經之事。齊明盛服，静養其明，動謹其度，純乎禮則純乎道矣。蓋德已修而更謹如此。賢者抱道自重，禮意稍懈則去讒、色、貨分心之物也。同好惡，謂同好惡之正者。盛其官屬，足任使令，大臣感優禮而益自靖矣。士不能自達，而忠信足以及之，重禄足以養之，則效忠。使斂，民之分也，而不盡其財力。省其勤惰，試其工拙。鄭康成曰：既讀爲餼。餼廩，稍食也。《稾人職》曰：考其弓弩，以上下其食。是也。送往迎來，《周官》小行人、遺人、懷方氏、環人等所掌是也。諸侯五年一朝，歲使大夫聘於天子。厚往薄來，朱子曰：燕賜厚而納貢薄。

凡爲天下國家有九經，所以行之者一也。

總結上文，言其目雖繁而其理則一，莫不本於君身也。

凡事豫則立，不豫則廢。言前定則不跲，事前定則不困，行前定則不疚，道前定則不窮。

跲，其劫反。行，去聲。

上文言政已詳，此下仍歸本修身。將勉公以誠身，而先言凡事必豫，何况於道？巽言也，臣子告君之禮也。凡事泛言，下乃以言、事、行例道也。跲，詞吃如躓。困，不能通。疚，病於心。道，即九經之道。道必豫而後不窮。下文詳之。

在下位不獲乎上，民不可得而治矣。獲乎上有道：不信乎朋友，不獲乎上矣；信乎朋友有道：不順乎親，不信乎朋友矣；順乎親有道：反諸身不誠，不順乎親矣；誠身有道：不明乎善，不誠乎身矣。

申言豫字之義，而以在下位言引出誠身之義。蓋將語以下學之詳，不敢斥言君也。獲上，上安其道。信友，友信其賢。順親，親樂其孝。誠身，身無不善。明，知之精也。

誠者，天之道也；誠之者，人之道也。誠者不勉而中，不思而得，從容中道，聖人也。誠之者，擇善而固執之者也。

中，並去聲。從，七容反。

申言誠字之意。天之道，不貳不息者也。得天理而後爲人，誠有於身乃全人道。已能誠者，則不待思勉，自然中道。未及乎聖，而以下學希之，則擇善既明，固執勿失，是乃所以爲豫之道，而公所當勉也。

博學之，審問之，慎思之，明辨之，篤行之。

詳擇善固執之目。博則其識廣，審則其問精，慎則其思正，明則其辨晰，篤則不息而已矣。

有弗學，學之弗能弗措也；有弗問，問之弗知弗措也；有弗思，思之弗得弗措也；有弗辨，辨之弗明弗措也；有弗行，行之弗篤弗措也；人一能之己百之，人十能之己千之。

有弗學，有不必學者也，下放此。惟有弗爲，所以爲擇善。弗措，即固執。

果能此道矣，雖愚必明，雖柔必强。

明，理無不通。强，氣無不勝。蓋道誠於己，清明在躬，志氣如神，故無愚柔之患。如此則人亦文武之人，政不患其不舉矣。

右第二十章。子思引子之言以明中庸之道，聖德而王功備焉，其要本於誠身，以起下文。自十二章至此，大要言道之費隱，近在倫常，通乎天命，舉舜文武周以爲庸行之則。而此章又推其義於治世，皆不外乎修身，以修身爲誠身，上沿誠不可揜，下起天下至誠也。

附　解

子思意謂觀於舜及武周，本孝德以治世，而夫子嘆美之，且推其以義，以爲治國在是，則知道無二理。一家之繼述在是，即天下之典章在是，要在身體而力行之耳。不觀夫子之論政乎？哀公問政，子告之曰：政莫備於文武。公，文武之後，今猶是文武之天下，文武之政布在方策，無所不詳，特未有如文武者舉而行之耳。苟有如文武之德者，是文武之人猶存矣，則本身以行之，政不難舉；苟無文武之德，是其人亡矣，雖方策昭然，政亦難舉。其故何哉？政乃先王之陳迹，不難知而難於行。苟有賢聖之才，則行政至易，人道固敏政者也，正如地易以敏樹。而文武之政，爲明備之休，一王之舊，於政之中尤易舉行，如樹中之蒲盧也。特政非一人可行，欲爲先王之政，必得賢臣共治，而知賢惟賢，取人必在君身，身不可不修也。修之惟在以道，道者天理而已。凡天理之發見，惟此不忍。人之仁心，人人皆有，修道者以此仁心推之於萬事萬物，即不患天理之不周遍。所以然者，天地生生之理，人得之以爲性，是人之所以爲人者，特其慈祥惻怛，必於父母之前，先十分周至，而後能推暨於民物。故親親爲大親者，吾身之所從出。仁者，吾身中之天良，無親何以有身？不能親親，何以爲人？果仁矣，本此而施之於凡事，各得其宜，則爲義。義，主於敬者也。而敬莫大於尊賢，賢者能修其身，以之輔身，然後行事各得其宜。若夫由親親而仁民，而愛物，以漸而殺，由賢而師保也、百僚也。道有大小，位有等級，凡節文度數，皆由此而推，禮所生也。要而言之，禮生於仁義。義以行仁，仁以修道，道重修身，爲文武之人不外修身而已。是故君子知仁爲道之本，仁者即能盡道，道全而後身可修也，不可以不修身。至於親者，吾身之所自來，有親而後有身，能事親而後可以爲仁，則思修身不可以不事親。然事親之道無窮，事親之事不易，苟非賢人爲輔，安能知仁與道一？事親不可以不知人也。人不難知，而爲君者不能修身，蓋於天與我之理未能瞭如，故於有天德之賢人亦莫能知，故思知人，又不可以不知天也。天者，理之所從出，人得之而爲賢，我得之而有道，知天則知人，知人則有所以輔身，要衹全乎修身之事耳。所謂修身之道安在？天下之達道有五，所以行之者有三：君臣也，父子也，夫婦也，昆弟也，朋友之交也。五者或以天合，或以人合，情誼相聯，義理相屬，智愚皆不能外，是天下之達道也。明五者而不惑爲知，行五者而無私爲仁，守五者而不懈爲勇。三者，天之所以予人，雖偏全純駁不同，而實人人皆有，是天下之達德也。以三德行達道，其目似繁，其功亦不易盡，而要其所以行之者惟在專一不貳而已。心一於理而不他，始終其身而不倦，雖資秉或有不同，有生而知之、或學而知之、或困而知之，要其以至一之心行之，一旦豁然貫通，知此達道，則一也。抑有或安而行之、或利而行之、或勉强而行之，其所行者不同，及其積久自得而成此達道，則一也。惟其質不同，而可同歸於成，所以爲達道。特用功之始，不可以三達德爲患耳。有人焉知不如人，然知道之美，而好學焉，學之不已，雖未必遽盡知道，而見聞日闢，識量日超，近乎知矣；或仁不及人，然信道之真，而力行焉，行之至久，雖未必即全天理，而私僞日去，義理日純，近乎仁矣；或勇亦遜人，而知耻不如人焉，因耻生奮，奮志不懈，雖未必配乎行健，而有進無退，歷久不渝，近乎勇矣。三者非難爲之事，而實致其功即是三德。然則修道者，患不知斯三者耳；知斯三者，則知所以修身。身者人之表，而天下國家所待治也。知所以修身，則知所以治人；知所以治人，則知所以治天下國家矣。治天下國家，其道豈有過於文武哉？臣嘗誦習而總括其政言之，凡爲天下國家有九經，文武固已備之矣。九經維何？曰修身也：修身之學早裕於平時，而修身之功不懈於頃刻，所以爲立政之本也；二曰尊賢也：賢以導吾身而出治；三曰親親也：親以廣吾仁而敬宗；四曰敬大臣也：大臣爲身之輔，得其人而敬之，體肅而權有歸；五曰體群臣也：群臣分吾身之職任，推仁恕以體之，恩周而情乃不隔；六曰子庶民也：庶民雖繁，一以子視之，則恩義無弗洽；七曰來百工也：百工至雜，有以招徠之，則獎罰無弗公；八曰柔遠人也：他國臣民，無使有離鄉之戚；九曰懷諸侯也：天下君臣，無使有乖離之心。文武之政，其大要如此。此何故哉？治世不外於道，道即吾身之理，修身則道備於己，而建其有極，可以爲會極之本矣。賢人，道大德全者也，尊之則凡事以之爲依，而事有疑似皆得折衷焉而不惑。諸父昆弟，皆本支之系也，親親則恩義明而無失禮之怨。大臣者，群臣之望也，有以敬之則於政總其大成，而發言盈庭，决諸其人則不眩。至於群臣，雖遠而皆有以體之，則士感其誠，盡忠效職，不間於遠，報禮重矣。庶民本以君爲命而子之，則百姓皆勸勉而愛敬之。百工亦未可强致也，而来之則財用有相資而不至匱乏。遠人之與宇下不同矣，而柔之則忘其去國之嗟，四方莫不歸之。諸侯之爲賢否不一矣，而懷之則懍於恩威之至，天下莫不畏之。其效如此，其事亦可約舉之焉。修身維何？閑存之嚴，不敢以無過而忽。内則齊其思慮，常保清明；外則盛其威儀，非禮不動。所以謹於動静，而勿使身有一毫之咎也。讒人變亂是非，去而勿留於朝；美色亂吾聰明，遠之不接於目；貨者妨義之物，賤之而不使小人得以售其欺；德者天下之寶，貴之而不使君子或至失其尊，所以絶其妨賢之路而勸之也。同姓之親，非我父兄即吾子弟，念先王一本之恩，甯菲待乎？故尊其位而不使儕於齊民，重其禄而不使傷於空匱，同其好惡而不使怨於屈抑，所以勸親親也。大臣既爲群僚之首，而復使勤勞不遑，則體統褻而權不專，故必盛其官屬，足任使令，俾養其尊優之體，而凡事得以總其大綱，課其成敗，所以勸大臣也。群臣皆士耳，恒不能自達於君，而必待以忠信，不以官小而疎忽，重其禄秩，不以位卑而患貧，所以勸士也。百姓素蒙養教之澤矣，而國有興作當使亦必以時，惟正之供當斂亦從其薄，所以勸百姓也。至於百工，各有勤惰、工拙，失之寛、失之嚴皆非中道，日有省焉，月有試焉，勤惰工拙不能隱矣，既禀所加，必稱其事，能者勉，怠者奮，所以勸百工也。遠人豈必皆賢？豈必皆不肖？第泛焉聽之，則不能不患於失所。往者送之而無阻，來者迎之而無乏。其有善者則嘉之録用，不必言矣；而不能亦矜之曲成，尤有術也。所以柔遠人者如此，諸侯之各凛王章固已，而或事變所值，如世絶者則繼之，不泯其先人之功德；國廢者則舉之，不墜其先代之士茅。其有政事，已亂則治之，而不使其即於亡國；勢已危則持之，而不使其迫於大。若夫朝以述職，聘以通情，以時而不煩擾。既朝聘而往，則恩禮加厚焉；方朝聘而來，則納貢從薄焉。凡所以維持安恤之而懷諸侯也。凡爲天下國家有九經，其詳密如此。而所以行之者則無多術也，以實心行實事，不欺不貳，一而已矣。一之實備於身，而一之理修於素，爲政者當豫圖焉。蓋凡事皆不可以取辦於臨時，豫則立，不豫則廢。試略言之，如一言也，必有所以言之理，能前定則順理成章，不至於跲而詞窒；一事也，必有所以事之理，能前定則審擇可否有始有終，不至於困而不達；一行也，必有所以行之宜，能前定則理得心安，不至於疚而抱憾。况乎九經之道，若素無前定之功，豈不無從設施哉？故道前定則不窮。夫所謂前定者，何也？修身而已。身修而道實有諸己，則爲誠身。今試以在下位者爲君言之。如君之臣等雖在下位，亦爲君分理者也，然下之權本於上，使在下位而不獲乎上，則難以展其抱負，民不可得而治矣。獲乎上有道，非阿意逢迎之謂，必平日德行孚於朋友，皆許其爲君子，則上亦不得而獨以爲小人；否則，不信乎朋友，不獲乎上矣。信乎朋友有道，非黨援聲氣之謂，必平日能順乎親友，皆知其爲孝子，則移孝可以作忠；否則，不順乎親，不信乎朋友矣。至於順乎親又有道，非阿意曲從之謂，必平日以道修身，立誠於己，自然親安其誠，化而樂之；否則，反諸身不誠，不順乎親矣。誠身有道，善者吾身之理，然必先知而後能行；苟不明乎善，則是非顛倒，行必乖謬，不誠乎身矣。夫自治民層級而推，必本於身，故修身爲豫之事也。誠身即是修身，而誠之爲言，即道之所以貫乎天，人臣不得不盡其説焉。天命之理，主宰於無窮，流行於不已，皆此一誠充周布濩焉，是天之道也。而人爲萬物之靈，獨得是理以生，必全乎誠，而後無負於天、無愧爲人，故誠之者人之道也。自古能誠身之人，全乎天之道，不勉而中乎則，不思而得乎正，從容中道，聖人也。其他未能遽至於聖，而以仁修道，以道修身，則爲誠之者。誠之者擇乎善而固執之，勿忘知行交勵，及其成功，亦一也。善何如擇？則博學之焉，審問之焉，慎思之焉，明辨之焉。如此則擇之精矣，而乃篤行之焉，終身不懈，是爲固執。此五者，三達德在其中矣，但恐其不能專一勿二。天下之事甚多，則理亦無窮，不必盡知而盡爲之也。有理所不當學而亦不必學者，則弗學之，苟其當學而學之，學之弗能弗措也，如是而後可以博；有不必問者則弗問，苟其當問而問之，問之弗知弗措也，如是而後可以審；有不必思者則弗思，苟其當思而思之，思之弗得弗措也，如是而後可云慎；有不必辨者則弗辨之，苟其當辨而辨之，辨之弗明弗措也，如是而後可以明；有不必行者則弗行，苟其當行而行之，行之弗篤弗措也，如是而後可以爲篤。要之以困勉之功，持之於勿懈。如人一能之矣，己則百之；人十能之矣，己則千之。果能此道矣，雖質之愚者，久必豁然而明；質之柔者，久必毅然而强。身何患不修，而道何患不立哉？以文武之身，行文武之政，舉而措之耳，夫子告哀公如此。此可見道不外於修身，修身則能誠身矣。所謂費而隱、微之顯者，一誠貫之。夫身至卑邇，天下國家亦類高遠，而子以誠身括之，道不遠人，惟在一誠，豈不信哉？

此章詞繁而意簡，向來講家拘牽成説，不審上下文自然語脉，以致語義多晦。今一一順釋之，讀者熟玩白文，則知今解非强設矣。子思引之之意，以明治天下國家之本皆不外一誠。夫子告哀公之意，則言爲政不外修身。修身本於一誠，誠之之功在於力行五者。須先明夫子口氣，再還子思口氣，此引述定例也。講家分上半爲人存，下半爲政舉，呆煞矣。大意止是言有文武之人，乃可以行文武之政。欲如文武必修身，修身必以道。仁爲道之本，仁身即是修身。尊賢所以輔其修身，功夫只在修身，修身之道，五達道是也。行五達道，以三達德。三達德不必皆全，生安、學利、困勉，成功則一。以三達德行五達道，但由好學、力行、知耻三者即可以修身，身修則可以行政。凡爲天下以下三節，言政之實，前結之曰所以行之者一。一字不必遽説是誠字，因德有三，道有五，政有九，總之以行之者一。爲哀公愚柔者言，以簡要導之耳。言凡事必豫，仍是言只在修身，下文又以在下位委曲説道誠身。臣子立言之體，一片忠愛之心，不是故爲離合其詞，前人何以弗察耶？變修身而言誠身者，患哀公不誠而行之，故特申言誠字之義。在子思引來，則暗承誠不可揜，下起天下至誠。却喜夫子恰有如此現成一篇文字，子思引來又恰好承上起下、神理一串，豈非天衣無縫、文章本天成妙手偶得之乎？故爲政在人以下三節只作一節看，言行政必先修身，修身以道，仁者道之本，而義與禮即在其中，以仁修道，仍是以仁修身耳。故君子不可不修身，所以直接中間仁者人也節，乃修道以仁句中所有之意義，講家多失其旨思。修身以下又申明上文親親尊賢皆統於修身之故，天者理之所從出，仁也，道也，一天理也。思知人不可以不知天，以言仁而及義，言義而及尊賢，恐公以尊賢爲身外事，故特指出天字，賢人得天之理，即仁人也，修身以道者也。知天乃知天理之貴而尊賢，自不容已，取諸人以爲善，仍是修身之事也。時解講知天尤欠分曉。兩所以行之者一，一字衹對三、五、九字面而言。講家恐人不識一字，不得不明指出誠字，而子思口中不然。朱子以其等而言、以其分而言，分貼知、仁、勇及三近者勇之事，泛言其理亦可，因之失却此三四節承接語氣則大不可。九經是夫子以己意約舉之，時解竟作經文之經説，可笑。此修身與上言修身微别，修身全功已在平日，此時而加謹耳，堯舜精一、危微、執中之戒以此，下文故以齊明盛服等括之。不惑、不眩分理與事亦未安，理即在事，事必有理，何可强分？不惑緊貼尊字，不眩緊貼敬字。賢者爲吾師表，言行皆以之爲依，一切事理聽命焉，故不惑於兩歧。大臣爲群僚之望，敬之則凡事彼皆措置得宜，而白之於君，盈廷意議不足以眩吾明，其事迥不同也。凡事不指達道、達德。九經首二句泛言，下略舉言行事以見道，尤當前定道，前定句乃主也。道即九經之道，九經之道該達德、達道在内，非有二道。在下位節借下位立言，引出誠身。對哀公言，於其所尊弗敢質，敬之至也。誠身是主，明善所以誠身。下文申言誠本於天，而人即以之合天。兩誠者不同，上誠者懸説誠之理，下誠者已誠之人。兩誠之者亦不同，上誠之者對天而言，謂人之體天誠身者，下誠之者謂方求誠而未遽誠者。此處講家尤混，並下半部《中庸》皆誤解矣。博學節指出擇執之目，有弗節乃實言求誠之功。困勉如是，學利亦必如是，即生安如孔子，好古敏求亦如是。學聖人無二功，若謂困勉如此，我不必如此，則非理矣。愚明易解，柔强難解，如何柔？如何强？理實氣充，心即天心，氣亦天氣，孟子所謂塞於天地之間，精明强固不待言矣。後世盡性之實功罕究，遂爲氣數所囿，愚者既不能明，柔者尤不能强，仁者壽、大德必壽之理亦覺難明，而至謂聖人亦不免短命，方外得挾其術以傲吾儒，非書義不明之故乎？自十二章至此，大旨言道本費隱，然不遠於人；以慥慥之心，行忠恕之事，素位而行，無人不得其功。惟在反求其事，始於卑邇。所以然者，天人本一氣相通，盈天地間無非一誠字，觀鬼神可知。下文引子言舜與武周，見其止此庸行，上享天心，下安海内，有何卑邇？有何高遠？因中庸之道不過五倫，上文言兄弟、妻子和樂，順父母及作述，善繼述，皆就家庭卑邇之事言之，君臣及天下國家事至繁，未言及之，殊嫌不備。子思因上章子言治國如示諸掌想到哀公問政一段，語義於中庸之功爲備，又引述之。治天下國家皆不外修身，猶是卑邇可高遠，意修身即誠身也。變修言誠，遥接誠不可揜，開下文諸節，文法離奇，義理却止一串。至謂費之大小及包費隱兼大小等語，甚屬支離，識者當必辨之。

自誠明，謂之性；自明誠，謂之教。誠則明矣，明則誠矣。

子思即上文誠身之義而言誠明合一之理，體道者當由明善而入，以起下文。自誠明者，實有自能真知；自明誠者，真知即能實有。性，天性中自然之明；教，學問中積久之獲。末二句言其無二理也。

右第二十一章。子思承夫子明善誠身之説而推言之，誠與明無二理，所以體中庸之道者，明善誠身，内外交修，以起下文也。

附　解

子思意謂觀夫子告哀公子之言，則知道以誠身爲要，誠由擇善固執而入，至於雖愚必明、雖柔必强，則身已誠而善亦無患不明矣。世之求道者，求明於遠，而身實未誠，則所以明者非也；外身求誠，而道實未明，則所以誠者妄也。豈知誠身衹是實全天命之理，但資質不同，成功因有遲速。有已誠其身，而於天地萬物之理無不明者，非但恃耳目聰明之用也，蓋由天理全備於中，物來畢照，自有以周知其曲折，此天性中自然之明，則謂之性。有未誠其身，而以擇善固執之功漸而造者，原非恃天亶異人之姿也，蓋由天理積久而純，心地開明，遂有以恍然於性，始此擇執中深造之事，則謂之教。二者有安勉之分，要其成功則無二：能誠其身，則自明其理矣；能明其理，則必底於誠矣。然則體中庸者不患其不明，特患其不誠；抑不患其不誠，特患其不明。能如夫子已百已千之説，安見不可以誠身哉?

向來自此章以後，以天道人道分配到底，其理似通，而實於子思立言之意未得。蓋上章引夫子之言趨重誠身，而誠身必由明善，猶是篇首不明不行、能擇能守之意也。引來指點後人，全重在末二節已百已千，雖愚必明、雖柔必强，乃全部《中庸》教人之本旨。故此章承上而言。夫子言誠身必由明善，明善即可誠身，自其已誠而言天性中自然之明睿不待思勉，自其方明而言學問中積久之會心無難純備。誠則明，明則誠，初無二理。下文即承言至誠之功，而教人以致曲之道，至於能化，則亦誠矣。其知可以如神，則明之至矣。以下次第相承，皆有自然義理、自然語氣，學者勿徒求諸文字；而反諸身心，一一求其實地，則書理始能瞭如。曲説甚多，不悉辨。二項人分已誠、未誠説，不是説生安與學利。困勉誠身者，聖人也。聖人無生而即純一者，不過天資粹美、合道者多，若神化不測，必由學力。前人錯認天下有生而神聖者，謂不必學問，其誤世不淺。上古開天明道之聖，有生而神靈者，後世禮制已備，天亦不輕誕降若人，孔子亦由好古敏求也。若生而穎異，垂制立法，時或有之，然窮神達化、純一之德，固未易當之。

唯天下至誠，爲能盡其性；能盡其性，則能盡人之性；能盡人之性，則能盡物之性；能盡物之性，則可以贊天地之化育；可以贊天地之化育，則可以與天地參矣。

此下乃言誠身止是能盡其性，遥接首章率性，而極言盡性之功用，欲學者必勉於誠身。朱子曰：盡其性者，德無不實，故無人欲之私，而天命之在我者，察之由之，巨細精粗，無毫髮之不盡也。盡人物之性，知之無不明，而處之無不當也。贊，猶助也。與天地參，與天地並立而爲三。

右第二十二章。承上言聖人乃爲至誠，以其能盡性，而盡人物之性，參贊天地，不越乎此。

附　解

子思意曰：知誠明無二理，則誠者必明，明者必誠，聖人亦不過天下之至誠者耳。夫誠者天之理，而人物咸得之以爲性。人得天理之全，故至誠之人天地亦必賴之，以安人物。唯天下至誠，其誠天下莫能加，爲能盡其所性之全而無所歉。凡天所以生人生物之理皆醇備於我躬，故以己之性推諸於人，則能盡人之性、人倫事物之則，爲之法制，而大其曲成，使人人悉全其性。由是以人身之義理，推暨於萬物之知能、飛潛動植之類，爲之規爲而酌其中正，使物物得遂其生。人也、物也，皆天地所生而各欲其安者也。然天能生人，而不能必其皆遂其生，能予人以性，而不能使之皆復其性，則養教必待於人；天與物以可用之材，而不能必其不以材相害，天與物以有覺之能，而不能必其果以能相扶，則裁成之道必俟諸人。而至誠皆有以盡之，是天地化育之所不及，而至誠贊之矣。人於天地，其大小不侔其功用，宜乎相遠，而至誠贊天地之化育，則可以與天地參矣。然則至誠者，盡性而已，性必以誠而盡，故天下至誠獨擅其能也。

子思因當時言道者非失之太高、即失之太淺，故特以中庸二字名道，而作此書。但道非實有諸身不能知也，故先就鬼神點出一誠字，見天人相孚無非一誠。迨引子告哀公誠身，乃借此指出誠明合一之旨，以天下至誠作個榜樣，使學聖者由致曲而希至誠。朱注至爲分明，第不必分天道言耳。天下至誠，至誠之德天下莫能加，正不必定指君相。盡人性物性，在上如堯舜，固不必言，在下如孔孟，普教思於無窮，慎釣弋於偶爾，皆是即尋常日用言動，起一念，行一事，善惟恐不公於人，惡惟恐或害於世，即盡人性也；伐一木，殺一獸，不以其時非孝，即盡物之性也；推之無時無事不然。天理純熟，無不合宜，即是至誠身分。一言一行，偶合天理，而不能盡然，則常人身分。張甄陶謂指羲農軒堯亘古一遇之聖，非也。至於人性物性，悉在己性中包括。不忍人之心，可以保民而王；中孚格及豚魚，祇爲同是一氣之所分屬。琴高鼓琴，游魚出聽；生公説法，頑石點頭。何况至誠？但性之全體，惟人得之，物則得其偏耳。盡人性之道，自堯舜至於孔孟，君相師儒，其道已詳；盡物之性，亦一時並到，皆在此心仁義周浹旁皇，無處不有，無時不然。能檢察力行者自知之，正不必説到麟鳳來游、龍降虎伏。蓋盡性則以天之心行天之道，人也、物也皆在並包之中。故有不得已而殺者，爲其戕生殺之也；不可生而猶欲生之者，爲其本天地之所欲生也。後世盡性之學，罕明己性，何以合於天？人性何以異於物，物性又何以求其必盡，此中理一分殊，仁至義盡之道遂徒想像矣。子思自天命之謂性章開端立言，中間反覆申言道字，於鬼神章逗出誠字，哀公章始説到誠身，此章乃指出盡性，爲《中庸》血脉歸宿處。蓋祇此一理，在天爲命，在人爲性，言其至真無二曰誠，言其統括曰道，語其體用曰中和，語其平常曰中庸，本無二也，第立言淺深、次第不得不然。學者細玩白文，毋爲講章所誤，可也。舊説此章以下天道、人道分列，讀者喜其枝枝相對、葉葉相當，而實非子思立言相承之旨，故不敢從。

其次致曲，曲能有誠，誠則形，形則著，著則明，明則動，動則變，變則化，唯天下至誠爲能化。

其次，謂未誠而求明者。致曲，致其擇執之功也。委曲繁重，故曰曲。曲能有誠，勉之也。形著以下，又以其效言之。形，理實而氣充，有其形也。著則形之盛者，積久而有光輝。明則瑩澈之意。動，動乎四體。變，變易形氣。化，則企於神化。蓋皆德性中自然之理，氣由微而盛，周徹於身心者，非外言也。唯天下至誠爲能化，贊化之難也。

右第二十三章。乃示人以求誠之功，不外致曲，而並及其效。皆盡性實境，非言身外也。

附解

子思謂觀至誠之盡性，而人物天地亦賴之，則誠身要矣。雖然，人亦安得遽造於至誠哉？吾前言明可以誠，正謂誠身者不必憂其不明，正恐不求誠耳。求誠之方奈何？凡未能至誠者，則爲其次。其次之求誠也，必由學、問、思、辨、篤行五者致其委曲研求之功，則知行並盡、内外交修，如是而致曲。雖若迂緩而難，然積久必能有誠也。蓋人之不誠，無非氣拘物蔽。致曲者以義理之心，養天命之性，由一念而暨於念念，由一事而暨於事事，擇其善即固執其功。迨理得於身，則此身駁雜之氣漸次銷鎔，天命之在我者有諸已而其形宛然可見，渾然在中者有端倪之可尋，卓然有主者覺身心之凝一。由是積累之久，不特常有其形，而且著其輝光；著之不已，於是性體瑩和，神明焕發而明矣。人惟私欲太盛，故陰滓充塞，性體不明。今既明矣，於是由方寸以充於四體，容貌詞氣盎然、泰然，則動矣；動則向之私妄駁濁者悉潛消默化，而大變其形氣之疵；變則純一之神長保其泰和之氣，而粹然朗然；帝謂可通萬物、歸於在宥人也，而神明不測矣，此之謂化。夫化豈偶然可致哉？唯天下至誠乃爲能化。致曲者亦然。則誠也、明也，一以貫之矣。人盍勉諸？

此章乃切實指求誠之功。致曲即是擇善固執，學、問、思、辨五者該焉，若擴充乃一端耳。五者之目，功若迂曲，故曰曲。致曲何以有誠？内而致中，外而致和，内外交修，動靜交養，有許多功夫在，故曰致曲。人身本有，是天命之性，自氣拘物誘，喪其本來，則此身恰似虚殼，盡性而後此身爲實，故曰誠身。求誠者由淺而深，凡身心之理、日用倫常實踐之事，一一體行，無不委曲詳盡。此非言語文字可盡也，子思故以曲字形容之，以致字該括之，而又細細説出性分中得力光景。始焉，誠有其基，端倪可見，故曰形；繼焉，涵養真積，發爲光渾，故曰著；光輝之久，身心瑩然，太和洋溢，故曰明；明則一元之理既盈，浩然之氣發越，貫乎四體，曰動；動則陰駁之氣潛消，昭融之象周洽，故曰變；變則盡去其形氣之累，而歸於冲粹之天，萬善俱涵，因應無方，猶是日用尋常，浩氣通乎帝，謂神明不測，造化由心，故曰化也。孟子曰有諸已之謂信，此章曲能有誠之意；充實之謂美，形之意；充實而有光輝，著與明之意；大也、化也，動、變、化也，理一而詞亦相類。夫子繫《易》曰：黄中通理，正位居體，美在其中，而暢於四支，發於事業。又曰：與天地合其德，日月合其明，鬼神合其吉凶。變化之説，豈外此身心而求哉？故形、著、明，强爲分别，終嫌其混；動、變與化，以爲感人，尤覺支離。聖人德盛化神，然不得其位，且謗議群歸，謂誠能動物，且必其變必其化，在上之聖人或猶病之，在下之聖人安得有此？孟子謂至誠而不動者，未之有也，爲當時諸侯言耳。此章則但言誠身之實效，形、著、動、變、化是盡性中功效次第，雖外之所發，亦在其中，而外不足以盡其内。如孔子立道綏動，子貢借現成語仿佛形容，後人亦不得其真際；至江漢秋陽、上律下襲等，更影響難測矣。故形、著、動、變、化，子思細細言之，亦欲人深造而自知耳。故此章原未説到感化人，衹是言誠之者以致曲體道，其究亦爲天下至誠。下章又言誠則能明，足上文誠則明矣、明則誠矣之説。至誠者非自成己而已也，所以成物，乃漸漸説到感人。夫誠者誠此身而已，盡性便是誠身，誠身則可及物，何以不説到感人？蓋理固一貫，而事有本末，立言尤有次第，子思以誠身之學望人，既言其功，自必及其效，而誠身者得力衹可自喻，安能告人？孟子以浩然之氣爲難言，而此書後面言於乎不顯、之德之純及德輶如毛等語，身心中之學豈可言傳哉？因勉人誠身，不得不細爲摹擬。若以動、變、化爲感人，孔子不能使原壤改行、桓魋悦服，憂心悄悄愠於群小矣。孔子豈非天下至誠乎？何以不變不化？故此書義理皆身心性命、日用倫常之理，不可徒作文字解。

至誠之道，可以前知。國家將興，必有禎祥；國家將亡，必有妖孽；見乎蓍龜，動乎四體。禍福將至，善，必先知之；不善，必先知之。故至誠如神。

見，音現。

前知，誠而明也。理極其精，故能知幾。國家八句，略言其概。天人一氣，本無間隔。禎祥妖孽，皆由人心而生。蓍龜，靈物，聖人藉以通神明而决吉凶。四體從心而著於儀，誠中形外者，不可掩。善不善，猶言吉凶也。神，造化之迹，一誠所顯著。孔氏曰：本有今異曰禎，本無今有曰祥。許氏曰：衣服、歌謡、草木之怪爲妖，禽獸、蟲蝗之怪爲孽。朱子曰：蓍，所以筮；龜，所以卜。四體，謂動作威儀之間，如執玉高卑，其容俯仰之類。

右第二十四章。承上章能化而言。誠則明也，明亦無不誠矣。以終前文之意，以杜求明而弗誠身者。

附　解

明之一字，聖人所不自任，而應萬變、協時中神明其德却斷斷不可少。小而一言一動，時止時行，非呆守義理可全；大而經綸天下，有經有權，必適合時中爲貴。故聖人之化神不是有神奇妙術，特理極其精，與人同此日用、同此事業却往往出人意表。子思言誠身而曰誠則明、明則誠，因世之求明於身外者多，故特以明字歸并入誠字。而此章更發明之意曰其次致曲有誠而至於能化，化之一言是聖人之德之至而萬理所由該也。常人凡事苦於不知其朕，每求諸身外，一切術數以興，然迄無可憑，何如反諸誠身之學乎？天下事變，何可勝窮？以智巧行之，愈妄而愈僨事；以至誠行之，至常而實至奇。果若吾言致曲，而至於化，則至誠矣。至誠之道，可以前知焉，略言其概。如國家之興，不自其興之日見之也，其將興也，必有禎祥；國家之亡，亦不自其亡之時見之也，其將亡也，必有妖孽。禎祥妖孽，由人事而生，即所應可以知其所感。又或不著於禎祥，而見乎蓍龜、動乎四體者，無爲之主宰，既有以默示其端倪，容貌之周旋，亦無不備呈，其氣機禍也、福也，於其將至之時，善則必先知之，不善必先知之，故至誠之明如神也。夫未來之臧否，本不可以預窺，而至誠知之，則以性體之。淵粹與造化同符，故智識之虚明與靈神合撰。天地，一誠所融結也；神明，一誠所默運也；萬事萬物莫非一誠所周洽也。至誠自盡其性，而誠則能明，學者盍不勉之？

中庸之道，本平常而至神至奇，即在至平常中。緣此道本天之至理，天之不測，奚以加焉？而其實一理而已。理宰乎氣，氣之變化皆理之變化也。夫子繫《易》曰：乾道變化，各正性命。天地變化，草木蕃。又曰：知變化之道者，其知神之所爲乎？天地本萬古一理，而人實昧之。昧天之理，拂天之心，不知慎獨，不畏天命，由微至著，積小至大，舉世少完人，斯天罰亦隨降矣。奈人不知人道即天道，天心在我心，愚者求諸術數，智者矜其獨得，一切悖禮傷教術法以興，至戰國時，異説多矣。子思故作此書，名曰《中庸》，而特示誠明合一之義。此章非是教人驚異至誠，乃欲人勿外誠以求明。國家將興以下，即易見者以明其然。禎祥妖孽，天亦何心？惟其人之自召而已。蓍龜無知，所以藉蓍龜而靈者，神也。前人乃諱言神字，謂蓍龜無私心，故與天相接。夫草木鱗介之類，無私心者多矣，何獨蓍龜哉？動乎四體，四體皆聽命於天君。誠僞之分，天君存亡頓異，故動乎四體者顯然可見。禍福之來，必有其漸。人心之誠僞不同，積久而著，近在一身，遠徵於物，要皆由理欲而分，積累而盛。至誠天理純熟，故於修吉悖凶之事能燭其微也。神者，造化之迹，雖無象可窺，而實森布於耳目之前。然其主宰運化，非有他也，誠而已矣。至誠之誠，即天地之理，鬼神陰陽之靈，天地即陰陽也。夫子曰：陰陽不測之謂神。神也者，妙萬物而爲言。至誠備天地之德，與鬼神合其吉凶，豈足異哉？自誠身之學罕傳，不知道者既未識天命之原，方且離天人而二之，恍惚鬼神而外之；昧者從而矯焉，邪妄之術繁興，於是前知必歸神仙矣。愚嘗言神仙即聖賢，聖而不可知之謂神。至誠如神，非即神仙乎？神仙之説，起於聖學不明。秦皇作俑，班固始爲九流之説，以神仙爲一流。數千年來，求仙者流爲妄誕，闢仙者亦未究本原。知聖賢即神仙，即但學聖賢而已足；不然，以聖賢外有神仙，求仙者不息也。

前知就後世言有數等。養後天知覺之心，至於虚寂，亦可前知，此歷代禪宗及前人所謂心静而明者也。窮究事物之理，久而貫通，靈機應變，料於未然，此以學問而得。卜筮術數，精而求之，兼通物理，此邵康節等之所以能前知。至於術藝，不一其途，可以前知者甚多，以之輔贊國家、爲民除患則正；否則多流於妄誕，小則罹凶，重則惑世，皆非至誠之道也。至誠者，誠其天命之性。天地之體用既全，神明之變化自生，不特非術數所能及，亦非第養知覺之心者所能知。學者當自得而後知之。

誠者自成也，而道自道也。

上道上聲，下道音導。

誠者，誠其性而已，故所以自成，而非有待於外。道即誠之理而散著於事物者，自率其人之理而行，非由外鑠，即不遠人之意也。

誠者物之終始，不誠無物。是故君子誠之爲貴。

推言凡物不外於誠，無誠則非人矣，故君子必自誠其身。終始以氣數言。宰氣數者，理也。

誠者非自成己而已也，所以成物也。成己，仁也；成物，知也。性之德也，合外内之道也，故時措之宜也。

知，去聲。

又言能誠則成己，即可成物，益見自成之爲要。成己爲仁，成物爲知，皆性中自然之理。内外一原，本末一致，故能誠則自時措而合宜。勉人惟當自誠也。

右第二十五章。承上誠明一致而言。誠即率性之道，自有而自全之即可措諸萬事無不宜。束上數章，起下數章。

附　解

子思言道而特標誠字，蓋必實盡乎性之量、與天地合德乃成乎其爲人也。引夫子言誠身即承誠字發明之，言誠則與日月合其明、鬼神合其吉凶。以聖人爲天下之至誠繳轉性字：盡性即率性之極致，能誠衹是盡性，盡性則能化而至明如神。上四章已將誠字發揮透切矣，此章乃特提明誠者自成，明誠是人之所以爲人，自誠乃是自成其爲人，由是著於日用倫物則爲道。道者，一誠之所充周浹洽。自全其爲人之理，則自然凡事必能率性而行，如大路然，不可踰越，是爲自道。可見誠即是道，非身外之理。次節又推言之，凡物皆必得此誠之理以生化。在天之實理本無虧盈，在物之得此誠者則有偏全清濁之不同。故其始也，感氣化而有形；其終也，所得誠之理已盡而即化。要其始終，莫非一誠之所爲。人靈於萬物雖氣化，所囿亦不能無始終，而獨得天命之全。形骸有盡，神明無盡，故誠身者不與萬物同朽，是故君子誠之爲貴。蓋凡物皆有，則天下至誠，盡人性、盡物性原非異事，特就成於己者推以及於人、物耳。故誠身者非自成己而已也，所以成物者即在其中。誠己是率性之極致，凡天命之在我者，無不全其純一，如草木之有仁也；成物是修道之極功，凡道之在物者，無不周有，裁成輔相之，妙用爲明睿之大知也。要而言之，無非吾性中本有，是得天之至德。已誠其身，則存諸内者至純，發於外者亦至當，故於凡事以時措之無不宜也。然則，自成之功安可不汲汲爲之哉？語意本無難明，被講章説得恍惚無定，今疏通之。

首節二自字最重，是子思特揭以教人處。蓋上文化也、如神也，似誠不可測度也，然其實乃自身實理，故緊接誠者自成也，言無一毫外鑠，而字順遞而下。道即中庸之道，言誠者所以自成，而以此理施諸事物則爲道，道者不過率性而已。自有此理，率性而發，如大路然。自行大路，非有一毫外索，故爲自道。身外無道，正以身外無誠也。次節申言物莫外於誠，益見誠身爲切。末節又言誠以成己，即以成物，仁知一理，内外一原，皆性中自有之德。通章三提誠者，將道也、德也、仁也總歸入誠字。而曰性之德，則直接入首章天命之謂性數句矣。文法之密，衹緣義理本是一串，奈何拘滯求之？時解實心、實理諸説，紛紛可爲噴飯。誠者，天之實理，即天之實心。人得天之實理，即當體天之實心。三誠者止是一誠者，特語氣相承，所指略有分别耳。重首節二句，下二節皆推明其義。自成自道謂首句懸空説該物，其中、下乃貼人者，非；謂誠以心言體也，道以理言用也，尤誤。誠者，心之實理，體用可以動静而分，不可以心理而析。子思前言中庸之道費隱，因引夫子言誠身，漸乃説到誠字。又因夫子明善誠身之説，先申明誠明一致之理。此章乃揭出誠者自成也，責備人自家承當，一理也。實備於身則曰誠，本誠而行之則爲道，誠即道，道即誠，自成自道，教人自盡其功，非誠與道有二也。下節推言凡物之終始，不外自誠。而人爲物之最靈，不同物之泛泛而始、悠悠而終，是故君子誠之爲貴。誠則非物可比，不得以物之終始例人也。此義前人尤多含混。非自成己而已，所以成物。即承物之終始節，特提出人能誠身則盡己性以盡人物之性舉而措之，非另爲一説。舊注云所得之理既盡則是物亦盡，而無有止説得凡物一面。講家拘守其物似人亦與物同，則子思教人必自成者何謂耶？仁知止是一理，皆統於性。就成己成物分言，見誠者既盡性，則一切義理無不全具，故曰合外内之道也。性之德也時措之宜句，暗暗將上文一切言語，順父母、享天心、治天下國家及參贊等義，俱包括在中，故下文直接至誠無息，而極其量於合天地。學者其勉爲自成，乃知子思立言之周至，前後本一氣相貫也。故時措之宜也與自道句神迴氣合，言外内一道，故能自成，則自然時措無不宜也。通章只是吃緊教人自成，收束上四章，起下故至誠無息。若如舊説，上下文脉理曷能相承哉？

故至誠無息。

承上時措而言。外之咸宜，由内之無息。無息者，道與身一，自無毫髮之間離也。

不息則久，久則徵，徵則悠遠，悠遠則博厚，博厚則高明。

申言不息之理，而推極其效。久，計其時也。徵，謂徵於事爲悠遠之久。博厚，不狹淺。高明，不卑暗。蓋該動静云爲而言。

博厚，所以載物也；高明，所以覆物也；悠久，所以成物也。

申言悠遠三者可以及物而有餘，起下配天地。

博厚配地，高明配天，悠久無疆。

惟天地乃有三者，而至誠亦然。

如此者，不見而章，不動而變，無爲而成。

見，音現。

上言不息配天地，恐人求諸身外，故又總承之。不表著而自有光輝，不聳動而自然變化，無所作爲而功業自成，皆至誠之德、自然之盛也。

天地之道，可一言而盡也：其爲物不貳，則其生物不測。

又言天地不外一誠，所以至誠能配之。不貳，誠也。生物不測，一誠之自然而然。

天地之道，博也，厚也，高也，明也，悠也，久也。

言天地不外博、厚、高、明、悠、久，以其皆一誠所具也。不貳者以此，即生物不測亦以此。

今夫天，斯昭昭之多，及其無窮也，日月星辰繫焉，萬物覆焉。今夫地，一撮土之多，及其廣厚，載華嶽而不重，振河海而不洩，萬物載焉。今夫山，一卷石之多，及其廣大，草木生之，禽獸居之，寶藏興焉。今夫水，一勺之多，及其不測，黿鼉、蛟龍、魚鼈生焉，貨財殖焉。

夫，音扶。華、藏，並去聲。卷，平聲。勺，市若反。

鄭氏曰：昭昭，猶耿耿，小明也。振，收也。卷，區也。華、嶽，二山名。河南華，河西嶽。黿，似鼈而大，闊至一二丈，介蟲之元也，能吐霧致雨。鼉，一名土龍，鱗甲黑色，能横飛，不能上騰，將雨則鳴，其鳴應更。蛟，似蛇而四足，頸細有白嬰，大者數圍，首尾束物，故曰蛟，卵而生。龍，鱗蟲之長，八十一鱗，能幽能明，巨細、飛潛不可測，春分而登天，秋分而入淵。承上言生物之不測，以見不貳之體所運化者神。山水，天地間之大者，其所生者皆天地所生也。

《詩》云：維天之命，於穆不已。蓋曰天之所以爲天也。於乎不顯。文王之德之純。蓋曰文王之所以爲文也，純亦不已。

於，音烏。乎，音呼。

引《詩》而釋之，以證上文之意。命，主宰之意。不顯與於穆同，亦深遠意。純，即無息、不已。天之無息，而文如之，至誠之配天益信。

右第二十六章。承上而言自成之者可以配天，其配天也由至誠無息也。因言天地之盛，而以文王證之。

附　解

上文勉人自成，自成則爲至誠矣。此章乃極言至誠之功用合乎天地，以終自誠，明下五章之義。至誠何以不息？人身有氣而後有質，氣質人物所同，天理人之所獨。特有生以後，駁雜之氣晦其天命之性，而平旦之氣梏亡，與人相近也者幾希矣。至誠盡其性，則自有諸已，以至化神。一元之理氣充周浹洽，心與天通，氣與天合，静而渾然粹然，動而因應無方。雖猶是群類而居此身，實如太虛之體，無論何時，天理充溢。凡物皆有息絶之隙，至誠直是純全一團，天理更何處求其毫髮間斷之隙乎？此本心性内景象，難以形容，下文姑就不息二字擬議推言之。夫天下之物，惟有息，則不能久。至誠既不息矣，以其功而言，一日如此，終身亦如此，以其量而言，一時如此，千秋亦如此，則久矣。久則中之所積自徵於外，徵則動静云爲皆有悠遠無窮之規，悠遠則包含翕受有廣博深厚之意，博厚則函蓋充周自高大而光明，蓋皆無息自然之符驗、不容以强爲者。夫人爲萬物之靈，而不免拘於物且不能超乎物者，以其未至誠耳。今至誠如此，則其意量之所含、功用之所及豈淺鮮哉？蓋嘗觀物之不相容者，非不欲容，其地無多，實不足以載物耳。今既博厚，則是即所以載物也。凡物之不相下者，非不欲下之，其體實卑，不足以覆物耳。今既高明，則是即所以覆物也。凡物之有始而無終者，非不欲終之，其勢中衰，不足以成物耳。今既悠久，則是即所以成物也。覆載成物，惟天地則然。至誠如是，則其博厚也配地，高明也配天，悠久也配天地之無疆。如此者，非有名象之可泥，非有矯揉之造作。蓋不待表見而自然章美，性量中含，物來順應，皆有條理之可觀；不待聳動而自然變化，德盛人歸，鼎新革故，皆有從風之氣象；未嘗有心以求施爲，而涵濡薰陶，自成功效。蓋無息之驗，自然而然，正不必鋪張揚厲，而性分中之功業自有以信之也。夫至誠在己，而功效如兹，或者疑其太夸；不知誠者，天地之理，而人得之以爲德。不知至誠，盍思天地？天地大矣，然其道正無多，蓋可一言而盡也。一言維何？凡物有貳則有雜，而不能不窮於施。天地之爲物也不貳，則其生物也不測。然則，天地之道，豈能外一誠以爲用？故天地之道博也、厚也、高也、明也、悠也、久也，至誠亦如此，則何疑於不息之功效哉？苟不察天地不貳之宰，而但觀其生物之能，則天地豈人所能及也？今夫天，第以一端而言，斯昭昭之多，亦天耳；及其無窮也，日月星辰繫焉，萬物覆焉。今夫地，以一端而言，一撮土之多，亦地耳；及其廣厚，載華嶽而不重，振河海而不洩，萬物載焉。天地固不可測也。豈惟天地？即天地間物之大者，如山與水，亦然。今夫山，一卷石之多，莫非山也，及其廣大，則草木生之，禽獸居之，寶藏興焉；今夫水，一勺之多，莫非水也，及其不測，則黿鼉、蛟龍、魚鼈生焉，貨財殖焉。山水之不測，皆天地之不測也，而其故則以不貳者爲之主宰也。至誠之無息，即天地之不貳，此可誦《詩》而得之矣。《周頌》有曰：維天之命，於穆不已。其意謂人但知蒼蒼者天，而不知不已者乃天之所以爲天也。又曰：於乎不顯。文王之德之純。蓋曰人但知亹亹者文王，而不知其德之純乃文之所以爲文也。蓋德即天理，人人有之，則人人宜皆全之。而不能皆純，惟文王之德獨造於純。其神明之專一既合符於乾健，倫紀之肇修亦無不極其精微，是亦天之不已也。不已即無息，無息，一至誠而已。天也，聖人也，豈有二哉？此中庸之德所以詣於至誠而後爲全天命之性也。

上文三言誠者，虚言其理，以見誠之爲貴。此章始言至誠之人與天配。就至誠擬其不息，由不息想其所徵，蓋存諸中者難言，徵於外者可見。悠遠、博厚、高明，該無數事爲在内，聖人或窮或達皆有之。講家第以帝王言，謬矣。久即無息之積，使誠有一毫間雜，安得久？久則悠悠而長遠，悠遠則勢自博厚。不博者，雖厚必傾；不厚者，雖博易壞。高而不明，暗昧弗貴；明而不高，卑陋不堪。子思細細形容至誠内外精粗德業，是於難以形容中形容之也。悠遠衹是事業不迫促。今人爲一事、立一德不過目前之計，即久遠不過世及，其規模促也。聖人立一言而萬世可以奉行，爲一事而利濟及於百代。即家庭作述，詩禮之訓，亘古不踰；修齊之則，億載維昭。不似常人，急功近名，不轉瞬而消歇。博厚者，其意量包含之象。凡人爲一身一家計，故局量褊淺；無物與民胞之意，故行事淺薄。聖人老安少懷，納天下於在宥，則博也；仁義禮樂，培不朽之人心，則厚也。高明者，凡人惟因私欲蒙蔽識學，遂爾卑汙，既未知人之所以承天地者若何，則囿於萬物之内，而不克圭璧其躬；未知天之與我者至貴，則展轉於嗜慾之途，而不能自全其性。聖人心符造化，氣塞乾坤，所自處者至高，故天下之物無足蔽其見者，而亦至明。此皆自心性發於事爲，不以職位論。子思特就其可徵者言之，不鑿指事業，而虚言意量。或窮或達，事業不勝屈指也，前人何乃誤會耶？所以載物節重所以二字，言至誠之徵如此，此所以覆載成物，而起下配天地。蓋博厚、高明、悠久不過在心性倫常之間，而推其量即所以覆載成物，乃子思特地指點人處。不然，聖人未必皆爲君相，而謂其足配天地，人必以爲妄。故先言如此，即所以如彼，乃承出博厚配地、高明配天、悠久無疆。而又恐人終向勳業、形迹上索解，又申之曰如此者：不見而章，不動而變，無爲而成。不見而章：堯舜之光被，非有心於表暴；夫子之大成，亦非故爲宣揚也。不動而變：禮樂本於身，而天下咸履中和，唐虞豈爲聳動之術？言行樹其鵠，而門弟安其教化。尼山非有智巧之施，無爲而成其成己以成人者，皆本乎物則之同然。而德盛，則炙之而醉，聞之而興，人人心理之本然。聖人鼓以自然之天則，而實非有所作爲也。以上四節，皆自至誠意量之實功實效言之。下文乃言天地一言可盡，不過至誠不貳。即至誠也，其生物不測。由其物不貳，故天地之道亦衹此博厚、高明、悠久，而見至誠之配天地非夸。時解分所以二節爲與天地同體、與天地同用，令上下承接語氣不明；而以天地之道以下爲復，以天地明至誠無息之功用及故能各極其盛而有下文生物之功云云，亦不合本旨。天地之道博也節，聖人配天地意已明，便可直接末節，緣爲物不貳、生物不測之意未能明了，故又言天地不測之狀如此，蓋亦即易見以顯難見之情也。天地、山水不平列。山水，天地間之大者。天地包運山水，山水之廣大不測，皆天地之生物不測。其生物不測如是，皆其爲物不貳之故。末節引《詩》，點明於穆不已仍是不貳之義。即文王之純以證至誠之合天，純亦不已，收盡通章。純即至誠不已，即無息。聖人亦天也，天之道備於聖人，則天之道即聖人之道，故下章緊接大哉聖人之道。今夫天節鋪排天地生物不測，正見不貳之功用，故下緊接維天之命於穆不已收轉至誠。日月星辰之繫，一元之氣繫之也。月，陰精而孕陽；日，陽精而孕陰，乾坤之氣所凝。星辰則水土之氣上發爲象。辰之外爲星，星之外爲辰。五辰及日月所會之次爲辰，《左傳》所稱大辰，皆非此章之辰。載華嶽二句亦就常人之見言之，其實水浮乎地，實氣載乎理。河海行於地中，如人身之有血脉。地亦無心於振之，且亦無從而洩之。子思非不知天地之所以然，衹因上文云天地之道可一言而盡，覺語太洩露，恐人不知誠身，反褻視天地，故又就形質之大言之。以爲其如是乎不測也，非人所能及也，而實衹不息之理所宰。後人不達子思之意，竟有謂華嶽河海地實振之、載之，而山水之外别有天地，豈不誤哉？山雖高，亦土也。水雖神，亦氣也。一元之理宰一元之氣。以行分之，各爲其狀；合之，渾然一理。聖人與天地同此理氣，則同有此功用，特人未實體至誠耳。學者當求自成，不必遽向繁賾索解則得之。

大哉，聖人之道。

承上言聖道即天道，而贊其大。下文詳之。

洋洋乎。發育萬物，峻極於天。

洋洋，浩蕩、充溢。萬物，一理氣之所發育。聖人心即天心，氣一。天氣有發育萬物之理。峻極於天，極言其高大。

優優大哉。禮儀三百，威儀三千。

上言其性體，此言其功用。優優，有餘裕也。禮儀，禮之大者。威儀，禮之小者。三百、三千，極言其多。

待其人而後行。

承上。聖道之大，一本天地自然之體用。特無聖人之人，則道虛懸天壤而已。

故曰苟不至德，至道不凝焉。

承上起下，而勉人以凝道。德性之成於己者，道理之屬於天者。有純粹以精之德，然後能凝天地同流之道。凝，朱子曰聚也、成也。

故君子尊德性而道問學，致廣大而盡精微，極高明而道中庸，温故而知新，敦厚以崇禮。

承上而言君子凝道之功。德性稟天之正理，問學所以究德性散殊之理。尊，崇敬也。道，率由也。下四句詳言其功。極廣大則無所不容，盡精微則無所不體。高明之至，天地同流，而日用倫常不踰矩。則已得之理，燖温弗懈；而旨趣新機，相引無窮。德成於己，學極其充矣，然尤必益加培厚，日新無窮，以守節文之禮。蓋德成而不稍懈肆如此。

是故居上不驕，爲下不倍，國有道其言足以興，國無道其默足以容。《詩》曰：既明且哲，以保其身。其此之謂與。

倍，與背同。與，平聲。

承上言道凝於己則無所不可，為上而道濟天下，分內之事，無可驕也；為下而道足於己，順帝之則，何所倍也？有道未嘗求進，而言自可興；無道未嘗毀行，而默自足容。引《詩》言理明事察，身與道泰，君子也，而聖人矣。哲，明之極於神化者。

右第二十七章。承上言聖道即天道，而勉人修德以凝，遂詳言其功以及其效。

附　解

子思意謂，觀於聖人，純亦不已，則聖道即天道，而言道者必師聖人矣。大哉，其爲聖人之道乎。以其性量之包含遍覆者言，洋洋乎充滿流行，與造化同符，可以發育萬物，峻極於天。凡天之所以生成萬物、大而無外者，皆自聖人之性體全之。蓋萬物，一太極之發皇，聖人備太極之全體，故其含宏普被有如是也。以其功用之散著者言，優優大哉，禮儀則有三百，威儀則有三千。凡人生日用之事，精粗鉅細不能一致者，聖人皆有以裁成之。蓋物則有自然之經緯，聖人立中正以宜民，故其周詳純密有如斯也。然則道非聖人不著，即非聖人不行。世有其人，天道賴之，而天下悉歸於陶淑；世無其人，天道虛懸，而造化亦留其缺憾。故古人有言，有聖人之至德，乃可以凝天地之至道。苟爲不然，至道不凝焉。故體道之君子，知道備於吾身，身所自具之德性，則尊崇而敬守之，不使一毫卑汙，褻其天命，而凡德性之理，散見於民物者，則道學問以研求之。蓋内外交修，然後本末不遺也。其尊與道之實，奈何德性至廣大也，而私欲蒙蔽，不能推極其量，則不尊。必也致其廣大，凡天地民物，無不入其包羅。而又非務夸大以爲功也，於事物之理，盡其精微，不使毫髮疎忽。德性本高明也，而見識卑陋，不克自全其天，亦不尊。必也極其高明，凡塵容俗狀，不足晦其神明。而正非托浩邈以爲奇也，於倫常之地，道其中庸，未嘗纖微詭異。如是交盡其功。凡性天之理得於己者謂之故，守之不渝，日加燖温，而其中新趣，日引月長，觸類旁通，自然融貫。蓋德性具於心而散於物體，用一原本末交盡，自有日進於無疆者也。然君子德盛而心愈下，道大而志彌精，尤復敦厚自持，益加培養，以範身而崇禮，不敢謂從心不踰，内不必固其操、外不必拘於節也。君子修德以凝道如此。此爲誠之者之功，而由賢企聖，由聖希天，是故道凝於身，德臻於化。中庸之理既全，則顯晦升沈，無處不可自得。時而居上也，以中庸之道範圍乎天下，功高百王，祇盡其性分之本來，而無一毫驕泰之念；時而爲下也，以中庸之道自樂其性天，遵王之道，以踐其素位之學，而無一毫倍上之行。蓋或窮或達，皆無不自得矣。所以然者，君子學極其誠，不恃在人，而恃在己。當夫國有道也，君子必興起在位，然非有枉道干進之術也，其本德爲言，發邇見遠，明主有針芥之投，其言自足以興；當夫國無道也，君子能容身樂道，然非有失己徇人之爲也，其審時觀變，慎重樞機，於時無嫌怨之迹，其默自足以容。夫天下之事變多矣，人生之遭際至不齊矣，自來讀書君子，才智足以自豪，而出處不能自主，至於身喪名辱，蓋潛見隨時，無入不得，原非易也。今修凝之君子如此。《詩》曰既明且哲，以保其身，其此之謂與。蓋非至明不能洞察乎進退存亡之理，非至哲不能立決乎事機之宜。君子道足以濟天下，而非苟投；智足以晦其身，而非忘世。或窮或達，皆與道俱保。身之云固，非委曲以逢時，亦豈僥倖而苟免哉？此中庸之道所以必凝於身，而後爲天命之性也。

承上章純亦不已説下，故曰大哉聖人之道。天地非道不立，而其理備於人，惟聖人乃全人之分量。聖道即天道，以道即性、性即天命，本無二也。《中庸》一書，以盡人合天，望人前面許多言語，至此并歸一途，特大書特書，贊曰大哉聖人之道，直將天地之道坐實在聖人身上。下二節乃申言其大。洋洋節就聖人全體性量中，指其包含普被氣象而言。發育萬物，峻極於天，言其藴含太極之理，足以充周六合、彌綸天地而有餘也。蓋天地雖大，衹此至誠；人身雖小，亦此至誠。至誠之理，萬物俱從此出，在天曰太極，在人曰性，名異而實同。至誠之人，性量與天地相含，真有可以發育萬物之理。孟子言直養浩然之氣，則塞於天地之間，夫子言大人與天地合德、日月合明、鬼神合吉凶，先天而天弗違，後天而奉天時，皆謂其實有發育萬物、峻極於天之理，特無人造到聖人地步，遂以爲虚誕耳。向來講家就功用説，以不言功用虚而無著，且發育、峻極字似説不去也。不知子思之言，重在洋洋乎三字，是從心體，無象可名，中而想像指點，言其在我之理氣，足以彌綸充周若此。語雖似言功用，實乃即功用而明其本體也。下文優優大哉，乃就道之著於功用者言。日用事物，何一非道？三百、三千，約略言之，總以明道無微不在。蓋天以一本之理含宏生化，而聖人心體如之，上節是也；天以散殊之理物物生遂，而聖人之禮制如之，此節是也。舊説謂大而無外、小而無間，大概亦是，但於洋洋、優優二字不恰切，且語似混入費隱二字中。費隱亦是此章本原，但彼言費而隱，一而字特分顯微，此處專言聖道之大，不可牽混。講家紛紛都緣萬物非聖人所發育，下文又言待人而行，遂以道爲仍指天地，云聖人二字不重，只重道字，殊不顧上章來脉矣。或疑屬之聖人，聖人有窮達，何能發育萬物？且下文何以又云待其人也？張甄陶以上古聖人、中古聖人分屬二節，可謂支離不通。而講家分一屬天地、一屬聖人，尤非語意。故愚今一一清還本文正義，學者毋輕忽讀過。其曰待其人而後行，何也？上三節就現成説聖人之道如此，但必有聖人之人始可行聖人之道，其字須要剔清。若謂待人而後行，則與上文誠不相貫矣。德即道之得於己者，如何又言至德以凝至道？此義向來含混，最不可不辨明。蓋道德各言之，道者理之總名，德者道成於己；相絜言之，則道是天地人所共之道，德乃人秉受善性之德。而此章至道、至德兩至字，尤不可以他處概也。一物一名皆有道，而此云至道，則上文所云天地合撰之道也；一言一行之美皆德，而此云至德，則純粹以精之德也。孟子言集義乃能生氣，意亦如此。蓋凡人秉受雖云皆善，而各有偏重。如質樸、恭儉、仁慈、謙下，皆德也，得一亦云良士，全備更爲善人，有人焉秉氣既清，善多惡少，又加學問變化，諸惡莫作，衆善咸歸，是全德矣，而猶不可爲至德。至德者，仁義禮樂之事，躬行實踐，口無擇言，身無擇行，善氣固已充溢於心矣，由是而存養性天，次第深造，馴致乎美大聖神之境，一以貫萬，心通造化，氣塞乾坤，則至道凝於身焉。蓋道之至者，天命之原，萬理之總；而德之至者，氣質中和，涵養純粹。及其既成功，則道大之人即全德之人；當其致力，則有一分之德乃可凝一分之道。後人罕造精微之詣，但知德外無道，而不解子思此章之言。至韓文公，竟謂道與德爲虚位，以闢老子道德之旨。不知道有君子小人，德有凶有吉，以道德二字作虚字用耳。至於言道德之真，則道即天理之總名，德乃人身之所得。老子道德，何獨不然？五千言不言神仙，與夫子言悉皆純粹，而後世怪妄之徒誣指老子，不解《道德經》之所云，則妄爲之説，其謬甚矣。且所謂神仙者，即中庸之道造於神化，非有飛昇變化奇幻之説。世傳方士技藝，皆戲幻小術，昧者即以爲仙法，豈老子之教乎？至於聖人之德，日月合明，鬼神合德，其神明不測之用。此章所謂至道，即自來所謂神仙。而修養家言謂三千陰功、八百德行始可求真入道，亦至德凝至道之説也。其所謂真人，即至誠之人；所謂金丹，即天命之性。特其書多寓言，遂令學者迷亂。而妄庸之士，從而穿鑿支離，棄倫常、拋妻子、求長生、鍊金石，種種乖謬，遂爲世害矣。愚嘗歷辨之，而或以爲誣，其意以爲聖人非神仙，是聖人之外别有神仙，即斥神仙爲誕，不能禁人之毋求也。惟知聖人即神仙，則力行聖學，自可通乎造化。如禹之平成，舜之端拱，神化無方，祇此至道自然之用，而一切異端可不辨而自明矣。今姑略舉其概，以明道德二字不可混而不講，他未遑贅也。故君子節細言修凝之功，内外交修，本末交養，煞是詳盡。尊德性，敬存天命，好仁無以尚之。所以正其原，道問學，窮究古今，折衷以求，至是所以極其用，二者不可偏廢。孔門博文約禮，功正如此。而字縮上折下看，此句冒下，下四句淺深相承，勿作四平看。德性具於心而散著於事，爲學問所以究德性之散殊也，内外一原，不可單指一爲在内、一爲在外。德性本廣大也，須涵養擴充，日令推廣境界，至於無所不容納，則尊矣。但恐一味廓落，事理精細處稍有疎忽，則無以精義，故必盡精微。德性本高明也，須正大磨礲，日益增長見識，至於嗜好不能相擾，則尊矣。但恐自處嚴峻，日用人倫處稍有遺憾，則失於夸誕，故必道中庸。二句該括許多功夫在内。尊德性二句大旨已明，下文乃言日新富有之功、德盛彌恭之道。温故句承上二句而言，上二句中皆有新有故。義理之行於己者，内而性天之旨，外而倫常之道。静則養其未發之中，如火温鑪，太和日益，心以定静而倍虚明，天機洋溢，有日新無窮之趣；動則循其天理之和，時時温習，從心不踰，理以純熟而多快慰，俯仰泰然，有隨時浹洽之妙。温故也，而知新即在其中，此而字與上兩而字不同。此句中動静交養，日新月盛，聖人進德無疆，老而彌勤，馴至於化，不可爲清甯合撰，即是此功，所謂道無窮聖心亦與爲無窮。新固從故中出，而故者必不若新。愤樂相循，與道爲化，古今實造其藩者，蓋無多人也。若但以智能見聞之迹爲故，豈足盡聖道之妙哉？如此則道已凝、德已至矣，而君子之心不敢稍懈，内外日加培益，斯爲敦厚。敦厚其德，以致慎於禮度之細。崇之云者，小心尊崇，不敢以吾德既成不必更拘小節。此所以德愈盛、禮愈恭，進德於不可知之地也。以字承上句而下，不可與首二句而字一例看。敦厚是内面樸實之意。自古聖人，神明内藴，容貌若愚，即是敦厚，非尋常樸質而已。崇禮重一崇字。禮本早經實踐，至德臻神化，尤必崇重加謹也。前人分存心、致知兩項平説，似便於初學，而實未合真正語氣。且存心二字，該括不得身中義理。上文明言德性。性之一字，天也、人也，一以貫之。性具於心，而心有人心、道心，就聖人言，其心即性，所謂純乎先天義理之心，即純乎天命之性也；就學者言，則未能純乎天性，故須存養擴充。第言存心，何可以云尊德性也？孟子云：存其心，養其性，所以事天也。孔子亦云：回也，其心三月不違仁。存有覺之心，養虚明之性，有許多功夫次第。前人得禪家守空之法，天資優者静養此心，不久即覺空明不昧，亦可以建功業、出人群，而非克己復禮之全功。佛家自數傳以後，僅得其偏。海巖和尚以授濂溪，程、朱衍之，謂爲聖學之全；同時陸象山及後王陽明其言性學皆如此。但陸、王教人先存心，朱子教人先窮理，門人各師其傳，遂分出一禪一儒。其實本原心性之分，均未透徹，是以按之孔孟不符。今若再避忌不言，將守心而不能化神，孔孟之學但得其彷彿，以之修己治人，必留缺憾，予所以屢爲剖析之也。性含於中，萬理無不該；性著於倫，萬物無弗具。尊德性以養其體，道問學以博其用，内外交修，本末一貫。尊德性有許多功夫次第，若孟子所謂善、信、美、大、聖、神，循序深造，非空空存一虚靈之心可了。道問學亦有許多功夫次第，若上文所謂博學、審問、慎思、明辨、篤行。二者均有知行並進功夫，無論内而性命、外而倫常，知之即行，行必先知。故所謂廣大、高明、精微、中庸，特舉兩相形而易偏者以狀其功之細密，而豈謂存心、致知而已哉？且言心而遺性，言知而遺行，於子思本意太遠。世儒言存養此心，不知義理之心存養是矣。知覺之心半多駁雜，不以性鎮之，心愈存而愈棼；即持守之久，能不動心，亦告子之學耳，何能與天合德？故必如孟子養氣不動心及盡其心者知其性等語義始精當。前人亦知但養空空之心不能修齊治平，故以致知格物爲致知必窮究物理，然天下之物不可勝窮，而聖人一以貫之，曰：女以予爲多學而識之者與？爲其有盡性之功也，盡性之功，知行一時並到。内而存養，不使一毫有非理之念；外而省察，不使一毫有非禮之投。其辨别是非，即在動静、語默間細細講求。此書言明善而舉學問思辨五者即其事也，豈必物物而窮究之哉？心與性之别細逾毫髮，深造乃知。第以存心爲尊德性，有覺之靈不足合天命之正，雖闢佛而實同僧流空寂之學也；第以致知爲道問學，耳目疲勞不能達天人之故，雖淹博而難踐人倫精義之功也。附和前人其失小，而貽誤民生其害大。豈知性，乃天理未生以前，心即是性；既生以後，心分七情，動而易惑，必復性而後返乎天命之本然。孔孟已明言之，而《中庸》一書更爲周至，特罕遇的傳，或遇而未深造，則於孔孟及此書所言俱彷彿其似不能如桶底脱也。前人於此章謬解甚多，今但解説正文，他亦不暇悉辨，學者詳之。温故故字即天命之性，凝道者凝此而已。由有諸己而至化神，有一分功夫，有一分效驗，時時習之，即温字之義。朱子訓爲焬温之温，甚妙。如温鼎鑪，從容涵養，性日堅定，則知識日清明，故自然知新。末節爲中庸歸宿處。蓋前此反覆言中庸之道費隱，要在誠身，果能至誠，即可合天，至此章細言修凝功夫，如此則君子而聖人矣。乃言其隱顯隨時、窮達不貳，引《詩》贊之。向來講家解明哲保身不明，覺上文開端甚大，此處結束甚小，並下二章俱不明白。不知此節語語闊大精實，非可易視也。居上不驕，君如堯、舜、禹、湯，功業巍焕，然乃不矜不伐，自視欿然，以爲性之所宜然，職分之所當盡，且留憾尚多，驕何有也？相如伊尹、周公，罔以寵利自居，恒以吐握爲急，亦無毫髮自滿之心。爲下不倍，非僅如愚民順則之意。蓋從來懷才抱德之士，急於自見，或不得志，即勉爲蠖伏，常不免慍意；或人濁我清，崖岸之跡不化，鄙夷之見時生。惟聖人道大德全，不以有位爲榮，亦不以困窮而絀。既爲下矣，疏水自樂，嘯歌自如，未嘗謂我德如天，時俗不足爲伍。太公渭濱、阿衡莘野，由是以樂；堯舜之道、桀紂之虐，曷嘗足以相累？即不遇湯文，豈不快然？無求乎後世，漢唐宋明，正人君子横罹荼毒，雖由小人誣陷，而或標名譽，或炫材能；其至純正者猶不免，以古禮繩人，非時而出。以此觀之，爲下不倍非孔顔陋巷不足語於斯也。此二句大概説下二句，申言之重二足以字，言非有倖進苟合之行也。言足以興，不必上書陳言，如後世策論、帖括。有道之世，朝野多正人君子，言皆合道，發邇見遠。舜一鰥夫，師錫帝廷，説由版築，登於輔弼，曷嘗有一毫枉道干時？默足以容，亦非模棱首鼠，曲學阿世。危行言孫，直躬而行，道足自娱，不妄言議。夫子繫《易》曰：尺蠖之屈，以求伸也；龍蛇之蟄，以藏身也。精義入神以致用，利用安身以崇德。此數語默足以容之義也，故引《詩》結之曰：既明且哲，以保其身。明則無所不照，哲則神化無方，非僅如舊説明於理、哲於事云云也。保身非第保全軀。命或窮或達，時中因應。在上則道足濟世，即危疑如伊周，未嘗不保身，皋夔稷契不待言矣；在下則道可自全，即患難如陳蔡，未嘗不保身，琴書詠歌亦不待言矣。引《詩》雙結上文，不單承無道知進退、存亡而不失其正。明哲二字，具潛、見、飛、躍之妙用。夫子繫《易》，惟《乾》卦六爻取象於龍，正以聖人之德始克，當明哲保身之義。而一節之士，不足與於斯。蓋《詩》言甚淺，而子思引之之義則甚大也。朱子謂明哲是順理而行，自然無災。今人以邪心讀《詩》，謂明哲是先占便宜。如揚雄云，明哲煌煌，旁燭無疆，遜於不虞，以保天命。便是占便宜説話。朱子意似專承默足以容説，又曰明哲保身是常法，若舍生取義處又不如此論。此説自好，但《中庸》是言聖人之道行藏有定、顯晦隨時。果其時足有爲道濟天下，始出應時；否則卷而懷之，道足自樂，尤足自全，故爲《中庸》一大結束。若殺身成仁一種，非本章之義。且殺身成仁，亦有兩種，不可盡以爲聖人分上事。比干誼親位尊，進諫乃其本分，死則所不及料。然不幸而死，亦於心無愧，故孔子以爲仁人。比干既死，微、箕雖親，義不必諫，佯狂受辱，夫子以爲内難而能正其志。古今以來，如比干親貴之遇有幾人哉？君子抱道在躬，相時而動，苟不足以行道濟時，决不肯與人家國，以道進退、明哲保身即在其中，非外此别有占便宜之法也。故聖人而殺身成仁，僅僅一二人耳。下此無聖人之才，非貴戚之卿，但既受人爵禄，義無苟免，不幸遇難，惟有成仁取義。然苟以聖人之道衡之，則當其進身之始，必有慎之於先者矣。故此一等仁人，非可與聖人并論。伊尹樂道躬耕，孔明無心聞達，因三聘而幡然。以其求我至切，必知我甚真，故應聘而出，行道濟時。即再世之後，放桐、托孤，倚任甚重，終成大業。若二人有輕身仕進之心，安能使庸主傾心免於禍患哉？至於文之羑里、湯之夏臺、舜之井廪、周公之流言，禍患起於骨肉大倫之間，然數聖人依道而行，不改其常，卒能全身。故此章所言明哲，爲聖人分上事；稍次一輩，即未可同語。殺身成仁，非可訾也，但《中庸》以全德教人，謂盡人合天。天德在人，故結之如此，未暇説到殺身成仁一輩去。朱子恐人趨避情生，言此以防流弊，而未剖出所以殺身成仁之故，徒見其詞與正文相反而不合章旨矣，故詳辨之。且殺身成仁，君子不幸之遭。士人出處必慎，正爲大義不可苟耳。若不審於去就、决於幾先，及至决裂，殺身不悔，雖優於苟位慕禄之流，豈得爲聖人之道哉？孔子皇皇救世，接淅而行，其繫《易》也首明亢龍之義，深贊潛龍之德，而於介石之爻則曰君子見幾而作，不俟終日，莫非明哲之意。若其道未可行，而輕進受禄，本原既非，殺身亦爲末節。或本圖禄仕，而臨難苟免，天良澌滅，斯保身亦非人群。此中精義之學，非誠身不能洞然，子思故於修德凝道之君子始信之若是也。史伯璿以此章爲誠之者之勇，支離太甚，而必以爲人道配上章，亦令語氣淺深不明。

子曰：愚而好自用，賤而好自專，生乎今之世，反古之道。如此者，烖及其身者也。

好，去聲。烖，古灾字。

愚，無德。賤，無位。生今反古，不明時中之義，而妄擬古人，倍王制也。道，法制。孔子蓋爲妄作誤世者而發。

非天子，不議禮，不制度，不考文。

此下子思之言，申明夫子之意。禮、度、文隨時變通，非天子不能一天下之心思，故愚賤反古招烖也。朱子曰：禮，親疏貴賤相接之禮。度，品制。文，書名。

今天下車同軌，書同文，行同倫。

行，去聲。

子思之時，已非明盛，而三者天下皆同，以證上文之義，見非爲下所可倍。車兩轍之間曰軌。《左傳》：講事以度軌量謂之軌。則軌亦法則之通稱，故獨以車一端言度也。倫，人倫之次序。

雖有其位，苟無其德，不敢作禮樂焉；雖有其德，苟無其位，亦不敢作禮樂焉。

此乃正言不倍之故。禮樂必待聖人，而苟無其位，則不敢作。安於時正，所以合於道也。

子曰：吾説夏禮，杞不足徵也；吾學殷禮，有宋存焉；吾學周禮，今用之，吾從周。

引孔子之從周，以見德至盛而不敢倍。愚賤之自恃者，宜其烖也。夏遠，故言説。夫子宋人，殷差近，故言學。有宋存焉，宋非時王之制也，何可從哉？

右第二十八章。申上章爲下不倍之義，而見聖人之明哲，不以非時自見其才。垂戒深矣。

附解

子思意謂，吾言聖道合天，而及其成功，僅於明哲保身，鮮不疑其道之狹矣。不知學非有德之難，有德而不自見其德之難。從來傑人君子，苦志好修，一旦功成德立，急於自見，往往干時王之制、犯不韙之譏，自以爲遵行古道，實已悖乎王章，其弊至於危身速禍而不救，故明哲保身爲下，不倍爲尤要。不觀夫子之言乎？夫子嘗曰：士君子誠身立德，以全性分，非欲干時譽而博功名也。苟不達於時，私心自用，匪特非道之宜，亦必取咎。古之聖人，道大德全，可以無所不知矣，然虚心採納，不遺一善，以衆人之長爲己長，適合乎天時人事之宜，未嘗自用也。乃有智不及聖人，而妄逞臆見，動違時俗，好自用者。且古之聖人，藏修有素，可以救時濟屯矣，然時會未乘，君相未録，以性分之樂，爲終身謹守乎一王軌物之度，不敢自專也；乃有任不當制作，而弗安本分，輒自立法者。是其人生乎今之世，而不明時中之理，以一人之私見，擬往古之規模，必欲盡棄時俗而高談古，初不知道無兩可。學在知時，隨時勢之宜，得中庸之道，其在上則著爲經綸，其在下則安於耕鑿，無求知之想，有見幾之明，《周易》所以美潛龍也。今愚賤生今反古，如此則士庶必訝其妄爲，君上尤惡其僭亂，如此者烖及其身者也。夫子之言如此。夫古道似非無裨，何以反古而貽烖哉？蓋道與時爲變通，乘權乃可致治。王者受命而興，有以齊天下之耳目，即有以一天下之心思。禮也、度也、文也，民生日用所不可無，而王者之威福寓焉。議之、制之、考之，必自天子，非是則有罪戾。此生今反古，所以烖也。試以今言之。今之天下，非復文武成康之舊矣，而一王之制尚存。以度言之，車則同六尺六寸之軌；以文言之，書則同科斗篆籀之文；以禮言之，行則同貴賤等威之倫。無敢有倍之者也。所以然者，何哉？議禮、制度、考文，必由於德，而德非位不顯。彼雖有其位，苟無其德者，可以無倍上之嫌矣，然非賤而愚，不敢作禮樂焉。若雖有其德，苟無其位，則正當懔倍上之嫌，雖非愚者，實爲賤者，亦不敢作禮樂。此明哲保身，所以當爲下不倍也。不觀夫子乎？夫子之德至矣，然本無其位，故其自言曰吾也。生三代之後，未嘗不綜三代之遺，以廣其學。第理貴兼搜，法宜守分，吾説夏禮，非無可益當時者也，然而杞爲夏後，今已凌夷，不足徵信。至殷，則吾之祖也，吾於殷禮則不但説之，而且學之，尤較夏爲詳備。而自微子封宋以來，雖曰賓王，亦同藩服。求其行殷禮者，惟有宋存焉，非若當年之爲一王之制也。吾學周禮，今天下所共行，不能外此而别爲法，則吾無損益之權。雖有當爲補救者，亦何敢妄作？亦惟從周而已。夫以夫子之聖，爲下且不敢倍，况其他乎？故明哲者，當以子爲法也。

爲下不倍，在常人甚易，在有德者甚難。蓋學者非往聖無以爲師，然聖人者隨時處中。無印板文字，必德造其極，然後守其中正，達乎經權，不違時亦不徇時，内焉得其性分之正，外焉踐乎人倫之常。世俗所尚，合義理者從之，不合者矯之。至於朝廷之法，敬謹遵循，有從先之志，無違慢之行。隱見行藏，神明其德，若孔子之從麻冕、從獵較，無可無不可，何嘗失己？自非絶俗，下此德未企於知權，則守正而忤於時，是古而非乎今，又或矯然自異，囂然辨争，急於表暴，罔知忌諱，自以爲守道，而已倍上矣。子思此書，勖人作聖。此章特申爲下不倍之義，意正如此。時解甚淺，覺愚民百姓皆可不倍，何必純亦不已之人？愚賤須説得細。生今反古二句，即承上言。若非自用自專，何以反古？若非反古，何爲自用自專？時講作三項人言，非。次節承明所以有烖之故，正以自用自專者非天子而議禮、制度、考文耳。時解則與下文複。天子爲天所命，無論創業守成，均有天命在身，可以議、制、考之。其有不能然者，是其自不足以承天，非天子尚不可以制作。此節是就天子分位説，以明三者非爲下之事。若下文無德有位云云，又進一層説法，借賓形主。歷代如秦皇、漢武，有可作之位，無可作之德。自是秦皇、漢武不足以副天子之任，豈天子之爲累哉？此處見之不明，則上下文觸背不通矣。議制考三者，不出夫子所云因革損益之道，但在本節，衹重非天子意。蔡虚齋云：天子是禹、湯、文、武之列，少康、周宣不與焉。時講從之，蓋由未知上下二節語意，且不顧義理之安否也。夫聖人而爲天子，議禮、制度、考文，隨時變通，得乎其中正，不在拘守成法，反失先王之意。殷宗、周宣，其才雖不及乎聖人，而勘亂中興，其跡非盡前人，則其道豈無損益？非天子不可制作，而有位無德，則雖爲天子，終有愧於天子，究不得爲天子之正。義本相資，意無觸礙，何得拘牵以誤後人耶？故聖人之道行，則隨時立法，皆有以合於中正。孔子志在東周，非盡泥周公之成法。酌其時勢之宜，大綱大目不可易；其有太過不及，必損益之。本章議也、制也、考也，即此意也。自聖人不作，後世立國者五倫不正、禮樂不興，其創業者既無善世久遠之規，其守成者亦無變通宜民之道，或拘守祖制，或擅改舊章，均不得爲中正之法，夫豈足語於《中庸》之所謂哉？今天下節退一層説，即進一層説。言今尚如此，况明盛之時？車之制有長轂短轂、杼輪侔輪、反揉仄揉、兩輪四輪、有輻無輻、曲輈直輈、一輈兩輈、直輿曲輿、廣箱方箱、重較單較之不同，而軌皆六尺六寸，兩旁加七寸則得八寸。《考工記》匠人營國，涂度以軌，經涂九軌、環涂七軌、野涂五軌，故車以軌爲重，同軌則井里、封疆之制俱未更變，故即此可以見度之不倍。《考工記》又云：車人爲車，轍廣六尺。前人以爲六當作八，而張甄陶謂蒙上栢車二柯之文，一牛所駕小車，非大車也。但本文上云凡爲輈，則不止言小車。栢車二柯句承上栢車、大車、羊車説來，文氣已住，張説蓋非，且轍非軌也。邢昺云：兩轍之間曰軌。車所轢曰轍。軌，轊頭也。輪中之軌既同，則轍迹亦同，因謂車轍亦曰軌，端自許慎，而後人因之，不可復正，子思本文則仍指兩轍之間言也。書肇於黄帝鳥迹蟲書，其來已久，唐虞三代皆因之。周宣王時，太史籒始稍變古文，造篆以誨童學。後人以名稱書，謂之曰籒文。秦李斯既作小篆，則以籒書爲大篆。象形等六義，自古已然。八體、六體，名目起於秦漢。古時文不易同，以字體繁重，又書於竹木，互相摹寫，易於譌謬。禹鼎、宣碑，大事則以金鑄之，餘不能然。故考文爲要事。《周官·保氏》首重六書，《大行人》屬瞽史，諭書名，聽聲音，《外史》掌達書名於四方，皆考文之事也。後唐以板刻書，宋仁宗校刻五經，頒行天下，同文遂易易矣。禮以正倫，周衰禮多散亂，而大致尚存，故言同倫。倫，常也。五倫同此常道，日用同此常體。子思時非無弑逆争悖，而言同倫，舉其多者論之，不以反常者爲訓也。雖有其位三句是賓，故下著一亦字。向來稱鄭康成解簡明，然令賓主口氣混矣。末節引孔子爲下不倍之則吾從周，須説得親切有味，勿説成勉强相從。自來講家於郁郁章、文獻章及此章不能得其立言之旨，覺彼此矛盾，否則覺此章子言特以時王之制不得已而從者。今愚各就本文自然口吻解之，學者參觀自明，兹不悉贅。有宋存焉言僅有宋存其禮，不可通行天下，與周不同。本文字字有義，銖兩精微，愚前串講已一一分明，幸勿忽之。

王天下有三重焉，其寡過矣乎。

承上言議禮、制度、考文，其事至重，惟天子得有之，必先自寡過而後可也。

上焉者雖善無徵，無徵不信，不信民弗從；下焉者雖善不尊，不尊不信，不信民弗從。

申明上文重字之意。雖善無徵，事不師古，意美而法未良，雖善不尊，則以未王天下也。此猶是上章有位無德節之意，而重上焉者言。

故君子之道，本諸身，徵諸庶民，考諸三王而不謬，建諸天地而不悖，質諸鬼神而無疑，百世以俟聖人而不惑。

道，三重之道。本諸身，說見下文。徵諸庶民，必求合於人心、日用之宜。考三王而折衷時中，建天地而符其功用。鬼神雖幽，精理可以格之；百世雖遠，至道可以貫之。必如此，而後可議、制、考之。其重爲何如？

質諸鬼神而無疑，知天也；百世以俟聖人而不惑，知人也。

承上而極贊其道之盛。如此而後爲寡過，過是以難寡。

是故君子動而世爲天下道，行而世爲天下法，言而世爲天下則。遠之則有望，近之則不厭。

此乃正言本身寡過之事。動，動容、周旋。行、則，政治之迹。道，天下所共由。法，法度。則，準則。世爲天下所遵，純粹至中也。望，仰其聲名。不厭，樂其德教。

《詩》曰：在彼無惡，在此無射；庶幾夙夜，以永終譽。君子未有不如此而蚤有譽於天下者也。

惡，去聲。射，《詩》作斁。

承上言三重如此，寡過之難如此。故君子必黽勉朝夕以期無過。引《詩》言彼此咸宜，猶懍夙夜，以證王天下者不求譽而求寡過，無可驕也。

右第二十九章。言居上之不驕。承上議禮三者而言其至重，非聖不自聖難以寡過，故修凝之君子爲上自不驕也。

附 解

子思意謂，吾言爲下不倍，云議禮、制度、考文三者必自天子，雖有其德，不敢倍也，然則爲上而王天下可以惟所欲爲，吾何以又云不驕哉？蓋議禮、制度、考文三者雖以權著，而不徒恃權以行，其事至重。王天下者有此三重焉，其必先寡過矣乎。三者何以名之曰重？王天下者雖與爲下不同，然苟未寡過，亦不能行此三者。從來上焉者意在陶成天下，雖甚善矣，而或私心自用，無所考證，不能適合乎宜。無徵不信，不信則民疑之，弗相從也。下焉者德可經世理物，雖甚善矣，然而屈居下位，不爲尊顯。不尊不信，不信則民輕之，尤弗從也。其所以弗從之故不同，而弗從則一。王天下者本可行是三者，而未能寡過，則民弗從。故三者之重，非特以有權而重，亦以有道而重也。故君子於此三重之道，非徒以權勢行之，必本諸吾身。先端其致治之本，又徵諸庶民，求合乎人心之公理，而準乎時中之自然。以所爲之道考諸三王，其迹不必相沿，而其理則協。損益得中，無有差謬，然後參贊造化。道建於此而準諸天地，盡其裁成輔相之義，凡天地功用之所及效法之，天地功用所窮斡旋之，無稍相悖。即幽微如鬼神，至無方、至莫測也，以三重之道質諸鬼神，亦相契合，無有疑似。至久遠如後聖時，會殊因革異也，以三重之道俟之，百世聖人奉爲前型，無稍貳惑。夫庶民三王猶其顯而近者也，鬼神則幽奥難知，百世之聖人亦遷流莫究，而君子之道至於質鬼神而無疑，則上天所以成萬物之理皆洞悉無遺，然後鬼神鑒之，相與冥通，是知天也。百世以俟聖人而不惑，則人情物理之極致悉究其精微，然後後聖奉之無有訾議，是知人也。知天、知人，功非易企，而君子之道如此，是爲寡過，是爲可行三重。王天下者，安可驕哉？是故君子寡過之至，本諸身者，無弗精微。一身之動容至無定矣，而君子不動則已，動而悉協其宜，世爲天下所循由；一身之所行不一端矣，君子不行則已，行而咸即於中，世爲天下所效法；一身之所言何有窮也，君子不言則已，言而世爲天下所準則。天下人不必皆近君子也，而君子風聲廣被，遠之則德洋恩溥、人有瞻望；天下人不必皆遠君子也，而君子德範尊嚴，近之則沐浴甄陶、人不厭斁。如是本身以行三重，是以過寡而民懷也。《詩》不云乎？《振鷺》之詩美諸侯者有曰：其德甚美。在彼本國，人皆樂而親之；在此王朝，人無厭而射之。庶幾哉夙夜自修，以永終此聲譽。夫德至於彼此皆宜，可謂無過矣，然《詩》猶勖其夙夜，誠以道難成而易敗、德易毁而難修，若稍自盈滿，則驕心一起，盛德遂虧。自古王天下之君子，未有不如此斤斤自持而蚤有譽於天下者也。故寡過而後可以行三重。微有所驕，即不能寡過，此修凝之君子所以居上不驕也。

《中庸》言聖人之學爲上不驕。是盛德之後，非一小心謙下可了。子思即就上章議禮、制度、考文三事作轉語，言三者爲下不敢作，惟爲上有之，其至重可知。第三者不徒權足以行，惟賴德可以制，則王天下者有之。欲求風同道一，其必自寡過矣乎。其字是鄭重擬議之詞，言過最難寡。寡過爲行三重之本，知過之難寡，則自然不驕。此二句從上文想嘆而入，函蓋通章。前人以寡過屬他人，令通章語義皆晦。抑思凡王天下者孰不議禮、制度、考文，祇緣乏聖人之德，不能中正純粹，一世休和耳。庶民遵王制有何難事？人得寡過與不驕本旨何關？次節又如何承接得去？故今特正之。次節申明重字，因上章言三者惟天子行之，此章忽加一重字，突然而來，其義未顯，故特申言之。上焉者是主，下焉者是賓。言有此三者之權而不盡善，亦與匹夫之弗見信同也。雖善無徵，舊云時王以前，則仍是王天下始有三重之意。下文接語無力，且意複無味，又有謂爲過脉語者，殊鹵莽矣。徵者，酌古準今，恰得其宜。理義本於前人，立法宜乎時勢，善則其立意之美耳。三重乃王天下者分内之事，何以至重？正爲難得恰好。上焉者有善世宜民之美意，而事不師古，未能合乎民生日用之宜，民亦弗信弗從；下焉者可以盡善矣，而又苦於無位。兩面相形，益見有三重者幸得乘時、藉勢，不可以不寡過，故下文直接故君子之道。兩善字淺深不同，不信亦異，切當詳味本文語意，乃得上下文貫通。本諸身句是主下五句，各項細細形容，以見三者必如是而後爲善。其重如何？四節又特地抽出二項，以見知天、知人乃可以行三重，安得不寡過爲先？動言行節正寡過之實，如是而後爲寡過。過豈易免？所以爲上必不可驕。引《詩》重庶幾二句，以明古聖人日慎一日，業業皇皇，無稍自逸；譽即過之，反無過，自然有譽。君子並不求譽，惟求寡過而已。蓋王者受天命治此民，凡養教斯民之道必悉與天相似。子思言三重之道必本身寡過，至於天人貫徹、遠近風同，猶必庶幾夙夜乃爲盡道，如此而尚恐未盡。是聖人之所以爲聖人，即《中庸》之所以教人。講家將寡過誤解，全章俱不妥協。種種謬説，難以屈指。即如世爲天下法三世字，謂但指本朝，不知子思乃言君子動、言、行皆可久爲人法。正見其寡過到十分精微處，有望引領而戴恩波，非徒想望不厭樂其光，而親炙愈久而愈不忘。講家謂爲君子寡民之過，試按白文虚實字理，如何可通？末節引《詩》在彼在此二句，即上節遠之二句意，言德如此，尤當益勵夙夜。子思發明不驕之義十分精透，爲講家塵封，可慨也。王罕皆拈一有字貫串通章，自詡特識。而張甄陶從之，捫燭扣槃，更不足辨。總之，不倍不驕因係修凝以後聖人之事，子思恐人不解，淺視其事，故特地詳之。而後人影響訓詁，晦其真詮。有誠身之君子，其必於愚見有所採乎。

仲尼祖述堯舜，憲章文武；上律天時，下襲水土。

舉仲尼以爲至誠配天之則，而總括其平生。堯舜、文武，道同而時有遠近。尊而親之，以紹心源；法而傳之，以彰軌則。律，法也。襲，因也。法天時而動中有静者，止一元之運用；因水土而静中有動者，孕一元之化機。蓋天之妙用見於時，水土之氣合爲坤也。

辟如天地之無不持載，無不覆幬，辟如四時之錯行，如日月之代明。

辟，音譬。幬，徒報反。

承上而形容其心體，是所以統百王、貫三才之故也。持而載，渾厚之至，常有生成萬物之心，若持之不墜也。覆幬，廣大之至，常有庇廕六合之想，若帷之弗外也。四時錯行，各行其氣，實共成其化。日月代明，分著其光，實互藏其宅。此就德性之在内者言，而外亦該矣。

萬物並育而不相害，道並行而不相悖，小德川流，大德敦化，此天地之所以爲大也。

此又以天地功用之大，見上文取譬之意。並育以生機言，並行以消長言。小德散殊，大德全體。川流，如川不息而各給其用。敦厚，如土敦厚而孕化不窮。

右第三十章。以仲尼爲至誠配天之則，而詳擬其心體，推極其功用。

附　解

子思意曰，修凝之君子，爲上爲下，無所不可。此可見學企於聖，則天下一貫，隱見隨時，不必在名位之崇卑、遭逢之顯晦也。即如仲尼，不過布衣，然其德盛道神，有歷歷可言者。道備於聖人，而堯舜承上古之聖，大道光華，至此而盛。三代因堯舜之道，而禮明樂備之規，折衷至善，莫隆於文武。仲尼去堯舜遠矣，而祖而述之，精一執中，外此别無性學。放勳元德，歷久如親光華，以之爲宗，而傳述以詔將來。其淵源若此。文武之道近矣，存於方策。世衰教微，時人莫知嚮方，仲尼則憲而章之，睢麟官禮修齊治平之本末，以教及門。謨烈顯承，禮樂詩書之遺留，著爲法則。其表章如斯。然則，百王之矩、千聖之模，不於仲尼集其成哉？匪特此也。天以一元化生萬類，而時有遷移，理無二是，仲尼上律之焉。至變之事，宰以不變之理，若有定若無定，惟其中而各得其宜。自一言一動，以至於出處行藏，胥是道也。地本水土合成，而水善流行，土惟安静，仲尼下襲之焉。至誠之理，運以神化之能，虚而不滯，實而能該，一以貫而端倪莫測。故莊敬端嚴，未嘗不神明變化，悉此意也。然則，天地之機、三才之撰，不自仲尼合其妙哉？夫其德盛如斯，果何以能然也？人本天地之心、五行之秀，特自狹隘菲薄，滯其神明，昏其氣質，於是人遂弗如天地。仲尼不然，以生安之材，殫修凝之道，其性已全，其天已定。語其曲成萬物有加無已之心，辟如天地之無不持載而納諸懷抱，無不覆幬而予以生成也；語其純粹光明志氣充周之致，辟如四時之錯行而一元往復，如日月之代明而坐照不窮也。蓋惟心性之内理氣極於精瑩，斯身世之行擬議不能遽罄。人不知聖人之所以爲聖，曷觀天地之所以爲天地哉？夫天地無可窮究，即萬物可以徵之。萬物至不齊矣，乃其生也養也，並爲育而不相害，昆蟲草木各遂其天，即各成其類，不聞氣化之有未周；且其消也長也，道並行而不相悖，生殺制化不一其施，實各成其用，不聞義理之有偏駁。以其小德言之，川流不息，派洐無窮，無纖悉之弗遍也；以其大德言之，敦厚其化，包孕靡遺，無一理之不含也。合而觀之，並育而生生之意無窮，並行而《剥》《復》之機有定，小德而見其一本之萬殊，大德而見其萬殊之一本，此天地之所以爲大也。天地如此，而聖人之德亦然，則其體用功能之大，又何怪其然哉？

《中庸》一書，教人盡性以全天命，歷歷説來，至大哉。聖人之道章詳言修凝，推及功效，見非至聖不能。至此章乃表仲尼爲法。首節言其道貫往聖，學綜三才；次節形其在己之性量；末節復言天地之所以爲大，以見聖人理與天合，則取譬不爲夸侈。次第本甚暸如，講家未晰，遂覺意多重複。堯舜之前，非無聖人經世之制，至堯舜而始詳。且精一執中，性學，《虞書》始肇，故言祖述，以此見端。祖言其尊，而親之意亦在其中；述則承先啓後之詞也。文武道同堯舜，而法更詳明。近在一朝，以之爲憲，表章其遺法，文武賴以光大。舉四聖人，則凡聖人皆在其中，不得因此菲薄他聖。天道之妙在於時，聖德如天而此言律天時，則專就因應無方、時中之用言也。對水土句，説有動静互爲其根之意。水土句不易解，蓋地者水土合而成者也。其在先天，水浮爲陽，土凝爲陰，是天地之所以摩盪；其在後天，水載氣以行，土含精而育，是天地之所以成質。子思不言上法天、下法地，而曰律天時、襲水土，以天地之真精而言，朱子謂兼内外本末精粗言是也。天地之初生也，水爲之，土和之；其奠位也，土養之，水生之。故水土者，天地之化機，而人身亦然。天一之水裕於稟受，坤靈之德厚其生成。其體以爲德，則水以發其聰明，土以厚其安貞。文王演《易》曰習坎，有孚，惟心亨；夫子繫《易》曰至哉坤元，含宏廣大。非深明天地之奥，亦烏知襲水土之真哉？次節以天地覆載、日月四時喻其意量。云覆載特加一持字、幬字，尤有深意。言曲成萬物，範圍天下，其殷殷無已之心常若持之恐墜、幬之恐漏。勤懇肖乎天地，是爲聖德之本。下二句又狀其化神之意。四時遞運，陰中有陽，陽中有陰，屈伸消長，相間而後成歲功。聖人太和，元氣周流無間，其動静消長，時止時行，動静不失其時。其道光明，亦如四時之錯行也。日月代明，則充實之光輝暢於四支，發於事業。渾然在抱，而神明焕發，寒暑温暖、晦朔弦望之機皆自身而具。前文所言形著動變，化孟子所謂美大化神，皆在其中。後人罕造盡性之全功，以爲道盡於形色之間，而人身中和位育之理莫得其實。佛老之徒，其高者廣設譬喻，人鮮能知，遂以爲恍惚離奇，不可以訓；而卑者又益之誕妄，並子思此章所言皆爲荒誕矣。安得不愷切言之？日月者，乾坤之精華。天地未分，日月無象，而真陰真陽之純一者統於太極；天地既分，日月成質，而真陰真陽之互宅者共爲功化。動而生陽，静而生陰，日月斡流行之機；動中有静，静中有動，日月妙生成之體。人心之靈，通乎造化。心，陽精而孕陰，後天氣質之累不能無；命，陰竅而孕陽，先天義理之性所由寓。由養浩然之氣以復純一之心，命立而性全，性盡而命固。陽性之昭昭者，實挾日之華，而光照不窮；陰性之繩繩者，實具月之精，而循環遞映。聖人之所以知周萬物、神化無方，在我性命之理爲之，即在天日月之靈共之，如日月之代明。此其義也。存心養性、立命事天之功不深造而得，則天人合一之故總不明。而仲尼之德，幾如精靈物怪，不可方物矣。萬物並育，如禽獸草木昆蟲各遂其生、各適其性即是。道則以生殺剥復之機言，如物類之制伏、人事之消息，不必盡屬生養。然剋以爲生之地，消以爲長之基，不以爲嫌，是不相悖也。前人以道字承四時日月説，於上下二節承接之意不明。子思緣天地之大，無可言窮，特就萬物之化生以見其功用如斯。下二句乃承出小德大德，言其一本散爲萬殊，萬殊還歸一本，理本如斯。結以此天地之所以爲大也，嘆想不窮。而聖人之德亦然，以此爲發明上文取譬之意。川流，即川流以形其周浹，又各分明。敦化，敦厚其生化之原，朱子所解是也。

唯天下至聖，爲能聰明睿知，足以有臨也；寬裕温柔，足以有容也；發强剛毅，足以有執也；齊莊中正，足以有敬也；文理密察，足以有别也。

知，去聲。齊，側皆反。别，彼列反。

上言天地之大，此承言至聖之德無所不有，如此乃小德之川流也。入耳心通曰聰，寓目瞭如曰明。睿，思之通，知理之明。臨，上於人之意。寬裕，意量廣厚。温柔，言貌和平。容，容物也。發，應機之速。强，仔肩之重。剛則不屈於欲，毅則能貞於久。執，持守也。齊，齊一其内；莊，嚴恭其外。無過不及曰中，純乎天則曰正。文，禮樂之文。理，條理之析。密，無罅隙。察，無混亂。敬謂其心之無不嚴，别謂事理之無不周也。

溥博淵泉，而時出之。

朱子曰：溥博，周遍而廣闊。淵泉，静深而有本。承上言五者之德，含之者廣，存之者深，而以時發見，則因事而異其名耳。

溥博如天，淵泉如淵。見而民莫不敬，言而民莫不信，行而民莫不説。

承上而形容之，言其及物之盛，以起下文。如天，心與量兼宏。如淵，形與神俱邃。見、言、行該上文五德於中。敬、信、説，皆自然之效也。

是以聲名洋溢乎中國，施及蠻貊；舟車所至，人力所通；天之所覆，地之所載，日月所照，霜露所隊；凡有血氣者，莫不尊親，故曰配天。

施，去聲。隊，音墜。

承上敬、信、説而極言其聲名。結明配天，應前章之意。凡有血氣，皆有知覺尊親之，誠天理、民彝所共也。

右第三十一章。申言小德、大德之意，見其本屬一原，實足見諸功業。而結以配天，迴應天地之所以爲大。

附　解

子思意謂，觀天地之所以爲大，不外小德、大德，則夫聖人之譬天地亦豈有他哉？蓋嘗思群生並域而居，本無隔閡，惟是道不足以先乎天下，則自阻矣。唯天下至聖學之已成，爲能虚靈洞照，凡事入耳而心通，寓目而曉然，思無所不入，理無所不到，其聰明睿知天下之人皆莫能及，足以臨馭萬物而有餘也。凡人處己太高，則人多不能自効；唯天下至聖爲能擴其意量，不以刻覈居心，不以淺急自限，靄乎其可親，委曲其善入，其寬裕温柔天下之人無不樂就，足以包容天下而無外也。凡人天理未固，則時或形其退委；唯天下至聖爲能堅定不移，見義勃然其有爲，任重凝然其不撓，私欲無能屈其操，歷久未嘗渝其志，其發强剛毅足以執持義理而不惑也。凡人涵養未深，則表裏未必如一；唯天下至聖爲能内外精嚴，齊其心而懔若神明，飭其儀而儼若無斁，不稍失於偏倚，惟確守乎常經，其齊莊中正足以主敬無二而咸宜也。凡人識未精微，則大醇或有小疵；唯天下至聖爲能邃觀物理，熟禮樂而炳著輝華，析事宜而各如分際，兼綜巨細而無有或遺，研究幾微而無稍淆紊，其文理密察足以曲盡物情而詳審也。此其小德，大概如斯。然而非有意而爲逐物求合也，其德已至聖則存諸中者。萬物皆備，溥博而無限量；萬理静含，淵泉而無窮盡。因而萬事當前，隨時出之，各得其宜。分析言之，則信其足以如此也。其溥博，淵泉何以擬之？凡物之溥博者，皆不能無所窮究，惟天無所不覆，溥博之至也，而至聖如之；凡水之停澄者，亦不能無所底止，惟淵泉挹注不竭，則淵深之至也，而至聖亦如之。其大德如此，故不見於動作，威儀則已見，而民莫不敬；不言而誥戒訓誘則已言，而民莫不信；不行而人倫日用則已行，而民莫不説。夫敬、信、説非可强致，且難以咸宜也，而至聖見、言、行即莫不然，是其大德之藴蓄者深，故小德之發越者神，是以聲名洋溢中國，施及蠻貊。凡舟車之所至，人力之所通，天之所覆，地之所載，極諸日月所照、霜露所隊之地，莫不有物，即莫不有至聖之聲名焉。凡有血氣者，其知覺運動皆稟造化之氣，即皆能感至聖之德，莫不尊而弗玩、親而弗忘。然則盈天地間，莫非至聖功用所及，故曰配天也，而又何疑於仲尼哉？

上章言此天地之所以爲大也，此章緊接唯天下至聖，語意甚明，緊相貫注，不得以後人分截章句晦當年之本旨。講家不察原文語氣，於唯天下至聖句另作起語，而以聰明睿知爲生知之質，不知《中庸》一書自首至尾一綫穿成，後人分爲三十三章。子思自是淺深次第説來，總成一章。上文歷言誠身之道，至上章乃舉仲尼以爲則。因小德大德意猶未顯，故此章承明之。言天地如此，至聖亦如此，故曰配天。此至聖就學之已成，説不重生安。以上文次第説來，至此數章如水赴壑，不應忽以生知之美爲言，與上下文義不貫。且聰明睿知四字，非聖人不足當之。講家以生質言，謂如漢高祖、唐太宗有過人之質，將四字淺看，唯天下至聖句不相屬矣。且所謂聰者，耳順也；明者，坐照也；睿者，思無所不通；知者，理無所不徹。惟聖人純粹以精入於耳、寓於目無不瞭如，心之所思無微不到，理之所有無一不鑒。若漢祖、唐宗，正身修己之道毫未能知，人倫之地且多遺憾，雖識量過人，一隙之明何足當聰明睿知哉？故此二句與下四項例看，亦不必强分下四者爲仁義禮智。子思本意乃言其德極於至信，其足以如此。蓋以聖德現成言之，亦不必定言爲天子之事。大概言明足以度越乎人，量足以包容乎衆，力足以肩任乎事，小心足以主宰乎理，詳慎足以周悉乎物。約略言其小德如是，即承以溥博淵泉而時出之，見小德本於大德。原不可歧視，第溥博淵泉是形容心量之實，難以言傳，故又以如天如淵喻之，舉人所易見者以言明，非同虛幻也。見、言、行三字内該得上文五者在内，語意重在莫不敬、信、説，是其所以爲時出。下文直接是以二字，就功效極盛言之趨注，故曰配天，與上章末句神迴氣合。子思之言本自分曉，若如舊説云如天如淵仍是溥博淵泉，敬、信、説仍是時出，覺子思語複無味，皆緣不審本文語脉、泥於舊注耳。以此章爲小德、下章爲大德，亦非。末節極言其效，無論作君作師皆然。言聖德而曰聲名洋溢，煞有斟酌。蓋聖人之德，天之德也，而實民所自有之德。四海之外、六合之遥，容有聖人政教所不及者，然苟得聞至聖之聲名，莫不尊親，天理、民彝自不可得而泯没，非至聖强之也。凡有血氣，以人爲主，而物亦已在其中。後世循吏之賢，蝗不入境，虎亦渡河，况聖人在上而爲君相，體天之化，仁育義正，太和翔洽，草木、禽獸、魚鼈咸若如《書》所云獸舞、鳳儀，其尊親之意無知亦若有知，蓋不足怪。即聖人在下而爲布衣，得天之道，維持大經，親炙者化，聞風者悦，甘露醴泉、麟書龜字亦往往而有。蓋天人上下，惟此一理。理之至者，含元氣，入細微，海鷗忘機，琴魚出聽。獨行之士感物尚然，何况至聖？後世罕造聖人之域，則以爲聖人必爲天子，然後莫不尊親，非《中庸》之意也。血氣，形之所待以生。《傳》曰：凡有血氣，皆有争心。血，陰；氣，陽。蓋凡秉陰陽二氣以生者，皆有知覺之靈，即皆知聖人之德，故莫不尊親。日月所照、霜露所隊，是從天覆地載中推言氣化所及之處皆然。張甄陶據李安溪之言謂日月有所照、有不照，其説似是而非。天地所不覆載之處，尚何有日月霜露？日月有不照者，地蔽之也。地形雖方，而亦甚長。日月繞地而行，地之高下傾倚，形勢有所虧蔽，晝夜長短攸殊，如所云骨利幹之北煮羊胛未熟已天明者是也，然皆天之所覆。至霜露所隊，乃地氣上騰融而爲液。以日行遠近、地勢明暗之不同，斯爲象不同，然皆地之所載。非日月二句深於天覆二句，蓋言天覆地載則盡乎八極之遠矣，又申之以日月二句，言凡天地氣化所及之地皆有人物，即莫不尊親。安溪謂兩極之下日月甚微，此自是人目力之窮，非天地兩極之下即模糊不清也。且日月即天地之精華，其或朦朧，皆地氣爲之。人處雲霧之下，爲地勢所阻，故以日月爲有晦明，實則日月本無不照也。天文家以算法推測，亦惟得天地之度數。至天地之妙，固有不能盡知者。聖人知之而不敢盡言，遂令末學每多妄説矣。要之，日月即天地之靈，陰陽互宅，萬物所以有生有化。霜露陰陽之散氣，有無風雨處，無無霜露處。言天所覆、地所載則盡乎六合矣，又言此二句乃見天地之氣化，凡生成所在至聖聲名皆施及之，故曰配天。或疑堯舜在上、孔子在下，未必六合之表物物尊親。不知天地祇此一理，聖人理與天通，即氣與天合。即時勢睽阻，而此心、此理周乎六合，有並包並育默感通者，第人不及見耳。子思故下文緊接唯天下至誠，就人倫日用、身心性命之近言其功能，蓋恐人河漢其言，就荒渺處求聖人也。可見其立言周密，凡理有未顯，即反覆申明之。如此參求，則《中庸》一書語似重叠，實無一賸字、賸句。若如舊解，則覺屋上架屋、牀上安牀，語多滯晦，脉絡亦不分明。識者詳之。淵泉如淵，狀天性中精深妙境。夫子《易·象》曰：山下出泉，蒙。君子以果行育德。六十四卦惟《坎》卦有心字，而且曰習坎。蓋天地未分，乾純陽、坤純陰，統歸太極而爲一元，是先天性命之所以純一也；天地既分，乾孕陰而有日，坤孕陽而有月，陽中陰、陰中陽亦全歸太極而爲生化，是後天性情之所以顛倒也。然在天地則乾坤高卑顯呈其象，而日月往來交著其功，先天一元即存乎後天之中，而太極未始不全在人，則先天真性入於坎而晦蒙，後天陰命存乎離而紛擾，故得天之正氣不全，而復性必有其功。誠得先天浩然之氣，全乎先天純一之理，則静而萬理中涵，淵泉如淵，一天地之静專静翕而渟泓在抱也；動而萬善咸宜，淵泉時出，一天地之流行變化而派衍各給也。伏羲八卦乾南坤北，文王八卦離南坎北，蓋天地自然之理象，即人心性命之源流。不幸爲異端所亂，坎離水火流爲詭誕家言，性命天人昧其真正本末。若此章之淵泉，不過以爲心静而理明耳，又烏知其合天地之德有神一之妙哉？至若佛家言性，喻以蓮花，謂其出於水中而不滓也。周茂叔愛蓮意亦如此，而儒者美之，獨嗤佛語。然理本一原，言各有異，謂中華乃有聖人，不知六合之廣，天地愛民，無處不有賢哲，始能胥匡以生，此實前人之陋也。布魯特地無雨，得風而土潤；火焰山無火，熱極而難居。天地廣漠，何可言窮？子思言霜露而不言風雨，妙矣。抑愚嘗言六合之廣，無處無人，即無處無聖賢。以天下大勢而論，分爲十分，知孔子者一二分，知老子者一分，知佛者三分，外此竟不知孔子與佛老，然其民良樸。如控噶爾地輿廣漠，城垣大逾千里，其産金銀多於石子，其民淳厚，無奸盗詐僞，此亦誰爲治之而然？故考诸輿圖，證以聞見，而知子思此章之言非徒夸飾，前人坐所見不廣耳。

唯天下至誠，爲能經綸天下之大經，立天下之大本，知天地之化育。夫焉有所倚？

夫，音扶。焉，於虔反。

朱子曰：經、綸，皆治絲之事。經者理其緒而分之，綸者比其類而合之。承上言配天之至聖，不外一誠。誠之至極，而經綸、立本、知化。衹此人倫日用，自然與天相通。蓋子思以誠立教，聖之至者誠之至，特收轉至誠以言其理至中也。大經，禮樂刑政之屬，有所增損，故曰經綸。大本，倫常心性，終古不變，故曰立。化育，則天地自然之氣機與至誠相合者。夫焉有所倚，隨時處中，無一毫偏倚也。

肫肫其仁，淵淵其淵，浩浩其天。

承上夫焉有倚而推其至誠之量。其仁愛天下肫肫懇摯而無窮，其包含天下淵淵藴蓄而莫測，其天機洋溢浩浩充滿而無間，是所以能經綸、立本、知化者也。

苟不固聰明聖知達天德者，其孰能知之？

聖知之知，去聲。

承上而嘆罕人知之實，欲人深造而知之也。固，猶實也。鄭康成曰：唯聖人乃能知聖人。

右第三十二章。繳轉至誠，言其理至中而實至神，欲人自成以知之。

附解

子思意謂至聖之配天若此，此豈有他哉？蓋道不外一誠，至聖者即至誠之人也。宇宙間無非實理，唯天下至誠，德極其實，無一毫人欲之僞，爲能於禮樂刑政、經世理物之大經隨時損益，歸於至善。經綸天下之大經，而納一世於太和，於人倫心性天理民彝之大本誘掖裁成，毋使廢替，立天下之大本，而率斯民於軌物。大經、大本，人事也，而即天地之理，所以生化於無窮。至誠合天地之撰，則化育流行之，故皆洞察無遺，是以道不越乎日用尋常而已。通乎天命，夫焉有一毫偏倚、謬於時中者哉？吾嘗窺其心體，而彷彿思之。其愛育無窮，肫肫焉以天下爲一體，而無一毫之弗周，其仁非猶夫人之仁也。其含蓄萬善，淵淵乎妙神化於無方，而無涯涘之可測，其淵非猶夫人之淵也。其性量高明，浩浩乎與造化相通，無一毫之間阻，其身即天之體，其心即天之心也。苟非德造至誠、實有聰明聖知達天之德者，孰能知其如此哉？

前章言至聖配天，中庸之道之妙已盡，此乃收轉至誠明。其至中經綸三句，總括功用而言。夫焉有所倚，中也。而肫肫、淵淵、浩浩者無人知，則至神妙。下章又收轉庸字之意。蓋上文言聖道已極於無可加，恐人無從致力，故此章特就大經大本切實處言，見至聖即至誠，不過此心性倫常而已，與天地化育合撰。次節擬其心量之精微，所該者廣，故結以非達天德者不能知。中庸之中，原兼内外本末而言。淺言之，天理渾然、内外純一而已。深言之，則如維天之命、主宰萬有者然。故其肫肫、淵淵、浩浩一天之不貳不測也，非至誠安能知其至中而實至神？以此收結中字，下章收結庸字，講家不求諸身心實踐，而求諸文字之間，何怪支離穿鑿耶？子思身有其德，故言之親切，形容不盡。如此大經是經世之常法，所以維持五倫者，禮樂刑政之類。大本與首章大本不一例看，首章大本祇是一中字，而此處承上數章説來，大德小德皆在其中。知化即承上二項説，非大經大本之外又有知化育之道。因上章言配天，恐人疑爲别有神異，故特收轉至誠。言其以一誠經綸大經、立大本、知化育，所以爲中庸之德漸次作收煞語氣。舊説欠明，今不悉辨。學者誠返求諸身，詣於至誠，則知子思立言之意矣。達天德者，即至誠至聖也。配天之説，惟配天者知之。其望人之意至深。

《詩》曰衣錦尚絅，惡其文之著也。故君子之道，闇然而日章；小人之道，的然而日亡。君子之道，淡而不厭，簡而文，温而理，知遠之近，知風之自，知微之顯，可與入德矣。

衣，去聲。絅，口迥反。惡，去聲。闇，於感反。

朱子曰：絅，同褧，禪衣也。尚，加也。此言道本至庸，故當篤實以求之。闇然潛修，無迹可見。日章，德日新而外著。淡、簡、温，皆闇然之實。平近無奇而中有至趣，簡質不煩而文彩彰著，和平温厚而條理洞然，蓋日章即在闇然之中。故學者不必求騖於遠，然後可以入德，遠謂事爲近身心也。風，天地流行之氣。風之自，謂乾元也。養浩然之氣爲學道要功，以此喻言之也。微之顯，率性而著於百爲。因人多逐末忘本，故子思歷曉之以内修。

《詩》云：潛雖伏矣，亦孔之昭。故君子内省不疚，無惡於志。君子之所不可及者，其唯人之所不見乎。

惡，去聲。

承上闇然之意而言。潛，存養宥密。引《詩》言以喻之。疚，久病也。無惡於志，無一念稍愧。蓋神明内斂，天理渾然，而天下大本已立，人安能見之？即君子以勵人也。

《詩》云：相在爾室，尚不愧于屋漏。故君子不動而敬，不言而信。

相，去聲。

相，視也。屋漏，室西北隅深密之地。承上而言闇然之德在乎隱微。君子渾然粹然，益加誠敬，常有相在之警。其德至純，故不待言，動而後敬信。

《詩》曰：奏假無言，時靡有争。是故君子不賞而民勸，不怒而民威於鈇鉞。

假、格同。鈇、夫同。

奏假，進而祭祀，以求格神。無言，肅静。靡争，心一於敬也。鈇，莝斫刀。鉞，斧也。承上不動不言之意。引《詩》以明至誠可以格神，感人何難？是故君子不待賞、怒，而民自從善、畏罰。

《詩》曰：不顯惟德，百辟其刑之。是故君子篤恭而天下平。

不顯，即闇然也。德本不顯，而百辟法之。君子以闇然之德，篤恭不息，道立而治化自成。極言闇修之效也。

《詩》云：予懷明德，不大聲以色。子曰：聲色之於以化民，末也。《詩》曰德輶如毛，毛猶有倫。上天之載，無聲無臭，至矣。

輶，由、酉二音。

承上而極形不顯之妙，至於無聲無臭。蓋天理在人，全天之極而神與天通，非復名象所能擬議。其本則由篤實而造，非有甚難。欲人必至其極也。《詩》言明德不大聲色，而子曰聲色原非本務，則德固不可以是求矣。因憶《蒸民》之詩，比德於毛，其細已甚，然猶有毛可比，亦不足以形容乎德。惟《文王》之詩言上天之載本無聲臭，乃爲知德之實。蓋德本天命，天命如斯，至德如斯，豈有二哉？夫闇然者至庸，而上天之載至奇，神奇即在平常之中，所以爲中庸也。以此收束全書。載，主宰。意以車承物曰載，溯天之所以爲天，若有載之以行者，故曰載也。

右第三十三章。承上言聖德功由篤實至庸也。而其極通乎帝載，則又至奇。合上章言中之妙，以見中庸之道所以不遠人而爲也。

附解

子思意謂至聖之德人不易知，豈聖人阻人以難能哉？蓋道者人之性，本屬至庸，但人自外求之，故不能自成，遂不知聖人矣。《詩》有之：衣錦尚絅。夫錦美於絅，絅胡尚之？蓋言去華崇樸，惡其文之著也。君子之道，何獨不然？故君子之道，根極身心，實踐倫紀，闇然無有表暴之意，而實德内含外著，日形章采。若小人之道，惟恐人之不知，的然騖於衆見，而天性日益消亡，更何能誠身也？君子之道，其闇然若何？擬諸嗜味，本至淡也，而旨趣無窮，令人咀嚼不厭。蓋道與心安，形與道適，不離日用倫常，自覺天機共永也。擬諸物采，至簡質也，而菁華内孕，自然發爲文章。蓋形色皆粹，履中蹈和，無論言行動静，自覺儀表輝煌也。至其元氣内藴，温温然似無可指索，而其實義理是非朗然在抱，條分縷析，備極精詳也。君子之德如是。故學君子者能知事物之在遠者，莫不由身心之近者端其原，則必不務於高遠；知風之感物者，皆一元之理氣所發皇，則必内清其志氣；知意念之微，一發即明顯而昭著，則必能謹幾於未形：如此斯可以入德而學聖矣。此意古人蓋嘗言之，特無如求君子者每索諸於衆見之地，是以希聖無階耳。《正月》之詩曰：潛雖伏矣，亦孔之昭。言魚雖伏而甚昭，人心之機括似之。

故君子知德本闇然隱微之理，欲惟已獨知，必求内省不疚，一念之動，求其無所愧惡，誠以志，雖伏而孔昭也。然則君子之所以爲君子而不可及者，其唯人之所不見乎？於其不可見而慎之，故於其地之不必嚴者而亦懍之。《詩》云：相在爾室，尚不愧於屋漏。夫屋至幽曲矣，然天理之流行無在弗著，則神明之降鑒無在弗存。故君子以敬持心，以信及物，不必動而始敬，不必言而始信。凡以慎其不見之幾，而固其闇然之德也。果能如是，其功效何如？《詩》曰：奏假無言，時靡有争。言人以至誠奏格神明，恭默不言，而精意相孚，無不作肅，將事化其争心。此可見至誠之極，糾虔在一念，而感通即在幽明也。是故君子自修其不可見，而遠近咸昭，不賞而民自勸，不怒而自威於鈇鉞，非强民而然也。德存於賞罰之前，有以入民心而化其争，故不言而喻然。則闇然之德，豈徒自修已乎？烈文之詩有曰：不顯惟德，百辟其刑之。夫德既不顯，百辟何以刑之？蓋天子爲諸侯之表，而德乃人心所同。然有不顯之德，則身修道立，百度維昭。體立而用亦全，是故君子篤恭其德，而天下自平。以言日章，未有盛於斯者也。然則聖人之德，亦何以加於不顯者哉？吾嘗擬而思之。《皇矣》之詩云：予懷明德，不大聲以色。言文王之德不尚聲色。夫子讀而推論之曰：人君苟無明德而徒大聲色，於以化民，亦云末矣。蓋德宰乎聲色之原，道居乎聲色之先，豈聲色之所可盡？則聲色不足言德矣。《蒸民》之詩曰德輶如毛，言德似已極乎形色之細。然謂之曰毛，則猶有倫也。德曰不顯，尚何有倫哉？《文王》之詩曰：上天之載，無聲無臭。蓋天之所以爲天，不外理氣。而理運於虚，氣行於實。凡形形色色，莫非一理之所貫注，即莫非一氣之所彌綸。然其機緘本於太極，而其朕兆無可指名。《詩》言上天之載，則所謂主宰而流行者，是天之命而道之源。擬以聲臭俱無，誠哉得乎天之至理。聖人以天之德爲德，不顯之德直符乎天命之源。而欲名其妙，莫可名言；欲喻以似，無可舉似。無聲無臭之一言，至矣，無可復加矣。故以闇然者修已，其事本屬至庸，而造乎其機，與上天之載同是，則天命之性不遠於人，而至中至庸，神妙實不可測。學者何弗勉之？

《中庸》一書，教人盡性以全天命。詳悉言之，至於德可配天，則人道即天道矣。第子思本因言道者多入於怪異，特述孔子中庸二字，衍爲此書。説到聲名洋溢，轉若令人無從問津矣，故收轉至誠，言道本至中。此章又言至庸，而至中至庸實又至神至奇，以此意發明已作中庸之意。上章言大經、大本，是人人所不能外也，故爲至中。此章言闇然，是凡人心性之功也，故爲至庸。非達天德者不知，止是由闇然者而全乎不顯之德，以此爲全書結穴，不欲使人向身外求道也。衣錦尚絅，係借喻以引起闇然意，不應以此句爲主惡文之著。推原尚絅之意，言君子之心亦猶是。闇然而日章，意重闇然。子思教人務爲闇修，自有日章之理。時解乃以日章平對，誤矣。闇然者，以質實之心行中庸之道。神明内之策勵既非人所能知，而日用間之事爲又皆無有奇異，自人見之則闇然也。而義理日新，神志日清。根心生色，則有睟面盎背之容；順理成章，則有威儀文詞之美。暢於四支，發於事業，有人所及知者，有人所不及知者。此句統言下淡簡三句，乃細細形容之。小人之道的然而日亡，不特反襯語，正子思殷殷告誡人意。的然者，如火的灼，表暴無遺。即有一二嘉言懿行，俱是爲人之心，更或炫才騁智，務爲浮華。如是存心，義理日以消亡，猶晏然自以爲能。大抵中庸之道罕傳，半皆然矣，豈知君子心性倫常全其天理、盡乎分所，當爲無一毫求知之想哉？故下文申言君子之道之實。淡、簡、温三句，皆兼内外而言。身心静默，倫紀踐行，本無華飾，安得不淡然？静養天機，神明之旨趣無窮；動循天理，愧怍之情形何有？故不厭。内而存養省克，不過去人心以全道心；外而誠敬忠恕，不過盡五倫以敦人紀。道理無多，豈非至簡？然一理之中涵，而萬事歸於宰制；五常之克盡，而六合可以彌綸。豈非至文？温有温厚、温和二意。盛德之至，容貌若愚；渾全之天，圭棱悉化。人之見之，直無處求其端倪，而實聰明内朗，晰極精微。在中者，細緻精純，博厚高明，景象自喻；在外者，縷析條分，表裏精粗，克盡無遺。此三句該括聖人德性許多境地在内，非文字所能畢宣，尤非空言所能彷彿也。舊説以爲下學立心之始，講家從而影響猜摩，令子思形容於無可形容之意不明，且並字面亦多晦滯，幾疑子思爲詞不達意矣。下文知遠三句乃教人以學聖之法，而言遠本於近、風必有自、微可以顯。學者知之，則無俟求諸身心性命以外，自有日章之理，故可與入德。凡在身以外事，皆爲遠。而主身者心，萬事萬物理無不本於身心，此遠之近也，而誠正修身爲急務矣。風者，天地之氣機顯而易見者，在人則志氣之喻也。孟子曰：浩然之氣，至大至剛，以直養而無害，則塞於天地之間。人生秉天地之至理，即秉天地之正氣。此氣非口非鼻非知覺運動之靈，乃乾元之氣寄於人身者，至清至粹，性之所憑，理之所宰，是浩然之氣，即天命之理。三代後儒者莫明養氣，而黄冠吐納又亂之，遂使聖賢種子斷絶，入手功夫不明。夫天地以一元生萬物，而太極中函，理氣統焉。是以動而無動，静而無静，氣之所行，即理之所見。而形形色色者，莫非一元所發越也，人身亦然。有氣而後有此形色，莫非天性也。浩然之氣本乎天地，而主宰吾身，乃性命之原，非黄冠養後天之氣可比。其粹而爲仁義禮智信，理之元而氣之璞也；其發而爲喜怒哀樂，性之流而氣之著也。惟本天之氣，無不中和，故人性皆善；惟本親之氣，不盡粹美，故情有不正。聖人養其中和之氣於一身，而與天地合其體；普其正大光明之氣於百爲，而與天地同其用。氣之至純，理即存焉，故持其志、無暴其氣爲初學入德之門，而志氣如神爲君子復性之徵。《易》曰乾以君之，坤以藏之，風以散之。造化之氣，純一者其神，流行者其化。無可見諸，見於風也。知風之自，則知感被乎人物者悉本於至誠，而流行於周身者必有其原本。凡清其志氣而保其太和者，自不容已矣。公孫丑問孟子浩然之氣，答曰難言。子思亦難言之，故假風之自以明理氣之散著本於一元。後儒罕踐其事，故不明其説。而時解第謂如風度、風采之風，自字不可通，風字亦强矣。可與入德義即在三句中，非三者即德。知此，則自盡修德之功耳。第二節乃教人以修德之要，引潛伏之詩猶是上文闇然日章之義。潛雖伏而孔昭，幾雖闇而必謹，故有德之君子内省不疚，而一念之動必加謹懔，求其無惡於志。然則，君子之所以不可及，即在於此。人所不見，謂心曲也。既不可見，豈非闇然？既不可及，却又日章。内省二句是舉現成君子作式樣，末嘆其不可及之實，鞭策人於不見處用功，以起第三節。舊説混而不明，且内省二句重複無味。相在爾室二句承不見意來。爾室屋漏，人所不見，而相在，嚴焉。則人所不見，天實見之矣。尚不愧句該括静存動察許多功夫在内。人心之靈，本乎造化。天地之賴有人者，此心耳。心正而神鑒之，人道以全，天道以合；心僞而鬼隨之，人道以失，物類以群。故聖人之學，以畏天命爲基。此章示人闇然之修，特引相在一詩。蓋必如此而後息息畏天，不敢一毫妄念。此爲慎獨，此爲無惡於志。下承之曰：故君子不動而敬，不言而信。敬則不肆，信則無僞。懔於不動不言，則動言可知。此不愧之實，非徒空空敬畏神明已也。近世言理者每以神明爲妄，遂令學者任其意之所發無有顧忌，而乃從而告之規矩禮度。其源不清，其流不潔，盍思古聖人之教人臨保、旦明者謂何哉？故此節爲全章要緊功夫，是闇然之學正面文字。舊説以淡、簡、温三句爲爲己之心，而以此節爲又言君子之戒謹恐懼無時不然，與上節一例看，虚實淺深不明。不知上節衹言君子之不可及，在人所不見處以見闇然之自飭，此節正言懔以神明、謹於動静，下文乃言其誠敬之效可以格幽明、通上下。如《詩》所云：奏假無言，時靡有争。一心之精虔並無言説，而有事於廟者咸懔然起敬，化其暴戾之衷。此可見志氣感孚不在形迹，故君子不賞而民勸，不怒而民威於鈇鉞。賞怒非可廢也，但民之敬信在賞罰之前，德威惟畏甚於賞罰耳。自章首至此皆反覆言闇然之意即是不顯之德，功效一一説來，至此詳盡矣。故下文引《詩》點出不顯惟德，而以爲平天下不外是，則日章之效推極其至矣。篤恭二字至精至粹，勿輕看。他處恭字多指外言，此兼内外而言。蓋聖人神明之德極其菁華，實極其誠敬。篤有渾然、純樸、敦厚、不窮意，舜之恭己無爲即是此理，非但恭默不言而已。末節贊不顯之德，次第相承，非形容語，蓋以證上文篤恭而天下平之意。《詩》言文王之明德不大聲以色，夫子然之，曰：聲色之於以化民，末也。言德誠非聲色可盡。聲色既不足以言德，《蒸民》之詩言德輶如毛則庶乎其得之矣。然毛猶有倫，而德並無倫，惟上天之載二語言天而極於聲臭之無則得乎天之實。天之所以爲天，即人之所以爲德，天之載無聲臭、德之不顯又何疑焉？然則，君子務其闇然乃自全其天德，何必求其文之著哉？語語説到元妙處，實語語趨歸著實處。上天二句以至矣二字嘆想之，是贊天即是贊德，二而一焉。中庸之道所以至常至奇，人與天一貫。語氣直應轉天命之謂性，是以爲全部結語也。抑所謂無聲無臭者豈有他哉，理氣而已。理宰乎氣，氣行乎理，昭著於日用事爲之間，而貫徹乎於穆之表。微之顯、費而隱，皆是物也。第人莫踐乎倫常，莫全其心性，於是高者流入於誕妄，而以無聲無臭之表爲有人焉，此天主教之所由作也；卑者流入於龐雜，而以有形有象之事爲精微焉，此逐物喪性者之所以甚也。然則老子之所謂元、釋之所謂空亦此理乎？曰然。然則非異端乎？曰否。何以言之？老、佛之所謂元、空者，以天命之性在於氣質之先，而非可以迹象求。至於存養之時，必屏除萬慮、一私不雜乃可静其心、全其性，故曰虚無清凈也。儒者不察，以其屏棄人事爲清凈，必空世界爲虚無，不知其特言存養之功耳。且其言曰真空不空，妙有不有，恍恍惚惚其中有物，杳杳冥冥其中有精，何嘗以無所有爲元空？老、佛之徒，固無一人識其真者，從而傅會焉，益以誣其本始。儒者斥之，亦以其本不近理也。然老、佛實不然。吾夫子以中庸教人，而其言德極於無聲臭，豈子思亦異端乎？第心性之功授受多譌，人倫之至莫之能踐，則以爲聖人之道止於名物象數，並所謂無聲臭者皆入於恍惚支離。不知人倫之道無聲無臭者即在是，非盡性不能敦倫。敦倫之至者，惟至誠克當。佛老未嘗廢人倫也，外域無人倫，乃其舊俗。惜佛後無佛，遂成惡習。中夏僧羽，廢人倫以養窮民，不得已也。天無二道，聖人無二心。天之理在人曰性，如物性曰仁，不貳曰一，至真曰誠，誠之至極而元妙存其中矣。元妙無可名言，而空在其中矣。老子曰元，如來曰空，皆言至誠之妙耳。誠天命之理於身而無聲無臭，則凡造中庸之極者自通帝謂，非欲人外心性倫常從無聲無臭處求道也。後世知誠之爲貴矣，而凡嗜欲之途皆以爲實，不辨義理，是《周易》所言无妄而匪正有眚者也。道本中庸，及其至而人亦合天，此書屢屢言之，無如人弗身體，則子思誘世苦心竟成畫餅，可慨也。

十三經恒解

箋解本

卷之一

論語恒解（上論）

任利榮◎整理

序

聖人亦人耳，其得天之理與人同，其日用、倫常、居處、衣食之事亦與人無異。然而無一事不以天理爲準，無一念不以寡過爲急，是以心純乎理而理合於天。天之所生所養，無一物不切於恫瘝也；天之所不能自養自教，無一時不殷其補救也。其得志而爲君相，則代天之功，萬物悉被其生成；其不得志而爲師儒，亦闡天之化，隨在皆深其樂育。自羲皇以來，此心此理未有能易乎此者矣。孔子值周之衰，既不得位於時，幸文、武、周公之澤猶存，禮樂法度猶然，一王之制於是，身體之以教其徒，而當時得其全者不過數人而已。及孔子歿而禮制益隳，其得道者又復不遇於時，則取孔子之遺言、遺行，雜記之以傳後，而《論語》一書，尤其擇要而存之者也。其書於修己治人及日用事爲之事，蓋皆已挈其精而舉其凡。然上無聖人之君相，下無聖人之師儒，則能身體而力行者蓋鮮。漢儒始爲訓詁，而義多不醇。宋代程、朱繼出，乃實表章之。今國家休明，沿明制，首以是書取士，而天子復以聖人之化陶淑斯民，《論語》一書，蓋自童孺皆能誦之。然聰明穎悟者或爲臆説，隨俗波靡者又或視爲具文。非書之難知，而心聖人之心、行聖人之行者寡矣。沅不佞，少承庭訓，即爲指授此書之源①，而愚闇性成又兼以人事疾厄之擾，困頓有年，乃頗得其章句之意。竊以爲聖人非有他奇，第全乎天命之性，而能以成己者成人焉耳。窮居講學，與及門梳櫛字義，積久不覺成編。

① 源，《槐軒雜著》卷一本序作原。

其間[1]有與先儒相戾者，皆嘗平心静氣，以聖人之言求聖人之心，而參以古今事爲之錯出，覺後世之變，無一不在聖言範圍之中，而拘而求之，虚而擬之，則去聖彌遠。門人以爲不妨問世，愚懼滋之咎也，而同人復促之，爰略叙其端，以就正於高明，有惠而好我者，匡其不逮，是則私心之深幸也夫！

雙江劉沅謹叙

聖人亦人耳。全天命之性成己以成人，説來淺近，實不易能。觀《論語恒解》多如人意中語，益信先生之言非虚。

受業蔣增蘭志[2]

① 間，《槐軒雜著》卷一本序作閒。

② 按：蔣增蘭題記原載《槐軒雜著》卷一本序末。

凡例

一、《論語》者，孔子門人集孔子語而論撰之，有《魯論》《齊論》之分，齊、魯門人各自記之。漢代原各分行，傳《魯論》者，夏侯勝、蕭望之、韋賢及子元成；傳《齊論》者，瑯邪王卿、膠東庸生、昌邑中尉王吉。漢文帝時已立《論語》博士，蓋當時遺經始出，朝廷重之，各聽其自爲師説，通一經以上者皆拜官，故治《魯論》《齊論》諸人皆名於時。至景帝子餘爲魯王，廣孔子舊宅以爲宮，聞壁中鐘磬琴瑟之音，得《論語》《孝經》，謂《論語》爲《古論》。《齊論》有《問王》《知道》二篇，《魯論》及《古論》無之，《古論》篇次亦不與《齊》《魯》同。張禹受《魯論》於夏侯（包）建，又從庸生、王吉受《齊論》，兼講説之，爲世所貴，包咸周氏爲之章句。《古論》惟孔安國爲之訓解，而世不傳，至順帝時，馬融始爲之訓説。漢末，鄭康成就《魯論》篇章，考之《齊論》《古論》，稍爲訓詁。魏陳群、王肅、周生烈皆爲之義説。正始中，孫邕、鄭冲、曹羲、荀凱、何晏五人同奏進《論語集解》，盛行於世，而流傳止名《何晏集解》，意五人雖同奏進，而何晏實總其事，故不盡列四人之名也。是後，《論語》以此書爲主，梁皇侃爲之疏，至宋邢昺奉詔改定舊疏，頒列學宮，而皇侃之疏遂微。我朝日本國進獻其書，其文與邢昺《義疏》微有不同，然大旨無甚出入。今仍從何晏《集解》、邢昺疏本爲之訓釋，其他不及詳載也。

一、《論語》一書，自漢文帝立博士，屢朝疏解者不一，而其書多不傳。宋元祐以《論語》《孟子》試士，當時已尊爲經。注之者何晏最早，爲之疏者皇侃、邢昺最著。唐韓愈、李翱《論語筆解》、宋蘇轍《論語拾遺》、陳祥道《論語全解》皆在朱子之前，至朱子《集解》出，而諸家盡廢。若鄭汝諧《論語意原》、張栻《癸巳論語解》、戴溪《論語問答》、蔡節《論語説》、趙順孫《纂疏》、金履祥《集注考證》、王安石《論語注》、其子雱《口義》，皆與朱子相後先，而安石經義當時且以之取士，其餘與朱子或同或否，要皆各有發明。其以《論語》《孟子》與《大學》《中庸》爲四書，則自朱子始，是朱子之功大矣，但以四書取士始於元朝。而繼朱子而起者，若劉因《集義》、陳天祥《辨疑》，猶與朱子異説。若許謙《叢説》、胡文炳《四書通》、張存中《四書通證》、朱公遷《四書通旨》、史伯璿《管窺》，以上皆元人，其與朱子異者已少。而袁俊翁《疑節》、王充耘《經（義）［疑］貫通》，則因宋元祐以來以經義取士，經義之外復有疑義，故二人辨别疑似，以成此書。即明洪武三年初行科舉，亦以《大學》古之欲明明德二節，與《孟子》道在邇一節合爲一題，問平天下大指同異，蓋未盡循朱子之説也。元有詹道傳者作《纂箋》，雖間疑朱子，然實止就朱子《集注》《章句》正其音讀，考其名物度數。迄後蔡清《蒙引》、吕枬《因問》、高拱《問辨録》、陳士元《類考》、周宗建《論語商》、劉宗周《學案》、章世純《留書》，皆明人之書，雖或駁異朱子，而大旨不能出其範圍。若永樂所纂《四書大全》，剽剟成書，專爲科舉而設。自是時文取士，恪守朱注，雖有他書，人每視爲贋説矣。然朝廷以聖人之書教人，固欲其即聖人之言，知聖人之心，體聖人之行，斯可以經世理物，豈專爲科名計乎？朱子之書行世數百年，服習而成忠孝節義者，不勝屈指，曷敢妄爲擬議？但朱子本意，亦不過欲發揮聖人義理，使後人易知，而千慮豈無一失？苟有細心讀書，善會聖言，補朱子之所未及者，朱子當必不禁。沅不佞，非能一毫有得也，特訓蒙有年，偶有所見，私語門人，積久遂成卷帙，非敢與前人頡頏。亦庶幾準以天理人情，欲人易曉，而由此書以成道，修其身以及人，不愧讀書。區區妄庸之志，知不免獲罪高明，亦未嘗不冀大人君子諒其愚闇焉。

一、聖人已往，至今如見聖人，以其言行具在此書也。朱子《集注》第釋章句義理，而聖人言語抑揚輕重間神氣所留，講章每至誤會，則第作行文之用，已失聖人之真。故愚於詞義稍有未達者，既解正文，復爲串解、附解，欲求詳明，不免多贅，識者原之。

一、讀聖人書，即當學聖人，聖人祇是全得爲人之理而已。孟子言人之異於禽獸者幾希，君子存之則爲人，庶民去之則禽獸。所謂君子，自舜禹以下皆聖人，是聖人始能無愧人耳。學至於聖人，乃能曲盡人倫之道，洞悉天地民物之理，達而在上爲伊周，窮而在下爲孔孟，富貴不淫，貧賤不移，威武不屈，非有神奇變化不測之術也。後世視聖人太高，以爲不可學，不必學，則嗜欲累之，境遇困之，遂有學窮二酉而倫紀不修、高談性命而忠孝不全者。故愚注釋此書，惟取簡明易曉，誠使體聖人之言，存聖人之心，行聖人之事，則雖販夫牧豎，亦可爲聖爲賢。不然，詞章記問術數多端，以誇奇妙，必智慧之士乃能，所謂愚夫愚婦與知與能，困知勉行成功則一，都説不去。讀是書者，當知聖人之心理與我無二，第能存養以清其源，實踐以竟其事，即可希聖希天，毋为高頭講章所誤也。

一、孔子之聖，自漢至今尊崇頌贊者多矣，要不外乎閻復之言，先孔子而聖者，非孔子無以明；後孔子而聖者，非孔子無以法。二語括盡一切。奈世人推尊夫子，却罕身體夫子，亦由先儒視孔子太高，阻人進步。今略爲考辨孔子之事，以免學聖者望洋之嘆。

考辨

一、孔子殷人，成湯之後，姓子，氏孔，名某，字仲尼。孟僖子言其祖之賢曰：吾聞聖人有明德者，其後必有達人，今其將在孔某乎？則先代培植深厚矣。然聖父元配施氏，生孟皮，病足，不成人。繼娶妾，又生九女。聖父年五十始求婚顔氏，聖母徵在來歸，又無子，禱於尼山，始生孔子。然則天道神而莫測，聖人生亦猶乎人，不必生而即異，如開天之聖人矣。故有謂聖母禱於尼山，升而草木之葉上起，降而葉皆下垂者，又麟吐玉書曰：水精之子，繼衰周而爲素王。二龍繞室，五老降庭，空中有鈞天之樂，神女擎香露沐浴等事，皆愚儒無識，傅會爲之，其誣妄不足論固已。即嬉戲陳俎豆，亦後人誤會。古人席地而坐，必用俎豆盛食物，乃便於取食，童孺嬉戲，偶取玩之，亦不足異。後人誤以爲行禮之籩豆，謂聖人生而即知禮度，謬矣！夫子不云乎？人能宏道，非道宏人，我非生而知之者。使夫子不好古敏求，發憤忘食，未必遂造精微。其自叙平生自志學至不踰矩，具有年歲功夫次第，奈何以爲天授，不假修爲，使後人諉於質薄，甘失爲人之理乎？

聖父生孟皮、九女等事，不從《家語》，詳見後。

一、孔子生於魯襄公二十一年冬十月二十一日，以《春秋》考之，由朔日庚辰至是日，恰得庚子，《穀梁》爲正，而或猶異説，不可解矣。或謂是年日食，非生聖人之歲。不知日食有常限，人君敬畏天命，則必警懼自修，而必擇吉歲乃生聖人，是天亦趨避吉凶矣，一何可笑。

一、孔子身長九尺六寸，當時號爲長人，鄭人謂其顙似堯，項類臯陶，肩似子産，自腰以下不及禹三寸，則生質異常，固亦有之。後人因傳其有三十九表，胷有文曰制作定世符，然七十子之徒未聞或有道及，其爲庸妄傅會可知，欲尊聖而反誣聖矣。

一、太史公作《孔子世家》，尊爲至聖，其見甚卓，而載孔子年歲及事蹟多舛謬。蓋秦火以後，書籍罕傳，史遷搜羅採集，以見聞彙叙之，固宜不實，然其志無他也。如云野合，蓋子嫡母施卒，孟皮不成人，乃求婚於顔氏，則繼娶矣。聖父年五十，而聖母及笄，婚時六禮不備，故云然耳。至言孔子適齊，爲高昭子家臣，欲以通乎景公。按：昭子名張啈，魯昭公稱爲主君，阿景公意，輔孺子荼，人品不足道也，孔子何爲而主之哉？且欲以通景公，稍有志節者不爲，而况孔子？朱子採《世家》亦信之，斷不可從。

一、古書所載年歲，多不可信。《史記》掇拾殘編，叙孔子年歲，其舛固不待言。即《家語》爲孔猛所傳先世遺書，然《漢書·藝文志》云《家語》二十七篇，顔師古曰非今所有《家語》，則是孔子先世之書已亡。而今之所傳，乃後人所附益，亦當慎擇之。如伯魚先顔子卒，而《家語》言孔子二十歲生伯魚，六十九喪子，顔子少孔子三十歲，年三十二卒，孔子當六十（九）［二］歲，是顔子卒在伯魚前矣。凡若此類，若拘牽《史記》等書，年月並孔子事蹟亦多可疑，故當綜核群書，知其大概，不必穿鑿附會可也。

一、孔子生於陬昌平鄉。昌平，山名，鄉因以爲號。三歲喪父，少時固居昌平，後徙居曲阜，不知何年。以情事揣之，必聖母既卒，孔子適周問禮歸來。《史記》云：歸而門人日益進，乃徙居魯之都城。其謂少時設教於閭里，則居昌平時；後居闕里，則徙曲阜時。闕里，即闕黨也。《水經注》云：孔廟東南五百步有雙石闕，故名闕里。闕里有二，孔子始居昌平鄉闕里，後徙居曲阜，爲閭師，設教於闕里。城中雖有比廬，而孔子爲閭師，居闕里，北方閭門以石爲闕。里也，黨也，則以其居民多少而爲之號。孔子家貧，故少時即設教於閭里。周制原有閭師。已而爲委吏、乘田，亦因貧故，當均在少時，孟子不言何年爲之。委吏、乘田職固卑賤。孟子云：會計當而已矣，茁壯長而已矣。言其職易稱，以爲爲貧而仕之法。而云伯魚以此時生，魯君賜之以鯉。賤職何以動君之聽？豈當時民數必陳於君，尚沿舊制，君故特賜之歟？當闕疑也。

一、適周問禮，《史記》謂年十七時，《莊子》云年五十一。按：孔子年十七，南宫敬叔尚未來學，且聖母在堂，孔子不應遂適周，則《史記》所云，其時太早。《莊子》年五十一，孔子已知天命，其時已晚。閻百詩以孔子從老聃言日食事，斷爲昭公二十四年，似矣。然昭公十五年、十七年、二十一年、二十四年皆日食。《史記》云見老子歸，而門人日益進，則當是聖母没後，三年喪畢，孔子乃適周問禮。然《左傳》云孟僖子將死，乃遺言命南宫敬叔往事夫子，僖子死於昭公二十四年，豈敬叔不居喪，即於是年從孔子？且即於是年從孔子適周歟？是亦不足信矣。以事蹟考之，夫子天質不凡，其生知安行，祇是日用倫常之理，知之即能行之。至天人性命、一以貫之之道，非師不明。故言：吾聞周有老聃，博古知今，則吾師也，吾將往而學焉。夫子自言十五志學，三十而立，其適周必在聖母没後、年二十四五以後。然以《左傳》證之，南宫敬叔尚未來學，《家語》又不足信。竊按：左氏言孟僖子病，不能相禮，苟能禮者從之，其悔過學禮，固自楚而反已。然既知孔子爲達人，必不遲至二十餘年，而後命二子從事，是左氏及其將死也句爲可疑矣。蓋必自病不知禮，後即不久而命子從事孔子。此諸書年歲之不可盡信，其一端也。

一、孔子問禮於老子，既云將往而學，後復稱爲猶龍。又云吾從老聃助祭，聞諸老聃云云，則孔子從之頗久。且孔子固知禮者，魯備六代禮樂，文武之政，布在方策，亦復何所不究？若但問禮而已，老子以王府所藏示之，亦不過如問官郯子，何至嘆爲猶龍？而子夏對魏文侯，亦言仲尼師老聃。世儒謂聖人爲天授，又以老子爲異端所托，遂不信夫子師之。《莊子》載老子告孔子，至陰肅肅，至陽赫赫，肅肅出乎天，赫赫出乎地。此先天後天八卦所以異位，即人心道心性命所以顛倒也。而君子得時則駕，不得時則蓬虆而行，又用行舍藏所本，故喻以猶龍，稱爲吾師。若老子但即故府之禮，啓櫝相示，何遂敬之如是？聰明深察而近於死，博辨宏遠而危其身，及矜氣驕態，泰色淫聲，人以爲孔子所無，謂老子爲妄語。然孔子不聞以之爲非，而後人代孔子不平，已可笑矣。且禹戒舜以慢游與傲，臣子面斥其君，舜亦非傲與慢游之人，而相與安之，何也？大聖人相與儆戒之意，精益求精，豈末學所能窺及？况以老子爲師，既無益於老子，亦復何損於孔子？不自用而取諸人，聖人所以爲大也。文王師鬻熊，武王師尚父，文武不因之而貶損。孔子師項橐，人亦信之，惟不信師老子。老子之書，不言藥，不言仙，不言白日昇青天，白樂天且能言之矣。異端邪術托於老子，老子何嘗有是？貶斥老子，無關輕重也。而以孔子爲無師，生而已然，使學者望而窘步。於是愚者安於愚，智者騁其智，不知萬物何以皆備於我，下學何以達天，遂有讀破萬卷弗踐倫常、高談性命流於迂曲者。夫道本人人所有，聖亦人人可爲，及其成功一。人皆可爲堯舜，孔孟未嘗阻人以學聖也。因授受不真，故修己治人之功，不從本原正始。而言理學者，亦僅以知覺運動爲性，多學而識爲能，凡事天立命，輔相裁成，一切均駁而不純，故愚特辨之，豈必爲老子解嘲乎？

一、孔子爲委吏、乘田，孟子言其爲貧，蓋公家之胥役耳。而史遷云爲季氏吏，大誤。

一、商羊、萍實等事，人矜傳之，以爲聖即在是。不知天下之大，古今之繁，名物、象數、山川、土物及典籍之富，雖聖人必不盡悉。夫子言君子多乎哉，不多也，詰子貢以多學而識即曰非也，予一以貫之。此等事即偶然聞見，知之亦不爲奇。蓋聖人所知者，理而已。理本於天而著於倫常，倫常本於心性，存心養性，馴至於與天合德，則萬事萬理，一以貫之。故聖人無所不知，無所不能。謂五倫各盡其道，貴賤各有其職，皆當乎天理人情之極耳。若必事事周知，物物詳究，無論不能盡悉。且夫子已言有弗學問思辨篤行矣，言有不必學問思辨行者則置之，當學者則百倍其功，非但謂不學之則已也。自人誤解有弗二字，反以博洽爲能，而於心性不克致中致和，五倫不克盡誠盡道。故此等處不分明，遂以聖人爲難學。學固無多，道莫大於倫常，盡性敦倫即爲全人，何必才智聰明，始足以希聖也？

一、孔子平生事蹟，秦火以後失傳，太史公採集爲《世家》。列於《世家》，尊以至聖，其功甚大。但編次年月，以事相從，不盡確當。後儒徵引考定，爲之年譜，爲之辨論，然多有矛盾，弊由不綜聖人平生，以義决斷也。如孟子去孔子未遠，且親受業於子思，而於主癰疽瘠瘝不援据其年月，直以理斷之，信其必無，此爲特見。今孔子言行具在遺編，而兩論及孟子尤可依據者。竊嘗細心考之，孔子生而有異質，亦有令聞，因家貧，少時即設教於閭里，已而爲委吏，爲乘田，不過如今胥役藉贍升斗，初非受命於朝，有禄位也。迨聖母卒，而可以遠游，乃適周問禮。以《曾子問》及各書考之，孔子從老聃蓋久，故前人以爲從學三年，後辭歸。而史公言門人日益進，則前此雖爲委吏、乘田，實以講學爲業。可知夫子本居昌平鄉，其遷居至曲阜，亦當在聖母卒後，因門人日多，遠來從學者藉升斗以給膏火，多仕於季氏。如今書吏有事趨公，無事聽講。冉子退朝，季氏將代顓臾，冉有、季路見於孔子，是其明徵。夫子盛德日新，門人等又嘗稱道其師之賢，故遂爲中都宰，爲司寇。已而桓子主政，夙知夫子之賢，言於魯君，使之攝相。

春秋時，晉主盟中夏，却秦楚侵陵，凡盟會征伐，列國皆從其令。晉靈公幼，趙盾專政，以大夫而會諸侯，後（襲）［習］以爲常。列國漸漸亦以大夫應命。故凡執政者皆專其國之權，是大夫專政不止魯三家也。季氏專魯，以君命命孔子，以本國臣子從君大夫命，乃義之當然，非無故枉道比也。前人執仕於私家之義，謂魯定公用孔子。然定公安能奪桓子權以與孔子？桓子以君命命孔子，即可受也，豈私事權臣者比乎？孔子攝相而即出藏甲墮三家，桓子不以爲非，則聖人未明明裁抑之，而實已暗暗救魯之衰，惜未竟其功。魯受女樂，孔子遂行不待君命，亦不告季孫，遽爾辭官，自是遂不敢歸魯，周游列國，陳、蔡、齊、衞諸邦或主賢臣或主門人之家，歷有年所。桓子卒，康子立，奉父遺言召孔子，子乃歸魯，而年亦已老矣。魯亦不用孔子，子乃删訂《詩》《書》、修《春秋》以教其徒。至正禮樂一事，儒者亦相傳而誤。夫子平日言行及訓門人莫非文、武、周公之禮樂。間有不合時勢及舊制所未及者，夫子以意損益之，門人效之。迄今凡夫子言行所及，《小戴記》所載，其大概也。其實禮樂必自天子正定，夫子安敢取王制而更張之？即正樂之事，亦是因與師摯、師襄等交遊，私相考訂，非徑取故府宫懸而裁節之。非特此也，即删訂《詩》《書》《春秋》，亦止以便門人誦習，非欲傳後。是故夫子周遊列國，在歸女樂之後，非不得志於魯，遂遍遊諸國，以求知遇。前人未知此意，云周遊七十二君之廷及泗上十二諸侯，豈不大謬？但聖人德成於己，即欲推以成人，雖覊旅未嘗忘之，故荷蕢知其磬心微生，斥其爲佞。而孟子亦言三月無君則皇皇，蓋謂其心切救民，非汲汲惟恐不遇也。然則夫子始終一講學人，何乃誤認而妄言耶？

一、《家語》載聖父娶施氏，生九女。娶妾，生孟皮，不成人。晚乃娶于顔氏。詳考其事，殊不足信。夫生九女而後娶妾，則年已在四十餘近五十矣。生孟皮不成人而又娶，其不成人由其病足，蓋足不仁耳。而孟皮有子有女，則病足當在受室之後。受室必成人時，是聖父娶顔氏，年已甚晚。《正義》云六十四歲，理或然也。然考聖父爲鄹大夫，襄公十年，從晉伐偪陽抉懸門以出門者，孟獻子稱其有力如虎，則年方壯。又，十一年即生孔子，孔子生三歲而孤，聖父年不過六十餘耳，其娶顔氏何得在六十歲外？且聖父爲鄹邑大夫，卒於鄹。不久失官即家於鄹，故孔子生於鄹之昌平鄉而少賤。伐偪陽時，左氏曰：鄹人紇則已失官矣。孔子生長於鄹，故曰鄹人之子。聖父娶顔氏時，施氏蓋已卒，故曰求婚於顔氏，不然則妾矣。使孟皮爲妾子，則四十外娶妾生孟皮，已有子女而始病廢，復娶顔氏，聖父年當七十餘。而以偪陽事及孔子少賤核之，實不然也。《家語》多不足信。信其不悖理者，故愚斷以孟皮爲施氏所生。

一、孔子誅少正卯，先儒力辨其無。然當時三家擅魯，卯爲魯之聞人，意必委蛇出入於三家之間，如孔光、荀彧輩，名爲公臣，實乃依附權臣。子謂其心逆而險，行僻而堅，言僞而辯，記醜而博，順非而澤，則是貌是心非，到處苟合之人。夫子爲司寇，固有罰惡之權，故請於君以誅之耳。若非君命，而子誅之，則爲專擅，且季氏豈肯聽之哉？

一、是書人人誦習，歷代先儒注釋已繁。我朝日講四書，尤無美不備，科舉遵奉朱子，本不敢妄爲贅言。第平居授徒，偶有一得，門人鈔存之，久而成帙，私付梨棗，非愚志也，高明諒之。其考辨亦第舉其大者，餘悉隨文論正，見於附解焉。

論語恒解上論上册晚年定本

學而第一凡十六章

首章括爲學之始終，記者所以列於篇首，其下則編次相屬，限於簡策，不得不分爲二十篇。舊説言此篇多務本之意，然全書無一非示人務本也。

子曰：學而時習之，不亦説乎？有朋自遠方來，不亦樂乎？人不知而不愠，不亦君子乎？

説、悦同。樂，音洛。愠，紆問反。示人以學之始終，而欲其自領也。業道曰學，學聖人以全其性也。其序，小學大學；其要，博文約禮。時習，無時而不習其事。説，浹洽而快於心。朋，同道之人。人，則凡爲人也。自遠方來，德相師而道相樂。不愠者，忘名之至，《易》贊潛龍、《中庸》曰聖者也。前兩不亦，自信深知之詞；後不亦，贊美勖勵之詞。朱子曰：愠，含怒意。

附　解

人性皆善，而天理之良不能不汩於物欲。聖人全天之所畀，而深憫人之自喪其所以爲人，於是代天立教，爲君相爲師儒，本諸躬行心得以垂法度。禮樂刑政，其法詳；動静起居，其度密。而且爲之《詩》《書》以博其趣，爲之庠序、學校以樹其標。故學之一字，乃聖人補造化生成之憾，而使人各得其性，無愧於人者也。文、武、周公本天德以行王道，禮樂文爲，廣大精密，及其衰也，治具雖存，人罕服習。夫子生周公之國，修禮教之遺，諄諄弗倦，無非一學字之事。第王道既微，人多委靡，子雖善誘，惓惓學者，每無恒志。子故言學乃身内之事，非由外鑠，人之所以苦其難而不獲其趣者，以未深造自得耳。果其學矣，而又時時習之，則凡禮樂法度，一一體其實而會於心，天性中自然之旨趣有快然而無窮者，不亦説乎？由是而實德之至，聲氣自宏，凡同道之朋慕其風而悦其教，匪特近者親光，抑且遠者咸集。以我之學及人，以人之學益我，性分中之結契既深，與爲善之事業無量，不亦樂乎？雖然學以及人，爲樂惟其同道同志耳，非欲人人而盡知也。若以人不我知而含愠意，是其心猶有爲人之私，而非忘名之至。苟其不然，則是得於心者，實能與造化同流，斯屈於人者，乃能與浮雲共置，不亦君子乎？三段中將成己成物、遯世無悶功效包括净盡，記者故特列於二十篇之首。三不亦乎，神氣蟬聯而下，勉人自得自知，以己所閲歷之境界，誘人循序以要其成，婆心無限，故予不敢截作三節解釋，懼人忽於聖人深意也。學字切須認真，時習字乃不誤解，若離却五倫五性别有妙學，即時習終身，皆異端也。明善復初，朱子之説本於《中庸》，然不善會之，似明善即可復初，否則似明善一功，復初又一功，不如仍用明善誠身之句爲美。説字即孔顔樂字，時解因下文樂字，不敢將説字深説，非也。學何故説？以理得而心安，性天日暢，其進不窮，有快然而莫可名狀者，故爲成己之極功。否則如世俗詩文書藝，日覺其工，亦有説境，而非夫子之所謂也。六德、六行、六藝兼修，日新不已，説之境日深，斯朋之來自廣。其下文樂字，則謂兩相得而兩相益，與人爲善，樂於同仁也。樂其成人，與上説其成己是一也，而亦是二，皆非親至其境不知，故夫子均以不亦乎三字策人自領。因説樂並言，則自心曰説，及人曰樂；若專言之，説心即樂，樂亦説也。不知不愠，極難之事。凡人利心猶易化，而名心難化，非聖人不能快然自盡其職業，而漠然無動於聲華也。古亦有逃名之士，此不足以擬聖人。聖人者，有愛人無已之心，而不忍漠視同群，有皇然自責之意，而未嘗稍踰職分，常以爲己之道未至也，而不以人之知不知爲榮辱。曰不亦君子乎，深贊之也。後世錯解《疾没世章》，謂聖人亦重名，不知名者實之賓，仁義忠孝，己分所當盡者，非爲人而然，其自然留光於後世者，天理民彝不可得而泯没。若當修德勵行，先有求名之心，則念必不誠，不幸屈抑，則必隳志。且聖人之所重者，仁義道德之名，非世俗浮華之士也。離德而言名，即爲不足重輕之名。近人乃有謂，人不好名，即是禽獸者，抑何不思此章之義，及潛龍聖者之説，而妄誕若此也？或曰：如子之言，顯揚父母，流譽鄉邦，均不足爲重乎？曰：非也。人爵由天爵而尊，虚聲以實德爲本，君子以立德爲先，非惡名而逃之，乃惡無本之名耳。豈以朝廷之爵禄、仁義之令聞爲不足貴哉？然令名必歸君子，君子則無求名之念耳。不知不愠，《中庸》所謂依乎中庸，遯世不見知而不悔也。若不依乎中庸，即不知不愠，亦何足爲君子？

有子曰：其爲人也孝弟，而好犯上者，鮮矣；不好犯上，而好作亂者，未之有也。

弟、好，皆去聲。鮮，上聲。有子，孔子弟子，姓有，名若。朱子曰：善事父母爲孝，善事兄長爲弟。當時犯上作亂者衆，爲上者憂之，而無如何，有子故言能孝弟者必無是矣。何氏曰：上謂凡在己上者。

君子務本，本立而道生。孝弟也者，其爲仁之本與。

與，平聲。君子，以位言。道，化民之道。爲仁，使民興仁。言得其本，則一切化民之道皆自此而生。孝弟者，使民爲仁之本也。邢氏曰：與，嘆美辭。

附　解

仁者，心之德，愛之理。朱子因此章列《論語》首，故以仁字正解綴此。然有子之言，乃因爲上者欲導民於仁，而不知犯上作亂之故，皆生於不孝弟，故爲是指點之詞。仁有體用，此專以推暨之仁，言仁之理原於天而率於性。孝弟，其天良真切處也。犯上作亂者必先昧其天性慈良之心，而後忍於爲惡。孝弟之人其心必慈，其言必讓，其動必循理，安有是患？故爲上者使民孝弟，乃化民成俗之本，而非一切法令所可去悖逆也。不然，孝弟即仁，孝弟之至，通神明，光四海，二字之外無道，本即在此。有子此言殊爲複沓，且首節犯上作亂二事無歸著矣。言君子務化民之本，本立則治，民之道自生。孝弟者，斯民天性之同，躬行以率之，民自消其暴戾而歸於和順，豈非爲仁之本乎？不直言之，朱子以爲謙退亦通，不若邢疏之直截而有味。張惕菴云：此章至易明白，外注與講章紛紛辨論，皆非誠知言哉。

子曰：巧言令色，鮮矣仁。

鮮，上聲。言、色，仁之所見，端不可不飭也。巧、令，則失其正而忘羞惡之良，故鮮矣仁。巧、令，皆違理而徒悦人也。

附　解

此戒諂巧之流。仁字祗作本心羞惡之良説，而人欲之肆不待言矣。温温恭人，藹藹吉士，察言而觀色，慮以下人，何嘗不惟恐得罪於人？然義理是非卓然不移，省躬集益，非同阿悦，至如忠孝所在，下氣柔聲，因事納牖，均不得以巧令例。後人因朱子致飾於外務以悦人八字，不敢以言色爲重，至徑情放誕，非嵇康之得罪鍾會，則安石之不近人情，甚或君父之前，欲避諂諛，乃忘忠愛，悻悻然曰：吾不爲巧言令色也。豈不誤歟？弊由將此章仁字認爲恭默思道，求深反淺，不知言各有當，此爲諂媚者戒，非教人不修禮度，傲物凌人也。皇侃《義疏》云：巧言令色鮮矣，有仁或以爲可。然第無巧令未便，即目以仁。蓋仁字作心德之仁解，則甚不易當也。

曾子曰：吾日三省吾身：爲人謀而不忠乎？與朋友交而不信乎？傳不習乎？

省，悉井反。爲，去聲。傳，平聲。曾子，孔子弟子，名參，字子輿。曾子誠身之學無在不然，言此，蓋示初學入德之門也。省身者，求其心與理之安，而非欲人知忠於謀，全人之德行事功，而非尚機巧，信於友，求益於彼此身心，而非徇意氣，傳慮不習，則德日修而業日廣矣。朱子曰：有則改之，無則加勉。

附　解

凡事皆當反身自省，何獨三者？此蓋爲初學示也。朱注有則改之二句，極得省字精神。惟忠信二字易混，人多障礙，不知他處言忠信。則忠者其心之誠，信者其言之實，分内外，不分精粗。此章明明分貼。爲謀、交友則忠信乃一心而兩用，因事而異名耳。因爲人每不盡心交友，易不誠實。朱子故以盡己以實詁之，實則二字無大分别，且如言忠信、主忠信等章，均不可以此章泥也。人字所包甚廣，謀之忠，不必有成而無敗。惟是慮周而義精，使人不陷於過舉，曲突徙薪優於焦頭爛額，赴湯蹈火全其孝義忠良，非如世俗之云僥倖詐僞，阿徇黨同也。信者以誠相與，内外如一，始終不二，亦以道義而不計利名。傳而習，則實有羹牆之思，受益之誠，非授受洽心者不能也，當知曾子平日心迹。學詣貼切發揮，方非泛泛。

子曰：道千乘之國，敬事而信，節用而愛人，使民以時。

道、乘，皆去聲。《周禮》一成之地九萬畝，而出兵車一乘，千乘九千萬畝，而山林川澤不與者也。以道治人曰道，獨言千乘，爲齊晋大國言也。先王之制，上公不過千乘，所以爲藩屏、牧伯。春秋兼并侵陵，千乘之國首敗王綱，傲慢、欺侮、侈肆、疲民，蓋春秋將爲戰國之勢也。子故言此以救其弊。國事皆王民事也，故必敬信不欺。節用，爲民愛財。人謂臣民以時。包氏曰：不妨農務。

附 解

道國何止此數事，爲政以德，禮、樂、刑、政，國無大小，均宜力行者也。何獨千乘宜然耶？夫子此章所以救春秋之衰也。先王封國，上公地方五百里，侯方四百里。千乘之國，其地蓋九千萬畝乃能具千乘，是先王所以恃爲牧伯、屏藩，承流而宣化也。周衰，大國肆其强大，不懔王章，兼并弱小，恃力而争，傲慢自恣，不誠於民，煩費無等，以凌其下，民不堪命，小國尤難以自存矣。子故特爲曉之言，道千乘之國，不可徒恃其强大，正當敬事而信云云，乃可固疆圉而長子孫，俾能如此而行，自然不敢違王制而肆侵陵，民安其生，與國皆享其福，此救時之妙用也。無如夫子位卑言輕，大國不聽其説，厥後齊晋諸國翦滅鄰封，快其所欲，卒皆爲强臣所有，曷若夫子之言保世而滋大哉。常解覺千乘二字爲多設，以爲務本之意，亦罣漏而不全，由忽視千乘二字，故晦立言之本意也。千乘有二説，包咸云：方里而井，十井爲乘，百里之國十乘，是萬里而出車千乘，實八十家人出車一乘。凡車一乘，甲士三人，步卒七十二人，又有牛車一乘，掌糗糧衣裝炊爨者二十五，共一百人。八十家安能供此？馬融據《周禮》參《司馬法》六尺爲步，步百爲畝，畝百爲夫，夫三爲屋，屋三爲井，井九百畝，井十爲通，通九千畝，通十爲成，成九萬畝，成出革車一乘，除去公田一分，八百家人而出車一乘，卒一百人，積九千萬畝，乃出千乘。其説爲長。何晏注兩存之。而前人多主馬氏。在周盛時，此等大國無幾，春秋則多，皆由侵小而得，子不斥其非而曉之以自存之道，正深於已亂也。使民以時，包氏至爲簡盡，古者國家工役，無一不用民力，故聖人慎之又慎。農隙講武，乃教民之常，不在使民内計，使民謂凡有興作也。出兵一事則不必俟時，禦寇、討賊非可遲誤者，但先王動必以義，師出以正，民自樂從，六月棲棲，楊柳雨雪，其心爲民，而征伐不必皆時，未嘗不時也。

子曰：弟子入則孝，出則弟，謹而信，汎愛衆而親仁。行有餘力，則以學文。

弟子之弟，上聲；則弟之弟，去聲。舉蒙養之功以救時。弟子，未冠以下也。弟以出言兼施於師長禮，七歲入小學，十五入大學，教弟子之法至嚴且備，春秋禮廢，芄蘭挑達之譏，不一而足，子故言：當使之敦本而文以助之，不可務華鮮實，庶幾有本有文也。文，馬氏曰：古之遺文。朱子曰：謹行之有常。信，言之有實。汎，廣也。衆謂衆人，仁謂仁者。餘力，猶言暇日以用也。

附　解

人生慎於所習，自蒙養始。先王制禮，六年教之數與方名，七年，出就外傳習爲小學，有以養其恭敬和平之本，而化其氣質之偏，十五入大學，即講求誠正修齊之道，至二十而冠，則齒於成人，蓋十五年之間所以次第訓誘者，至詳且切，無一日之可忽也。春秋禮教衰遲，大學既無，小學亦寡，惟騖於華美，以夫子之聖稱之者，僅在多能博學，其時之弟子可知。子故言弟子當使孝、弟、謹、信、汎愛、親仁，行有餘力，則學文以博其義理，不可忘本而務末也。論立言本旨，則重上六句，論理，則下二句亦不可輕，蓋必有餘力而後學文，恐無本，則文無所用也。然使行有餘力而不學文，則何以考事理之當然，而合於軌範。文，朱注謂《詩》《書》六藝之文。按：六藝有二，《周禮・大司徒》：以鄉三物教萬民，而賓興之。三曰六藝，禮樂射御書數。此六藝者，成人之能事，終身所不離，如温凊定省隅坐隨行是文也。即是孝弟日用所不可，或無其理與孝弟六項相爲貫注，非判然二物。待餘力，而後學之。史遷、班固，以六經爲六藝，朱子所指，蓋此也。然不若馬氏云古之遺文爲該括，凡圖書、典物以暇考究，折衷古人，則並孝弟六項之義益參印而明，而詞章記誦亦該其中，此文字較博。文字稍淺，以其爲弟子言也。子以四教文，乃凡古今事物燦著者皆是，後世文字之學益煩，談性學者，或概鄙雕蟲，而不知文章乃道德所寄；務才華者，群誇靡曼，而不知詞章以忠孝爲基。故凡道理之散見者，皆文第童蒙，則以文字爲先務，未遑說到大文耳。

子夏曰：賢賢易色，事父母能竭其力，事君能致其身，與朋友交言而有信。雖曰未學，吾必謂之學矣。

賢賢，實踐其賢。易色，變易容色。言誠於中而著於外，不徒貌悦也。竭力、致身，以其力與身屬君親，而無一毫自私，學以明倫，卜子爲學而不誠者發。

附　解

以好色之心好賢，本孔安國。但《大學》如好好色，就人隱微處形容其意之誠，故以如字作指點，《中庸》賤貨遠色，就人君所易蔽以明尊賢之所宜去。夫子兩言未見好德如好色，皆慨世人習尚之偏。此章設言，有如是之人乃懸空説下，就現成人品説，故不曰好賢，而曰賢賢，謂實體其賢也。易色者，愛慕之誠，肅然敬，抑然下，歡然而親炙，其平日實有君子之行，乃能與賢爲化如此。皇侃《義疏》言若欲尊重賢人，則當改易其平常之色，更起莊敬之容，大略亦是，而不合現成口氣。宋蔡節謂：爲之改容是也，而或又非之則謬，竭力致身無一毫自私，則所以曲全其忠孝者，自多道矣。非徒亡身殞命之謂，言而有信，不必期約，蓋無一妄語，其至誠相待，可知學以明倫，倫外無學，故必謂之學，語意無疵，吴氏之言大謬。

子曰：君子不重，則不威，學則不固。主忠信，無友不如己者，過則勿憚改。

主敬、存誠、友仁、改過，爲學之首功也。語有淺深，意無輕重。朱子曰：重，厚重。威，威嚴。固，堅固也。無，通毋，禁止辭。勿，亦禁止之辭。

附　解

此示人下學之切功。學何止於重，而不重則輕躁弗除，浮華奚免，故不威而不固。若克己復禮之後，神明安固容貌莊嚴，學固而重，非重而固學也。主忠信，無一念一事不實，毋友不如己，恐在我無自得之真，則易爲所惑，若德之既成，則棄短取長，包荒引誨，方將化之不患其浼已也。至改過不吝，乃聖學第一功，終身不可離者。古人學有本末，會通之後，無表裏精粗之可泥，入道之初必言行動静之先正，後之學者非躐等以求功，即移粗而入細，學之所以易淆也，重之一字，後人所難，在當時頗易。周公制禮，自閭門里巷以達於朝廟，皆有法度，學者循循於規矩，儀度自然而肅，志氣自然而平。春秋之時，遵行者鮮，惟夫子身體以教其徒，故四方來學禮焉。此章教人循禮而謹浮夸也。

曾子曰：慎終，追遠，民德歸厚矣。

民德天良之真，祖宗父母身所由來。於此薄焉，仁心息矣。慎追者誠敬之良足以感人心，而與至治民之背死忘生者，寡矣。周家重喪祭以此。朱子曰：慎終者，喪盡其禮。追遠者，祭盡其誠。

附　解

此章事至平近，理至精微。向來注家於慎追歸厚兩相關通處未能明透。周之興也，武成大告。他務未遑，民食而外，所重喪祭。子思引夫子論武周以立中庸之則，其義亦重於喪祭之制。蓋人生天理之良，孝德爲首。先王有至德要道以臨民，惟其仁敬孝慈，篤於根本之地，故推恩以及於民物，無非慈祥愷惻所周流。春秋禮教衰微，在上者嚴酷武健，大都皆由仁敬之良，無以養其原本，故視民如芥，而民亦相習爲乖離。曾子言致治有本，仁孝爲先。祖宗父母，吾身所由來。天性之良，於此發現，最爲真切。爲上者，能於父母之終也，哀禮並至祖宗之遠者，愛慕追思，則其至性所流，情文交摯，凡有血氣莫不感而生悲。况屬下民亦復誰無父母，觸發其天性之良，而顯示以人倫之則，民莫不革面從忠，歸於仁厚矣。要知慎終追遠者，其人必是孝子。仁人其治，自然愷悌誠篤。曾子有慨於時政之衰，不就用人行政立説，而特以仁孝之事導之，蓋使其反求天性之良，自端化民成俗之本，乃救時之苦心立言之妙用也。苟實能慎終追遠者，即能次第施行仁義。民德歸厚，句中含蘊無限道理。曾子未與盡言，意欲使人且就慎追之事，行之自能，勃發天良，力行善政耳。讀者勿草草忽過。孔安國注喪盡其哀，祭盡其敬。朱子易以誠、禮二字，各就所重言之。要之四字均不可少。

子禽問於子貢曰：夫子至於是邦也，必聞其政，求之與？抑與之與？

之與之與，平聲，下同。鄭氏曰：子禽姓陳，名亢。子貢，姓端木，名賜。聞政，聞其政令得失，而知其由來也。求，有心採訪。與，有心就正。

子貢曰：夫子温，良，恭，儉，讓，以得之。夫子之求之也，其諸異乎人之求之與。

平易近人曰良，不爲苛擾曰儉，言夫子有五德，而人自親近之。不期聞而自聞，非若人之求也。至與則邦君本無是事，故不復云。

附　解

聞政，聞其政令，美惡之狀，而洞察由來，求非諂屈之謂。第有心採訪，期於必得。即是與邦君就正傾心而與之也。孔孟雖周游急仕，惓惓斯民。然守道至嚴，未嘗一毫苟合。孟子當戰國時，世主以士相高，游説概從優養，孟子應梁聘，而後出。齊王致稷下之士三千，孟子亦以禮往，其餘滕世子往見。魯則父母之邦，他邦未嘗至也。孔子因南宫敬叔言於魯君，資以車馬，始如周問禮，其後周游列國大都，皆因門人所在，暫爲寄寓。楚則昭王禮聘，於晋亦然，二國較爲道遠。至泗上十二諸侯僅此山東蕞爾之地，然夫子或一至再至不過與其賢士大夫游，並非至則見其君也。《吕氏春秋》謂孔子再干世主見八十餘君，《史記》云干七十餘君，皆傳聞之妄，時君敬信，就而問之事之所無，在子禽不過帶説，故子貢亦不復言。時解誤認夫子處處與邦君往來，求字遂作夤緣諂曲解，既昧時勢，亦太低看子禽、夫子。即痌瘝斯民，然并無僥倖遇合之想。何至搜求國政以爲明察？子禽亦疑其不然，故質諸子貢。温良五者，至常至奇，夫子出以無心，他人遂爲所化，不覺傾誠吐實。子故不期得而得也，在夫子本非求而有此五德。人自不得不告以政，似夫子以五德求之者，然故曰：異乎人之求之也。聞政得政，皆係聞諸邦人，非聞諸邦君。蓋人與夫子接，但覺其德盛、禮恭，到處樂與周旋，無心之中，吐露其國之政令，而夫子聲入心通，窺豹一斑，即知全體，似邦君國政盡在夫子心目中者，故子禽疑之，而子貢則深知之矣。五德惟良儉二字費解，然乃講章求深反晦之故，愚正注已明。夫子當日游歷逆旅邂逅豈盡賢人，有此五德而賢者樂其德範，愚者喜其優容，人人生恭敬歡喜之心，故必聞其政也。

子曰：父在，觀其志；父没，觀其行；三年無改於父之道，可謂孝矣。

行，去聲。道，謂合道之行。時有父賢而子不肖者，故云。然蓋人子以成親之美爲孝，父行道而不改，繼述之，善可知。言三年者，時勢或有異，宜三年已爲久矣。

附　解

夫子釋《易》稱幹蠱，表武周之善述善繼人子之事親也，將爲善思貽父母令名，將爲不善思貽父母羞辱，苟其盡善，則子孫勿替可也。何僅三年？苟其不善，而親不及改者，蓋愆惟恐不速，亦何待三年？夫子乃爲不肖子言之，與孟莊子不改其父之臣與政同一意。父行合道而子改之，其忘親悖理甚矣。云三年者，事理當隨時處中。不道者，固可速改；即合道者，至三年亦或宜有變通。不然執中無權，必貽誤於家國。文王服事，武周革命，豈以文爲不道耶？言三年，以明其哀慕之誠且久，而三年以外不待言矣。此章誤解，故宋紹聖之事，小人執此以陷，元祐諸君子無能難之，司馬文正公謂太皇太后以母改子，非以子改父，其説亦滯。明世宗末年，朝政大壞，徐階謀諸張居正，擬遺詔以改之，而高拱不平，欲陷害徐階，賴居正得免。小人每附會經義，誤人家國。解經者，可不慎與？

有子曰：禮之用，和爲貴。先王之道，斯爲美，小大由之。

用，如運用之用，兼内外情文而言。順其自然而安曰和。道，治天下之道。斯，指和而言。小大謂禮，貴以理言。美，以功效言。

有所不行，知和而和。不以禮節之，亦不可行也。

不行，阻於施也。任情無節非禮，而亦不得爲和。

附　解

先王制禮，因人情而爲之節文，蓋由天理之良有不能自遂者，故爲禮以導之。太過則節之，如是則安，不如是則不安。天良自然浹洽處，即所謂和也。春秋務煩文而無實德，非拘則蕩，故有子云。然上下兩節，一反一正，所以明過不及之皆非而使人適中。用字，先儒對體字説，非也。禮之體，本於心，然心之安於禮處即是和。和字不得謂爲用也，此如五官運用之用。禮行而和存焉，非是則無以運用。如手持足履，耳聽目視，視聽等禮也，運視聽而浹洽，即和也。言禮主於嚴而其實用之。而浹洽者，以和爲貴，先王治天下，所以禮節民性，而民無不和樂，即此和之爲美也。凡小禮、大禮其節不同，要無不和而浹洽者。然則禮豈苦人之具哉？其有所不行者，知和之爲貴，而一於和不以禮節之，則亦不可行也。要其所以不行，正惟未得和之實，非和之不貴，而亦非和之不可行也。前人於各句實義多牽混不明，讀者玩之，惟行禮者太拘苦，而放縱者乃因而倡，爲曠達莊列之徒流爲恣睢。於是禮樂蕩然，秦火之禍所由來也。

有子曰：信近於義，言可復也。恭近於禮，遠耻辱也。因不失其親，亦可宗也。

近、遠，皆去聲。復，房六反。近，合也。義，信之質；禮，恭之則也。耻自内生，辱由外至，因暫相依。宗，則尊法之。朱子曰：信，約信；復，踐言。人之言行交際皆當謹之於始，而慮其所終是也。

附　解

輕於然諾者，不顧義理之安，直是易言耳，安能可復？平日以精義爲學，約信之時，始不苟諾。素能講求禮度，致恭於人，始不亢卑。夙昔慎於交人，偶然因依亦不漫爲許可。有子戒人慎始慮終，則人自有不得不勉於平日者。不然，素無功修而欲取辦臨時，難矣哉。

子曰：君子食無求飽，居無求安，敏於事而慎於言，就有道而正焉，可謂好學也已。

求安飽者，務而欲精之也。事義理，當爲之事有道。道，得於身者君子。學，求益於身心。故自强不息，慮以下人。如此，而夫子舉以勉人。

附　解

聖人之言，道理四通八達，而立言之意，則各有所指。宜審其命意所在，不可一概闊論。如此章食飽居安，乃常情所共，非謂學者必饑寒而後可爲好學，特以事勢所趨，有易以此擾其心者耳。周之宫室制度，與今不同，士庶人有分以限之。不惟不敢，力亦不能。春秋中原，即今北五省地，版屋垣墉，儉於他處。居食所需，亦多樸野。士生其間，厭苦而求豐適，惟干禄一途，乃能易貧賤爲富貴。故嗜欲之念濃，身心之業淡矣。子故言：不求安飽，而惟敏事且慎於言，又求益無已，此則真可謂好學也已。抑聖人所言之學，敏事，慎言，就正有道。如此，後世好學之勤有過於前人者，然略於根本，務於詞華，不特安飽中罕良士，即貧陋中亦少真修，非求飽求安之過，而不敏事慎言，就正有道之過也。學者其自審諸？

子貢曰：貧而無諂，富而無驕，何如？子曰：可也，未若貧而樂，富而好禮者也。

樂，音洛。好，去聲。無諂、無驕，不以貧富爲榮辱，樂與好禮，不以貧富爲身有也。樂，性分有以自樂。好禮者，以禮自守而又以禮成人。儉己而豐於人。四者皆由自心辨之可也，未若有實際焉。朱子曰：諂，卑屈；驕，矜肆也。

子貢曰：《詩》云：如切如磋，如琢如磨。其斯之謂與。

聞子言而已悟樂與好禮之實。故引《詩》言淺深之量不同如此。

子曰：賜也，始可與言《詩》已矣。告諸往而知來者。

已知者爲往，未知者爲來。《詩》無達詁，要求有益於身心。子貢因子言而悟《詩》之旨，其見進矣。故與之。

附　解

無諂、無驕，樂與好禮，俱在心性内，自家審量，實踐處説，非僅以外貌言也。富而好禮，向未有透快發明者，因未知當時貧富實際耳。周制計口授田，量能授職。文武成康盛時，君子在位，小人在野，貧富相安，而不相耀。春秋法制漸壞，諸侯、卿大夫，族大勢强，侵陵兼并，而鄉舉里選之法亦隳，是以士多貧賤。顔子有負郭之田五十畝，而陋巷、簞瓢爲其務。學而不暇耕也，故曰：爲貧而仕。又曰：禄足以代其耕。蓋當時士之富也，必由位禄。孔子三月無君則皇皇，孟子釋之曰：惟士無田，則亦不祭。孟獻子曰：畜馬乘，不察於鷄豚；伐冰之家，不畜牛羊。非如後世，買賣民田，科舉取士，農工商賈，各有富人也。周禮，繁重富貴之禮，貧賤非惟不敢爲，亦不能爲。而春秋富者，往往逾制。好禮者謂有位而豐，不爲一己之身家娱樂計，而汲汲以禮成己成人爲快，故曰好也。不然，貧者獨不好禮乎？子貢平日自問已實能無諂、無驕，及聞子言，又恍然於樂與好禮，氣象迥不侔也。故引《詩》言精益求精之意。斯字，指樂、好禮與驕諂不同處，蓋已悟實在境地，非徒在可也，未若言詞間比量也。夫子言其於《詩》，言能觸處旁通，悟及所未知。所誦習者，莫不爲身心之助，而處境之學，從此益造精微可知矣。時解太淺視。

子曰：不患人之不己知，患不知人也。

知人，知其美也。患人不己知者，自是而不能求益，往往失人。患此不患彼，則志日下，而賢益廣也。

附　解

知人，專就知人之美言。蓋患人不己知者，其心惟知己能，而不知賢於我者，正自無窮，患此不患彼，則理欲消長，倏判天淵。故夫子相形言之，以開其蔽。與後二章不同，若謂患不知人美惡，方戒其務外，又導以知人美惡，上下意不相貫，失夫子立言之本旨矣。張惕菴言：古人在明處取士，六德、六行、六藝，顯然易見。若再有求知之心，則所行皆僞。故夫子屢言，不患莫己知。今文章取士，却是暗處。雖有患莫己知之念，其勢不能自達心地到乾净，其説非也。六德、六行，在心性倫常處，自修不盡顯。然惟六藝較著，然非本末交飭，内外交修，亦不能工也。古昔盛時，君相師儒，皆以三物自修，即以此取人。未得於身，即求知，亦無由干進，故士多實行。後世專以詞章取士，賢者亦騖於華，不肖者忘身以徇。而倫紀克敦、文學不足者，亦棄於世。若糊名易書，科舉取士，雖若至公，然僞爲者不少。非文字不可得人也，言者心聲，必其人忠孝仁義得之於身，乃能即言以知人。如歐陽公之於東坡，王伯厚之於文文山，亦見一斑。且其人果以聖賢自命，則凡所言之理，皆必見諸實行，又何患文爲虚器。無如取士者與士，皆自命卑靡，則品遂難定矣。夫以實德取人，人尚趨浮僞，以虚文取人，而欲其不浮華，豈可得哉？何今人之心地乾净，反勝古人也？然此非此章正義，特其言易以惑人，聊附辨之。

爲政第二凡二十四章

子曰：爲政以德，譬如北辰，居其所，而衆星共之。

共，如字，一作拱。上之事曰政，以其正人之不正也。以德備天之道於身，而推以成人成物也。北辰，北極之精，天帝所居，璇璣所會，天帝無可名，即北辰以目天之主宰耳。以衆星喻臣民，故以北辰喻君上，天以一元主宰萬物，聖人以至德生成天下，非無爲也，以德爲之則自然化成。夫子思其人而擬其象如斯。

附　解

德者，政之本也。本德以爲政，一人綱紀，萬物而天下景從。如堯舜恭己未嘗無爲，而臣鄰賢聖庶績咸熙，實若無爲。北極有二義，日窮於南陸而夏至，日窮於北陵而冬至。窮極之處曰北極、南極。先儒所謂出地三十六度，入地三十六度者也。至天帝所居曰紫微，斗極乃星垣至尊之所，即此章所謂北辰也。先儒以紫微垣極星爲北辰，殊非。邵子言無星之處爲辰，甚是。而張愓菴非之，謬矣。蓋星者陰陽之精，萬物之著，然天體渾淪，一元之氣，無始無終，有宰之者，而理氣是以不窮。以地勢論，北爲最高，無星之處，元氣所會，璇璣所凝，太極之主，至静而含至動，至一而該至。紛以爲有天帝存焉者，俗人之見也。然有是理，即有是氣，氣之所宅，理之所凝，未嘗無憑之者。夫子不曰帝而曰辰，舉其地以實其象，言周天星辰經緯皆繫於此，故曰共之。猶人主居中，馭外六合，皆秉命於一人也。自來言天樞者，以北極中宫五星爲極星，緣此星動去動來，只在中宫，占象者據此星以算周天星辰之遠近。然乃人指此星以爲的，非天恃此星以運行也。夫子言北辰謂乾元理氣之主宰。《史記·天官書》言北斗七星至詳，云斗爲帝車，運於中央，臨制四鄉，分陰陽，建四時，均五行，移節度，定諸紀，皆繫於斗。蓋古原有是言，其義甚確，與此章居所之義足相發明。北辰居其所而斡運周天，王者建其極而平治天下，其理同其象，何弗同耶？若以小極星爲北辰，極星有五：一太子、二帝、三庶子、四后宫、五天樞。太子、庶子、后宫，不足當北辰矣。《史記》以帝爲極星，朱子又以天樞爲極星。然帝也，而又有天樞，且更有天皇大帝在勾陳内，何耶？後人立名目以占驗，不盡合乎天地之真。朱子亦云北辰無星，緣人取旁一小星以算周天度數。然則小極星不可爲北辰矣。至辰字不一義，五行曰五辰，日月星曰三辰，火爲大辰，水亦曰大辰，十二時曰十二辰，日月所會謂之辰，皆非本章辰字。蓋北辰即天帝所居。周天星辰皆陰陽二氣所散布，而一元之統宗，必有其所，天帝馭焉，所以成變化而生萬物也。言其氣之聚而統宗者，曰北辰，若專言天帝，則有名而無定所，於星共之義不明。故夫子不曰帝而曰辰，且申言之曰居其所。後人紛紛誤解，皆泥於傳記諸書耳，如屈原言天有九重，而近人以管窺之，實不止此。天氣輕清而上浮，層疊有象，自下窺之，則然天豈有盡境哉？張惕菴謂蒼蒼之天一動，地即翻覆。癡語尤可笑焉！

子曰：《詩》三百，一言以蔽之，曰思無邪。

蔽，斷也。夫子刪《詩》之後而言此以示人，《詩》，詞多有所托，恐人誤解，故即《駉》篇之一言以盡之，欲人自正其思，無晦其旨也。

附解

詩者，周先王採民風而歌，至治寓懲戒而定褒貶者也。東遷，王政不行，陳詩之典既廢，列國之詩亦雜。夫子既無力以挽，即樂府所存，見聞所及，取而刪之，止於三百，以爲勸懲垂戒之義已備於斯。至周史所藏，非僅十五國風已也。三百篇中，美者頌禱，惡者諷戒，多作自旁觀。其自叙醜行、肆無忌諱者，夫子皆刪之。後人誤解反謂美、惡互存，直書其事以戒。然戒之而轉動其邪心，豈聖人意哉？蓋君臣、父子、兄弟、朋友間，詩人每托於夫婦之詞。子刪詩之後，所以表思無邪一語，爲則蓋詩之作也，其人詞意本有專屬，而用之於贈答、歌樂，則無定解，如夫子所稱，匪兕匪虎，蔓草偕臧。及左氏所載、賢士大夫所咏，不一而足，曷可泥哉？惟詩爲樂章所繫，必不可廢，而衰世淫靡太多，又不可不删。故夫子正其指歸如此，不然而導以男女之欲，乃曰思無邪也，何異開門揖盗，而曰毋發我笥也哉？此章重在使人自正其思。正思之道，内外交養，禮樂相維而已。然豈易言哉？

子曰：道之以政，齊之以刑，民免而無耻；道之以德，齊之以禮，有耻且格。

朱子曰：道，猶引導，謂先之也。政，法制禁令。禮，制度品節。格，正也。《書》曰：格其非心。政、刑，亦德禮所不廢也。第無其本而專事其末，則無以正人心而成善化。故别而言之，耻者，天良自愧。格則化矣。非有父母，斯民之心，覆載生成之教，豈能然乎？

附　解

政刑不在德禮之外，而德禮自是政刑之本，此爲春秋時發也。德者，人倫日用中正之事，皆身體力行，禮由是生。本正己者以正人即曰政，有頑不可化者，乃刑之。德字外無化民之道也，故曰：爲政以德。因當時諸侯汲汲於正人，條教號令十分精密，又設爲嚴法以糾之。民畏其法，苟且求免，藏奸府過，上以爲已治矣，而不知耻心全無，一旦决裂，其禍更甚。故子先指其所爲之弊，後示以德禮之實。然德必自修，禮由己立，此豈可望諸庸庸者哉？亦存其説以告萬世而已。三代以下，能用政、刑者十之三四，德禮化民者，十無一二。豈其人皆不足有爲哉？無聖人大學之教故也。

子曰：吾十有五而志於學，三十而立，四十而不惑，五十而知天命，六十而耳順，七十而從心所欲，不踰矩。

夫子以身示教，而言其進德如此。欲人循序以造其極也。志心不眩於歧途，立理不移於私欲。不惑者，非禮之禮，非義之義，莫能紊，蓋知之精矣。天命則其根極，太極而流形於品物者一以貫之，幽明胥徹矣。耳順，入耳而即辨其精。矩所以爲方之器，喻中道也，隨心而悉協乎中。朱子曰：不勉而中。是也。

附　解

道備於天體。天者，聖人。故學者學爲聖，實學以法天也。志學則一心以聖人爲期。然年值幼壯，氣質物欲之擾，未必盡無。立則心純乎理，而凡世俗所好，胥莫能奪，德基固矣！然理者有定，而無定是中之非，非中之是，與乎精粗、大小、古今萬變之紛紜錯出者，辨之精而守之一，必俟四十時，所謂精義之候也。雖然理之散殊者，必有其原，天地萬物何以與吾身相關，而造化精微何一不即心而具。其一神兩化，是一是二之故，非洞徹天命，何以知之？此五十之所以又進於四十也。耳順者，人各有道。愚夫愚婦，不必無切要之談，而百家簧鼓尤多。有疑似之界，神明之坐照既真，而平生之研究亦至斯，入於耳者，釋然於心，如犀之分水，冰炭之不相參，表裏晶瑩，性體如神矣。矩以方物，心之所欲，則不必其皆中於至善。而夫子七十時，則念念皆理，在在皆宜，與道爲化。此心即天地之心，而此身即天地之體，隨心所欲，無非法度，學之至境有如斯也。三代而下，大學之道，非人不傳。傳者又未必得其真，於是天人合一之理，淆駁晦蒙。此章所言半多想像而不實矣！可勝嘆哉！朱子曰：聖人此言一以示學者，當優游涵泳，不可躐等而進；一以示學者當日就月將，不可半途而廢。説最好學中自有如是之次第，夫子一一身歷，而詳切示人，非不必如是遲久，而姑爲學者言也。要之喫緊，在志尤在立。自立之後，自然欲罷不能，一步步到精微處去。或謂立之後，亦有歇手者，此非真立也。朱注各節，意氣不甚分明，學者試即愚説。身體之自見，若不實力用功，而第向文字索解，徒增惑耳。或曰聖人若不到七十，豈不猶有遺憾乎？曰：此問甚佳。聖人德已成矣，而精益求精之志愈篤，舜、禹皆大聖人也，而堯、舜戒之以危微，盈廷吁咈未嘗謂無庸警惕，惟其聖不自聖，故學日益粹。至於與天地合德，與日月合明，使孔子不至七十未必不踰矩，要其毫髮之間，未能粹然。自信之處，聖人必不自恕，則從心所欲不踰矩之言，未必暢然滿志而云爾也。後世聰明之士不少，第其志學時，即未得聖人真路。後雖自愛、自修，只是彷彿依稀。身心之業，必不能至不惑以上境界。其大段有成，亦或足以垂芳建業矣。然使上而興禮定樂，下而垂範明倫，蓋未有勝任而愉快者。故愚嘗言：爲學之道，誠心、虚心、細心、小心、恒心、苦心，蓋闕一而不可也。

孟懿子問孝，子曰：無違。

孟懿子，魯大夫仲孫氏，名何忌。違，悖也。言凡事無所違悖，就現成説。

樊遲御，子告之曰：孟孫問孝於我，我對曰：無違。樊遲曰：何謂也？子曰：生，事之以禮；死，葬之以禮，祭之以禮。

樊遲，孔子弟子，名須，是時仕魯。子慮懿子誤會其言，語樊遲以申之。禮以節文，天理守禮，而後可爲大孝。

附　解

懿子學於聖人，其問孝也，亦欲亢宗。蓋慫子曰：無違，則凡悖理之事皆免。蓋就現成者言，故不曰毋而曰無也。因其未能進問，夫子恐其誤會，故語樊遲，使相告誡。禮字所包者廣。孝者，天理之良，由一念之動以及於萬事。當乎禮，即全乎天理，而無愧於孝。一毫違禮，即失其天理之正，雖意欲順親，而實陷親不義。若僭妄之罪，尤其甚焉者也。三家僭禮，豈以爲非禮哉？彼固謂尊其親耳！豈知禮字外無孝，孝之至者，順禮而已。世人以非禮爲禮，即往往以非孝爲孝。夫子之言，廣大而精密，古今體之者希矣。樊遲仕魯，與懿子密邇，故因以告之。

孟武伯問孝。子曰：父母唯其疾之憂。

武伯，懿子之子，名彘。或自薄以貽親憂，故語以父母之心，動其天良。朱子曰：言父母愛子之心，無所不至，唯恐其有疾病，常以爲憂也。

附　解

朱注甚明，其曰人子體此，而以父母之心爲心，則凡所以守其身者，自不容於不謹。補義周匝，而毛西河非之，過矣。守身二字，所該甚廣，即上章禮字，俱在其中。區區無疾又不待言，想武伯紈袴之習，子特警之。若吾儒寡欲養心，更有大焉者。要在自以其身爲聖賢義理之身，則夫子之言，自能體貼入細也。

子游問孝。子曰：今之孝者，是謂能養。至於犬馬，皆能有養。不敬，何以別乎？

養，去聲。包氏曰：犬以守禦，馬以代勞，能養人者也。養親不敬，僅爲犬馬之勞，非孝也。犬馬非能知養，以其馴伏効力，喻人子之能養。此章言愛而不敬，不得爲孝也。

附　解

包咸古注甚佳。朱子棄何氏所引前説，而用其後説，然擬親於犬馬，語太不倫，且養犬馬之養上聲，養親之養去聲，朱子既讀若漾矣，而又誤解何耶？晋束皙云：嗷嗷林烏，受哺於子。養隆敬薄，惟禽之似。唐李嶠云：犬馬含識，烏鳥有情，寧懷反哺。豈曰能養？皆沿包説。

子夏問孝。子曰：色難。有事，弟子服其勞；有酒食，先生饌，曾是以爲孝乎？

色，愛敬至誠，由中達外也。《祭義》曰：孝子之有深愛者，必有和氣；有和氣者，必有愉色；有愉色者，必有婉容。故難。先生，尊長通稱，凡弟子事先生，皆服勞奉養。若無深愛，僅如事先生，不得云孝。饌，以禮具食也。

附　解

人子非刻刻以父母爲心，必不能深愛、致敬、怡然於二人之前。舊説云：人子纔有不愛其親之意，便有不順氣象，所以色難。愚謂非特此也。己之心志，別有所在。當父母前，亦每自忘其色，而不遑計及父母。至於有不足於親之念，而形諸色，則大不孝矣。是惟平日孺慕誠篤，惟知有父母而不知其他，然後視於無形，聽於無聲，極天下之事無足以解憂者，惟順於父母，可以解憂。故曰：難也。稱父母爲先生，人子於父母前稱弟子，自古無此理。此章言敬而不愛，亦不得爲孝也。服勞、奉養，凡弟子事尊長皆然。事父母，則深愛、和氣、自心，即有他事，一見父母便欣然、藹然，凡憂悶之事，都忘却了，此爲色難。子夏未知此，故夫子曉之。言弟子事先生亦不可例父母也。

子曰：吾與回言終日，不違，如愚。退而省其私，亦足以發，回也不愚。

回，孔子弟子，姓顔，名回，字子淵。表回之篤行以勵門人也。終日，極言其久。不違，不相問難。如愚，聽之篤而貌若愚也。私謂燕間發存於中而見於事。回也不愚，言如此始爲聰明善學也，蓋體道之難也。愚者患其難解，不愚者又患其難行。言雖諄諄，敦行有幾。子故即回以相勵。

附　解

此章講家紛紛。張惕菴又謂：語氣最難體會。於是康莊化爲荊棘矣。其實子言至顯，説者拘泥如愚、不愚字面，謂果係愚者，子豈與言終日？既非愚矣，何云如愚，而待退省，又謂亦字是驚喜詞，不是輕可詞。至張惕菴則云：如愚非好字面，不愚亦非好字面，以盛德容貌若愚，坐實如愚；以商與賜之言《詩》襯醒，亦足以發，俱爲節外生枝，不知此非空空贊回乃爲門人言也。學者莫不聰明自負，然於聖人之言罕能躬行，不知學以篤實爲貴，貌承心否，絶世聰明終歸無用。子故言吾與回言終日，其語之煩而義之廣，蓋不易領會矣。回也，默然聽受，無所疑問。就爾時之外貌觀之，殆如愚者；及其既退，予省察其私居言行，凡予所言，向之恐其未了然者，皆實踐而闡發無餘，然則回非愚者也。特其與言之時，一一默識心融，故不必更煩問難。其不違者亦足以發也。安得盡如回也哉？亦字從不違字轉出，非子有不信於回，而猶待徐察始驚而喜也。

子曰：視其所以，觀其所由，察其所安。人焉廋哉？人焉廋哉？

所以，所挾持之具，言語氣象大略可觀者，皆是由行也。核諸於行，恐無實踐。安樂而能久也。蓋人才不一，其所成就，必徵諸言貌，以爲端而考其生平，志行堅貞，始可定之。視略而觀詳，朱子曰察，則又加詳也。焉，何也。廋，匿也。

附　解

朱子《集注》亦可。但云：爲善君子，爲惡小人。世之顯然爲惡者原無多，人惟性情度量見於言動舉止之間者，迥然各别，故當視之。至考核生平尤多不合。至臨利害，閲歲時，改弦易轍者，更非一也。視其言動氣象，挾持大略。可觀矣，再觀其所行與相合否。合矣，再察其久而不變否，則其人可定。此爲觀人者言。由淺而深，即晋接之間，以察其平日之心迹。庶不誤用小人也，非徒矜明察條辨言。由，在意上説；安，在心上説。殊非意即心也。如愚之説，自該得朱子之言，在學者玩之。

子曰：温故而知新，可以爲師矣。

故，義理之良。温，即時習之意。新，指會悟貫通者而言。涵養熟而道理明，然後品識兼足，故可以爲人師。

附　解

古之爲師者，將以傳道，非徒詞章記誦而已。道之理具於心，而散於萬事。非内盡存養之功，外殫研窮之力，則心理不相洽。而授受易窮，品識兼歉，後生何法焉？夫子特爲指出自得之學。故、新二字，均兼本末、内外而言，天命之性，得之生初故也，即聞見所得之善亦是。故窮理盡性，憤樂相尋，内而復性，外而實踐。久久表裏貫通，以一理而揆度萬事，得失是非，曉然不移，所見聞者，可直决之；即所不見聞者，亦以義斷之，隨所疑問，無不有以折衷。故曰：可以爲師也。夫子此言，固教人自得，亦因世人學不足而妄爲師，貽誤後人，故發是語。不然下句爲贅設矣。蓋師道關係名教之重，世無聖師則道不明；道不明，則學不正；學不正，則治術何由而復？自古聖人必有聖師，王季文王，豈不足以教子？而文師鬻熊，武師尚父，故大學之禮，詔於天子無北面。温故知新不徒作讀書解，天地萬物之理皆備於書，書非可忽也？第書中之理，皆吾身之理，又皆天地萬物之理。欲一以貫之，必也内盡其性，外博其識，文行交修，本末交養，一步步循序實踐，積之既久，誠明合一，貫通天人，乃能古今事物之理無不明。聖賢之書皆我有，一切奇詭、非道之説自然立破。此真學問也，真師程也，學者勉之。

子曰：君子不器。

性者，萬物之原，盡性則理達而義精，故不器。言此欲自修者，必期其至，用人者勿求其全也。朱子曰：器者，各適其用，而不能相通。

附　解

君子自然，不器。學必勉爲君子，惟君子始能不器。安得世皆全人，自修及用人者兩邊俱徹？

子貢問君子。子曰：先行其言而後從之。

君子口無擇言，由其理皆實踐，行非爲言之地，而言皆其行之實，自人觀之，則有先後耳。

附　解

天下古今萬事萬物，無一人皆親嘗之理。惟恃此性分之理，足以該萬事而貫天人。君子從心而言，無非實理。人見其言之當也，而不知其平日窮理有素，凡事實踐義理，故言之親切，是其所言皆其先行者也。先行而後從之，是夫子實指之詞。先後猶言平日臨時也。

子曰：君子周而不比，小人比而不周。

周，心理周洽。比，私情相附。形似而實不同，故辨之。

附　解

君子民胞物與其視天下無不可化之人，而此心在在與民物相關。是以温、良、恭、儉、讓，無處不可同群，所謂周也。小人立身無堅白之操，性量無含宏之實。第隨處委靡，依附取容，同流合汙，遇善者則爲所容，遇惡者則爲所惑，徒觀其迹，亦似普遍，而實則比附而已。王罕皆曰：萬物得所，周也，厚薄分明，亦周也；黨同伐異，比也，交滿天下，人人自謂親己，亦比也。總在源頭上辨取，亦説得好。

子曰：學而不思則罔，思而不學則殆。

思，求諸心。學，習其事。朱子之言是也。蓋古人爲學，皆身心性命、日用倫常之道。罔者，不明其理。殆者，困而難行。

附　解

禮樂法度聖人所垂，一一實踐於身心，此學也。見乎外者本乎中，爲其事者思其故，此思也。夫子當日教人衹是即周公之法，一王之制，令學者踐行，三千之徒皆來學禮者也。若使日用事爲一切法度蕩然，夫子布衣，亦不能議禮、考文，使人向化。程朱當日以古禮教人，所以來僞學之禁也。知此，然後可讀全部《論語》。

子曰：攻乎異端，斯害也已。

春秋禮教漸毀，事雜言龐，非身心性命之理，日用倫常之道，皆爲異端。斯害也已，兼害己害人言。

附　解

道一而已，天、地、人同此一性。性在天，爲太極；在人，爲仁義。仁義之粹，含一太極也。其發於外，而爲萬事萬物之理。千變萬化不離乎中，惟存養天命之性，研窮萬物之理。馴至乎中和在抱，萬善同歸，然後修齊治平，一以貫之。此非可以空言曉也。夫子時，聖王已遠，禮教衰微，學者多入於歧僻，故云然。厥後百家騰躍，異説紛紜。夫子删訂以存聖蹟，講學以留真傳，而處士横議，降而愈熾。孟子闢楊墨，言仁義，孔道以明。然秦坑、漢劍，禮教遂衰，孔孟誠身之學，僅賴文字以傳。而一二有志之士或緣偏見轉晦全體，加之奇衺之説，逞其謬妄，益以支離。則身心性命之理，日用倫常之道，人人言之，未必人人能真知之矣。夫道不過倫常，倫常之理千變萬化，必本於心。心有人心、道心之分。道心，性也；人心，情也。純乎道心，而無人心，必由克己復禮，明善誠身。自漢以來，儒者疊興，各有發明，罕幾聖人之詣者。故其維世之心雖切，而言道之旨未精。今將避菲薄前人之嫌，而令聖賢心學不明於世，其誤將來更有不可勝言者，試詳論之。古今稱異端必曰楊墨、佛老。楊墨之道，孟子言之詳矣。闢佛老者，始於昌黎。然僧道之徒可闢，老佛不可闢也。何者？老子與夫子問答，皆中正之言。子贊之曰猶龍，又曰吾師，未嘗有一毫非議也。而後世一切法術、怪誕皆托於老子。老子何嘗有是耶？佛本西域，與中國言語不通，嗜欲不同，天憐其地之赤子，無人化導，淪於禽獸。特生瞿曇氏以化之。其人天姿高明，生於貴胄，獨能了明義理，戒殺、戒貪、戒淫、戒妄，皆聖賢之道也。民雖夷人，天良不殊，感而好善者多。數千年後，尚沿其教，調馴可治。惜佛没後更無聖賢繼而教化之，不能如中國黄炎嚳摯接績，以肇文明，是宇宙之大憾也。而並佛化民之功没之，可乎哉？後儒斥佛老，不過曰廢人倫。然攷佛本天竺國刹利王子，取妻曰耶輸陀，生子曰摩睺羅。十九歲於檀特山中學道，静養十二年歸，妻子復聚。又四十九年卒，未嘗棄人倫也。番僧出家，佛之前已有此俗。至佛死後，其民自以戒定。不如佛多出家學道，如魯男子學柳下惠之意，然非佛本意也。中國相沿出家，由秦漢而後，井地壞，窮民多以寺宇收養鰥、寡、孤、獨，非以出家爲賢也。愚民不察，從而效之，又經多妄造，並撰許多神異，意欲尊佛，反致不近人情。其於老子也亦然。老子與吾子言，《禮記》《家語》《史記》所載，無非道者。後世妄爲神仙之説，雜以方技之流，奇幻詭秘，皆托於老子，於是人悉目老子爲異端矣。老子長年博學，人莫識其爲聖人之流，而第以其遐年謂有神怪，不知長年，古人常事。李根、陳元裝尚七百歲，何疑於老子？太史公作《老子傳》，詳其子孫，以明老子非無稽之人。夫子與之游，稱爲猶龍，蓋《易傳》稱龍德而隱之意。後人以爐火黄白等妄説，皆托於老子而謂爲異端。老子曷嘗有是？虞廷十六字，爲聖學淵源。《莊子》載老子告孔子之言，曰：至陰肅肅，至陽赫赫。肅肅出乎天，赫赫出乎地。實十六字所本也。何者？天地以至陰至陽産萬物，而人得其秀靈。陽性本於天，而陰質滯之；陰命根於地，而陽精寓焉。性命者，天地之華，而性情者，陰陽之變。其在先天，性命各正，太和保合，陰陽之純，全者不見其分。其在後天，性情駁雜，理欲易淆，陰陽之互宅者，難返於一。故人心、道心，一心也，而有微危之分。危者，陰之流；微者，陽之粹也。惟精則必別其陽中之陰，惟一則必守其陰中之陽。陰陽變化，由於天地之交，精一不違，合乎天地之正。《易》曰：一陰一陽之謂道。繼之者，善也；成之者，性也。夫陰陽之變化無窮，而天命之不二者爲性。性者太極，又陰陽之所統含也，陰中更有陰，陽中更有陽，至陰至陽，則性命之本，而造化之機。肅肅、赫赫狀其象，而名其精，天元地黄之始也。若夫本天本地，即互爲其根之義，而天地之生成，人心之體用，靡不全具於中。是四言者，實心性之根原，天人合一之妙旨。故夫子嘆其猶龍。《易》卦惟乾象爲龍，以況聖人之德，而老子如之，其德可不謂至乎？其爲世詬病，因《道德》五千言文義罕知，而學老子者，又偏於一端，是以儒者因流而咎其始。亦如古來薰心名利、違棄禮法之儒，言語文字非不燦然可觀，科第功名亦復儼然達者，然内而心性克復之功未踐，外而日用倫常之德不修，以是爲夫子之門人，豈夫子之過哉？是故老佛不外一性，聖人本無二心。僧羽之流，愈傳愈謬，則誠異端矣。欲使天下無僧道之徒，必盈天地間無一夫不得其所，無一人不明其性而後可。然此豈一朝一夕之故哉？故五性、五倫之外無大道。即技藝百家有益於民生日用者，猶形下之正也。惟害理、蔑紀、惑世、誣民及怪妄不經之類，則異端也。邢昺謂：異端諸子百家之書，亦非諸子百家，亦有可取者。特必以聖人中正之道爲權衡耳。

子曰：由，誨女，知之乎？知之爲知之，不知爲不知，是知也。

呼其名而告之，言所誨女者，知之否乎？知之真，則力行之，爲真知；不知者，闕疑以待問，爲不知，是求知之道也。

附　解

知行不可偏廢。子路勇於行，求知之功猛，轉恐知之分量未精，故呼之曰：由，吾平昔誨女之理，可知之乎？見之明而信之真者，即爲知之，安而行之可無遺憾矣。其理之似而辨未真者，即爲不知。徐而察之，不必欲速也，如此則得一善。拳拳服膺，而功可徐徐漸進，是即求知之方也。蓋恐其稍以疑似相安，故慰勉之。誨女二字，讀斷，章意甚明。子路聞過則喜，惟恐有聞非强不知以爲知者。前人誤解，不知句竟無着落。是知也句，是也二字，神氣亦輕明者，當自辨之。

子張學干禄。

子張，陳人，姓顓孫，名師。鄭氏曰：干，求也。禄，禄位也。學以爲己，而子張欲修飾以求聞達，則言行皆僞矣。

子曰：多聞闕疑，慎言其餘，則寡尤；多見闕殆，慎行其餘，則寡悔。言寡尤，行寡悔，禄在其中矣。

包氏曰：尤，過也。殆，危也。聞、見，所以資言行也。疑、殆，不闕則妄信妄從，信矣而又必慎其餘，不敢自是，故寡尤、寡悔。禄在其中，足己而無待於外，實有見知之理也。周制鄉舉里選，舍此無由進身，夫子於子張，不責其干禄，而但勉其言行無尤悔。

附　解

古之求士者以實行。春秋禮教雖衰，然選舉之法猶在。子張服習聖教，美言修行，以爲異日出身加民之具，是其心爲禄而學，不知君子修己宜嚴，豈因禄仕而勉。尤悔俱無，出可無愧於鼎養，處亦自得其文繡。以是爲禄在其中矣。聞於人者多虚，疑則闕，而信者亦不敢盡言以傷厚，或觸忌諱，或涉菲薄，尤以之生，如是，則寡尤也。得諸見者多實，殆則闕，而安者亦不敢徑，遂以貽誤。時勢不宜，義理不精，悔以之出，如是，則寡悔也。言行皆當，問諸心而愧怍胥忘，問諸人而人情胥協。學至於此，自可動君相之敬求，即不幸不遇，而夷險自適物望攸歸，亦未有終身窮餓之理。故曰：禄在其中。蓋當時士之進身，上之求士，尚以禮義。子張所學不差，但立念不正，子故不深責之，但示以反身自修，果能至尤悔俱無，干禄之念亦不期而自化矣。此聖人之善誘也。後世文字求士，糊名易書，暗中摸索，先儒每病之，以爲不能得真才。然言者心聲，使學者平日果能以義理束身，從事大學之道，而又博乎詩書事物之賾，一一返求諸己，馴至乎文行兼修，則應舉登科不必定與時違，而此中有浩然之氣，天爵人爵相因而來，未始不可爲聖賢也。王陽明云：近世文字學者之羔雁，蓋王制所在，即吾儒禮法所宜遵。第當從事於本，不以得失爲榮辱，果其身心克修，應舉可，不應舉亦可。若必區區反古薄視科名，豈不聞夫子三月無君則皇皇乎？特束髮受書，即志科名，毫不思聖賢，自命則父師之道，及自志之汙不堪言耳。要之，後世爲賢聖較古尤難，要在有志者之自勉而已。

哀公問曰：何爲，則民服？孔子對曰：舉直錯諸枉，則民服；舉枉錯諸直，則民不服。

哀公憤己無權，求服民之道，子告之如此，則人心轉而事權歸矣。不枉道，曰直。

附解

此夫子救魯妙用，人少拈出。當時哀公孤立於上，而問何爲則民服，計窮之詞也。不知三家專權乃積重之勢使然，非其平日賢能爲用，固結民心也。其腹心爪牙，皆趨走之流，無遠大之略。民之附之，不過因公田盡入私家，禄養不給，故小人阿附。幸公臣尚由己選用，且三家專横，懷才抱德之士久鬱於下，公果能舉直錯枉，則道德之儒彙進於朝，既有以副民望，且衆賢贊襄，必有謀國大計，振衰剔弊，民心翕應，幹濟多方，三子雖有權勢不能禁也。此夫子因時挽救妙用，就哀公所能者告之。惜乎公不盡究其故，徒托空言也。不曰賢不肖而曰直枉正，爲賢者不阿權門，宵小枉徇私室。故舉錯即迴民心而張國勢也。

季康子問：使民敬、忠以勸，如之何？子曰：臨之以莊，則敬，孝慈，則忠；举善而教不能，則勸。

桓子卒而季氏始衰。康子之問，其意在於自强。夫子告之皆克己之事。莊，謂正己正人。孝則循礼，慈則仁民。舉善，教不能則攬權植黨之念消，而公忠勸懲之义明。爲季孫謀安國保家，莫切於此矣。

附解

季氏不臣，民之不敬忠也，亦固其所，且本無以作則，而何勸之有？桓子以前，尚能以虛文虛意要結民心，權威震疊百姓。迨後家臣屢叛，宇下離心，此康子所以切切而問也。夫子教之以克己自盡，公忠於國，即善全其家，非泛泛云。然莊字僅作容貌端嚴解，特外之文耳。子告以正己、正人，凡一切言動，自該其中。至孝之一字，在季氏爲尤難。若以保家承先爲孝，平、桓不足法矣。子意蓋言承先人之美，而蓋其愆毋或隕越，乃康子當爲之。孝慈以逮下，有許多教養安全意在，故民忠。與《大學》孝慈及國之義，微有不同。善者，民之望，不能者上之責。舉教則相勸勉，此皆夫子對症要藥，不然，似泛論迂言。否則，反若爲季孫謀主强宗而抗國矣。前人解書多好爲大方，不屑按時切事，致使聖人有迂闊之疑，不可不辨也。

或謂孔子曰：子奚不爲政？子曰：《書》云孝乎惟孝，友于兄弟，施於有政。是亦爲政，奚其爲爲政？

陽虎之時，孔子不仕，或人以魯亂非孔子不正，故諷以爲政。夫子遜詞對之，引《書》竄易其句讀，孝乎惟孝，包氏曰：美大孝之詞，猶漢言肆乎肆也。惟孝則友于兄弟，施於國政，是正家即是爲政，奚必定正一國。謙詞亦權詞，非譏魯也。然是時夫子已孤，而兄孟皮尚存，蓋亦自言其實事，而有事兄未能之意。

附解

時解援《穀梁》昭公不得正終，定公不得正始，子故不仕。大謬。果爲定公不正，何以後又事之？蓋是時陽虎專季之政，實專魯國之政，子將於誰仕哉？或人以夫子有可以已亂之方，又有忠愛之心，故來勸駕。其不曰仕而曰爲政，知子非苟求禄者比也，意謂魯亂如斯，非子無以正之，而不爲政，平日忠愛之懷安在？故子引《書》以釋之。言爲忠必本於孝，謙言尚無以爲政於家，不敢言爲政於國也。《書》本言君陳惟孝，友于兄弟，克施有政。夫子引之，而變易其句讀。古人引用經語，往往如此。即此書引《書》有三，無不竄易者。高宗諒陰有罪，不敢赦帝臣，不蔽簡在帝心是也。至如予小子履，雖有周親所重，民食喪祭，予有亂臣十人，則竟不用《書》云。毛大可曰：潘岳《閑居賦》孝乎惟孝，是亦拙者之爲政也。夏侯湛《昆弟誥》，孝乎惟孝，友于兄弟。即宋張齊賢奉詔作《曾子贊》亦有孝乎惟孝，曾子稱焉之句。《太平御覽》引《論語》文，亦有孝乎惟孝作句。夫子此言，蓋謙詞也，而意實避桓子之難。因難與或人顯言，故據理以應之，非有意含諷，自許之詞也。然魯之亂由季孫不忠於國，故無以自正其家，未嘗不關照裏許，特子意本不如此耳。後人因注定公初年，孔子不仕二句，牽强附和，求魯事以証之，又覺《書》云孝乎句突然無根，不得不即定公以實之。不知定公果不可仕，後何以又仕哉？聖人即救時心切，必不苟進，此意亦難自明，奚其句作何必居位乃爲爲政解，亦涉矜夸，且於其字不順。厥後桓子以君命召子，子乃爲中都宰司寇，攝行相事。以君命仕，非爲桓子仕也。此章與定公毫無干涉，不可曲爲附會。施于有政，指國政。蓋子引《書》言，而下又以己意斷之，朱子《或問》駁范氏《家政》之説，而《集注》又如此解。當從《或問》，蓋亦白文自然之語，勢非必反前人也。曰然則定公不得正始之説非乎？曰，是也。是則何以子之不仕？非此曰昭公卒於外，公衍公爲既畏季氏不敢入，若定公不立，魯無主矣，但定公立後若能討季孫之罪，如叔孫婼討豎牛，則正始矣，而不能。然當時諸侯各君其國，非若後世。夫子爲魯人不仕魯而奚仕，但是時陽虎專魯，魯君臣未知孔子，子何由仕？或人欲夫子干仕，不知枉己不能正人，因此意或人所弗解，故權詞應之。時解作隱諷魯事，谿刻之言。臣子不出，况聖人乎？

子曰：人而無信，不知其可也。大車無輗，小車無軏，其何以行之哉？

大車，牛車。輗，轅端持衡者。小車，駟馬車。軏，轅端上曲鉤衡者。車馬所以合而有功者，輗軏也。人物所以合而有功者，信也。非是則不可行，爲無信而自以爲可者發。

附　解

此爲淺人指點，即輗軏之易見者警之。人自當信，豈爲行而然？然使不信而猶可行，則無信者喪其良而可以欺世，尚無怪其習於詐僞。而如不可行，何耶？蓋無信者，未有不窮而窮矣，不改其詐，舉世相習爲欺。子特以不可。何以行作棒喝之詞，欲其急省悟也。轅端横木爲衡，輗乃持衡者。大車載重，歧衡與小車異。小車惟中央一轅，横一木於轅頭，而縛軛着此横木爲四馬所載，恐其不堅，故特置曲軛軏裹，使牽之不脱也。然古車與今小異，今車用曲木駕於牛脰，仍縛軛兩頭著兩轅。古則先取一横木，縛著兩轅頭，又别取曲木爲軛，縛着横木，以駕牛脰也。今之一馬牽車軛者猶如此。不行，則無用此車；不信，則無以爲人。極鞭策語。

子張問：十世可知也？子曰：殷因於夏禮，所損益，可知也；周因於殷禮，所損益，可知也。其或繼周者，雖百世，可知也。

子張意求前知，而子告以禮，經天地已往可證將來，三代異唐虞矣。然其所因者禮，即所損益皆以維禮。已然者，胥可知矣。其或能以禮繼周而不變，雖百世可知。蓋言天地有常經，而人事無常道。乃有難知之事，欲人以禮定天經而持世運也。禮，馬氏曰：三綱五常是也。

附　解

張惕菴本何義門斥時解，子張欲知來以數，夫子以理之説過矣。據義門云：世變無窮，治道難以預定，將欲定百王之大法，竟何所守乎？如此方是才高意廣人口氣。夫定百王之大法，此後世尊孔子語。然孔子没後三百餘年，而道始著。當時嘆鳳嗟麟，自傷不用，退與諸子講學爲樂，即删訂之事，亦止是講授之時，去彼取此，門人後遂奉爲成書。今所傳多夫子師弟問答語，當時僅一堂之事，授業之常耳。曷嘗即思定百王之大法？夫子將没，尚嘆天下莫宗，豈知後世普天同戴乎？子不能預知己之後事，而子張遽求定百王之法，真妄矣。蓋其意以爲夫子德臻神化，必能知來，此亦常問，不得爲荒唐。子言天下無難知之事，特人之承天地者多妄耳。蓋天地有常經，而聖人法之以定爲治具。古聖迭興，而三代承之，皆以禮經世，不能别有奇猷。如殷因於夏，周因於殷，皆以禮爲繼。述其所損益，不過文章制度，小過不及之間，已往者皆可考而知也。其或有繼周而王者，亦能如周之繼殷，則其所損益亦可以知。由是以推，百世皆可知也。特恐人事反常，不以禮存先王之法，則非我所能知。蓋人事之變不得以爲學術之窮也。語意是言以禮則可知，不以禮則不可知。不可知者，正深於知也。蓋天地衹此常理，故人有常道，反常悖禮，百怪叢生，謂爲天運不測，豈知人道未盡哉？此子告子張深妙語。時解尚隔一層。禮字，馬氏、朱子已詳。讖緯、術數皆前知小術。聖人以盡性、盡倫爲主，而天變弭風雷格，不奇而奇，術學斤斤，億中不顧義理，則多妖妄，且罹於禍也。抑術數之興，弊由神仙之説。三代上無神仙之名。孔子曰：夫大人者，與天地合其德，日月合其明，鬼神合其吉凶。先天而天弗違，後天而奉天時。天且不違，而况於人乎？况於鬼神乎？夫天神皆不能違此，何人哉？孟子曰：聖而不可知之，謂神。是二説者，言神仙者豈復過是？然聖人固不離乎日用倫常以爲功。所謂天弗違者，天即理也，聖人理極於精，天不能違理，即不能違聖，而豈聖人高於天哉？《史記》引方士之説，乃有神仙之名。阮蒼始爲之圖，劉向始爲之傳，而班固遂列於九流。其故由聖人大學之道，無有造其微者，而偶見夫冥棲之士，或以術數偶中，或者脱然塵埃，又或詭怪變化，俱疑爲仙。而且以前知爲貴，不知聖人無不通術數者，然不貴前知。夫子謂子貢不幸多言而中。即老子亦曰：前識者，道之華而愚之首。蓋人心變化不常，一念人禽禍福攸分。聖人止教人誠意正心，誠正之至而神天可通，萬變可弭。此自古聖神忠孝所以長存，而聖賢之學所以即神仙也。謂聖賢之外，别有神仙。雖極言無仙，而求仙之意終在。知聖賢即神仙，則但爲聖賢，而神仙之術已得。此古今不易之理，非愚一人之私言也。奈人不察以爲聖賢自聖賢，神仙自神仙，究之仙不可見，而聖賢之學日微，故不得不亟辨之也。其或繼周，仍謂以禮繼周者，非舍禮尚可以知。蓋禮者天經地義，人人守禮，宇宙自無奇怪，此聖人立言之意也。《四子書》禮字有數解。對仁、義、智、信而言，一端也。克己復禮，全體也。禮云禮云與樂對舉，威儀度数，節文也。孟子曰節文斯二者，專言孝弟也。《中庸》禮所生也，道之經緯也。以上言各有指，義各有重，不可一概而混。然其實一也，蓋道一而已，一者何？理而已。在天曰太極，在人曰性，流爲五行，散爲萬物，各有其宜，無過不及，此即天地之禮。人秉天地之正理而生，能盡其性，則正己正人，事事物物莫不各有當然之則，此人之禮也。王者法天，其心果如天地生成之心，其道果如天地功用之宜，則推暨天下各正性命，保合太和，即禮之大功用。堯舜三代之盛如斯，即夫子此章所謂禮也。後世刑名法術一切繁興，而禮陶樂淑竟無人實踐，於是舍民義而求奇術，反以前知爲貴。子張此問關係甚大，惜人仍不詳察耳。

子曰：非其鬼而祭之，諂也。見義不爲，無勇也。

鬼人、鬼祀及非族，若鍾巫煬官之類。矯祭與無勇並稱，爲廢義而媚禱者發也。

附解

此章是務民之義，敬鬼神而遠之反面。人多誤會。蓋古禮天神、地祇、人鬼名義，祀法各殊。凡聖神忠孝德盛者爲神，其次爲祇，其有未盡之靈而無義理之性，則鬼而已。故曰：鬼者，陰之靈。此章以鬼該神，蓋因春秋祭典淆亂，民義不修，往往不自省心褆躬，而妄以淫昏之祭求福，子故戒之。若夫天地山川社稷，以及有功德於民，如祭典所言者，則國家民生報祀，古有常制，禮必虔恭，特不可逾分耳。夫子曰：神也者，妙萬物而爲言者也。又曰：洋洋如在其上，如在左右。不可度思，矧可射思。爲造化司爲民生福，固不容以非鬼目之。豈得云祖宗之外，皆非其鬼哉？第鬼神之所憑依者，在德。德不足而妄思福利，遂祭及非鬼，如旅泰山祀煬官之類。不特無益，而且罹灾。若君子畏天命，謹危微，以神明之相在，惕方寸之縱情，固不可以此言例。明者審之。

八佾第三凡二十六章

孔子謂季氏，八佾舞於庭，是可忍也，孰不可忍也？

佾，音逸。魯僭天子禮樂，三家出於桓公，因僭之於家廟。朱子曰：佾，舞列也。天子八，諸侯六，大夫四，士二。每佾人數如其佾數。武王克商，舞以象功，其義詳見《樂記》。季氏居然爲之，不臣甚矣，忍昧良而干紀也。

附　解

魯之僭起於惠公。謂成王賜而伯禽受之者，非也。成王、伯禽賢者，必不爲之。《明堂位》所言，雜用前代天子之禮樂，與周天子迥不同。蓋成王特以寵異周公，魯後世並用之於諸廟，至下及三家僭妄甚矣。此章專論佾舞，刺季氏不臣之心。《樂記》孔子告賓牟賈，言舞之義至詳。蓋武王克商之事，全在於此。季氏居然僭於私庭，其目無君上何等。故曰是可忍也，孰不可忍？謝上蔡曰：君子於其所不當爲不敢須臾處，不忍故也。而季氏忍此，則雖弑父與君亦爲真，説得子意透。若非夫子攝相，墮都出甲，魯君之爲庶人久矣。

三家者以《雍》徹。子曰：相維辟公，天子穆穆。奚取於三家之堂？

徹，直列反。相，去聲。廟室前半庭，後半寢。正廟曰堂，歌在堂，而舞在庭。馬氏曰：三家：仲孫，叔孫，季孫。《雍》，《周頌·臣工》篇名，天子祭於宗廟，歌之以徹祭。朱子曰：相，助也。辟公，諸侯也。穆穆，深遠之意，天子之容也，此《雍》詩之詞也。三家之堂，非有此事，何取於此義而歌之？譏其無知妄作，以取僭竊之罪。方文輈曰：前章怒罵，此章嘻笑是也。

附　解

魯僭天子禮樂，非有他意，不過炫美。俗見三家因桓公故亦僭之，不知顧名思義，禮制無一可假。子即歌《雍》一事喝破其愚。張惕菴謂二章皆發於攝相時，非也。夫子攝相僅三月，未必恰值三家祭祀之時。如值其時，子既攝相，則行相事可以禁之矣。豈徒私議及面斥其非，徒使三家切齒乎？此蓋夫子未爲司寇司空時，私與門人言之。君子居是邦不非其大夫，然師弟私言如家庭詔示，非訕議朝政之比。不然魯大夫練而祥，夫子且無顯斥三家之禮。何况此等至今日，天下後世皆知其事，其實當時僅一家之私言耳。夫子一攝相便墮三都，出藏甲，使久於其位，此等事必革之。惜乎其不久也。後儒此等處不得其實，故有草茅而議朝政致禍士林，立朝而訕同列徒取殺身者。學者最當審之。凡《論語》記子謂三桓，謂臧孫等事，皆與門人私言，不可以子爲擅議朝政，臧否人物。

子曰：人而不仁，如禮何？人而不仁，如樂何？

仁者，天性之良。禮、樂，節文和暢之。不仁，則無天理，何能行禮樂哉？如之何者，自窮之詞也。

附　解

仁即天命之性也。以其爲生生理氣所含。如果實之有仁，故曰仁。止此天理之良。由愛親、敬長，以至於百爲，處處真切，事事合宜，便是仁，便是義。禮以節其太過，樂以致其和洽。若不仁，則天良已喪，五倫之地皆不致愛致敬，徒言威儀周旋，琴瑟鐘鼓又何取焉？春秋時禮崩樂壞，誠意正心之功不講，實踐倫常之道不行。徒知循習舊文，修飾禮樂以爲觀美。故夫子言此。曰如禮樂何，言不仁則非人矣。君不君，臣不臣，父不父，子不子，如禮樂何哉？後世禮樂不興，非無睿智首出之人，正緣心性倫紀根本不端，禮樂直是無從做起。若漢高祖、唐太宗，父子夫婦之間多有慙德，其治術雜霸亦何足怪？秦隋又不足言矣。使人皆知仁爲禮樂之原，盡性敦倫亦何慮？致中致和之難哉！

林放問禮之本。子曰：大哉問。

林放，魯人，字子邱。當時尚煩文而無實意，林放疑之，子故嘉其維世之大志。

禮，與其奢也，寧儉；喪，與其易也，寧戚。

易，去聲。禮所以達其心之誠，奢則徒爲觀美，儉猶存古樸之心，以是明本之意。下即喪禮尚哀以明寧儉之義，見禮之本乃人心天良之自然。易，習於儀也。

附　解

林放見世煩文太甚，有乖中正，而問禮之本。蓋有救世之志，子故大之言。禮始於質樸，以今之行禮者而較之，與其奢而失中，寧儉而存古樸，何也？禮本所以達人心之誠，不誠而尚虛文，何取焉？如喪禮至多，然所以委曲繁重者，因哀痛之良，不能恝然，故以禮致其情耳。若但習其儀文，而無哀戚之誠，便爲無本。凡禮寧儉，亦謂其有質實之意，非取其陋也。語意是於禮之中，特舉喪禮一事以釋上文。寧儉之義，王宰皆甚得其解。時解作兩平者，非。

子曰：夷狄之有君，不如諸夏之亡也。

亡、無通。夷夏之分，以禮而已。子慨當時無君之流，而非謂夷不應優於夏。

附 解

天地運會，以漸而開輿圖，亦以漸而廣。唐虞三代區中夏以定規模，而險遠荒僻者，聽其君長之自爲治，聖人大公無我之心也。然地有華夷，人無二心。勾吴化本泰伯，朝鮮教由箕子。今之江浙、川廣、雲貴、甘閩，周時皆齒蠻荒。故夫夷夏之分，視乎心理之是非，而不在疆域之中外。周衰僭亂無君，夫子嘆其反不如夷狄。夫夷狄亦人也，同得天地之理，即皆可爲聖賢。故夫子曰：何陋之有。孟子以舜文爲東夷、西夷，六合之遥，人類不一而天命之性同，則其間聖賢亦不乏。特人不知天地之大，與彼蒼愛人之心拘於聞見，若外裔遂無聖賢也，豈非陋而闇哉？特外域罕有聖人接踵，故禮教不如中華之備耳。春秋郯子能知官禮，戎子能屈范宣，非無賢者，亦見一斑。

季氏旅於泰山。子謂冉有曰：女弗能救與？對曰：不能。子曰：嗚呼，曾謂泰山不如林放乎？

女，音汝。與，平聲。旅，與祣異。季氏驕，擅自用盛陳兵衛以祀泰山，如後世登禪之意。《春秋》傳曰：卿行旅從。彼蓋以爲固然也。不知泰山靈神豈受非禮。與林放者，疾季氏之矯誣也。

附 解

祣，祭名，從示。旅，從方。二字迥異，傳寫錯誤。旅、祣多混爲一，實則凡祭祀皆從祣，外此從旅，不可混也。季氏久擅魯權，並祭泰山亦僭之，或魯君使其代己，而因夸大其事，以師旅從，如後世禪梁父之意。鋪張儀文以僭，妄爲得意，子故嘆之。冉子蓋嘗諫止而不從，故子問之，對曰不能，則以諫而不從。故子亦無責焉，特太息於季氏之愚妄求福耳。林放疾煩文而求禮之本，泰山豈務煩文而受非禮之祭？故以相形，若第以爲僭祭，則林放句殊難融洽。

子曰：君子無所争，必也射乎！揖讓而升，下而飲，其争也君子。

飲，去聲。争者，血氣之私，君子性定而情怡，順理同仁，争於何有？射以觀德，勝負本於内養，志士所奮也，然勝不自矜，負不尤人，揖讓雍容如此，有何争哉？夫子言此以明世本無可争之事，君子必無或争之心也。揖讓而升而下而飲，詳見附解。

附解

道德本於性生，當仁不讓，非争也。本非不足而何與於人？外此榮辱是非一切世故，與性分無相關者，平其心以處之，順其理以應之，而何争哉？奈世人私常勝理，不争天人於一心，而争得失於身外，故子言此。射者古人所重。比禮比樂，内正外直，非實有涵養之學者，不能下人，則德不足矣。此事之可耻而宜争者，故曰必也射乎。然勝負相勖，一以揖讓行之，蓋不敢以賢智。先人亦不以相形嫌怨，較勝之事尚然，更何事容其争哉？言外慨嘆世人不少。射必有耦，耦皆立於堂下，阼階之東南隅，西向俟，司射誘射訖，上耦出次，西面揖。旋轉當阼階，北面揖，行至階下，又北面揖。然後升堂，是揖讓而升也。升堂，南面當遂而立於物以射樂作，射者容體必比於禮，其節必比於樂。上射下射各發四矢，中必取算。故曰坐而獲中，必擊鼓。擊鼓必揚旗，故曰舉旌。以宫偃旌，以商卒射，北面揖。上射先降，下射少右從之。下階揖。適次揖釋弓，脱决拾，反位是揖讓而下也。自是次耦、三耦皆揖，而升降如上耦。三耦射畢，司射乃請射於公，公射訖，司射乃舉算，北面告於公，左勝則曰左賢於右若干純，右勝亦如之，左右鈞，則曰左右鈞。司射命設豐於西楹，勝者之子弟洗觶酌酒奠於豐上。勝者袒决執張弓，將上堂復射也。不勝者襲脱决拾，却左手，右手加弛弓於其上。遂以執弣揖如始。升時及階，勝者先登，不勝者進北面，坐取豐上之觶立飲，卒觶，坐奠於豐下，興揖先降。適次釋弓反位是揖讓而飲也。射訖徹豐觶，祭侯其祝文曰：惟若寧侯，毋若女不寧侯。不屬於王所，故抗而射女，强飲强食，貽女曾孫，諸侯百福，諸侯祝文無傳。司射請復射三耦，射如初；視算設豐又如初，飲不勝亦如初。乃留賓燕相勸酬，無算爵，無算樂，宵則繼以燭，賓醉降階奏陔夏，卿大夫皆出，公不送。公入於國射在太學，太學在郊，奏驁夏。此大射之禮也。

子夏問曰：巧笑倩兮，美目盼兮，素以爲絢兮。何謂也？

倩，七練反。盼，普莧反。絢，呼縣反。朱子曰：此逸詩也。倩、盼，笑與目之美貌。素，粉白。絢，飾也。古人繪畫先布衆色，然後以素分布其間而成文。《詩》言有此美質然後可加文飾，如繪事之文，由素而成。子夏疑其以純素爲絢，故問之。

子曰：繪事後素。

繪，胡對反。《考工記》曰：繪繢之事後素功。功、工，同。謂先布衆色而後以素分布成文。若無素則雖衆色無以成文，猶人無美質，雖絢飾難以觀也。此正解詩人之意。

曰：禮後乎？子曰：起予者商也，始可與言《詩》已矣。

先王因人情而爲之節文曰禮，禮，後起者也。然非禮則無以節性而成德，如素雖後施，實采色之所賴以成。起予，發己所未及。可與言《詩》，能通《詩》之意。

附解

全章皆論《詩》，子以一言蔽《詩》，曰思無邪。子夏因《詩》言人美質而悟及禮，此可爲思無邪之法也。漢儒謂即《碩人》詩，朱子不從，以爲逸詩是也。惟解《考工記》非本旨。毛大可辨之，而其解此章亦不貫，今正之。《虞書》以五采章，施於五色作服。蓋衣物五色之地，皆可作繪，就其五色之地，先施衆采，後加粉素，分布其間。鄭康成曰：爲其易漬汙，故後施也。禮以節文，在性情之後，而實人之所賴以立。正如白采後施，實絢之所以成。若以爲白受采意，然繪事後素，係《考工記》語，詩人借喻。子仍即繪事解之，不宜另解。或謂夫子時無《考工記》，不可以之爲據。然繪畫自有成法，繪事後素，子實指其事以明之，即無《考工記》，繪事本是如此。如謂白始受采，他色即不可繪，則不能通。甘受和，白受采，又别一意，不可牽混。故漢晋諸儒俱不從禮器，所言立説以繪事成法非可假借也。且繪事二字，通指繪事，非專以白受采言。

子曰：夏禮吾能言之，杞不足徵也；殷禮吾能言之，宋不足徵也。文獻不足故也，足則吾能徵之矣。

夏尚忠，殷尚質，周監二代而損益之。雖曰尚文，未嘗過中也。周末文勝，迥非周初之制。此時救弊，又當忠質。子故慨想夏殷之禮，而嘆空言無補。武王克商，封禹後東樓公於杞，封湯後微子啓於宋，世守祖制，備後王採擇，至公之心也，而子孫不能繼。文，書籍。獻，賢人也。

附　解

此章向來作思慕夏殷之禮，一似夫子不滿志於周制者。然故監二代章及有宋存焉等處，俱誤解。而文武周公且若有遺憾焉？謬甚矣！聖人立法，惟其時中。法積久而必敝，惟聖人能折衷之。夏商忠質，周去其太甚，文其不及，適得乎中。因對忠質而言，故曰文，非過中之文也。春秋時太務於文，全無忠質之意，子故言此。蓋欲以忠質之意，救其浮薄，而一介布衣，誰信其言？是以嘆杞、宋之衰，而慨爲東周之志虛慰耳，非徒爲夏殷惋惜。

子曰：禘自既灌而往者，吾不欲觀之矣。

禘，大計反。大祭曰禘，時祭亦曰禘。成王思周公之勳勞，命魯季夏六月，以禘禮祀周公於太廟。蓋用殷禮以齒公於賓。王非許其追祭文王也。其後僭及王禮，移於群廟。此章則時祭之禘，嘆其誠敬之衰也。若僭禮之事雖久，於敬豈樂觀哉？灌，求神之始，王酌圭瓚獻尸，尸受之灌地以降神，爲一獻，后以圭瓚獻尸，尸亦受以灌地，爲二獻。自後乃二獻腥，五獻熟，合之爲九獻。

附　解

禮祭統曰祭，有三重獻之屬，莫重於祼，祼即灌也。盥而酌酒獻尸，尸以酒灌地求神於陰，其禮最重。鬱人掌祼器，凡祼事，和鬱鬯以實彝而陳之。凡祼王［玉］，濯之陳之，以贊祼事，詔祼將之儀，與其早宴之節。凡灌事，用概尊，亦用斝、彝、黄彝。《郊特牲》曰周人尚臭，灌用鬯，臭鬱合鬯，臭陰達於淵泉。灌用圭璋，用玉氣也。又《祭統》云君執圭瓚灌尸，太宗執璋瓚亞灌。蓋君先灌尸，尸後灌神，故前人有灌尸、灌神二説。灌禮畢後，乃二獻腥，五獻熟，合之爲九獻。子言魯人灌後不敬，非謂其僭禮。詳見下章。

或問禘之説。子曰：不知也。知其説者之於天下也，其如示諸斯乎！指其掌。

禘，大祭也。萬物本乎天，人本乎祖。惟天子繼天立極，淵源至厚。故推始祖所自出之帝，而以配天享之。知其説者，此心與帝謂相通，而萬物聯爲一體。所以裁成輔相者，必誠且切矣。故曰：天下如示諸掌。但此非淺識可知。而魯僭禘禮，一切儀典紊淆，又或人所目見，夫子難以斥言，則不得不遜其詞也。

附　解

禘祫千古聚訟，愚歷考前人，各有得失。此二章尤多誤解。至張惕菴始分時祭、大祭，可謂卓識，然以魯爲竟未僭禘禮，猶失之疎。今折衷注疏諸家及歷代先儒所言，而斷以《禮經》辨之如左。禘祫一事也，取其合群廟之主，以祭始祖，曰祫；取其帝祭制始帝舜，又審諦也，曰禘。四時之祭，春曰礿，夏曰禘，以陽老於巳爲帝德，大王之時故也。《禮·大傳》曰：禮，不王不禘。王者祭其祖之所自出，諸侯及其太祖，大夫有大事省於其君，干祫及其高祖，諸儒皆不得其義。今據本文直解之。天子諸侯皆有祫祭，但非王者。合祭以享其始祖所自出，不得云禘。蓋禘者，帝也，惟天子爲能享。帝，故其合群廟之主於始祖，而追祀其所自出，名曰禘。至諸侯亦得祫祭及其太祖，但不得祀始祖所自出，而名爲禘。不特諸侯也，大夫有大事省於其君，干祫及其高祖。干，以下干上之詞。大夫本不當有祫祭，而以君命特行之，故曰干祫也。周公之封於魯，猶乎諸侯，有祫無禘。公既没，而成王追思之，令魯公季夏六月，以禘禮祀周公於太廟，牲用白牡。四時之祭，春曰礿，夏曰禘，夫子所謂禘嘗之義者也。今就時祭而用殷天子之禮以尊公，比於白馬賓王，而所用禮文與周天子實異。成王之權而不違於正也。傳世既久，魯之子孫以其爲天子特賜，遂不遵季夏之常期。燕享時祭概用盛禮以爲光榮。故范獻子曰：魯有禘樂，賓祭用之。蓋他國無此鉅典。《春秋》所記吉禘、時禘不一。皆因禘祭禮文特豐，故隨意用之，非爲追祀文王也。夫子曰：魯之郊禘，非禮也。周公其衰矣。杞之郊也，禹也；宋之郊也，契也。天子祭天地，諸侯祭社稷。郊祭先儒亦未能晰，今亦就夫子之言釋之。朱子曰：周公制禮，尊后稷以配天，其實非郊天而以稷配也。蓋農爲民天，而稷始其事。周之王也，既以棄爲始祖，而又去厲山氏之享，以棄代之。稷，穀神也。至尊者，莫如天，而社稷次之。《生民》之詩，歷陳其祖穡事之勞，而終之以上帝居歆。蓋言粒食之隆，育人而享天地，其香始升，肇祀實爲后稷。是所以不祀勾農而祀后稷之故。且令天下皆祀后稷，以此爲功德配天云耳。《吕覽》云：惠公請郊禘於周王，弗許，歸而自用之。蓋二王之後，得祭天地三辰。見《國語》惠公以魯既蒙成王之恩，用殷禮以祀周公，並郊望之禮亦僭。如二王之儀，非成王賜而伯禽受也。故夫子言郊禘非禮，而下即曰杞之郊也云云。言杞、宋爲禹契之後，周特崇以賓禮。周公雖聖，猶是臣子，何得妄擬哉？但魯僭用之郊，非燔柴泰壇之郊，而彷杞、宋。天地三辰之文，且隆其禮於郊壇之祀稷也。故《魯頌》曰：皇皇后帝，皇祖后稷。乃誇耀其祖爲稷神，比於皇天后土之尊，鄙人之見也。《家語》夫子對定公亦言，魯郊非大郊，諸儒何不審之？其僭禘也，非祀其始祖所自出之文，王乃盛其儀文以爲榮，且一切時祭，皆冒之也。

祭如在，祭神如神在。

祖宗父母，身所自出。神者，造化之靈。如在，至誠通而理氣合一也。

子曰：吾不與祭，如不祭。

與，去聲。誠敬自達非爲文也，不與祭而代以他人，誠禮均失。子無是事以戒人也。

附　解

首節兩層蟬聯説下，記者言子至誠，貫乎幽明。凡祭先人，則如在。然不特先人也，即祭神，亦如在。蓋子孫祖父猶曰一氣，易孚也。神則較爲疎遠不知。聖人誠與天通，此心此理造化同符。神明者，造化之迹，平日一氣相通，臨時誠敬感格，故亦如在。次節引子之言，非子嘗不祭而令他人代也。蓋當時祀典不修，往往委人代祭，子故言此。以見當祭而不與祭，則雖有誠敬，亦爲虚言。蓋文以將誠，誠必盡禮，豈有空云誠敬，而禮顧闕如可以爲祭者哉？引此乃截斷世俗後路，令上節倍有精神。

王孫賈問曰：與其媚於奥，寧媚於竈，何謂也？子曰：不然。獲罪於天，無所禱也。

孔氏曰：王孫賈，衛大夫。奥，以喻君。竈，以喻執政。賈，執政者，欲使孔子求昵之，微以世俗之言感動之也。奥，廟室之奥也。古人五祀皆於廟奥虚位，故以喻君。五祀必賴竈以成差品，以喻當權用事。賈以爲衛君，徒擁虚位，諷夫子就己，其欺天昧禮甚矣。子故折之。主宰理者，天也。

附　解

古人五祀，通乎上下。《爾雅》：室，西南隅爲奥。謂凡室耳，上室下室，皆有奥，並非祭所惟廟室之奥，可以行祭。然其設主，不盡在奥。如祭户，設主在廟室户西；祭中霤，設主在廟室牖下；祭竈，設主在廟門外之東；祭門，在廟門外之左樞；祭行，在廟門外之西。然室重廟，廟尊奥。五祀皆必於廟，則廟尊。而奥則廟之尊處，故賈以喻君也。五祀皆必藉竈以成馨香，喻凡事皆必藉賈而成。其藐視人主，欲人媚己，無忌憚之至矣！子故力折之，而斥以獲罪於天，不但非其媚之一言也。天者，理之主宰，指蒼蒼者言，與奥竈對針。《詩》不云乎：明明在下，赫赫在上，天難忱斯。自古聖賢敬天必循理，理造乎精，即天心來格。常人蔑理而以天爲無憑，是與於小人之尤者也。毛西河辨居室之奥，不可行祭，是也。而所以媚奥之指未明。《儀禮》少牢將祭，司宫筵未明於奥，正指廟室中奥而言。

子曰：周監於二代，郁郁乎文哉！吾從周。

郁，於六反。周監二代而尚文。文者對忠質言，實則適如乎中而已。周末文勝，子言周禮郁郁乎文，無可增者，以救時弊。

附　解

聖人因時立法，不外乎中。周之尚文，乃監二代而損益得中。對忠質言，則爲文。春秋更增煩文，大失禮意。子故言我周監於二代，定爲禮制。郁郁乎文哉，已爲盡善矣，又何必更求觀美。時解誤解，遂覺夫子不得已而從周，大謬。

子入大廟，每事問。或曰：孰謂鄹人之子知禮乎？入大廟，每事問。子聞之，曰：是禮也。

大，音泰。鄹，側留反。張甄陶引《周官》眂滌濯，謂夫子始仕，先期入廟而問。是也，是指問而言禮也。言不知而問，乃禮之當然，不敢忽也。大廟，魯周公廟。鄹，今山東兖州府鄹縣界，孔子父叔梁紇所治也。

附　解

周公廟曰大廟，本《公羊》，六代禮樂備焉。子入而一一詳究，真細心敬慎處。或人鄙見，以問爲不知禮，不知知而猶問者，恐義更有其精也。不知而必問，乃窮理之要功也。或人以子爲不知禮，原可無辨，而使天下以問爲耻，則子所深憂，故曰是禮也。言我固非知禮，然今之問乃理所當然，不敢忽也。非自言己即知禮，須善體會。

子曰：射不主皮，爲力不同科，古之道也。

爲，去聲。主皮，主於必[1]中質，力射也。禮射不爾，蓋古者射以觀德，志正體直，比禮比樂，以養其莊敬和平，而亦以裕材。技力不可以同科，德無妨於一致。周初道藝合而風俗涫，由此道也。周衰，兵争以力爲奇，則陶淑之微權遂隱。子故思古而嘆之。

附　解

射本武事，《周官》鄉大夫之職，以五物詢衆庶，三曰主皮，非不以主皮爲尚也。禮射則不主皮，蓋主皮雖一長技，但力不同科。先王教人習射，正其志，直其體，熟習於禮樂中和之文，非但取其材技。故大射、燕射、賓射不必拘拘主皮。春秋兵争，尚力而不尚德，凡射皆主皮。蓋禮樂之意全亡，非先王教射之本旨矣。子故嘆之。朱子謂射其初，只是講武備，聖人文之以禮樂。太説倒了。凡射，心正而後體正，發必中彀者，其心志必正，其容體必肅，而又常習之，乃能百發百中。况節之以禮樂，其容體必合，豈易言之？故聖王以此造就人材，若不中禮樂，不足言射。

子貢欲去告朔之餼羊。子曰：賜也，爾愛其羊，我愛其禮。

去，上聲。告，古篤反。古者天子季冬頒朔於諸侯，諸侯藏之祖廟，每月朔以餼羊朝廟，請而行之曰告朔。告朔畢，然後出而聽政，曰視朔。魯當時久不告朔，而餼羊猶存，有司或藉以擾民，故子貢欲去之，非惜費也，子欲存羊以存禮。侵漁婪索之小害，可以法禁耳。且安知禮遂不可復興哉！

附　解

古無時憲書，諸侯各君其國，政令自主，惟大事天子頒行。盛時則民事，天子亦於今歲命人擬定，頒之諸侯。每月當作何事，諸侯藏之祖廟，至朔朝於廟，告而受行之，曰告朔，亦謂之告月。人君即以此日視朝，聽此月之政，故又曰視朔、聽朔。其祭於廟也，則曰朝廟，朝享在歲首則曰朝正。蓋敬天時，尊王命，敬祖考，重民事，至盛典也。魯自文公始不視朔，《春

[1] 必，恐當作皮。

秋》四譏之。自後相沿，遂以不告爲常，而告朔之羊猶在，故夫子惜之告朔、視朔兩事。

子曰：事君盡禮，人以爲諂也。

禮當然之，則時人不能事君，而反以禮爲諂，故子嘆之。

附　解

孔安國曰：時事君者多無禮，故以有禮者爲諂。朱子從黄氏祖舜説，貼孔子説，蓋謂非夫子不能盡事君之禮耳。然事君之禮至多，即一言一行恭敬，盡職亦是禮。夫子言大義不明，有事君盡禮者，反以爲諂也，是嘆人心反常，不是自明其盡禮。黄氏，字繼道，宋福州福清人。

定公問：君使臣，臣事君，如之何？孔子對曰：君使臣以禮，臣事君以忠。

此問蓋攝相之時，定公嘗與季氏微服往觀女樂，其君臣之狎玩可知。以禮正身，率下以忠，匡正竭誠，聖人因人而發，似寬實切，非泛泛公言也。

附　解

以禮以忠，自是千古君臣大義。然離禮又何以爲忠？不忠又安能以禮？特各以其重言之耳。聖人語悉天理，可以四通八達，而當其問答時，自是因人而言。定公爲意如所立德之，故其子斯公亦與狎，即同觀女樂一事可見。時解反以區區對針爲拘，誤矣。

子曰：《關雎》，樂而不淫，哀而不傷。

樂，音洛。夫婦人倫之始，萬化之原，周公制作以《關雎》爲房中之樂，欲民正内外以端本原。樂、哀、淫、傷，皆以其音節言也。文王正身、齊家、讋御之輩，皆有中正和平之意。世衰道微，不知端本閨門。子故表以爲法，欲人審音、味理、平其性情之戾也。

附　解

《關雎》之説不一，申公、轅固生、韓嬰皆云周道衰而《關雎》作。杜元凱謂康王之后，佩玉宴起，《關雎》嘆之。揚雄云《關雎》傷始亂。《毛傳》以爲后妃思淑女，以配君子。匡衡曰：妃匹之際，生民之始，萬物之原，后夫人之行不侔乎天地，則無以奉神靈之統，理萬物之宜。朱子本之，以爲宫人作，其説始定宫人，以非淑女不能配君子，慮其不得思賢之誠，若有傷者，故曰哀。然恐失此，有德非爲燕婉之私，則雖極其哀而不傷於正也。其既得之，則樂聖與聖配可以端風化而肅閨門。然樂其有德，非爲情欲之感，則雖極其樂，而不過乎禮也。厥後周公定爲房中之樂，燕享亦以之終。蓋欲人知萬化起於閨闈，男女袵席之間，天命流行焉。平日講求正心修身之道，而復常陶泳於《關雎》之樂以自得，其中和義至深也。春秋禮教衰微，修齊之學不講，故子特表《關雎》使人服習，而求其指歸，救時之苦心，端本之聖學也。至詩詞向多誤解，並此章樂、淫、哀、傷四字亦多不明。予另有《詩經解》，兹不贅。樂哀得其正，則自不淫傷，非哀樂之過乃淫傷也，而字一折是從詩樂中細細形容想像語。

哀公問社於宰我。宰我對曰：夏后氏以松，殷人以柏，周人以栗，曰使民戰栗。

社，土神也。土德生生，其機在木。古者表木於社，必視其土之所宜。蓋社有常而木無常，所以明土神各有屬也。社祀后土，以木表之，而無他物。公故問其事，宰我不知而妄對，不知社木非盡栗也。栗乃兖州之産，以其所見例諸所不見，而又附會其説。子故責之。

子聞之，曰：成事不説，遂事不諫，既往不咎。

宰我意欲哀公自强而失社本義。子故責以後當謹言，成已、成遂必於成往，以時言説辨其非，諫阻其行，咎責其過也。

附　解

土德配天養民，故天子諸侯皆爲民立社，而又自爲立社。蓋諸侯各有疆宇，土各有祇，特重其事。《周禮》大司徒設其社稷之壝，而樹之田主，各以野之所宜木，遂以名其社與野。是社木原自不同，栗乃兖州所宜。宰我妄爲附會，意欲哀公振發有爲。然君子引君當道，雖遜其詞，未嘗或違乎理，是三言者，既不得社木之故，亦非立社之旨，而使民戰栗之言，尤非人君之道也。故歷言不説、不諫、不咎，正所以深斥責之。至馬融注《尚書》有大社惟松，東社惟柏，西社惟栗語。蓋因宰我而附會，非古制也。張惕菴據之謂古原有此言，宰我因而附會，失之矣。又按，社有主，用石不用木，而社則必以其土宜之木表之。毛氏謂《周禮》所言乃耕稷壇，亦謬。

子曰：管仲之器小哉！

惜其遇主而無聖，學不能修文武周公之業。

或曰：管仲儉乎？曰：管氏有三歸，官事不攝，焉得儉？

焉，於虔反。三歸，娶三姓女。攝，兼也。二者皆侈而不儉。

然則管仲知禮乎？曰：邦君樹塞門，管氏亦樹塞門。邦君爲兩君之好，有反坫，管氏亦有反坫。管氏而知禮，孰不知禮？

好，去聲。坫，丁念反。或人又疑不儉爲知禮，蓋謂不褊，乃可以爲禮耳。樹，屏也。塞，蔽也。坫，以土爲之，在兩楹之間。所以反爵二者，皆諸侯之禮。

附　解

夫子稱管仲之功與仁矣，何又言其器小？此即《孟子》：功烈如彼其卑。意仲得君行政，遭遇極隆，使其有聖賢大學之道，能修明文武周公之業，使東周衰而復盛，則桓公可比美於共和吉甫。乃不能然，故深惜之，且俾學者從事其大，毋爲仲所囿也。或人疑之，而遷就其詞，蓋以器小爲狹隘褊淺之稱而已。夫子不與深言，以其不足與言。然即奢與非禮亦見器小之一斑。三歸，《國策》本謂娶三姓女。漢公孫宏云管仲相齊桓，取三歸。班史云在陪臣而娶三歸。劉向述《國策》，乃因其文連子罕築臺事而誤以爲臺，然他無可據，當從《國策》。朱子謂：若如此，是僭而非奢。然官事不攝亦此類，奢則必僭。下文特因或以爲知禮，别指斥之謂。此句即預避僭字。不必坫有二解，此章是土爲臺。《儀禮·釋宫》：堂角有坫。東南角曰東坫，西南角曰西坫。《汲冢周書》曰：乃立五宫，咸有四阿。反坫，注云：反坫，外向室也。或言器小，謂其不能致君於王，大非！夫子豈導人於僭畔乎？若孟子引齊梁以王，與夫子言異而旨同。人多未解，詳見《孟子》，兹不贅。揚子雲謂大器如規矩。程子深以其言爲然。

子語魯大師樂，曰：樂其可知也：始作，翕如也；從之，純如也，皦如也，繹如也，以成。

語，去聲。大，音泰。從，音縱。何氏曰：從讀曰縱。凡音之起由人心生也。人聲失和，則器律皆失其正。子使大師審音以知樂，翕合而和，純静而潔皦明也，繹纍纍而悠長成一終也。蓋如此，則得乎中正和平之音。

附　解

夫子自言反魯正樂，此章可見其概。《雅》《頌》則樂之詩章也。蓋當時樂之器律如故，特樂師任心而造，雜以俗音，於是音節乖違。夫子反魯，與大師輩朝夕講求釐正詩篇，細求中正和平之則。大師賢者，故能虛懷受益，夫子自言樂正，喜魯之樂不失先王之舊耳。其後因女樂之來，大師等潔身高蹈，夫子猶追思之，曰師摯之始以此樂。原以人聲爲主器，數與心手相應，皆性情中事。子言先王之樂之盛，今久不講矣。然器數具在，音律有自然之宜，及今研審，固可知也。始作者宫懸既設，先擊賁鼓，以壹衆志；又擊鎛鐘，以宣衆音。於是人聲先唱，以琴瑟和之，以搏拊合之。堂上特鐘特磬以節之，堂下編鐘編磬以應之，翕然而作。工與器相習，上與下相應，八音諧和，非但謂一齊奏樂而已。故和即在翕字内。但衆樂和矣，而或囂凌競躁，則非正聲。故從之，而又純如。蓋諧和之中，静細而無駁雜，躁戾全消矣。再於静正中，分聆其音節，琴、瑟、管、磬、鐘、鼓，各有其音。五音六律，各叶其韻，皦如而瀏亮也。然和且明矣，或促數而無餘韻，亦無咏嘆流連之妙，乃久而聽之，則又悠然不盡，窈然情深。蓋有以極其情文之至，而令人感動於無窮。如是則樂成矣。夫子細細指點之詞，至今古樂雖亡，始終條理，千載猶可想見。况大師身其事者乎？舊説以純爲和，非是。識者辨之。

儀封人請見，曰：君子之至於斯也，吾未嘗不得見也。從者見之，出曰：二三子何患於喪乎？天下之無道也久矣，天將以夫子爲木鐸。

請見之見，賢遍反。喪，皆去聲。《周禮》封人掌社稷之壝，封其四疆，造都邑亦如之。儀，衛地封人。自述平日之禮於君子，見聖人之念最切，及其既見，而知夫子任斯道，以開來學直揭天心，其見卓矣。木鐸，金鈴木舌，所以宣教。喻子明道覺世，非謂其周流也。

附　解

《周禮》封人屬地官，司徒掌設王之社壝，爲畿而樹之。凡封國設其社稷之壝，封其四疆，造都邑之封亦如之。中士四人，下士八人，而不言侯國。然即都邑之説推之，侯國亦當有封人也。第王朝僅有十二人，侯國當無多人。而《春秋》所載，潁谷封人使封人慮事。此章儀封人，似當時封人多居邊邑。今開封府蘭陽縣有《儀城傳》，即衛儀邑。而夫子時衛都濮陽，去國都且四百餘里，恐衛地未若是之遼闊，故有謂儀爲姓者。然儀楚、儀行父皆姓名相屬，而此繫以官，則儀爲地名無疑，故且從康成之説。其請見而自述生平，知夫子不苟見也。一見而即知夫子上繫天心，其德亦幾聖也。木鐸之用不一，非止徇於道路。《檀弓》執木鐸以徇於宫，《明堂位》振木鐸於朝。《月令》仲春奮木鐸以令兆民。《書》遒人以木鐸徇於路。《周禮》天官、小宰、宫正、地官、小司徒、鄉師、秋官、小司寇、士師、司烜，皆用木鐸以宣教令。聖人治教之法，歷唐虞三代而大備，春秋之衰，道德仁義已微，夫子首開師儒之統，乃天意也。封人一見聖德，知天爲天下而生聖人。即屈於當時，道必不能終晦。故曰二三子何患於喪乎？言一時之失位不足憂，千古之大道賴此人，非謂其得位方爲木鐸也。或疑木鐸緊對喪字，封人無緣遂知夫子爲萬世師，此未知聖之言。聖人言行動静即至貧賤，與常自迥，不同當時。二三子以喪爲患，封人一見夫子，知爲聖人，言不必患此。夫子有如是之德而不得志，天殆將以子爲木鐸，發明前聖之道，以詔將來，無論顯晦，必不足以没夫子也。常人不識至德，徒區區於顯晦之間，則雖日親聖人，亦不知其何事。封人以聖卜天，蓋由知德之深。故後世之事遂如左券矣。鐸有金、木，木以振文教。馬端臨云夫子言而爲教，是也。

子謂《韶》：盡美矣，又盡善也。謂《武》：盡美矣，未盡善也。

即樂以明聖人之心，欲學者勿以迹而晦其真也。樂本性情，聖人之德，無偏倚駁雜。故其盡美同善者，時遇所值快然無憾者也。武王應天順人於心，亦何稍雜，第萬不得已之懷，見於音節之微者，後世如親。盡與未盡，即舜武自心而言，非子評之也。舜武易地則皆然。使武王之樂，無此未盡善之心露焉，則非聖人矣。

附解

孟子曰：堯舜性之，湯武反之。言其用功之安勉不同也。至既造於聖，則德無不同。五帝三王一也，而遇則有殊。聖人之所無，如何也？夫子於君臣之際，嘆舜無爲；於父子之際，嘆文無憂，以其遭逢至幸。使舜值武之時，亦當征誅；使武值舜之時，何難禪繼。凡聖人之行，皆與天準，以濟蒼生而已。武王伐暴救民，其心一本於義理之公，而無一毫自私自利之見。子曰：湯武革命，順乎天而應乎人，豈有纖毫可議？第爲天命民生所迫，不得已而爲此。此心欿然、慨然，流露於聲容節奏之間，數百年猶如見之。夫其欿然留憾，正聖之所以爲聖，異乎欣欣自足者也。而有此一毫抱歉之心，於中和粹然之旨趣，便不如《韶》。故曰未盡善也。夫子恐人泥舜武之迹，疑二聖之德不同，故即樂以發之，言其樂之美無不同，而其遭際不同，此心之暢然滿志、欿然自憾亦不同，聖人之所以爲聖也。季札曰：聖人之宏也，而猶有慙德，聖人之難也，即此意。前人言唐虞揖讓，揖讓二字大誤。天下重器，非同私物，豈可私意讓人？他書云堯讓天下，孔孟未嘗言也。謂舜禹讓而不受則可，若使舜武易地而居，其事同其心之暢然、愀然見於樂者，亦無不同。至子與顏子論爲邦而獨取《韶》舞。舞有文武，《韶》舞文德盛，故取之也。

子曰：居上不寬，爲禮不敬，臨喪不哀，吾何以觀之哉？

寬、敬、哀三者，皆此心之誠，而不容已者。何以觀，言無可觀也。既無其本，則一切皆爲虚器。

附　解

居上爲禮，臨喪其事，非一。寬、敬、哀乃其本，觀即指三者而言，非觀其他所行。子曰：體仁，足以長人。禮云禮云，玉帛云乎哉？喪，與其易也，寧戚皆此意也。此章爲不寬、不敬、不哀者棒喝。何以觀之哉，大聲痛疾之詞。或疑居上之寬有弊，不知天心仁愛，斯民立之君長，不寬則無人心，何以爲民父母？如保赤子，體恤刑威，莫非愛養之至，意非姑息也。春秋時苛政至多，子故言此。

里仁第四凡二十六章

子曰：里仁爲美。擇不處仁，焉得知？

處，上聲。焉，於虔反。知，音智。此必有爲而言，當時趨勢利而薄淯良，子故斥其非。知，以爲修德傳家者法也。

附　解

周制去王城百里，謂之遠郊。郊中有六鄉，六鄉中五家爲比，五比爲閭，五閭爲族，五族爲黨，五黨爲州，五州爲鄉。百里外至二百里爲六遂。遂中五家爲鄰，五鄰爲里，四里爲酇，五酇爲鄙，五鄙爲縣，五縣爲遂。二百里外至王畿五百里之内，並同六遂之制。春秋井地漸壞，勢利成風，擇里者日趨繁華。子言里以仁厚爲美，漸染薰陶，修身傳家乃爲久計。今既擇里矣，而不處仁，是不知根本之圖。失其是非之正，焉得爲知？後世富貴之鄉，其始半多勤儉忠厚，積久而子孫富貴。及其富貴，遂忘其所自來，奢利相尚，反鄙前人之樸陋，昧者趨而就之。家無長者之行，户有驕淫之失，卒至瓦礫村墟，隳頹先德，抑思夫子之言否耶？故烏衣巷鳴珂里，不如廉讓居君子鄉。識者詳之。

子曰：不仁者不可以久處約，不可以長處樂。仁者安仁，知者利仁。

樂，音洛。知，去聲。仁，天之理而人之性。性定則約、樂一致。子爲有志而不知求仁者言。安則與仁爲一，而忘乎境；利則以仁爲美，而制其私，利之久則安之矣。

附　解

此章須看久、長字。蓋爲有志自立而不知求仁者發。其始亦欲貞於約、樂，只因平日不從事於仁，至久便操持不定，子爲指出本原。蓋安仁、利仁者，非故薄視貧賤、富貴，只緣己身中實有是天理，自快自足，無論約、樂，自覺與之相忘。子欲學者孜孜求仁也。安仁，心與仁一，隨處而安，不知其他，聖人也。利仁，心知仁美，必務於此，不遑其他，大賢也。仁者、知者，美其名以勵人，不必太爲軒輊。

子曰：惟仁者能好人，能惡人。

好、惡，皆去聲。好惡者，情也。情易偏，而性以一之仁者性全，其量如天。是以好惡當，而偏私悉化。

附　解

天有喜怒，雨露、雷霆、風霜、寒暑交易變化，栽培傾覆，萬有不齊。然各視其物之自生自化於其中，而天地無心也。仁者，全天命之性，心理與天地相符，故能好惡一準乎理而已。不與善之中有惡，則樂其善而棄其惡；惡之中有善，則化其惡而成其善。君相師儒，其功一也。

子曰：苟志於仁矣，無惡也。

惡，如字。性一而已，仁是也。情則有七物交引而心不能正，惡所由來也。誠志仁，則必有爲仁之功，故可無惡，非徒志而已。有心之失曰惡，無心曰過。

附　解

人必先喪其天良，而後敢動於惡。志仁則天良不昧，自然不忍爲惡，不敢爲惡。世未嘗無向善之人，只因無志仁之功，惡易長而善易消。子故言此，誘人志仁。志之則必殫仁之功，非空空一志了事。志字當重看，子十有五而志學，又曰志於道，志字便有一定不移意。果志之矣，即有爲仁之功。本文苟、矣、也三字呼應，全是歆動人之詞。故苟字作誠字解亦得，但不可失却虛字神氣耳。

子曰：富與貴，是人之所欲也，不以其道得之，不處也。貧與賤，是人之所惡也，不以其道得之，不去也。君子去仁，惡乎成名？

惡，平聲。君子非輕富貴而矯貧賤。然必以道爲衡，若非其所當得，則樂乎仁而已。不處不去，即不去仁也。得貧賤之道，德業不修。名，謂君子之名。

君子無終食之間違仁，造次必於是，顛沛必於是。

造，七到反。沛，音貝。正言不去仁之功。終食，甚言其暫。造次，匆遽之時。顛沛，危亂之際。借君子以示人當如此也。

附　解

仁乃人心德之良，何故人不能行？祇緣富貴、貧賤牽引摇動，子故言富貴、貧賤。人情欲惡之大同，豈必遜富貴而不居，喜貧賤而求得？但當以義理審定。果其當得之富貴，舜受堯之天下，不以爲泰也。非然，一簞食不可受於人，况乎萬鍾？如或心術不正，職業不修，則當勉爲聖賢，去其得貧賤之道。不然，返己無忝，雖窮餓何損於性分？不處也，不去也，君子非却富貴而不居，以貧賤爲身榮，蓋有仁焉，自足於己，故無待於外。不然非道而妄處、妄去，則去仁矣。尚何以爲君子哉？人欲全仁，必學君子。君子平日以仁爲依，即終食之頃，亦不違仁，此猶言其暇豫之時也。即造次之間亦然。萬一顛沛而患害迫身，亦必於是。蓋其持守堅定如此，所以不處不去，所以爲君子。而富貴、貧賤自不足以相浼矣！語意全是勉人以君子爲法。無字、必於字皆用力之詞，蓋在君子爲存養之熟，而在子意則重誘人如此。舊注不但富貴、貧賤取舍之間而已，殊誤。子因世人去仁，所以爲富貴貧賤所惑，特以不違仁，教人明君子之不去仁。造次、顛沛必然，何富貴貧賤之可惑？時解拘於舊注，失却本文承接語氣，今故正其節次而順釋之。蓋不處、不去，是學之已成，下乃申言其故，由不去仁也。

子曰：我未見好仁者、惡不仁者。好仁者，無以尚之；惡不仁者，其爲仁矣，不使不仁者加乎其身。

好、惡，皆去聲。此爲門弟子言，欲其實致功也。誠好惡者，視仁無能並尊，亦與仁無時稍間。

有能一日用其力於仁矣乎？我未見力不足者。

力，兼静存動察而言。誠知而好惡之，天性之勇自生，故無不足者。

蓋有之矣，我未之見也。

又姑言或有其人，然尚無能用力之人，何以知力不足？蓋絶其自諉之路也。

附　解

仁祇是天理良心，人人有之，人人可爲，何以不好？祇因後天之心，牿於氣質，易動而難静，多欲而少理，故雖静養其中，動致其和，其功至簡至常，而無如嗜欲惑之，境遇困之，則任心而行，背理而騖。所以知仁而不好，知不仁而不惡。夫子既以文武周公禮制教人，束其外矣，又以爲仁之功示之，使養其中，蓋中之所存者，必依於仁。斯外之形著者，悉當於禮。此章正是策勵門人之詞，勉其實用力於仁。如何用力？常常收其放心、静定、闇然，以養未發之中，或有所感而動。一念之非，則克治之；一念之是，則擴充之。推而至於凡事皆然，不敢一毫自恕自怠，極之終身不二。此即曾子所謂宏毅也。蓋仁即天命之性，人之所以爲人。知無仁，即不得爲人，自然肯用力矣。然非賢父兄倡之，明師導之，多良友切磋之，鮮不惑於世俗者。孔門諸賢皆得夫子之教，而不誠切行之，故子云然也。後世言静心者，未知天命之性，非知覺之靈可當，而空寂有餘，應變不足。言格物者，不知至誠之道，非恃耳目爲聰明，而淹博者多，敦倫者少，皆由不知仁。即天理近在吾身，誠好誠惡，存養熟而動静咸宜，一以貫之可也。既云未見力不足，又云蓋有之。何哉？蓋力不足者，必嘗用力於中，而後知所不足。並未用力，何云不足？是特爲自諉不足者截斷後路，不許藉口，非果世有用力而力不足之人，子未之見也。夫子不云乎己百己千，雖愚必明，雖柔必强，困而不學，民斯爲下。蓋力祇是天良中一點真切發奮之念。舊注偶未之見，不敢終以爲易，反令夫子之言落空矣。蓋詞章技藝，見聞之學，則力有不足者。若爲仁之功，衹是全此天良，實踐倫紀，果有賢君親師，不患其力不足也。凡孔孟所言皆然，學者勿爲他説所亂。

子曰：人之過也，各於其黨。觀過，斯知仁矣。

黨，偏也。《書》曰：無偏無黨。觀，自諦視也。言人過，各於氣質之偏而生，能自省察，去其偏私，斯知仁之所在矣。

附　解

孔安國舊解支離，朱子據漢吴祐之言及殷仲堪解謂，人過各於其類，觀過可以知仁。夫仁者天理而已，一言一行，當理仁也。全體純粹，仁也。有心悖仁曰惡，無心曰過。君子之德，淺深大小不同，然要皆以理爲準。其過也，如日月之食焉。以其過而即改，非謂其過爲無妨也。小人之品亦不同，然大都徇私逞欲，有心之惡常多，而無心之失常少。故人而君子矣，必改過不吝；其小人耶，必文過飾非。但當辨其爲君子、小人，不當謂過。以君子、小人分類，蓋既過矣！無論君子、小人俱不可。若孫性私賦民錢，因其父怒斥，而即自首於祐，此正改過之美，復於無過也。而祐乃曰掾以親，故受汙辱之名。所謂觀過知仁，夫知其過而改之，尚何汙辱哉？是祐言已非。後之據以詁子言者，尤誤。夫子言人氣質各有所偏，凡有過，俱從偏處生來。如漏巵，然以之盛水，俱從漏處洩去。人能自觀其過，省察克治，斯知仁矣。去其偏，即爲公正，求仁之方莫切於此。語意的是如此。

子曰：朝聞道，夕死可矣。

道者，天之理，而人得之以爲人。聞，積久而洞察也。人不全道，則生爲虚生，死亦徒死。勉人及時體道，無愧於生。

附　解

道者，天理之統名。在人曰性，言其至真，曰誠喻其生意，曰仁其實一而已。萬物皆天地所生，而人爲最靈。以其獨得理氣之正，故能參贊天地而爲萬物之主。聖人即全天命之性，不愧爲人焉耳。道字所包甚廣，此章則指盡性立命之道而言。體道之極，一旦誠明合一，則此身爲義理之身，此心爲天地之心，而形神精氣莫非天地之正。爲乾坤之肖子，何不可爲宇宙之完人？此朝聞道，夕可死之義也。聞字深看，至道之實功，則博文約禮，盡性踐倫，不愧不怍而已，非生死幻滅之謂。

子曰：士志於道，而耻惡衣惡食者，未足與議也。

道率於性，非外物所能加損。耻衣食之惡，則其志非真志也。議，講求之。

附　解

此志於道，與《述而》篇志於道不同，志字淺看，然子之言，特爲耻惡衣食而托於志道者言耳。耻則不志，志則不耻，入此出彼，斷難兩便。此亦爲門人、志道不篤者言耳。若尋常人未得明師，方且以衣食爲要圖，安知何者爲道？何故當志？

子曰：君子之於天下也，無適也，無莫也，義之與比。

適，如字。比，必二反。爲任天下事者言，欲其精義而善世也。天下之事無窮，義則有定，隨時處中，惟君子爲然。適，適然而安之。莫，專己自是。比，合也。

附　解

適有二義：往也；適然，猶偶然也。朱注引《春秋傳》曰：吾誰適從。訓專主。其實適從亦當爲適往之義。古適通嫡，亦通敵，不訓專主。左氏適從，及《詩》誰適爲容、誰適與謀之適，俱應如字。蓋前人之誤也。此章適字兼便安、適然意，遇事無所可否，一味模棱如胡廣之流；莫則執拗，如王荊公。一失於隨，一失於執拗，均不可應天下事也。若訓專主，則與莫仍是一意，專主於可，專主於不可，二者祇是一人。蓋一定如此，自一定不如彼，一定不如此，便一定如彼。比，古無訓從義者，不如仍訓合字。與字緊跟天下字來，君子之於天下事，無適、無莫，但以義爲衡，有義者，則與之合，蓋能虛心以來天下之善也。凡聖賢經傳，平心酌理，審其語氣，皆有自然之句讀，正不必拘牽附會耳。毛大可引後漢劉梁《（辯）和同論》及《李燮傳》，賈彪、荀爽俱知名而不相能，燮並交二子，情無適莫，謂適厚也，莫薄也。然於義爲强。

子曰：君子懷德，小人懷土；君子懷刑，小人懷惠。

土，田業也。懷土，思有土以爲世業，與懷德以爲安居者異。惠，私惠。違道以邀惠與小心爲善者，亦相反也。

附　解

此切當時之弊而言。周制計口授田，卿大夫或世官，或世禄，皆有采地以遺子孫。惟士無田，則亦不祭。庶人在官，求其禄，足代耕。春秋時强暴侵并，無田者始衆，士民因之失所，故當時土爲至貴。然君子有德，以爲安宅，貧賤聽其自然。舍此懷彼必非道以營，而後可刑加於不道。惠出於私恩，君子不敢一毫非禮以干刑罰。小人惟惠是圖，至犯刑辟而不顧。子故相形言之，以警人也。

子曰：放於利而行，多怨。

放，上聲。放，依也。怨，讎恨意。君子公利於人，小人凡事必求利己。人必不堪，故多怨，以此警之也。

附　解

此有爲而言，小人凡事利己，不顧義理之安否，言多怨以惕之。古今好利之士未有久而不危者也。若夫君子亦或有取怨於小人之時，然小人一己之私，君子不因而加損，勿牽混説，因《語類》《義府》有二條易誤認，故言之。

子曰：能以禮讓爲國乎？何有？不能以禮讓爲國，如禮何？

讓者，責己而受善也。禮以敬爲本，而讓乃能誠於敬。不然貌禮之文無實意，以來天下之善，則國亂。

附　解

朱子曰：讓者，禮之實。張惕菴曰：似爲魯昭、楚靈一輩人言。均爲得之矣。時君務文鮮實，子故言此。果能不自滿，假求賢若渴，顧畏民嵒，自然無所不慎。否則虚文、虚意，上下相欺而曰：禮不足治，不知其無如禮何也？

子曰：不患無位，患所以立。不患莫己知，求爲可知也。

位無大小，皆有亮工之實，故不患無位，但患尸位爲懼。求可知，求免愧怍，非冀見知。患此不患彼，專於自修而已。

附　解

事有精粗，道無大小。自天子至於庶人，皆有各盡之道。而能處之咸宜，至大不易。然聖人曰修己即可安人、安百姓，盡性即可贊化育，何也？萬變統於一理，盡其性而己修，則天人萬物之理已裕其原，故能至明以擇衆理。此心偏雜之見毫無，故能至虚以容衆善。若漁陶耕稼之舜即可垂裳，傅巖渭濱乃興，商周豈能小而不能大哉？自聖學罕傳，不知修身一貫之實，乃不得不隨其才器而節取之。此章夫子爲門人言，欲其自修實德，以所以立與求爲可知之學。平日夫子已示之也，若不知養性修身實功，而欲患此不患彼，豈非空言無補？

子曰：參乎！吾道一以貫之。曾子曰：唯。

參，所金反。唯，上聲。一，無二也。理誠於身而以之應事，無不宜貫之之説也。子詔曾子守約之學，而曾子果會其旨。

子出，門人問曰：何謂也？曾子曰：夫子之道，忠恕而已矣。

以實心行實理曰忠，以己心諒人心曰恕，要之，一誠而已。曾子發子意，以曉門人，本末精粗在是矣。

附　解

天地人無二理也。在人曰性，在天地曰太極。言其渾然、粹然，不可得而名。象則曰無極，無極即太極也。人受天地之中以生，則太極之理全在此身。聖人祇是全其天命之性，故藴於中，則渾然、粹然者如乾坤之静專静翕也。著於外，則有物、有則者，天地之成形、成象也。其始静養浩然之氣，動審事物之宜，由淺而深，由勉企安，行之以誠，持之以不息，則凡人皆可作聖。夫子自言十五志學，七十而後從心不踰。孟子言有諸己以至化神，其功夫次第，非聖人之師不授，非誠恒交致不能竟其功。曾子從夫子久，於窮理盡性之學篤行，蓋非一日矣。夫子知其中之所存者已熟，定不致疲鶩於外，故詔以一貫，謂天下萬變不外乎中。天命之源已徹，則萬事、萬物以一理宰之而有餘耳。曾子果能喻之、應之速而無疑，門人學未深造，安能知之？曾子告以忠恕。忠則實心行天理，而不留隱憾；恕則推心體萬物，而不存偏私。誠能如此，久久不倦，則至誠可以無所不孚，至公可以無所不容，而一貫之旨曉然無餘藴矣。書旨本明白易見，講家多爲影響揣測之談，遂令聖賢實義類於口頭禪語，良可浩嘆。至一字祇是一理字，但理有本末、精粗，散爲萬殊者無窮，歸於一本者有定，《中庸》言天下之大本曰中。中，一之實也，即天命之性也。在天曰太極，在物爲理，統言之曰道。以其至真無二，曰一曰誠；以其爲天地生生之意所含，曰仁。人之心秉天地之靈，粹其先天，則皆性也。故虞廷但言心而未言性，其後天則性雜於情矣。故湯始别之曰性，而不第言心。《大學》言心不言性，《中庸》言性不言心。夫子言性相近，孟子言性善，語殊而義實一。不實踐其功，馴至乎達化窮神，則自身之理不明，即聖人之言亦不能剖析。如此章，一貫竟説得十分離奇，似後世禪和子拈花微笑、棒喝虚鋒。不知曾子以忠恕明之，已是説得十分透切。乃謂其移下一層説，是不知聖人神明不測，止是理極其精，至於事天明，事地察，亦從忠恕入手，行到十分。二字簡易精微，忠之久而極其誠，恕之久而極其公。至誠至公，試問天下何人不可格，何事不可爲乎？二字淺言之，不過一言一行推廣之。即至格風雷，孚萬姓，不外乎是。陋劣儒家得禪家守空之學，以後天識神爲先天元性，即靈通之至，而不能修齊治平。文人鑒之以窮理、讀書爲務，有才智之明，而弗知仁義之本。故淹雅擅長，而不能倫紀無忝。所謂忠恕二字，又安能時習深造？且夫佛曰明心見性，謂盡其心者知其性，而非即以心爲性也。即心即佛，專指天理之心而言，亦如求仁即仁之語。僧流失真以空明妙了爲知性，其智者已譏之矣。景岑曰：無量劫來生死種，癡人喚作本來人。又因一貫之，唯有頓悟一家，其明者亦誚之矣。陳致虚曰：曾子當年一聲唯，誤了閻浮多少人。故以後天之心爲性已非文佛之本，然以後天之氣爲浩然，亦非孟子之所謂。儒者知詆僧羽之説，而忠恕所以一貫之，故又不明是何異？已迷途而笑人問津耶！夫養浩然之氣，以至於不動心，此孟子發明孔子爲仁之義也。而以後天呼吸之氣爲一元之氣，則非仁人心也，謂其爲天命之性也。而以知覺運動之心爲天命之性尤謬。蓋先天、後天之義不明，即存心養性之功不實，存養之學不深，則雖欲求忠與恕，而心之私妄不除，必不能至一貫之境。聖人亦難以盡宣於書，君子安可以不亟求其故哉？佛之真者曰：真空不空，妙有不有。非偏於空寂。道之真者，曰修真養性，入聖超凡，非涉於幻妄。因僧道流傳失實，生出許多怪誕，而儒者第以異端斥之，罕有力行盡性踐形究其是非者，於是言養氣曰道，流也；言静心曰禪，學也。避静心養性之名，學聖人又無從入手，安得不詳辯之？

子曰：君子喻於義，小人喻於利。

義，天理之宜。利，私欲所便。喻深知而篤好也。

附　解

此章抉君子小人之所喻，使人正其心而慎所習也。一念之失，習而安焉。久久深入其中，術雖工而患亦至。喻之一字，欲人清其源而早自惕耳。

子曰：見賢思齊焉，見不賢而内自省也。

省，悉井反。示人以下學之實功。賢、不賢之分至明，而好賢、去不賢之力至勇，始能思齊、内省，崇德修慝，莫切於此矣。

附　解

此章與《三人行》章爲下學，簡要之功必如此，而後可以進道，久如此而聖神可幾，毋忽視也。

子曰：事父母幾諫。見志不從，又敬不違，勞而不怨。

幾者，動之微，謂審慎而諫也。下三言申明之。此爲陷親於過者發，蓋父母有過，不諫不可，諫而犯亦不可，至誠以感動之，設法以周全之，愛敬服勞，久而感化，乃爲大孝。然非自立身於無過之地不能也。故誠身爲事親之本。

附　解

天下無不是父母，自責之詞也！孝子諭親於道，則必願其父母爲聖賢而受福於無疆。故父母有過，成之不孝也，聽之亦不孝也，諫之而急求自遂亦不孝也。子特指出幾諫下三句正解，幾字是非實有誠身之學，深愛之誠，必不能委曲盡道如此。朱子引《内則》之言，曲盡其旨矣。

子曰：父母在，不遠遊。遊必有方。

春秋趨勢利而薄所生，故云。然即父母命之遊，亦必有定方也。

附　解

人子幸得父母在而事之，外此何有可慕？乃名利之途，開私欲之心盛，忘堂上之凄涼，甘異鄉之風景者，多矣。子斷之曰不遠遊，義已無二。遊必有方，乃當遊之。事父母命之遊者，然亦必有定方，不可任己意而他適。蓋惟遵父母，念父母，唯恐一毫貽父母憂也。時文以事君親師説亦是，然必有父母之命而後可也，不然夫子之言即爲有弊。又按周制畫井分疆，士各仕其國，民各安其鄉，小學大學自家庭以暨比閭族黨，皆有師，非若後世仕學者必違其鄉。春秋禮廢，田奪於勢要，學毁於黨庠，然後有遊而求師者，然非萬不容已，則君子寧菽水以善事其親。夫子之言爲當時警也。昔尹和靖欲以禄養，請於伊川，伊川曰：爾有母在。和靖白其母，母曰：吾聞以善養，不聞以禄養。伊川聞之曰：賢哉，母也！今仕或不由父母，而學無足以爲親榮，則風斯下矣。

子曰：三年無改於父之道，可謂孝矣。

此與第一篇之言小異。蓋彼爲父没而不肖者言。此爲恃才妄作忍於忘親者發。故與前後三章同記。

子曰：父母之年，不可不知也。一則以喜，一則以懼。

爲忽忘其親言。人子之年日盛，則父母日衰，喜與懼，生於心之至誠，則所以孝愛者自切，喜懼一時並到，非二念也。

子曰：古者言之不出，耻躬之不逮也。

古謂聖王之世，其時禮明樂備，上取躬行，士敦實踐，故耻躬不逮。周衰學廢，尚詞華而無實行，故子嘆之。

附　解

聖人每勖人訥言敏行。此章特提古者，則以上無明倫尚德之教，下無黜華崇實之俗，寄慨深矣，與他處不同。

子曰：以約失之者鮮矣！

鮮，上聲。《易》曰：易簡而天下之理得。約，易簡意也。之，指此理而言。

附　解

小心收斂，必須循理始得。世之智士長材，大都好爲炫耀，究之不循禮度，所失滋多，夫子言此藥之。舊解謂失事者鮮。夫天下之事，理之所在則爲之，忠孝仁義，有當迫不及待以赴之者，有當從容鎮静以處之者，惟求其理之是。若必求有成無敗，則或未必盡當於理矣。故失之宜指理言。以約，則主敬用中不失於理，自利於行，而收斂之意亦在其中矣。

子曰：君子，欲訥於言而敏於行。

行，去聲。人多敏於言而懦於行，子言君子慎言力行之精神，欲人自策其志也。

附　解

言易行難，人人知之，人人不能訥之敏之，祇爲自身中少一段奮策之精神耳。子以君子之所欲告之，能知君子何故欲如此，則亦不患不如此矣。君子字一頓，下句一氣串下説。

子曰：德不孤，必有鄰。

德，人所同得之天理，故不孤。鄰，親近而居，爲立德者勖也。

附　解

君子修德於己，以全其所性，非爲人也。孤與不孤，有鄰無鄰，何足介意？然德修於己，而天理之同，善類應之，乃理勢之自然。下學立志不堅，德未立而慮其無鄰，故言此勉之。

子游曰：事君數，斯辱矣；朋友數，斯疏矣。

數，色角反。數，煩數也。謂言行煩瑣，爲事君、交友戒。其數欲其思善全之道，而無徒疏辱也，非第欲其自全。

附　解

事君者量而後入，度其可以行吾道而後委贄焉，不待諫諍時始審量也。然亦有素足相孚而忽如水投石者，是以君子有見幾之智。交友亦宜慎於其初，然志趣中變，亦不可徒取其疏。數字該言行而言，子游欲人善全君友，不但潔己自全。斯矣二字，無限忠厚惋惜。

公冶第五凡二十七章

子謂公冶長：可妻也，雖在縲絏之中，非其罪也。以其子妻之。

妻，去聲，下同。縲，力追反。絏，息列反。公冶，姓。長，名，字子芝。孔氏曰：縲，黑索。絏，攣也。所以拘罪人，世教不興，士固有無罪而陷於法者。子之於長，信於其素，擇配者不可以寃誣而辱良士也。

子謂南容：邦有道，不廢；邦無道，免於刑戮。以其兄之子妻之。

南容，孟孫閱也。以其居南宮，曰南宮，又名适，名縚，字子容。擇配者每榮世胄，矯之者又避之，皆非也。子於南容，信其用世保家之有素，故亦妻之。

附解

此表夫子擇壻之道，爲後世法也。流俗喜富貴而惡寒微，矯其失者，又或鄙世胄而專取寒士，均非中正之道。公冶長不以縲絏爲辱，南容亦非以世胄爲榮，信其素而已。此聖人取人之公，即記者類記之意。公冶縲絏之事無所考。皇侃《義疏》與《留青日札》所記不同，按《周官·秋官》有掌與鳥言、掌與獸言之官，春秋介葛盧知牛鳴，則通鳥獸之音者，古固有之，但不可以此爲縲絏之故耳。衰世刑賞失實，道德之士往往罹於法網，而世俗不察，從而薄之，庸詎知一時之屈，不能禁其千載之伸。子以非其罪明之，而長之行卓卓可傳，已在言下。南容名括，或曰适、縚、説、閲。《漢書》人表分南容、南宫敬叔、南宫邊子爲三人。張石村謂括、适以形相近而别，説、閲以聲相近而别，邊亦适之譌，其實一也，是也。容爲孟氏子弟，宜在所遠，而有道不廢，則有濟世之才；無道免罪，則有全身之哲。此幾近於行藏之學，子亦妻之，則人固不必趨炎，亦何可以勢要概象賢也。蓋聖人之行爲人倫萬世法如此，至有分别己子、兄子爲避嫌者，程子辨之極是。而張惕菴謂不可厚非，殆未知聖人大公至正之道者，毋爲所惑。

子謂子賤：君子哉若人！魯無君子者，斯焉取斯？

焉，於虔反。孔氏曰：子賤，魯人虙不齊也。此美子賤之好賢，蓋發於宰單父之日，上斯斯子賤，下斯斯衆賢。何地無賢？能取賢者少耳。美子賤取賢之切，而因嘆魯遺澤之長，爲遇賢而不好者惜，亦望魯者深矣。

附　解

《説苑》記子賤宰單父師事三人。孔子美之曰：堯舜聽天下，務求賢以自輔。賢者百福之宗，神明之主也，惜乎！不齊之所居者，邑也。與此章意正同。蓋一時語，而舊説謂其取友成德，不切宰單父言，非也。君子哉句虚下乃申言之，本贊其能取賢，却反言之，有二意：一者明其取賢之殷，非魯多君子，幾不足應其求；一者言魯若無君子，斯人何以取賢如此其多。是魯不乏賢士，特能如子賤者少耳。言外見無處無賢，不遇如子賤者則遂湮没，不能如子賤之取賢則遂無以致治。且也魯之多賢如此，而微弱不振，蓋不得如子賤者舉而共治耳。若元公之教澤，傳久而猶有人，則不可没也。反復流連，意思深遠，如舊説覺魯無二句，與上句無甚浹洽，至宓本作虙，伏羲氏後，而《路史》分虙、宓、密爲三，非。

子貢問曰：賜也何如？子曰：女，器也。曰：何器也？曰：瑚璉也。

女，音汝。瑚，音胡。璉，力展反。子貢之問，其詞甚遜，故子亟許之。蓋其才德有成，等於古之法物。瑚璉，盛黍稷以事神明，粹潔之器，夏曰璉，商曰瑚。

附　解

此章有褒無貶。《輯語》云：兩問煞緊。要不是討贊語，亦是用功夫處。知言哉。《疏意》云：不舉日用飲食之器，而舉宗廟瑚璉，則不特濟邦國之用，亦可以通神明之德。不舉周之簠簋，而舉夏商瑚璉，不特今人所珍，尤爲古人所重，亦佳。包氏誤解瑚璉，朱子因之，不必從。

或曰：雍也仁而不佞。子曰：焉用佞？禦人以口給，屢憎於人。不知其仁，焉用佞？

雍，孔子弟子，姓冉，字仲弓。或人言雍誠厚而短於口才，蓋惜之也。子言佞之非仁，深斥當時之弊。禦人，求勝於人，如禦敵然。給，辯捷也。屢憎於人，人不能禦其佞而含恨之。不知其仁，謂佞人也。有德者必有言，有言者不必有德。或以佞爲仁以此，子斥佞非仁以此。

附　解

或人何知仁字？彼特惜雍之不佞。其所謂仁，猶俗言誠厚耳。仲弓德行亞於顔子，居敬行簡。其於仁，雖未盡純，已是具體之士。夫子豈言不知其仁也？蓋武伯問子路、冉求，其意誇耀，而三子之賢亦不及仲弓，夫子故以不知答之。此章則嚴佞與仁之界，以爲世道人心防，不止爲仲弓一人辨也。接口曰焉用佞，何等驚愕，下言佞人所爲如此毫無天良，不知其仁安在？如何？子言雍之仁，而以佞望之，再言焉用佞，上下緊相呼應，一氣趕住，所以深斥其非。

子使漆雕開仕。對曰：吾斯之未能信。子說。

説，音悦。斯，指仕之理而言。開，才可以有益於世，子故使仕。而開自謂用世之道未盡，子故喜其篤志。開，字子若，蔡人。

附　解

春秋生民塗炭，以開之材，豈爲無補？夫子憂世情切，故使之。開則以仕必本於所學，覺修己治人體用之道，尚未自信，是其意有志於行義、達道，本末之全，非小就也。子故説之。朱子篤志二字説得最好。凡天地民物成己成人之道，必須一一實踐於身心，始爲實用。若空談性命而無足措諸倫物，是爲禪宗僞學；若逐物求詳而無誠意正心功夫，是爲俗吏淺學。皆非聖賢家法。

子曰：道不行，乘桴浮於海。從我者，其由與？子路聞之喜。子曰：由也，好勇過我，無所取材。

桴，音孚。從、好，並去聲。與，平聲。筏之小者爲桴。春秋衰亂，子欲行道挽救而不能，然故言中夏無知己，欲浮海入於外域，以子路志與己同，故言從我惟由，子路聞之而喜，亦悵道不行。然海豈乘桴可渡？中夏尚不能行道，外域又安能行？故云無處取爲桴之材，實言中夏不能行道，則外域亦不能行道也。

附　解

鄭氏曰：材，桴材。以子路不解微戲之。又，古材、裁通用。或又曰：我道不行，凡從我者之道不行，皆由於我。子路聞之，誤以由爲己名，故喜之。朱注以材爲裁，知舊説之不安也。然諸説俱不甚分明，蓋聖賢意各有指。子路從子周游獨久，信道篤，而憂世之心與夫子同，子故言道不行於中夏，欲浮海他適，從我者惟由。子路聞而喜者，亦悵道不行也。言由好勇過我，但何處取可以渡海之材作筏耶？蓋言道既不行，無論華夷皆無可望。蓋聖賢憂世憂民之心同，而記者特記之也。

孟武伯問：子路仁乎？子曰：不知也。又問，子曰：由也，千乘之國，可使治其賦也，不知其仁也。求也何如？子曰：求也，千室之邑，百乘之家，可使爲之宰也，不知其仁也。赤也何如？子曰：赤也，束帶立於朝，可使與賓客言也，不知其仁也。

不知，謂心性之微，未知符於外否也。又問者，疑子路未必無實德，而子故抑之。治賦教養備，而民知方，在春秋爲尤難，非徒勇而已。千乘大國，千室大邑，邑宰知民事，家宰治卿大夫家事，皆煩劇任也。公西赤，字子華。束帶，禮樂之容應賓客者，有詞易，有養難，惟赤能之。三子才皆有爲，而武伯不升諸公，徒問其仁否。仁豈武伯所知？子故如此應之。

附　解

三子才皆有爲，若升諸公可以有益于魯，而武伯不能，徒問其仁，子故如此應之。夫仁豈武伯所能知？子故略其仁，而但言其才，非三子全無仁也。武伯意有才如此，必非無與於仁，疑子不爲盡言。子乃言其才之可用，而仁之不易言明矣。古寓兵於農，賦以足兵。四井爲邑，四邑爲邱，四邱爲甸。有戎馬四匹，車一乘，牛十二頭，甲士三人，步卒七十二人，又守衣裝爨糗二十五人。蓋五家以一人爲兵，有事兵行，干戈、糗糧、屝屨皆此五家供一人。惟甲藏於官，將出征則受甲，平日務農。講武足其財，足其力，齊其心，然後有勇知方，不匱於賦，非易事也。子路千乘之賦能之，其才實爲僅有。至邑有三十二家，千室之邑其極大者，故孔安國以爲卿大夫邑、百乘之家春秋時方有之，皆煩劇難理，求也爲之，其幹濟有過人者。子華嫻於禮樂，而以束帶立朝，狀其雍容大雅，有涵養能言，且古衣裳之制異今，帶爲最要，必束帶而後儀度端肅。後人言佩玉瓊琚，大雅不群，即此意也。仁有全體、一端，此章以全體言，故不許三子也。

子謂子貢曰：女與回也孰愈？對曰：賜也何敢望回？回也聞一以知十，賜也聞一以知二。子曰：弗如也。吾與女，弗如也。

女，音汝。子貢之質亞於顔子，其不如者學也。子使自叩而即欲然，其孜孜求及可知。子故深嘉而樂許之。一、二、十，假數以明事理之多寡。語一端，而知全體，學已會通，即此事以悟將來，識能推廣。蓋其夙昔之體驗切矣，故卒聞乎性與天道。與，猶許也。

附　解

生質何足恃？恃此乾乾不自滿足之一念耳。子貢明敏雖不如顏子，然已是上等天資，且顏子之賢非徒以天資勝也。子貢不及顏子沈潛篤實，子故試使自言，而子貢皇然、欿然，實指出分量淺深之數，是其平日將己與回細細比勘，又實踐於身心學問之際，乃能言之真切、意之謙下如此。即夫子亦不料其竟能如此也，故曰：弗如也，吾與女，弗如也。蓋發問之初，所望不過如此也。而古注云安慰子貢，謬矣。聞一知十，極形其全體貫通。此蓋本於克復之功，非徒恃質也。聞一知二，即此悟彼。其能知二者，天質之明；其不能全體洞然者，學力未至。然苟非從事於窮理操存之學，亦無由知己分量也。至陳晦伯《經典稽疑》引《論衡·孔問》篇曰：吾與女，俱弗如也。魏曹操謂夏侯淵，虎步關右，所向無前。仲尼有言吾與汝，俱弗如也。蓋誤解子言，而毛氏信之，非。

宰予晝寢。子曰：朽木不可雕也，糞土之牆不可杇也，於予與何誅？

晝，讀作畫。朽，許久反。杇，音汙。與，平聲，下同。宰予，字子我。寢，寢室。畫，塗飾之。王氏曰：杇，墁也。言不足誅，正深望其改過。與，語辭。

子曰：始吾於人也，聽其言而信其行；今吾於人也，聽其言而觀其行。於予與改是。

又言予之行，不顧言以深冀其改過。張氏椿曰：上文法語，此節巽言，一片婆心是也。

附　解

君子莊敬日強，安肆日偷。蓋精神、意氣從理則日見其清明，從欲則日形其委靡，然亦有秉賦羸弱不堪勞苦者。聖人教人存心養性，內以固其精神，外以驅其邪妄，馴至浩然之氣充實而有光輝，則柔者亦強，病者可愈矣。孔門以禮樂教人，動靜俱有法度。謂宰我當請業、請益之時，而甘於晝寢，必不若是之下愚。且夫子之教門人者，博文約禮，內外交修，非如童蒙旦夕咿唔也。君子束身於規矩之中，糾虔於衾影之際，苟或精神不繼，略爲間息，亦無不可。若淵明高臥，伊川寢雪，亦與館童一體同科，於理豈通？

蓋聖賢之所以異於人者，以其此心、此理不自寬假，自强不息，在乎慎篤，非必疲敝精神以爲學也。有不當寢者，倫理所開，職業所當，爲晝夜靡寧可也。有不妨寢者，山中草廬日高，晏起可也。近世子弟不知寡慾清心，至於神衰氣餒，是晝寢之流，可責者也。抑有以日繼夜爲不義富貴所驅，亡身而徇，是不晝寢之流，亦無足取者也。宰我親炙聖人善言德行，豈如童蒙昏睡？晝、畫古多通用，梁武帝讀晝寢作畫寢，蓋其傳已久。韓昌黎亦引之，如其言則朽木糞牆，子即其事以喻，非爲虚設。子曰二字非衍文，乃夫子愛之而復申其説，以望之也。

子曰：吾未見剛者。或對曰：申棖。子曰：棖也慾，焉得剛？

任理爲剛，任氣爲慾，迹似而實非。或人妄對，子故辨之。棖，或作棠，或作黨，實一人也。

附　解

理常伸於萬物之上，而不爲慾屈，則剛也。申棖有慾，或人何故以之爲剛？蓋才力聰明，悻然自好，視天下事若無不可爲，是其外儼然剛也。然見理未真，凡慷慨奮發處俱是血氣用事，其悍然行者既未必其當理，而當理之事或反不能不屈於勢，則慾，正剛之反也。若君子之剛，則純乎天理，未嘗激昂自炫，然富貴不淫，貧賤不移，威武不屈，正氣常伸於天地之間，是以爲乾元行健之體也。

子貢曰：我不欲人之加諸我也，吾亦欲無加諸人。子曰：賜也，非爾所及也。

己所不欲，勿施於人，子之告子貢者也。子貢行焉，而易言於人，則必其省察猶疏，故子聞之而因其面見時斥之。

附　解

子貢嘗問一言，子告之行恕；又問博施濟衆，子告之立達。此章所言即夫子己所不欲，勿施於人之語也。第其自述於同人，若已能之者。然則必其日用動静多有疏處，乃覺不欲無加之易也。若細爲體察，由念慮之微，究極乎天下國家之大，不如意事在在皆有，若非隱微存主之中，已無一毫私妄，則能戒其發，不能化其微；能戒於此，不能持於彼；能勉於旦夕，不能守於終身，非爾所及。即就自以爲及之，一念斷之非謂自然，與勉然争，界於一二虚字間也。恕字終身可行，行之不已，即爲仁。聖人全體皆仁，然自處則以恕而已。若曰吾學已仁，非但能恕，即並恕字亦不可許矣。時解謂子貢自言於夫子，則我字爲不通，且子貢何至放肆若此也？

子貢曰：夫子之文章，可得而聞也；夫子之言性與天道，不可得而聞也。

朱子曰：文章，德之見乎外者，威儀、文辭皆是也。性者，人受天之理。天道，天理自然之本體。其實一理也。文章，性與天道之散殊。性、天，文章之根本。理無二，而學之淺深有等。子貢晚年實得，言此以勉人深造。不可得聞，子非不言，學未至則不知耳。聞，猶曉也。

附　解

此子貢學成之後而嘆。學宜深造，不可欲速，亦不可中輟，致負夫子一片婆心也。夫子之文章凡一言一動，莫非由性而發。第其迹，顯著其事，易求其得失，精粗易見。故學之深者，因端以會其原；即學之淺者，亦即事而明其理，可得而聞也。夫子之言性與天道。性者，人之所以生。天道者，天之所以立。在天爲天道，在人爲性，非有二也。但非由博而約、窮理盡性以至於命，則無以知天之所以爲天，與人之所以合天，而萬事萬物不外乎是。在夫子未嘗不言，而學者功力未至，言之而亦不知，故不可得而聞也。語意全是勉人自造，非謂夫子有所不傳，己今獨有所得，時解均誤。或曰先儒皆言子罕言性天而子反之，何也？曰：性者，天之理而人心之良。聖人教人誠意正心，惟欲其全性耳。故窮理者窮其合於性否也，致知者致其天理之明也。凡一念之發，一行之動，合天理則善，違天理則惡。禮樂法度，皆以維持人心之天理，舍性不言而何言哉？第性之散於萬物者，循其法度而修之，可以寡過，即可以修身。性之本於天命者，究其精微而踐之，必由漸進，乃可企於化神。故子亦常言性與天道，使人知萬事悉本於天理。然而人不能盡曉，則以實學未至，不能强求其通也。白文明明言夫子之言性與天道，是夫子非不言乃言之，而人自不明耳，乃或以爲不言，何哉？

子路有聞，未之能行，惟恐有聞。

善無窮而力有限，賴勤恒以全之。子路勇於義，特表之爲法。

附　解

《書》曰：非知之艱，行之維艱。又曰：言之匪艱，行之維艱。故善恒有聞，行者百無一二也。子路實見得義理無盡而嗜之也誠，行之也切，如饑渴之於飲食，猶不足以方之。此記者所以特地形容。張惕菴云：如畫工寫物，妙於設色，憑空摹擬一氣，竦神踴勃勃不可遏抑之。子路是矣。充子路之量，舜之聞善若决江河，即此而造也。可易視哉？

子貢問曰：孔文子何以謂之文也？子曰：敏而好學，不耻下問，是以謂之文也。

文子，名圉，衛大夫，謚文。子貢方人，文子本有是善而勤學好問，又子貢之所宜急也，故告之如此，學以聞見言。

附　解

古人謚以尊名，非有大惡不被之惡名，善善從長之意也。文子素行不端，子貢疑之固宜。子言勤學好問，故以爲文。是以之云，猶言如是已耳。聖人取人之宏，固不待言，而策勵子貢亦在其中，非第爲孔圉解圍也。學問淺看，若聖賢之真學問，則文子固未嘗問津。

子謂子産：有君子之道四焉：其行己也恭，其事上也敬，其養民也惠，其使民也義。

子産，鄭大夫公孫僑。按《左傳》，爲卿十一年，執政二十二年。君子，古大臣之屬。行己，行乎其己，執己而行者易驕，故恭難；有才而事上者易亢，故敬難；養則安其心，義則裁以正，四者皆當時卿大夫所罕。故表以風世。

附　解

君子之道，全體大用，必須誠正修齊治平，一以貫之，乃可承當。子産爲春秋美材，而學實未純。但當時鄭爲晋楚交争之地，子産相鄭善政甚多，其雜霸之術亦不少，故夫子特表其有君子之道，以存其真。此行己與《行己有耻》章不同，此猶言處己耳。鋤强抑暴，易起忌争，而恭遜自處，所以能成勳業。秉均更制，多所自主，嫌於專擅，而敬慎忠純所以能堅主。知民疲兵役，除害興利，愛養四十餘年。民習驕侈，約束整齊，使共安於禮法。四事中有許多經濟比於當時臣工，已如鳳鶩騏駑之異趨矣。

子曰：晏平仲善與人交，久而敬之。

周生烈曰：齊大夫，晏姓，平謚，名嬰。人之品詣不齊，敬則情文可孚，久尤難耳。張甄陶曰：人字兼善惡言是也。故不曰友而曰人。

附　解

五倫惟朋友言交，必交而後成其友也。此章言善與人交，則非言其交友，而即其平日實事言之。當日崔慶、陳鮑與仲同朝，仲不失己，亦不失人，非久敬，何以能然？故夫子特表之。蓋有位於朝，不能盡擇人而交，然豈可苟合？惟敬則善全其道矣。若知己之交，敬自不待言。《史記》載齊景公將以尼谿封孔子，晏嬰沮之。崔氏述謂：晏子言行具在《左傳》，多述禮樂，稱先王，必不沮孔子，蓋戰國時人僞撰。其見甚卓。景公欲以季孟之間待孔子，不聞封田之説，爾時想晏子已没矣。

子曰：臧文仲居蔡，山節藻棁，何如其知也？

文仲，魯大夫，名辰。蔡，靈龜産蔡地，因以爲名。朱子曰：節，柱頭斗拱。棁，梁上短柱。爲室以居蔡，而刻山爲節，畫藻於棁也。聖人以卜筮教人，使畏天命。大事必卜，恐其妨於民，而決諸神，非龜之靈，藉龜兆以求神耳。廢人事而專事卜筮則妄，况媚龜乎？子故斥其不智以戒人。且古重龜卜，國有守龜，家不藏龜，文仲居之亦僭。

附　解

天祇是一元之理氣，充周布濩，生生而不窮，變化而不息，而屈伸消長，分爲陰陽，播爲五行。氣之所在，理爲之主。理氣之靈，其妙曰神。人爲三才之貴，聖人欲其順理而合天心，因吉凶設卜筮決之於神，使知禍福自善惡而分，神明福善而禍惡，不得已之苦心也。而流傳既久，人情事事求福，素不修德而徒求神，大失聖人立教之本意。若文仲者小有才慧，當時以爲聖人而乃媚及於蔡，不正之人將效尤，故子特追論之耳。

子張問曰：令尹子文三仕爲令尹，無喜色；三已之，無愠色。舊令尹之政，必以告新令尹。何如？子曰：忠矣。曰：仁矣乎？曰：未知，焉得仁？崔子弑齊君，陳文子有馬十乘，棄而違之。至於他邦，則曰：猶吾大夫崔子也。違之。之一邦，則又曰：猶吾大夫崔子也。違之。何如？子曰：清矣。曰：仁矣乎？曰：未知，焉得仁？

焉，於虔反。乘，去聲。子文，楚大夫，鬬穀於菟。崔子，名杼，陳文子，名須無，皆齊大夫。事見《春秋傳》。夫子夙知二子之爲人，而第以二事言之，亦未盡善，故節許其忠清而不許其仁。蓋難進而易退者，道也。子文易已、易仕，則非有卓然之操，而其告新令尹者，亦未必悉協於道，非徇於情也。陳文子慎守慶氏之木，蓋謹畏遠害之流，豈忘情富貴之士，未知焉得仁？其心不可信，其事亦未純也。

附　解

二子皆在夫子之前，其人品早已素知。子張因二子此二事類有德者然，故問之，而子斷以非仁。就本事論其心未可知，就平日論亦多不類。此非子於二子生平竟無聞見，爲此不定之詞也。先儒謂子張悦於苟難，遂疑其仁，未免過刻。又喜怒不形，物我無間，説得太好。聖賢出處以道，三仕、三已，其果不可則止之義，而無所加損於性分否？告新令尹果盡當乎理，而可以利民生國計否？子特取其爲國之一念而已。文子平日並非淡泊之士，迫於禍患而去，不與崔氏之難，清則有之，豈得爲仁？仁有全體，有一端，全體之仁非聖人不可，一端之仁如管仲九合不以兵車是也。二子既無全體之仁，即以二事言亦未盡善，以爲制行甚高者非也。忠清亦有可爲仁者，自其心之誠得之。若謂忠清皆不得爲仁，亦非。至《莊子》《荀子》《淮南子》等書，以三仕、三已爲孫叔敖事皆子文之譌，不足信。

季文子三思而後行。子聞之，曰：再，斯可矣。

文子，名行父，魯大夫。思必以理爲準，有窮理正心之功，則能思，非然徒滋惑耳。時多賢文子之三思，子故正之。

附　解

《書》曰：慮善以動，動惟厥時。《易》曰：天下何思何慮，天下同歸而殊途，一致而百慮，天下何思何慮。二説不同而同。蓋平日存養此心，常令虛静無私，物來順應，一以至理爲憑，又何事憧憧往來，朋從爾思。《書》言慮善，則謂事至物來，審之於理，善則動焉。《大學》慮而後能得。孟子曰：心之官則思，思則得之，不思則不得。皆慮善之説也。世人或冒昧不思，或又多思反惑，皆由平日無窮理之學。故季文子不正仲遂之罪，執政無能，安知正思？世人乃傳其三思，子故正之，其不足文子意在言外。

子曰：寧武子，邦有道，則知；邦無道，則愚。其知可及也，其愚不可及也。

武子，名俞，衛大夫，謚武。武子仕成公始終，免公於難。事見《左傳》。有道無事之時，無道危亂也。張甄陶曰：武子之事，皆人臣所當爲。知愚二字，時人趨利乘巧品評之言，如《先進》野人之類是也。人臣事君有死無二，末世巧便自全以此爲知，臣道裂矣。子故即時人之言以破其説，杜僥倖容默之流。

子在陳，曰：歸與！歸與！吾黨之小子狂簡，斐然成章，不知所以裁之。

記此見夫子善誘之心，非必晚年之嘆也。狂簡，志大而不屑於凡瑣，故其志行卓犖，如錦繡之成章。斐然，狀其章。所以裁，所以審慎而適於中之道。

附　解

向謂此章乃夫子第三次在陳，年已老而道不行，故思歸焉，非也。夫子十餘歲即設教鄉里，嗣聖母顔卒，乃適周問禮。歸而門人日益進，成德達材不一。其人後爲中都宰，攝相，齊歸女樂而行，適衛，如宋，適陳，以後乃周歷諸國。然皆因門弟子所在，良友之契，或邦君之聘，乃至焉。非如策士暮楚朝秦，以希遇合也。後人因三月無君皇皇之説，似孔子日日奔走，都欲見遇諸侯，大謬。蓋夫子始終一講學授徒之人，攝相僅得三月，周流並非求見邦君。此章發於在陳之日，身雖在外，常以門人爲念，固其惓惓弟子一片本衷，非謂道既不行，乃思成就後學。夫子盛時，顔、曾、閔、冉諸賢已堪任道，豈待老而後思狂簡？且子既嘆，皆不及門，即狂簡亦在其中矣。按孔子三至陳，實止二適陳。定公十四年因女樂去魯適衛，復適陳，過匡，匡人圍之，未果還反。衛靈公與夫人同車，使子驂乘，孔子去衛適陳，定公十五年也。歲餘復反衛，又去衛，將如晋不果。還，衛靈公與孔子語，仰視飛鴻，孔子遂行，復如陳。此哀公二年，孔子年六十矣。已而桓子卒，康子召孔子，孔子遂反魯。此章二次在陳之言。狂簡二字皆是言其好處，志大言大，欲以聖人爲師，而凡世俗卑瑣之事不屑計較，故其言行、動静、禮法、規模，卓有成就，如錦繡之成章，斐然美觀。第經權常變，精粗表裏，尚不能斟酌而悉協乎中，如有美錦而不知裁成也。不知裁、狂簡二字俱有。蓋天下義理有不必深究處，亦有當研極精微處，一於簡，則非學者立志；有當極於高明處，有當抑然自下處，一於狂，亦非，時解未明。此章狂簡是一人，不得中行而思狂狷，是兩人。故《萬章》曰：孔子在陳，何思魯之狂士也？

子曰：伯夷、叔齊不念舊惡，怨是用希。

戒嫉惡之過而示以夷齊心，公理熟惡，化則與俱化，常人過於責人，故府怨而損德。

附　解

聖人非惡人也，其心純乎理。不善者投之，而逆有若惡焉？夷齊尤不受非禮者，故以惡惡嚴特聞。然其心固依然，天理至公之心也，子特表之。而曰怨是用希，爲非聖而苛人以府怨者發也。君子自修之，不遑遑責人乎？况其以是取怨乎？學者最當戒之。夷齊父姓墨胎，名初，字子朝。伯夷名允，字公信。叔齊名致，字公達。亦可備考。

子曰：孰謂微生高直？或乞醯焉，乞諸其鄰而與之。

微生，姓。高，名，魯人。以理正其是非，曰直。醯，飲食細微之物，非必不可無者，必代乞焉，昧禮而徇人矣。夫子言此以存直。

附　解

前人以曲意徇物，掠美市恩，爲不直是矣。但乞鄰而與，亦有不可盡非者。如醫藥器用所急需，誼關五倫得失，係於性命，有己乞則得，而人乞不得者，自不妨委曲以謀之，如概謝焉。坐視其困殆而莫救，則非矣。此章只重一醯字，其細已甚。乞者，爲飲食之徒，代乞者自非光明之士。子戒人違理徇人，非謂利人濟物，必不可乞鄰而與也。今人藉聖言以飾，吝於戚友相浼，則曰吾弗乞鄰而與，從井救人也，其爲害烈矣。

子曰：巧言、令色、足恭，左丘明耻之，丘亦耻之。匿怨而友其人，左丘明耻之，丘亦耻之。

足，將樹反。左邱明，孔子弟子。表左邱明之賢，以爲諂佞陰險者戒，不求心與理之安，而阿意求容，懷不測之意，而廢義忘信，邱明耻之，則其正大可知，子蓋以勵門人也。

附　解

言色有矩度，違之則巧令。恭，非惡也，逾分而足，是不顧義理羞愧而一意求容者。友而是歟，不可怨也；友而非歟，不必怨也。審其輕重，小則置之，大則絶之。匿其怨，而友陰險莫測，即非有報怨之心，已爲奸回之輩。二者左邱明皆耻之，子特表其與己同志，以爲門人勸也。左邱明，即作《春秋傳》者，其《傳》事或有不實，解經理亦時非。然此四事非絶詣，邱明固不難爲之。當時有此等人，故子舉邱明以戒之。自唐啖助、趙匡始言其非，而韓昌黎、鄭浹漈和之。其斥之以浮夸者，謂石言神降之屬。然人事反常，而妖孽生焉，亦事理之所恒有。邱明記事之書不能不載，而述其事，即述論其事之人，歸於正論，又何可厚非也？本朝張惕菴曰：左氏録史官，舊本述先王之訓，邱明不居功，巧言如簧，録時人之詞，邱明亦不任過也。古今並無二邱明，或以年歲不相及爲疑。然長年古人常事，子夏壽一百三十四歲，邱明安在？不然其言當矣。

顏淵、季路侍。子曰：盍各言爾志？

盍，音合。盍，何不也。志本於學，子欲觀其器量之何如。

子路曰：願車馬、衣輕裘，與朋友共，敝之而無憾。

重義則自輕財，與共，不私爲己有也。敝而無憾，以其初心爲重義也。

顏淵曰：願無伐善，無施勞。

伐善，誇功。施勞，煩擾也。虛己平情，公恕之量。

子路曰：願聞子之志。子曰：老者安之，朋友信之，少者懷之。

老、少、朋友，各得其所，志欲天下之同，然其量溥也。

附　解

志乃力所未及，而素願所存，半由性情，半由學問，積久而成者也。人心邪妄甚多，學聖者先須志量廣大高明，始能不爲世俗所累。子曰：修道以仁。人能宏道，非道宏人。《中庸》言苟不至德，至道不凝，皆是此理。由回與夫子之志，皆忘私樂善，不吝不驕，不外視斯民，特功業大小不同，不得謂由回之志爲易能也。尋常人斤斤自利，一言濟人利物，即以爲墨子兼愛，不知親親、仁民、愛物，只此天理之良，不能自已。愛敬自親長始，而推以及於家邦。無一夫不得其所，仁義浹洽適全乎。孝弟之量，非格外施仁，舍本就末也。此義不明，故慈悲廣大亦爲禁忌。張愓菴有言：佛説慈悲，我必不慈悲；佛説廣大，我偏不廣大。乃爲聖賢乎？佛言度盡衆生方得成佛，道言三千陰功八百德行，皆此章志字之理。其徒誤解，遂流爲怪妄，不得以其流而汙其源也。施勞，不當勞而勞之，或當勞之而無節，不加體恤。上句是忘己之善，此句是恕以及人。二子志皆甚美。學者身體力行俱可深造，不可區區較量淺深。至夫子之志，則因物付物，自然充周浹洽，其中有許多經綸，非徒作大言也。李安溪以三無字三之字，分別聖賢心量，雖亦讀書一法，然太拘泥。蓋聖賢所言皆實學所至，非徒向語言索解而已。

子曰：已矣乎！吾未見能見其過而内自訟者也。

能見其過，省察之明。内自訟，悔恨之切。蓋爲知過而憚改者發。

附　解

開端已矣乎三字，慨嘆而起，一氣貫下，意重内自訟。上自心内必争勝於天理，不求人知，則無時不克治矣。然苟非能見其過，亦無從自訟。故論理必須兼到，口氣則趨重自訟耳。聖門中内自訟者甚多，不必切同堂説。張愓菴言之甚詳。

子曰：十室之邑，必有忠信如丘者焉，不如丘之好學也。

焉，如字。好，去聲。忠信，學之本也。但不學則難保其忠信，而徒忠信者，尤無以會乎體用之全。學之道，博文約禮而已。夫子自言其實以勉人。

附　解

忠信，誠實意。學爲聖人必以忠信爲本，然不從事博文約禮，次第深造，縱使長保忠信，一椎魯無能之人耳。天下古今之富，身心性命之微，豈能不學而自明哉？此乃夫子實話。或竟謂夫子生而已聖，不特非夫子所樂居，亦晦其實而無以見學之貴。然當時以忠信爲美質，後世或不必事此矣。可慨也夫！

論語恒解上論下册晚年定本

雍也第六凡二十八章

子曰：雍也可使南面。

雍，德行亞於顏子，故許以君人之量。

仲弓問子桑伯子。子曰：可也，簡。

子桑伯子，不知何人。仲弓見伯子類己，故問之。子許其可，而申之曰簡，亦有德之士也。

仲弓曰：居敬而行簡，以臨其民，不亦可乎？居簡而行簡，無乃太簡乎？

居，如居室之居，言心安於敬，行簡當乎天理人情，無非分之擾。居簡行簡，則一於率略。仲弓言簡之不盡，可也。

子曰：雍之言然。

夫子許伯子原非徒以其簡，而雍申言居敬適合子心，故深然之。

附　解

此章因仲弓問一子桑伯子。據《莊子》《説苑》所載，人多疑其爲人。先儒遂並夫子之言而亦疑之。謂可南面，僅以度言可也。簡非盡善之謂，而使本文語氣不明矣。是不可以無辨。仲弓與顏子同列德行之班，安知晚年造道不企大成？聖人於門人無濫許，可使南面自以德行經濟而言。如用舍行藏與回之意，豈第以其氣度彷彿遂概許之？仲弓知夫子與己之故，而見伯子與己相類，故問之，子曰可也簡，言其能不苛煩以治也。蓋聖人功業文章，彌綸宇宙，然只是因天地自然之理，定民生日用之經，非强以理所本，無情所不順。故民不能自生，田里樹畜，經畫之至詳；民不能自立，學校仁義訓導之必謹。事雖繁賾，要皆民心所同趨，民性所共樂者，是以聖王之世，民相安於無事。而不識不知順帝之則，非無事也，民服習於聖人之教，皆以爲己之固然，而相忘於何有此，即所謂簡也。夫子之可伯子，亦以當時文煩政苛，不務其本，而專事虚文，使民騷然不寧，故曰如伯子者亦可也。何也？以其簡也。簡字中有敬字在，但子未明言之。非伯子無敬之簡，而夫子乃許以可也。仲弓因簡不可一概而論，故亟剖析之。而子曰雍之言然，則簡之可必不能離敬以爲可也。而所以許伯子之可亦非，但以其簡也。仲弓之辨簡如此，則其可使南面益信。自古聖王不過居敬行簡而已。子曰：爲政以德，譬如北辰。無爲而治，恭己南面，皆是義焉。後世清談虚誕之士，托於黄老，以藐棄一切爲高明，恍惚離奇爲元妙。談天雕龍之輩復揚其波，而於是聖人無爲之治亦混於異端。夫黄帝垂裳而治，與堯舜同，老子與夫子問答，無非至理。夫豈廢棄人倫空言清净者？周衰道廢，重以狂秦苛暴，民不聊生。漢興除秦苛法，與民休息，一二修潔之士若申公、蓋公等不事繁文，聽民作息，一時遂致安平。然數人及文景，不過得聖賢恭儉之大意而已。若使果有居敬行簡之實學，其規爲當不止此。後人罕明篤恭之詣，遂認作清净無爲，是廢人倫之學。由是黄老爲神仙之祖，詞賦爲孔孟之傳。此章簡字亦不分明，而以夫子之許伯子，第僅可之辭。然使伯子並不知居敬，仲弓何以問其可南面否？而夫子亦遂可之？夫唐虞三代，修己治人之法，至詳且密矣，何可以簡目之？而夫子又何以含糊妄許？子桑伯子未必即子桑户，然即以《莊子》所記子桑户事考之，雖非至詣，亦無大疵。惟劉向《説苑》載孔子言，謂其有質無文，而劉向因謂其易野，欲同人道於牛馬。向之意亦因漢時祖黄老，而誤者多爲易野借伯子以譏之。夫子未嘗言其然也，他書不盡可信。而此章許之以可，則必非異端之流，奈何舍經而從曲説耶？故仲弓、伯子平生多不可考，而以夫子許之，則皆爲賢，不必牽引他書以亂之。若朱子誤《説苑》爲《家語》，而謂夫子譏其欲同人道於牛馬，則大誤，不可從也。張惕菴謂：黄帝、老子另是一種學問，不可作矮人觀劇，隨口詆譏。若尚不知黄帝爲聖人，亦殊可笑。章内三可字，一氣呼應。然字亦可字之意也。

哀公問：弟子孰爲好學？孔子對曰：有顔回者好學，不遷怒，不貳過。不幸短命死矣。今也則亡，未聞好學者也。

好，去聲。亡，與無同。人性無不善，而情則有偏。去其偏以歸於正，復性之功，好學之實事也。遷怒、貳過，克己不力。顔子不然，故深惜之。言今無能是之人，故未聞好學者也。

附　解

學者，學爲聖人也。學聖無他，全其天命之性，不愧爲人而已。性善而情有所偏，氣質之累爲之也。去其氣質之累，必存養，克治，擴充，内外交修，久而後純。顔子三月不違仁，其養性已久，而以禮節情，又不遺餘力。夫子爲哀公言，以易見者言之。蓋復性之功不足與告也。不遷怒，怒以理，不怒以人，故隨境而化。不貳過，則克治之嚴，而天理之具於中者已漸熟，故此念不復萌也。古人之爲學如是，而後世或徒求諸語言文字，何怪乎聖人之不可學哉？

子華使於齊，冉子爲其母請粟。子曰：與之釜。請益。曰：與之庾。冉子與之粟五秉。

使、爲，並去聲。古注：釜，六斗四升；庾，十六斗；秉，十六斛。那氏曰：孔子爲司寇時，子華仕魯爲魯使，而適於齊。弟爲師使，分也。而冉子以爲使之，則必周之，子不拒之，聊全其友誼之念耳。

子曰：赤之適齊也，乘肥馬，衣輕裘，吾聞之也：君子周急不繼富。

衣，去聲。赤，非薄親之人，子非不爲人子諒者，求弗深思。子爲言適齊之赤，而其富昭然。則彼此誠無弗相安者矣。

原思爲之宰，與之粟九百，辭。子曰：毋！以與爾鄰里鄉黨乎！

原憲，字子思。夫子爲魯司寇，以思爲家宰。九百，宰之常禄。子與思實與宰也。辭之非義，受而周人，則可以廣仁。朱子曰：毋，禁止辭。五家爲鄰，二十五家爲里，萬二千五百家爲鄉，五百家爲黨。

附　解

辭受取與，人生大節係焉，不可不謹也。然適得乎中，非精義不能。義精由於仁熟，仁熟而後義精，此非可以取辨於臨時也。子華之使，弟子常分其家之富。冉子平日豈不知之？只因錯看。夫子使之，則當周之，故爲之請粟，與釜、與庾，姑念其爲友道而請也。而冉子又自與之五秉，則竟以夫子爲靳者然。故夫子曉以不繼富之義，其曰赤之適齊也，意謂子華之富，子平日即不知之，今日豈不見之？若使其自豐，而遺其母，子華豈復可以爲人使？子知其貧而漠不關心，又何以爲子？是冉子之與並子與赤，而均非之矣。然子不自明而曉以赤富，且遜其辭於君子不繼富，是何等委婉含蓄。若原思狷介，自不可少。而辭宰之禄，則廢國典，而類矯廉。子導以鄰里鄉黨全義而施仁，中正之則也。此章義至顯。然而自古迄今取與得宜者曾無一二。學者當身體之，毋易視也。毛西河引《聘禮》：諸侯之使，皆以粟十車列館門外，每車一秉有五籔。籔即庾也。是館廩之粟，計十車有十五秉。冉子以三分之一予其家，頗確。

子謂仲弓，曰：犂牛之子騂且角，雖欲勿用，山川其舍諸？

犂，利之反。騂，息營反。舍，上聲。子告仲弓以用人之道，當發於弓爲宰時。言取士不拘資格，如騂角出於犂牛，必爲神享，不足病也。何氏晏曰：犂，雜文。騂，赤也。角者，角周正，中犧牲。朱子曰：用，用以祭也。

附　解

朱子沿何晏、邢昺舊説，謂：仲弓父賤行惡，子故喻之。非也。張惕菴謂：仲弓爲宰時，子告以官人之道。其識甚卓，從之。蓋周家鄉舉里選，至春秋而法弊，取人惟以名望，寒賤類多屈抑，子故曉之。程伊川亦言聖人必不肯對人子説人父不善。因仲弓父賤行惡，古注遂誤解，又張氏以《家語》爲不足信，亦誤。仲弓父即賤而行惡，子豈有斥擬犂牛之理？

子曰：回也，其心三月不違仁，其餘則日月至焉而已矣。

仁即性也，以其爲所以生之理，而生生於無窮，故曰仁。先天之心純乎仁，後天之心雜於欲，克己復禮以全仁，即所以全其心之本體也。節序三月而一更，形其心與理合之時久。所謂屢空也，日月至焉，喻天理之存亡無時。

附　解

明明説個其心三月不違仁，是就後天之心而言矣。蓋人得天地之心以生，即性即仁，即孟子所謂仁人心也。但此純乎天理之心在未生以前，故曰人生而静。天之性至有生以後，形氣拘累，物誘緣之而生。耳目口體所觸，知覺運動之靈，與物相引而天理遂以難純。所以然者，人得乾坤精氣而生，先天純乎乾坤之氣，體静而無爲，此性之所以無不善也。後天非復乾坤之本，然性拘於質而爲命，命乘乎氣而爲心，心之靈乃雜於物誘而不能常存其天良，故聖人教人復性。不然心即性矣，而何復之云哉？但復性之功，非以義理之心養其浩然之氣，必無以去氣質之陰，而發其剛大之本體。故孔門求仁，博文以析其理，約禮以存其誠，而知止得止之功，不能盡筆之於書也。《大學》言明明德；《中庸》言致中和，而曰盡其性，皆謂全此仁心即可以無所不可。周室益衰，禮法益毁，孟子乃指出養氣之功，而其源則本於孔氏也。後人見孔子未言養氣，而孟子言之，雖不敢謂孟子爲非，却不知養氣之即所以求仁也。且其言曰我四十不動心，我善養吾浩然之氣。知心與氣之所以相關，則知氣非後天之氣，心亦非後天之心，故黄冠導養不足爲養浩然，而禪宗静心亦不足爲求仁之功。自宋以來，儒者知聖學不外於心矣，而不明心有先天後天之辨，故力辨。禪宗守心，而亦未免以心爲性。夫仁、義、禮、智、信，五性也，而實祇一性所涵。其在先天，渾然在中者心也，即性也。其在後天，發焉而有五性之一端存焉，而無天性之渾成，以心含陰氣，不能禁其無動於欲也。惟養浩然之氣，功深理熟，則心復乎先天之本體，而渾然在中，粹然無二，静而萬善俱涵，動而一私不雜，心即仁矣。不然告子之不動心非道，即原憲之克伐怨欲不行，亦不爲仁。若此章言回也，其心三月不違仁，則言其養氣功半有諸己，而天理漸多，私欲漸少，每静存之時，此心虚明，無物欲之擾，所謂屢空也。天道三月，而春夏秋冬，各成爲一季。丕著功用，三月不違仁，形容其卓立之心體，居然天理穩固，正是三十而立，實境因隱微難名，藉三月狀之，不然三月從何算起？日月至焉者，倏得而倏失，一日之内，心有渾然之一候，一月之内，心有渾含之大致，其功亦非易至。子即顔子以勵門人。此章仁字，蓋以全體之仁而言也。若一端之仁，則雖常人一日之内，亦有數事，而諸賢乃日月至於理，爲不通矣。

季康子問：仲由可使從政也與？子曰：由也果，於從政乎何有？曰：賜也可使從政也與？曰：賜也達，於從政乎何有？曰：求也可使從政也與？曰：求也藝，於從政乎何有？

與，平聲。三子藉升斗以就學，康子輕之而問，子極言其長，欲其同升諸公也。果，見義必爲。達，事理明透。藝，才足應變。

附　解

周制有官始有禄，而春秋時士之無田者更衆，故有爲貧而仕之道。孔門諸賢來學於魯，即藉升斗以爲就學之資，非甘心權門鷹犬也。三子仕於季氏，康子亦未以爲意。從政之問其意甚輕，夫子極許之，所以堅其意，而欲其薦於公也。如下章閔子乃可以無需禄仕，而不爲季氏宰耳。三子惟冉求魯人，終仕於魯。由、賜二子不久而即反衛。蓋夫子周遊，二子即無藉於微禄也。前人不明此義，以由、求之仕爲非甚矣。讀書論世之難也。詳見下章。

季氏使閔子騫爲費宰。閔子騫曰：善爲我辭焉！如有復我者，則吾必在汶上矣。

費，音祕。爲，去聲。汶，音問。朱子曰：閔子騫，孔子弟子，名損。汶，水名，在齊南魯北境上。費，季氏之巖邑。閔子豈爲之私用，故婉辭之，如使同升諸公則不然矣。

附　解

聖賢之仕，所以行道，上爲君、下爲民而已。爲貧而仕者，一官一邑，其職易稱，然亦必可以行其志，而無害於義乃可，否則苟禄矣。子路、冉有仕於季氏，人多非之，不知當時世官擅柄，寒賤無由進身。由、求學於夫子，爲貧而仕，以贍膏火，夫子未嘗非之也。惟求也，聚斂則切責之。外此如子夏爲莒父宰，子游爲武城宰，子賤爲單父宰，以及巫馬期、樊遲諸賢仕魯仕三家者不乏。要由井地漸壞，士多單寒，既不能爲工賈以生，又不能枵腹咿唔，則一官禄仕亦固其所。孟子曰：庶人在官者同禄，禄足以代其耕。正謂此也。又况聖賢學有本原，微員下位皆有益於民生，而維持乎國運。夫子安得而禁之？此章閔子之不爲者費宰耳。費爲季氏私邑，家臣屢叛，欲以閔子强其私家，故力辭之。先儒因閔子之言，遂非由、求，亦未達於當時之事理矣。不然諸賢爲非，夫子豈弗禁之？仲弓德行與顔、閔同科，何以亦爲季氏宰，即夫子爲中都宰、司空、司寇，攝相亦由季桓子薦之。謝氏謂聖人可仕，聖人以下不可，其説不太支離乎？詳更見下論《女樂》章。

伯牛有疾，子問之，自牖執其手曰：亡之，命矣夫！斯人也而有斯疾也！斯人也而有斯疾也！

夫，音扶。自牖入室視疾，就明以驗其形色，如今診視然，親愛之也。亡之，謂其疾之不起。命，稟受之自先天者。斯疾，謂沈疴。

附 解

《儀禮》士居適寢東首於北墉下。墉，牆也。《喪大記》作北牖。而鄭注云：一作北墉。則本是北墉，而以形近致誤者。北牆開牖，社屋之制。自牖，蓋入室而就牖處，向明以驗其疾，如今診視且永訣耳。朱注引君視臣疾之説不可從。伯牛賢者，豈援非分之禮以尊其師，而夫子亦豈默無一言？亡之，謂其疾當亡。命，謂其稟受父母之氣，厚薄相懸，不易挽迴者。斯人而有斯疾，信其素能慎疾，而非自取咎也。命字古今紛紛曲説，俱不曉。然愚於凡言命章皆辨之矣，而此章言命尤其顯然易見者。蓋人稟天地正氣而生，理氣之粹然者，性也。而其稟祖宗父母之氣而育者不盡同。故命者，生身之所本，厚薄清濁相懸也。聖人教人修身復性，果能造乎其極，俾中正和平之理，清明廣大之氣，復乎先天之本，然則夭者壽，病者愈，昏庸者可聖智。若猶有一毫之私未除，一毫陰氣未净，即難以造命、立命。故顔冉之不壽，命限之也。今人不知而謂聖學不足立命，則援顔冉以自解，抑思子曰仁者壽，大德必壽。豈謬言以欺世乎？《淮南子・精神》篇曰：伯牛爲厲。蓋亦因子言而云。包咸曰有惡疾，皆誤也。子曰：斯疾，不過言不起之疾耳。

子曰：賢哉，回也！一簞食，一瓢飲，在陋巷，人不堪其憂，回也不改其樂。賢哉，回也！

食，音嗣。樂，音洛。美回以勵及門也。簞，盛飯者圓曰簞。瓢，剖瓜瓠爲之形。其居食之陋，而深嘆其爲賢。《周禮》二十五家爲閭，同共一巷，巷首有門。樂，性分中有實得，自樂之而忘乎境也。

附 解

若論孔顔如何樂法，真有説不出處。若謂孔顔所樂非道，則非也。程子之意，以爲言樂道則猶道自道，回自回，故曰：非樂道也。此亦妙義，但未免令後學無從下手。道乃義理之統名，其實一性而已。性原於天而具於身，散見於萬事萬物，動静交養，知行交盡，行之既久，得之於身，自覺心曠神怡。天與人非遠，而外物不足爲加損，所謂樂也。樂之實惟自喻之，而自亦不能言之。其妙無窮，須一步步實踐，則其樂之淺深自知。顔子之樂不因貧而改，是其見已卓而守已定。子故贊之，以勵及門。顏子之樂豈能如孔子？因患貧者多，子故極美其安貧，使專心於道。後人以孔顏並稱，似顏子已聖而亦短命，夫子大德必壽，仁者壽之言，妄矣。不知顏子之樂學有得，而喜其旨趣，孔子則與道爲一，而天機暢也。

冉求曰：非不説子之道，力不足也。子曰：力不足者，中道而廢。今女畫。

説，音悦。女，音汝。求，質非困而志自靡，故子責之。道，全體之道。力，任道之志氣。中道而廢，竭蹶於道而終身不克大成，如蹇步者之止於中道也。畫則異是。

附解

子之道，即上章顏子自乐之道。蓋夫子平日教門人，無非欲其全仁希聖。求與回同一學也，求因子言而自諉於力不足。子言力不足者，終身竭蹶於道，而資質太薄，只可得半而止，總不能大成。今女則非其人也，先畫地以爲界，曰吾不過至此而止，烏得諉於力乎？然子之道實亦非易理，則中庸而已。而至誠不息，致中致和有無數層級，一息尚存，不容寬假。自古至今，昧者甚多，畫者猶爲次之。夫道即人之所以爲人耳，然非明師不授，非篤志不成。此子所以深惜顏子也。

子謂子夏曰：女爲君子儒，無爲小人儒。

《周禮》：儒以道得民。非道不得爲儒也，學術雜而君子小人乃分。爲與無，爲判諸心理，《大學》之全功一毫未踐，豈易云儒哉？

附解

儒祇一途，因人品心術不同，遂有托儒之名以濟其小人之實者。子夏於孔門傳經授學，儒雅之事特顯，則儒名應著。子恐其舍本務末，故戒以此。既曰儒矣，則君子小人所爲皆同，而其不同者心與理也。若托業顯外於儒，又何事區區分辨？後世性命與事功分途，道德與文章二致，或偏或雜互相訾嗷，是儒日多而儒術日陋矣。

子游爲武城宰。子曰：女得人焉爾乎？曰：有澹臺滅明者，行不由徑，非公事，未嘗至於偃之室也。

女，音汝。澹，徒甘反。武城，魯邑。夏禹七代孫芒封公子於此。爲政以求賢爲先，故詰之。滅明，字子羽。徑，邪曲之道，喻非禮也。公事，朱子曰：如飲射讀法之類。非公事不見，不由徑之一端。

附　解

堯以不得舜爲己憂，舜以不得禹、皋陶爲己憂。聖人道大德全，其致一也。不以一己治而以賢人治，得人之道千。聖心傳孔門，若仲弓子賤尤其著者，夫子詰子游，謂其有興賢之責也。而子游果克相士風塵之外。《周禮》鄉大夫有獻賢能之職。春秋選舉之典漸廢，賢士難以上升。子賤父事、兄事、友事，子深賞之。子游亦得澹臺而不聞升於朝廷職，此故也。但求賢自輔，爲政先務，故子詰之。徑字，朱子沿何晏《集解》，謂爲小路。然按周制井界，軌涂以通車轍，惟中原則然。今自吴、越、楚、蜀、閩、廣、滇、黔，崎嶇曠莽，不一而足。無强人以必由通衢之理，即以齊、魯、燕、趙、秦、晋而言，經涂環涂外，畛域錯壤可以容步，何必定行周道？聖人教人矩步規行，采齊肆夏，惟在舉止之安詳，氣度之雍容，不必定以行周道者爲君子，行巔湄者爲小人。苟其君父友朋安危呼吸，雖絶塵而奔，越溪度嶺，亦是聖賢。若嗜俗情，憧憧不息，徐步康莊，亦爲鄙士。故當作不履邪徑解，蓋喻其立身正大光明也。下乃就非公不至以見其概。武城不一，晋有武城，文八年，秦伐晋，取武城。楚有武城，僖六年，公見楚子於武城。魯武城二，東武城屬東昌府，南武城屬兖州府。子羽，南武城人。

子曰：孟之反不伐，奔而殿，將入門，策其馬，曰：非敢後也，馬不進也。

殿，去聲。朱子曰：之反，魯大夫，名側。伐，誇功也。軍後曰殿。人臣有勞於國，職所當爲，伐者陋矣！子故表之反，以爲法。敢，勇敢意。事見《左傳》哀公十一年。

附　解

伐字極是難除。朱子云，之反心地平，故消磨得去。愚謂此亦有三等。若論克己復禮之後，義理純熟，凡事順天理而樂行之，上也。有等自知克治，凡矜心之作，引分循禮，不敢自功，次也。亦有天資粹美之人，未嘗學問謙退性成，亦能遜讓，但不能念念渾化耳。之反平生不詳，而此事不以爲功，且恐人知其功，實有過人者。子故亟表之。謝上蔡曰：人能操無欲上人之心，則人欲日消，天理日明，而凡可以矜己誇人者，皆無足道。剴切尤初學之鍼砭。

子曰：不有祝鮀之佞，而有宋朝之美，难乎免於今之世矣。

鮀，徒何反。祝，宗廟之官。鮀，衛大夫。朝，宋公子。當時以佞爲賢，子故言時人好佞甚於好色。儻佞不如鮀，即有色亦難自免，不知其蠱惑人心，貽禍爲無窮也。以色求免汙賤之至者，而佞如之，故相形以醜之而使自生羞惡。

附　解

若但嘆人好諛悦色，而字終嫌不順，不知此夫子深惡佞人之詞也。佞人變亂是非，爲禍家國甚烈，而人每喜之者，以其巧於媚人。如以色媚人，工於蠱惑，人不覺爲其所迷。子故以宋朝例鮀，言如今之俗即有色無佞，亦不能免，嘆其誤世，而人不知然。朝之汙賤可耻，則鮀之不足效亦明矣。極鄙賤之詞，説來令人不覺。聖人之妙於立言也。

子曰：誰能出不由户？何莫由斯道也？

道，率性之謂。離道則無以爲人。出必由户，行必由道。何莫，悟也。朱子曰：怪而嘆之詞。

附　解

世教不明，人以道爲身外之物而不由，且以爲何必道矣？不知道乃人之所以爲人，除是非人便可不必由道。正如户乃出之門徑，除是不出便可不由户。不然出必由户，行必由道，此一定之理也，而乃舍之而他，失其所以爲人，既違天則亦無成功，何不早自返也。以户喻道，言其至庸而不可易，誰能、何莫兩相比例，怪其不由，實警其速由耳。

子曰：質勝文則野，文勝質則史。文質彬彬，然後君子。

野，野人鄙陋。史，小史。習於繁文，不知實踐，即二人以狀不學與徒文之弊，欲學者變化以適中。彬彬，文質兼而成章也。

附　解

此示及門之詞，特指出文質偏勝之弊。野人甘於鄙陋，不事詩書。小史工於紀載，並不實踐。無學與學而徒務繁文者同之。夫子以博文約禮教人，故示以此。如有其意而無其儀，有其儀而無其意，即非禮樂。故兼有而適中，即是彬彬。王罕皆謂，禮器所載，貴多貴少有偏重，而不害其爲適均者。然多所當多，少所當少，即彬彬也，非偏重也。且此章示門人以中和之則，尤不止在器數上言。

子曰：人之生也直，罔之生也幸而免。

順天理而無私曲，曰直。罔，昧而肆也。枉其生理而猶生焉，故曰幸免。然亦終不能免也。

附　解

性者天之理，然止是一個善字。善者是，惡者非，自修然，治人亦然，此之謂直。不循天理，而私好私惡，以亂是非，則爲枉。枉非天理，無天理何以爲人？生爲虛生，死必至矣。夫子深惡之而云。然蓋人心風俗全賴天理維持，是非之直不明，則善惡顛倒，五倫皆裂。子故惡之。

子曰：知之者不如好之者，好之者不如樂之者。

好，去聲。樂，音洛。言道蘊無窮，宜深造而自得也。爲已知而不求進者言。朱子曰：知，知有此道。好，好而未得。樂，有所得而樂之也。

附　解

此策門人之詞。知字第一關頭，若尚不知，何由力行？既已知矣，即當日有所事，刻有所修，時而習焉，自然好矣。而不好者略見爲然，不求其所以然，偶欲爲之，忽又怠之也。豈如深知而篤好者，其進爲無窮乎？然猶有道與我之分也。若夫好之久，而得力深，馴致乎道與我一，則怏然，慊然，有不知其手舞足蹈者。作三項人言，剴切指導。此中境界，必當親歷方喻。

子曰：中人以上，可以語上也；中人以下，不可以語上也。

以上之上，上聲。語，去聲。上，謂理之達於天命者。下，日用易見之事。人無不可造道，而自甘下愚。子故言此激厲之。

附　解

道無精粗，功有次第。聖人教人即聰明穎異，亦必使之下學上達，故曰循循善誘。此章何乃以可不可限量之？蓋因安於委靡者流，而爲此激厲語。言道乃人所當爲，亦人人所能爲，乃今知人之自命有不可相强者。彼中人以上之材，語以道即遵行勿替，志氣日益清明，學識日益精造，即希聖希天之事亦可語也。若夫中人以下之質，彼其委靡性成，甘心下人，不求上達，即欲語之以性命之原，天人之理，無從啓牖，不可以語上也。若使其勉勉承教，則雖愚必明，尚安得以下概之哉？無如其不能何也？二也字，抑揚激勸之詞。必如此解方與我未見力不足、果能此道等語不相背觸。且詞章醜博之學，則有上下之分，或終身不能通文義者。若聖人之道，内而身心性命，著而日用倫常求之，即是百倍其功，無患愚柔，何必以此語爲懦人原諒也？若以爲爲施教者言，春秋時周公禮法猶存，苟能循而行之，不敢怠肆，下學上達，即在於兹，亦不得云語上不可也。

樊遲問知。子曰：務民之義，敬鬼神而遠之，可謂知矣。問仁。曰：仁者先難而後獲，可謂仁矣。

知、遠，並去聲。民，猶人也，不曰人而曰民，兼凡爲人言之義，順天理而合宜之事務，專志力行。鬼神體物而妙其用者，敬之乃能畏天命而慎獨。遠，敬之以修慝，不媚之以求福。難，義所當爲而艱阻者。獲，理得於身。先勇而爲，後不計效。

附　解

知仁之事無窮，夫子於門人各就其質之所近、學之所就及現在所當爲言之。故不特人各不同，即一人之身，前後所告亦不同。樊遲問仁者三，問知者二，此章當在《居處恭》章之後。蓋學已實踐用力之時，故教以民義鬼神並先後用心公私之界，惜前人未達，淺視樊遲並淺視子言矣！夫民義安可以言盡哉？自天子至於庶人，自一念及於萬物，隨其所值，各有當爲之事。即各有至中之理，必博約交修，内外本末交盡，層次而進，由勉而安，此本章所謂務也。至於鬼神似屬幽渺，然天命之性，流行於事物之間，而一念之微可通乎？於穆之表必懍，鑒觀而嚴指視，然後衾影不敢忽，旦明不忍欺，而民義乃能誠敬以赴。君子畏天命，聖人如事親職，此其義也。若不敬鬼神，即不知天命而不畏，任其心之所之，無惡不作，曰吾遠鬼神也。小人而無忌憚，其禍己禍人，曷有窮哉？然敬鬼神者畏獲罪於天，糾其邪慝耳，非謂媚禱求福。蓋鬼神司天地之功化，以天地之心爲心，以天地之道賞罰人。民義所在，即是天理，順天理而行，天自與之相合。不務民義，即失天理，去天日遠，安有得福之理？故務民義者，自能敬鬼神，亦能遠鬼神。先儒諱言禍福並吉凶休咎之理。《周易》《洪範》聖人垂教誘民之道均等於虛渺，其弊由視鬼神在民義之外，天人相感爲至難，不知祇此天理全則爲人，失則爲物，一念合理，即一念合天，否則違天。合天而逢吉，理之自然，非天有心徇之；違天而逢凶，亦理之自然，非天有心棄之。因福善禍淫之理定於天，而人事淑慝與之相應。原其氣數於理，歸其權於大造，則以爲天禍福之而已。夫子曰：言行，君子之所以動天地也。可不慎乎？夫一言一行至微，何遂動天，祇緣人在天地彀子中，獨得天命理氣之全，故一念之動而天地知之。鬼神者陰陽之靈，夫子曰：一陰一陽之謂道。無處非道，即無處無鬼神，所以爲體物而不可遺。不知天人合一之故，即不知吉凶悔吝生乎動之義，又安能務民義而合天心乎？因世俗渺視鬼神，任心悖理。否則諂事鬼神，妄希福利，楚失齊非，故特辨之。至先難句，人亦多欠晰。凡事順理而行，所謂居易也，有何難處？只因義所當爲，而境遇困之，患苦厄之，如井廩流言，畏匡厄陳蔡及箕比所遭明夷之時，非具一番至誠貞固之志，必中道回轅。至於心性之學，由淺而深，如爲山，如掘井，必仁以爲任，死而後已，否則弗成。此皆所謂難者也。先難豈易言哉？若後獲只是不求功效，果能先難者，必知其爲義所當爲，百折不回，成敗安計？以此爲知、仁。其勗樊遲者，豈淺第白文，仁者可謂仁矣！重復先難句，屬上句可，屬下句亦可。以上文言知推之，則屬下句爲是。而仁者二字無着，先君敬五嘗夢入官府，門署孔林二字，入見庭中，四壁皆字，則《論語》也。此章仁者下有無私二字，覺而異之，若如所見，則文義更足。但係恍惚之事，不可爲訓，聊附記於此。

子曰：知者樂水，仁者樂山；知者動，仁者静；知者樂，仁者壽。

知，去聲。樂，上二字並五教切，下一字音洛。知者、仁者，其盡性同而氣稟稍異，故其成德之後天，趣亦略殊。樂，以機之發見者言。動、静，則性體之真也。無累於心，故樂不戕其生，故壽。

附 解

學至於聖止矣。至夫子始剖出一知者、仁者，孟子始分出清任和時。此皆就隱微辨别處言之。蓋人之所得於天者，性也。而氣質之本於天地父母者，則各有不同，雖聖人亦爾。常人爲質所困甚，且失其天性。賢人從事復性，而未底於化，氣質猶粗。聖人則性全而天定矣，復何氣稟之足言？不知性如水月，質則盛水月之器也。水月之光明，未嘗稍減而映，玉壺則表裏精瑩，稍次則光澤遜矣。同一盡性之人而分知、仁，正由氣質之本自先天者，略有毫髮之殊，故德至於成，各有自然一番天趣。不得謂知者所有，仁者無之；亦不得謂仁者所有，知者無也。夫子各就其多者言之。抑予嘗竊從事於此矣。水妙流行之機，而生趣活潑中自有静意，不必淵停始见其静也。山得安重之體，而含宏廣厚中自有動意，不必波折始知其動也。至於化育流行，元和孕育，動者未嘗不静，静者未嘗非動，而樂者亦壽，壽者亦樂，蓋不可以夫子此章之言區分也。然則子之爲是言者，其爲門弟子乎？門人之姿質不齊，夫子之造就亦異，以此勖之，使其專務而漸企於成，各有所得，要知苟克企於成，知仁亦隨事而見耳。豈必定分兩人哉？是在學者自勉之。李安溪以下半截爲主，不重知、仁，非是。

子曰：齊一變，至於魯；魯一變，至於道。

時齊將入於陳氏，而魯日靡。言此以勖二國。蓋周公、太公所以造齊魯者非偶，故子尤屬望焉。至其變之難易不同，則後人之過，非其初有低昂也。道，謂禮樂。

附 解

周公、太公皆聖人也。後人因《陰符》等書，疑太公不如周公。不知文武之師，豈有呰議陰符等術？後人變本加厲，不足爲病。季札觀樂曰：泱泱乎！大風也哉！美其表海。孟子亦以爲見而知之。《史記》載報政之説，乃後人附會之詞。黄陶菴曾辨之，周公未嘗涖魯也。此章勖魯意多，當時魯爲齊弱，子言齊一變纔可至魯，魯一變即可至道。以見魯不難爲，而齊未可自恃也。其所以變有難易，自是後人立國漸積分途，非太公不如周公，特桓公、管仲太變其舊也。《朱子語類》不可從。

子曰：觚不觚，觚哉！觚哉！

觚，音孤。道散見於名物，顧名思義，則不踐其實者寡矣。即一觚而嘆之，凡快其私，便不顧名義者皆是。觚，酒器。其製有十六種，自足至要，皆有稜，容二升，時人去其稜，而猶名爲觚。

附　解

《宣和博古圖》具載：觚製，容二升，觚，稜也。欲人廉隅自飭，勿迷於酒。音從孤，欲人和而不流。破觚爲圜，則名義胥失。木簡之觚，似戒方而六面。《急就章》曰：奇觚必方，而後便書，無削之者。《漢書》破觚爲圜，亦是酒器。楊升菴、張惕菴皆能辨之。

宰我問曰：仁者，雖告之曰：井有仁焉，其從之也？子曰：何爲其然也？君子可逝也，不可陷也；可欺也，不可罔也。

劉致中曰：有仁之仁，當作人。朱子曰：逝，使之往救。陷，陷之於井，欺誑以理之所有，罔昧以理之所無是也。仁心雖切而仁術甚多，豈必捐軀救人？有是問答，而殘忍者不得以仁之妨害爲辭，慈悲者亦不得以兼愛爲德。

附　解

仁者天良肫切，凡義之所在，必勇往以爲之。而天下事有許多艱難險阻，全仁或且害己，故宰我設爲此問。不知仁者固以救人爲心，而輕重緩急，隨時處中，自有仁術以濟之。是以由親親而仁民，仁民而愛物，其等不同，而其所以處之適中。滿其仁之願者則同，若徒死而無濟於事，仁者不爲也。有之其必君父大節所關，事已無可爲，力則以死。徇之若稍有可爲，不徒徇也可。逝、陷、欺、罔，朱注甚明，後世僧流附會如來捨身飼虎，而愚者至剜肉斷臂。其實釋氏慈悲方便，亦袛吾儒仁物之意，何常有是事耶？而世俗自私自便，遇義所當爲，每曰從井救人，吾不爲也，總由仁義不明，偏畸誤世。豈知仁與義非二也。仁之所施，輕重緩急得宜，即是義，未有義精而仁不熟，亦未有仁熟而義不精者。但仁義之實若非誠意正心，清其源而敬其事，無由自得。

子曰：君子博學於文，約之以禮，亦可以弗畔矣夫！

理之散著者，曰文。禮則文之實也。周禮春秋猶存，夫子使人博以究其理，而約之身心，以踐其事，雖未必與道爲一，亦可弗大背矣。

附　解

夫子教人不過博約二者，顔子自道亦然。而此章云亦可以弗畔。講家因多疑竇，不知顔子所謂乃知行並勵，内外交修之義也。顔子功力深造，見得夫子種種訓示無非切我身心。而設將公共條規竟視爲一人獨得，所以爲喟然神理。此章因學者或徒博而不知返求，或求約而不能窮理，故言道散於古今事物，必須廣爲研究，始析其是非得失，而又非徒博也。萬物之理，皆吾身之理，皆當切而體諸身心，以踐其實，二者有一不至，即與道不合，故君子博學於文矣。而約之以禮，則有以究其散殊，又有以歸於一本，雖未必道全德備，而大經大法亦可弗畔矣。夫此禮字，即指周公所制之禮。其宏綱節目至爲詳密，能博文而約之，以此則文非泛騖，故可弗畔。因上面尚有盡性立命、從容中道一層，人故曰亦可，所約者即是所博者，故曰約之以禮。顔子則由是而深焉者也。彼其克己復禮，内外交養，豈第循循規矩已哉？

子見南子，子路不悦。夫子矢之曰：予所否者，天厭之！天厭之！

否，非禮也，違禮即見棄於天。古人臣有見小君之禮，子路特以惡人不當見耳。豈知禮之所在，不以惡人而廢，嫉惡太甚，反非天意。矢，誓之也。子既不可斥言其惡無與於己，則援天以釋其疑。

附　解

若使禮無人臣見小君之禮，南子即以禮請，豈可見哉？觀大享君夫人與可見，子路亦知此禮。第以南子淫亂，不足見耳。豈知禮之所在，善人行之，固可與；惡人行之，亦可與也。南子以禮求見夫子，子外臣也，何乃不以禮見乎？人見爲南子，子自見爲小君。人見子之見惡人，子自行見小君之禮，子路嫉惡之過，至欲廢禮。夫子不曰是禮者，以子路本知是禮。所疑者在見惡人，子不便斥言惡人不足累己，則以由所素知之天心而直言之，故曰子所否者，天厭之也。誓言曰矢，以其無委婉而徑直，故曰矢。後世外理而妄誓者，不得以聖人藉口。又按南子聞車聲而知伯玉之賢，蓋猶有秉彝之良者，其請見夫子自是慕德，何不可見哉？宋儒乃言夫子則可見，他人則不可見。夫見小君者，禮也。何獨聖人可見？因其淫而不敢見，則己之心已不正矣。近人又有多爲曲説者，欲辨朱子，而其説愈支。

子曰：中庸之爲德也，其至矣乎，民鮮久矣。

鮮，上聲。體道於身，曰德。至中而實至常。君師之教不興，則民不能盡性盡倫。子故嘆之。

附　解

天命之性具於人身，而貫徹乎萬事萬物。能全諸身則德也，此德至平至常，却至神至奇。自堯舜發明精一執中之義，至春秋而道衰教微。高者入於怪異，卑者安於愚昧。子故加一庸字。庸者，中之實也。蓋至神至奇者，即在至平至常之中，貫天人格鬼神，皆是物也。但上無聖人之君相，下無聖人之師儒，則禮樂不興，人倫不正，民安得有中庸之德？子故嘆之。此與中庸承上起下之詞不同。

子貢曰：如有博施於民而能濟衆，何如？可謂仁乎？子曰：何事於仁，必也聖乎！堯舜其猶病諸。

施，去聲。朱子曰：博，廣也。病，猶患也。仁，慈愛之名。聖，人倫之至。子貢有見於仁之難而設此問。子甚言其事之難，雖聖亦猶有憾也。

夫仁者，己欲立而立人，己欲達而達人。

夫，音扶。立，植其生。達，遂其願。己有是欲，即推諸人。其心亦博濟之心，其事則隨時可以自盡。

能近取譬，可謂仁之方也已。

近，身心日用。取譬，以此譬彼。方，術也。

附　解

仁有淺深、大小。全體之仁，即聖，其次則否。子貢所謂仁，即聖也。彼有見於仁之難全，而擬一能博濟者，以爲庶幾是亦求道無已之心，然必如是而後爲仁，不特事所必無，亦且功將自阻。故曰何事於仁，必也聖乎，堯舜猶病。蓋爲善之心無窮，爲善之事有所窮。天地之大，人猶有憾。堯舜之治豈能使人人皆爲聖賢？此則不能博衆也。下文申仁之理，止須念念推己及人，則無時不可自盡，亦無事不與民物相關。其事至近而取此譬彼，即爲仁之路矣。充而至乎其極，施亦何患不博濟？亦何患不衆？從古聖人或不得志，而其功等生成，正以其此心此理，極於純粹，與乾坤並壽也。立達二字，均有教養不可分貼，而能濟衆、能近取譬緊相對鍼，勖子貢者甚切。

述而第七凡三十七章

子曰：述而不作，信而好古，竊比於我老彭。

好，去聲。唐虞三代修己治人之道大備，夫子大行無期，則述古以詔將來。舉而措之，不外乎是，非徒空言也。時人不知聖人之意，以爲創作，子故自言如此。信而且好知之，真由其得於身也。老彭，即老子，在商爲守藏史，長年有德，子嘗從學問禮，親而尊之，故曰我老彭也。

附　解

天地之氣化以漸而開，惟聖人能因時立法，不外乎中。三皇以降，皆明道之聖人。而堯始際中天，明良合德，平地成天，歷忠、質、文三統，而天時、人事之變盡矣。周公制作參天，至春秋而法弊，乃事勢之常，雖聖人不能預禁。孔子苟得志於時，猶周公也。身既不遇，慮後之人無所適從，則取聖人之遺，删而存之，使後世有所遵行，其爲慮深遠矣。然古之人已有行之者，若老彭是也。老彭，即錢彭，在商爲守藏史，在周爲伯陽，爲太史儋，爲老子。蓋年過高，恐世惑之，故屢易其名。值周之衰，隱於柱下，以存聖人之籍。夫子往而學禮，嘆爲猶龍。此章稱其述而不作，信而好古，即《吕氏春秋》所云恬静好古，以政教大夫，以官教士，以技教庶人，綴以德行，不任以言者也。夫子曰：老聃博古知今，則吾師也。吾將往而學焉。固非徒往問典故也。觀《曾子問》所記曰，吾從老聃，吾聞諸老聃。老子且呼其名，則師之可見。子夏亦曰仲尼師老聃。劉彦和曰李實孔師，因方外假名老子，後儒遂斥爲異端，而韓昌黎直謂其坐井觀天。夫聖人之大也，正以其不自用而取諸人。以老子爲夫子師，不能有損於夫子，亦豈有益於老子？而使世謂天人性命之學，可以憑虚而悟，其害爲甚大也。或又疑夫子生知安行，何須更師老子？不知生安者如忠孝等事，知其當然，即能行之。至於天命之性，備於人身，其實如何窮神達化，其功奚自非師，豈能臆測？且前聖遺書，苟非聖人深知而寶貴之，亦不能慎守周制。非天子不考文，草野無稗官，自中天以來，聖人之蹟盡在王府。春秋聖治衰矣，非老子守柱下，則唐虞三代之籍必歸於烏有。老子遇孔子，必語以性命之原及聖王之舊，故子嘆爲猶龍。詳見此書篇首考辨。朱子初注此章，亦以爲老子，曰以《曾子問》言禮證之，述而不作，信而好古。可見既因異端托之，改爲商賢大夫，然老彭即老子。《大戴禮》之商賢大夫，即其人也。若謂別是一人，既屬無稽，且前朝賢者而曰我老彭，我字不甚無謂乎？因老子長年棲隱，人莫知其事實，故太史公作傳亦不能定。而後世一切怪妄之術，皆托於老子，使老子果然，夫子豈稱以猶龍？後人不信夫子之言，而信雜家之説，豈非誣罔？自漢以來，黄老並稱，黄帝垂衣裳而治，與堯舜同，亦以方外假托之故，遂斥爲異端。何况老子？予豈必尊老子而小孔子哉？誠恐世人欲學聖人而耻求師，以爲可憑心而獨造，則窮理盡性、本末始終之功不傳，爲世教害非淺耳。尤可恨者，世傳素女術出於彭祖，經漢《藝文志》記，房中八家百六十卷，謂聖人制外慾不禁内情，而淫妄之徒從而附會，尤狂悖禍人。其他假老子之名，著書立説以誤世者尤多。吾以信夫子者信老子，而不信其所不可信也。鄭康成以老彭爲老聃彭祖。何氏謂老聃生彭祖後不應反居其上。朱子不從之，謂五千言語多不可解。楊龜山亦以老彭爲老子。緣異端假托者多，故不敢質言，皆韓昌黎之過也。昌黎不解《道德經》，又以莊子之言爲老子之言，夫子稱爲猶龍，而昌黎謂爲坐井觀天。豈昌黎之學優於孔子乎？或疑老子即老彭，年歲太長，不近情理，不知長年古人常事，老子曰人壽百年，節省之，可至千歲。後世若李根、陳元裝尚七百歲，又何疑於老子？

子曰：默而識之，學而不厭，誨人不倦。何有於我哉？

識，音志，又如字。理得於心，其旨趣獨喻，不可言傳，亦無容自言。此爲默識。不厭，甘悦之味深。不倦，曲成之念切。有，實有於身也。

附　解

天地萬物之理，皆吾身之理，但須一步步著實踐履，體諸於身，果有實得，則此心浹洽。默，自喻其旨趣，非有心記憶之謂也。此默識者，其得力獨深，其見地甚切。學而不厭，深造鼓舞，自然而不容已。誨人不倦者，成己之後，自然憫人之愚，而惟恐其不入於善，至誠悱惻，誘掖忘勞，非以爲功與名也。三事俱非易爲，夫子則已能之，特爲門人謙以示之，使自得其實境耳。

子曰：德之不修，學之不講，聞義不能徙，不善不能改，是吾憂也。

德，藴於心而著於倫紀。修，去私存理，精益求精也。學，博古通今。講，析其是非。徙，義由淺及深，必造其極。改過，纖微必謹，務極於純。夫子之所憂者，然非遜詞也。

附 解

凡理有一得於身皆爲德，而此德字則兼内外本末而言。修，治也。如治玉鍊金，務極其純粹，義無窮，患見聞不能及耳。聞之即徙，在學者爲日新之志，在聖人爲若决江河。不善有大小、精粗，在常人能知過必改，則天理日增；在聖人，則達化窮神，纖毫不雜。數句無論智愚，皆必切實自勉，時時自問下學。然聖人亦然。不自恕，不稍息，即至符造化，通神明，功猶未已。苟非自愛其身，不安小成，又烏知夫子之所憂者哉？

子之燕居，申申如也，夭夭如也。

申申，舒遲自得。夭夭，顔色和融。聖人天定而機暢，燕居則著其實如此。

附 解

常人心多繫累，有事不能中節，無事猶不免憧憧。賢者知節禮樂矣。而或失則拘，或失則肆。惟聖人性定，而心本無爲，遇事則因物付物，無事則和樂雍容。申申、夭夭，蟬聯説下，合併乃見得從容中節、天趣盎溢之意。要惟純一無爲之至，故不覺見於外者如此。若有一毫私累未净，即不免二者難兼。前人誤認聖人矩步規行，燕居無一毫舒暢之趣，不知周規折矩，應酬行禮之時耳。

子曰：甚矣，吾衰也。久矣，吾不復夢見周公。

復，扶又反。五帝三王之道至周公而損益明備，時久弊生，非夫子不能救正而適於中道。同心同夢，見有由然也。年衰而道不果行，即夢以寄其慨，爲一己嘆，實爲斯世悲也。重衰不重夢。

附 解

《周禮·春官》占夢：掌其歲時，觀天地之會，辨陰陽之氣，以日、月、星、辰占六夢之吉凶。其法後世無傳，而夢之説遂爲幻妄之事。然夢傅巖夢非熊，聖人以此卜天心。夢大厲夢豎牛，常人以此罹灾禍。夢固不可以爲憑也，而造化感通之機，曷嘗不偶一見其朕兆哉？人爲天地之心，孟子謂萬物皆備於我，夫子曰知我其天。蓋形色皆天性所寓，而神氣即陰陽之靈。以學養心，以志帥氣，馴至乎天定德全，並形神精氣皆無障礙，則人於天地，如子之於父母，一氣相通，無微不徹，是爲大而化之久且聖而不可知。帝謂文王，上帝臨汝，非虚語也。夫子念切斯民，冀有用我者，即周公之法而損益之，使二帝、三王修己治人之道復大興於時，而至老不遇，故發此嘆。夢周公，其偶也。不能使周公之道久存於世，其所憂也。聖人憂世之心，未嘗一日忘。則周公之夢，即老而不難再。語意乃悲身世之遇，而嘆斯民不被周公澤也。勿沾沾説夢，子志周公意，詳見《吾其爲東周》章。

子曰：志於道，據於德，依於仁，游於藝。

道、德、仁，一理也，而此析言之，義各有重也。道，理之總名。志之則非道弗爲，一以聖人爲師。德有大小，得一則據以自固。仁即天理，依則恃以爲安矣。藝非一端，凡有益於民生，無害於義理者皆是。游，適情之謂。

附　解

一理也，在天爲命，在人爲性，萬物所共由曰道，實得之曰德。仁，喻其生，意誠者誠此也，善者善此也，學者學此也。此章何以分言之？爲下學剖析次第功夫也。喫緊在志、據、依三字，人孰無志，而不志道，則已失爲人之理。志者，專一向往也。果志於道矣，則凡立心言行，必求合理，而日用倫常便不敢怠肆，必日有所得矣。於此加持守之功，凡得一善即拳拳服膺，而不善者亦必改，可知矣。據之，如據城池，自固以爲己有，勿使或失，即中庸固執意也。固執之久，始而勉强，繼而自然，久久天理純熟。仁即我之所以爲生，一息不能離，如依物而立，失之則傾，學至此幾於成矣。但其功夫次第非明師不授，非有志不立，非恒久不成。夫子當時爲門人言，而後世罕有深造者，則影響支離不一而足矣。至藝，即六藝。周制與六德、六行並重，以之取士，後世則不全。人既無志、據、依之本，而所游之藝亦與道、德、仁無關。此章所言遂幾如畫餅。五禮：吉禮十二、凶禮五、軍禮五、賓禮八、嘉禮六也，今猶彷之。六樂：雲門、咸池、大韶、大夏、大濩、大武，則惟韶、武遺制尚在。郊壇宗廟兼用文武，舞即韶舞。孔子廟用文舞即韶樂也。五射：一曰白矢，貫侯而過見其鏃，白也。二曰參連，三矢相連而發。三曰剡注，羽高鏃低，剡然而去也。四曰襄尺，襄，讓也。君與臣射，讓君而退後一尺。五曰井儀，四矢貫侯，形如井字也。五御：鳴和鸞，和、鸞皆鈴也。鸞在衡，和在式，馬動鸞鳴，鸞鳴和應。逐水曲，隨水勢之屈曲而不墮水。過君表，君行止宿險阻之處，以車爲藩，以其轅表門。舞交衢，車在交道，旋轉應於舞節。逐禽左，驅禽就君，使君射之也。六書：象形，日月之類，象形體而爲之。會意，止戈爲武，人言爲信之類。轉注，考老之類，文意相受，左右相注也。指事，如人在一上，爲上；在一下，爲下。假借，一字兩用也。諧聲，江河之類，左形右聲；鳩鴿右形左聲。數有九：一曰方田，以御田疇、界域。即今丈田折算之法。二曰粟布，以御交易質變。即今小九法，商販皆能之。三曰衰分，以御貴賤廩稅。即今歸除法，分派俸餉，胥吏皆能之。四曰少廣，以御積幕方圓。即今捆倉法，十得七八耳。五曰商功，以御功程、積實。此計土方之法。開河築隄即用之，工料悉焉。六曰均輸，以御遠近勞費。即今解運糧餉物料，按程給費之法。七曰盈朒，以御隱雜互見。此法以所見之物，量度所不見。如魏倉舒置大象船上，而知象輕重是也。八曰方程，以御錯揉正負。正，正數；負，欠數。長短錯出不可算，且先算正數，將奇零之數暫寄之，積至可算乃歸入總數。方程者，齊之使方乃可積其程也。九曰勾股，以御廣遠高深。一面爲勾，兩面爲股，三面爲弦，四面爲矩，得一反三，因此識彼，因而積累至於千萬，皆可以曉。蓋即矩而推之也，矩形三角，合兩矩即成一方。其直處爲勾，橫處爲股，斜度之即爲弦。是六者，民生所需，不可以不講求也。

子曰：自行束修以上，吾未嘗無誨焉。

修，脯也。脯，一脡長尺有二寸。朱子曰：十脡爲束。禮無往教，以其無受教之誠，則不可與言也。不然禮雖薄而意已誠，豈容弗誨之？言此誘人以受教。

附　解

聖人曲成天下之心，未嘗一息忘。但未以禮來學，而遽誨之。彼既無受教之誠，言不入而徒以褻道，人己兩失之矣，子故言此。束修非貴，貴其與束修俱來者也。束修，《漢書》作約束、修整解。然玩以上字，自當從古疏解。

子曰：不憤不啓，不悱不發，舉一隅不以三隅反，則不復也。

憤，房粉反。悱，芳匪反。復，扶又反。憤，感激而思奮，如忿懣者之求申。啓，以道其趣。悱，困窒而自傷，若悲鬱者之誰語。發，以開其悟。三隅通於一隅，一理而彼此見耳。不能以反，非愚即惰。不復者，其理已明，無可復也。朱子曰：欲人勉爲受教之地。

附　解

憤是感憤而立志者，故須開導其路。悱是用力而質弱抑鬱不通者，故須發之。舊解未確。

子食於有喪者之側，未嘗飽也。子於是日哭，則不歌。

哀死之誠，記者恒窺而見其然。蓋仁壽斯人之念切，而惻怛，有難言者也。哭以哀死，必其情誼有難忘者，而豈一日之内遂忘哀而歌？

附　解

哀死者，人之情也，然恩義所屬及困苦之儔常人亦多致哀。第此心原自不深，旋起而旋滅矣。夫子豈有心於不飽，而哀死情切，即無在不然。門人常常默窺而見其未嘗飽？未嘗二字，意義至深。夫人孰無死，而不愧死者幾希，聖人達於氣數，然不以爲無妨而忘其哀也。一夕而將千古，欲使人人得其所以爲生，而不愧於生，亦不愧於死。則雖道路之死，有惻然難已者，況其爲五倫之際乎？至哭則哀死之禮。古凡喪必哭，既誠於哀，則不能復暢於懷，不歌其固然也。若是日歌，而忽有喪事則哭，必不可謂是日歌則不哭也。司馬温公之喪，群臣賀罷往弔，程伊川不可，曰：子於是日哭，則不歌。或曰：不言歌，則不哭。蘇軾曰：此枉死市叔孫通所制禮也。伊川怒遂成嫌隙，洛黨、蜀黨由此而起。然其事有必辨者，如人方無事而歌，忽聞遠兄弟之喪，不能不哭，或所謂無歌則不哭之禮者是也。若近在咫尺，戚屬疾病，則歌亦非宜。若哭則必其情誼實有當然者，是日必無可歌之禮。司馬公，臣也。皇太后，君母也。既賀太后以致其慶，則不宜復弔臣下，以致其哀。蓋必父母之喪適當是日而後可哭。是東坡非而程子是也。本文是日二字，最宜着眼。

子謂顔淵曰：用之則行，舍之則藏，惟我與爾有是夫。

舍，上聲。夫，音扶。喜顔子之能樂道而勖以時行時止之義也。用、舍皆有其具，自得而不以身外爲榮。顔子蓋已有其志趣。

子路曰：子行三軍，則誰與？子曰：暴虎馮河，死而無悔者，吾不與也。必也，臨事而懼，好謀而成者也。

馮，皮冰反。好，去聲。子路因子與顔子，而問敬慎善謀，非徒勇也。孔安國曰：暴虎，徒搏；馮河，徒涉。皇侃曰：萬二千五百人爲軍。

附　解

士人苟不樂道，則必求用而不願舍，又或用無可行之道，舍有難藏之情。顔子篤信聖人，無子之德而有子之志。夫子嘗使顔子仕，對曰：回有郭内郭外之田，足以自娱。學夫子之道，足以自樂，不願仕也。當時學者利禄心重，門人大都不免。惟顔子真能以子之道爲樂，其自言子步亦步，子趨亦趨。蓋無時不惟夫子是法，故子嘗曰回使爾多財，吾爲爾宰。甚嘉其同志可相依爲樂也。此章之意正樂其與己志趨相同，樂乎道而忘情於得失。言門人學道者多，然能純乎義理，而無外馳則甚難。不知道在己而可以濟世，亦何不可藏身。時而用也，則行；時而舍也，則藏。此意惟爾知之，則我之行藏惟爾共之耳。至於夫子之道，蟠天際地，無所不可，顔子尚未能之。前人過高視之，遂使人謂道高不免短命，而聖人化神之道，亦囿於氣數，則誤天下後世不淺。豈故薄顔子哉？蓋顔子得志亦可治平，然必不能如夫子。此章喜其同志，欲其由此企於大成。以爲無加，則非也。觀下文子路誰與之問，是夫子自言用行、舍藏，顔子可與，豈謂其已全有己之道哉？行軍亦重事，子恐其將以易心，故教之。非子路如暴虎馮河者流也。果爾，何能使民有勇知方？

子曰：富而可求也。雖執鞭之士，吾亦爲之。如不可求，從吾所好。

好，去聲。周衰，有德者無禄，而士或無田。苟富厭貧者，甘爲無益之求，夫子曉之。執鞭，皇侃疏云：條狼氏掌執鞭，以趨下士之職，賤而且勞是也。

附　解

先王之世，民皆得所有，德則顯。周衰，井地壞，而選舉私，士乃多貧。求富一念，非聖賢不能免。然求之未必得而已失，已幸而得之，所謂不義如浮雲者也。但此非成德無以自持，夫子特示以不可求，若已嘗求富者然。蘇東坡曰：如防盗者，開門發篋，示以無有，則廢然反矣。誠善喻矣。

子之所慎，齊，戰，疾。

齊，側皆反。幽明一理，神人一氣，間之者，私僞也。修身有素，而將祭尤嚴敬畏，故齊。戰非得已，疾有由生，篤其仁孝，慎何容已，非第爲得失死生也。因當時三者多怠玩，故記。子以爲法。

附　解

夫子固無所不慎也，而特記三者，何哉？自慎獨之學不講，人以天爲遠，以神爲妄，凡祭祀之禮，徒文而已。豈知聖人心與天通，道與天合，然猶懍相在嚴對越，未嘗稍肆也，况常人乎？兵者，聖王不得已而用，所以威不執而昭文德。春秋争城、争地，糜爛其民，尚何慎焉？疾之生也，一由於七情之内傷，一由於六氣之失調。然茍正心修身，起居飲食咸中於度，則精神强固，志氣清明，自可延年却老。况時懍全受全歸之義，安敢一息不謹也？此記者特地教人之意。

子在齊聞《韶》，三月不知肉味。曰：不圖爲樂之至於斯也。

《漢書》曰：陳公子完奔齊，《韶》樂在焉。世業精專，聖心相感聲容，意象獨會其微。所謂斯者，音之元而道之粹。盛德天運人事合，而備太和之藴也。肉味適於心口，此之不知神與爲化。三月，極言其久。

附　解

後世樂教罕興，此等文義遂多影響之談。宋儒以三月不知肉味爲滯於物，從《史記》加學之二字，不知記者止是形容夫子心一於《韶》，許久不能恝置耳。凝滯於物，謂膠固也。若義理悦心，忘芻豢之悦口，乃是止理，何爲凝滯？蓋由未知《韶》之所以至也。天地之元，寄於人心。心，德之至者，與造化相函，尤有不可名狀。自開闢以來，氣運剥復，皆人事爲之，而天心之太和，則萬古虚明，絶無壅滯。人爲天地之心，而氣秉陰陽，質有拘滯，雖聖人不能無藉食味、别聲、被色而生，此形氣之所以不能盡侔於天地，且也遭遇難齊。雖以聖人盡倫、盡制，而堯水、湯旱、禹痛、文囚，人倫之不幸，一毫留憾，隱微則被諸聲容，即難與一元無心之化相似。若《韶》之作也，際平、成承、禪讓，本化神而宣暢豫。由皇古以來，適當無爲之候，而舜自底豫，後君臣、父子、夫婦、兄弟五倫之際，更無一毫抱歉。故其樂宛然氤氲太和之氣，而天人合一，千載如新。齊因陳氏《韶》樂獨精，夫子德與舜符，嗜好既篤，時久而猶不知肉味，固其所也。奚必謂方學之乎？斯之一言，蓋言不能顯而味之無窮。即天地奥妙備於人，而著於

《韶》者也。後人既莫由覩《韶》之真，又或未知子與舜心德之微，則固不免髣髴而難肖。

冉有曰：夫子爲衛君乎？子貢曰：諾。吾將問之？入，曰：伯夷、叔齊，何人也？曰：古之賢人也。曰：怨乎？曰：求仁而得仁，又何怨？出，曰：夫子不爲也。

爲，去聲。晋趙鞅挾怨劫蒯聵，入於戚，實將并衛。衛人知之，立輒以拒晋，如宋立公子魚，明立景泰帝之謀。故國人爲之，而冉有、子貢亦不能决。然此權宜之計耳。晋師既退，則當迎聵而奉之，乃竟晏然自爲，則非仁矣。子貢問夷齊之怨，正以證輒之心。蓋人倫之變，古未嘗無所恃，以告無憾者，心理之良，不以時勢掩耳。求仁得仁，萬乘豈足易哉？夷齊讓國事實，而無叩馬而諫之事，詳見附解。

附　解

稱兵拒父，童孺皆知其非。冉有、子貢何以不知？且夫子曰亂邦不居，以子拒父，亂孰甚焉？子猶晏然於衛可乎？本朝張甄陶據古注《左氏辨》證之。其説甚長，然猶有誤者，今正明之。按衛靈公叛晋從齊，晋趙鞅與范中行氏搆難，齊、衛助范中行氏，鞅忿之。魯哀公元年，齊衛伐晋，救邯鄲，圍五鹿，又會於乾侯，救范氏。魯亦同齊、衛鮮虞伐晋，取棘蒲。二年夏四月丙子，衛侯元卒。六月乙酉，趙鞅納衛蒯聵於戚。相距七十日，非六十日。其入戚也，使蒯聵絻，八人衰絰，僞自衛逆者，告於門，哭而入，遂居之。則知鞅以聵爲餌賺衛，實將吞衛。夫子書曰：晋趙鞅帥師。明鞅之包藏禍心。曰于戚，明鞅志不在送聵入衛，如使輒果拒父，當曰衛蒯聵自晋入於戚，不以鞅爲主矣。稱世子者，明蒯聵有子之責，故不竟以衛繫蒯聵，如齊小白入於齊之例。下文書曰葬衛靈公從乎常詞，則輒之立無罪可知。蓋靈公既亡，聵以南子，故不敢遽入。子郢既不肯立，則當時舍輒自無可立者。且晋將并衛，衛安得不立君以拒之？鞅謀既不得逞。其秋八月，齊人輸范氏粟，鄭人以師送之。趙鞅自戚禦之，敗鄭師。則鞅以戚扼齊、魯、衛入晋之要道，屯兵於此可見。故三年春，齊、衛圍戚，求援於中山。夫子書曰：齊國夏、衛石曼姑帥師圍戚。先齊後衛，於戚若敵國，然不以罪輒，以鞅故也。鞅不得逞，則遂留蒯聵於衛，如金人立劉豫之謀，使衛父子相距，並爲己捍齊、鄭諸侯，其計狡矣。此章之問，在三年春夏之間，蓋圍戚之師既罷，趙鞅亦反晋。爲輒者，即當遜位、迎父、合謀以抗晋，乃隱忍偷安晏然爲君，其心實不仁矣。衛人既立輒以抗晋，而聵又爲晋所使，則以輒不迎父爲無罪。冉子賢者，固已疑之而子貢亦然，及入問伯夷、叔齊，直窮其怨不怨。子曰：求仁得仁。則輒之非見矣。蓋立輒抗晋，乃一時權宜之謀。迨晋師既退，則當反國於聵，而輒竟藉此踞位，忍置其父，與夷齊之全父而不怨者反照，得失自明。故曰夫子不爲也。此後五年，晋趙鞅伐衛，遂圍中牟。左氏曰范氏之故。七年，晋魏曼多帥師侵，左氏曰衛不服。十三年曼多又帥師侵衛，十四年晋趙鞅帥師侵衛，十五年趙鞅帥師伐衛，並不聞爲聵入國計也。其年冬，蒯聵自以計入衛，亦非鞅助之。考其始終，輒之始立也，本無拒父之事，迨後久假不歸，聽其父居戚，則爲忘親不仁，即曰非拒父不可。但此章則在初年，故不可即以拒父律之也。詳考其事，聵初不知晋計，故於其敗鄭師也，爲鞅盡力。既見鞅不實心送己入國，亦知其計矣，故遂居戚而不與輒爲難。輒之始也，亦非遂敢拒父，特以南子在堂，父不敢入，己遂藉此久據，迨歲月既久，聵見晋既不送入衛，輒亦不復迎己，忍耐不住，故賂渾良夫而夜入於衛，並未以兵從也。輒一聞其父入即奔魯，則尚有畏忌之心。故聵入後聽渾良夫之言，遂欲召輒，以輒未嘗與己爲難也。因太子疾劫，公遂不果召。衛人後弑莊公，立公子起，石圃逐起，輒乃自齊歸衛。衛人後謚輒曰孝公，蓋亦以禦晋保全社稷也。若顯然拒父，尚得爲孝？衛多君子，公論安在哉？且夫子亦受其公養，何也？故予以夫子《春秋》斷之，而補張氏之説。如此子貢問夷齊，止是要討出求仁不怨意。以輒立非得已，但其心若不忍忘父，必不久據君位矣。太史公作《伯夷列傳》，因伯夷事蹟罕見，特因夫子稱爲賢人。孟子以爲聖人不可不傳，故以孔子爲主，先言載籍極博，必折衷於六藝，而六藝尤以夫子爲宗，他書則不足盡信，如許由等事。是夫子既稱夷爲賢人，則誠賢矣，而以所聞軼事言之殊可異焉。所言夷齊叩馬一事，采薇之歌，怨耶？非耶？蓋疑其與夫子之言不合，事不可信，而歸結到伯夷之賢，得夫子而名益彰見。己作傳全是信夫子，不信軼事。後人不知其文義，反以史公不信者爲真，亦可謂不善讀書矣。詳見《泰伯至德》章，夷齊皆以全父爲重，儲中子文叔齊全父之名，説得甚好。

子曰：飯疏食，飲水，曲肱而枕之，樂亦在其中矣。不義而富且貴，於我如浮雲。

飯，符晚反。食，音嗣。枕，去聲。樂，音洛。以首據物曰枕。爲學而慕富貴者言，以身示教，欲人自得其樂也。樂在性分，自不因境而移，富貴豈必却之？不義，則寧貧賤矣。浮雲，非實境也。朱子曰：飯，食之也。疏食，麤飯。

附　解

時解沾滯，夫子言似東方朔自譽，非也。聖人心如太虛，於義理所在，皆以誠應之，而非有心也。若非義之事，即毫髮無能入心，非强却之，彼自無緣得入。當時學者學於聖人，亦知道義之美矣。而涵養未純，省察或疏，有時外慕於不義之富貴，故子曉之而言。吾身自有真樂，果得其樂，雖至困，亦在其中。若人世不義之富貴，如浮雲在空，不特聚散無常，亦且本非真有於我，何與哉？我字設身示教之詞，非自詡也。飲食起居，其事甚微，然一有不順，即於心有不安。疏水、曲肱，常常如是，故爲至困之境，究竟所樂何事？天命之性，實體於身心，與造化同流，自有手舞足蹈，而不自知者。至顔子之不改其樂，亦有得於己，而精進鼓舞之意多。夫子則與道爲化，而天機盎溢之趣長，固不能無分也。

子曰：加我數年，五十以學《易》，可以無大過矣。

加，當作假。《易》之爲書，廣大悉備。然皆天地之理，具於人身，著於萬事者，不得其原，難踐其實。五十者，圖書中土之義。天地之元，而性命之本，大衍之數，其一端也。此章爲門人上智者言，欲其窺天地之奥，而盡神明之德，全受中之本。然則心性倫常，一以貫之，故可以無大過。曰假年而後可見其難也。

附　解

天地之理，皆吾身之理。窮理盡性，以至於命，而後天理純熟，施之萬事無不宜。天地之理，奚在一陰一陽之謂道。而太極則陰陽之藴也。動而無動，静而無静，太極之體，而動静既形，則陰陽遂分。陰陽迭運，消長變化，五行以昭。五行以土爲主，其播於四時，著爲萬物，質之所區，各有名象。而元氣流行如環，不動則土爲之樞。土在先天，渾然者無名；土在後天，凝然者各給木火，同居金水爲朋。以生數言，各得其五；以成數言，各得三五。天五地十，天地之數已全。天地之理氣渾合無間，此所以生生而不窮，變化而不息。人身一小天地也，天地理氣之全惟人獨稟。故曰天地之心，萬物皆備。全而受者全而歸，止是完得先天太極之體。太極在人曰性，性者天地之命。五也，十也，即數以言天地也。不敢自言法天地，而曰五十以學，謙言即數以窮理，可通天地之理，以宰萬物之理耳。而豈字之誤哉？

或疑天地非常人可學，不知天地止是一個誠字。止此一理，萬古不貳，故曰誠，曰一。一者何？仁也。如果實之生意，人能全此一理，即爲至誠之聖人。聖人心如天地之覆載，即爲至善。德者，得此也。誠者，誠此也。人人皆有此理，人人可爲，如大路然，故曰道。以其爲人之所以生，則曰性。性者，心之主；心者，性之用。心純乎性，先天則然；心囿於質，後天則然。存有覺之心，養無爲之性，馴至乎天人合一，則心無非性，氣質不得而累之，萬物不得而淆之矣。《周易》一書，天人萬物之理備焉，而數千年來，理氣象數紛紛立義，舍本求末，於是夫子此章之義不明。愚故不得已而質言之也。尋常亦知受中，中即土也。五也，十也，但非謂後天塊然之土，乃先天一元之命。

子所雅言，《詩》《書》，執禮，皆雅言也。

朱子曰：雅，常也。執，守也。古者詩與樂俱琴瑟弦歌，無故不離，典、墳、邱、索記義之文皆爲書。禮則周公所制。時王之法當執而不違者，常言以是誦習力行交勗也。

附　解

夫子衹刪定《詩》《書》，至漢始出，人尊爲經。當洙泗講學時，不過私以訓示門人。至禮樂乃一王之法，夫子一介匹夫，斷無私爲刪定者。不過當時王政不行，禮已凌亂，夫子折衷是非，以身爲法，間一私語門人孰是孰非，使人循習。今《戴記》所言，其大略可見者也。樂則因師摯等交遊，私自告語，喜其得正。人多未解，動言夫子訂禮樂，不知爲下不倍之義。此章亦門人私記夫子教人之意，非謂夫子自我作古不遵王章。六代之學各有詩歌，而周公所定，用之閨門、鄉國，以淑性情者於日用尤切，不可不講明而切究之。書者，聖人治天下之跡，聖門無詞章博雜之學，周制無鴻博文學之求，則所讀之書，自黄炎以降，載道德而切身心者，皆是也。禮兼内外、精粗、大小之條。春秋王制已隳，人以禮爲煩苦，否則嫌其樸陋。子則身體以教人，故曰四方來學禮於孔子。蓋非此無以束己而成德，皆雅言也。記者有得，而嘆憶之詞。

葉公問孔子於子路。子路不對。子曰：女奚不曰：其爲人也，發憤忘食，樂以忘憂，不知老之將至云爾。

葉，舒涉反。葉公，楚葉縣尹，沈諸梁，字子高，僭稱公。蓋驚異夫子而問，子路不對，則啓其惑。子故曉以憤樂之功，以爲無異人也。發憤，求之勇；樂，得之深。其至誠不息，物累皆忘，亦已見矣。

附　解

葉公驚異夫子而問，子路不對。以深言或不能知，淺言又若不盡，亦慎重之道也。但聖人日以勤學、修身望天下，若問而不言，則人將高視之，否則誕置之，非所以同人於道也，故曰女奚不曰發憤。不必其未得，蓋惟有得於心，精進自不能已，憤之至而樂生。樂之深而益憤，道無窮，聖心亦與爲無窮，一息尚存，不能自已，又何知老之將至耶？此聖人極真實語，至平常，實不易及。蓋恒篤爲難耳。憤與前不憤之憤異，祗是欣動奮發。前人謂憤樂相反者太泥。看憤字未知聖人深處。

子曰：我非生而知之者，好古，敏以求之者也。

好，去聲。學者謂子生知，而子誘之。蓋學而不已，乃至於聖。古，前人《詩》《書》《禮》《樂》，凡益於身心者皆是。好，愛慕。求，實體。敏，速也。

附　解

祗此一理，在天曰太極，在人曰性。其散見於萬事萬物者，皆一理所充周也。聖人生知，不過氣質清明，人倫日用是非之理，自然而知。然天地之理，何以在己？己之性何以與天地萬物相通？必由學而造至。禮樂名物垂之於古，驗之於今者，尤當一一體察，參互考證，返求諸身，乃能得其會通，究其精微。當時門人惰，而目子生知，子特告以實。學，信也，非謙也。學如不及，猶恐失，即敏字注脚。

子不語怪、力、亂、神。

語，特以告人也。人者，天地萬物之主，心失其正，道反其常，而怪生於物，力重於時，亂生於邇。若不待問而語之，則人必以爲子重其事也。神道本於人道，人道盡而神道自合，故亦不語，欲人求其本也。

附　解

語，告也。前人或以語爲言，又或以爲問亦不語，皆非也。《大易》闡幽明，《春秋》垂訓戒，《詩》《書》存治忽，怪力亂神，子皆嘗言之。若門弟子問，尤必爲之辨之。豈不告哉？蓋怪生於反常，能盡人道，則怪自息。《春秋》書怪，皆使人修德以弭，非奇其事而傳之也。德輕而後力重，仁義治人，安用力哉？亂，反常之至。子故不忍言。神秉天命，其鑒察人於幽獨之中，而無往不赫赫者。君子以之修慝，不一毫肆也。然神止一理，順天理而天且可合，何况於神？若無德而神必不應，且降之殃。世俗諂瀆鬼神，矯之者又以明神爲誣，於是放情肆志，無所不爲，其爲害彌甚。子故未嘗不待問而告。蓋人神一理，人道盡則神聽之，非謂其恍惚而不語也。《易》曰：天且不違，而况於鬼神！

子曰：三人行，必有我師焉。擇其善者而從之，其不善者而改之。

學莫要於自反，善不善存之於心，從改見諸於事。其能擇則必自窮理中來也。一行且有如是。

附　解

此章爲求師者言。師不在人而在己，果能自得，師即三人行必有之。特患不自反求，雖日與明師相對，無益也。非竟謂師之可無擇而從改。此非平日有學問思辨五者，何由知其善惡而力行之。故不明乎善，不誠乎身，乃學者第一義。天下未必皆其爲不肖之人，緣無窮理之功，則自以爲是而實非，謂人爲非而不知其是也。

子曰：天生德於予，桓魋其如予何？

魋，徒雷反。德，天理也。聖人全天理而天自弗違，患難不能傷也。不言德可通天，而言天生我以德，謙辭。桓魋，司馬向魋也。出於桓公，故又稱桓氏。魋欲害孔子，事見《史記》。

附　解

人之生者，德也，無德則雖生而猶死。人皆有可以達天之德，而弗踐其功，則汶汶而生，悠悠而盡矣。夫子平日一言一動，莫不以天爲依歸，所謂事天如事親者也。天祗此理，聖人亦此理。天不能外理，即何能不與子之德？生德者天，全德則夫子。子自言則以爲天實生我之德，不敢言德合天也。天既生子，魋安能害子？此必門人恐懼，以此安之，故不覺自露其真也。後世不得其解，則以爲聖人之德本天授，非由學力，而自棄其德，即自遠於天矣。可勝慨哉！

子曰：二三子以我爲隱乎？吾無隱乎爾。吾無行而不與二三子者，是丘也。

隱，隱秘。與，猶示也。門人疑子道幽深，而子言己無事不與二三子相詔也。蓋欲其實驗諸行事，而無以隱求。

附　解

前人謂夫子作止語默，無非教其理，是而出自夫子自言則非也，聖人無自譽之詞。周家禮明樂備，小學大學之法至詳。特至春秋，人已視爲虛文，甚或厭苦而不爲之，夫子身體以教其徒，四方學者皆學禮而來也。及與夫子相近，日見夫子言論舉止義理，往往出人意表，則疑别有神妙秘奥之處。故子示以日用行習之常，即至理所寓。吾無事不與二三子共相講習，是丘區區屬望之心也。行字最重，疑爲隱，即忽於行，知行之無非道，即無隱之可求。是夫子特地指以敦行實踐之功，使由粗入精，自委達原。與，猶示也。包氏曰：我所爲無不與爾共之，是丘之心也。其説最善。若謂我所行無不可以爲法，語氣夸張，平日何有於我，是吾憂也，未能一焉。種種説話俱不免矛盾。要之，聖人本無隱道，亦本無所容其隱，第以口舌求聖而不自體諸行事，則道在當前，俱如無有。夫子無地非教學者，即無地非學，而在子口中，則第言己以實行教人而已。黄山谷詮吾無隱乎爾之義，示晦堂，晦堂不答。時暑退涼生，秋香滿院，晦堂因問曰：聞木樨香乎？黄曰：聞。晦堂曰：吾無隱乎爾。此即作止語默，無非教意，而稍不著實，即落禪語虛鋒。慎之！慎之！

子以四教，文、行、忠、信。

行，去聲。禮樂載道之跡皆曰文。行，倫紀實踐之事。忠，心無欺貳。信，言皆實德。門人括子之教如此。

附　解

聖門教人無科條。周公之制循而習之，博文約禮，實踐身心，無非期於天德渾全，誠明合一。惟是資稟不齊，則夫子因而造就者不一。門人親炙既久，見子因材之教不同，要不越乎四者，故特記之，以明夫子善誘苦心。四者之外，亦更無所爲學矣。講家或以爲學規，或以爲内外心事有分，皆未實致其功，而虛爲揣度者也。

子曰：聖人，吾不得而見之矣，得見君子者，斯可矣！子曰：善人，吾不得而見之矣，得見有恒者，斯可矣。

神化曰聖。君子才德備，善人不爲惡，有恒則志篤，而學勤者也。蓋門人欲希聖而無恒，又多諉於資力之絀，故夫子言聖人不易及，而善人亦非可以常遇，惟有恒貴也。

亡而爲有，虛而爲盈，約而爲泰，難乎有恒矣。

作三等人言：亡爲有者，甘於下愚；虛爲盈者，半途而廢；約而泰者，稍得自恃。學忌傲惰二字，即恒者以明其慨也。

附　解

人得天之理以成性，盡性立命，與天合德，乃全乎人之理。聖人者，人中之至人，實祇盡得人之量而已。人不能學聖，祇爲無恒二字誤却一生。夫子將以有恒教人，先言聖人、君子、善人不可得見，乃歸重有恒上，勖人恒其德，以企聖至苦心也。君子、善人，他處亦有可爲聖人者。此章與聖人並較，則君子只是才德兼全之人，尚未大而化也。善人只是不爲惡之人，尚未體用皆備也。末段舉三等人，以詳無恒之狀，欲人常自省察免於此也。

子釣而不綱，弋不射宿。

朱子曰：綱，以大繩綴網，絶流而漁。弋，以生絲繫矢而射。宿，宿鳥。聖人不以口腹戕生命。釣弋以爲養與祭也，忍盡取、襲取之乎？

附　解

天生百穀以養民，而禽獸魚鱉食之有時，取之有節。養祭尊賢之外不以己故，輕屠物命也。義當釣弋而不綱宿，聖人仁義中正之則如是。後世食用無節，滋味日新，窮甘旨以毒生靈，君子傷之。戒殺放生，所以養吾心之仁，而推錫類之孝。孔子曰：伐一樹，殺一獸，不以其時，非孝。孟子曰：君子遠庖廚。聖賢仁至義盡，自有權衡也。佛家茹素，戒殺以戒乎貪殘暴殄之徒，於人心不爲無補，然必以是爲例，而至豺虎亦可。優容祭養不須珍饌，則倒置冠裳，因噎廢食，實非中道。梁武之流，不知代天理物之大經，妄期不死之異術，未立綱常，徒廢牢亨，何堪一噱？若夫佛經謬妄，認假爲真，貽誤後人，蓋非一類。即如捨身飼虎，乃喻言涵養心性。以性爲乾金，養於坤土，謂之乳哺西金而竟作實事。豈知佛當日爲西方主，忍辱化民，慈悲立教，不過如聖人仁、廉、恭、儉之意。亦以夷情好鬭好殺，故以此教之，所謂因俗制宜者也。其實西域衣皮食鮮乃其土風，至今達賴喇嘛門下餐氂牛、飲酥酪，而誦經不輟。曷嘗蔬果爲生耶？中國僧流乃國家藉以收養窮民，彼既不知心性實功，亦不識經文多贋，偏執一説，良不足辨。若夫負罪引慝，悔過清心，内滌五府之心，外絶屠獵之緣，亦未始非修己之一徑。而王公士庶致齊散齊，清其神明以誠祭祀，自古聖人已然。豈可與異端同誚？愚因張南軒之言，恐人弗察而一概相量，故詳論之。

子曰：蓋有不知而作之者，我無是也。多聞擇其善者而從之，多見而識之，知之次也。

識，音志。夫子删訂而言此，欲人務窮理而戒妄作，聞必驗諸實踐，故曰從。見則得失顯呈，故曰識。聞見博而擇識精，自無妄作。曰次者，謙言也。

附解

聖王在上，禮樂法度修明。小學大學，人習之以成德，而賢才悉奮，無家自爲學人自爲書者。春秋道衰學廢，百家雜興，大都未聞大學之道，稍有一得，遂自以爲奇而妄作以誤後。夫子既不能有位，以其道正天下，則取聖人之典籍而删訂之，以教其徒，非欲後世取法，亦就己分内所當爲爲之。當删订之時，議子者，則以爲僭；譽子者，則以爲奇。子故言天下古今之義理有一定權衡，吾人或有所作，必深知其理而後非妄。世蓋有不知而遽作之者，我無是也。惟是博採衆論，或考之古，或詢之今，多聞矣，而自加詳擇，必其善者而後從之。凡古今所遺多見而默識於心，折衷成法，精審無疑，果其瞭然於心，而不謬乎天理人情之極，則脗合乎前聖、後聖之心源，然後敢語諸門人，載諸簡策。若有一毫未精，必不爲也。此乃某平生區區所得力，豈敢謂與聖作同符哉？亦自心酌理，稍求無愧。知之次也。然擇也，識也，非中有權衡，安能知之無差。故在夫子爲即本以達末，在學者當即委而窮源，未可專恃聞見而不存養，亦不可空言心性而弗博涉。尊德性、道問學，固不可偏廢也。三代下，書籍汗牛充棟，而存聖人之真者幾何？夫子蓋有以預憂之。厥後言龐事、雜卒召秦火，豈非妄作者階之厲哉？

互鄉難與言？童子見，門人惑。

見，賢遍反。互鄉，今徐州沛縣合鄉。門人以其鄉之惡而並疑童子。

子曰：與其進也，不與其退也。唯何甚？人潔己以進，與其潔也，不保其往也。

進，謂來見。退，謂入於互鄉。唯，獨也。獨何爲已甚上三句，釋見童子之意。下推言之，言凡人潔己，皆當許其自新，不僅一童子也。往，前日。

附　解

此章本無錯簡，與進三句貼童子言，下人字推開説，聖人視天下無不可化之人，第患其不知向善耳。既來求見，即有向道之心，尚計較其習之惡，豈復曲成之仁哉？後世儒者或高自位置，而令少年負氣之流，激而入於不肖。然後嘆聖人之量遠也。互鄉，《一統志》：在商水縣，春秋爲陳地。王伯厚援王無咎以爲亳州鹿邑縣，今從《寰宇記》。

子曰：仁遠乎哉？我欲仁，斯仁至矣。

仁，天理而具於心者也。自心必循天理，一念即是。以仁爲身外之物，則任其心而不知循理，是遠於仁者，由不欲仁也。故子切示之。

附　解

仁，即性也，以其爲天地生生之理。如果有仁，故曰仁。人心未生以前粹然、渾然，性本善也，心皆仁也。即生以後氣質拘七情擾，心雜陰邪私欲以動心，不皆仁矣。聖人教人復性之學，由下學而上達，其中功夫次第非一言可了然，皆本人心天理之自然而爲之節文，非有身外之事也。奈人溺於嗜欲，習於惡俗，便其私情，而不顧義理之安，則以仁爲難能，夫子即日諄諄焉，不能從也。此章故剴切曉之，言仁即我身之理，全其爲仁，實我自全我之理耳。特患縱其有覺之心，昧其虚明之性，則仁即己有，亦無由安於其宅，苟能一念欲仁，則一念之轉機即天良之無失，仁斯至矣。甚言克復之非難以詔及門。但此欲仁之念必持之至堅，守之至久，以仁爲任，死而後已，然後可企於全德。此章尚未及此，蓋特爲遠視仁者言耳。後儒謂即心即仁，然義理之心即仁，知覺之心即非仁也，以後天有覺之心爲先天粹然之性，則無由純一合天。

陳司敗問：昭公知禮乎？孔子曰：知禮。

朱子曰：陳，國名。司敗，官名，即司寇也。昭公，魯君，名稠。司敗，小人，欲許昭公之私而問。子曰知禮，其計沮矣。

孔子退，揖巫馬期而進之，曰：吾聞君子不黨，君子亦黨乎？君取於吴，爲同姓，謂之吴孟子。君而知禮，孰不知禮？

取，七住反。孔氏曰：巫馬期，弟子，名施。相助匿非曰黨。魯、吴俱姬姓，同姓不昏。而君取之，當稱吴姬，諱曰孟子。古者欲相見，前進皆先揖之。斥子爲黨，實斥昭公非禮，猶是問之之意。

巫馬期以告子。曰：丘也幸，苟有過，人必知之。

受以過，則不娶同姓之義明，而又未明其所以過，亦不彰君之過也。

附　解

昭公不知禮，何與於司敗而必問之於子？許人私以彰其智，又問之於其臣，小人之志也。子曰知禮，伊知子有心諱君，故不面盡其辭，而又斥子爲黨，將娶同姓一事，盡情發洩，方遂其意，小人情狀如畫。子聞之，而以爲己過。若不喻其意者，而諱君與明禮之義皆得，且司敗聞之，亦必喜夫子之有過，快其初心矣。然而非聖人無由曲當如此。

子與人歌而善，必使反之，而後和之。

和，去聲。樂以人聲爲主，歌之善者，叶中和而合雅頌也。必使反之，好之切而求詳。和之者，不虚其善也。朱子曰：聖人氣象從容，誠意懇至，而其謙遜審密不掩人善又如此。蓋一事之微而衆善之集，不可勝既焉。

子曰：文，莫吾猶人也。躬行君子，則吾未之有得。

莫，語辭。文，威儀文詞之迹。躬行君子，身踐君子之事，兼内外本末而言，戒門人務華鮮實也。

附　解

講家以文爲修詞。躬行君子，衹作一躬行實踐言。君子二字，謂勿贅，勿泥，紛紛曲説，皆緣不識當日情事也。文武周公，本身立教，以大學之道公天下，使人皆爲君子。其禮度詳密，春秋時猶存，特人多厭苦不爲，間有爲者，又徒爲觀美。則禮樂之具所以養人心於中和者，皆流爲優孟衣冠，此即此章所謂文也。當時門人學禮於子，一切威儀度數言貌之文，蓋皆從事，而誠正修齊本源所在，或不深體，子故言此。蓋文與行，本無二理，然有本而亦不遺乎其末，則威儀爲定命之符，言語實心聲所見，誠中形外，不可第以文目之也。否則徒講求於容詞器數，而不盡性敦倫，文亦奚足貴哉？張甄陶曰：以性分之，所固有職分之所，當爲一一體之，躬而實踐之，謂之躬行。君子其言至爲簡當，蓋言貌君子之迹易，躬行君子之實難。特上句未露君子字面，人遂不敢言以文學君子耳。作時文藏頭露尾，每令聖賢語意不明。先大夫有言，聖賢當年言理，期於人人共曉，實踐身心，不料後人徒作文字觀，又割截其言，以爲時文。先輩所謂帖括作而經義亡也。每誦斯言，不禁三嘆。

子曰：若聖與仁，則吾豈敢？抑爲之不厭，誨人不倦，則可謂云爾已矣。公西華曰：正唯弟子不能學也。

大而化之之謂聖，仁者，純乎天理之名。夫子自言不敢厭倦，子華則以爲出於自然，而不容强也，知聖深矣。

附　解

門弟子以夫子爲聖、仁，推諉意多，子故辭其名，而自明爲誨之心。言至理無窮，道本大公，不敢厭倦云爾。然非深造有得而自樂，安能不厭？非有曲成萬物之真，安能不倦？故曰正唯弟子不能學也。抑嘗論之，聖人之不厭倦，亦由立志之專，積久而極於自然，不得但以爲天授也。蓋道理愈進，則愈覺其有味，聖人正見得道無終窮，一息尚存，必當詣極精微而始安。人莫不有此道，而甘自外於彝倫，失其所以生者。聖人道得於身，自不覺見無知者而憫惜之，必委曲誘於善而後安。今人於盡性敦倫却不深究，而甘以浮薄自終，遇人不肖，則曰是不足教矣。吁！此所以去聖日遠也。

子疾病，子路請禱。子曰：有諸？子路對曰：有之。誄曰：禱爾於上下神祇。子曰：丘之禱久矣。

誄，力敵反。《士喪禮》：疾病行禱五祀。蓋引咎以求神明，亦反身修慝之一義，然聖人敬神於素行，不俟疾而後禱。此蓋曉子路以所禱之實也。

附　解

此章舊説紛紛，均未明暢。夫人者，天地之心也。天地之理全在於人，其得則陰陽和而風雨時，五穀熟而萬民育，人心合天心之休徵也。其失則戾殄甚而五行乖，夭札灾傷之日衆，人心不合天心之咎徵也。况於一身之内，性情失節，起居嗜好失宜，精神餒於中而六氣中於外，疾之由來豈得以爲無端哉？故聖人有疾病，行禱五祀之禮，非媚禱而欲苟生也。平日檢身不及，念念以帝天爲懔。而一旦有疾，則思其夙昔之志行，恐有不合於理者，又以悔懼之念告於神明，猶是平日克己之意也。後世禱祀日多，而不知神人一氣，必平日志行合道，神始鑒之，有患而告神亦憐之，否則不應。子路請禱，自是弟子至情，子曰有諸，非不知有此禮，乃欲發其詞以申其説也。及子路引誄詞，而曉之以禱久，言禱神當於平日某夙夜兢兢正爲此也。若待今而禱，不亦晚乎？蓋未嘗以禱爲無，以子路爲非，而揭言敬神莫如修身，義至明也。世俗或務於巫覡而不盡倫常，或稍知自好而概以明神爲誣。殊不知亦臨亦保，十目十手。聖人敬畏天命，非爲求福，惟恐一念不正，獲罪於天地神明耳。若以明神爲非，幽獨之縱肆尚何所不至哉？第敬神先在敬人，君親其大者也。五倫之内，念念盡道，誠敬之積，天與人可一氣通矣。否則無德而勤禱祀，魔魅且憑，是非敬神之過，而不敬於平日之過也。

子曰：奢則不孫，儉則固。與其不孫也，寧固。

孫，去聲。此章有爲而言，當時干名犯義之徒，其始亦非有他，惟求觀美而已。尤而效者厭棄簡樸，子言此以開其蔽。

附　解

此與《林放》章不同。彼證本字，此斥不孫者之非。三家舞佾、歌雍，由奢而僭，春秋此類甚多。

子曰：君子坦蕩蕩，小人長戚戚。

性定而忘乎物累，坦然適理而安。徇欲而昧其宜，終身無不憂懼。隱微舒迫之異如此。朱子曰：坦，平也。蕩蕩，寬廣貌。

附　解

君子盡性，性定，則天下無以加乎其上者。静亦安，動亦安，安得而不坦平蕩蕩？小人徇欲，欲甚則天下無以滿其願者。失固憂，得亦憂，安得而不長自戚戚？夫子狀其心曲如此，君子是何等天空海闊，小人是何等跼蹐不安。然苟不聞君子之學，則方以其憂爲樂也，必至於戚戚之事交迫而後悔焉。是可慨矣！坦，平也。世事不平，一以理平之。

子温而厲，威而不猛，恭而安。

和藹而莊肅，以詞氣言。尊嚴而可親，以容止言。動容周旋中禮，而從心不踰，非强心以從禮也。

附　解

聖人德備中和，當然之矩，以自然出之而悉協。記者以兩相反者形容其渾全無偏。温、威、恭中，自具厲、不猛、安意。特非就常人反勘之無由以明，故著一“而”字也。所以然者，聖人盡性而已。性全則天地太極之體在我，而三者自不期然而然。後世窮理盡性之學罕傳，而禮樂法度所以養其身心者亦疎，於是狂者肆，愚者拘，生今反古者，獲罪矣。

泰伯第八凡二十八章

子曰：泰伯，其可謂至德也已矣。三以天下讓，民無得而稱焉。

泰伯，周太王之長子。次仲雍，次季歷。季歷子昌，生有聖德。太王意愛之，泰伯偕弟仲雍，採藥荊蠻不返。太王卒，而季歷立，傳至文武遂有天下。夫子以爲泰伯不去，則不能傳及文武，故以爲讓也。本讓國，而曰天下，從其後而推言之，不求人知，故曰至德。人倫有争心則亂，讓斯貴矣。然有求名之心則非德。春秋以讓致亂者多，故表泰伯爲法。

附　解

太王遷岐以避狄，而周始昌。《詩》曰：實始翦商。言王業肇基於此，非太王當商盛時，即存莽操之志也。文王生有聖德，太王鍾愛形於詞色，此祖孫之常，豈稍遂存代商之念？泰伯素性高尚，見文王器識非凡，亦樂傳世及之以綿先緒，此亦恒情，非奇異事。惟是太王、王季賢聖，伯若明言其故，必不聽從，故托採藥以行，並偕仲雍而去。太王既無二子，不得不立季歷，歷傳文至武，遂有天下。然非泰伯之讓，無以及此。在泰伯衹是讓國，夫子由武王有天下，後推言之則曰天下讓，美德也。奈世人慕其美名，不當讓而讓，如魯隱公、吴諸樊等，反生禍亂，故表伯也。聖人無利天下之心，而保世滋大，亦未嘗必遠於人情。太王喜於抱孫，泰伯愛姪而甘心讓弟，皆天理人情。夫子爲周之臣，不曰讓國而曰讓天下，立言之體宜。然後儒附會穿鑿，以誣太王。事關君臣大義，豈可不辨？《左傳》泰伯不從，是以不祀，謂其不循繼嫡之常，而之荊蠻，非謂太王欲翦商而伯不從也，誤解左氏詩言，安得不誤解此章？本朝張甄陶辨證甚力，先得我心。然謂伯乘父病而托採藥，又云視夷齊衆所屬目者不同，亦非。按《吴越春秋》古公卒，泰伯仲雍歸赴喪，畢還荊蠻，蓋是時季歷之位已定，歸盡喪禮，尤爲人情之至。又云王季讓國於伯，三辭不受。三辭，即三讓也，今作固讓解亦無大害。又云太王曰：興王業者，其在昌乎，名之曰昌。昌固美名，然克家之子，即可昌，後亦命名之常耳，而豈遂期其興王業哉？聖人視天下如敝屣，雖夷惠且然，况太王與文武？若夷齊叩馬之事尤不可信。太史公爲伯夷作傳，以夫子之言爲主，曰余睹軼詩可異焉。詳叙軼詩，而曰由此觀之怨耶，非怨耶，言其與夫子不合也。後人不識史公用意，乃以叩馬之事爲信。惟王安石曾辨之。若舊注言泰伯心即夷齊叩馬之心，而事之難處有甚焉者，則非倫矣。韓昌黎《伯夷頌》曰：微二子，亂臣賊子且接跡於天下。幾以武王爲亂賊。夫子不曰湯武革命應乎天，而順乎人乎。夷齊、武周皆聖賢也，使武王有一毫利天下之心，即非聖人。而周公、太公且輔之，孔孟亦從而與之，不亦謬乎？夫子第言夷齊餓於首陽之下，不言其叩馬不食周粟。餓首陽當在未就文王之養以前，及既就養，西伯則已得其所。太公同時就養，後遂爲周輔。夷齊或早没，若如軼詩之言，父死不葬，而《書·泰誓》，稱十有三年，大會孟津。於事理爲不合。後人因撰文王受命之説並誣文王，是叩馬一事誤信，並詩書孔孟昭昭無疑者，皆謗議横生。君臣大防，聖人大節，何可妄爲臆説如是也？故夷齊是，則武周非；武周是，則夷齊非。聖人之行不同，同歸於中。若君臣大義，固萬古無二者。不得謂夷齊叩馬是，而武王猶是。夫武王之伐商也，非武王有取商之心也。天生人君爲萬民主，商紂無道，自絶於天，結怨於民。民相率而畔之，畢就武王於斯時也。武王不從天下，則必有乘亂草竊更爲凌虐生民者，究之商紂仍歸滅亡。而天下元元塗炭罹毒何所止焉？共誓師也，因諸侯之兵皆會，不得不誓，令整齊以禁凌暴，亦仁民之心。商紂聞天下叛己，寶玉自焚，非武王害之。商紂已亡，天下群推武王，若讓而不居，當時除却周家君臣，更無聖賢可當者，即或有之，民素不附，亦難如舜禹之事。且紂子武庚不肖，不足付托，而微子爾時逃遁在外，亦無從物色。天人交迫，武王有不得不立之勢，故遂代商而修成湯之政，故曰反商政。政由舊湯之政，堯舜禹相傳之道也。紂廢之而周復之，天下由是咸歸蕩平。天理滅而復興，人心亡而復存，此所以爲聖人之時中，而武王非自利也。聖人視不義之富貴如浮雲，况以威奪取乎？迨後武庚不靖，乃求得微子，以奉殷祀，爾時天位已定，民心已固，即武王遜位，微子亦必不受。而微、箕皆知商之天命已終，武王至公無我，故遂就封陳範，作賓王家，觀於祖伊，奔告三仁，聚談惟太息於天命。商其淪喪，而無一言及於西伯之强，宜爲預防者，亦可見武王之心矣。夫子以服事爲周，至德言周之忠於商者已至，故不曰文之德而曰周之德。後人不識聖人心事，乃使武王、周公比於亂臣，不亦憒憒乎？

子曰：恭而無禮則勞，慎而無禮則葸，勇而無禮則亂，直而無禮則絞。君子篤於親，則民興於仁；故舊不遺，則民不偷。

蓋爲有位者言。禮以節文，性情而又能仁厚，化俗則身修而治浹也。徒好恭、慎、勇、直，豈足賢哉！朱子曰：葸，畏懼貌。絞，急切也。君子，在上之人。興，起也。偷，薄也。

附　解

吴氏棫謂當分作二章，朱子從之。然觀六則字蟬聯而下，當是一章。蓋當時儘有恭慎勇直者，而不知以禮節文之，至於勞、葸、亂、絞，則並棄恭、慎等而不爲矣，子故曉之。然禮非刻薄人所能爲，必先有仁厚之心，然後有本而可有文。故又導之以篤親念，故是二者亦當時之所短也。張惕菴曰：勇謂作事輕舉暴發。亂謂内顛倒綱紀，外激成禍變，非日去爲亂。絞者，縛束之名，浮躁無以處己，攻訐無以處人。其言甚允。

曾子有疾，召門弟子曰：啓予足！啓予手！《詩》云：戰戰兢兢，如臨深淵，如履薄冰。而今而後，吾知免夫！小子！

夫，音扶。曾子誠身以全，所賦之正將没，而以其功示門人。啓手足，示以身也。免，謂免於毁身失性。朱子曰：啓，開也。《詩》，《小旻》之篇。戰戰，恐懼。兢兢，戒謹。臨淵，恐墜。履冰，恐陷也。

附　解

人之生也，父母爲有形之天地，而天地即無形之父母，故曰得天地之氣以成形，即得天地之理以成性。聖人事親如事天，事天如事親。誠身事親，即盡性立命之學也。戰戰兢兢，臨深履薄，懍人禽之界，而慎其危微。所以克己復禮，全受全歸者，有本末功夫次第焉。曾子平日以教門人，而將死更爲警告曰，而今而後吾知免夫者，性盡而身誠，生不愧生，死不徒死也。而豈但保其形骸不至傷毁也乎？且夫毁傷亦非可一例。忠臣、孝子、義夫、節婦，捐軀以全倫紀，其正氣還之天地，精神見於山川，豈不免可例？若非忠孝節義所在，即一膚一髮其必重，必戒也。周衰，世俗不知誠身立命之學，而自輕父母遺體，悠悠而生，泛泛而死，斯爲不孝。又或入於空幻，蔑視彝倫，忠孝未盡，妄想成仙作佛。不知仙佛之真者，未有不從人倫作起，懲其失者。又謂人身氣聚而生，氣散而死。若聖賢與惡人同歸於盡，特遺芳、遺臭之名異耳。豈知朝聞道夕死可矣之義者哉？故須見得人身難得，大道難盡，天地君親之恩難報，乃知戰戰兢兢，有實在功夫。佛言免輪迴，儒者斥之。然輪轉不離轂中，喻輾轉生死之途，無誠身立命之學耳。自古聖賢曷嘗不懍懍如生者？故一念而分人禽，修身立德免於禽獸，存其幾希即爲免之，實際其他皆可不論也。

曾子有疾，孟敬子問之。曾子言曰：鳥之將死，其鳴也哀；人之將死，其言也善。君子所貴乎道者三：動容貌，斯遠暴慢矣；正顏色，斯近信矣；出辭氣，斯遠鄙倍矣。籩豆之事，則有司存。

馬氏融曰：敬子，魯大夫，仲孫捷。敬子爲人蓋矜瑣細，而無正身之學者，故曾子感其問疾，而詳告之。皆檢攝於外以養其中，而平日和其性情誠於義理者，尤有必盡之功矣。朱子曰：暴，粗厲。慢，放肆。信，實。鄙，凡陋。倍，背理是也。籩豆之事，即以概凡瑣事。

附　解

敬子蓋素知敬曾子者，故告之詳切如此。容貌、顏色、辭氣，皆本心而形，心不敬静而欲其宜，難矣。故須隱微之地息息存養省察，而更慎於動作之餘，乃得無失。奈人往往不修身飭己，而徒苛瑣細，故勉之，而戒以毋務有司之事也。竹曰籩，木曰豆。籩盛果實，豆盛俎醢，有正有加，並容四升，柄尺二寸，下有跗。

曾子曰：以能問於不能，以多問於寡。有若無，實若虚，犯而不校。昔者吾友嘗從事於斯矣。

馬氏曰：友謂顔淵。人見爲能與多，顔子則見爲不能與寡耳。下二句言其平日心量如是。有、無，以理之得失言。實、虚，以才之盈歉言。不校者，忘其犯也。曾子嘗以顔子自勵，而嘆想之如此。

附 解

曾子嘆想顔子虚公之量，而其平日所自策可知矣。能與多，固旁觀見其爲然，然不能與寡者，亦正有義理可採。尋常淺近之言，凡陋之輩，常人見爲無奇，自君子觀之，一言一行，其義可以推擴無窮。所以然者，聖賢胷中純是義理，隨所見聞，皆覺義味不窮。故問於不能與寡，乃自心天理深造自不能已，非徒謙下而已。犯而不校，前人謂較，孟子三自反，高一層。然學者若無三自反之功，必不能造到不校地位。蓋所謂忘其爲犯者，非但付之以無心也。緣人有犯，反之於身，果有不仁、不敬、不忠否，如其有之，則犯有由致是吾師也。如其無之，則犯出無知，不必計也。故不校之内，自有三自反功夫在。若謂於人之犯，悉以妄人置之，不問己身得失，何如？則高者流於鄙夷同類，卑者竟如近世天主教矣。故求深反淺之弊，亦解經所戒，學者詳之。昔者吾友二句，若單追念顔子，神理亦緩，要知曾子平日力行此事，而知其難，乃嘆想於顔子也。

曾子曰：可以托六尺之孤，可以寄百里之命，臨大節而不可奪也。君子人與？君子人也。

與，平聲。六尺，年十五以下。百里之命，國危僅有百里。大節，死亡之時。當時幼主孤城委之而去者衆，曾子故言如是，必爲君子，以其才德全也。

附 解

君子才德之名，欲人勉爲君子，何獨以此三事爲言？《朱子語類》謂：曾子語剛峻如孟子，不似聖人。蓋未會其立言之意也。春秋綱常紊亂，君亡子幼，孱國孤城，恃人臣爲保護，而碌碌自全誤國喪節者不少。其人平居，豈必不學，臨時豈必無傾扶之志。祇由所守不堅，忠孝節義之心不敵身家妻子之願，遂至屈身賤行而不恤。曾子有感而云，故大聲疾呼，言學莫不欲爲君子。然君子者，必才德兼全，驗之於實事，非徒虚名養望已也。如有人於此，可以托六尺之孤云云。尚擬議未决，而曰：君子人與？則必曰才德兼全而爲君子人也。末二句抑揚其詞，見必無愧於君子。人人公心，亦人人公論，非上句屬人言，下句屬曾子自斷也。三句合併言之一氣，趨注末句。伊周、孔明乃足當此，勿輕視之。然是道也，必上崇實行，而下敦大學，乃可造就此等人耳。否則一二有志企之，不能舉世皆然也。

曾子曰：士不可以不弘毅，任重而道遠。

弘，量之廣。毅，志之堅。三者皆由自心策勵而成。任重道遠，所以不可不弘毅之故。説見下文。

仁以爲己任，不亦重乎？死而後已，不亦遠乎？

仁，天之理而人之性，萬物統焉。以爲己任，必求其體用之全，而天命之達。死而後已，仁本無息，息則非人，故不可毫髮懈也。

附　解

此勉士以爲仁。仁祇是天理，得之自天，在人曰性，非仁則無以爲人。第一言一行之仁易，所謂人皆有不忍之心也；全體之仁難，以其合天地之撰也。曾子以全體之仁望人，故言此仁本天之理，無所不該，亦無所不在。若有一毫狹小，如何是仁之量？故當宏其志量，知萬物皆備於我，必全乎天之所賦，學爲聖人而後已。然非空懷高大已也，必事事從倫常日用實踐，一念之動，求其無私；一事之失，悚然自責。博約交盡，内外交修，至於窮神達化，而戰兢惕厲之志，不稍衰，則可謂毅矣。死而後已，朱子曰：一息尚存，此志不容稍懈。善夫！夫至於不愧生、不愧死，而天命之在我者可知矣。自先儒誤解《子罕言》章，而仁遂爲難能之事，士甘自外於仁，此章又何以通耶？李安溪云：三章語氣一連前章，懷顔子次憶子路，此章總承。楊時、孫見龍、張惕菴均取之牽强，不可從。

子曰：興於《詩》，立於禮，成於樂。

詩、禮、樂，當時教人之事。夫子身體以訓門人，而言其得力始終之序，欲人實踐而臻大成。興《詩》者，涵詠其音義，而不昧中正之良。立禮者，循習其規矩，而堅固德行之事。成於樂，則優游漸漬，平戾氣而合中和也。

附　解

《詩》三百篇，子以一言蔽之曰：思無邪。蓋其有感而作，或托於狂童奔女，或詳於居處室家，半多寓言。其直叙醜行者，子悉删之，猶恐後人不達其意，故示以無邪。而後人誤解，遂令夫子删詩之意悉晦。且文士相沿習爲風情浪志，而詩遂爲人心風俗蠹矣。此章興於《詩》，正謂得詩人諷刺之意昭然見。夫惡不可爲，善可以法，非其勸懲本明，音節無失，而亦惡乎興焉？前人乃曰有邪有正，其言易知。感人又易入夫正，感人而入善矣。邪者入人不益之蕩乎，而興何由乎？夫好善惡惡之良，本天性也。聖人恐其昧於良，而動於惡，故以詩導之。而乃公然叙其醜惡戒人勿犯，是開門揖盗而禁其發笥，可乎？惟《詩》無非勸善戒惡之詞，故可以興之。故非世俗玩物適情者可比。至禮樂者，乃堯舜以來，聖人節文，人倫之規，周公損益明備之作。周衰，王制猶存，而士鮮踐實，夫子身體以教人，恐人視爲虚文而言。莊敬以養其體，節文以適其宜，久久義理明，而事皆有法，何至惑於非禮？故曰立。若夫存心養性之功，日用事爲之則，雖深造有得，而氣質難融，即防制甚嚴，而私妄或動，必游心於太和之表，涵泳於樂舞之間。不特玩其音節，尤當瀹其神明，使天地元氣渾含於吾心，前聖精神儼然其有見，則無一毫疵累之存，而馴致乎義精仁熟之境，故爲學之成也。三代以下，其法雖不可行，要當彷此爲教。而後人才古，若今三百具在，學者童而習之，不知求其意義之精，音志之和，而喜爲近世靡曼之作，則興者難矣。禮樂，一王之制，非可强今從古。然苟平日誠意正心，讀書明理，則耳目之官不蔽於物，而遵王守法，即有中和。要在父師之陶淑之者何如耳？

子曰：民可使由之，不可使知之。

民可，義理當爲而不容已者。由，實踐也。不可，非義之歧出難辨者。知，喻其非也。蓋聖人率天下以中正，而不欲陷無知於罪戾，故云。然非謂聖賢不可以盡人而爲徒，以文法相守也。

附　解

人同此心，心同此理，除却三達德行五達道，此外更無事功學問。聖人之治天下也，非欲使天下畏而尊之也。其心即造物之心，以爲天下之人無不可爲聖賢，而吾心之所得者，皆人心之所固有。於是本天德以爲王道，制爲禮樂，教化斯民，使人人各遂其生，各復其性，故其心之仁覆無已者，有以周乎天下之人心，而其道之神明變化者，足以經緯生民之日用。一人神聖，衆賢彙征，君相師儒，一氣相孚，四海内外，大和翔洽。其賢智者，固皆自致於聖神之全，而其資秉稍弱者，亦有以束身君子之路，不過才力所限，或難企大成耳。蓋身心性命日用倫常之理，人人所有，人人所能，非如耳目詞章，百家巧藝索諸身外，勞而鮮功。所以士民分徑者，由上無聖人之君相，下無授受之真師。禮樂凌遲，乃至愈趨愈下。聖人之世無此事，聖人之心亦無此想也。使之由於禮樂法度，而其不可爲者明告之，使知如今條教刑章，某罪則應罰，某罪則應刑，民乃知善惡之實。若謂可使由於當然，而不能使知所以然，抑思身之所爲必本於心。心有未真，縱使矩步規行悉浮而不實。孟子曰：人皆可爲堯舜。人性皆善，非復性無以爲教，知之不真，則行之不力，以自具之性，行率性之行，而必擇人而能。是必在上者非聖人而後可也。不然，道不遠人，求仁即至，困勉皆可企於生，安聖人其以謬言欺人乎？苟由之而不知之，譬如食而不知味，與人周旋而弗得其姓名，其所由者亦安能久而不變也哉？或曰如子之言性與天道，人人可聞乎？曰性與天道顯具於日用彝常，而流行於耳目之際，由下學而上達，如周公之所制，孔孟之所傳，小學大學博交約禮，百倍其功，雖愚必明，雖柔必强。夫子固已言之矣。夫子一介布衣，尚能致三千之衆，化七十之賢，使得邦家，而理豈不能人人曉然於中正之理哉？古疏誤解，而朱子從之，不必傅會可也。

子曰：好勇疾貧，亂也；人而不仁，疾之已甚，亂也。

好，去聲。井地壞而民貧作奸者衆，上無以教養之方，且重勇力而行苛刻，子故言此以曉爲民上也。朱子曰：好勇而不安分，則必作亂。惡不仁之人，而使之無所容，則必致亂。

附　解

聖王在上，禮樂教化有以維持人心。民無失所，而士尚忠義，好勇疾貧之人既無不仁者，亦歸陶鑄。春秋重貨力，而輕仁義，於是人不以名分爲閑，而以貧賤爲耻，逞威挾詐，簒弒争奪之事，由此而興。夫子以爲其端自上開也，故特指明使知勇不足尚而仁爲最先。非教人姑息優容苟且圖安也。若乃素無德與仁之教，而但慮其好勇疾貧，不敢疾之已甚，則必賞加於非分，而益以長奸權之志。否則猜防於未然，而遂以開殘忍之風。夫子之言毋乃階之厲乎？識者辨之。

子曰：如有周公之才之美，使驕且吝，其餘不足觀也已。

才必本於德，驕人以所無，吝己之所有，無德故也。言此以警有才者。

附　解

仁、義、禮、智、信，德也。稟於天者，人皆同才，則聰明。意計技能，各有優絀。用之於天理，則才盡德也；用之於私欲，則才反爲奸。無如人罕崇德省身，每多自恃其才，一知一能，必以驕人，而有可利人濟物者，吝而不與。是其心本未知義理，而小有才能，實以佐其矜己害能之具，更何取哉？然夫子慈心，惜其才，而尚欲善全其才，故言設有才美如周公，驕吝亦無足觀。甚言二者之不可，使去此以成其才，不負上天生才之意，而世亦得以收才之用。其意深矣。

子曰：三年學，不至於穀，不易得也。

學，國學。不至，心不及之。穀，禄也。周制：士之秀者，升於學，考其德行道藝而官之。故國學之地，成材受業之所。三年，其考績之期也。久於此而忘勢，純學故不易得。

附　解

學以全吾性分，終身之事也。三年之學，亦何足云？孫綽誤解，後儒從之，非也。周制，黨、庠、術、序，皆所以養賢才。而其秀者升之司徒，曰選士。司徒論選士之秀者而升之學，曰俊士。升於司徒者，不征於鄉，升於學者，不征於司徒，曰造士。大樂正論造士之秀者，以告於王，而升諸司馬，曰進士。司馬論進士之賢者以告於王，而定其論，論定然後官之，任官然後爵之，位定然後禄之。故國學之地，成材受業之所。王大子、王子，群后之大子，卿大夫、元士之適子，皆學於斯。久學於此，而心未嘗至禄，是其心惟患德行道藝之不修，而非以求榮。品識超人甚矣，故嘆許之。

子曰：篤信好學，守死善道。

一言一行合理，皆曰善。道則性之全體，而理之總名。信之誠而學之勤，守其善道，死而不變，示學者當如此也。

危邦不入，亂邦不居，天下有道則見，無道則隱。

承上言學之既成，尤貴知幾見隱，隨時不汲汲以求知也。危，政刑失而將亂。亂，則已變亂。不入、不居，皆未嘗仕於其國，而審所居處者。

邦有道，貧且賤焉，耻也；邦無道，富且貴焉，耻也。

又承上見、隱而反言，以足其意，當見不見，當隱不隱，則可耻。耻己之無學守也。

附　解

此章爲門人言學道之全功，與出處之大節，必如是而後可爲成德也。首節前人説得太瑣碎，令聖人語意不明。篤信之誠且久也，信者信此道，學者學此道。道者何？率性而已。性本於天，至善無惡，善外無道，道外無善。即至純一不已，衹全得天命之善。第善有大小，即道有淺深，擇善而固執之，信之，篤好之，誠死而後已。從古聖賢希天之學亦自此始，故子特地示人。若外道而有學，外善而有道，豈天之理與人之性哉？此節衹言成德之功，下文乃説到用舍行藏之事。前人誤解，故以善道爲善其道也。學之既成，又明哲保身，見幾而作，不肯苟且徇人，乃爲守死善道之實際。不入未至其國者，不居已在其地者二句，止是見幾。天下二句，則申言出處必因其時，不以道在我，而必求用世，所以不入、不居，非第巧於自全也。邦有道節又反言以明之，當見不見，當隱不隱，非但不可行道全身，實由學道未至，故無用於時，反昧時而苟禄。有此一節，乃見君子出處以道，達可兼善，窮可獨善，此爲篤信好學之成功，守死善道之明效。層節説來，直是十分細密，故必是爲門人言，非爲俗人言也。

子曰：不在其位，不謀其政。

人各有位，即各有所當爲，越位而謀，非分干咎，且必自荒其業。故曉之。

附　解

自天子以至於庶人，分不同，則所以當爲之事不同。君臣、父子、兄弟、夫婦、朋友，心理同而所以隨分盡道者不同。能盡其道，則位中之事，且多抱愧，何暇爲他人謀？至貴賤之職分，尤有不可越者。在其位則盡其所當爲，至他人之政，非賢公卿虛心求教，必不可妄參末議。惟納誨於君，不在此例。然亦必審時度幾，當謀而謀，不可則止。後世才智之士，忠讜之流，昧於此理，無益而反罹殃者多矣。夫子專爲有位者言，而其義則可例推。審之！戒之！

子曰：師摯之始，《關雎》之亂，洋洋乎盈耳哉！

摯，音志。雎，七余反。師摯能其官，而孔子思之。《鄉飲酒禮》：升歌、笙歌、間歌，各三終，後合樂。三終以《關雎》亂之，所以明風化之由。洋洋盈耳，極聲容之美盛。蓋是時樂雖缺，而惟此尚存，今並不可得，故子思之也。

附　解

師摯，賢者。夫子在魯，相與訂交者久。季桓子受女樂，淫哇雜起，夫子耻之，諸人亦耻之，故摯適齊，餘亦他適。其後桓子卒，康子遵父命，召孔子。孔子歸魯，終不能用。而子年已老，遂刪訂，以私教其徒，師摯等聞夫子歸，亦各歸来。夫子相與考究，重正雅頌，故有自衛反魯之言。此章則晚年因摯已亡，或不在官而思之。始，反國之始也。《關雎》之亂，《鄉飲酒禮》：賓主既席，樂正先升北面立，樂工四人入，歌《鹿鳴》《四牡》《皇華》，鼓瑟和之，所謂升歌三終也。歌瑟既止，笙入於堂下，磬南北面立，奏《南陔》《白華》《華黍》，以磬節之，所謂笙入三終也。笙磬既止，堂上歌《魚麗》，堂下笙《由庚》；歌《南有嘉魚》，笙《崇邱》；歌《南山有臺》，笙《由儀》，所謂間歌三終也。由是合樂，堂上堂下笙磬並作，歌《周南》《召南》。亂，樂終也。工歌《關雎》，笙以《鵲巢》合；工歌《葛覃》，笙以《采蘩》合；工歌《卷耳》，笙以《采蘋》合，所謂合樂三終也。《關雎》之亂，子舉一以該其餘，正指合樂時言。蓋當時魯樂失其所由，三家僭妄之故，而《鄉飲酒禮》猶存，其樂亦無淆失。夫子正樂之初，適師摯返國之始，一經修舉即如古初，洋洋乎盈耳，有由然也。厥後師摯不在，則不復如舊，故追嘆之。夫升歌之詩，所以教忠；笙歌之詩，所以教孝；間歌之詩，所以明上下。交而時物順成，至合樂三終，則以明乎《周南》《召南》，爲風化之原，而文考修身齊家，由近及遠，然後王化洽而頌聲作也。然則《關雎》之亂，洋洋盈耳，非特幸其音之猶存，亦以幸其義之不没，而皆不久而衰，是以夫子憶之。至謂笙詩有聲無詞，大非！予於《詩經恒解》辨之，兹不贅。

子曰：狂而不直，侗而不愿，悾悾而不信，吾不知之矣。

質之偏也，而猶有其近。正則可以變化適中。吾不知之者，欲其自知而自勉也。朱子曰：侗，無知貌。愿，謹厚也。悾悾，無能貌。

附解

狂、侗、悾悾，本無可取，但三項人往往直、愿、信。有此一點好處，則施之以教化，猶可漸漸變化，以歸於中。乃並此而無之，則狂、侗、悾悾適足以助其猖狂狡詐之惡。夫子曰吾不知之，其警之者至。然苟因此而自知，則猶不負聖人之教矣。

子曰：學如不及，猶恐失之。

學，學聖人以復性也。無性非人，故勤學者其心常恐不及，而戒勉如此。

附解

理著於萬事萬物，而其原皆本於性。博文約禮，交致其功，所以全性分之良，而貫通古今之禮。真好學者無以尚之，其勤奮之心不可得而見也。擬之如不及而猶恐失，則一息不敢。康道無盡境，功亦無盡時矣。子以望人，非但欲其騖於詞章蕪雜之學。

子曰：巍巍乎！舜、禹之有天下也，而不與焉。

顧氏曰：古未有號，舜禹皆名也。匹夫而受禪讓者，舜禹而已。於此觀其不與，尤易以見聖人之真，非他聖或有所與也。何氏晏曰：巍巍，高大之稱。

附解

聖人道大德全，身外之物，毫無加損。自道衰俗敝，學者不知性分之樂，貧賤戚戚，富貴欣欣，其褻已爲已甚矣。子故即舜禹内以言明聖人心量廣大，雖由匹夫而爲天子，亦毫無動於中也。勉人深造自得，勿爲浮境所累。

子曰：大哉堯之爲君也！巍巍乎！唯天爲大，唯堯則之。蕩蕩乎！民無能名焉。巍巍乎其有成功也，焕乎其有文章！

堯，唐帝之名也。人君代天理物，必則天而後可以爲君，故表堯以爲法。首句，一章之主。則天三句，申言其所以大。蕩蕩，無能名狀其大之象也。巍巍以下，乃正言其則天之事。蓋成功、文章，唯天爲盛，而堯有之，故指實而嘆想之。

附 解

天生人而不能使之自遂其生，賦以性而不能使之皆全其性，於是特鍾聖人以爲之君，輔相裁成以補造化之所不及，故君必如天而後可爲也。第世運以漸而開，治功必以次而闢。自混沌既剖，聖人遞興，皆有前民立教之事，然制作不備，非聖人之才歉，氣運爲之也。至堯恰際中天，平成既奏，聖哲咸登，一切禮樂制度乃一一象天地，而爲之於天所以生成萬物之道，醇備無遺，後有聖人不過因革損益，無能加於其上。夫子此章則指其事言也。言君道至大，其任難勝。大哉堯之爲君也，何以見其大？天之生萬物也，一氣運行，無不各得其所。爲君者必心天地之心，同天地之化，方爲無愧。巍巍乎，天之大至矣。而唯堯則之，是以大也。迄今想其大之之意，蕩蕩乎，如天之廣運無迹，民殆無能名焉。其大如此，然其所以則天者果安在哉？巍巍乎其有成功也，焕乎其有文章。天道運而四時成、萬物育，天之成功也。日月星辰，山河萬彙，炳炳烺烺，天之文章也。堯之禮樂文爲，所以協天道而奠民生者，無不畢具。前聖所未及，後聖莫能加，故曰則天，故曰大也。巍巍乎、焕乎兩其有字，切實指點之詞，與恭己正南面而已矣，語氣不同。常解蒙上無能名句，謂德不可名，其可見者惟此。夫曰有功業文章且贊之以巍巍乎焕乎矣，而猶曰無可名，何耶？且舍功業文章之外，别有以爲大，别有以爲君。是天之生物，亦不須日月星辰、風雲雷雨耶？豈堯恭默不言神運四海，如列子御風周流六合者耶？夫聖人之德，冲穆無爲，固非名象所可盡。而此章論爲君則天，則本實事而言，非虚擬聖德。且子言正重在功業文章，表堯之大，欲後人遵行典則，至聖心聖德，不在外見之迹，乃凡聖人所同，不得以之專屬於堯，稱爲則天。若民無能名，重在民字，正康衢之歌，所謂不識不知，帝力何有者？惟民日遷善而不知，故以蕩蕩狀其大也。本文語氣節節相承，分明鄭重，一經誤解，致後人莫可捉摹。善讀白文者當不啥予爲妄也。至前一巍巍屬天，而時解皆屬之堯，令兩巍巍重複，亦不可從。

舜有臣五人而天下治。武王曰：予有亂臣十人。

治，去聲。記者因子言而先記此。孔氏曰：五人，禹、稷、契、皋陶、伯益。馬氏曰：亂，治也。十人，武王未嘗言其人，孔孟及《詩》《書》皆無考，當闕之。婦人亦然。邑姜，夫子豈稱王后爲婦人乎？

孔子曰：才難，不其然乎？唐虞之際，於斯爲盛。有婦人焉，九人而已。三分天下有其二，以服事殷。周之德，其可謂至德也已矣。

朱子曰：稱孔子者，上係武王君臣之際。記者謹之。才難，蓋古語，而孔子然之。夫子贊周才而因推及其德，以見培養之隆也。周家世有勳德，未嘗受殷封爵，故三分服事，謂爲至德。嘆其難，正以言其盛也。於斯爲盛，猶言於斯爲美，斯謂周也。不曰文德，而曰周德，以明文武無利天下之心。三分有二，約言人心歸周之概。

附　解

此章夫子贊周才，而因及其德，見才之所以盛。記者又因子之言，而記五臣及十人。蓋人才必由德以培養，周家世有聖德，文王壽考作人尤爲濟濟多士，所由興若三分服事，其忠厚之德易見者。子故言周才比美唐虞，而才之所以多，則由至德。使有國有家者，思人才之難，早懋修其德，非但閒閒嘆才難也。舊解失之，增許多妄論，今詳論之。武王伐紂，應天順人，孔孟已言之，宋儒亦知之矣。而此章朱子謂至德稱之，其旨微矣。又曰回護聖人，説得忒好也。不得夫其謹於君臣之際，爲世防固已，而於聖人之心，則失之矣。何則聖人視不義之富貴如浮雲？孟子曰：行一不義，殺一不辜而得天下，不爲夷尹。然而武王、周公乃不能然哉？自唐虞以來，諸侯皆各世其疆宇，布政理民，特刑賞出自天子，統其大綱，周自不窋失官竄於戎翟，後人自闢疆土。當殷盛時，公劉、太王被狄侵逼，徙宇倉皇。天子不聞維持之，何哉？蠻荒不屬天子，素未臣之也。太王遷岐，行仁，戎狄被化，至王季而益盛，殷乃封爲西伯，以靖諸戎，如今朝廷羈縻土官之法，文王固非北面爲臣也。文王化行江漢，亦止是蠻荒之域。三分天下有其二，言人心歸向之大略，非謂雍、梁、荆、豫、徐、揚盡入版圖。惟文王既非殷之臣子，有可以併天下之勢而服事殷，故爲至德。若果北面爲臣，則服事乃其當然，何足爲異？武王亦然，其克商也因紂爲無道，天人交怨，天下諸侯相率而叛紂。孟津之會不期而會，如山東諸侯並起而亡秦，豈武王要結之哉？天下苦紂之虐，自同心叛紂。因周世有盛德，海内歸心，其推戴武王，自可想見。若武王不出，天下諸侯亦必滅紂。然無所統一，必將殘毀殷之宗廟，子孫乘勢争奪，蹂躪人民，而成湯之道無復孑遺，豈天仁民之心哉？故遂仗鉞秉旄爲諸侯帥，使其不得肆虐。牧野誓師，步伐止齊，禁衆人之暴掠，非恐不勝紂而戒備。紂聞天下畔己，倉猝自焚，並非武王迫之。時微、箕遠遯，武庚又不才，即使奉以爲君，天下亦必不服，依然四分五裂，難於何已。故不得已從諸侯之意，踐天子位反商政，政由舊，使湯之政績如新，即堯舜禹之道依然不墜。而湯之子孫，諸侯亦不得以一矢加遺，而仍令其守土治民，安於故都。三監者，殷制，使大夫爲三監。《禮記》所云，非監制之也。武庚不才，如舜封象不得有爲於其國耳。若防其畔，何必仍封以朝歌哉？且白馬賓王，陳疇啓範，微箕大賢，亦不以事讎爲嫌，武周不以餘燼爲慮，武王之心，殷臣民皆知。而後世不知妄爲之説，豈不可嘆哉？若周公東征及頑民之説尤多乖謬，愚於《詩》《書》恒解已詳，茲不具贅。夫使湯武北面爲臣，而際人主暴虐，既不能匡救，又不辭榮，反窺竊神器，藉口天與人歸，此莽操所爲，豈聖人而出此？故使湯武有一毫自利之心，而孔子以爲應天順人，豈特湯武不足爲聖人，孔子亦大非矣。聖人如天，知天之無私，然後知聖人之無我。乃君臣大節所關，人禽幾希所判，千古塵封不可不辨，合《泰伯》章觀之尤明。至於斯爲盛，言唐虞之後，惟周爲盛。然且尚有婦人，故曰：才難。若謂唐虞盛於周，則下文二句不順矣，明者辨之。

子曰：禹，吾無間然矣。菲飲食而致孝乎鬼神，惡衣服而致美乎黻冕，卑宮室而盡力乎溝洫。禹，吾無間然矣。

飲食、衣服、宮室，人所以生其利，自禹而溥然，豐儉易於失宜，縱欲悖理，間自此生，故即此表禹爲法。間，罅隙也。鬼神，天地百神與其先天子父母。天地，《書》曰有道曾孫，致孝固祀事之通稱也。冕加於首，黻加於膝，舉以該衣服之全。平成始奏，溝洫之利方興。宮室盛，則泰侈而病民。再言無間，後人當如此矣。

附解

聖人之德，皆非有間也。而獨舉禹者，以禹始奏平成，飲食、衣服、宮室之利，皆自己而興。較堯舜前之制度未備者不同，即厚自奉養，不妨民事，亦似非過。而禹乃自處以儉，勤民無已，此尤易見聖人代天理物之心，非謂惟禹無間，他聖不然也。聖人承天出治兢兢焉，惟恐一物失所，無當天心，不自知其身之富且貴也。飲食、衣服、宮室，足免饑寒，可蔽風雨，而豈以爲美觀哉？顧世亦有儉於自奉者，然不過素安澹樸，否則惟恐傾敗，而義理當爲或不知也。鬼神與人一氣相通。天地者，群物之父母；神祇者，造化之功臣。至於祖先，尤吾身所自出。聖人事天如事親則臨保，帝謂：固嘗有懍懍危懼之衷。而春秋祈報、禋望類祀，何莫非事天之學，而己之先人，又其呼吸相感，志氣常親者也。犧牲俎豆，非以爲文，乃愛敬之誠，藉是將之，故無一毫靳惜疏忽之處。上古衣以羽皮，前後均以皮遮其體。後聖衣裳制興，猶存古意，留前一皮以蔽膝，一曰韠，以其爲衣之畢也。天子純朱，諸侯黄朱，大夫赤。黻，亦作芾。刺繡取兩己相背，取其有制。《明堂位》夏后氏服黻。夫舜已稱黼黻矣，而云夏后者，蓋禹尤重此服，以其爲古人質樸之遺，防民奢僞，故子亦稱之如此。其制上廣一尺，下廣二尺，天一地二之義。長三尺，法天、地、人也。《祭服》曰：冕，始於皇帝。冕，猶俛也。俛，平直貌，亦言文也。元上纁下，前後垂珠，有文飾，廣八寸，長尺六寸，前圓後方，朱裏元表。《郊特牲》曰：戴冕藻十有二旒，則天數也。玉藻曰天子。玉藻十有二旒，前後邃延以藻飾玉，以玉飾冕，邃深延冠覆也。舉二者以該。凡爲朝祭之服，蓋對神天而表觀瞻，莊敬威嚴，非同燕私。溝洫之制具在《周禮》。然其制由禹而詳，故曰禹甸。自黄帝已有井田，則即有溝洫。經洪水而復堙，禹既平水土矣，及其在位，又復詳加經畫，使野無不耕之田，民無不獲之利，故曰盡力。其制則九夫爲井，井間廣深各四尺，曰溝。十里爲成，成間廣深各八尺，曰洫。宫室第以安身，溝洫所以便民，示以法制，責成有司，非必又親歷九州，蓋此是即位時事，非治水事也。飲食、衣服、宫室，天子自有制度，非是故爲嗇陋與齊民等，但粗足規模，從其樸儉，不於此用心耳。觀《禹貢》所載，飲食、衣服、宫室之財用甚備，蓋聖人不以一己累民，未嘗不以天下自養，特去取彼此適得乎中，有斷不可與常例者耳。非夫子表之禹之無間，何以明於後世？

子罕第九凡三十章

子罕言利。與命。與仁。

有便於己曰利。罕言，絶之也。與，示之詳。子曰：吾無行而不與二三子。命，理氣之主宰。仁，人之性。知命者無妄想，志仁者無貪求。記夫子教人防弊而正其本如此。

附　解

自漢人誤注此章，歷代因之，於是人以求仁爲難，知命爲末務，即欲人不求利亦不可得，其貽誤非淺鮮也，今正明之。常人言命，謂窮通得喪生而已。然此大惑也。夫子《繫易》曰：窮理盡性，以至於命。五十而知天命，衹此天理，命於人曰性，主於天曰命。先儒分義理之命、氣數之命，其説是矣。然竟謂二者判然，則又非。蓋天以一元之理宰一元之氣，而流行於品物，萬古而不窮，此天之命也。人得天之真理、真氣而生，果能全其所賦，則天之太極我固全備，而命由我立，氣化不能相囿，苟其心理不正，則失其所以爲人之理，即悖乎天心，而氣化衰壞必不能支。是氣化之命悉統於義理之命，而非生而已分兩端也。從古聖賢言命曰：天命靡常，峻命不易。蓋天雖高明莫測，然祇一理而已。此理在天爲太極，在人爲性。人者，天地之主也。盡人道而天道備焉。天與我同此理，安得不與我同此命？故順命、立命、至命，皆以在我之理合乎天心，而膺天之命不必富貴福澤也。即貧賤而亦享天心，孔孟是也。故曰：文不在兹？匡人其如予何？信己之命必天之命，蓋純乎義理而氣數不足言矣。其次未能如聖人之至命、立命，然苟知天之命止此一理，則順理而行，正誼不謀利，明道不計功，雖未必皆合天心，亦必有善無惡，而天固將維持安全之。若以命爲有定，幸而聰明富貴，則侈然自肆，悖理蔑義，以爲有命在天，而不知負天降畀之仁，並戕其先代培植之德，天命之眷之者，轉而棄之，亡國破家殞身墜緒，實由不德。命曷嘗早限以如是哉？若夫志士仁人、孤臣孽子困苦顛連，莫可告語，而恐懼修省，自怨自艾，至於德盛道全，灾危不能禍之，而且壽考安平，爲天依賴，亦其順理而天命應之，非天有成心也。《書》曰：惟聖罔念作狂，惟狂克念作聖。《詩》曰：永言配命，自求多福。一念之聖而天理合焉，積之而久，念念天理，在在仁義，天命鍾之矣。一念之狂而天理悖焉，習之至久，念念人欲，在在禽獸，天命棄之矣。故命無定也，以人之自修者爲轉移，子曰：不知命，無以爲君子。得之、不得曰有命。賜不受命，何嘗罕言命？蓋知命即知天理，天理全在於人，安得不修身立命？《周易》多言利，夫子《繫易》曰：利者，義之和也。蓋凡事義所當爲，然亦審乎經權常變，務即乎人情物理之安，不可膠固，非如世俗事事求利益之謂，此惟精義者始能之，故子罕言。若世俗求利之事，夫子固絶口不言也，豈但罕言哉？至於仁者，止是性之别名。天理精英含育無窮，譬如果實之有仁，故曰仁。夫子平日以仁望人，及門所學止此。人能從事於仁，非禮不履，非義不爲，惟恐失其天良，則利己損人之事自斷斷不爲。子曰：苟志於仁矣，無惡也。好利之人不知天命，不顧天理，惟求利己。示之以命與仁，庶幾天良不昧，不肯放利而行。仁有一端，有全體。全體之仁，非旦夕可企；一端之仁，則人人皆有也。擴充之，又存養之，則可至於全體。子曰：仁遠乎哉？我欲仁，斯仁至。民之於仁甚於水火，當仁不讓，諄諄欲人求仁，誠以非仁即不得爲人，非仁即無以爲學，今謂罕言仁與命，則不知命無以爲君子，及此等語不能通後世。聖學罕傳，遂以仁爲深奥，命爲恍惚。榮名利禄逐逐不休，則不安命，存心養性寥寥無幾，則不志仁。其所謂命者，非命；即其所謂仁者，亦非仁矣。故此章之旨乃罕言利而多言命、仁，使學者知利之不可强求，務全仁而立德。若三者同一罕言，則白文只當作子罕言一句。利、命、仁三字，一字一句，方成文法，與字爲贅矣。明者辨之。或曰：非不言，但罕言耳。然利字除利仁而外，豈但當罕言？不言可也。何乃與命之理、仁之道同耶？

達巷黨人曰：大哉孔子，博學而無所成名。

達巷黨中之人美孔子博學，而以爲大。無所成名，言其不以一藝名也。

子聞之，謂門弟子曰：吾何執？執御乎？執射乎？吾執御矣。

子因黨人之言，恐門人誤以博爲大，故言欲執一藝成名，使人毋泛騖也。

附　解

此與《多能》章意同而語氣不同，太宰以多能爲聖，本不足論，因子貢稱子天縱又多能，子故辭聖而任多能，又明多能不足貴。此章黨人極贊夫子之大，下申明之。博學而無所成名，七字成句，言其不可以一藝名，乃其所以大也。然聖人道大德全，惟於人倫立之極耳。若夫名物、象數之繁，見聞、技藝之學，雖聖人亦有所不能周。今以博學爲大，恐門人信之，泛騖而廢實修，故子即其言而反之，欲執一藝以終身，使門人知學貴專精，無取泛騖。記者知夫子此言因黨人之論而發，故連記之曰：子聞之，謂門弟子。明其爲門人示教也。其實夫子口中並未言及黨人，若謂黨人謂我無所成名，我將籌所執者，則是以博自任，並以大自居矣。如曰：黨人謂我爲大，我不敢居。謂我無所成名，深中我病，我將何所執乎？如此斡旋亦得，而夫子口中不應置大與博於不論，而特就成名商之，且何以一字不相承也？蓋黨人大哉孔子四字極其鄭重，下博學句而字直下正是深慕之故，若作惜之之辭。大哉句冒下不順，觀太宰以多能爲聖，而子曰：太宰知我乎？是多能不必辭也。又曰：吾少也賤，故多能鄙事。君子多乎哉？不多也。言多能非聖也。多能即博學，以博學爲大，黨人與太宰意同。吾何執執御與少賤多能意亦同，特彼明就太宰言明曉之，此乃暗就黨人之言而反之，故彼詞緊相承，此乃語不相襲。若如舊説，謂門弟子四字止閒文，而大哉博學是耶非耶？子不一辨欲執御以成名，其將副大哉之稱耶？抑遜博學之名耶？轉多窒礙，故子聞之，謂門弟子曰，意反黨人而語，乃閒閒談論，言吾平日好博而無成，今自悔之，欲專精一藝，庶可施於實用。吾其何執？執射乎？執御乎？吾執御矣。蓋二者皆切於日用，苟其能之即可見諸施行，而御較射易，且從此始。欲門人切實從卑邇用功，後世學者廣博圖功，而日用倫常無所實踐，遂有讀破萬卷無補於世用者。夫子言此誠萬世之藥石也。古人在車則聞鸞和之聲。《周禮》鳴和鸞、逐水曲、舞交衢、逐禽左，不特平日升車有節，而田獵軍陣悉賴之。蓋有用之實學，子故以爲言。而凡一切有益於身心日用者皆是矣。前人僅作聞人譽己，承之以謙解，未得夫子之意。孟康以達巷黨人爲項槖，不可從。

子曰：麻冕，禮也，今也純，儉，吾從衆。拜下，禮也，今拜乎上，泰也，雖違衆，吾從下。

凡冕，以木爲體，績麻爲布，衣之長尺六寸，廣八寸，上元下纁，前後有旒，事莫不有至當之則，而衆人違之，則反以特立獨行者爲非，即二者以言明大防不可越也。麻存古樸之意，絲省煩苛之爲，其失較寡，不俟君命拜於堂上，專肆甚矣。

附解

聖人制禮本中正而不可踰越，後人以意爲增減，遂至積習相沿。秉禮之士，衆反目爲迂怪，是以古制日隳。春秋時壞法亂紀之事不一而足，其始非必有心甘爲怠慢，皆無識者倡之，衆人和之。事君盡禮，人以爲諂，彼固以爲不必然也。豈知時俗所尚，有無害於義者，可酌用之，害義必不可從。子故即麻冕、拜下二者以示其端，實則當從。違者何僅此也？麻冕、緇布冠，古人始冠，冠之，蓋以存古質之意。以絲代之，特取其工省易成。先儒謂三十升，其經二千四百縷，然周尺當今五寸五分，二尺二寸只今一尺二寸。以一尺二寸之地容二千四百縷，雖絲亦無所容。金仁山嘗疑之是也。大抵麻難細而絲本細，以麻爲布，其細難，不必泥八十縷之説。古布皆以麻爲之，今布甚多，尋常之布爲木棉布，從吉貝國多，其他亦自後人踵增，故古時人君之冕亦以麻布也。拜下，凡君與臣行禮，皆先拜於堂下。君辭之，乃升堂拜。春秋時不俟君命，即拜堂上，以爲繁文，不必事耳。不知拜下，臣之分；辭者，君之謙。先王制禮之意，若曰以分則臣本當拜於下，以君虛己之懷，則當辭讓。君既不以位驕臣，臣亦不得以此忘其恭，中正之制也。若竟拜乎上，則臣視爲固，然君無所鳴其謙而徒褻其尊。凡可以自專者，臣子何不可爲也？子故决不從衆，而凡從違之，則準此矣。

子絶四：毋意，毋必，毋固，毋我。

絶，斷也。毋，《史記》作無。四者以人言。意，任私意而不秉公理。必，預存期必之見。固，執固而不達經權。我，人我之見太明。凡人狃於私欲，常有此弊。記者言此，欲學者無然也。

附　解

舊解四者，以意之循生疊起言，亦似可通，然意、必相近，固、我亦相近。且以一人之私言直，一念起而諸念皆與之俱耳。惟以四項人言，則各自有一種情形，不介疑似之間，全憑私意，用事之人是非公理悖矣。凡事預挾成見，得失之幾昧矣。執固而不達於常變，生今反古，違衆矯情，何所不至？自是而不虚己下人。乖僻、孤陋、矜己、傲物，其患安窮？四者皆由無窮理之學。聖人則至虚、至明、至誠、至公。記者記此，使人去四者而後可以學聖。

子畏於匡。

匡，鄭地。毛大可曰：魯定公七年，魯侵鄭，取匡。時陽虎專政暴匡，子貌類虎，而弟子顔剋囊與虎，俱今從子，故匡人圍子。朱子曰：畏，有戒心是也。

曰：文王既没，文不在兹乎？

兹，子自謂。言文王治世之迹猶存，己得循習之。

天之將喪斯文也，後死者不得與於斯文也；天之未喪斯文也，匡人其如予何？

子自稱後死者，抑揚其辭，明天必不喪斯文，則匡人必不能禍己，所以安門人也。

附　解

道之顯者謂之文，蓋禮樂制度之謂。朱子解得自是的實，而在夫子口中，則猶言道之迹而已。蓋道在天地，無古無今；道在人群，有隆有替。聖人者，得天之道，而體天之心，隨時立法以教民者也。天地有生成萬物之心，而不能不以全生全性之功用賴聖人。由羲皇以來，天運漸闢，人事漸增，聖人或間生，或踵生，所以裁成輔相之道，皆因時制宜，恰如天意。文王之文，周公繼而述之，禮樂教化，悉天所以生人之心。歷久法弊，雖聖人無如何，折衷前聖以宜民，非孔子不能。不曰道而曰文，以經世之跡言也。禮樂教化欲及身而試以偕民於大道，夫子之心，即天之心也。既不得志，則删定以訓其徒，使此理明於後世。此心、此理，天不能外，故天不能强當世之諸侯用子，而必不使當世之凶暴害子。聖人之於天，猶孝子之於父母也。故曰：未喪斯文。匡人其如予何？第聖人事天以小心憂懼，未嘗一日忘，必無自許之理。因患難而乃言此，所以安門人也。

大宰問於子貢曰：夫子聖者與？何其多能也？

太宰，蓋吴太宰嚭，疑子之聖，特以其多能耳。

子貢曰：固天縱之將聖，又多能也。

言子之聖不待言，而其聖不自聖，天亦無能限量之，若多能又其餘事耳。

子聞之，曰：大宰知我乎？吾少也賤，故多能鄙事。君子多乎哉？不多也！

辭聖而任多能，言太宰庶幾知我。又言多能，由於少賤，本無足稱，君子固不以多能爲聖也。

牢曰：子云：吾不試，故藝。

牢，琴牢，衛人。試，用也。藝，即多能。記者因並記此，以明子非虚語。

附　解

吴、宋皆有太宰，而子於宋少知交，無由有太宰嘉嘆。惟吴太宰嚭與子貢交，言見於《左傳》，當作吴太宰解。太宰，小人，安知所謂聖者？第見子才智不群，故驚訝之，疑子爲聖，全在多能。子貢以一固字换太宰與字，以一又字换太宰何其字，蓋言聖極於不可測，而多能乃其餘事，已足以曉之矣。夫子因子貢之言太高，不敢自居，故以太宰多能爲知己。吾少也賤以下，又言己多能，不足爲聖，特少賤故然，實則鄙事非君子所重也。己既不居於聖，亦不欲人尚多能，詞意曲至如此。記者恐人第以子爲謙言，而不知多能實非子所重，故又記牢言，見少賤多能乃子實話，學者不必以多能學聖也。天縱將聖，子貢不特尊聖，實知子心並達天人之理。朱注：不爲限量。爲字有弊，講家遂謂爲聖、爲賢亦有天命，孟子生民未有亦是此意，則大非矣。蓋子貢之意，只因太宰未遽稱子爲聖而特驚訝多能，故言子以子爲聖，而訝其多能，不知夫子之聖固極乎？聖之量，天若縱其所欲，任其自造，將於從前聖人中另創一非常之格，而聖不可知，又出其緒餘，多能如此也。天如何縱之？前人多未瞭然。道本於天，天之理在於人。全其天理而極於純粹，聖之事也。夫子則以道爲無窮，而聖不自聖，精進鼓舞，必欲窮其所際，於是此心汲汲然，惟日不足，雖至於達化窮神，亦不自知也。一息尚存，於道總無慊志之候。凡人之於道也，有成功，有盡境，而子不然。天見其志之無所終，窮而功之未嘗少息，欣然契之，虛以待之，若寬其途以相引，極其妙以相授，而目前之聖，尚不足據爲子之定評，故曰縱之將聖也。是蓋子貢造道之深，故能抉出夫子精微之至，而直以爲與天常相通也。天惟健行，故乾元萬古無疆，聖惟無息，故精神萬古如在。凡人苟能如是，則愚可明，柔可强。聖人苟不如是，則狂可作，業可隳。人能宏道，非道宏人。天縱夫子，實夫子之自縱也。學者知此，始知人皆可以爲堯舜意。又多能也，子貢亦以多能爲餘事，與子意合。少賤鄙事之云，爲門人示也。而張惕菴謂：戒太宰自用，殊爲支蔓。至謂多能，指兼綜細。故不是射、御、釣、弋，則得之。

子曰：吾有知乎哉？無知也。有鄙夫問於我，空空如也。我叩其兩端而竭焉。

自謙以教人，欲其毋忽於淺近也。鄙夫至愚，而其問必有故，虛心以叩其本末，而後竭我之誠，則芻蕘有得，葑菲難棄矣。蓋人多自恃而陋人，故以此解之。

附　解

聖人固無不自謙，而其因事教人即寓於此，不可囫圇一視。天下之理無窮，雖聖人不能盡識。以無窮之心窮理，則隨處皆益，無人不可切磋。世人莫不曰：吾已知之矣。而封其見以自是。天下無可當意者，其究見日偏，而識日陋，不自覺也。夫子言己無知識，但取益於人，不敢卑人恃己。即鄙夫無知，然既來問，必有所見，因即其意，叩其本末，彼之所懷既盡，是非了不相淆，於是竭己之誠詳爲剖告，人意暢而己意亦廣，是欲人毋以一己之見棄人。舜之好問、好察，亦此道也。聖人所以能盡天下之才而通萬物之隱即在此，故學者毋忽視焉。

子曰：鳳鳥不至，河不出圖，吾已矣夫！

鳳鳥，應周之祥而禮樂明備。河圖，啓羲之畫而聖學開先。子德猶羲文也，窮於上下，故嘆之。

附　解

聖王治世之迹，歷唐虞夏商，至周而大備，故鳳鳴岐山以兆其祥。三皇以降，皆開天之聖人，而龍馬負圖，天心欲闡斯道，伏羲始畫八卦以洩其藏，聖固與天通也。然時會否塞，亦有不能遽開者。春秋時聖王不作，子既不得大用於時，又不能廣傳於後，故合而嘆之，而非第以爲瑞應之無也。河圖洛書斷以伏羲時並出之説爲信。蓋道備於天，天之道在人，人無道則喪其天理，而天非得體道之人，亦不能成其功化，故曰：人者，天之心也。第道雖人人所有，而其本原所在，精微之理非有以啓之，即聖人亦不能詳知。自有文字以來，其至理全備於《易》，然其原本於圖書，圖書不現，伏羲亦無由畫卦。故圖書者，萬古之心源也，天地之理，與人所以合天之理皆備焉。後世第以爲瑞符，不知其妙藴，又於聖人，則圖書畫卦之義不明。於是異説紛紛，謂不必伏羲時出。至謂朱子表章《四書》，有龍駒生於九峰山下，龍頭馬身，狀若負河圖者，父老致賀於元晦，以爲與麟至同符，亦已妄矣。宋儒甚推圖書，然多涉於象數之末，而後世衍爲術藝者，益晦其旨。甚有議論圖書爲僞作者，若六一居士不信圖書，並謂《繫辭》非孔子作，何其謬歟！愚已注《周易》，玆不悉贅。若禮言：山出器車，河出馬圖。不過言偶然形似者，豈與古圖等哉？夫子明言河出圖，洛出書，聖人則之。此章又云，然何言者之多憒憒也？

子見齊衰者、冕衣裳者與瞽者。見之，雖少必作；過之，必趨。

齊，音咨。衰，七雷反。少，去聲。聖人壽世仁民之心未嘗或忘，觸於齊衰與瞽者，而哀其生死之不全也。冕衣裳者，蓋卿大夫之流。禮曰：貴貴爲其近於君也。必作、必趨，誠動於中，敬自見於外也。

附　解

聖人天理渾全，直是彌綸六合，觸處而見其天理曲當，即此可觀學者未遽能然。且從持敬入手，無論鉅細精粗，切勿苟忽，時時令此心静，一隨處檢察，久久亦可漸及於化矣。二必字須求其本末功夫所在，斬衰三升，齊衰四升至六升，大功七升至九升，小功十一升至十二升，緦麻十四升半。冕自天子至大夫皆有，此指大夫言。

顔淵喟然嘆曰：仰之彌高，鑽之彌堅。瞻之在前，忽焉在後。

嘆，贊嘆。仰彌高，極於無上。鑽彌堅，極於無下。瞻在前、忽在後，隨時變易而不可方物，蓋顔子久事夫子而嘆其聖德如此也。

夫子循循然善誘人，博我以文，約我以禮，欲罷不能。

述子誘己之善而喜其有功，可就道。著於文禮，則實踐其事。博我、約我，言非子莫能示之程也。

既竭吾才，如有所立，卓爾，雖欲從之，末由也已。

才，知行黽勉之事。如有所立，有定見也，即夫子三十而立之意。卓爾，立貌。從，急求其及。末由者，學須漸進，不可助長，不可躐等。由，亦從也。

附　解

此章顔子自言其學夫子事，而嘆道不可以無師，亦不可以欲速，爲同學勸也。被後人説得恍惚離奇類禪語虛鋒。今若再不正明，反前人之論者其失小，阻後來學聖者其失大矣。何則？天地人止此一理，如必由之路，故曰道。道之在天地者於穆不已，聲臭俱無，而其實燦著於形形色色之間，各正性命，保合太和，悉一元之理，氣所流行，而天固無心也。萬物皆天地所生，而人獨得理氣之全，故爲天地之心。聖人者，全天之理，法天之行，其存於中者渾然粹然，一天地太極之體而至誠不息也；其發於外者自然當然，一天地流行之用而因應咸宜也。第聖人之著爲日用事，爲者其跡與人同，其心與人異，由其存於中者仁熟，故其見於外者義精。非得聞聖人之教者必泛常視之，甚且謗毁加之，故道大莫容。非聖人有不合乎人之事，而是是非非義理之神明變化，俗人不能知，甚或莫能容也。觀聖門諸賢所言、所行，已覺甚善矣。而質諸夫子則義更有進，即此爲夫子之神化，即此爲高堅前後之大略。若其藴於中者，一元之理渾然者，與天同其體；一元之氣浩然者，與天同其塞。尤非可以臆揣而知，旦夕而企。顔子資質高明，久事夫子，有以見其神明之德，内外、本末、表裏、精粗，無弗周洽，故嘆息而喻以高堅前後四語，言夫子言行動静無非精義之事。學者乍親而欲學之，如仰鑽瞻視不可得其端倪，幸夫子善誘我循序致功，遂覺漸次有得，欲罷不能。但夫子内外之學極於神化，我雖有志求深竭智慮聰明，頗覺有得。如求物者，已見其卓立於前，似可就之矣。而其實恍惚見之，實未果躬親之，雖欲從之，而卓立者又若在遠，末由遽得之也。其語氣如是。是故高堅前後就夫子德言，非憑空説天地之道。欲罷不能緊粘博文約禮説。如有所立，是内而養其中和，外而循習倫理，漸覺私妄已少過失，亦希非道有形象，如神物奇珍忽現忽隱也。從即從卓爾，蓋理有定而亦無定，惟大人乃能不爲非禮之禮、非義之義，於一事之來見爲是矣。轉瞬深思若又不爲是，於此是矣，於彼忽又見爲非，此末由也。已之實際，蓋猶未至不惑之境也。顔子嘗曰：夫子步，回亦步；夫子趨，回亦趨。夫子絶塵而奔，則回瞠乎其後矣。即此章之事。前人説得含糊影響，似道如精靈物怪，夫子如鬼神不測，但以禪語機鋒晦中庸之道，使人可望而不可即，其誤世非淺矣。至佛道之流不知其真談元説，佛語多藏頭露尾亦如是。聖人之道何由而明哉？或曰如子言，《中庸》言淵淵浩浩及江漢秋陽等語，義又何居？曰：聖人性量如天，中藏穆穆之德，即天之於穆，淵淵等語是也。而此章顔子自言所學，見夫子之德不易，及要以博約爲要，本至平常，若大而化之，聖不可知，顔子固猶未逮，誤解而以爲顔子已聖，猶不免短命，則仁者壽，大德必壽，夫子之言皆謬，吾豈故抑顔子哉？誠慮後人謂聖人之學不能立命耳。

子疾病，子路使門人爲臣。

子路以夫子嘗爲大夫，門人多爲臣屬，預爲遭喪計，欲使門人爲家臣治事。

病間，曰：久矣哉，由之行詐也！無臣而爲有臣。吾誰欺？欺天乎？

間，如字。病間，少差。責子路習於行詐，所以深斥使爲臣之非。天者，理之主宰，昧理即爲欺天。

且予與其死於臣之手也，無寧死於二三子之手乎？且予縱不得大葬，予死於道路乎？

有臣無臣，於夫子何關輕重？門人以大夫之禮葬子，可也。必貌君臣禮以大葬，不可也。此乃申明不必然之故。孔氏曰：大葬，君臣禮葬。

附　解

孔子爲司寇，門人多爲夫子臣者，即臣於他大夫，視夫子皆屬吏之輩，故欲使門人爲臣，非無端而云然也。第子路以世俗之見尊夫子，而不知君子惟禮之安而已。嘗從大夫之後則葬可以大夫，已無大夫之職，則家臣不可僞爲禮，所不可即心所難安，而或行之，欺心，即欺天矣。師弟之樂何減君臣，第患不能盡禮，豈憂死於道路？詞嚴而義曲到矣。

子貢曰：有美玉於斯，韞匵而藏諸？求善賈而沽諸？子曰：沽之哉！沽之哉！我待賈者也。

馬氏曰：韞，藏也。匵，匱也。沽，賣也。聖人切於救民而必不枉己，如玉之必沽而亦必待賈也。藏匵者矯，求賈者汙，於體用之學，兩失之。

附　解

聖人曷嘗謂己道至美，必欲公之於人，衹是見得天下之人不安其生，多昧其性，自不覺憫念之無已。私心竊冀有知己者出，而教養斯民，既無其人，則亦卷懷自樂而已。自旁人見得是美玉，又疑其韞匵，君子則常存一濟世之心耳。故一聞子貢之言即再言沽之，而曰待賈，以明非韞，亦無求也。

子欲居九夷。

九夷，畎夷、于夷、方夷、黄夷、白夷、赤夷、元夷、風夷、陽夷也。朱子曰：欲居之者，亦乘桴浮海之意。

或曰：陋，如之何？子曰：君子居之，何陋之有？

直質者，人之性，徇於欲而習於澆夏之薄，反不如夷之厚矣。欲居九夷，不忍聞見者深。何陋之有，道足以信其能化也。

附　解

自中夏視四裔，則爲異域。自天視之，皆吾之赤子也。其形氣同，即其心理同，特以表率。無人遂幾淪於禽獸，聖人不忍也，故隨其所在，則有以教化之，且夫人心之良以習染而移耳。自黄炎以來，聖人疊出，治世之道備矣。然義理之心不敵其嗜慾之志，一代之興不數傳而即澆漓，豈非欲難防而性易軼哉？夷戎之域，中國禮樂不能遽及，而其民恒樸陋悃，誠不至如中夏之狡黠也。子欲居九夷，蓋有耳不忍聞，目不忍見者。夷狄有君，不如諸夏之亡，固平昔之志，亦欲有以行其道而化斯民也。何陋之有，並非權詞。後世儒者斤斤必辨華夷，不知天道無不曲成，聖心無不覆載。孟子曰：舜，東夷之人。文王，西夷之人。舜、文豈誠荒遠之人哉？因人太分中外界限，不知聖人不擇地而生。夫子作《春秋》，内中國而外四夷，然於吴札則進之，郯子則學之。蓋賤夷者，恐其亂中夏之禮樂；進夷者，以其識先王之典型，其理無二。在夫子尤無成心也。人無華夷，惟在此心此理之何如？無禮即夷，有禮即夏，九州之表豈無偉人哉？泰伯治吴，箕子治朝鮮，後世皆擬於諸夏，夫子可知矣。張惕菴云：老子隱柱下，人莫之知，故過函關入西域。

子欲居九夷，殆類是。知言哉！而後世如佛者以義覺人，亦如聖人，但一時未盡變夷俗，凡重佛法而無人倫者，皆夷俗之舊。彼尊佛而不知佛之所以爲佛，亦如儒生學孔而流爲刑名法術，非孔之不善也。使中國禮樂能合九州内外而悉效之，亦安用佛爲哉？中國有聖人之禮樂而不踐行，乃致淫貪諸妄接踵於世。學佛者戒殺，戒貪，戒淫，戒妄，皆聖人之法也。而莫知所由，則以爲佛法如此。夫聖人豈不亦以此教人哉？然民日見夫學聖人者，往往犯是四者而不知，甚且以是爲樂矣。則於是益以爲佛之能而儒不能爾，是使愚不肖趨佛者，賢智之過也。賢智者之才力聰明可以無所不就，而憚於禮法，樂於放縱，則惟嗜慾之是徇。暨夫日暮途窮，始悔其名利奔競之誤，而息影逃禪。是故佛之黠者，得以自傲；民之愚者，益以堅從。然佛不過不囿於夷之人，而中夏之學佛者皆未知聖人之實者也。誠使實踐聖人之學，則知佛之粹不出於儒，而僧之妄並不得爲佛。學聖即可悟佛，而學佛固不如從聖耳。若不辨其真僞，而徒以夷闢之，則誤。至夷蠻戎狄，特中華目之以總名。其實外裔國土之遥，人民之衆，十倍於中國，因鞭長莫及，不能周知其詳，僅傳其大略。而儒生隘於聞見，止知中國有聖賢，不知無地無俊哲。試以子欲居九夷，孟子言舜、文推之，當自笑其陋矣。九夷近魯，今已多歸王化，而當時固爲周室之所不屬。

子曰：吾自衛反魯，然後樂正，《雅》《頌》各得其所。

《詩》者，樂章也。夫子善於師摯、師襄，平日相與討論者甚詳。自衛反魯而樂正，蓋師摯等之能其官，子深幸之也。《雅》《頌》用於朝廟，所關尤鉅，舉其大以該全《詩》，《詩》正則樂正矣。

附　解

此章朱子《集注》外無他論説，諸儒遂多聚訟。而許白雲又引朱子《詩傳綱領》本、《漢書·禮樂志》謂：王官失業，孔子論而定之。故其言如此，似聖人自叙其功者，然失之矣。今明白言之。先王制樂以人聲爲主，《詩》三百篇皆燕饗投報贈答之詞，如今之曲調八音所待以成聲，故曰：詩言志，歌永言，聲依永，律和聲。蓋聲歌而和以律，其詞則皆詩也。至《雅》《頌》，則朝廟所用，非如他詩之可隨意節取以鳴酬贈。春秋時宫懸雖具而意義多乖，左氏所載如《湛露》《彤弓》之歌，不一而足。此由樂工伶人僅知音節，不明大義，而君臣上下又習爲奢夸，不惜僭分以爲榮。夫子周流列邦，既有以知其説，而師摯諸人又魯之賢者，非尋常伶官比。攝相之日，平居交遊之時，相與講求其義者久。迨桓子受女樂，夫子去而師摯等皆適他國，則樂幾亡無何。桓子卒，遺言召孔子，固有悔過之心。哀公立，康子召孔子。於時師摯諸人已各反魯。夫子自衛而反，見樂章釐正，故深幸之。然後云者喜其平日之志至此而遂，非自詡其功也。後儒不察，謂夫子取魯樂而正之。夫子未嘗典樂，匹夫退老，何敢取國樂而私正之？不虞其僭乎？且舞佾之人能不怒而罪之？夫所謂樂正者，師摯諸人修其職，舉其廢，能以平昔與子講求者而行之耳。樂之聲音不難正，器數無缺即節奏可求，子語太師曰：樂其可知。即此義也。惟樂章隨人好尚用之，若武奏肆夏，秦歌六月，僭紊日甚，先王垂教之意全無。《雅》《頌》朝廟之樂尤鉅典所關，於此言其正，他亦皆正。可知若諸前人之説，師摯適齊在受女樂時，而夫子垂老歸來，諸賢已去，乃取樂而正之，抑不知子自爲奏公乎？將強魯之伶官而從己乎？不然空存其説以待將來，又何得云然後樂正？白文明言：樂正不言正樂，蓋幸其正也，非謂己能正之也。語意甚明，而乃誤解，尊聖實誣聖矣。

子曰：出則事公卿，入則事父兄，喪事不敢不勉，不爲酒困，何有於我哉？

此章有爲而言。家庭不能愛敬，朝廷不能匡益，喪禮不誠哀戚，飲酒猶至亂性，則其心性之功與人倫之道疏淺甚矣。蓋自言以警若輩。

附　解

人倫日用纖悉，皆天理所存。淺者見淺，深者見深，仁者見仁，知者見知。四事若至卑，而實當乎理，無愧於心，大不容易。事父兄必致其愛敬固已，而境遇不齊，好惡不一，無論常變，仁至義盡，善全其道豈易云！然事公卿，不亢不卑，内不失己，外不失人，亦有許多義理。不敢不勉，非勉而趨事也。哀死送終，悱惻之誠既真，敬慎之文自至。不爲酒困，非強以自持也。性定而欲不能亂，禮成而度無所失，其涵養已熟。當時有自好之士亦欲向善，而數事多咎，故自謙以教之。

子在川上曰：逝者如斯夫，不舍晝夜！

舍，去聲。天地一元之理氣，散於物而聚於人，有以凝之，則無息之誠，周洽於人倫日用之間，而未嘗稍間。川流其顯而易見者也，故因以示人，欲人以不息希聖。舍，止息也。

附　解

祇此太極之理在人，則曰性。性，誠而已。誠故不息，而理氣之源流與造化共貫。聖人盡其爲人之道而立人極，只是盡其性而已。性盡則天與人一心，即天地之心。氣，即天地之氣，其存諸中者純一盡粹，而非有强爲也。其發於外者，時中因應而無不得所也。至誠無息，所以一天地之悠久無疆，此理天地與人共之，而萬物莫不由乎？此如周道之共由，故曰道也。然其致功，豈有他哉？博文以究其倫物之賾，約禮以致其中和之原，智周萬物而不外乎民彝物則之恒，道濟生民而不改其戰兢惕厲之志，仁熟也，義精也，達化窮神也，皆此念念。天理事事中庸，如天地之太極藴含，而生生化化，萬古不窮，其始不過敬静忠恕，持之以恒耳。子故於川上而指以示人，使知道在至誠，以不息之心體當然之矩，則由有諸己而至化神此身。理氣合撰，乾坤逝者，未嘗盡也。先儒多含糊影響之詞，而僧道又益之以狂誕，於是人不知人道即天地之道，日用平常之事即中和位育之基，而或求諸身外，或惑於歧途，是以人倫弗踐，而天理之良不舍晝夜者，寡矣。舍字，從朱子晚年辨證之説。

子曰：吾未見好德如好色者也。

好，去聲。天命之性，得之爲德，好色則情也。性定者以禮節情，世俗反之，則欲勝情妄，而失彝好之良矣，故嘆之。

附　解

子之繫易也，曰：有天地然後有男女，有男女然後有夫婦，有夫婦然後有父子、君臣、上下。故男女者，陰陽之義，夫夫婦婦以禮節情，不逾其則，乃人道所以正而萬物所以和也。然夫婦有别，正内正外以爲承先啓後之本，其大要也。若衽席之間必有節焉。不必廢人倫，亦不縱情慾，陰陽和而萬物生，德性和而紀綱正，人道之乾坤即造化之一元。男女居室且然，况於非分漁色？奈人不知存養之功，情流而性不能制，乃逐逐於色，外邪則入於禽獸，夫婦亦溺於房幃，而天地之性失矣，幾希之界亡矣。上無以承宗祧，下無以延子孫。而風流相尚者且以爲固然，其禍世不少。矯其失者又斷絶陰陽，謂保固精神可以長生久世，而廢人倫以爲高，不知僧道之徒半皆窮民，不得已而托緇羽以養生，幸有衣食即思情慾，乃人之恒情。歷代高人慮其不安清苦，教以静養之功，雖未必胥得真傳，而志於清修，日有課習，亦可忘情色欲，葆其清明，人事所在，天意亦遂，從而獎勸，遂有道德清高出塵絶俗之士。第其人必父母已故，又智識非常，乃能獨超色界，全此虚明性體。若父母猶存，必克誠孝養以終天年，始能立仙佛根基。世俗不知，謂既已出家，則不必孝養父母，大謬！温邑大覺寺僧出家，不養其母，被雷擊死，愚所親見，故佛亦有《報恩經》也。西域喇嘛出家乃蕃僧舊俗，非佛之本來，不可以其流而咎其源。要之，人生情欲本於氣質，最爲難除。高明之士脱然於色慾，以清净養身，静正養性，亦天地間氣所鍾不容議。窮民養於菴觀，自不得不絶慾。今活佛不迷真性，朝廷藉以安夷人，此事實之可徵者，而其徒亦多慧悟。西藏重佛職，此其由也。即史傳所載，如孔明娶婦及林逋、張志和等亦未嘗無輕色之人，世儒執廢人倫之説詆斥佛老，不知佛老並不廢人倫。無人倫者，四夷舊俗，特無聖人相繼教化之；中華僧道廢人倫者，窮民藉佛逃生，欲求其久安淡泊，則不得不導以清修，不戀塵緣。若幼而出家，以生壯而還俗，則僧寺亦不能給，亦不得已耳。以廢人倫爲非，而即縱心恣欲，多蓄妻妾，甚且外淫以致帷薄不修，家門乖亂，忘身殞命而不悔，又何以爲人哉？但欲懲情慾必由正心。正心之功，即所謂好德也。務養心性，自淡情色欲，迨存養功深至不動心時，嗜欲渾忘，不特非禮之色一毫不動，即夫婦之際亦以禮節情，何尚好色？聖人言夫婦有别爲其難别，故重有别。《詩》云：琴瑟友之。琴瑟音静而正夫婦，相友如此，則人倫之本，萬化之原由此而興。否則人倫不正，萬事瓦裂，此世運所以衰，人心所以壞歟。夫子蓋爲門弟子言，使節情以養性，崇德而克己，若柳下惠之不亂，性定者也；魯男子之閉户，克己者也。若非深知德而好之，色念安能强制？此夫子救世之良藥也。

子曰：譬如爲山，未成一簣，止，吾止也。譬如平地，雖覆一簣，進，吾往也。

包氏曰：簣，土籠也。爲仁由己，有志竟成。期於不息而已。有進無止，聖學可成。特即爲山以策人自奮。

附　解

學至於聖人，不過盡我所以爲人之道耳。然學者未能真知，則始勤終怠，見異思遷，必不能免。故即爲山譬曉其機見。進、止，惟吾果能不止而進，則旨趣相引，有日進而不容自已者，特此一念，堅定爲難耳。時必有諉謝於道，如冉有力不足之説者，故以此策之。

子曰：語之而不惰者，其回也與？

語，去聲。與，平聲。之，指此理。深知篤好，聞之即力行之，何有於惰？美回以勵門人也。

附　解

爲學不專恃天資，平日於身心性命之理，日用倫常之道，不自菲薄，身體力行，則聖人之言自然浹洽於心，欲罷不能。顔子正是如此，所以子語之而心悦奉行。他人非有心於惰，只是素無實踐之功，故於聖言半明半暗，若存若亡也。故知行不可分爲兩橛。

子謂顔淵曰：惜乎！吾見其進也，未見其止也！

學無止境而敏於進者實希，惟顔子然。子故惜之。

附　解

道本於天而全備於人，學以全人之道。即至於聖神亦衹吾身内當爲之事，而非有盡境也。然苟非真知其趣，則必不能久。顔子惟見道之無窮，故有進無止。夫子以爲天假之年所造應無量矣。而早卒，未竟其功，故深惜之。

子曰：苗而不秀者有矣夫！秀而不實者有矣夫！

夫，音扶。學以聖人爲歸，稍得輒止，垂成自棄，如苗之不秀。實也，不應有而有之，甚言苗與秀之不足恃。

附　解

聖人有自聖之心，即非聖人。苗而秀，秀而實，自然之理也。然恃其必然不秀不實，變即生於頃刻，故君子惟日孜孜不自滿假。

子曰：後生可畏，焉知來者之不如今也？四十、五十而無聞焉，斯亦不足畏也已。

焉知之焉，於虔反。學無止境而成德必不可後。時非特慮其精力之易衰，尤恐其失足而難挽也。可畏，言希聖希天之非難，不止見聞才藝之事。來，將來。如今，如今日之所期望也。無聞，無實德之名，非教人求知也。

附　解

聖人之學，一思尚存，不容稍懈。人生補過，一息尚存，亦可挽迴。非必少年而始可成功。四十、五十而遂廢棄也。第常人之情，習久則變化爲難。夫子尤望後生之時，即砥礪進德，不至惡以習而怙終，善以得而復失也。曰可畏、不足畏皆謂希賢希聖之事，非如後世專以名譽詞華相望。

子曰：法語之言，能無從乎？改之爲貴。巽與之言，能無説乎？繹之爲貴。説而不繹，從而不改，吾末如之何也已矣。

説、悦同。正言曰法。婉言曰巽。繹，尋繹，從與。説者，是非之良。不改、不繹，私欲所蔽。君子自愛其身，聞過則喜、則從，與改無二時，説與繹無兩念。末如之何，知而不改，更無轉機矣。巽與言，委婉與言也。

附　解

此爲凡受言者警，非止爲君臣間告。能無二字是特地提醒人，天良處不得不從。説是其本心之明而竟不改、不繹，則自誣其心，安於不仁。末如之何，不屑之誨？要知一改、一繹，即不負此，從與説也，亦何難有爲哉？

子曰：主忠信，毋友不如己者，過則勿憚改。

重出。

子曰：三軍可奪帥也，匹夫不可奪志也。

三軍之勢百倍匹夫，而匹夫之志反尊於帥，是以志士仁人不卑己而徇物也。可奪志不一也。

附　解

張南軒曰：此所謂志，謂守道不渝，如虞人非其招不往之類。若守私意而不徙義，則是失其所主，謂之任意可也，非志也。此論甚妙。學者須先辨志，而辨志之功尤在明善。《中庸》學、問、思、辨，皆所以明善，善明然後可以篤行。不然，以是爲非，以非爲是，志雖堅而行已謬矣。自古小人何嘗甘爲不善？只是見理未真，因論荀文若、關壯繆事，關惟認定大義扶漢，雖不成功，志氣常伸。荀則認賊作主，身名俱喪，無足惜者。是以君子出處必慎進退，必嚴辨之明而守之定，則無失身毁道之憂矣。

子曰：衣敝緼袍，與衣狐貉者立，而不耻者，其由也與。不忮不求，何用不臧？

衣，去聲。緼，紆粉反。貉，胡各反。與，平聲。忮，之豉反。以枲著衣曰緼袍。子路志趣高明，夫子設言以壯其心而美之。忮，患貧而疾人所有。求，則屈辱無不至矣。

子路終身誦之。子曰：是道也，何足以臧？

子路因子言而若將終身自喜，即自足之苗，子故抑而進之。是道，謂誦之之一念。

附　解

人苟非有得於己，安能不移於外？貧富相形不以爲意，胸中是何等灑落！引《詩》美之，忮求二字緊從與立二字，形容其自得相安之意。子路終身誦之，想是爲時已久，尚誦念之，蓋不免有自喜其是之心。夫子言此自喜之一念，即不能臧矣。非謂不忮不求可臧，而忽又不足以臧。《書》曰：有其善，喪厥善；矜其能，喪厥功。聖人心理乾乾，正在此際争之。

子曰：歲寒，然後知松柏之後彫也。

不息者天心，而人得之以爲德。歲無不寒，人少松柏，夫子言此欲人貞其德以承天地。聖賢、忠孝，皆歲寒之松柏也。

附　解

李安溪曰：後彫如禮崩樂壞。一人守著禮樂，舉世皆尚功利；一人獨守仁義，皆是其言至爲詳盡。人得天地之正氣而生，皆可爲松柏。祗因無志汩没一生，不知天地之所以長存者，以此正理正氣耳。人若全得天地之正，自可以不隨物盛衰。如松柏，亦木耳，然獨後彫。人止説盛衰有數，聖人則以理爲主，理足以久，氣數不足移也。松柏本自不彫，不必藉歲寒而後見；聖賢本自無窮，不必因危亂而始彰。人自當爲松柏耳，歲寒與否原不必問，此特就不知松柏者曉。

子曰：知者不惑，仁者不憂，勇者不懼。

知，去聲。三者成德之詣。夫子狀其心體，欲人幾其實也。不惑，精於義。不憂，樂其天。不懼，果於任。

附　解

《中庸》言天下之達道五，以知、仁、勇三達德行之。蓋爲學徹始徹終均不外三者。其初學也，必真知其美而後力行，又必心無私欲，不求名，不望報，而後功專，至於有聞則行，歷久不易則勇也。迨夫學之既成，則不惑、不憂、不懼。此章就現成品詣説，欲人實造其境。朱注：學之序也。不是正解。

子曰：可與共學，未可與適道；可與適道，未可與立；可與立，未可與權。

志於善則可共學。據於德則可與適道。可與立，則理明而守定者也。權通變，時中若無定而實有定，聖人之詣也。

附　解

古人學以求道，非道之外别有所爲學也。而云可共學，不可與適道，何哉？質美而有志於善之人，其志可嘉，其所爲未必悉知以道。適道者，言行皆欲合於道矣，然知之而不能盡行，行之而不必盡當。或臨利害，遇事變即喪其所守，是由德性未定，故易因物而遷。立者知明守固，凡事物之來此心有主，已是卓然有德之候，然天下古今之務非一概可量，千變萬化，隨事異形，因物付物，不膠於一定，而無不悉協於當然。惟聖人德造其極，如天道運行，一元生化，物物太極，實萬物共一太極。非精義入神不足與於斯也。夫子言此以明學有次第，學者當循序，而幾教者當因才而示。權之一字，程子謂：自漢以下無人識得。然諸葛孔明云：我心如秤，不能爲人作輕重。陸宣公云：權之爲義，取類權衡，乃隨時以處中，非遷移以適便。其語最精，實宋儒所本也。

唐棣之華，偏其反而。豈不爾思？室是遠而。子曰：未之思也，夫何遠之有。

棣，大計反。夫，音扶。唐棣，移也，圓葉弱蒂，微風大摇其花，先開後合。蘇東坡曰：思賢之詩是也。夫子明其未思，蓋以警夫貌求賢者。朱子曰：偏，《晋書》作翩。反，當與翻同，言華之摇動也。而，語助也。此逸詩也。

附　解

此章古注連上爲一章。范祖禹、蘇東坡始各爲一章。朱子因之，而不從東坡思賢之説，非也。詩人明言爾思，是思人矣。夫子忽言思理，殊不相屬，且夫子言思而不學則殆，不如學也。求理亦不專恃乎思，惟作思賢解則是。求賢者貌爲好賢，實無誠意。若齊景公吾老不能用，宣王寡人有疾之義，故夫子反其言也。至唐棣，非常棣，《爾雅》甚明。皇侃疏云：凡樹花，皆先合後開。唐棣先開後合，與思意相關，尤不誣也。毛西河歷引晋魏以前言，反經合權之説，謂古注連上一章爲是，不可從。

鄉黨第十從朱子分爲十七節

聖人之道無遠近、精粗，皆一誠之流露而無不適宜，至常也。而當乎天理，天亦可通，即爲至神。記者熟察而詳記之，以爲後法。然時變不同，有宜古而不宜今者，當損益適中，非可徒求諸古衣冠也。

孔子於鄉黨，恂恂如也，似不能言者。其在宗廟朝廷，便便言，唯謹爾。

恂，相倫反。朝，直摇反，下同。便，旁連反。朱子曰：恂恂，信實貌。便便，辯也。語默無常，惟是而已。鄉黨全乎其爲弟子，朝廟全乎其爲忠臣，似不能言，非不言也。恪實之貌如是，明辯而謹，蓋忠敬兼至也。

附　解

夫子之言貌莫不隨時，安能盡記？記其在鄉黨、廟朝之迥異，而他可類推矣。上節以恂恂爲主，似不能言，特形其恂恂之狀。下節以便便言爲主，唯謹爾，形其便便之實。要知鄉黨亦有當明辯者，而總不改乎恂恂之貌。朝廟亦未嘗不有恂恂時，而要必以便便言爲主。蔡伯曦云：常人於鄉黨誇逞才辨，朝廟大關係處反不敢措詞，其言可爲學者鍼砭。鄉黨祇作鄉里字看。邢疏謂：諸侯郊内爲鄉，郊外爲遂。孔子家當在魯郊内，故云於鄉黨，未免太拘。或據儒行以宋魯當之亦可。要之鄉黨祇是對朝廷言耳。孔子宅在闕里昌平，後移居都城，即今曲阜縣正南門内，杏壇亦在焉。今汶上縣即古中都，孔子嘗宰其邑。洙水今在曲阜城東北五里，地名五泉莊。泗水今在縣北門八里。昌平山在尼山南五里，下有魯源村。

朝，與下大夫言，侃侃如也；與上大夫言，誾誾如也。君在，踧踖如也，與與如也。

侃，古旦反。誾，魚巾反。踧，于六反。踖，于亦反。與，平聲。朝，外朝。侃侃，正而諍也。上大夫，魯三卿之屬。誾誾，理直而氣和。君在，視外朝也。踧踖，恭敬斂戢之貌。與與，馬氏曰：威儀中適之貌。

附　解

古注此節連上爲一節。蓋朝廷已記便便言，此又就便便之中分出侃侃、誾誾，理無諂屈詞，則有剛柔耳。君在，謂視外朝。蓋外朝不常御。詢萬民，朝國人，聽政，則君在焉。若治朝則群臣不得私交言也。又天子五門，皋、庫、雉、應、路也。諸侯無皋、應，外朝在庫門内，治朝在雉門内，内朝在路門内。

君召使擯，色勃如也，足躩如也。揖所與立，左右手，衣前後，襜如也。趨進，翼如也。賓退，必復命曰：賓不顧矣。

擯，必刃反。躩，驅若反。襜，赤占反。古者兩君相見，必於廟，傳命曰擯。贊禮曰：相夫子爲大夫，君使攝行上擯之事。勃如，戰懼。躩如，盤辟貌。揖所與立，平推手也。衣，即裳也。襜如，整齊。身不動，故不背君與賓也。賓既入廟，君與賓皆升堂。賓致命而君將拜貺，擯者從中庭趨進至阼階西，釋詞於賓。翼如，急遽而安詳也。必復命者，他人或忽之也。

附　解

使擯執圭二節，前人謂詳考聖蹟，夫子無擯聘事，晁氏疑孔子嘗言其禮如此。江慎修謂：聘問之禮，大聘爲聘使卿，小聘爲問使大夫。春秋外臣來聘及内臣如他國，皆卿也。若大夫以小聘，往來則不書於《春秋》。孔子爲魯司寇，大夫也。或嘗使他國行小聘，故記執圭一條。又有他國大夫來行小聘，故記此一條。然小聘無享，而此書有享禮。君朝用交擯，臣聘用旅擯，而此書記揖所與立，左右手似交擯。江氏以爲當時不能如禮，然子既行之，則禮也。愚謂記者所記皆實事。書缺有間，不必以《春秋》未載疑子之未嘗爲之。惟子下大夫當爲承擯，而賓退復命則上擯事。當是爲司寇時，君以子知禮，使攝上擯，當從賈疏。至揖，古人與今不同，今之揖即古之肅拜。古揖爲推手，如今與人相拱手，有高、平、下之别。推手曰揖手。向前引手曰厭手向身也。衣前後、襜如，只是形容手之平，不背君與賓也。趨進，蔡虚齋謂主延賓入，爲擯者從其後而趨入有事。江慎修辨之，據《儀禮》公升二等，賓升。西楹西，東面。擯者退中庭。賓致命。公左還北向，擯者進，公當楣再拜。進，即此章趨進之進。然考《儀禮·司儀》，諸公相爲賓，交擯之後，每門只一相。又曰：及廟，惟上相入。上相，即上擯、上介。詔禮故須入，則亦相隨於賓主之後，可知不得云趨進矣。至賓三揖三讓，登再拜，授幣，賓拜送幣，聘者相禮。在此時，江氏因此處無擯者進之文，故引擯禮。張石村曰：偏據《儀禮》，不若據《左傳》而朝聘相參也。衛孫文子來聘，公登亦登，叔孫穆子趨進云云。齊侯朝於晋，將授玉，却克趨進，一於登階時，一於授玉時，其趨進非爲一事，亦非但至阼階而止，而始退立中庭，繼而從中庭趨進也。孔子相夾谷，《史記》兩言趨進，其趨進皆從階下歷登，則知本章趨進當有隨機應變之道。如夾谷相禮之類，其説爲是。趨則急遽，或至垂手掉臂，故以翼如爲異。此下當有享禮、私覿二事。賓退則賓出廟門，公勞賓，賓再拜稽首，公答拜。公勞介，介皆再拜稽首，公答拜。賓出，公再拜送賓，賓不顧矣。他人至此意散神慵，子則必復命焉。敬之周也。

入公門，鞠躬如也，如不容。立不中門，行不履閾。

閾，于逼反。公門，庫門也。如不容，形鞠躬之狀。門中有闑，左右兩棖，非他國之君來朝，不啓左扉，君臣出入，皆由右。君由右中，臣由右之東西，傍棖闑而行，子一立而亦不中門也。閾，門限也。

過位，色勃如也，足躩如也，其言似不足者。攝齊升堂，鞠躬如也，屏氣似不息者。

齊，音資。位，外朝之位，在庫門内。君不常御者，虚位，而亦如君在也。過此入雉門，其内爲治朝，堂高七尺，其階七級，將爲堂下之拜君，辭之，乃兩手摳衣而升。鞠躬，形其攝齊之敬，且以見其屏氣之難。

出，降一等，逞顔色，怡怡如也。没階，趨〔進〕，翼如也。復其位，踧踖如也。

進，當作退。出，朝畢而出。復位，復治朝堂下之常位。逞顔色，而怡怡得見君爲喜也。翼如、踧踖，朱子曰：敬之餘也。

附　解

天子五門，自外而内，曰：臯門、庫門、雉門、應門、路門。太王始立臯門、應門，後遂以爲天子之制，諸侯不得用，惟有三門，曰庫、雉、路。魯亦三門，而庫門擬臯門、雉門擬應門，然特擬其制而已，亦不敢僭臯、應之名。天子外朝在臯門内，治朝在應門内。諸侯則外朝在庫門内，治朝在雉門内，外朝不常御，有大故朝國人則御之。治朝則尋常聽政之所，其燕朝天子、諸侯皆在路門内，君退而聽政，公族於是朝焉者也。無故則群臣不得入。此章記子由外朝而治朝及朝畢復位之敬，講家紛紛，惟王罕皆及張惕菴最爲明晰，今從之。攝齊過位之後，當入雉門。不書，省文也。外朝、内朝，人君與群臣見，皆立。惟燕朝，則君臣皆坐。復位，或以爲復外朝之位。何屺瞻駁之曰：《周禮・匠人》内有九室，九嬪居之。外有九室，九卿朝焉。鄭注：外，路門之表也。九室，如今朝堂。諸曹治事處，則九室當在治朝之堂下。本文復其位連上没階趨以爲文，當指此。又，司士正朝儀之位，其下云王入内朝，皆退。鄭注反其官府治處，亦指此而云。出者，朝畢而出，對上入字爲文。至趨進之進字，當是退字之誤。朝畢，君適路寢，群臣有所陳，則太僕爲之復逆。無所陳，則君使小臣視大夫。大夫皆退，然後君適小寢，釋朝服。

執圭，鞠躬如也，如不勝。上如揖，下如授。勃如戰色，足蹜蹜，如有循。

勝，平聲。蹜，色六反。聘圭曰瑑，圭長六寸，博二寸，厚半寸，繅用韋衣木版，長如圭博，畫朱緑二采，再就以爲飾。如不勝，常恐墜。如揖、如授，常奉心。戰，懼於心。循，謹於步。朱子曰：蹜蹜，舉足促狹也。如有循，言行不離地，如緣物也。聘代君行，圭在即君在，故其敬至焉。

享禮，有容色。

鄭氏曰：既聘而享用，圭璧有庭，實以通信。有容色，敬而和也。

私覿，愉愉如也。

臣從君聘，無私覿。自爲聘，則私覿。愉愉，一於和也。

附　解

前《君召》章子爲君擯，大聘也。此章子自爲聘，小聘也。躬、桓、信圭爲封圭，朝王及兩君相見，執之。臣出聘，不得執。《周禮》典瑞：瑑圭璋璧琮以頫聘。則子所執瑑圭無疑。禮成，反圭。故曰：聘以圭璋，重禮也。已聘而還圭璋，輕財重禮之義也。執主器，如不勝，禮在則然。子則拳拳奉心，色容、足容皆變爲尤、謹。享，以通和好之誠。太嚴謹則無以洽情，故致敬之中有和色。私覿則自達其愛敬，故一於和。《儀禮》載聘事至詳，雖不盡然而可助臨文之用。今不詳録，以學者可考而知也。私覿之幣束錦乘馬，亦是公家之幣，但對享禮爲私。《郊特牲》譏私覿非禮，謂從君而朝又私覿者。愚謂私覿，自是人臣之事，不應用公家物，但以從君聘與自爲聘分是非耳。私覿以盡外臣之禮，而不愆於儀，亦足爲國家重，《春秋傳》所載重爲之禮，厚賄之者，皆因其臣而益親其君也，亦何傷乎！

君子不以紺緅飾。

紺，古暗反。緅，側由反。

紅紫不以爲褻服。當暑，袗絺綌，必表而出之。

紺、緅，皆赤黑之間色。《考工記》曰：五入爲緅，蓋又深於紺。飾，領袖緣也。飾必以正色，如純青、純繢之類。紺、緅黯晦不正，近於齋喪所用。周尚赤，紅、紫皆近赤。而當時君公尚之，以爲褻服，嫌於賤王制矣。袗，單衣，服絺綌，必先著裏衣，表絺綌於外也。

緇衣，羔裘；素衣，麑裘；黄衣，狐裘。褻裘長，短右袂。

羔裘，朝服。麑裘，朝聘之服。狐裘，臘祭之服。三者亦常服，古裘毛向外，毛外加衣曰裼。褻裘，裘内裏衣，裘以禦寒故長，褻衣亦長，惟右袂短，以便作事耳。

必有寢衣，長一身有半。狐貉之厚以居。

長及有半之有，並去聲。寢衣以代衾，蓋暑時用之，以免褻露私。居狐貉獨厚，别於禮服之狐裘也。

去喪，無所不佩。非帷裳，必殺之。羔裘元冠不以弔。

去、殺，並去聲。德佩以比德事，佩以備用。去喪，無所不佩，以養才德也。帷裳，朝服也，用正幅必合其縫，以免參差露體，平居帷裳則多，不然，夫子亦必殺其縫也。弔用褻裘，冠加弁絰。羔裘，朝服。元冠，齋服也。

吉月，必朝服而朝。

吉月有二，此指正月之吉。朝服皮弁，服素積緇帶、素韠致仕，猶朝重君，亦重月朔也。

附解

君子謂孔子陳潛室，謂聖人以身教所行，皆人所宜行，記者以教法書之是也。紺，《説文》云：深青揚赤色。朱子從之是也。緅，《考工記》曰：五入爲緅。蓋深赤黑色。而孔疏云一入爲緅，抑思以飾練服，豈絳色可通？朱子亦嘗以絳色爲疑，自當從《考工》爲正。紺、緅既非正色，且紺、緅，齋服，嫌於齋喪，故不以飾也。紅、紫間色，不正是已。但紅淺於赤，紫深於赤，周尚赤，當時君、大夫以紫艷於赤，多尚之。齊桓公服紫，齊人尚之，五素而易一紫。魯桓公元冠紫緌，衛太子以渾良夫服紫衣爲罪。夫子既不用間色，以其色太近赤，又時君所好，故不以爲褻服也。表而出之，朱子之説優於前儒，而引《詩》蒙彼縐絺。蓋《詩》乃言以紲袢，蒙於縐絺之上也。古人最重羔裘，以其存儉素之本。《周禮·五祀》祀天，衮冕，服大裘。《詩》曰：羔裘豹袪。又助祭於君之服。鹿善接其類，麑尤潔白，故視朔與受聘，君臣皆服之，但臣不敢純用麛，用青豻褎裼衣。視朔，君臣同用素，受聘則臣用絞衣，以别於君。絞，青黄色也。黄衣，臘祭之服，蜡祭之後乃臘。《記》曰：臘，先祖五祀，勞農以休息之。令民大飲。古人裘以毛向外，毛外加衣，開其衽而見裘，則曰裼衣，裘内又有衣塾之，則曰襲衣。《禮》曰：表裘不入公門。裘上無衣太簡也。襲裘不入公門，亦謂有褻無裼也。舊説褻裘對禮服，言私居之裘者，大非也。裘内短右袂，而外衣仍齊，若衣袂一長一短不成體製矣。張氏椿曰：袂、袪，皆袖也。袂其本，袪其末，貉似貍，鋭頭尖鼻，斑色。必有寢衣，孔疏訓被，但被衾也。不當名寢衣，寢必覆被，何須特記？程子移於明衣之條。然齋寢獨宿沐浴，潔其衾枕可也。概用寢衣，隆冬何以禦寒？此蓋暑時所用，以免褻露，乃夫子所特製者。有半，又半也。禮服亦有狐裘，以輕便易於行禮。私居重其厚佩，有珠玉、容刀、帨巾、觿礪之屬，惟玉佩最重，蓋古人藉以檢束其身，至事佩亦日用所需，故去喪，無所不佩也。帷裳，即今之裙，朝裳用正幅，必合其縫。曰殺，以免參差露體。尋常之裳，則多不然，夫子亦必殺之。舊説云斜縫十二幅等，拘鑿不足信。弔必加弁絰，故不用元冠。羔裘則吉服，吉月若作每月朔解，於禮爲太數，惟正月之朔始和。布令，必朝服而朝，所謂雖不吾以吾其與聞之者也。周建子以十一月爲歲首，民事仍用夏時。《周禮》月正即子月朔，歲正即寅月朔。此吉月，子月朔，朝賀也。子居魯都城内，故必朝。

齊，必有明衣，布。齊，必變食，居必遷坐。

齊，側皆反。今《士喪禮》襲尸，有明衣，用幕布，袂屬幅，長下膝。齊衣或類是，專言衣，則冠裳之屬在其內。葷腥臭之菜，不飲酒，不茹葷，所以清其志氣而享神，散齊居外寢，致齊居内寢，必遷坐，齊之一端。

附　解

明衣，對常用之衣而言。蓋自冠及屨，皆易新潔，故名曰明，所以致其虔恭，寢衾之屬，亦在其中矣。程子以《必有寢衣》節，在此不知祭有四時，春夏可以衣代衾，冬寒則不可通，且衣經寢後爲潔，亦僅矣。竊謂齋禮至重者莫如《祭統》所言，心不苟動[1]，必依於道；手足不苟動，必依於禮。君子之齊也，專致其精明之德也，故遷坐以謹其身之所居，變食以嚴其氣之所感，而衣履枕衾皆必有明潔之物以致慎，則亦無所不用其誠敬矣。雖《禮書》所載無齊衾之衣，然此記必有明衣布，而他物已該其中，不必以寢衣入此。至明衣無考，《士喪禮》襲尸之明衣，沐浴後著之，未知生時明衣，其制同否？陳祥道《禮書》云：明衣之袂屬幅而不削，明衣之裳前三後四而不襞積，衣之長也，下膝與腰廣者異矣。裳之長也，及足跗與無見膚者異矣。按：不襞積以死者服之，不復動。若生時明衣，當必有襞積。又《記》云：齊之元也，以陰幽思也。則齊時有黑色之衣，蓋即元端也。變食之義，朱子引《莊子》載：顔子不飲酒，不茹葷是已。而後人因葷字專指辛菜，遂疑古人不戒食肉，此由未詳各書意義，今詳辨之。《莊子》載顔子事，明身齊不若心齊，曰：回之家貧，不飲酒、不茹葷三月矣，可謂齊乎？而子曰：此身齊非心齊也。心齊即夫子所謂齊，明前引《祭統》之言，是身齊，但潔其身耳。齊魯之地，薑、薤之屬最少，回因家貧難得，非以此爲齊也。莊子正恐人專齊口而不齊心，故以興起下文，而後人因佛家茹素又言守空齊心，忌齊心二字，聖人之心，何時不齊莊中正乎？朱子亦言：齊者，齊也。齊其思慮之不齊者。忌齊心二字，即不必清心寡慾耶？《玉藻》：膳於君有葷桃茢。葷薰同。蓋薑桂之屬能避蠅蚊，君膳具之以驅臭，非指葱蒜之物。《儀禮·士相見》問夜，膳具葷亦同。蓋恐其神昏有邪，故《玉篇》云葷所以避凶邪，而注者以爲止臥，則誤矣。《荀子·哀公篇》志不在於食葷，亦以其爲難致之物。惟徐鉉《説文注》所云：葷，臭菜也。即朱子此章不茹葷之物，而齊

[1] 按：疑當作慮。

者所必戒。蓋人之神明可以與天地通，而氣之清濁，則神智明昏所係。將齊者内正其心，外率其禮，而飲食之物亦擇其芬潔。《記》曰：君子之齊也，專致其精明之德也，防其邪物訖其耆欲云云。則穢滯吾心體者，當必斥之。古祭祀以尸象神，皇尸醉飽，酬酢飲餕，則祭時原不避酒肉，而未祭之時致齊以致其虔，應無任意醉飽之禮。後世尸祭之制，不可復用矣，而齊禮仍沿古。昔神弗飲食，敬神者醉飽從事可乎？故不飲酒、不茹葷只是戒昏濁神氣之物，顔子以家貧故，設爲此問。而夫子言口齊不如心齊，《莊子》引之，後世相沿，以此二語爲變食之證，本無可訾。因《朱子語類》謂：禮有飲不至醉之説。又曰：不茹葷，是不食五辛。於是文人遂謂飲酒食肉齊所不忌，不知世事踵增，飲食嗜欲之物有百倍於前人者，草之辛且臭者，尚不可食，而肉與腥羶顧無忌乎？《爾雅翼》云：西方以大蒜、小蒜、興渠、慈葱、茖葱爲五葷。道流以韭、蒜、蕓薹、胡荽、薤爲五葷。蓋古人罕食肉故，第以辛草爲戒，而非謂後人遂可食肉爲齊也。或據《周禮》以加牲盛饌爲變食，謂朱子爲誤引，尤非。按：周官王日一舉，王齊日三舉。鄭司農云：齊必變食。賈逵云：不食餕。餘皆含糊不清。而鄧潛溪、王應電、郝敬直云：三、二日字有誤。抑何可笑也。蓋齊者味薄而易饑，古禮煩重，王日三舉，以養其體，而豐於力，健於行禮，古人立尸以祭神，嗜飲食齊猶嚴潔，今第虚位奉神，惟恃誠敬以通，乃恣口腹而忘清明之意，可乎？《周禮注》以加牲盛饌爲變食，猶沿漢儒之誤解。張惕菴又謂：《玉藻》王日食少牢，月朔太牢。月朔，即告廟，聽朔，即加常食，則祭祀變食必從其豐。可知尤附會牽强。《玉藻》本文第言，君所常食，太牢重於少牢，故月朔乃一食之，而非謂聽朔也。且聽朔亦非祭祀比。或曰：子嘗言西方食鮮茹血，不拘拘於茹素，而此又云然。何也？曰：彼以平時言，此以齊言，義各有當，非謂聖人必廢鼎養，而既齊猶喜腥膻也。

食不厭精，膾不厭細。食饐而餲，魚餒而肉敗，不食。色惡，不食。臭惡，不食。失飪，不食。不時，不食。割不正，不食。不得其醬，不食。

首二食，音嗣，餘如字。饐，於冀反。餲，烏邁反。飪，而甚反。粟二石得米八斗爲鑿，七斗爲精。凡肉細切者爲膾，食膾本宜精細，否則失其義矣，故不厭。然饐傷於水火。餲，餿飯也。餒從内爛，敗自外腐。色惡，米紅朽，魚赬尾之類。臭惡，如牛痡、羊羶之類。失飪，宜熟而生，宜生而熟。不時，不俟其熟强使之熟。割不正，如作肉切，欲其方正，即解折牲體亦有正數也。古凡醯、醢、鹽、梅之類，皆曰醬，或烹時用之，或食時用之。

肉雖多，不使勝食氣。惟酒無量，不及亂。沽酒、市脯，不食。不撤薑食，不多食。

五穀秉中和之氣，養生貴焉。肉以佐饌而已。無量，飲有多少不限制，以盡賓主之情。亂則昏志，失儀矣。大酋、監酒、腊人，掌脯，謹其制以衛生。沽酒，或作僞非法。朱子曰：薑通神明，去穢惡，故不撤。不多食，不過飽也。

祭於公，不宿肉。祭肉不出三日。出三日，不食之矣。食不語，寢不言。

古禮祭畢，即日命有司徹賓俎，歸之於館，同姓留燕於寢。次日繹祭亦即頒胙，無出三日之禮，公胙更急於家胙。出三日不食，記者釋其義也。朱子曰：答述曰語，自言曰言。范氏曰：當食而食，當寢而寢，言語非其時。楊氏曰：肺爲氣主而聲出焉，寢食則氣窒而不通，言語恐傷之也。

雖疏食、菜羹、瓜祭，必齊如也。

瓜，如字。舉三者之至微，以見必祭、必誠，則他可知也。

附　解

飲食者，生民之命，陰陽水火調燮之理與造化相通。古人寡欲，所以多壽。後世旨有且多貪饕者，恣無厭以傷生，粗率者又忽略而致變，過與不及，皆非養生之正，故詳記夫子飲食之節以爲法，養小體者不得藉口而奢靡，衛生者亦得所折衷矣。精鑿之説，諸書不同，今從鄭箋。牛與羊肉之腥，聶而切之，謂先牒爲大臠，又細切之。麋鹿爲菹，野豕爲軒，皆聶而不切。麕爲辟，鷄兔爲宛脾，皆聶而切之。切葱若芥，實之醯以柔之，蓋以醯殺其腥氣，食時用芥醬及葱同食之。火上炙之者爲膾炙。《爾雅》食饐謂之餲。又曰：餀謂之餘。注：餲，飯穢臭；餘，物臭也。《説文》以饐爲飯傷溼，餲爲飯傷熱。朱子合飯傷熱溼解，饐本《字林》，而以餲爲味變，其義當矣。《爾雅》肉謂之敗，魚謂之餒。《公羊》以梁亡爲魚，亡爲從内爛也。故申叔展曰：河魚腹疾。上文已有餲矣。又言色惡不食，蓋承上魚肉而言，該一切食物在内。《周禮・天官・内饔》辨腥臊膻香之不可食者，牛夜鳴則痼，羊冷毛而毳羶，犬赤股而躁臊，鳥皫色而沙鳴鬱，豕望視而交睫腥，馬黑脊而般臂螻，及赬尾之魚，紅朽之粟皆是。失飪不食，《爾雅》摶者謂之爛，米者謂之糪，第指飯言。《朱子條辨》庖人治六獸、六禽宜熟也，而生之。醢人治五齊、五菹宜生也，而熟之是也。不時，有二義。一、《王制》果食未熟，不粥於市。《月令》嘗黍、嘗麥、嘗穀、嘗麻，分四季。《夏小正》二月采蘩，五月煮梅，六月煮桃，皆爲豆實。《豳風》載食瓜斷壺之類。一、强使之熟，則朱子所謂穿掘萌牙鬱養强熟之類。割不正，亦有二義。如魚曰作之，肉曰切之，固欲其方正，即解折牲體，如太牢九個，少牢七個，脊脅、臂臑，亦須合於正數。然祭饗之割本有常法。此記子常食之割也。《少牢饋食禮》牢心舌，載於肵俎，心皆安上切下，午割勿没。舌皆切本末，亦午割。牢羊豕，安平也，割本末，食必正也。《少儀》牛羊之肺，離而不提心。提，猶絶也。割離之而不絶其中央少許。右二條則割肉之一證。醬者，醯醢之總名，《周禮》膳夫掌王之食，醬用百有二十甕，醢人共醢六十罋，以五齏、七醢、七菹、三臡實之，醯人共齏菹醯物六十罋。醢人、醯人，皆有女醢、女醯二十人。《曲禮》醯醬處内食之主也。有烹時所用之醬，濡鼈。醯醬實蓼，濡魚卵，醬實蓼之類，以制其氣。有食時所加之醬、魚膾芥醬、麋腥醢醬，以調其味。肉以牛、羊、豕、犬、鷄及鳥獸之物，烹之於鑊，盛之於鼎，載之於俎、豆。又有土包而燒之者爲炰，加於火上者爲燔，貫而炙之爲炙，乾於火上爲熬。腥肉細切而醯醢食之爲膾，薄折乾之曰脯，加薑桂治之曰脩。肉醬曰醢，肉汁曰湆，羹，曰湆。無量，言人之飲量，不可一概限。不及亂，即無量之量也。今人誤解則謂縱飲失儀，且傷生。沽酒，鄭康成注：《周官·酒正》云，既有米麴之數，又有功沽之巧。孔穎達云：酒善者爲功，惡者爲沽，然對市脯言，自當作賣字解。爲是大酋監酒，水泉必香，秫稻必齊，麴蘖必時，陶器必良。腊人掌脯，大者爲膴，小者爲胖，田獸之乾豆取其上，殺雁魚之腒鱐，取其膏香，市人作僞，多反之，故不食薑。許慎《説文》云：作彊。禦溼之菜。王安石《字説》薑能彊禦百邪，故名曰薑。《春秋·運斗樞》云：璇星散而爲薑。《吕氏春秋》云：和之美者，有楊樸之薑。楊樸，蜀地。不出三日即不宿肉之義。食不語，寢不言，存心養生之道，皆在舊説。以瓜在菜羹之内，或又以瓜與菜羹爲不倫，故曰：瓜當作必。不知古中原，今北五省瓜爲常用。《豳風》有剝瓜之文，其類至多，有生食、熟食之不同，實齊魯之地所常用也。《記》曰：瓜祭上環。禮固有祭瓜之事，當從原文。記者舉三者至細之物，明必祭必誠。《記》曰：夫禮始諸飲食。王罕皆曰：綴此條於飲食之末，乃見聖人謹於飲食之源流，而以禮節之所爲，味以行氣，氣以實志，順性命之理，盡仁孝之忱。養身，養德，其道莫先於此得之矣。

席不正，不坐。

古人席地屈膝而坐，夫子心位於中，得其至正，故體無不正，於一坐見之。

附　解

中正者，天地之性也。人得天之理以生，無不中正。聖人以禮教人，只是維持中正之義。但禮有動静，静以養其本，動以和其用，故居敬爲窮禮之本，平日存心養氣，有齊莊中正之功，臨事檢攝威儀，有不愆不佻之則。朱注聖人心安於正云云，極妙。第心何以遂安於正？愚故以心位乎中，申明其故，學者必自實踐乃知。不正不坐，有不期然而然者，毋徒彷彿文貌已也。

鄉人飲酒，杖者出，斯出矣。鄉人儺，朝服而立於阼階。

鄉人飲酒，如《周官·族師》祭脯與其民，長幼相酬酢之類。杖者，概指父兄之倫。儺，有三季，冬乃逮，庶民事若戲，而先王燮理之意存焉。聖人敬通幽明，立於阼階，賓神也。

附　解

《鄉飲酒》禮有四：一則三年賓興賢能；二則鄉大夫飲國中賢者；三則州長習射；四則黨正蜡祭。有賓、有介、有司正、樂正，鼓瑟吹笙，升歌、間歌合樂。少長以齒終於沃洗。孔子所謂觀於鄉而知王道之易易者。此章所記乃鄉人以時聚會，而飲無定禮，故夫子以意節之。《記》曰：六十杖於鄉。然鄉人中亦有年未及六十而屬在父兄之列者，皆當敬事之，故杖者二字，止作尊長二字看。斯出，不先不後見聖人心目專注，惟在於此。未出之前、既出之後，許多鄭重恪恭。可想陰陽二氣流行，不無駁雜邪厲，乘之以爲民害，非有德者，必罹其殃。先王制爲儺禮，以達陰陽之氣。《月令》曰：季春命國儺，九門磔攘，以畢春氣。鄭注：儺，陰氣也。陰氣右行，此月建辰，日歷大梁昴宿，有大陵積尸之氣，氣佚則厲鬼隨而出行，故逐疫以攘春氣。天子、諸侯皆得爲之。仲秋，天子乃儺，以達秋氣。鄭注：儺，陽氣也。陽氣左行，此月建酉，日至壽星，與大梁合，故亦動大陵積尸之氣，惟天子得爲之。按，大陵八星在胃北，主死喪，昴中有大陵積尸之氣。季春月初日在胃，從胃歷昴，故儺於此時。仲秋之儺，除過時之陽也，陽者君象，故諸侯不得而儺，暑氣退則涼氣通達，故曰：達秋氣。季冬，命有司大儺，旁磔，出土牛，以送寒氣。鄭注：此儺，陰氣也。此月日歷虚危，有墳墓四司之氣，謂之大儺者，庶民皆得儺也。按，季冬之月，日經虚危、司命二星，在司危北，此四司者，鬼官之長，又墳四星在危東南，墳墓四司之氣，能爲厲鬼。北方嚴寒之所，邪氣鬱而不出，來歲變爲疫癘，故通命庶人大儺旁磔，其事近戲，而其驅盪伏邪以除民害，實有至理。《周禮》方相氏，掌蒙熊皮、黄金四目、元衣朱裳、執戈揚盾，帥百隸而時儺，以索室驅疫，蓋狀神以驅鬼。夫子深達幽明一氣之旨，故如神之親臨以誠敬迓之，若夫室神者已之祖考與户竈門行之屬，主人平日修身立德，神所憑依，大儺之事能驅陰鬼，不能驚正神也。而前人沿《郊特牲》之文，謂夫子欲神依己而安，是亦未達幽明之故矣。神屬陽，鬼屬陰，神之不正者皆鬼類，人而正則爲神，神而邪則爲鬼。愚别有鬼神説，兹不贅。又按，《禮緯》顓臾有三子，生而亡去，爲疫鬼。一居江水爲瘧鬼，一爲魃鬼，一居宫室區隅善驚小兒，常以正月、十二月令方相氏逐之。夫鬼類至不一矣，賴有德以制之，無千歲不滅之鬼，亦無不德任術可以感通之神明，神能制鬼，不能爲無德者逐鬼，以其人實自招也。《禮緯》之言殊謬。

問人於他邦，再拜而送之。康子饋藥，拜而受之。曰：丘未達，不敢嘗。

《周禮·春官》大祝辨九㩃，八曰褎㩃，即再拜也。拜送使者，誠敬如見其人。古凡賜飲食必嘗以拜，藥之拜受同，而不嘗，慎也。必告之，不欺也。

附　解

朱子謂：拜送使者，從背脊後拜，蓋非拜使者，拜所問之人也。古饋問，無饋藥者，僅見於此章，拜受不敢嘗而告之以故，此夫子自爲之禮。

廄焚。子退朝，曰：傷人乎？不問馬。

廄，家廄。問人不問馬，於倉猝而見其誠，所以爲異也。

附　解

《禮·雜記》亦記廄焚。孔穎達曰：孔子私廄是也。若國廄，則四馬爲乘，三乘為皂，皂有趣馬，三馬爲繫，繫有馭夫，三繫爲廄，廄一僕夫，六廄成校，校有左、右，校人之官，則中大夫也。問人、問馬皆廄焚後必然之理，但子方退朝，倉猝聞變，問人不問馬，足見平日愛人一片真誠，若馬亦一生命，不可竟付，不問，非以其財也。

君賜食，必正席先嘗之。君賜腥，必熟而薦之。君賜生，必畜之。

已熟曰食。正席先嘗，敬賜而不敢緩，若喜於得食者然使者可以既飽復命矣。《體解》曰：腥必熟而薦，欲祖考實受其馨，忠以成孝也。必畜，廣君之仁，非暫生而將殺也。

侍食於君，君祭，先飯。

飯，扶晚反。侍食之禮，君客臣則命之祭，臣乃祭而先飯，不敢當客禮也。若不客，則君祭而臣不祭，亦不先飯。今子君未命祭而己猶先飯，視常禮，慎矣。

疾，君視之，東首，加朝服，拖紳。

東首，以生意承君之惠。加朝服、拖紳，如未疾時之敬也。

君命召，不俟駕行矣。

不俟駕行，敬所迫也，方仕之時如此。

附解

夫子自言事君盡禮，盡之一言蓋無微不至矣。此章所記，蓋皆禮之所略而子獨詳慎者。已熟曰食，《禮運》所謂熟其殽也已。入鼎烹三牲：犬、鶏、魚。腊、膴、膮、腸膚之屬，《體解》曰：腥，未熟之物。《禮運》所謂腥其俎，太牢九個，少牢七個，特豚五個與麇鹿野豕之胖。《禮·玉藻》曰：若賜之食而君客之，則命之祭，然後祭。先飯，辨嘗羞，飲而俟。君命之食，然後食，若有嘗羞者，則俟君之食，然後食，飯飲而俟。蓋古人每食，必祭先代，始爲飲食之人。大者如后稷，次者如祭先嗇司嗇，其先火先炊之人，則於祭祀後祭之。《夏官·司爟》，凡祭祀，祭爟，祭先火也。《特牲饋禮》尸卒食而祭饎爨、饔爨。祭先炊也。《記》曰：老婦之祭盛於盆，尊於瓶。臧文仲燔柴祭之，謂是祭火神。孔子以爲非禮，每食必祭，亦祭先火、先炊之意，但不備禮，故爲小祀，不可與大祀比。《周禮·大祝》辨九祭：一曰命祭，即君命之祭也。二曰衍祭，主人延客祭也。祭食之禮，孔孟未嘗言，而後世解者謂：每食取少許置之豆間。然古人席地而坐，故盛食必以俎、豆，乃便取食。若殽食至乃祭，坐而取少許置豆間，即名曰祭，殊爲褻越，何得言祭？而此篇記孔子祭必齋如，則祭食當是於食物將盛時先以之祭，如今人薦新之禮，既祭而後入席，然不可考矣。《禮經》爲漢儒所掇拾，往往不近情理。今姑舉一二，不以備載，明者察之。《明堂位》：有虞氏祭首，夏后氏祭心，殷祭肝，周祭肺。又，水漿不祭，而臣於君則祭之。《公食大夫禮》祭觶漿是也。《玉藻》所載，言侍食之禮，君若客之，則命臣祭，臣乃祭，於是先飯，遍嘗羞，不敢當客禮也。若君不客之，則君祭而臣不祭，亦不先飯，膳夫爲君嘗羞。夫子侍食，君已祭矣，未嘗命夫子祭而子必先飯，蓋以臣之侍君，本當致敬，不必君以客禮相待，始爲謙讓，視常禮加慎，故特記之也。君臣前皆有食，凡君將食，必膳宰嘗君前之食，今自嘗己前之食，若爲君嘗食然。飲，漱口也。東首，若因君視而生，榮君視也。加朝服、拖紳，不敢以病廢敬。不俟駕行，孟子曰：當仕，有官職而以其官召之。已是明白。或謂致仕後，君召亦然，則太泥。蓋致仕後，有當赴召與否，吉月必朝，亦但謂月吉耳，不可一概而論。

入太廟，每事問。

重出。

朋友死，無所歸。曰：於我殯。朋友之饋，雖車馬，非祭肉，不拜。

朋友，人倫之一，既無族親，則我殯，義不容緩，獨加曰字，見夫子之勇於自任，心口一也。饋，不重財而重胙，視友如己，視其先如己先也。

附　解

朋友相合以義，而財行其中。財以成義，非義専恃財也。着一曰字，見子卹友之誠，於拜、祭肉，見子重友之孝。然則所貴乎友者，爲其相勖以道也，相關切以仁義也。未嘗不藉乎財，未嘗必頼乎財，即二事可以推類。

寢不尸，居不容。

寢則神氣息焉。恒人多肆。不尸，形與神交養也。私居不容，不過謹申申夭夭是也。

見齊衰者，雖狎，必變。見冕者與瞽者，雖褻，必以貌。凶服者，式之，式負版者。

狎以人言，褻以地言。五服，一斬四齊，舉齊以該斬也。以式爲敬車之禮也。孔氏曰：凶服，送死之衣物。負版者，持邦國之圖籍。王者以民數爲天，故重民數，子則恫瘝一體之誠也。

有盛饌，必變色而作。迅雷風烈必變。

饌以行禮，饌盛則禮盛，故其情文較常有異也。朱子曰：迅，疾也。烈，猛也。事天如事親，故必變。

附解

晝夜陰陽，天之正也。人寢則神氣棲息。不尸，形飭而神亦内葆也。聖人無時不以敬静養性，而寢復如此，故德固而氣亦肅。養生之道亦在是。常人日牿於欲，而寢復放縱，德之不修，神之不永，夭折傷殘所由來也，可無戒歟？不容，衹是不過拘謹，若非禮之閑，固未嘗越。齊衰三項，已見前篇，此則以狎、褻二字明其誠。古人車皆立乘，惟老人與婦人乘安車則坐，車上横一木，高五尺，與身齊，曰較倚之以爲安，故曰：寬兮，綽兮，倚重較兮。又有一木下於較，高僅三尺，有所敬則俯而憑之，所謂式也。《禮》曰：國君撫式，大夫下之；大夫撫式，士下之。謂君臣俱行，君式則臣下車。必變、以貌平時式車中。時古無紙，所書畫皆於版。户籍之版，土地之圖，《周禮》司書掌之。《記》曰：人者，天地之心也。天地非人，亦無以成功化。子安得不式負版者？盛饌，舊説謂敬，禮非以其饌，非也。禮在而饌將之盛，則尤情文之隆也，故必變。風雷，皆天地之氣，然天地亦與人同，人之所以生者，神氣。氣之所在，即神之所在。故夫子言：鬼神體物而不可遺。神者，理氣之妙。夫子故曰：妙萬物而爲言。鬼則陰之靈，鬼統於神，由陰統於陽也。前人謂：雷乃天地之氣。本無有神，是不知神氣不可相離，有氣斯有神，而神實主宰乎氣，如人身百骸皆氣所貫注，而神乃運氣者也。其風雷之氣，聚散不常，則一元之理闔闢消長，自然而然。天固理氣之主，而神之總司也。聖人敬天，安得不敬迅雷風烈？

升車，必正立執綏。車中，不内顧，不疾言，不親指。

綏，登車索。執綏，將升爲時甚暫，必正立也。不内顧三者，狀聖人中正安詳之意。

附解

綏，安也。車馳人立，則不安。有所持，則安矣。有二綏：一曰良綏，乘車者執之。一曰貳綏，又曰散綏，僕人執之。僕先升車，以綏授乘車者，乃執之以升，子之正立即在此時。《記》曰：僕展軨效駕，奮衣由右上，取二綏跪乘。君出就車，則僕並轡授綏。并轡者，以六轡及策並置一手，而以一空手授君綏，令君升也。將升而立不過頃刻，夫子造次不離於正，故記之也。其在車中，安静中正，無以形容之，故以内顧、疾言、親指，狀其不然，在夫子則無心而自中節也。内顧，回首而顧，非必專顧後也。

色斯舉矣，翔而後集。曰：山梁雌雉，時哉時哉！子路共之，三嗅而作。

共，上聲。嗅，許又反。《鄉黨》一篇皆夫子時中事也，故終之，以此言鳥之知機，而以山梁雌雉之事實之。曰，夫子言也。梁，山脊也。如梁，故曰梁。時，棲止得時。共，拱同向也。嗅，依《石經》作戞，謂雉鳴。張氏椿曰：雉之舉也。雄鳴而雌不鳴。嗅，驚起戞翅聲也。夫子偶感雌雉而言，子路向之，雉即逝也。

附　解

此章王罕皆得其正解。蓋記者歷記聖人之事，以爲世法，然乃隨時處中，非可執一以求也，故遥情高寄，思及鳥之一舉一集，皆有自然之機以明道。在《中庸》，因物付物，無不有當然之則也。山梁雌雉，子偶見而嘆其知時，正是此意。子路因聞子言而向之，雉即三嗅而作，是色斯舉矣之明證。學者知此體察於義理之間，以得其中正之矩，時止時行於以企聖人之詣，則於《鄉黨》一篇不啻甘旨之於口也，是記者之深意也。梁有二義：橋梁，魚梁，山脊亦曰梁，今人尚沿而呼之。嗅，從張氏於理爲近，餘皆臆説。古人立必拱，夫子感雉而嘆其時，子路因子言而起敬，拱向雌雉，即驚起耳。